中国社会科学院文库
文学语言研究系列
The Selected Works of CASS
Literature and Linguistics

图书在版编目（CIP）数据

满通古斯语族语言词源研究／朝克著 . —北京：中国社会科学出版社，
2014.1

ISBN 978 - 7 - 5161 - 3808 - 3

Ⅰ.①满… Ⅱ.①朝… Ⅲ.①通古斯满语族—词源学—研究
Ⅳ.①H54

中国版本图书馆 CIP 数据核字（2013）第 310209 号

出 版 人	赵剑英
策划编辑	郭沂纹
责任编辑	郭沂纹
特约编辑	丁玉灵
责任校对	刘　俊
责任印制	王　超

出　　版	中国社会科学出版社
社　　址	北京鼓楼西大街甲 158 号（邮编 100720）
网　　址	http://www.csspw.cn
	中文域名:中国社科网　　010 - 64070619
发 行 部	010 - 84083685
门 市 部	010 - 84029450
经　　销	新华书店及其他书店

印　　刷	北京市大兴区新魏印刷厂
装　　订	廊坊市广阳区广增装订厂
版　　次	2014 年 1 月第 1 版
印　　次	2014 年 1 月第 1 次印刷

开　　本	710 × 1000　1/16
印　　张	31.75
插　　页	2
字　　数	575 千字
定　　价	82.00 元

凡购买中国社会科学出版社图书,如有质量问题请与本社联系调换
电话:010 - 64009791

《中国社会科学院文库》出版说明

《中国社会科学院文库》（全称为《中国社会科学院重点研究课题成果文库》）是中国社会科学院组织出版的系列学术丛书。组织出版《中国社会科学院文库》，是我院进一步加强课题成果管理和学术成果出版的规范化、制度化建设的重要举措。

建院以来，我院广大科研人员坚持以马克思主义为指导，在中国特色社会主义理论和实践的双重探索中做出了重要贡献，在推进马克思主义理论创新、为建设中国特色社会主义提供智力支持和各学科基础建设方面，推出了大量的研究成果，其中每年完成的专著类成果就有三四百种之多。从现在起，我们经过一定的鉴定、结项、评审程序，逐年从中选出一批通过各类别课题研究工作而完成的具有较高学术水平和一定代表性的著作，编入《中国社会科学院文库》集中出版。我们希望这能够从一个侧面展示我院整体科研状况和学术成就，同时为优秀学术成果的面世创造更好的条件。

《中国社会科学院文库》分设马克思主义研究、文学语言研究、历史考古研究、哲学宗教研究、经济研究、法学社会学研究、国际问题研究七个系列，选收范围包括专著、研究报告集、学术资料、古籍整理、译著、工具书等。

中国社会科学院科研局

2006 年 11 月

目　　录

前　言

　　满通古斯诸语属于阿尔泰语系满通古斯语族语言，其中包括现在的满语、锡伯语、鄂温克语、鄂伦春语、赫哲语五种民族语，以及历史上的女真语。像鄂温克语、鄂伦春语、赫哲语等均属于跨境民族语言，这些语言的使用者除了我国之外，在俄罗斯远东及西伯利亚地区也有不少。而且，满通古斯语族语言，同蒙古语族语言和突厥语族语言，以及同朝鲜语、日本语、日本的阿依努语、北欧的萨米语、北美的印第安语等，均有十分复杂而多层面的历史渊源关系或共有关系。正因为如此，我国满通古斯语族语言的研究工作，一直引起国内外相关学科的极大关注与兴趣。就如人们的共识，语言是人类历史的活化石。所以，通过对于不同民族语言的科学研究，可以不断探索、考证、阐释、论述他们的早期历史、社会、文化、文明及其发展轨迹。对于没有本民族文字，历史记载或文献资料又很少的民族来讲，对于他们母语口语的研究显得更为重要和更有价值。从这个角度讲，满通古斯语族语言研究，同样有其特定而深远的学术意义。尤其是对于我国女真语、满语、锡伯语、鄂温克语、鄂伦春语、赫哲语等满通古斯语族语言的词源问题至今还未展开全面系统的比较研究，至今还未见到在此学术领域的任何科研成果的发表或出版的前提下，加上满通古斯语族语言已经全范围地进入濒危或严重濒危的特殊历史时期，该项研究显示出极其重要的学术历史价值和现实意义。

　　根据我们掌握的满通古斯语族语言研究资料，完全可以了解到女真语研究成果并不多见，这或许与女真语言文字历史文献资料十分有限相关；对于满语的研究，从清代开始一直到今天几乎没有间断过，陆陆续续出版发行了数量可观的研究成果。特别是，在清代有关满语满文的研究几乎达到最为辉煌的时期；对于锡伯语、鄂温克语、鄂伦春语、赫哲语的研究，早期民族语言、文化、历史方面的有关成果与资料中有所涉及，但展开专题性全面深入研究的成果，可能是 20 世纪 80 年代以后的事情。在此之前，也出版过一些从语言学的角度进行田野调查、搜集整理、局部分析研究的论著。然而，并不系统和深入。那么，在满通古斯语族语言之间作语音、词汇、语法等方面比较研究的论著更是不多。不过，我们的资料表明，对于其中某一语言的方言土语进行比较研究的论著确实也有一些。另外，还有对该语族某两种语言词汇进行局部比较的成果。其中，也包括本人的一系列公开发表与出版的论著。比如说，于 1995 年及 1999 年间，先后由日本北海道大学、日本东北大学用日文出版的《满通古斯诸语基础词汇（1000 条）》、《中国的满通古斯诸民族及其语言》两本书。在这里，还应该提到的是，本人对我国满通古斯语族的满语、锡伯语、鄂温克语、鄂伦春语、赫哲语，从语音学、词汇学、语法学、方言学、比较语言学理论视角展开学术讨论的科研工作，以论文形式先后在《民族语文》、《中央民族大学学报》、《内蒙古社会科学》、《内蒙古大学学报》、《内蒙古师大学报》、《满语研究》、《黑龙江民族丛刊》等国内学术期刊，以及日本的《语言研究》、《语言接触研究》、《语言与教学》、《语言论坛》，韩国的《阿尔泰学报》等国外学术刊物上，用汉文、蒙文、日文、英文公开发表，论文数量多达 140 余篇。同时，由商务印书馆、中国社会科学出版社、社科文献出版社、方志出版社、民族出版社、中央民族大学出版社、内蒙古文化出版社、日本大学书林、日本东京外大、日本东北大学、北海道大学出版部等出版社和出版部门用汉文、蒙文、日文、英文先后出版了《满通古斯诸语比较研究》等独著 12 本，以及《索伦鄂温克语》等合著 7 本。

　　总之，从历史的角度来讲，满通古斯语族语言内女真语研究可能是属于起步最早的学术领域。然而，留给后人的学术成果却寥寥无几，甚至可以说除了极其有限的文字资料之外，几乎找不到一本完整、系统、全面研究的语言文字资料。到了 20 世纪以后，才有相关研究论著问世。再说，满族语言文字的研究，虽然在清代取得了世人瞩目的辉煌业绩，也留下浩如烟海的语言文字学术资料及其历史书籍。但后来对于满语口语或使用现状及其语言演变的研究，却处于发展十分缓慢或几乎停滞不前的历史阶段。从 20 世纪才有了一些起色，并在满语书面语语法研究、满语口语语音、词汇、语法、方言等方面的研究进展比较顺利，取得了应有的学术成绩。但对于锡伯语、鄂温克语、鄂伦春语、赫哲语的研究工作，似乎是从 19 世纪末或 20 世纪初才先后起步。而且，真正有价值的学术研究成果是 20 世纪 80 年代以后才被先后公开发表或出版。

不过，属于比较研究类的成果，基本上是在某两种语言之间，或某种语言的方言土语之间，或者是在某种语言的书面语和口语之间作比较的产物。涉及满通古斯语族现有五种语言作比较研究的专著及词汇集，只有笔者的《满通古斯诸语比较研究》（1995）、《满通古斯诸语基本词汇比较（1000 条）》（1995）等。不过，在前人的研究中，从词源学的角度，对于满通古斯语族语言的词源展开学术探讨的成果至今还未见到。

作为项目人，在这里有必要提出的是，本人从 1981 年 1 月到中国社会科学院民族所语言室从事民族语言科研工作的 30 余年时间里，一直潜心研究我国满通古斯语族语言。其间，主持并参加有关满通古斯语族语言文字，或涉及满通古斯诸语某一特定研究范畴的国家级（包括社科基金、自然科学基金）重大课题 12 项、中国社会科学院重大课题 4 项、文化部课题 2 项、教育部课题 2 项、中央民族大学 985 课题 1 项、国际合作课题 14 项以及地方的有关课题等。毫无疑问，这些国内外科研项目的具体实施和完成，为本课题按部就班地顺利进行与圆满完成，打下了坚实的学术理论基础，具备了优厚的学术研究前提条件，进而发挥了十分重要的学术导向作用。另外，在这 30 余年的科研工作实践中，本人除了在国外进行学术交流之外，每年都拿出一定时间到满通古斯诸民族生活的偏远农村、牧区、山林、边疆地区开展语言田野调查，搜集整理并汇编了《三家子满语口语调查资料》（1987/1995/2004/2011）、《黑龙江满语口语调查资料》（1988—2010）、《街津口赫哲语调查资料》（1986/1998/2007）、《呼玛鄂伦春语资料》（1984/1998）、《甘奎鄂伦春语调查资料》（1987）、《鄂温克语调查资料》（1—5 册，1982—2006）、《锡伯语口语调查资料》（1—2 册，1995/2003/2011）等语音、词汇、语法方面的数量可观而弥足珍贵的第一手语言资料及相关话语资料。从而为本课题积累了丰厚的田野调查资料和语言词汇，打下较理想的科研工作基础。再说，本人公开出版和发表的一些论著先后荣获国内外科研成果奖。同时，对于本人的科研成果，国内外多家媒体做过较全面报道，不少成果被国内外相关研究机构的图书资料馆、数据库、信息资料网所收藏。

本人尽管在国内外相关学术刊物上，用汉文、蒙文、英文、日文先后发表过不少有关我国满通古斯语族语言语音、词汇、语法、方言、比较研究，以及同阿尔泰语系语言作比较的学术论文，也出版过不少研究著作。然而，对于我国境内的满通古斯语族语言的词源关系，从词源学的学术理论视角展开学术研究的科研工作这还是第一次。就像在前面所提到的那样，无论在国内还是在国外，至今还未公开发表或出版过对于我国满通古斯语族语言词源关系作学术研究的科研成果。从这个角度来讲，该成果毫无疑问是属于我国在此学术领域内的第一部研究著作。在民族语言学界，特别是在阿尔泰语言学界，有其填补空白的学术作用和意义。

　　事实上，该项研究工作断断续续已进行将近 20 余年。也就是说，早在 20 世纪 90 年代初，我就将该项科研工作作为个人选题，启动了这一重要的研究课题。这 20 年当中，本人在实施其他相关研究项目的同时，为本课题一直做着资料搜集。为此，本人几乎走遍了满通古斯诸民族生活的山林、草原、农村以及三江流域，一点点地不断调查整理满语、锡伯语、鄂温克语、鄂伦春语、赫哲语现存口语词汇资料、构词资料、话语资料，进而不断探索研究这些语言词汇的历史来源、形成关系、构成原理、结构特征、语用范围、演变规律、外来影响等学术问题。说实话，满通古斯语族语言词源研究是一项十分艰辛、艰难、艰苦卓越的科研工作，难度很大。因为，（1）首先，女真语留下的语言资料、话语词汇十分有限。从比较语言学、词汇学、词源学、词汇比较学、词源比较学的角度来讲，女真语现有词汇资料，根本无法满足与同语族亲属语言间作全面系统比较研究之需求，也达不到词源比较研究的基本条件。（2）其次，满语词汇资料虽然有很多，但由于当时编写这些辞书、词汇集的专家学者及其编写者们的满语语言能力的不同，或者说编写要求和目的的不同，其中掺入许多借词及非词汇类的解释性词语。从而也在一定程度上影响了满通古斯语族语言词源研究工作。（3）再说，满语口语、赫哲语已经进入严重濒危状态，较好而完整地用母语进行交流的老人加起来不到十名，一些老人只会说最简单不过的几句日常会话。词汇量更是少得可怜，难以满足大范围深度研究词源关系的基本需求。（4）另外，鄂伦春语状况要比满语口语及赫哲语稍好些，在黑龙江及内蒙古的鄂伦春族聚居的乡村，都有一些中老年鄂伦春族在使用母语。但是，根据本人实地调研的第一手资料，鄂伦春族中能够熟练地或者说较熟练地用母语进行交流的中老年不过百人。然而，就是在这所谓的百十来个人中，母语词汇的记忆也在不断萎缩，他们使用的词汇不断在减少，取而代之的是数量可观的借词。由此，完全可以说，鄂伦春语也进入了严重濒危状态。（5）相比之下，锡伯语和鄂温克语的使用现状相对好一些，使用人口大约在 50%—60% 之间。甚至，母语使用区的孩童完全可以用本民族语进行完整交流。不过，在实地调研时，能够明显感觉到，锡伯语和鄂温克语基本词汇也被遗忘或丢失不少，取而代之的是源于汉语、蒙古语族语言、突厥语族语言的借词。特别是有关现代农业、新型畜牧业、现代经济社会方面的新词术语不断在增多。所有这些，不断冲淡或取代着满通古斯语族语言原有的极其丰富而独特的词汇系统。对于那些从幼儿时期就开始用其他民族语言文字接受文化教育的青少年来讲，母语的记忆已变成十分遥远而模糊不清的概念，甚至根本就没有了本民族语言的任何一点记忆。从家庭用语的角度来讲，伴随他们同其他民族间建立的婚姻关系越来越多、越来越复杂，使他们有史以来固守的，作为他们社会最小、最稳固、最安全、最自然的语言交流单位——家庭组织及结构产生了历史性的变革。从而他们家庭成员变得越来越复杂，语言交流形式与内容也变得越来越多样化。许多家庭，从原有的单一类型的母语交流，开始走向双语、多语交流类型的家庭语言生活。再往后，逐步成为完全不用母语交流，只使用其他强势民族语言的家庭。感到十分遗憾的是，满通古斯诸民族的许多家庭，在20世纪末期就已经进入不用母语，只用其他民族语交流的时代。

在这里，还应该强调指出的是，使用满通古斯语族语言的民族内，只有女真人、满族、锡伯族有本民族文字。然而，女真人虽然使用过女真大字和小字两种文字，但伴随女真人统治的金朝的灭亡，以汉字楷书为基础并参照契丹文创制的女真表意字（也就是女真大字），以及后来创制的表音字（女真小字）①等均逐渐退出历史舞台，完全失去了使用功能。众所周知，满文也分无圈点文字与有圈点文字两种，无圈点满文是清太祖努尔哈赤命额尔德尼和噶盖二人仿照蒙古回鹘文于1599年创制的旧文字。后来，1632年，清太宗皇太极命达海将无圈点旧满文改

---

① 女真文是金代女真人创制的一种文字，并被分为女真大字和女真小字。女真大字是金太祖阿骨打命完颜希尹等以汉字楷书为基础，参照契丹文的创制办法而创制的一种表意文字，颁行于金天辅三年，也就是1119年。女真小字是金熙宗创制并颁行于天眷元年，也就是1138年的表音文字。从文字结构、特征、功能等方面来看，女真字起初是属于表意文字，后来依据女真语富有的错综复杂的语法形态变化现象，其文字内部被分为词干字和词缀字两种。再后来，就演化为金熙宗创制的表音字。当时，女真字作为官方性文字被使用。到12世纪后期，就有了用女真文译写的汉文经书等。1234年，金朝灭亡后，女真文的使用者逐年减少，结果很快退出了历史使用舞台。根据我们所掌握的资料，当今能看到的女真文历史文献资料确实十分有限，只有在《华夷译语》中的《女真馆来文》、《女真馆杂字》及一些石刻、符牌、印章、器物铭文等文物上留下的为数不多的女真字。

造为有圈点新满文。①清朝鼎盛时期，满文作为国家行使权力的文字，广泛使用于社会各个领域和阶层，还纳入学校教学课程与计划，并用满文撰写和翻译了数量浩繁的书籍。然而，伴随清朝的衰退和没落，满文的使用范围及使用者也不断减少，最后只成为清朝历史档案、文献资料工作者与研究者，以及培养满学人才时的教学内容。除此之外，满族集中生活的黑龙江省富裕县三家子满族村小学内，一到三年级的小学教学中开设了满文课程。再说，锡伯族使用的锡伯文源于满文。也就是说，在1947年锡伯族有识之士，对满文进行必要的修改、补充、完善的基础上改制的文字系统。锡伯文的使用，主要在新疆维吾尔自治区。特别是在新疆伊犁哈萨克族自治州察布查尔锡伯自治县锡伯族小学，对一到三年级的锡伯族学生的母语教育中正在使用锡伯文。然而，像鄂温克族、鄂伦春族、赫哲族由于没有本民族文字，所以适龄儿童到了上学年龄只能借助蒙语文或汉语文教学来学习文化知识。他们成年后，参加工作走入社会，也都使用蒙语文和汉语文。换言之，从现状来看，满通古斯语族语言里，使用本民族文字的只有满族和锡伯族。而且，基本上在一到三年级的小学教学中在使用。根据本人掌握的第一手资料，在满族小学生及锡伯族学生中，每周一次或两次开讲的满文与锡伯文课程的实际效果并不十分理想。这些初小时期的学生们，即使一定程度上掌握满文或锡伯文小学初级知识，但在此后的学业中几乎就没有机会再继续学习或接触到满文或锡伯文。因为，学校教学计划中，没有设定在此方面的继续教育课程内容。加上，他们从四年级以后开设的所有课程全部用其他民族文字或语言授课，再加上不断加重的学习计划与任务，使学生们根本没有办法顾及或温习在小学四年级前所学的满文或锡伯文知识。从这个意义上说，他们即使在初小时，经过努力学习掌握的满文或锡伯文的小学初级知识，对于他们母语的使用，以及母语基础词汇的掌握和记忆，乃至母语传承和保护等方面，似乎发挥不了十分积极或太大的作用。根据实地调研，满族或锡伯族学生们，由于在具体的社会语言交流中基本不使用母语，或者说在家庭这一特定语言环境中不怎么使用所学

---

① 由于额尔德尼和噶盖二人仿照蒙古回鹘文创制的旧满文从1599年颁布使用之后，没多久就发现该十二字头的满文文字并不能够十分精确而理想地表现满语语音特点，因此该满文文字被使用30余年之后，于1632年清太宗皇太极终于下决心命达海将无圈点满文改为6个元音字母、22个辅音字母及10个专写外来语字母的、有圈点的满文字母。结果，人们把无圈点满文就叫旧满文，有圈点满文叫新满文。到了1748年，也就是在乾隆十三年，还仿照汉文篆字创制了按照笔画特征及规律命名的32个字体的满文篆字。

的满语、锡伯语词语，更没有机会使用在小学所学的满文、锡伯文，这使他们在小时候学到的母语，包括掌握的小学初级满文或锡伯文知识，伴随着年龄的增长，没多长时间就会远离他们的记忆或被遗忘。反过来说，那些生活在偏远边疆、深山老林、辽阔草原、偏僻农村的满通古斯诸民族的人们，倒是将母语及其母语词汇一定程度地保存了下来。毫无疑问，这完全和他们生活的特定环境、特定条件密切相关。再说，由于那些边疆偏远山村或农村牧区的公路与电路不通、交通不便、通信设备不完备等原因，使人们只能利用马车、牛车、马匹、驯鹿等传统意义上的交通工具，经过好几天漫长而艰难的路程才能到达目的地。而且，开展实地调研和搜集整理基础词汇时，因为电路问题一些现代化调研设备很难充分发挥作用，所以田野调查时主要靠笔记、录音等传统的调研手段来获取应该得到的词语资料。或许，正是这一由三两户或几户人家形成的，极其小结构、小范围、小类型的居住方式与特点，加上远离城镇和大的语言交流区域，他们的母语交流才得以保存，同时还保存了不少传统词语和固有词。这给该项目的完成，发挥了积极推动作用。

　　总而言之，满通古斯语族现存的五种语言，已经全面进入濒危或严重濒危状态。在这种现实面前，笔者越发感觉到不抓住时间和时机，去搜集整理这些濒危的，有着丰厚的民族特色、文化特色、地域特色、历史价值和现实意义的语言词汇，并对于他们的词源关系展开学术讨论的话，我们将愧对于这些民族，愧对于这些民族语言，愧对于这些民族文化遗产，同样也愧对于历史和未来，愧对于中华博大文明、极其丰富多彩的历史文化。我们深知，任何一个民族语言都同该民族的历史文化息息相关、一脉相承。由此，民族语言被誉为民族的活化石，是物质生活和精神生活的历史百科书，是他们生产生活以及日常交流的重要内容、形式、依靠。它承载着一个民族的过去和现在，维系着一个民族的思想和寄托。

　　千百年的历史进程中，满通古斯诸民族用共同的智慧和劳动创造了适合于他们自然环境、生存条件、思想意识、生活理念、生产活动、物质世界、精神享受的交流工具——语言。同样，用他们共同的智慧和劳动不断丰富、完善、发展着语言交流的方式与内容，这使他们语言的语音系统更加精细而规范，词汇结构更加完整而丰富，语法体系更加科学而严谨。更加可贵的是，这些符号系统及其鲜活的话语交流资料中，无可怀疑地保存、保留、包含有他们千百年的历史、文化、文明与思想，以及对于物质世界和精神生活的认识、理解、交流、解释等丰富内涵。

所以说，对已全范围进入濒危或严重濒危状态的满通古斯语族语言词汇，从词源学、词汇学、词汇语用学、词汇接触学、词汇进化论及其濒危语言词汇学的理论视角展开学术讨论显得更为重要和迫切。严格地讲，对于他们传统词汇及固有词的来源、演化、发展等学术问题，展开科学意义的实地调研和学术讨论，除了词源学及词汇学学术价值和意义之外，同时也有十分重要的语音学、语法学、语用学、语言接触学、历史语言学、濒危语言学以及文化学、历史学、社会学、民族学、地域学、地理学、思想学、宗教学等诸多方面的深远学术价值和意义。甚至可以说，这是一项十分紧迫而重大的研究课题，刻不容缓、迫于眉睫。

何况，这些年来，国外名目繁多的国际学术组织和科研机构投入大量财力、人力深入到满通古斯诸民族生活区域，大量搜集、挖掘、整理、研究这些濒危民族语言的口语资料和语汇资料的特殊时期，尤其是许多弥足珍贵而极其丰厚的语言原始资料，源源不断地流失到海外的紧迫时刻，我们不能坐等掠取，坐等一无所有。据不完全统计，在近20余年时间里，有美国、欧洲、日本、韩国等国家和地区的科研院校、科研机构的民族语言文字研究专家学者，多次到我国满通古斯诸民族生活区域，甚至不辞辛苦地到偏远山村或农村牧区，对于濒危或严重濒危的满通古斯语族语言做了十分有效的大量田野调查，从而搜集整理并掌握了数量可观又弥足珍贵的第一手语音、词汇、语法、方言土语资料。在此基础上，他们在各有关研究机构建立健全了这些民族语言的词汇资料库、话语资料库以及形态变化语法资料库等。他们还先后出版了《满英对照词典》（美国，1995）、《锡伯语会话资料》（美国，1998）、《鄂伦春语》（美国，1993）、《赫哲语》（美国，1994）、《满语口语特征》（意大利，1996）、《锡伯语特殊词汇》（意大利，2006）、《通古斯鄂温克语》（芬兰，1997）、《雅库特鄂温克语》（芬兰，1998）、《通古斯语言元音和谐现象》（荷兰，1996）、《通古斯宗教语言》（德国，2003）、《索伦鄂温克语》（日本，1991）、《鄂温克语方言资料》（日本，1997）、《鄂温克语会话》（日本，2003）、《锡伯语口语资料》（日本，2003）、《锡伯语形态变化语法现象》（日本，2005）、《现代满语口语资料》（韩国，2004）、《现代锡伯语词汇资料》（韩国，2002）、《锡伯语语法研究》（韩国，2005），等等。除此之外，还有相当数量的调研资料，完全作为语言资料库资料被储存了下来。总之，在此学术领域，国外已取得了相当可观的学术成绩。

以上所述，我们更加迫切地感觉到，不抓紧时间去调查、搜集、整理、研究这些濒危或严重濒危的满通古斯语族语言，再过几年立项研究或启动该项课题就会显得更加有困难。因为现在懂这些民族语的人均已进入高龄化阶段。而且，伴随懂母语的这些高龄老人们的去世，像满语口语、赫哲语、鄂伦春语等已进入严重濒危状态的语言将永远离我们而去。

我深深地懂得，作为多年来潜心研究我国北方诸民族语言文字，特别是专心研究满通古斯语族语言文字的中国社会科学院的科研工作者，应该站在国家和民族利益的极高点，带着高度而强烈的使命感、责任感和紧迫感，责无旁贷地自觉承担这一《满通古斯语族语言词源研究》的学术历史使命和艰辛的科研工作任务。或许仅仅是这一份责任和使命，本人在过去的岁月里，每年拿出一定时间到满通古斯诸民族生活的区域，对于他们现存的或在日常生活中使用的语言开展田野调研工作，不断战胜和克服科研工作或田野调查实践中遇到的许许多多的困难和问题，常常和发音合作人或作为调研对象的农民、牧民、猎民同住、同生活、同劳动，尽最大的努力去搜集富有代表性、民族性、独特文化性和历史性的词汇资料，从而较完整、全面、系统、精确、细致地归类、整理出他们的词汇结构体系。我作为中国社会科学院的一名执著、敬业、合格的民族语言科研工作者，始终没有被面临的问题和困难所吓倒，始终没有放弃实施并完成该项课题研究的计划。

经过 20 余年的艰辛曲折的满通古斯语族语言词汇搜集整理工作，自己认为已经具备了能够实施并完成该项课题的基本条件，并通过研究所学术委员会，向国家社会科学基金委提交了实施《满通古斯诸语词源研究》课题的申报书。感到很欣慰的是，该项课题很快得到国家社会科学基金委高层评委，以及全国哲学社会科学规划办高层领导的审批通过。项目经费拨下来之后，我就全身心地投入到该项课题研究工作。

该项课题的具体实施过程中，首先，进一步全面系统归纳、整理、分类过去搜集的词汇资料。其次，把对严重濒危的满语口语、赫哲语、鄂伦春语及已进入濒危状态的锡伯语与鄂温克语基本词汇的大量补充调查，以及词汇演变现象、演变规律的调研工作作为重中之重。而且，根据这些语言词汇的结构性特点，设置了有所不同而有所侧重的词汇调查表格。包括对不同地区、不同方言土语、不同语言针对性设定的表格和调研内容。例如，对于偏远农村农区、草原牧区、山林猎区、江河渔业区设定的调查表格及其内容，分别侧重于农村农业农民生产生活、草原牧区牧民生产生活、山林猎区猎民生产生活、江河渔业渔民生产生活密切相关的基础词汇条目。众所周知，满通古斯语族语言的词汇系统，均不同程度地存在各自具有的结构性特征。比如说，满语中东北温寒带农业用语及宫廷用语十分发达，锡伯语里西部农业用语及其自然环境与社会关系方面的词汇比较突出，鄂温克语内与寒温带草原牧区牧民生活及其寒温带草原动植物用语特别多，鄂伦春语中关于寒温带山林狩猎生产生活及其寒温带山林动植物词语较丰富，赫哲语内同温寒带及寒温带江河渔业及与江河湖泊自然环境相关的用语占优势等。在这种现实面前，必须依据不同民族的不同生产生活内容及语汇特征来设定词汇调查表格与实地调研计划。否则，到了地方，对于表格和事先设定的调研计划再作调整是一件很艰难的事情。为此，务必事先做好充分、认真、细致的准备工作。另外，在项目的实施过程中，科学地选定调查点及调研对象，合理分配和布局调查的面和点，确保第一手语言调查资料达到客观性、代表性、精确性、全面性、系统性、历史性和民族性，确保不漏掉十分重要而应该涵括的词汇资料。

如前所述，本人在过去的岁月里，虽然做了大量的前期调研和准备工作，但在具体实施本课题计划时，把重点难点还是放在已进入严重濒危状态的满语口语、赫哲语、鄂伦春语口语资料及基础词汇的调查研究方面。在项目启动后，到实地进行词汇补充调查时更加清楚地感受到，对于严重濒危语言的同源词展开调研工作的难度。毋庸置疑，这跟满通古斯语族语言进入濒危或严重濒危状态有关。起初本人调研时，或者说该项目正式启动之前进行词汇调查时，在此方面的感受并不十分突出或明显。因为本人基本上能够用满通古斯语族语言进行交流。加上前期科研工作实践中积累的词汇资料，现已掌握的现代口语词汇数量，熟练把握的构词系统，甚至是较全面了解的词汇音变规律等，都对该项目启动之前的田野调查与词汇搜集整理发挥了极其重要的作用。不过，从某种角度上讲，本人现已掌握的这些词，主要是属于现代口语里常用的或经常出现的基础词汇，更多的早期词汇或使用量较少的词汇就很难包括其中，进而一定程度上影响了项目启动后的进展。并且，越到后期同源词搜集整理工作进行得越加艰难和缓慢，所遇到的问题点越来越多。特别是，一些相当重要而有一定代表性的同源词，只在个别语言或一两种语言里被保存，而在其他语言中却不再使用了，或者干脆由借词取而代之。有的实例是，由于各自具有的自然条件、社会环境、生产方式而表现出有所不同的词源关系。还有的实例是，由于各自进入了不同发展阶段，走了各自不同的发展道路，并伴随自然与社会各方面的环境与条件产生不同变化，导致一些同源词出现不同程度的音变或演变，使人很难把握其早期语音结构形式及其演变规律。所有这些，都是满通古斯语族语言词源研究课题，在后期同源词调查、搜集、整理、研究工作中遇到的实际问题。为了解决这些难题，反复多次深入到满通古斯诸民族母语使用区，展开实地调研和同源词搜集整理工作。常常是跋山涉水、登山越岭、穿越原野，经过几天的艰难行程才能找到较为理想的发音合作人，得到苦心寻找的那些词语或早期同源词。

总而言之，经过 20 余年的积累，加上这几年的艰辛努力，使自己终于按照原定计划完成了满通古斯语族语言词源学研究之课题工作。在具体实施研究计划时，本想将女真语从中拿出来，不同满通古斯语族的其他几种语言相提并论。因为女真语词汇资料非常有限，无法满足从词源学的角度，同其他语言词汇进行全面、系统、深度、整体的比较研究的数量要求和条件。但是，在充分考虑满通古斯语族语言词源研究的完整性与全面性，考虑到女真语仅有的词汇中保存的有分量的词汇演变现象与实证资料，以及女真语有限的词汇资料中出现的词源研究方面的特殊价值和意义，把女真语现有的那些词汇放入满通古斯语族语言词汇序列中，作为满通古斯语族语言词源研究的一个内容和组成部分。另外，对于该语族语言的同源词展开具体分析研究时，把原有语音结构形式保存较好的实例放在最前头，紧接着也是依据原有语音成分的保存程度的高低、好坏、多少来排列或讨论其他语言的同源词。而且，对于语音变化现象非常复杂的那些同源词，所作的分析研究及其阐述内容要多一些。与此相反，对于没有什么语音变化，或者语音变化现象比较简单的同源词，展开的讨论或阐述的内容也比较少。特别是，对于那些在语音形式和语义结构方面均没有任何变化，用原有形式和内容在不同语言里原原本本地使用的同源词，没有做任何的分析和论述。比如说，由于他们将"河"均叫 bira，没有出现任何的语音及语义方面的区别性特征，没有必要做任何分析和论述。相比之下，在该语族的几种语言内，将原来的语音形式保存完整的同源词不太多，绝大多数同源词均存在或多或少的音变现象。再说，多数音变实例有其严格的内部规律，有的音变现象却显得极其复杂而特殊。尤其是那些常用的同源词，在不同语言中表现出的音变现象，多数属于比较复杂且具一定规律。那些不常用或者说很少用的同源词，在不同语言里表现出的音变现象，却显得不太复杂或十分简单明了或相当完整地保存了原来的语音形式。

我们分析和论述满通古斯语族语言同源词时，首先选择在满语、锡伯语、鄂温克语、鄂伦春语、赫哲语五种语言里均被使用，而且没有多大语音变化现象的实例。比如说，"鼠洞"的早期语音结构应该是 *dʒurun，然而在不同语言里却发音成 dʒorun（鄂伦春语）、dʒoruŋ（鄂温克语）、dʒor（赫哲语）、dz̟urun（满语）、dz̟urən（锡伯语）等。很自然，这其中就出现 dʒ > dz̟、u > o > ə、n > ŋ 三种形式的音变现象。其次，选择在这五种语言中都使用，语音变化现象较大且有规律可循的实例。比如说，"虎"的早期语音结构应为 *tasugan，后来却在不同语言里产生 tasuga（赫哲语）、tasug（鄂温克语）、tasaki（鄂伦春语）、tasha（女真语与满语）、tash（锡伯语）等有所不同的说法。但是，根据该同源名词的音变关系及特征可以归纳出 *tasugan > tasuga > tasug > tasaki > tasha 式音变规律。再就是，选择那些在不同语言里虽然产生了各自不同的较大程度的音变，却可以充分利用满通古斯语族语言复杂多变的音变原理，能够科学解释和论述其同源关系的实例。比如说，同源名词"老鹰"的早期语音结构是 *gijahun，可在不同语言里发作 gijahʊn（满语）、giahun（女真语）、geehun（锡伯语）、gihiŋ（鄂温克语）、heehən（赫哲语）、jeekin（鄂伦春语）等。能够看出，该同源名词在不同语言里，从元音和辅音结构形式方面均产生较大程度的音变。尽管如此，我们充分利用该语族语言复杂多变的音变原理，将其音变现象归类为 g > h > j、ija > ia > ee > i、h > k、u > ʊ > ə > i、n > ŋ 五种形式，从而科学阐明它们之间存在的同源关系。同时，将极其有限的女真语同源词也作为重要旁证，一并分析相关词条的词源问题。另外，还考虑到不同地域和地理环境、不同文化背景、不同生产生活条件等方面的因素，将某些同源词从不同语支语言的角度分别展开了不同层面和不同视角的分析讨论。比如说，有关"山"的叫法上，满通古斯语族两个语支语言分别有两种不同称谓，一是女真语、满语、锡伯语等满语支语言里叫 alin，二是在赫哲语、鄂伦春语、鄂温克语等通古斯语支语言中说 urə > ʉrə > ʉr。类似实例，均被认定为两个语支语言的两种不同的同源词。与此相关，在他们的同源词里还有一部分超出语支语言界定，在女真语、满语、锡伯语、赫哲语内共同使用，而另一些实例只使用于鄂伦春语和鄂温克语里。比如说，称呼"蛇"的时候，满语支语言的女真语、满语、锡伯语及通古斯语支语言的赫哲语都叫 məihə，可在通古斯语支语言的鄂伦春语和鄂温克语里却说 kulin > holeŋ。还比如，对于"燕隼"满语支语言的满语与锡伯语及通古斯语支语言的赫哲语叫 *jabsahu > jabsah > jab ʂahʊ，而通古斯语支语言的鄂温克语与鄂伦春语却说 uliŋʧi。

而且，属于此种类型的同源词还占一定比例。在这里，还需要指出的是，我们分析和讨论有关同源词时，将某一语言内出现的同一词义的不同说法都一一罗列了出来，目的就在于让人们对同源词有个客观实在而全面的认识和把握。这对于同源词研究，有着相当重要而积极的作用。比如说，buhu ~ tobgia ~ timho "膝盖"（锡伯语）、garmakta ~ nalmagta ~ taʧʃig "蚊子"（鄂温克语）、tʂuŋguru ~ uləŋgu "肚脐"（满语）、kotoŋko ~ moŋgo "独木船"（鄂伦春语）、titi ~ ətukə "衣服"（赫哲语）等。甚至，涉及到某种语言，对某一事物的说法中出现的有所不同的语音结构特征。比如说，mugu > muwu > muu "水"（鄂温克语）、boso ~ boʃigo "山阴坡"（鄂伦春语）、ʂok ʂohon > ʂok ʂon "山尖峰"（满语）、gurəgə > gurgə "野兽"（锡伯语）、kilahun ~ kilun "鸥"（赫哲语）等。也就是说，我们将这些对于某一事物的不同说法，或在语音方面有所区别的同源词及其相关词语，均作为附属性词汇资料列入文中。这使满通古斯语族语言同源词分析与研究内涵变得更加丰富、更加充实、更有意义和学术价值。

该项研究没有涉及那些语音变化现象极其复杂，难以从满通古斯语族语言音变原理进行科学分析和归纳的同源词。比如说，他们将"鸽子"叫做 kuwətʂih（满语）、gutʂkə（锡伯语）、tuuttuge（鄂温克语）、tutuje（鄂伦春语）、bogədʒi（赫哲语）等。从严格意义上的词源学角度来分析，满通古斯语族语言对于"鸽子"的不同叫法应源于一个词根，该词的核心音素间存在诸多深层次渊源关系。但仅仅依据满通古斯语族语言语音演变原理，去探讨该词的语音变化现象，有可能拿不出令人心服口服的科学结论。我们认为，对于该词的词源讨论，还需要词义学、构词学、历史比较语言学以及史学、文化学、民族学等方面的综合理论知识。由此，暂时没有考虑类似音变现象复杂的同源词。其次，对于那些叫法上有所不同，或者说有三个或三个以上说法的例词也没有纳入该项目的研究范围。比如说，他们把"猫头鹰"叫做 hu ʂahu ~ molto（满语）、molto（锡伯语）、geehiŋ（鄂温克语）、mərmətə（鄂伦春语）、huŋʃin（赫哲语）等。再说，像 morin dʒugugtu "马蜂"（鄂伦春语）、unaadʒ nəhuŋ "妹妹"（鄂温克语）、tarhun niməŋgi "脂肪"（满语）、ashaŋ ʂiŋər "蝙蝠"（鄂伦春语）、imə hulha "蜻蜓"（赫哲语）、bigani ʂogə "野菜"（锡伯语）之类的合成词均没有放入这次的词源研究。另外，满语支语言或通古斯语支语言的某一语支内有同源关系的词，而在另一个语支语言内却没有见到有同源关系词的情况下，同样没有把它列入这次的分析。比如说，他们把"柴火"分别叫 dəidz̧iku（满语）、ditʂiku（锡伯语）、ʤasa（鄂温克语）、ilaŋka（鄂伦春语）、mo（赫哲语），将"瓜子"称其为 duŋga usə（满语）、duŋa usə（锡伯语）、həril（鄂温克语及赫哲语）、kəril（鄂伦春语）等。这两种说法里，满语支语言的 dəidz̧iku > ditʂiku 及通古斯语支语言的 həril > kəril 两个实例自然属于各自语支语言的同源词，然而通古斯语支语言的 ʤasa、ilaŋka、mo 及满语支语言的合成词 duŋga usə、duŋa usə 等都不属于严格意义上的同源词，也难以从词源学的理论视角对它们展开学术讨论。

据我们掌握的满通古斯语族语言同源词资料，他们的语言里同源名词的数量占有绝对优势。同源名词里，与自然物及自然现象、动植物、亲属称谓及人体结构、衣食住行、生产生活用具等相关的同源名词居多。其次，也有不少社会关系、行政部门、文化教育、时间方向等方面的同源名词。再说，他们的同源词中，也有一定数量的同源形容词、同源量词、同源代词、同源数词等。然而，相比之下，同源动词的数量也占很大比重。而且，其数量仅次于同源名词。同源动词内，还分有及物动词和不及物动词，及物动词的数量要比不及物动词多。除此之外，满通古斯语族语言的同源词里，还有一小部分同源副词和同源虚词。不过，我们认为，该语族语言中实际存在的同源名词及同源动词的数量，远比我们所掌握的数据要多。在这里，只是分析和讨论了在过去的研究实践中搜集整理，以及项目启动以后搜集到的同源词。再说了，不少同源词，在各自语言的不同发展历程中产生了不同程度的演变，有的几乎变得面目全非，有的已被其他语言的新词术语取而代之，也有的在不同语言里已被不同程度地丢失或被遗忘。不论怎么说，在该项研究中，尽量涵括了在满通古斯语族语言中被使用或被使用过的同源词。特别是，将口语里至今被使用的同源词作为重点研究对象。

如前所述，本科研成果的具体实施和完成，对于我国濒危民族语言的抢救和保护，对于形态变化十分复杂的满通古斯语族语言同源词的理论探讨，对于他们的语音演变现象及其规律的科学分析，对于它们词汇结构体系展开全面系统的搜集整理，对于保存和弘扬我国北方民族优秀而传统的文化遗产均会产生极其重要的学术价值和深远历史意义。再说，我国民族语言词源研究成果相继公开发表的今天，满通古斯语族语言词源研究工作的完成，显示出它的特殊学术价值和意义。特别是，满通古斯语族语言整体走向严重濒危，词汇使用量日益减少、使用范围日益缩减的关键时期，该项研究显得尤为重要。在这里，还应该提出的是，该研究中所涉及的同源词语音结构、语音形式、语音接触、语音影响、语音演变等内容，以及从词源学角度展开的科学分析和讨论，对于我国北方诸民族语言的起源研究、语言历史发展研究、语言变迁研究、语言接触研究、语言关系研究、民族历史研究、民族文化研究、民族关系研究、民族发展与进程研究，均有特定的学术价值和意义。特别是，对于阿尔泰语系语言历史比较研究，乃至对于日本语和朝鲜语以及东北亚诸民族语言的历史来源与发展演变研究等均会产生十分重要的学术影响和理论作用。同时，对于建立健全我国北方民族语言研究理论体系，强化其国际学术影响力，提升其国际学术地位等方面，也将会有重要学术意义。我们还通过该项科研工作，可以进一步论证阿尔泰语学理论，阐明包括日本语和朝鲜语在内的东北亚诸民族语言的历史渊源关系，进而从语言学理论视角也可以阐述我国北方民族语言同北极圈诸民族语言间存在的深层共有关系。

　　近些年，本人除了开展该项科研工作之外，还主持或参与满通古斯语族语言方面的一系列国内外重大项目。其中，包括国家级、省部级以及地方的科研项目、交办委托项目、社科基金项目、专题研究项目、集体项目和个人项目，以及同美国、加拿大、德国、芬兰、日本、韩国、蒙古国等国家的相关大学和研究机构的专家学者展开的国际合作项目等。通过具体实施国内外一系列研究课题，对于现代满语口语、锡伯语口语、鄂温克语口语、鄂伦春语口语、赫哲语口语的语音、词汇、语法结构、方言土语、语言使用、语言接触和演变现象、语言濒危状况研究等均有一个较全面、系统、完整而客观实在的认识和把握。同时，也发现了许多新的学术问题和研究课题。比如说，满通古斯语族语言变迁研究、形态语音论研究、名词形态论研究、动词形态论研究、虚词形态论研究、句子结构体系及其词组结构研究、濒危语言学研究、语言接触学研究、方言土语研究等方面，虽然也开展了一些科学探讨，做出了一些学术成绩，但需要再进一步深入研究的课题还有很多。我会在未来的科研工作中更加尽心敬业，不断拼搏和努力奋斗，一步步完成自己的历史使命、科研计划与工作任务，并为我国满通古斯语族语言的研究事业不断作出学术贡献。

凡　例

一　该文中使用的满通古斯语族语言语音系统

（1）元音系统
a、ə、i、e、o、ɵ、œ、ʊ、u、ʉ、y

（2）辅音系统
b、p、m、f、v、w、d、t、n、ɲ、l、r、s、ʤ、ʧ、ʃ、tʂ、dʐ、ʂ、g、k、h、ŋ、j

二　该文中使用的有关符号及其说明

~ 表示"或"

⇔ 表示双面等同

⇨ 表示例词及其所属语言

—— 同源词早期结构与不同语言实例的分界线

– 词根或词干与词缀的分界线

* 假定的同源词早期语音结构

> 发展变化的顺时针方向

< 发展变化的逆时针方向

+　附加词缀

三　满通古斯语族语言及其分类

（1）满通古斯语族语言包括女真语、满语、锡伯语、鄂温克语、鄂伦春语、赫哲语；

（2）满通古斯语族满语支语言包括女真语、满语、锡伯语；

（3）满通古斯语族通古斯语支语言包括鄂温克语、鄂伦春语、赫哲语。

第一章　同源名词分析

　　同源名词也就是指满通古斯语族语言出现的有同源关系的名词。根据我们掌握的名词词汇资料，满通古斯语族语言内有着数量可观的同源名词。而且，绝大多数同源名词与他们早期的生存环境、自然条件、生活内容、生产关系、思想活动、情感世界、话语交流、社会政治制度密切相关。这一章里，我们首先把所选定的同源名词，按照它们的不同类别和属性，以及区别性结构特征，分为自然物及自然现象名词、动物名词、植物名词、人与生活名词、衣食住行名词、生产生活名词、社会与行政关系名词、文化名词、方向与时间名词九种，从词源学理论视角进行分别探讨和论述。在这里，还需要指出的是，我们所说的同源名词中应该包括同语族语言同源名词的同时，也包括同语支语言的同源名词。同时，也应该包括在不同语支语言里使用的一些同源名词。换句话说，某些同源词是超越同语支语言的界定，在同语族的四种或三种语言，甚至在两种语言内使用的实例。比如说，有的同源名词只在满语、锡伯语、赫哲语中使用，而在其他两个语言里则是用另一个同源名词；反过来讲，也有的同源词只在鄂温克语和鄂伦春语中使用，其他三种语言内不被使用等。而且，经过这些同源名词的比较，发现动物类名词中属于同源关系的实例最多，其次是自然物及自然现象的同源名词，排在第三位的是生产生活方面的同源名词，第四是属于人与人的生活方面的同源名词，第五位是植物类同源名词，第六是与人的衣食住行等物质生活和文化艺术信仰等精神生活密切相关的同源名词，数量上比较少的是有关社会、政治、法律、科技等方面的同源名词。下面分九个章节，对于以上提到的同源名词进行分别分析和讨论。

第一节　自然物及自然现象同源名词

　　满通古斯语族语言里，有关自然物及自然现象方面的同源名词在他们语言的名词系列内占有一定比列。换言之，在他们的语言里，用不同说法表述不同自然物及自然现象的名词术语确实十分发达。其中，有同源关系的词占绝对多数。在下面，我们从词源学的角度，对那些被确定为有同源关系，并在语音形式或在语义结构方面有显著的同源特征，同时在语音变化方面存在约定俗成的内部规律的同源名词展开科学分析和讨论。

　　*abugan "天空" —— 女真语叫 abka 或 abha；满语 abka；锡伯语 avka；赫哲语 abka ~ buga；鄂伦春语 buga；鄂温克语 abka ~ boɡ < buɡ < buɡa。在这里，有必要指出的是，（1）在女真语、满语、锡伯语、赫哲语、鄂温克语中，词第二音节的短元音 u 及其词尾鼻辅音 n 都产生脱落现象；（2）词第二音节辅音在锡伯语里产生 v 音变；（3）词第三音节首辅音 g 也出现 k 或 h 音变现象。与此同时，在鄂温克语里，将"天空"也叫 buganɡ > buga。另外，在赫哲语里，有时用 ba 来指"天空"。在这里，还应该提到的是，从词义学的角度来分析，通古斯语支语言里无论是 abka 还是 buga 均引申出"上帝"、"天神"等概念。后来，在他们的一些语言中，也出现了在名词 buga 后面接缀 -kaŋ ~ -gaŋ 等从名词派生名词的构词词缀，派生出 bugakaŋ ~ bugagaŋ 等专门用于指称"上帝"、"天神"等词义概念的名词。而且，bugakaŋ ~ bogagaŋ 等名词在使用过程中分别产生 bugakaŋ > bugkaŋ > bukkaŋ > bokkaŋ 以及 bugagaŋ > bugahaŋ > bughaŋ 式音变。很有意思的是，在满通古斯语族语言里还出现用 abugalde 表示"仙人"、"神仙"，还用 abugar > abagar 指含"晴天"或"无云的天空"等的语用情况。目前，在通古斯语支语言中使用的 abugar > abagar 一词还引申出"健康"、"安乐"等名词词义与"健康的"、"安乐的"等形容词词义。很显然，像 abugalde 及其 abugar 等词都源于名词 *abugan 的词干 abuga-。至于在满通古斯语族的某些语言中名词 *abugan "天空"的词首短元音 a- 是否原来就有，还是后来出现的增音现象，或者说原来就有而后被脱落等问题至今还未进行深度探讨。不过，这种音变现象是否同 aba > ba "父亲"一词的变化规律有关，还需要深入系统的科学讨论。总而言之，名词"天空"在满通古斯语族语言中，有着 abka ~ avka ~ buga ~ buɡ ~ boɡ 等说法，所有这些是源于名词 *abugan 一词。

　　*sugadun "空气" —— 在锡伯语和赫哲语里均叫 sugdun，满语里

说 sukdun。而在鄂温克语和鄂伦春语里却说 sugar 或 suwar。从以上实例，可以认定满通古斯语族语言内，像 sugdun ~ sukdun ~ sugar ~ suwar 等，都有可能是在动词词干 suga-"连续不断"、"连绵起伏"后面接缀构词词缀 -dun、-r 等派生而来的名词。事实上，在满通古斯语族语言内，曾经使用过或者说现在还在被使用的动词词干 suga- 与名词 *sugadun 之间产生的一目了然的语义关系完全可以看得一清二楚。因为，满通古斯诸民族早期生活的辽阔草原及其优美的自然环境，在人们的肉眼里留下就像流水一样连绵起伏而随风飘浮的流动空气。或许正是这个缘故，满通古斯诸民族的先民把"空气"叫做 *sugadun，以此表示连绵起伏的空气气流。另外，还有必要阐述的是，名词 *sugadun（1）在锡伯语和赫哲语内词中短元音 a 被脱落；（2）在满语中词的第二音节首辅音 g 音变为 k；（3）在鄂温克语和鄂伦春语内词第二音节首辅音 g 有弱化而被发音成 w 的现象。不过，在鄂温克语和鄂伦春语里表示"空气"时，也使用 awur 或 awar 之说。然而，这种说法毫无疑问同蒙古语指称"空气"的 agur > aur > uur 有关。由此，我们是否可以认为，像现代鄂温克语、鄂伦春语里的 awur 或 awar 跟蒙古语的 agur 是同根同源，或者说有其相互借用关系。而满通古斯语族语言内，对于"空气"的最早说法应该是 *sugadun。

　　*sigun"太阳"——鄂温克语 ʃiguŋ，鄂伦春语 ʃiwʉn，赫哲语 ʃiwun，女真语 ʃun，满语 ṣun，锡伯语 sun。在这里应该提到的是，满通古斯语族语言内（1）将短元音 i 或长元音 ii 前出现的舌尖辅音 s，特别是在词首音节的短元音 i 或长元音 ii 前使用的 s，发音成舌叶辅音 ʃ 的现象比较普遍。由此就出现了，把 *sigun 发音成 ʃiguŋ ~ ʃiwʉn ~ ʃiwun 的实例。那么，女真语 ʃun 的词首辅音 ʃ 的产生原因也应该是 *sigun > ʃigun > ʃiwun > ʃiun > ʃun；（2）再说，两个元音间使用的舌面后辅音 g 被弱化而发音成辅音 w 的实例，或者干脆被省略的现象也有不少。比如说，在鄂伦春语和赫哲语里，名词 *sigun 的词中辅音 g 就被发音成 w 音。结果，他们把 *sigun 说成是 ʃiwʉn ~ ʃiwun；（3）满语 ṣun 的词首辅音 ṣ 也有可能是词首辅音 s 的另一种音变形式。事实上，满语口语里将词首短元音 i 或长元音 ii 前使用的舌尖辅音 s 发音成 ṣ 的实例也有不少。而且，它的演变规律应该是 *sigun > ṣigun > ṣiwun > ṣiun > ṣun。与前面分析的情况不同的是，锡伯语中名词 *sigun 的词首辅音 s 却被保留了下来，只有词首音节的短元音 i 和第二音节首的辅音

g 先后被脱落，从而形成 sun 的说法。总之，在满通古斯语族语言里，短元音 i 或长元音 ii 前使用的舌尖辅音 s 被发音成 ʃ 或 ʂ 音，以及元音间的辅音 g 被弱化或省略之现象确实有不少，也是该语族语言的一种常见的音变规律。另外，在鄂伦春语或鄂温克语的某些方言土语中，也有用 dilaʧa 来表示"太阳"的说法。该词毫无疑问是在通古斯语支语言的名词 dila"头"后面接缀由名词派生名词的构词词缀 -ʧa 而派生的产物。词义直译应该是"头神"或"首领神"，意译的话就成为"万物之神"。不过，或许有人认为，该词词缀 -ʧa 同 baynaʧa"山神"的词缀 -ʧa 有关，所以就像达斡尔族著名民族学家敖嫩乌日根格先生在美国用英文出版的《萨满与老人》一书中所阐述的："baynaʧa '山神'一词是属于形容词 bayan > bayn '富有的'与名词 aʧa '父亲'两个词的黏着性合成形式构成的名词，意为'富有的父亲'"一样，dilaʧa 也是属于名词 dila"头"与 aʧa"父亲"两个词的结合体。如此说来，似乎也有道理，但达斡尔语里"头"不叫 dila，而说 həkə 或 hək。再说，鄂伦春人或说 dilaʧa 的鄂温克人早先也没有和达斡尔族有过更密切的接触，他们同达斡尔族之间的接触是较晚期的事情，由此他们不可能在如此远古的语言符号中使用达斡尔语的成分。另外，在通古斯语支语言里，用 pokotiʧa 表示"黑白毛色交错的母驯鹿"。也就是说，在通古斯语支语言中，pokoti 是指"黑白色毛色的驯鹿"。他们在该名词后面，接缀从名词派生名词的构词词缀 -ʧa，从而派生出 pokotiʧa 这一名词。若是说，通古斯语支语言中使用的构词成分 -ʧa 来自于达斡尔语名词 aʧa"父亲"的话，他们怎么会在指含雌性驯鹿时要用该词缀呢?! 不论怎么说，把通古斯语支语言的构词词缀 -ʧa 同达斡尔语的名词 aʧa"父亲"相提并论似乎有所不妥。反过来说，通古斯语支语言中 -ʧa 是属于固有而寓意较重要的构词词缀。总之，满通古斯语族语言的 *sigun 是属于对于"太阳"的最早期称谓形式。

*əldən ~ *gilagan < *gila"光" —— 满通古斯语族语言里，除了鄂温克语之外包括女真语在内把"光"均叫 əldən，而在鄂温克语中却说 əldəŋ。也就是说，鄂温克语把该词尾的鼻辅音 n 发音成 ŋ。与此同时，通古斯诸语也用 ilaaŋ（鄂温克语）、ilaan（鄂伦春语）、ilan（赫哲语）等表示"光"。而且，在现代通古斯语支语言内像 ilaaŋ、ilaan、ilan 的使用率越来越高，甚至几乎达到不使用 əldən 一词的程度。很有意思的是，满语和锡伯语把"阳光"却说成 uldən，与 əldən"光"的发音之

间只存在词首短元音 u 和 ə 的不同。如此微妙的语音变化实例的出现，是归属于曲折构词手段，还是同某种语音变化现象有关，或者它们是同属于某一原始词的不同发展形式等问题现在虽然很难一言为定，但 uldən 与 əldən 毫无疑问是同根同源的两个词。

puladan ~ gilagan "阳光" < *pula ~ *gila——在我们搜集到的满通古斯语族语言口语词汇的自然现象称谓中就有用 puladan 和 gilagan 等表示"阳光"之意的实例。其中，puladan 一词的词根应该是 *pula。这跟满通古斯语族语言形容词"红"的说法有密切关系。众所周知，在他们的语言里，将"红"分别说成 fulgijan（满语）、fulgian（赫哲语）、fəlgian（锡伯语）、ularin（鄂伦春语）、uliriŋ（鄂温克语）等。毫无疑问，形容词 fulgijan < fulgian < fəlgian < ularin < uliriŋ 的词根同样是 *pula，而 -gijan < -gian < -gian，以及 -rin < -riŋ 是属于派生形容词的构词词缀。该词词根的演化规律应该是：

$$*pula \begin{cases} fula > ful > fəl \\ hula > ula > uli \end{cases}$$

这里还有必要提到的是，（1）词根 *pula 的词首辅音 p 在有些语言里演化为 f 音，在有的语言里被脱落而完全消失；（2）其次，词首音节的短元音 u 在锡伯语中产生 ə 音变；（3）再就是，位于第二音节的短元音 a 要么被省略，要么演变为短元音 i。说到 *pula 的原始词义，同"红光"、"红霞"、"红晕"、"红壤"等有关。至今，在黑龙江省讷河地区的鄂温克语及其呼玛鄂伦春语里有 pula miitʃan ~ pulmiitʃan "枪口喷出红色火光的枪"、hula iigirəŋ "出现红光"、"出现红霞"、"露出红云"、ulay ʉʉrəŋ "出现红彤彤的阳光"、"出现红光"、ula butraraŋ "发出红光"、"出现红壤"等。以上所述，充分证明满通古斯语族语言的 puladan "阳光"的词根是 *pula 的原理。那么，puladan 一词在满通古斯语族语言的使用过程中产生了不同程度的演变。首先，在满语和锡伯语里，不仅词首辅音 p 以及词中辅音 l 后面的短元音 a 被省略，而且词首音节及词末派生构词词缀的短元音 a 被弱化而产生 ə 音变。其结果，puladan "阳光"在满语和锡伯语的发音变成 əldən，只是在个别方言土语内保存了 puladan 之说。很有意思的是，在满语和锡伯语中，虽然把"阳光"称为 əldən，但至今把"晨光"还要说成 uldən。其实，在通古斯语支语言内，也有把"阳光"、"火光"、"红红的炉火光"等发音成 huladan ~ uldan ~ əldən ~ əldən 的现象。

不过，值得提醒的是，现代通古斯语支语言称呼"阳光"时使用率较高的是由 *gilagan 一词演化而来的说法。比如说，鄂温克语的 ilaaŋ、鄂伦春语的 ilaan、赫哲语的 ilan 等说法有可能均来源于 gilagan 一词。而且，该词词根应为 *gila"光"。在山区索伦鄂温克语及楠木鄂伦春语内，至今还在不同程度地使用 gila 一词。例如，在这些语言里，把明亮的"星光"或强烈的"灯光"等，就说成是 gila ~ gilan ~ gilahun 或说 oʃiktoni gila"星光"、dəŋʤənni gila"灯光"等。与此同时，也出现了省略 gila ~ gilan ~ gilahun 等的词首辅音 g 后使用的现象。也就是说，把 gila ~ gilan ~ gilahun 等均发音成 ila ~ ilagan。并且，这种说法很快普遍被接受，使用范围不断扩大，使用率也不断上升。由此在鄂温克语、鄂伦春语、赫哲语等通古斯语支语言里，除了个别方言土语之外将包括"阳光"在内的所有的"光"几乎均称之为 ila ~ ilagan。再后来，ilagan 的词中辅音 g 也被省略而成为现代鄂温克语和鄂伦春语的 ilaan ~ ilaaŋ 等语音结构特征的说法。根据我们所掌握的词汇资料，现有的通古斯语支语言及其方言土语中，把"阳光"叫做 uldən ~ əldən 的实例很少见到，说成 gila ~ gilan ~ gilahun 等的方言土语也显得少见，取而代之的基本上是 ilan、ilaan、ilaaŋ 等。在这里，我们还想指出的是，通古斯语支语言的 *gilagan < *gila"阳光"同蒙古语族语言的 gilalʤahu"闪光"、gilaihu"发光"、gilab gilab"闪闪烁烁的"、giloihu"变光滑"、gilbaga"太阳光辉"、gilbalʤahu"闪闪发光"、giltaganahu"闪耀"、gilgurihu"光辉四射"等的词根 gila- > gil (a)- 之间有可能存在同源关系。

在这里，还有必要探讨的是，"光阴"一词在满通古斯语族语言内，有着 *gilaman ~ *silaman 两种说法。例如，满语 silaman > silmən，锡伯语 *silaman > ʂilmən；而鄂温克语却叫 *gilaman > galmaŋ，鄂伦春语说 *gilaman > gelman ~ galman，赫哲语发音为 gilman > gelman 等。该词里词首辅音 s > ʂ 与 g 之间产生了对应现象。满通古斯语族语言中，像满语支语言的词首辅音 s ~ ʂ 同通古斯语支语言的词首辅音 g 之间发生对应关系之例并不十分奇怪。比如说，"男人用的大耳坠"一词在满语和锡伯语里就叫 suihun，而鄂温克语、鄂伦春语、赫哲语却发音为 guɥhu、guɥkən、guykən 等。很显然，在该词词首满语和锡伯语的舌尖前辅音 s 同鄂温克语、鄂伦春语、赫哲语的舌面后辅音 g 之间产生了对应关系。再比如,"火柴"在满语和锡伯语内发音为 silahʊ 或 şilahu,而在鄂温克语、鄂伦春语、赫哲语中分别说成 gilahur、gilakur、gilaku 等。同样,该词首辅音 s、ş 与 g 之间发生对应关系。还比如,"树枝"在满语和锡伯语里说成 gargan 及 garhan,而在通古斯语支语言内却发音成 saragan ~ saragaŋ ~ salgan。也就是说,在满通古斯语族语言里,确实存在位于词首的舌尖前辅音 s 与舌面后辅音 g 之间产生对应关系的现象。那么,究竟是原来的词首辅音 s 演变为 g 音的呢,还是辅音 g 属于 s 音的演化形式,虽然现在还很难一言为定。但是,从满通古斯语族语言对于"阳光"一词的早期叫法 *gila 来判断,"光阴"的远古说法应该是 *gilaman,而不是 *silaman,*silaman 的词首辅音 s 应属于 g 的变体形式。另外,在不同语言的使用中还出现:(1)*gilaman ~ *sila-man 的第二音节首辅音 l 后面的短元音 a 均被省略;(2)*gilaman ~ *si-laman 的词首音节的短元音 i 被后续元音 a 逆同化为短元音 a 或 e 音;(3)在鄂温克语里词尾舌尖中鼻辅音 n 演化为 ŋ 等音变现象。不过,通古斯语支语言内也用 dʒirəlgən ~ dʒirgən ~ dʒirgəŋ 等词表示"光阴"的概念。这种说法,同蒙古语族语言动词词根或词干 dʒirginə-"一闪而过"、dʒirildʒə-"飞驰而过"等的词根 dʒirə-有一定渊源关系。进而我们也认识到,通古斯语支语言的 dʒirəlgən ~ dʒirgən ~ dʒirgəŋ 等也是由动词词根 dʒirə- 派生而来的基本原理。尽管如此,通古斯语支语言里像 dʒirəlgən ~ dʒirgən ~ dʒirgəŋ 等词的使用率没有 gelman ~ galman ~ galmaŋ 的使用率高。

*gərəgən "光亮" —— 满语、锡伯语、赫哲语均叫 gərhən,鄂伦春语是 gəgən,鄂温克语谓 gəgə。很显然,它们的早期语音形式应该是 *gərəgən。后来,在满语、锡伯语、赫哲语中 *gərəgən 产生了 gərgən < gərhən 式音变,而在鄂温克语及鄂伦春语内 *gərəgən 却出现 gərgən < gəgən < gəgə 式音变。其实,蒙古语族语言的 gərəl "光"、gəgə "光亮"等说法与满通古斯语族语言的 gərhən < gəgən < gəgə 等是同属一源。

*dʒabukaran "黎明" < dʒabu —— 鄂伦春语叫 dʒabkara,鄂温克语说 dʒakkara,赫哲语谓 dʒakara,满语与锡伯语说成是 dzˌakara。可以看出,*dʒabukaran "黎明" 在满通古斯语族语言中产生了如下语音变化:(1)在鄂伦春语里,该词第二音节的短元音 u 被省略;(2)而在鄂温

克语中，第二音节的短元音 u 被省略的同时，双唇辅音被后续舌面后送气辅音 k 逆同化为 k 音；（3）赫哲语、满语、锡伯语内，第二音节的辅音 b 以及短元音 u 先后产生脱落现象。并在满语与锡伯语内，词首舌面辅音 dʒ 由舌尖后辅音 dʐ 取而代之；（4）该词词尾的鼻辅音 n 在满通古斯语族语言中均被脱落。根据 *dʒabukaran "黎明" 一词的构成情况来分析，它是在满通古斯语族语言的早期名词 dʒabu "缝隙"、"间隙" 的后面，接缀构词词缀 -ka 和 -ran 派生出来的产物。

*biyagan "月亮" —— 满语 biya，女真语和锡伯语及赫哲语 bia，鄂温克语和鄂伦春语 beega。很显然，在该词里，（1）满语是将词尾音节 gan 省略了；（2）在女真语、锡伯语、赫哲语里不仅省略了词尾音节 gan，同时词中音节的辅音 y 也产生脱落现象；（3）而在鄂温克语和鄂伦春语里，先是词首音节的短元音 i 和词中音节 ya 构成的语音形式 iya 产生缩合性音变而形成长元音 ee。与此同时，词尾鼻辅音 n 也被省略。再说，通古斯语支语言里，将 "月亮" 称为 beegan 的现象也有不少。

*utʃi ~ *usi "星星" —— 满语 usiha、锡伯语 uşiha、鄂温克语 oʃitta、鄂伦春语 ooʃikta、赫哲语 uʃiha、女真语 uʃiha 或 oʃiha。我们认为，该词词根可能就是 *utʃi，后来才演化为 *usi。说实话，在满通古斯语族语言里，词中或词首出现的送气舌叶音 tʃ > tʂ 在舌面前短元音 i 或长元音 ii 的前面产生 s > ʃ ~ ʂ 式音变现象有不少。例如，早期通古斯语支语言把 "老鼠" 称之为 atʃiktʃan，后来就变成了 aʃiktʃan > aʃitʃtʃan。早期满通古斯语族语言还将 "暴躁" 一词说成 doktʃin，后来却被发音为 doksin（满语）、dohşin（锡伯语）、doktʃin > doksin（赫哲语）、doktʃin > dokʃin（鄂伦春语）、dotʃtʃin > doʃʃin（鄂温克语）等。还比如，把 "鸟" 过去叫 *tʃibukan，现在有的语言里却发音成 ʃiibkan。所以说，"星星" 一词的早期词根或许就是 *utʃi，而 *usi 有可能是属于送气舌叶辅音 tʃ 发生 s 音变后形成的产物。那么，依据刚才的分析，对于 "星星" 一词的语音变化现象进行解释的话：（1）词首短元音 u 在鄂温克语中产生 o 音变，在鄂伦春语里却演化为长元音 oo；（2）词根中送气舌叶音 tʃ，在满语里变成 s，锡伯语中被发音为 ş，女真语以及鄂温克语、鄂伦春语、赫哲语内演变为 ʃ 音；（3）在女真语、满语、锡伯语、赫哲语里，词根后面接缀了 -ha 这一构词词缀，鄂温克语与鄂伦春

语则接缀了构词词缀 -kta > -tta。在这里，还有必要提到的是，满通古斯语族语言的 *uʧi ~ *usi "星星" 似乎与蒙古语的 oʧi "星火"、"火星" 有同源关系。

*igəri "牛郎星" —— 满通古斯语族语言里均叫 igəri。另外，在鄂温克语中把 "牛郎星" 也叫 ʉkkəhəŋ oʃitta。其中的 ʉkkəhəŋ 表示 "男孩"，而 oʃitta 指 "星星"，该复合词的意思就是 "男儿星"。除了鄂温克语之外，其他语言中没有这种说法。不过，在鄂伦春语里却叫 unaadʒ oʃitta "女儿星"。毫无疑问，这里的 unaadʒ 显然是指 "女儿" 之意。根据汉语 "牛郎星" 之说，可以理解鄂温克语里叫 "男儿星" 的说法，而鄂伦春语所说的 "女儿星" 却有它的特点和独具之处。在我实地调研时，也有人提出，这是否同鄂伦春人早期母系制社会有关，或者说与他们早期重男轻女、或与女性崇拜等有关？是否如此，这还得需要更进一步深入研究和讨论。

dʒodorgan "织女星" —— 赫哲语 dʒodorgan，鄂伦春语 dʒorgan，鄂温克语 dʒorgaŋ，满语和锡伯语 dzodorgan。这里出现了一种很有意思的现象，也就是赫哲语、满语、锡伯语的词中辅音 d 在鄂伦春语与鄂温克语里却被省略掉了。从严格的音变原理来讲，满通古斯语族语言在内的阿尔泰语系语言中，词中使用的舌尖中不送气塞擦音 d 很少出现脱落现象。起初我们认为，这是一个极其特殊的实例。然而，纵览满通古斯语族语言词汇比较表，却发现此类语音变化现象，在除 dʒodorgan "织女星" 之外的词里也有出现。比如说：

满语	锡伯语	鄂温克语	鄂伦春语	赫哲语	词义
ʂadan	sodan	soon	soon	son	芍药花
gadana	gadani	gani > goni	gani	gani	单身的

从上例完全可以看出，满语和锡伯语内出现的词中辅音 d，在鄂温克语、鄂伦春语、赫哲语里均被省略。与此同时，词中短元音也产生了一些变化。由此可以判断，满通古斯语族语言里，辅音 d 被省略的现象并不是孤立存在，是属于该语族语言语音变化系统的一个组成部分。

*ədun "风" —— 女真语和满语 ədun，赫哲语与鄂伦春语 ədun ~

ədin，鄂温克语 ədiŋ，锡伯语 udun。很显然，在锡伯语里该词词首短元音 ə，受后续音节元音 u 的影响而被逆同化为 u 音。另外，在鄂温克语内，词中元音 i 产生 u 音变的同时，词尾舌尖中鼻辅音 n 也由 ŋ 取而代之。其实，在鄂温克语的方言土语中，也有将 ədiŋ 发作 ədəŋ 或 əduŋ 的现象。还有，词尾鼻辅音 n，在鄂温克语里许多时候被发作 ŋ 音。所以，人们经常看到鄂温克语词尾鼻辅音 ŋ 与满通古斯语族其他语言的词尾鼻辅音 n 之间产生对应的现象。

*sugin "龙卷风" —— 鄂伦春语 sugin，鄂温克语 sugiŋ，赫哲语 sojin，锡伯语 sun ~ su，满语 su。该词里出现了 ugi > oji > u 式音变现象。也就是说，词首音节的元音 u 在赫哲语里产生 o 音变的同时，词中的 ugi 这一语音结构出现 ui > u 式音变。最后，词尾鼻辅音 n 在满语里也被脱落。除此之外，鄂伦春语和鄂温克语里，把 "龙卷风" 也有用复合词 origel ədin、oggeel ədiŋ 来表述的现象。这里的 origel ~ oggeel 是属于形容词，主要表示 "卷曲的"、"旋转的"、"螺旋的"、"漩涡的"、"发旋的" 等词义，而 ədin ~ ədiŋ 是指 "风"。不过，在通古斯语支语言内，也可以用形容词 origel ~ oggeel 来表示 "龙卷风" 之意。

*aga ~ *tikutin "雨" —— 女真语、满语 aga，锡伯语 aha，赫哲语 tikətin ~ tikəti ~ tikiti，鄂温克语与鄂伦春语 tikətin ~ tikti ~ tigdi ~ tigdə。满通古斯语族语言对于 "雨" 的称呼有两种，其中之一就是在满语支语言中所说的 aga > aha，另一种是通古斯语支语言的 tikətin > tikti > tigdi > tigdə。毫无疑问，通古斯语支语言的 tikətin > tikti > tigdi > tigdə 是源于满通古斯语族语言的 *tiku- > tikə- "掉" 这一动词词根。那么，在 tikə- "掉" 后面接缀由动词派生名词的构词词缀 -tin，就会派生出含有 "掉下来的东西"、"掉落物" 等概念的名词。进而，用该词表示从天上掉落的 "雨点" 或 "雨水"。再说，鄂温克语和鄂伦春语把 "雨" 也叫 *udan > udaŋ ~ udun ~ udən ~ udin 等。事实上，*udan 也是通古斯语支语言的早期词汇之一。而且，比较而言，*udan > udaŋ ~ udun ~ udən ~ udin 的使用率要高于 tikətin > tikti > tigdi > tigdə 的使用率。

*sabudan "雨点" —— 鄂伦春语 sabudan，鄂温克语 sawadaŋ ~ sabdaŋ，满语、锡伯语、赫哲语 sabdan。很显然，该词（1）在鄂温克语里，第二音节首辅音 b 出现 w 音变的同时，在其后面的短元音 u 及

词尾鼻辅音 n，演变为短元音 a 和鼻辅音 ŋ；（2）在满语、锡伯语、赫哲语中，词中辅音 b 后面的短元音 u 均被省略。在这里，还要提到的是，通古斯语支语言内，将"雨点"还分别说成 tikətin > tikti > tigdi > tigdə 以及 tokko 与 ʧurkita 等。

*nirun ~ *siran "彩虹" —— 满通古斯语族语言里，用两种说法表述该词义。比如说，满语叫 nioron，锡伯语称 niorun。而在通古斯语支语言的赫哲语里却说 ʃiran ~ ʃirawan ~ ʃiwaran，鄂温克语与鄂伦春语内分别叫 ʃeeraŋ 及 ʃeerun。显而易见，满语与锡伯语的 nioron ~ niorun 是源于动词词根 niru- "画'画'的画"，而 -run > -ron 是由动词派生名词的构词词缀。另外，通古斯语支语言的 ʃiran ~ ʃirawan ~ ʃeeraŋ ~ ʃeerun 等说法或许同动词词根 sira- "连接"、"相连"有关，进而表示"相连的"或"连成一片的"等词义概念。若是如此，动词词根 sira- 的词首辅音 s 发生 ʃ 音变的同时，在有些语言里辅音 s 后面的短元音 i 也产生长元音 ee 之音变。当然，词尾音节 -ran > -raŋ > -run 是属于派生名词的构词词缀。

*tugi "云" —— 女真语和满语 tugi，锡伯语与赫哲语 tuhsu，鄂温克语 tʉgsʉ ~ tʉgʧi ~ təʧʧi，鄂伦春语 tʉgsʉ。该词的演化现象主要表现在以下三个方面：（1）原有的短元音 u 在鄂温克语和鄂伦春语里产生 ʉ 音变；（2）词中辅音 g 在锡伯语、赫哲语内演变成 h 音；（3）词中辅音 g 后面的短元音 i，除满语之外的语言中几乎都被省略。在这里，还要提到的是，就像 tugi 与 tuhsu ~ tʉgsʉ 中出现的区别性语音特征 su ~ sʉ 一样，满通古斯语族的一些语言完全可以用词根或词干表示某一特定概念，而某些语言中则在词根或词干后面接缀 -s ~ -su ~ -suŋ 等构词词缀后才能完整地表达该词义。比如说，"辐条"、"疖子"两个词，在满语和锡伯语里就叫 hədu，而在赫哲语、鄂温克语、鄂伦春语内叫 kətusu ~ kətusʉ ~ hətʉsʉ ~ hətʉs 等。与此相关，在赫哲语、鄂温克语、鄂伦春语里，能够用词根或词干形式表示的某一词义，却在满语和锡伯语中用构词词缀 -s ~ -su ~ -sʉ ~ -sə 来表示。例如，"狐臭"一词，鄂伦春语叫 koloŋ，赫哲语与鄂温克语称 holoŋ。然而，在满语中则说 koloŋso，锡伯语发音为 koləŋsə 等。总之，*tugi "云"是满通古斯语族语言的早期语音形式。

　　*ʤagasan ~ dalaɡan "霞光"、"晚霞" —— 赫哲语 ʤaksan，满语与锡伯语 dzʌaksan。满语支语言里，首先是 *ʤagasan 的词首辅音 ʤ 在满语与锡伯语内出现 dzʌ 音变，其次词中辅音 ɡ 后面的短元音被脱落，再就是词中辅音 ɡ 在满语、锡伯语、赫哲语内演化为舌面后送气塞擦音 k。说到 *ʤagasan 的来源，有可能是源于早期的 ʤaga "间空"、"空隙"、"缝隙" 一词。也就是说，该词是在 ʤaga 后面接缀从名词派生名词的构词词缀 -san 而构成，由此表示在天边的空隙中出现的 "霞光"、"晚霞"。再说，鄂温克语与鄂伦春语中，把 "霞光"、"晚霞" 叫做 dalgan。很清楚，该词是在动词词根 dalaga- "烧" 后面接缀由动词派生名词的构词词缀 -n 而构成。dalagan 实际表示的就像汉语中所说的 "火烧云" 之意，也可以意译成 "霞光" 或 "火红的晚霞"。不过，在动词词根 dalaga- 后面接缀 -n 时，词中第二音节的短元音 a 被省略。除此之外，"霞光" 或 "晚霞" 鄂温克语和鄂伦春语也叫 nəŋgir 或 ilawuʧʧi。对此，他们解释说，nəŋgir 或 ilawuʧʧi 所指的是 "红彤彤一大片的霞光或晚霞"，而 dalgan 表现出的词义同满语等的 *ʤagasan 相一致。

　　talman ~ tamnan "雾" —— 满语 talman，锡伯语 talmən，女真语 tamnaŋ ~ tamnaŋgi，鄂伦春语 tamnan，鄂温克语 tamnan ~ manaŋ，赫哲语 tamnaksə。该词中，除了锡伯语词尾鼻辅音 n 前面的短元音 a 弱化为 ə 音外，引人注目的是满语支语言的词中辅音 l 与 m、通古斯语支语言的词中辅音 m 与 n 间产生的相互交叉对应的现象。像这样的实例，在其他词中也能够见到。比如说，"长的" 之意，在满语和锡伯语里用 golmin 来表示，而在通古斯语支语言中却说 ŋonmo ~ nomno ~ onimo ~ nonom 等。再比如，一些语言里把 nijalma ~ nialma "人" 发音成 nijamna ~ niamna ~ niona 等。从这些实例不难看出，满通古斯语族语言中存在的舌尖中辅音 l 及 n 交叉对应的规律。除此之外，鄂温克语和鄂伦春语把 "雾" 也说成 manan ~ manaŋ。这种说法，与蒙古语的 manan "雾" 相一致。

　　*sugdun ~ *sugar "空气" —— 满语 sukdun，锡伯语 sugdun，鄂温克语、鄂伦春语、赫哲语 sugar > ugar。就像该词里所见，满语支语言词中出现的辅音结合体 kd 或 gd 同通古斯语族语言词中辅音 g 相对应的现象在其他实例中也能够见到。比如说，"茅草" 一词，满语是 hakda，锡伯语谓 hakda 或 hagdu，而鄂温克语和鄂伦春语却叫 hagi。

很显然，在这里，同样是满语和锡伯语的 kd 或 gd 跟鄂温克语与鄂伦春语的 g 产生了对应关系。不过，在鄂温克语、鄂伦春语、赫哲语等中，还可以用 agar ~ aagar ~ aagaŋ 等说法表示"空气"之意。像这些词是否属于 sugar > ugar > uar > uur 或 ugar > agar > aagar 等演化规律的表现形式，还需要进一步深入探讨。

*tʃamdan "霭气" —— 鄂伦春语与赫哲语 tʃamdan，鄂温克语 tʃamdaŋ，满语和锡伯语 tʂamda。可以看出，该词词尾的鼻辅音 n 在鄂温克语中产生 ŋ 音变，同时词首辅音 tʃ 在满语和锡伯语里出现 tʂ 音变。

*suman "烟气" —— 满语、锡伯语、鄂伦春语、赫哲语叫 suman，鄂温克语 sumaŋ。鄂伦春语和鄂温克语里，有时也叫 saŋan ~ saŋaŋ 等。

*silə "露水" —— 满语 siləŋgi，赫哲语 ʃiləŋgi ~ ʃiləksə，鄂温克语 ʃiləŋgi ~ ʃilitʃtʃi ~ ʃiiritʃtʃi，鄂伦春语 ʃiləksə，女真语 ʃiləwun，锡伯语 ʂiliŋ 等。毫无疑问，这些说法均来自*silə。其中，词首辅音 s，在鄂温克语、鄂伦春语、赫哲语、女真语中演化为 ʃ 音，在锡伯语里变成 ʂ。与此同时，词中辅音 l 后面的短元音 ə 在锡伯语及鄂温克语的某些方言土语里被发作 i 音。

*gəsun "霜" —— 鄂伦春语与赫哲语 gəsun，鄂温克语 gəsʉŋ，满语和锡伯语 gətʂən，女真语 gətʃən。在该词中见到的辅音 s 与 tʂ、tʃ 的对应，短元音 u 与 ʉ、ə 的对应，以及词尾鼻辅音 n 与 ŋ 的对应等，均属于满通古斯语族语言里出现率较高的语音现象。另外，鄂温克语与鄂伦春语里，也可以用 saantur ~ saanta 指含"霜"之意。

*niman "雪" —— 锡伯语 nimaŋ，满语 nimaŋgi，鄂伦春语 imana，赫哲语 imanə，女真语 imaŋgi，鄂温克语 imanda。*niman "雪" 在实际使用中，出现一些语音变化。首先是，词首鼻辅音 n 在鄂伦春语、赫哲语、女真语、鄂温克语里被省略；其次是，词尾鼻辅音 n 在锡伯语里产生 ŋ 音变；再就是，该词词根后面还接缀有 -na ~ -nə ~ -da ~ -ŋgi 等不同语音结构形式的附加成分。

*labsa "雪片" —— 满语和赫哲语叫 labsa，锡伯语 labs，鄂温克语

lahsa，鄂伦春语 laksa。很显然，锡伯语中词尾短元音 a 出现脱落现象。还有，词中辅音 b 在鄂温克语与鄂伦春语里产生 h、k 音变。正如在这里所见到的那样，满语与锡伯语词中辅音 b 同鄂温克语与鄂伦春语的辅音 h、k 产生对应的实例在其他词里也出现过。比如说，"狐狸皮"在满语里就叫 dobitʂi，锡伯语说 dobtʂi ~ dovtʂi，赫哲语 dobtʃi，而在鄂温克语与鄂伦春语里却说 dohitʃi ~ dohtʃi 或 dokitʃi ~ doktʃi 等。总之 labsa 是该语族语言对于"雪片"的最早说法。

　　*sigurgan > *sugurgan "暴风雪" —— 鄂温克语 suurga < suugga，鄂伦春语 surgan，赫哲语 surgə，锡伯语 surgan < surhan，满语 ʂurga。这里，（1）先是词第二音节首辅音 g 产生脱落而出现的长元音 uu，除鄂温克语之外的语言里演化为短元音 u；（2）其次，词尾音节首辅音 g 锡伯语里有演化为 h 音的现象；（3）再就是，在满语中，词首辅音 s 出现 ʂ 音变；（4）另外，满语、鄂温克语、赫哲语的词尾鼻辅音 n 被省略。

　　*sagantur "雪面微冻" —— 赫哲语 saantur，鄂温克语 saantur < saanta < sant，鄂伦春语 saanta，锡伯语 satur，满语 ʂatur。该词的演化规律应该是：

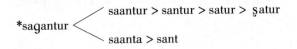

*sagantur ⟨ saantur > santur > satur > ʂatur
　　　　　 ⟨ saanta > sant

　　这里有必要提到的是，*sagantur "雪面微冻"一词有可能是从满通古斯语族语言早期形容词 *sagan "白的"派生而来的名词，而 -tur 是由名词派生名词的构词词缀。除此之外，在鄂伦春语内也有用 iksan 表示"雪面微冻"或"霜冻"之意的现象。

　　*bogona "冰雹" —— 鄂伦春语 bogona ~ bogana ~ bokoto ~ boono，鄂温克语 bogona ~ boono，女真语、满语、赫哲语 bono，锡伯语 boni。该词里出现的语音变化现象，在前面的分析中基本上都涉及到了。也就是说，（1）词中短元音 o 之间使用的辅音 g ，除了通古斯语支语言的个别方言土语里被保留之外，许多语言中均出现脱落现象；（2）词尾

短元音 a 被前置音节的短元音 o 所顺同化；（3）在锡伯语里，词尾短元音 a 产生了 i 音变；（4）词中辅音 g 在鄂伦春语里变读为 k 音。我们认为，第（4）条是一个极其特殊的音变现象。

　　*talekijan < *tale-"闪电"——满语 talkijan ~ talkian，锡伯语 talkian ~ telianka，鄂温克语 *taleeŋ ~ taleŋ，鄂伦春语 talken < talen，赫哲语 talken ~ talinki。满通古斯语族语言里表示"闪电"之意的名词均由动词词根 *tale-"打闪"、"急速闪光"、"闪电"派生而来。那么，该动词词根在使用过程中出现（1）词中辅音 l 后面的短元音 e 在满语及鄂温克语的一些方言里被省略。同时，在一些语言或方言土语中，同后续词缀 -jan 相融合，从而形成长元音 ee，或复合元音 ia 等语音结构形式；（2）词首音节的短元音 a 在锡伯语里演化为 e 音；（3）词中辅音 l 后面的短元音 e 在赫哲语里演化为 i 音。另外，在派生该名词时，动词词根 tale- 后面接缀了 -kijan > -kian > -keen > -ken ~ -keŋ > -eŋ > ~ -kijanka > -kianka > -aŋka ~ -nki ~ -n 等构词成分。再说，满通古斯语族语言里，还有将"闪电"说成 dalgijan（满语）、dalgian（锡伯语）、dalgen（赫哲语）、gilowuŋ（鄂温克语）、gilawun ~ gilowun（鄂伦春语）等的现象。

　　*agadin"雷"——该名词或许源于早期满通古斯语族语言里表示"发出或出现可怕、愤怒、剧烈、恐怖声音"之意的动词词根 *aga-。在 *aga- 后面分别接缀由动词派生名词的构词词缀 -din ~ -dẓan > -dẓun ~ -de > -di ~ -a 等，从而派生出满语的 *agadẓan > akdẓan，锡伯语的 *agadẓun > audẓun，鄂温克语的 *agadi > agdi > adde，鄂伦春语与赫哲语的 agdi 及女真语的 adian ~ ade 等，并以此表示"雷"之意。

　　*na"地"——女真语、满语、锡伯语、鄂温克语、鄂伦春语、赫哲语均叫 na。另外，在鄂温克语里还有 boga > bog 之说法，鄂伦春语也可以用 tur 来表示该词义。而且，bog 与 tur 在鄂温克语和鄂伦春语中有着很高的使用率。与此相反，na 的使用率变得越来越低。

　　*kurun > *hurun"地壳"——鄂伦春语 kurun > kuru，赫哲语 hurun，满语和锡伯语 huru，鄂温克语 hur。可以看出，该词在使用过程中产生的音变现象并不复杂，并且所产生的一些语音演变均有它的普遍性。例如，（1）像鄂伦春语之外语言的词首辅音 k 均演化为 h 音，（2）像赫

哲语及鄂伦春语之外语言均省略词尾鼻辅音 n 等现象，在满通古斯语族语言语音演化实例中经常能够见到。再说，鄂伦春语内至今保留有相当数量的词首辅音 k。比如说：

鄂伦春语	满语	鄂温克语	赫哲语	锡伯语	词义
kajləhun	hailan	heelasuŋ	hailən	helin	榆树
kukur	huhu	hurhur	huhu	huhu	麴子
kari	hara	hari	har	har	狗尾草

说实话，在满通古斯语族语言里，像辅音 k 与 h 相对应的现象确实有不少，尤其在词首的出现率比较高。根据阿尔泰诸语言语音演化规律来讲，属于类似的语音变化现象一般都是原有舌面后送气清塞音 k 发生 h 音变所至。不过，也不能一概而论，有的词内或许存在 h 音变 k 音的特殊实例。另外，在 *kurun > *hurun "地壳" 一词的语音变化中还出现鄂温克语词尾短元音 u 被脱落的现象。

*arabun "地势" —— 在满通古斯语族语言里均叫 arbun。毫无疑问，arbun 是由于*arabun 的词中短元音 a 产生脱落之后形成的语音结构形式。另外，在通古斯语支语言中，也有把 arbun 发音为 arwun 的现象。但是，在满语支语言里，为了强调 "地势" 的 "地" 之概念在 arbun 前面要使用名词 na "地" 的情况。由此，把 "地势" 就说成是 nai ar-bun。其中的短元音 i 是属于领属格语法词缀。

*siran "地脉" —— 在满通古斯语族语言里均叫 siran ~ şiran。不过，鄂温克语与鄂伦春语中也有称作 ʃiran 的现象。也就是说，在鄂温克语和鄂伦春语里，把该词词首辅音 s 发音为 ʃ 音。事实上，通古斯语支语言内，将在词首元音 i 前出现的辅音 s 发音成 ʃ 音的实例有很多。例如，

满语	锡伯语	鄂温克语	鄂伦春语	赫哲语	词义
siŋɡəri	şiŋər	ʃiŋəri	ʃiŋəri	ʃiŋəri	老鼠
silmən	şilmən	ʃilmən	ʃilmən	ʃilmən	燕隼
fisihə	fişih	iʃihi	iʃihi	iʃih	小黄米
silfu	şilfu	ʃilbi	ʃilbi	ʃilbu	小腿

根据我们所掌握的资料来看，不只是通古斯语支语言的辅音 ʃ 同满语支语言的辅音 s 以及 ş 产生对应关系，甚至是辅音 ʧ 与满语支语言的辅音 s 以及 ş 发生对应的现象也有不少。一般来讲，在满通古斯语族语言内，短元音 i 前出现的辅音 s 与 ʃ 或 ş 的对应，都是由于原有的辅音 s 产生 ʃ 或 ş 音变后造成的结果。

*ʧiktən "干支的'干'" —— 鄂伦春语与赫哲语 ʧiktən，鄂温克语 ʧiktəŋ，满语和锡伯语 tʂiktən。该词词首出现的辅音 ʧ 在满语和锡伯语里产生 tʂ 音变的同时，词尾鼻辅音 n 在鄂温克语中被发音为 ŋ 音。

garagan "干支的'支'" —— 赫哲语 garagan，满语、鄂温克语、鄂伦春语 gargan，锡伯语 gargan < garhan。很显然，该词在演化过程中：（1）除赫哲语之外，词中短元音 a 均产生脱落现象；（2）在锡伯语里，词中辅音 g 演化为 h 音。我们认为，garagan "干支的'支'" 一词，是在名词 gara "树枝" 后面接缀构词词缀 -gan 而派生的实例。

*bogahon ~ tukal "土" —— 女真语 boho，满语与锡伯语 boihon，鄂伦春语和赫哲语 tukal，鄂温克语 tuhal。满通古斯语族语言对于 "土" 的叫法有不少，其中使用率高的就属 *bogahon 与 tukal 两种。相比之下，满语支语言里使用 boho 或 boihon 的较普遍。我们认为，这种说法可能是源于早期满通古斯语族语言内使用的 boga "地"、"土"、"土地" 一词。那么，该名词的语音结构形式产生 boga > boja > boje > boe > boi > bo 式音变之后，在 bo 后面再接缀从名词派生名词的构词词缀 -hon > -ho，从而派生出 boihon、boho 等名词。再说，通古斯语支语言的 tukal > tuhal 也是表示 "土" 之意的名词，而在鄂温克语内词中辅音 k 产生了 h 音变。不过，也不都是如此，在鄂温克语的某些方言土语里也有 tukal 之说。除此之外，在鄂温克语内还有用 ʃirittaŋ 表示 "土" 之意的现象。而且，在牧区鄂温克语中 ʃirittaŋ 有很高的使用率。

*bana "领土" —— 在满通古斯语族语言里均叫 bana。不过，在该语族语言内，也有用 ba 或 na 的语音形式表示 "领土" 或 "土地" 之意的现象。由此，我们认为，ba 或 na 有可能属于早期说法。其中的 ba 或许是 buga "天" 之说的另一种语音变体实例。也就是说，ba 是经过 buga > buwa > bua > ba 式语音演变而来的产物。那么，会不会是早期的

人们，为了用由 buga 演化而来的 ba 表示"领土"的"土"之意，在 ba 的后面使用了专门用于"土"、"地"、"土地"等词义的名词 na，从而构成 ba + na = bana 这一由两个名词黏合而成的新词。实际情况是否如此，还需要进一步深度探讨。

*togorol "尘埃" —— 鄂温克语与鄂伦春语 toorol，赫哲语 toor，满语和锡伯语 toron。根据该词的语音结构特征，可以判断 *togo- 是属于词根部分，而 -rol、-ron、-r 是构词词缀。那么，词根 togo- 在使用过程中产生 togo- > too- > to- 式音变。再说，他们也用 toos（鄂温克语）、toso（锡伯语）、tosun（鄂伦春语）、tos（赫哲语）等说法表示"尘埃"、"尘土"、"灰尘"等词义。很有意思的是，蒙古语里也将这些词义用 *togorol > toorol ~ togosu > toosu > toos 来表示。毫无疑问，满通古斯语族语言里使用的，源于词根 togo- 的名词同蒙古语属于同根同源。

*buragin "飞尘" —— 女真语、满语、锡伯语 buraki，赫哲语 burgin，鄂温克语 burgiŋ，鄂伦春语 burgen。在满通古斯语族语言里，对于"飞尘"的说法，均是在动词词根 bura- 后面接缀由动词派生名词的构词词缀 -ki ~ -gin > -giŋ > -gen 等后派生而来的实例。不过，作为动词词根 bura- 在具体使用时，除满语之外的其他几种语言里，词中短元音 a 均被省略。

*tipa > *tiba "泥土" —— 女真语 tifa，赫哲语 ʧibar，满语 tʂifahan，锡伯语 tʂivhan，鄂温克语与鄂伦春语及赫哲语 ʃiwar。可以看出，该词在满通古斯语族语言里有着不同程度的音变。（1）首先，词首辅音出现 t > tʂ > ʧ > ʃ 式演变。这其中，女真语保留了原有的 t 音。（2）其次，词的第二音节首辅音 b 也发生 f ~ w ~ v 等变化。（3）再就是，锡伯语里词中辅音 b 后面的短元音 a 被省略等。另外，在该词的使用上，除女真语之外，其他几种语言还接缀 -han ~ -r 等构词词缀。如果说，*tiba 是属于该词的早期语音形式，那么，最早的语音结构应该是 *tipa。我们知道，在通古斯语支语言内将"摸泥"就说成是 tipa- 或 tilpa-，是属名词 *tipa 的同源词。再说，满语与赫哲语中，还有用 lifahan ~ karku 等说法表示"泥土"之意的现象。

*go "水沟" —— 鄂温克语、鄂伦春语、赫哲语等通古斯语支语言

内均叫 go，满语和锡伯语满语支语言中说 ko。根据满通古斯语族语言语音变化原理，应该说该词词首辅音 g 在满语和锡伯语里产生 k 音变。很有意思的是，在蒙古语族语言内也有用 go 来表达"水沟"的现象。有的专家还怀疑，满通古斯语族语言的 go 与蒙古语的 go 以及汉语的 gou"沟"之间存在渊源关系。

*wəhə ~ *ʤolo "石头" —— 女真语和满语叫 wəhə，锡伯语 vəhə，鄂温克语与鄂伦春语及赫哲语说 ʤolo。也就是说，满通古斯语族语言有关"石头"的说法，应该有 wəhə 与 ʤolo 两种。其中，满语支语言叫 wəhə > vəhə，而通古斯语支语言则说 ʤolo > ʤol。

ləkə *"磨石" —— 根据我们现已搜集到的词汇资料，满通古斯语族语言内把"磨石"均叫 ləkə。不过，在通古斯语支语言的有关方言土语中，也有 ləhə 或 ləh 的说法。很显然，在他们的口语里，词中辅音 k 出现了 h 音变，甚至词尾元音 ə 被脱落。

ʤagari "小石子" —— 赫哲语 ʤagari，鄂温克语与鄂伦春语 ʤagar，满语 dʐahari，锡伯语 dʐahər ~ dʐahri 等。该词内产生的语音变化可以概括为以下三种：（1）词首辅音 ʤ 及其词中辅音 g 在满语和锡伯语里产生 dʐ、h 音变；（2）锡伯语内，词中辅音 h 后面的短元音 a 被弱化而出现 ə 音变或被脱落；（3）在鄂温克语与鄂伦春语中，词尾短元音 i 被省略。

*joŋa "沙子" —— 满语和锡伯语 joŋgan，鄂温克语与鄂伦春语及赫哲语 iŋa。我们认为，在满语支语言里，词根 *joŋa 后面接缀 -gan 这一词缀时，该词词中辅音 ŋ 后面的短元音 a 出现脱落现象。还有，在通古斯语支语言里，词首音节语音产生 jo > je > i 式音变。其实，通古斯语支语言中，将词首音节的语音形式 jo 发音为 i 的实例有不少。比如说，把过去所说的 jokun"什么"、joda ~ jooda"为何"、jopon"日本"等，后来就发音成 ikun、ida、ipon 等。另外，该语族语言内对于"沙子"还有一些说法。比如说，nioŋun（锡伯语）、ələsun > əlsun（鄂温克语）、ʃirgi（鄂伦春语）、ʃorun（赫哲语）、ʃirhə ~ ʃərhə（女真语）等。

　　*maŋkan "沙丘" —— 满通古斯语族语言里均叫 maŋkan > maŋka > maŋkar 等。例如，满语、锡伯语、赫哲语叫 maŋka，鄂温克语说 maŋkar，鄂伦春语称 maŋka。他们的这些说法跟蒙古语的 maŋhan > maŋha 属于同根同源。

　　*gobi "戈壁" —— 满语、赫哲语、鄂伦春语 gobi，锡伯语 govi，鄂温克语 gowi。不难看出，该词词中辅音 b 在锡伯语与鄂温克语中分别产生 v 与 w 音变。该词也和蒙古语族语言的 gobi > gowi 之间存在同源关系。

　　*tala "平原" —— 满语 tala，其他语言中词尾短元音 a 产生脱落而均被发音为 tal。不过，锡伯语里为强调 "平原" 之特定概念，在 tala > tal 前经常使用形容词 nətʂin "平的"，由此把该词义一般用 nətʂin tal 来表述。赫哲语里，除了 tal 之说外，还用 kəwər 表示 "平原" 之意。满通古斯语族语言的 tala 也同于蒙古语的 tala > tal。

　　*bugan ~ *kugur "野外" —— 鄂伦春语 buwan ~ kəwər，赫哲语 bajin，满语与锡伯语 bigan，鄂温克语 həgur > həwər > həər，女真语 udigə。可以说，满通古斯语族语言对于 "野外" 一词的表述比较复杂。在我们掌握的词汇资料中，就显示出三种不同的说法。其一，就是在满语、锡伯语、赫哲语、鄂伦春语中出现的：

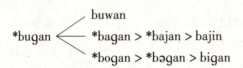

　　其二，就是在鄂伦春语、赫哲语、鄂温克语等通古斯语支语言内所见到的，与他们早期说法 *kugur 相关的实例。我们可以用下列形式展示它们的音变现象及其规律：

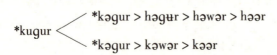

其三，是女真语中出现的 udigə 一说。该词似乎同蒙古语的 hudəgə "野外"、"原野"一词有所关联。如果这一说法成立，女真语的 udigə 与蒙古语的 hudəgə 是属于同根同源关系。

alin ~ *uru "山" —— 女真语、满语、锡伯语 alin，鄂伦春语与鄂温克语 ʉrə ~ ʉr，赫哲语 urə ~ urəkən ~ urkən。可以看出，满通古斯语族语言，对于"山"之意的表述方面有两种说法，一种是满语支语言的 alin，另一种是通古斯语支语言的 *uru > ʉrə > ʉr。而且，这两种说法均有很高的使用率。只是，*uru 在通古斯语支语言里出现 *uru > urə > ʉrə > ʉr 式音变现象。再说，赫哲语也有用 urəkən > urkən 指"山"之意的实例。而在同属于通古斯语支语言的鄂伦春语与鄂温克语中 urəkən > urkən 则表示"小山"或"小山包"。在这里，还有必要提到的是，通古斯语支语言内也有用 alin 来表达"矮平的山"或"缓坡很大的山"等现象。与此有关，在满语支语言里，却用 alan ~ ala 表述"矮平的山"或"缓坡很大的山"。

*dabagan "山岭" —— 满语、赫哲语、鄂伦春语 dabagan，鄂温克语 dawagaŋ，锡伯语 davhan。该词词中辅音 b 和词尾鼻辅音 n，在鄂温克语里分别产生 w 和 ŋ 音变。而在锡伯语内，词中辅音 b 与 g 出现 v 和 h 音变的同时，词中短元音 a 产生脱落现象。满通古斯语族语言的 dabagan，与蒙古语的 dabagan 之间存在同源关系。

kada > hada "岩山" —— 鄂伦春语 kada ~ kad，满语与赫哲语 hada，鄂温克语 hada ~ had，锡伯语 had。就像我们在前面所提到的那样，该词词首辅音 k 除鄂伦春语之外的其他满通古斯语族语言中，几乎都演化为 h 音。不过，在鄂温克语的有关方言土语里，也有把该词发音成 kada ~ kad 的现象。例如，在莫日格勒鄂温克语和敖鲁古雅鄂温克语里，把"岩山"就会说成是 kada ~ kad。另外，满语支语言里，用 hada 一词还可以表示"山顶"、"岩峰"等词义。

*soksun "山尖峰" —— 锡伯语 soksən，赫哲语 sokʧun，满语 ʂokʂohon > ʂokʂon，鄂伦春语 ʧokʧun，鄂温克语 ʧoʧʧuŋ。从该词的不同语音结构形式及其相关音变特征可以看出：在词首，锡伯语和赫哲语的舌尖前辅音 s，同满语的舌尖后辅音 ʂ 以及跟鄂温克语和鄂伦春语的

舌叶音 ʧ 等产生对应关系。而且，这种对应现象的出现，主要是由于原来的 s 音出现 ʂ 及 ʧ 音变所致。类似的语音变化现象，在满通古斯语族语言里并不作为稀有现象而孤立存在。在该语族语言内像这样的音变现象还有不少，请看下面列举的相关实例：

锡伯语	赫哲语	满语	鄂温克语	鄂伦春语	词义
suŋkər ilha	saŋgə	ʂuŋkəri ilha	ʧagirma	ʧaŋgen ilga	兰花
sasahun	sasahun	ʂakʂahun	saʧahun	saʧakun	齿露者
sulu	soh	ʂulu	ʧoh	ʧok	鬓角
sosun	sosug	ʂoʂon	soʧug	soʧug	发髻

除此之外，鄂温克语词首音节末辅音 k 因后续辅音 ʧ 的逆同化而演变为 ʧ 音。再就是，词中辅音 s 在满语里演化为舌尖后送气清塞擦音 ʂ，在鄂温克语、鄂伦春语、赫哲语里变成舌叶送气清塞擦音 ʧ 音。与此同时，第二音节的短元音 u，在满语里被前音节元音顺同化为 o 音，在锡伯语中弱化为 ə 音等。最后提到的是，在该词的演化过程中，词尾鼻辅音 n 在鄂温克语内变为舌面后鼻辅音 ŋ。

*kajihan "半山腰" —— 鄂伦春语 keka，满语与锡伯语 haiha，鄂温克语 heeha，赫哲语 heha。该词（1）词首辅音 k 在满语、锡伯语、鄂温克语、赫哲语里产生 h 音变；（2）满语与锡伯语里，词中舌面前浊擦音 j 的脱落而出现复合元音 ai；（3）在通古斯语支语言中，词首部分的 aji 这一语音组合形式，首先演化为长元音 ee，之后在赫哲语和鄂伦春语里又变成了短元音 e；（4）再就是，词尾鼻辅音 n 被脱落。在这里，我们还联想到蒙古语的 *kajigan > hajigan "旁、边、涯" 一词。蒙古语的该名词，无论在语音形式，还是在语义结构方面，似乎均存在十分密切的内在联系，倘若他们是属于同根同源关系，那么满通古斯语族语言 *kajihan 的早期发音形式也应该是 *kajigan，后来词尾音节首辅音 g 出现 h 音变而成为 *kajihan。

*daban "山顶险处"、"山坡" —— 满语与赫哲语 daban，鄂伦春语 daban ~ daba，锡伯语 davan，鄂温克语 dawa。很显然，该词词中辅音 b，在锡伯语和鄂温克语内分别产生齿间浊半元音 v 与双唇浊半元音 w 音变。与此同时，词尾鼻辅音 n 在鄂温克语及鄂伦春语的有关方言土语

中产生脱落现象。毫无疑问，满通古斯语支语言的 *daban > davan > da-wa 等同蒙古语 dabagan > dabaga > dawa "山坡"、"山岭"有同源关系。另外，在满通古斯语族语言里，把"缓慢的山坡"叫 ənəshun ~ ənəshʉn ~ ənəshʉŋ 等。这其中，通古斯语支语言词尾音节短元音 u 产生 ʉ 音变的同时，词尾鼻辅音 n 也出现了 ŋ 音变。例如，鄂伦春语 ənəshʉn，鄂温克语 ənəshʉŋ 等。

*sulugun "山岳"—— 鄂伦春语 solkon，鄂温克语 solhoŋ，赫哲语 ʧolhon，满语和锡伯语 tʂolhon。就像我们的假定，该词的早期发音形式倘若是 *sulugun 的话，（1）首先，词首辅音 s 除鄂温克语与鄂伦春语之外，赫哲语及满语、锡伯语内出现 ʧ 与 tʂ 音变；（2）词首音节元音 u 均出现 o 音变；（3）词中音节辅音 l 后面的元音 u 被脱落；（4）词尾音节首辅音 g 除了在鄂伦春语里被发作 k 音外，其他语言内都发生 h 音变；（5）词尾鼻辅音 n 在鄂温克语里演化为 ŋ 音。

mulu "山梁"—— 满语、锡伯语、赫哲语 mulu，鄂温克语与鄂伦春语 mul。可以看出，在鄂温克语与鄂伦春语内 mulu 词尾的短元音 u 出现脱落现象。

mudun "山嘴"—— 满通古斯语族语言均谓 mudun。在通古斯语支语言内，也有说 mudan 的现象。另外，在鄂温克语中也可以用 hir 表示该词义。

*hədɕigən "山腰险处"—— 鄂温克语与鄂伦春语 hədɕig，赫哲语 hədɕih，满语 hədz̧ihə，锡伯语 hədz̧ih。首先，该词词中辅音 ɕ 在满语支语言里产生 dz̧ 音变。其次，词尾音节辅音 g 在鄂温克语及鄂伦春语中被保存之外，在赫哲语、满语、锡伯语内却弱化为 h 音。还有，词尾音节的短元音 ə 及鼻辅音 n，除了在满语里保留了 ə 之外，其他满通古斯语族语言里均被脱落。

səŋgin "山额"—— 满语 ʂəŋgin，其他语言中均叫 səŋgin。也就是说，词首辅音 s，除了在满语里产生 ʂ 音变之外，在满通古斯语族其他语言中都保留了下来。

*bosogon "山阴坡" —— 满语、锡伯语、赫哲语 boso，鄂伦春语与鄂温克语 boso ~ boʃigo。虽然在满通古斯语族语言内均有 boso 之说，但伴随鄂温克语及鄂伦春语词中元音 o 的 i 音变，词中辅音 s 也产生了 ʃ 之音变。在我们看来，该词的早期语音结构形式应该是 *bosogon，而不是 boso。也就是说，在满语、锡伯语、赫哲语内词尾音节 gon 被脱落，而在鄂温克语及鄂伦春语只丢失了词尾鼻辅音 n。

antug "山阳坡" —— 鄂温克语和鄂伦春语 antug > antag，满语、锡伯语、赫哲语叫 antu。这其中，满语和锡伯语及赫哲语的词尾辅音 g 出现脱落现象。另外，在鄂温克语和鄂伦春语内也出现词第二音节短元音 u 受前置音节元音 a 的影响而被顺同化为 a 音之现象。

bəthə "山脚" —— 满通古斯语族语言均叫 bəthə。除此之外，在通古斯语支语言内还有 bəgdər ~ bəgdələn 等说法。满语支语言里也有为强调"山脚"的"山"之概念，在 bəthə 前使用 alin 的现象。

butən "山根" —— 满语、锡伯语、赫哲语 butən，鄂温克语与鄂伦春语 bʉtən ~ bʉtə。可以看出，该词词首音节短元音 u 在鄂温克语与鄂伦春语里被发作 ʉ 音。另外，通古斯语支语言中也有被发音成 bʉtə 的实例。

*mudan "山弯" —— 在满通古斯语族语言内均谓 mudan。不过，在鄂温克语的有关方言土语里也有 koʧi 或 hoʧi 等说法。

*gulduri "涵洞" —— 满语 gulduri，除满语之外的其他语言里均称作 guldur。在实际使用中 *gulduri 产生两种音变，一是词首音节的短元音 u 出现 ʊ 音变，二是词尾短元音 i 在锡伯语、鄂温克语、鄂伦春语、赫哲语里被脱落。

*saŋagal "窟窿" —— 鄂温克语 saŋaal，满语和锡伯语 saŋga，鄂伦春语和赫哲语 saŋa。毫无疑问，*saŋagal 一词（1）在满语和锡伯语内，词中短元音 a 及词尾舌尖中边辅音 l 先后产生脱落现象；（2）在鄂温克语里，词尾音节首辅音 g 被省略而出现长元音 aa 现象；（3）在鄂伦春语和赫哲语内出现 *saŋagal > saŋaal > saŋaa > saŋa 之规律的音变现象。

在这里，还要提到的是，也可以用 fonku（锡伯语）、ɯltəkə（鄂伦春语）等说法表示"窟窿"这一词义。

　　jəru"大动物洞穴"——满语和锡伯语 jəru，赫哲语 əlu，鄂温克语和鄂伦春语 əlɯ。在该词的使用过程中，先是通古斯语支语言内词首辅音 j 出现脱落现象，而后在鄂温克语及鄂伦春语里词尾短元音 u 产生 ɯ 音变。另外，词中辅音 r 在通古斯语支语言内被发作 i 音。

　　*ʤurun"鼠洞"——鄂伦春语 ʤorun，鄂温克语 ʤoruŋ，赫哲语 ʤorən，满语 dzʅurun，锡伯语 dzʅurən。它们的语音变化现象及其规律应该是：

$$*ʤurun \begin{cases} ʤorun \begin{cases} ʤorən \\ ʤoruŋ \end{cases} \\ dzʅurun > dzʅurən \end{cases}$$

　　*muɢun"水"——锡伯语 muku，满语与赫哲语 mukə，女真语 muwə，鄂温克语 muɢu > mɯwɯ > mɯɯ，鄂伦春语 mɯwə ～ mɯɯ。可以看得出来，该词在满通古斯语族语言的使用过程中出现十分有规律的音变现象。概而言之：（1）先是词首音节短元音 u 在鄂温克语和鄂伦春语内产生 ɯ 音变；（2）其次，词中辅音 ɢ 演化为 k 或 w 音，或完全被脱落，由此演化出长元音 ɯɯ；（3）再说，在满语、锡伯语、女真语里，词第二音节短元音 u 被弱化为 ə 音；（4）最后是，原有的词尾鼻辅音 n 均被脱落。在这里需要指出的是，就如在 *muɢun > muku 里所见，通古斯语支语言内保存下来的辅音 ɢ 同满语支语言的音变辅音 k 相对应的现象确实有一些。比如说：

鄂温克语	鄂伦春语	赫哲语	满语	锡伯语	词义
ugur	ugur	uguri	ukuri	ukuri	细鳞梭鱼
huɢul	kuɢul	huɢul	kukul	ukukul	马脑鬃
ugar	ugar	ugər	fuka	vək	鱼鳔
hulɯg	kulɯg	hulug	kuluk	kuluk	骏马

　　根据我们掌握的满通古斯语族语言有关词汇资料，以上与通古斯语支语言的 g 相对应的满语支语言的 k，似乎都属于由 g 音演化而来的产物。但是，我们也不能以此为据，断定在满通古斯语族语言里出现的类似的语音对音现象，都是因为满语支语言的辅音 g 产生 k 音变的结果，或许还存在与此完全相反的事例。

　　*mugudəri > *muudəri > *mudəri "海" —— 鄂温克语 mʉʉdəri ~ mʉdəri，赫哲语 mudəri，鄂伦春语 mʉdəri，满语和锡伯语及女真语mədəri。我们认为，mudəri "海" 一词源于 *mugun "水"。也就是说，在该词词干 mugu- 后面接缀构词词缀 -dəri 而派生的名词。那么，该词在具体使用过程中词干部分的音变与 *mugun "水" 的语音变化现象完全相同，而词缀部分却保存了原来的语音形式。下面结合前面提到的"水"的音变现象展示*mugudəri "海" 的音变规律：

　　另外，在赫哲语里，也用 lamu 与 lamə 之说来表示"海"的概念。在我们看来，lamu > lamə 的 mu > mə 有可能源于 *mugun "水" 的mukə > muhə > muə > mu > mə 之演化现象。那么，词首音节的 la，或许是属于远古通古斯语里表示"大"等词义的形容词，也许属于 na "地"一词词首辅音经语音交替式构词手段派生的产物，进而表示像大地一样"辽阔、博大"等词义。如此说来，lamu > lamə 似乎是属于 la "大"与mu "水"两个词的黏合体。

　　*ʤabukarin "海滩" —— 赫哲语 ʤabkəri，鄂伦春语 ʤabkir，鄂温克语 ʤawhir，满语与锡伯语 dzʮubki。事实上，我们在前面已经不同程度地分析过该词内出现的语音变化现象。也就是说，(1) 满语与锡伯语词首辅音 ʤ 产生了 dzʮ 音变；(2) 词中双唇音 b、w 后面的短元音 u被省略；(3) 鄂温克语中辅音 k 出现了 h 音变；(4) 与此同时，辅音k 后面的短元音 a 也演化为 ə 或 i 音；(5) 词尾部分的 -n、-in、-rin 出现脱落现象等。再说，满通古斯语族语言的 *ʤabukarin "海滩"一词可能是源于 ʤabukan > ʤabuka "边缘"、"空间"、"缝隙"一词。在该

词后面接缀由名词派生名词的构词词缀 -rin 而构成表示 "大海岸边"、"海边沙滩" 等词义的名词。

dəbən "海啸" —— 满通古斯语族语言均叫 dəbən。另外，鄂温克语也说 soogiwuŋ，鄂伦春语里也有 ʃoowun 的叫法。在满语中，为强调 "海啸" 的 "海" 之概念，还有在 dəbən 前使用 mədəri "海" 一词的习惯。

mudan "海湾" —— 除鄂温克语之外，满语、锡伯语、鄂伦春语、赫哲语都叫 mudan，鄂温克语则说 mudaŋ。按习惯词尾鼻辅音 n 在鄂温克语中被发作 ŋ 音。除此之外，在鄂温克语里还有 məddeŋ 之说，在鄂伦春语及赫哲语里也有叫 mədin 的现象。这些说法，似乎均属于 *mudan 的语音变化形式。再说，满语和锡伯语里也说 mədəri、mudan。

tun ~ *aragan "岛屿" —— 满语与锡伯语 tun，鄂温克语、鄂伦春语、赫哲语 argan。通古斯语支语言的 *aragan > argan 一词，是在词根 ara- 后面接缀构词词缀 -gan 而构成。该词词根，与蒙古语名词 aral "岛屿" 的词根 ara- 或许属于同根同源。

namu "大洋" —— 满通古斯语族语言中均叫 namu。就如分析赫哲语的 lamu > lamə "海" 时提出的那样，lamu "海" 与 namu "海洋" 的词首辅音 l 与 n 之间似乎存在语音交替现象。从这个意义上讲，它们有可能同属一源，是同一个以黏合形式合成的名词。namu 的 na 指 "地"，mu 表示 "水"，这两个名词合起来应该有 "遍地是水" 之意。

purgin "潮水" —— 赫哲语 purgin，鄂伦春语 purgin > urgin，满语和锡伯语 furgin，鄂温克语 urgiŋ。该词的语音变化规律很清楚，也就是 purgin > furgin > urgin > urgiŋ。可以说，阿尔泰语系语言词首辅音 p 演化为 f 音或被省略，是一个富有代表性的语音变化现象。所以，在满通古斯语族语言里，也会经常见到这一音变实例。例如：

早期	满语	锡伯语	鄂温克语	鄂伦春语	赫哲语	词义
pilaku	filəku	filəku	ilahu	ilaku	ilahu	火盆
pusəri	fusəri	fusəri	usəri	usəri	usəri	花椒树

| pərən | fərə | fər | ərə | ərə | ərɛ | 船底 |
| pusihən | fusihən | fusihən | ʁiʃə | ʁʃikən | uʃihən | 牌子 |

另外，赫哲语还用 ilahur 或 muku dərən 等说法表示"潮水"之意。鄂温克语内也有 dəgəŋ 之说。

*tʃaligin "水浪" —— 鄂伦春语和赫哲语 tʃalgin，鄂温克语 tʃalgiŋ，满语与锡伯语 tʂalgin。该词在使用过程中：（1）词首辅音 tʃ 在满语支语言里出现 tʂ 音变；（2）词中辅音 l 后面的短元音 i 在满通古斯语族语言内均被脱落；（3）词尾鼻辅音 n 在鄂温克语里演化为 ŋ 音。

wərən "波涛" —— 满语与赫哲语 wərən，锡伯语 vərən，鄂温克语和鄂伦春语 ərən。可以看出，在锡伯语里词首辅音 w 出现了 v 音变。同时，在鄂温克语和鄂伦春语里，词首辅音 w 被脱落。

*ira- > irahi ~ iraldʒi "水纹" —— 满语、锡伯语、赫哲语 irahi，鄂温克语与鄂伦春语 iraldʒi。我们认为，该词词根为 *ira-，而 -hi 或 -ldʒi 均属于构词词缀。与此相关，把"鱼行水纹"满语、锡伯语、赫哲语叫 iran，鄂温克语与鄂伦春语却称 iral 等。

amudʒi "湖" —— 鄂伦春语与赫哲语 amudʒi，鄂温克语 amodʒi ~ amadʒi，女真语、满语、锡伯语 omo。该词的音变体现在：（1）在满语支语言里，首先词中元音 u 演化为 o 音，然后元音 o 又将前置音节的元音 a 逆同化为 o 音。同时，词尾音节 dʒi 也被脱落；（2）在鄂温克语内，词中元音 u 发生 o 或 a 音变。再说，满语与锡伯语还用 təŋgin > təŋin 表示"湖"之意，赫哲语中也有用 hujo 指"湖"的现象。

*ula ~ *mugulən > muulən > mulən "江" —— 满语支语言叫 ula，通古斯语支语言说 *mugulən > muulən > muʉlən > muʉləŋ > mulən。在赫哲语中，还用 maŋmu 以及 lamu 等指含"江"的概念。很有意思的是，通古斯语支语言内，mulən 也有发音成 muʉrən > muʉrəŋ > muʉrə 的现象。

*bira "河" —— 满通古斯语族语言里均谓 bira。与此相关，满通古斯语族语言中，把"小河"就叫 biragan ~ bir (a)gan ~ birakan ~ birahan。

毫无疑问，该词是在 *bira"河"后面接缀由名词派生名词的构词词缀 -gan ~ -kan ~ -han 而构成的产物。除此之外，在通古斯语支语言中，也用 doo > do 表示河流。特别是，在索伦鄂温克语里，doo 有很高的使用率。对此，索伦鄂温克人解释说，他们所说的 doo > do 是属于比大河小、比小河大的河流。

*həgən > *əgən > əgə"河岸"——通古斯语族语言 əgə > əg，满语支语言 əktʂin > əhtʂin。在我们看来，满语支语言的 əktʂin 或 əhtʂin 的词根部分 ək 或 əh 是属于 *həgən 的音变现象。它们是通过 *həgən > *əgən > əgə > əg > ək > əh 式音变规律演化而来的产物，而 -tʂin < -tʃin 是属于由名词派生名词的构词词缀。再说，通古斯语支语言的有关方言土语内，也用由接缀 -tʃin 之词缀的 *həgətʃin 演化而来的 *həətʃin > hətʃi > kətʃi 表示"河岸"之意的实例。另外，有关"河岸"的称谓方面，锡伯语里有 dalin，鄂温克语中有 nəgəhi > nəəhi，鄂伦春语内也有 məgtin > məktin 等说法。

*gargan ~ *ajan"河汊"——满语 gargan，赫哲语 garkan，锡伯语 garhan，鄂伦春语 ajan，鄂温克语 ajaŋ。可以看出，对于该词义的表述方面，赫哲语及满语支语言用了 gargan > garkan > garhan 之说，而鄂温克语及鄂伦春语则用了 ajan > ajaŋ。

əjən"水流"、"河流"——满语、锡伯语、鄂伦春语、赫哲语 əjən，鄂温克语 əjəŋ > əjəŋ。满通古斯语族语言的 əjən 是源于动词词根 əjə-"流动"。在鄂温克语内，还有 əjə- 后面接缀由动词派生名词的构词词缀 -lgə > -ggə 后，派生出 əjəlgə > əjəggə"河流"之名词用于句子的现象。

*dalin"河坝"——满通古斯语族语言内除了鄂温克语里说 dalaŋ 之外，其他语言中均叫 dalan。不过，通古斯语支语言内也有说 dalin 的现象。不难看出，满通古斯语族语言的 dalan 或 dalaŋ 是源于动词词根 dali- > dala-"阻挡"、"挡住"。

*furgin"埽"——满语与锡伯语 furgi，赫哲语 urgi，鄂伦春语 urge，鄂温克语 urge > ugge。从这些实例完全可以看出，*furgin 在不同

语言中产生的语音变化。对其音变现象及其规律进行归纳的话，应为 *furgin > furgi > urgi > urge > ugge。

　　*badʒala "河对岸" —— 满语与锡伯语 badẓala，鄂伦春语与赫哲语 bargila，鄂温克语 bargila ~ baggila。就如该词语音对应所示，满通古斯语族语言内确实存在满语支语言的舌面后擦音 dẓ 与通古斯语支语言的辅音 g 以及 rg、lg 式语音结合体相对应的现象。例如，

满语	锡伯语	鄂温克语	鄂伦春语	赫哲语	词义
dẓardẓi	dẓardẓi	jargi	jargi	ʥargi	莺
sədẓən	sədẓən	tərgən ~ təggeən	tərgən	tərgən	车
udẓən	udẓin	ʉrgʉ ~ ʉggʉ	ʉrgə	urgə	重
nudẓan	nudẓan	nurga ~ nugga	nurga	nurga	拳头
dəidẓi-	dəidẓi-	dalga- ~ dagga-	dalga-	dalga-	烧

　　当然，这并不属于常见的语音对应实例，是较为特殊的语音对应现象。而且，我们认为，类似语音对应的出现，有可能是同语音缩合现象的产生，造成某一被弱化或边缘化的语音要素的省略、脱落、消失有关。

　　*horgi "漩涡" —— 满语 hʊrgikʊ，锡伯语 horgiku，赫哲语 horgil，鄂伦春语 orgil ~ orgeel，鄂温克语 orgil ~ oggeel。可以看出，该词的核心结构，或者说词的重要组成部分应该是 *horgi，而后面的 -l、-kʊ < -ku 似乎是构词词缀。而且，只有在满语里，词首音节短元音 o 产生 ʊ 音变。还有，在鄂温克语和鄂伦春语中，词首辅音 h 出现脱落现象。从某种意义上讲，满通古斯语族语言内，短元音 o 与 ʊ 的相互演化，以及词首辅音 h 的脱落等出现得比较多。

　　*hargi "湍流" —— 满语、锡伯语、赫哲语 hargi，鄂温克语 hargi ~ haggil，鄂伦春语 kargi。该同源词，只是在鄂伦春语里词首辅音 h 被发作了 k 音，其他语言中没有什么语音变化。

　　omo ~ əlgən "湖泊" —— 满语 omo，锡伯语 om，鄂伦春语及赫哲语 əlgən，鄂温克语 əlgəŋ。对于"湖泊"的说法，满通古斯语族语言

内有两种，一种是满语支语言的 omo > om，另一种是通古斯语支语言的 əlgən > əlgəŋ。另外，在赫哲语里还有 nor 之说。而且，赫哲语的 nor 与蒙古语的 nagʊr > noor 似乎属于同源词。

*kuli"蓄水池"——满语、锡伯语、赫哲语 kuli，鄂伦春语 kulu，鄂温克语 hulu。毫无疑问，词首辅音 k 在鄂温克语里演化为 h 音的同时，词尾短元音 i 在鄂温克语和鄂伦春语内被前置音节元音顺同化为 u 音。再说，赫哲语里也有 kulur 的说法。

tuŋgu"潭"——满通古斯语族语言均叫 tuŋgu > tuŋŋu。在鄂温克语中还有 dʒala 之说，满语及锡伯语内也说 dz̩utʂə < *dʒutʃu。

kudir"井"——鄂伦春语 kudir，锡伯语 kotʂin，满语 hʊtʂin，鄂温克语 hudir，赫哲语 hotir ~ hotin。该词内：（1）词首辅音 k 在满语、赫哲语、鄂温克语里产生 h 音变；（2）词首音节的短元音 u 在锡伯语、满语、鄂温克语中出现 ʊ、o 音变；（3）词中辅音 d 发生 t（赫哲语）、tʂ（满语与锡伯语）音变现象；（4）很有意思的是，在赫哲语内将该词词尾的舌尖颤音 r 发作了 n 音。

dogon ~ ədəlgə"渡口"——满语与锡伯语 dogon，鄂伦春语 ədəlgə，鄂温克语 ədəggə，赫哲语 ədələn。对于"渡口"一词的表述方面，有 dogon 及 ədəlgə 两种说法。其中，dogon 在满语支语言内使用，ədəlgə > ədəggə > ədələn 在通古斯语支语言里使用。在这里，需要说明的是，通古斯语支语言的 ədəlgə > ədəggə > ədələn 是源于动词词根 ədələ-"渡"。不过，在 ədələ- 后面接缀由动词派生名词的构词词缀 -gə ~ -n 时，鄂温克语和鄂伦春语里动词词根末端的短元音 ə 被省略。同时，鄂温克语的辅音 l 被后续辅音逆同化为 g 音。另外，满语里还有用 darun 指含"渡口"的现象。

dʒobki"沙滩"——鄂伦春语及赫哲语 dʒubki，鄂温克语 dʒobki > dʒowhi，满语与锡伯语 dz̩ubki。该同源名词虽然在不同语言里表现出有所不同的语音结构形式，但所产生的音变现象十分清楚而有规律。并且，可以用以下格式进行概括和说明：

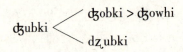

另外，依据我们所掌握的鄂温克语词汇资料，在该语言的索伦方言里还有用 iŋaʧʧir 来表示"沙滩"之意的现象。而且，有较高的使用率。

ləbəŋgi ~ ʃalʧig "泥泞" —— 满语与锡伯语 ləbəŋgi，鄂伦春语及赫哲语 ʃalʧig，鄂温克语 ʃalʧig ~ ʃalʧir。满通古斯语族语言内，用满语支语言的 ləbəŋgi 和通古斯语支语言的 ʃalʧig ~ ʃalʧir 两种说法表示"泥泞"之意。

niltən "沼泽" —— 满通古斯语族语言均称 niltən。但在通古斯语支语言内也有用 əlgən > əlgəŋ 表示"沼泽"的情况。另外，通古斯语支语言内将"沼泽地"、"湿地"叫 labda。

*nijon > *nijokso ~ *nijoŋga "水面绵苔" —— 满语支语言叫 niokso，鄂温克语 noŋga，鄂伦春语 nioŋga > noŋga，赫哲语 nuŋga。我们认为，满通古斯语族语言的 niokso 以及 nioŋga > noŋga ~ nuŋga 等说法均源于形容词 *nijon。在早期通古斯语支语言，乃至蒙古语族有关语言内 nijon ~ nijolon > niolon > nilon 等都表示"华润的"、"黏性的"、"黏软的"意思。那么，"水面绵苔"就是一种十分"黏软的水面植物"。满通古斯语族语言诸民族依据"水面绵苔"的"黏软性特征"称之为 niokso 或 nioŋga > noŋga。该词的构成和语音演化规律应属于：

$$
\text{*nijon} +
\begin{cases}
\text{-kso} \Rightarrow \text{*nijo(n)kso} > \text{*nijokso} > \text{niokso} \\
\text{-ŋga} \Rightarrow \text{*nijo(n)ŋga} > \text{*nijoŋga} > \text{nioŋga}
\end{cases}
\begin{matrix}
\text{nuŋga} \\
\text{noŋga}
\end{matrix}
$$

这其中出现的满语支语言的 -kso，以及通古斯语支语言的 -ŋga 是属于由形容词派生名词的构词词缀。

sabdan "水点" —— 满语与鄂伦春语 sabdan，鄂温克语 sabdan ~ sabdaŋ，锡伯语和赫哲语 sabdən。应该指出的是，该词第二音节的短元音 a 在锡伯语和赫哲语内被弱化为 ə 音。

ʤukə ~ *umuksu "冰" —— 赫哲语 ʤukə，女真语 ʤuhə，满语与锡伯语 dzʐuhə，鄂伦春语 umuksu，鄂温克语 əmeʧʃe。根据我们掌握的词汇资料，满通古斯语族语言里，有关 "冰" 的表述形式有两种。其中，ʤukə > ʤuhə > dzʐuhə 主要用于赫哲语、女真语、满语、锡伯语，而 *umuksu > umuksu > uməkʧe > əmeʧʃe 则用于鄂温克语及鄂伦春语。

tuga "火" —— 鄂温克语 tuga > tog，鄂伦春语 togo > too，满语 tuwa，赫哲语 tuwa > too，锡伯语 tua，女真语 towo。从不同语言中展现出的有所差异的说法，我们完全可以梳理出 "火" 一词在该语族语言内产生的语音变化及其规律。那就是：

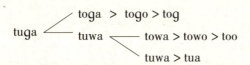

$$tuga \diagup \begin{matrix} toga > togo > tog \\ tuwa \diagup \begin{matrix} towa > towo > too \\ tuwa > tua \end{matrix} \end{matrix}$$

不难看出，在满通古斯语族语言里 tuga "火" 一词有五个语音演变形式及规律。其一是鄂温克语里出现的 tuga > toga > togo > tog；其二是鄂伦春语的 tuga > toga > togo > too；其三是满语的 tuga > tuwa；其四是锡伯语的 tuga > tuwa > tua；其五是赫哲语的 tuga > tuwa > towa > towo > too 等。

*jaga ~ *dula "无焰火" —— 满语与锡伯语 jaha，鄂温克语和鄂伦春语及赫哲语 dula > dul > dol。我们根据通古斯语支语言的有关方言土语里将 "无焰的煤火" 与 "炭火" 称之为 jaga ~ jaaga < *jagagan 的实际情况，认为满语和锡伯语中所说的 jaha 之早期发音形式应该是 jaga。另外，在通古斯语支语言里，对于 "无焰火" 有 dula 一说，并有着十分广泛的使用面。不过，现在除了个别方言土语里说 dula 之外，在许多语言内均演化成 dul 或 dol。也就是说，词中短元音 u 演化为 o 音的同时，词尾短元音 a 出现脱落现象。

filaku "火盆" —— 满语与锡伯语 filəku，鄂伦春语 ilaku，鄂温克语 ilahu，赫哲语 ilahur。该名词在具体使用过程中出现：（1）通古斯语支语言省略词首辅音 f 的同时，词尾音节首辅音 k 产生 h 音变；（2）满语支语言的词中短元音 a 演化为 ə 音；（3）赫哲语词尾 r 音取代了鼻辅音 n。实际上，通古斯语支语言的其他方言土语里，使用 ilahur 的现象也有不少。这其中，满语支语言的 filaku 是源于动词词根 fila-"烤"，而通古斯语支语言的 ilaku > ilahu > ilahur 是源于动词词根 ila-"烧火"。

*wəjiʤun ~ *wəjigu"火夹子"—— 满语 wəidzun，锡伯语 vəidzun，鄂温克语 əjihʉ，鄂伦春语 əjikʉ，赫哲语 əjigu。该词的核心结构，也就是说，词根部分是 *wəji-，主要表示"夹火里东西的夹"这一动词概念。那么，在词根后面出现的 -ʤun > -dzun、-gu > -kʉ > -hʉ 等均属于由动词派生名词的构词词缀。另外，在锡伯语中还有 ʃilsavkə 之说。

fulən < *fulə-"火灰"、"灰"—— 锡伯语 fulən ~ filin，满语 fuləŋgi，女真语 furəgi，赫哲语 huləbtən，鄂伦春语 ʉləbtən，鄂温克语 ʉləttən。该词首先在词首部分产生 f > h > 零辅音式的语音演变。其次，词首音节的短元音 u 出现 ʉ 或 i 音变。再就是，词中辅音 l 后面的短元音在锡伯语内演化为 i 音。还有，词中辅音 l 在女真语里被发作了 r 音。总之，fulə- > hulə- > ulə-等是该词词根，而 -n ~ -ŋgi ~ -gi ~ -btən > -ttən 等均属于构词词缀。

*sagan ~ *sagajan"烟"—— 女真语 saŋgian > sagian，满语 saŋgijan > saŋijan，鄂伦春语 saŋɲan > saŋan，赫哲语 ʃaŋɲan > saŋan，鄂温克语 saŋaŋ，锡伯语 ʂaŋan。我们认为，该词的早期语音形式应该是 *sagan 或 *sagajan，在不同语言中产生如下不同程度的语音变化：

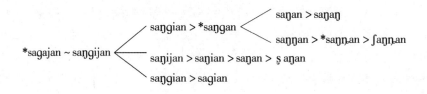

*agasun"浓烟"—— 鄂温克语 agsun ~ ahsun，鄂伦春语 aksun，赫哲语和满语及锡伯语 ahsun。该词词根是 *aga"浓"、"稠"、"密"，其

后出现的 -sun > -suŋ 是属于构词词缀。再说，*agasun 的词中辅音 g 产生 k 与 h 之音变的同时，g 后面的短元音 a 出现脱落现象。

hijag "干旱" —— 赫哲语及鄂温克语 hijag，满语 hija，锡伯语 hia，鄂伦春语 kijag。不难看出，该词词首辅音 h 在鄂伦春语里产生 k 音变的同时，词中辅音 j 及词尾辅音 g 在锡伯语与满语内被脱落。

*gasahan "天灾" —— 满语 gashan，鄂温克语 gashaŋ，赫哲语 gasha，锡伯语 gashən，鄂伦春语 gasaka > gaska。该同源名词的语音变化现象及规律应该是：

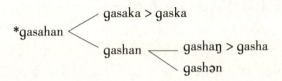

aisin ~ altan "金子" —— 满语 aisin，锡伯语 aişin，赫哲语 aiʃin，鄂温克语与鄂伦春语 altan，女真语 anʧun。毋庸置疑，满通古斯语族语言中，用 aisin 和 altan 两种说法表示"金子"。这里应该提到的是，aisin 词中辅音 s 在锡伯语和赫哲语内分别产生 ş 和 ʃ 音变。而女真语 anʧun 之说，显然是由 altan 演变而来的产物。因为通古斯语支语言内也有 antan 及 antun 之说。altan 是属于阿尔泰语系语言内使用面相当广、使用率又相当高的名词。

*gijowan > giowan ~ *gijolin > goolin > gooli > golin "铜" —— 满语与赫哲语 giowan，鄂温克语及鄂伦春语 gooli，锡伯语 golin，女真语 ʃiri。很显然，在这些说法中 gijo- 应该是词根部分，像 -wan ~ -lin 均属于构词词缀。再说，满通古斯族语语言把"红铜"分别称之为 giowan ~ golin ~ sirin（满语）、giovan（锡伯语）、giwuŋ ~ gidʒiŋ（鄂温克语）、giwun ~ gijin（鄂伦春语）、giowan ~ dəwʃən（赫哲语）。与此同时，把"黄铜"也分别叫 təişun（满语与锡伯语）、sojan（鄂伦春语和赫哲语）、sojaŋ（鄂温克语）。从这些实例，能够感受到满通古斯语族语言内虽然有 gijowan ~ gijolin "铜"、sirin ~ gidʒiŋ ~ gijin "红铜"、təişun ~ sojaŋ "黄铜"的特殊用词，但在使用界定上还不是十分明确，由此出

现了相互混用或一词多用的现象。另外，在女真语里将"铜"统称为 sirin ~ siri，满语中也有用 sirin 表示"红铜"的现象。

sələ "铁" —— 女真语、满语、赫哲语、鄂伦春语 sələ，锡伯语与鄂温克语 səl。不过，在鄂温克语里也有叫 sələ 的现象。但是，说 sələ 的人要比说 səl 的人少得多。

*tohulun "锡" —— 锡伯语与赫哲语 tohulun，满语和鄂温克语 toholon，鄂伦春语 toklon。该词的语音演变规律应该是 tohulun > toholon > toklon。另外，在女真语里叫 ʃaŋgian sələ，鄂温克语里也有 giban 的说法，赫哲语还称 ʃila。这其中，女真语的 ʃaŋgian sələ 是属于形容词 ʃaŋgian "白的"与名词 sələ "铁"组合而成的复合词。

*muŋgun "银子" —— 女真语、满语、赫哲语 məŋgun，锡伯语 muŋun，鄂温克语 mʊgʊŋ，鄂伦春语 məwən ~ məwən。该词的演变规律应为*muŋgun > muŋun ~ mʊgʊŋ > məwən > məwən > məŋgun。

*jagagan "煤" —— 鄂温克语与鄂伦春语 jaaga，满语 jaha，锡伯语 jahə，赫哲语 jah。该词的早期语音结构应该是 *jagagan，在具体使用过程中不同语言里产生了有所不同的语音变化。其演化规律为 *jagagan > jaaga > jaha > jahə > jah。也就是说，（1）第二音节首辅音 g 被脱落而出现长元音 aa 现象，后来该长元音在除鄂温克语和鄂伦春语之外的语言里又演化为短元音 a；（2）词尾音节首辅音 g 在除鄂温克语与鄂伦春语之外的语言内被弱化为 h 音。同时，词尾音节短元音 a，在锡伯语里弱化成 ə 音，而在赫哲语中却被省略；（3）词尾鼻辅音 n 产生脱落现象。

ərdəni ~ hadi "宝" —— 鄂伦春语与赫哲语 ərdəni > ərdən，鄂温克语 ərdəni > əddəni > əddən，女真语 hadi，满语 boobai，锡伯语 bobəi > bobi。根据现已掌握的词汇资料，通古斯语支语言内保存有"宝"的早期说法 ərdəni > ərdən ~ əddəni。其中，鄂伦春语与赫哲语内出现词尾短元音 i 被脱落，鄂温克语内出现舌尖中浊颤音 r 被后续辅音逆同化为 d 音之现象等。与此说法相关，蒙古语族语言也把"宝"叫 ərdəni > ərdən。从这个意义上讲，通古斯语支语言和蒙古语族语言的 ərdəni 应属同根同源。再说，女真语的 hadi，或许属于满通古斯语族语言早期的一种说法。而在满语和锡伯语的 boobai > bobi 之说，显然来自汉语的 baobəi "宝贝"。

gun ~ kas "玉" —— 女真语 gun，满语和锡伯语 gu，鄂伦春语 kas，鄂温克语与赫哲语 has。应该说，满通古斯语族语言内，对于 "玉" 的称谓有两种，一种就是 gun > gu，另一种是 kas > has。很有趣的是，现在的通古斯语支语言里，常常把 "玻璃制品" 称之为 gun 或 gu。而且，这一说法与满语支语言 "玉" 的称谓似乎有联系。也就是说，通古斯语支语言对于 "玻璃" 的称谓源自满语支语言的 *gun > gu "玉"。另外，通古斯语支语言的 kas > has，也跟包括蒙古语族语言和突厥语族语言在内的阿尔泰语系诸语内使用的 kas > kaʃ > has 等有同源关系。

tana "珍珠" —— 满通古斯语族语言中均称 tana。不过，女真语里还有用 ninʤuhə 表示 "珍珠" 之意的现象。

*guwalaʤi "鸡石" —— 满语 guwaladzi，锡伯语 gualadzi，鄂温克语和鄂伦春语及赫哲语 goolʤi。该词的语音变化现象表现在：（1）词首音节和词第二音节内出现的 uwa 之语音结构形式，在锡伯语里演化为复合元音 ua，而在通古斯语支语言中却变成长元音 oo；（2）通古斯语支语言内，词中辅音 l 后面的短元音 a 被省略；（3）舌叶塞擦音 ʤ 在满语支语言里由 dz 音所替代。

第二节　动物同源名词

我们掌握的名词词汇资料充分表明，满通古斯语族语言内有关动物方面的名词术语十分发达。甚至会关系到不同年龄、不同性别、不同体质结构、不同生理特征、不同毛色及不同性格的动物名词。更加可贵的是，其中有着数量相当可观而又有同源关系的动物名词。当然，在这里有必要阐明的是，我们所说的动物名词，涵括家养的动物、牲畜以及野生动物等的称谓与叫法。但是，其中野生动物名词占绝对优势。而且，生活在我国寒温带或温寒带平原、草原、山林地区的野生动物之名词术语居多。事实上,我们所掌握的同源动物名词远比在该书里讨论的要多得多。只是觉得,对于有些同源动物名词还未展开充分的实地调研,以及进行全面系统的科学分析和研究,对于它们复杂多变的音变现象与规律还难以一下子梳理清楚或论述到位。所以,就暂时放弃了对那些难度大的同源动物名词的讨论。该文中,只是涉及满通古斯语族五种语言里都能找到,且语音演变现象比较清楚而有规律的实例。

*bujan ~ *guru- > gurugu ~ gurusun "野兽" —— 锡伯语 gurəgə > gurgə,赫哲语 gurgə ~ bujan,满语 gurgu,鄂温克语 gurəsəŋ ~ gɵrɵsəŋ,鄂伦春语 gurən。首先,我们认为,赫哲语中出现的 bujan 之说或许是满通古斯语族语言的早期词语。该名词与鄂温克语及鄂伦春语内出现的 bujun ~ bəjun "打猎"、"狩猎"、"打野兽" 同属一个词根。只不过在这两个语言里,原来的词义产生了一些变异。另一种说法,均源于 *gurun。那么,作为该名词词根的 *guru- 在具体使用过程中却产生如下变化:

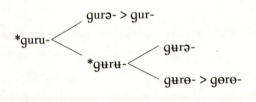

也就是说,在词根部分:(1)词首音节短元音 u 出现 ʉ 或 ɵ 音变;(2)词第二音节短元音 ə 演化为 ɵ 音或被脱落。另外,词根后面使用的 -gu > -gə ~ -sun > -səŋ ~ -n 等都属于构词词缀。

与此同时,在满通古斯语族语言里,表述兽类身上的某一结构及其特征的名词术语方面也有不少同源词或在同一个语支语言内有其同源关系的词语。比如说,baldaha "兽类下颏" ⇨ baldaha(满语)、baldah(锡伯语、赫哲语、鄂温克语)、baldak(鄂伦春语);ʧabi "兽类肷皮" ⇨ ʧabi(赫哲语与鄂伦春语)、tṣabi(满语及锡伯语)、sawi(鄂温克语);fatha ~ uruun "兽蹄" ⇨ fatha(满语与赫哲语)、fath(锡伯语)、uruun(鄂伦春语与鄂温克语);*usiha "兽类指甲或爪子" ⇨ uʃiha(鄂温克语)、uʃika(鄂伦春语)、oʃiha(赫哲语)、osoho(满语)、osoh(锡伯语);funijəhə ~ iŋakta "毛" ⇨ funijəhə(满语)、funijihə(女真语)、fənih(锡伯语)、iŋakta(鄂伦春语)、iŋatta(鄂温克语)、

yhtə（赫哲语）；luku"厚毛" ⇨ 满通古斯语族语言均叫 luku > luhu；nirga"短毛"nirga ⇨ nirga（满语、锡伯语、赫哲语）、norga（鄂伦春语）、nogga ~ nonga（鄂温克语）；nongari"绒毛" ⇨ nongari（满语）、nongar（锡伯语、赫哲语、鄂伦春语、鄂温克语）；solmin"毛梢" ⇨ solmin（满语、锡伯语、赫哲语）、solmi（鄂伦春语与鄂温克语）；furdəhə"皮毛" ⇨ furdəhə（满语）、furdəh（锡伯语及赫哲语）、ɯrdəh（鄂温克语）、ɯrdək（鄂伦春语）；təbku"胎盘" ⇨ təbku（满语、锡伯语、赫哲语）、təbkə（鄂伦春语与鄂温克语）；balakta"胚内血块" ⇨ balakta（满语与鄂伦春语）、balaktə（锡伯语及赫哲语）、balatta（鄂温克语）等。

sufan ~ *ʤagan"象" —— 满语 sufan，女真语 sufa，锡伯语 suvan，鄂温克语、鄂伦春语、赫哲语 ʤaan。这些实例告诉我们，满通古斯语族语言内对于"象"的称呼有两种，一种是满语支语言的 *sufan > sufa ~ suvan，另一种是通古斯语支语言的 *ʤagan > ʤaan。

*tasugan"虎" —— 赫哲语 tasuga > tasha，鄂温克语 tasug，鄂伦春语 tasaki，女真语与满语 tasha，锡伯语 tash。该词在不同语言中，虽然也发生了不同程度的语音变化，但这些音变现象都不太复杂。首先，词尾鼻辅音 n 产生脱落现象，其次词中辅音 s 后面的短元音 u 在女真语、满语、锡伯语内被省略或在鄂伦春语里产生 a 音变，再就是词尾音节首辅音 g 在鄂伦春语里演化为 k 音或在满语支语言内变成 h 音等。另外，赫哲语内还有用 jəjə mafa 表示"虎"之意的情况。与此同时，满通古斯语族语言里也有把"公虎"叫做 muhan > muhaŋ，将"母虎"称之为 birən > birəŋ 的现象。

*targan"彪" —— 满通古斯语族语言内均称 targan。不过，在通古斯语支语言中还有 targas 之说。而且，targas 的使用率要高于 targan。

arsalan"狮子" —— 满语 arsalan，锡伯语 arsəlan，鄂伦春语与赫哲语 arʧalan，鄂温克语 aʧʧalaŋ。该词在满语支语言里产生 arsalan > arsəlan 式音变，通古斯语支语言中产生 arsalan > arʧalan > aʧʧalaŋ 式音变。另外，很有意思的是，在女真语中却叫 afi。对此和希格在他的硕士论文《女真馆杂字·来文》（1983 年由内蒙古大学内部印刷）中阐述道，女真语的 afi 是属于"狮子产地 afarik（非洲）的译音"。在这里，还应该提到的是，蒙古语族语言和突厥语族语言里表示"狮子"时也都使用 arsalan ~ arslan 之说。

*jaragan "豹" —— 鄂伦春语 jargan，赫哲语 jargan > jarga，鄂温克语 jargaŋ > jaggaŋ，满语 jarha，锡伯语 jarh，女真语 jara。该词的语音变化规律应概括为：

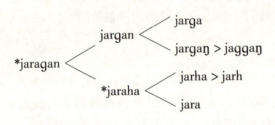

再说，通古斯语支语言内，除了上面提到的说法之外，他们还可以用 mirda 或 mirdas 之说来表示"豹"之名词词义的现象。

*sarki "貂" —— 鄂伦春语 sarki，赫哲语 sarkə，锡伯语与鄂温克语 sarhi，满语 səkə。该词中：（1）辅音 k 在锡伯语与鄂温克语里发为 h 音；（2）词尾短元音 i 在满语和赫哲语中演化为 ə 音；（3）满语词中辅音 r 被省略。另外，满通古斯语族语言将"公貂"与"母貂"分别称之为 luŋgu 和 ajihu > ajihi ~ ajiki > ajhu > aihʊ 等。

ʤarhu ~ *guregel "豺" —— 女真语 ʤarhu，锡伯语 dz̢arhu，满语 dz̢arhʊ，赫哲语 gureel，鄂温克语 gureel ~ gure，鄂伦春语 gureel ~ kureel。对于"豺"一词满通古斯语族语言内有两种说法，一种是满语支语言的 ʤarhu > dz̢arhu > dz̢arhʊ。就像在前面所分析的那样，满语支语言的辅音 dz̢ 基本上来自早期的 ʤ 音。也就是说，满语和锡伯语伴随历史的变迁和外来语言的不断影响，使他们原本就有的舌叶塞擦音 ʤ、ʧ 逐渐演化为舌面后塞擦音 dz̢、ʈʂ，而在女真语及通古斯语支语言里，却保存了原来的 ʤ、ʧ 音。如此说来，dz̢arhu 的词首辅音也是由 ʤ 演变而来的产物。再说，通古斯语支语言内，表示"豺"是绝大多数情况下使用 *guregel > gureel > kureel 及 gure 等说法。我们虽然假定为 *guregel 是属于 gureel、kureel、gure 的原有语音结构形式，它们有可能

是经过 *guregel > gureel > kureel 及 *guregel > gureel > gurel > gure 式语音变化演化而来的产物。反过来说，我们也很难否定 gure > kure 本身就是早期语音形式，而其后面出现的 gel > eel > el 则属于词缀的可能。

*niogohu ~ *guskə "狼" —— 女真语 niogohə，满语 niohə，锡伯语 niohə > yhə，赫哲语 ɳohə，鄂温克语 guskə，鄂伦春语 guskə > gujkə。从这些实例看得出来，满通古斯语族语言内主要用两种说法表示"狼"之意。一种是在女真语、满语、赫哲语、锡伯语内所说的 *niogohu > niogohə > *nioohu > niohə > ɳohə > yhə。另一种是在鄂温克语及鄂伦春语内的 *guskə > guskə > gujkə。除此之外，满通古斯语族语言中还有 ʤarhu（女真语）、tɯugɡə（鄂温克语）、ŋəəluki（鄂伦春语）、nəluki ~ ləluki（赫哲语）等说法。这些不同说法有其不同来源，它们之间似乎不存在什么词源关系。而且，这些不同说法，在各自语言里均有很高的使用率。但是，有一点能够肯定的是，鄂伦春语及赫哲语的 ŋəəluki 与 nəluki ~ ləluki 等是源于动词词根 ŋəələ- 和 nələ-"怕"、"害怕"。

dorbi ~ sulaki "狐狸" —— 女真语 dorbi，满语 dobi，锡伯语 dov，鄂伦春语 sulaki，赫哲语与鄂温克语 solahi。首先，满语支语言的 dorbi 一词所产生的音变现象主要表现在：（1）满语和锡伯语里词中辅音 r 出现脱落现象；（2）锡伯语内词中辅音 b 演化为 v 的同时词尾短元音 i 被脱落。其次，通古斯语支语言 sulaki 的词首音节短元音 u 在鄂温克语中演化为 o 音，词尾音节首辅音 k 在赫哲语里变读为 h 音。

*kiras "沙狐" —— 该词的说法，在满通古斯语族语言里基本上一致，是属同源关系。比如说，满语及赫哲语 kirsa，锡伯语 kirs，鄂伦春语 kirsa，鄂温克语 hiras。不过，该词在不同语言中，其语音结构形式产生有所不同的变化。根据相关音变规律，对它们产生音变的先后顺序进行排列的话，应该是 kiras > hiras ~ kirsa > kirs 等。可以看出：（1）词首辅音 k 产生了 h 音变；（2）词第二音节短元音 a 被省略及词尾短元音 a 的增加等音变现象。

ʧindahan "白狐狸" —— 赫哲语 ʧindahan，鄂温克语 ʧindaha，鄂伦春语 ʧindakan，满语与锡伯语 tʂindaha。名词 ʧindahan 在不同语言里主要产生：（1）词首辅音 ʧ 在满语支语言里发生 tʂ 音变；（2）词尾音节首辅音 h 在鄂伦春语里演化为 k 音；（3）词尾鼻辅音 n 在满语、锡伯语、鄂温克语中被脱落等语音变化。

uʤirki "狸" —— 赫哲语 uʤirki，鄂伦春语 uʤirki，鄂温克语 uʤirhi，满语与锡伯语 udzi̥rhi。很显然，该词词首短元音 u 在鄂温克语及鄂伦春语中出现 ʉ 音变，词中辅音 ʤ 在满语支语言里演化为 dzi̥ 音，词尾音节首辅音 k 在赫哲语及鄂伦春语内被发作了 h 音。

silun ~ tibʤiki "猞猁" —— 满语 silun，锡伯语 ṣilun，女真语 ʃilasun，赫哲语 ʃəlisuŋ，鄂伦春语 tibʤiki，鄂温克语 tiʤʤihi。这些实例表明，满通古斯语族语言对于 "猞猁" 有两种说法。一是满语支语言的 silun > ṣilun > ʃilasun。那么，该语支语言里产生的音变现象表现在：（1）词首辅音 s 在锡伯语与女真语内发生 ṣ 及 ʃ 音变；（2）词中短元音 u 在女真语中发为 a 音；（3）女真语里词尾 -sun 取代了 -n。二是通古斯语支语言的 tibʤiki > tiʤʤihi 之说。另外，赫哲语内还有 ʃəlisuŋ 一说。我们认为，该词或许属于在汉语借字 ʃəli "猞猁" 后面接缀构词词缀 -suŋ 而形成的名词形式。还有，满通古斯语族语言内将 "小猞猁" 均叫 luka。

əlbəhu "貉子" —— 赫哲语 əlbəhə，鄂温克语 əlbəhi，锡伯语 əlbəh，鄂伦春语 əlbəkə，满语 əlbihə。我们完全可以用如下形式概括该词在不同语言中产生的语音变化现象：

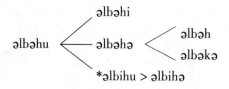

*ləfu ~ *mafkə ~ *əturgən "熊" —— 女真语与满语 ləfu，锡伯语 ləf，赫哲语 mafkə，鄂温克语 ətirgəŋ > ətəggəŋ，鄂伦春语 ətirgən。根据现已掌握的词汇资料，满通古斯语族语言内关于 "熊" 的称谓有三种。第一种就是女真语、满语、锡伯语的 ləfu > ləf，第二种是赫哲语的 mafkə，第三种是鄂温克语与鄂伦春语的 ətirgən > ətirgəŋ > ətəggəŋ。在这里，有必要解释的是，赫哲语的 mafkə 一词似乎属于 mafa "老的"

与 əkə "婆婆" 两个词的组合形式，所表现出的是 "老婆婆" 之意。与此相关，鄂温克语与鄂伦春语的 ətirgən > ətirgən > ətəggən 一词的原意主要表示 "老翁"，后来才引申出了 "熊" 的含义。通古斯语支语言的这些说法，自然跟他们把能够直立行走的 "熊" 看成是人类最早的祖先，以及对于 "熊" 的精神崇拜等有其特殊的内在联系。另外，在满通古斯语族语言内，还将 "一岁熊" 与 "二岁熊" 分别称之为 *kuwatiki > kʊwatiki > kuatik > hutiki > ʉtʉki > ʉtʉhi 和 *dʒukturi > dʒukti > dʒukt ~ dz̧ukturi > dz̧uktur 等。

nasin "棕熊" —— 满语 nasin，锡伯语 naʂin，赫哲语 naʃin，鄂温克语和鄂伦春语 naʃi。很显然，该词在满通古斯语族语言中的语音演化规律应为 nasin > naʂin > naʃin > naʃi。除此之外，在鄂伦春语和赫哲语里，还有 tuur > tʉʉr 的说法。而且，把 "公棕熊" 均称为 sati > sat，将 "母棕熊" 分别叫做 nari 或 satigan > sathan > sathaŋ > satkan。

*modʒihijan "黑熊" —— 赫哲语 modʒihin，鄂温克语 modʒiheŋ，鄂伦春语 modʒikin，满语 modz̧ihijan，锡伯语 modz̧ihian。该词的语音变化现象表现于：（1）词第二音节首辅音 dʒ 在满语支语言内产生 dz̧ 音变；（2）词第三音节首辅音 h 在鄂伦春语内发作了 k 音；（3）词尾部分的语音形式 -ijan 发生 -ian > *-en > -eŋ ~ -in 等变化。不过，除了 *modʒihijan 之外，满通古斯语族语言里，还有 jonhun ləfu（锡伯语）、wəŋən（鄂伦春语）等说法。与此相关，该语族语言把 "公黑熊" 称之为 *ətʉgən > ətʉgən > ətʉgəŋ > ətʉgə > uduwən，"母黑熊" 叫 *dʒajira > dz̧aira > dz̧ari > sari 及 matugan > matugaŋ > matuga 等。

saraman ~ abgalde ~ *sirsin "猩猩" —— 满语 sirsiŋ，锡伯语 ʂirs，赫哲语 saraman，鄂温克语与鄂伦春语 abgalde。可以看出，满通古斯语族语言内有关 "猩猩" 的称谓有三种。其中，赫哲语的 saraman 与通古斯语支语言里说的 saran "猿" 有同源关系，鄂温克语与鄂伦春语所说的 abgalde 也和蒙古语族语言的有关方言土语的说法相一致，而满语和锡伯语的 sirsiŋ > ʂirs 同汉语的 ʃinʃiŋ "猩猩" 似乎有关系。如果说，满语支语言和汉语间的这种关系成立，那么可以假定 sirsiŋ > ʂirs 是源于早期汉语借词。毫无疑问，这跟满通古斯诸民族早期生活的地域没有 "猩猩" 有关。

bonio ~ saran "猿" —— 女真语与满语 bonio，锡伯语 boni，鄂伦春语 saran，赫哲语 saran ~ saram，鄂温克语 saraŋ。严格地讲，满语支语言的 bonio > boni 及通古斯语支语言的 saran > saraŋ > saram 这两种说法均属于早期词语。而且，这两种说法，在蒙古语族语言里也都不同程度地被使用。

monijo "猴" —— 鄂温克语 monijo > monio > mojo，鄂伦春语及赫哲语 monio > moɲo，满语支语言都叫 monio。在我们看来，该同源名词的语音演化规律应该是 monijo > monio > moɲo > mojo。

ihasi "犀牛" —— 满语 ihasi，锡伯语 ihaşi，赫哲语和鄂温克语 iha，鄂伦春语 ika。该同源词也是按照 ihasi > ihaşi > iha > ika 式语音变化规律，在不同语言里产生了不同程度的演变。

tahin "野马" —— 鄂温克语及赫哲语 tahin，满语与锡伯语 tahi，鄂伦春语 takin。毋庸置疑，该词在使用过程中，在鄂伦春语里词中辅音 h 产生 k 音变，在满语和锡伯语内词尾鼻辅音 n 被脱落。

*ʧihutun "野骡子" —— 鄂温克语 ʧihʉtʉn > ʧiktʉ，赫哲语 ʧihti，鄂伦春语 ʧiktun，满语 tʂihətəi，锡伯语 tʂihtəi。该词的音变现象及其规律可以归纳为：

$$
\text{*ʧihu} + \text{-tun ~ -təi}
\begin{cases}
\text{ʧihʉtʉn > ʧiktʉn > ʧiktʉ} \\
\text{*ʧihtun > *ʧihtin > ʧihti} \\
\text{*ʧihutəi > *tʂihutəi > tʂihətəi > tʂihtəi}
\end{cases}
$$

bugu ~ *kumakan "鹿" —— 女真语 bugu，满语 buhʊ，鄂温克语 bog ~ kumakaŋ ~ orooŋ，锡伯语 bohu，鄂伦春语 kumaka，赫哲语 komaka。依据我们掌握的词汇资料，满通古斯语族语言内，有关"鹿"的称呼有三种。其中，满语支语言及鄂温克语的 bugu，先是词首音节的短元音 u 在锡伯语及鄂温克语里产生 o 音变，其次词中辅音 g 在满语与锡伯语里变读为 h 音，再就是词尾短元音 u 在满语与鄂温克语内被 ʊ

取代或被脱落。再说，通古斯语支语言的 kumakan，在赫哲语内词首音节短元音 u 演化为 o 音，词尾鼻辅音 n 在鄂温克语里被发作 ŋ 音的同时其他语言中被脱落。另外，鄂温克语里也说 orooŋ。很有意思的是，以上提到的三种说法在鄂温克语的不同方言土语里都被使用。而且，均有较高的使用率。

*orogon "四不像" —— 鄂伦春语与赫哲语 oroon，鄂温克语 orooŋ，满语与锡伯语 oron。该词的语音变化规律应为 *orogon > oroon > orooŋ > oron。除此之外，在赫哲语内还有 tolki 之说。就像分析 "鹿" 时所说的那样，鄂温克语里也有用 orooŋ 来称呼 "鹿" 的现象。再说，"四不像" 有时也叫 orooŋ。

*irən "野角鹿" —— 满通古斯语族语言内均叫 irən。另外，把 "鹿角" 称之为 uihə（满语）、vix（锡伯语）、iigə（鄂伦春语与赫哲语）、iigi（鄂温克语）；gili "鹿角根" ⇨ gili（满语、锡伯语、赫哲语）、gil（鄂伦春语与鄂温克语）；*puntu "鹿茸" ⇨ pəntʉ（鄂伦春语与鄂温克语）、funtu（满语、锡伯语、赫哲语）等。

*kandahan "驼鹿" —— 满通古斯语族语言内基本上都叫 kandahan。另外，在鄂温克语里还有 handahaŋ 的说法。这里还有必要指出，满通古斯语族语言把 "驼鹿羔" 叫 nijarhotʂa > niarhotʂa > niarhosa > nerkosa > nekkosa，称 "一岁驼鹿" 为 toɡoho > tooho > toho，说 "三岁驼鹿" 时用 anami 之说，还将 "母驼鹿" 及 "公驼鹿" 分别称作 ənijən 与 amijan 等。

ajan "马鹿" —— 满通古斯语族语言均叫 ajan。不过，在通古斯语支语言内也有说 ajaŋ 或 ajin 的现象。

*gijawu > *gijawusan "狍子" —— 鄂温克语 giwsən > giisəŋ，赫哲语与鄂伦春语 giwtʃən，满语 gijao > gio，锡伯语 giu ~ gio。根据有关 "狍子" 的不同说法，我们能够判断出，通古斯语支语言是在 *gijawu 后面接缀 *-san > -sən > -səŋ > -tʃən 等词缀的前提下表示 "狍子" 的概念。然而，满语支语言是在不接缀任何词缀的情况下，以 *gijawu 的语音结构形式在使用。结果，通古斯语支语言的 *gijawusan 产生了

giawusən > giwusən > giwsən > giwtʃən ~ giisəŋ 等语音变化。满语支语言 *gijawu 的语音变化现象及其规律应该是 gijau > giau > giu > gio。在这里，还有必要提到的是，满通古斯语族语言内把"公狍"叫做 guran > guraŋ ~ gʊran；"母狍"称为 fonijo > fonio ~ onijo > onio > oɲo；"二岁狍"说 ʤursan > ʤusan > ʤusaŋ ~ dzʑursan；"三岁狍"则用 hujan > huja > hʊja ~ ujan > ujaŋ 等说法来表示。再说，他们将"狍皮"除了在鄂伦春语里叫 gilatʃi 之外，其他语言中均叫 gihi。而且，"去毛的狍皮"他们也均叫 ilgin > ilgiŋ。

*ʤəgərən "黄羊" —— 鄂温克语 ʤəgərən，赫哲语及鄂伦春语 ʤəgrən，满语与锡伯语 dzʑerən。毫无疑问，该词的语音演化规律应该是 *ʤəgərən > ʤəgərəŋ > ʤəgrən > dzʑerən。与此同时，满通古斯语族语言内，将"母黄羊"称之为 sirhatʂin（满语）、ʂirhatʂin（锡伯语）、ʃirhatʃin（赫哲语）、onokon（鄂伦春语）、onohoŋ（鄂温克语）等，把"公黄羊"叫做 onon（满语、锡伯语、女真语）、ono（鄂温克语及鄂伦春语）等，还用 inʤihan（赫哲语）、inʤihaŋ（鄂温克语）、inʤikan（鄂伦春语）、indzʑiha（满语）、inʤih（锡伯语）等说法表示"黄羊羔"。

sirga "獐子" —— 满语 sirga，锡伯语 ʂirga，赫哲语及鄂伦春语 ʃirga，鄂温克语 ʃirga > ʃigga，女真语 ʃirga > ʃirha。该同源名词的语音变化规律应为 sirga > ʂirga > ʃirga > ʃigga ~ ʃirha。与此同时，满通古斯语族语言把"公獐"叫 argatu（满语支语言）与 argat > aggat（通古斯语支语言），称"獐羔"为 margan（除鄂温克语之外的语言）和 magga（鄂温克语），"母獐"要用 fonijo（满语）、fonio（锡伯语）、argathan（赫哲语）、argatkan（鄂伦春语）、aggathaŋ（鄂温克语）等表示。

dorgon ~ *əwəri "獾子" —— 满语与赫哲语 dorgon，锡伯语 dorgən，女真语 dorhon，鄂温克语 əwəri ~ əwəər，鄂伦春语 əwəri ~ əwər 等。满通古斯语族语言内，"獾子"除了鄂温克语和鄂伦春语里叫 əwəri > əwər > əwəər 之外，其他几种语言中均称 dorgon > dorgən ~ dorhon。在该词的语音变化中，很有意思的一种现象是短元音 ə 演化为长元音 əə 的实例。类似元音变化现象，在以后的讨论中还会遇到。这也是满通古斯语族语言的语音演化规律中，一种特殊而富有代表性的音变实例。过去我们一贯认为，通古斯语支语言内出现的长元音，均属于某两个音节的辅音或其他元音脱落而产生的音变结果。实际上，这些语言里出现的长元音，有不同原因和不同来源。再说，满通古斯语族语言内，把"老獾"叫做 ahadan > ahdan > ahdaŋ > akdan；将"獾崽"称为 jandatʃi > jandatʂi > jandaʃi > jandag。同时，还把"猪獾"称之为 maŋgisu > maŋgis。

*harsa "青鼬" —— 满通古斯语族语言内，除了在鄂伦春语里把"青鼬"叫 karsa 之外，其他几种语言内均叫 harsa。

*kurənə "艾虎" —— 满语 kurənə，鄂伦春语 kʉrən，锡伯语与赫哲语 hurən，鄂温克语 hʉrəŋ。该词在使用过程中，在不同语言里出现不同程度的语音变化，主要表现于：（1）词首辅音 k 在锡伯语、赫哲语、鄂温克语内变成 h 音；（2）词首短元音 u 在鄂伦春语与鄂温克语中演化成 ʉ 音；（3）词尾音节鼻辅音 n 在鄂温克语内读成 ŋ 音；（4）词尾短元音 ə 除满语之外的语言里均被省略。

*gulmahun "兔子" —— 满语 gulmahʊn，锡伯语 gulmahən，鄂伦春语 gulmakun，鄂温克语 gulmahʊn，女真语 gulmahai，赫哲语 gurmahun。严格地讲，该词在满通古斯语族语言内出现的语音演变现象并不复杂。在词根 gulma- 部分，只是其中的辅音 l 在赫哲语里演化为 r 音。在词缀 -hun > -huŋ ~ -hʊn > -hən-kun > ~ -hai 等中见到的语音变化现象确实不少。再说，鄂温克语和鄂伦春语内，还有 tooli 及 tuksaki 等说法。而且，tooli 之说似乎同蒙古语的 tugulai "兔子" > tuulai > tuule > toole 有同源关系。另外，鄂伦春语的 tuksaki 有可能源于该语言的 tuksa- "跳"这一动词词根。因为，兔子走路时要跳着走，所以给它起了个 tuksaki "跳者"之称呼。与此相关，满通古斯语族语言内，把"白兔"称之为 tʃindahan > tʃindaha > tʃindaka > tʂindahan；将"野兔"叫做 mamuku > mamukə ~ mamuhu > mamuhə 等。

*səŋgən "刺猬" —— 满语 səŋgə，锡伯语 səŋgə > səŋə，赫哲语 səŋkə，鄂伦春语 səŋgə，鄂温克语 səŋŋə > səŋə。该词的语音变化规律应该是：

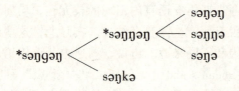

*ohotono "鼠兔" —— 满通古斯语族语言里叫 ohotono（满语）> ohtono（锡伯语、赫哲语、鄂温克语）> oktono（鄂伦春语）。

siŋgəri "老鼠" —— 满语 siŋgəri，锡伯语 şiŋər，女真语 ʃiŋgə，赫哲语、鄂温克语、鄂伦春语 ʃiŋəri。我们认为，该词的早期说法应为 siŋgəri，在使用过程中出现：（1）词首辅音 s 在除满语之外的语言里出现 ş 或 ʃ 音变；（2）词中语音结构形式 ŋg 在锡伯语及通古斯语支语言内演化为 ŋ 音；（3）词尾音节 -ri 或词尾元音 i 在女真语及锡伯语里被脱落。在这里需要说明的是，满通古斯语族语言内词中出现的 ŋg 之语音现象被发音成 g 或 ŋ 音的现象并不属于一种特殊语音实例。尤其是在通古斯语支语言里，把满语支语言中出现的 ŋg 发音成 g 或 ŋ 的现象确实有不少。例如：

满语	锡伯语	鄂温克语	鄂伦春语	赫哲语	词义
uləŋgu	uləŋgə	uləgə	uləgə	uləgə	果脐
tʂuŋgai	tʂuŋgi	tugeel	tugeel	tugil	红脖子鸟
səŋgəl	səŋgəl ~ səŋəl	səgəl	səgəl	səgəl	鸡冠花
tʂuŋguru	tʂuŋgur ~ tʂuŋur	tʂuŋur	tʃuŋuru	tʃuŋəri	肚脐

从上例可以看得出来，满语支语言与通古斯语支语言内出现的辅音 ŋg 跟 g 或 ŋ 之间产生的对应现象及其规律。特别是，在满语里，词中出现的 ŋg 被保存得较好。而在锡伯语内，虽然也有不少被保存下来的 ŋg 音之例，但也有一些被说成单一辅音 g 或 ŋ 的现象。当然，我们也不能由此认定为，满语支语言的 ŋg 在通古斯语支语言中均演化为 g 或 ŋ 音。反过来讲，或许也存在通古斯语支语言的辅音 g 或 ŋ，遵循满语支语言的有关语音使用原理或习惯，在满语支语言内变读为 ŋg 音的现象。除此前讨论的内容之外，鄂温克语把"老鼠"也叫 aʃiʧʧaŋ < aʃikʧaŋ，鄂伦春语也说 ənikən 等。

*ʤəlkən ~ *sulugi "鼬鼠" —— 满语支语言叫 dzʐəlkən，通古斯语支语言称 solugi > sologi。换言之，满通古斯语族语言的两个分支语言，分别用 *ʤəlkən > dzʐəlkən 及 *sulugi > solugi > sologi 两种说法表示"鼬鼠"之意。

*uluhi "灰鼠" —— 满语与锡伯语 ulhu，鄂温克语 ʋlʋhi，鄂伦春语 ʋlʋki，赫哲语 uləhi。该词的语音演变规律为：

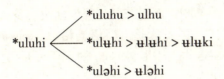

ohotono "鼹鼠" —— 满语 ohotono，赫哲语 ohtono，锡伯语 ohtəno，鄂温克语 ohtono，鄂伦春语 oktono。显而易见，该词的语音变化规律应该是：ohotono > ohtono > ohtəno > oktono。另外，满通古斯语族语言内还有 buha（满语）、sohor momo（鄂温克语）、bili ənikən（鄂伦春语）等说法。

alakdaha "跳鼠" —— 满通古斯语族语言内均叫 alakdaha > alakda-ka。其中，只有鄂伦春语内叫 alakdaka。

*ʤombara "豆鼠" —— 鄂温克语与鄂伦春语 ʤombar，赫哲语 ʤombar > ʤumra，满语 dzʐumara，锡伯语 dzʐumar。该词词首辅音 ʤ 在满语支语言内出现 dzʐ 音变，以及词尾短元音 a 产生脱落之外，主要语音变化体现在词中双唇音 b 或 ba 这一语音结构形式在满语、锡伯语、赫哲语内被省略之现象。再说，满通古斯语族语言的该同源名词，与蒙古语族语言的 ʤombar > ʤombor "豆鼠"间也存在同源关系。

*muktun ~ *nomo "盲鼠" —— 对于该词的说法有两种。其一是，在满语、锡伯语、赫哲语内所说的 muktun。其二是，鄂温克语与鄂伦春语的 nomo 之说。另外，在鄂温克语和鄂伦春语内也有用 momo 表示"盲鼠"的现象。

dobi "鼯鼠" —— 满语、锡伯语、鄂伦春语 dobi，赫哲语同鄂温克语 dowi。不过，在满语及锡伯语里也有说 dəjərə dobi 的现象。而且，dəjərə dobi 的使用率要高于 dobi。

*sulaki "黄鼠狼" —— 满语与锡伯语 solohi，鄂温克语 solohi ~ soolge，鄂伦春语 soloki ~ soologe > soolge，赫哲语 soolje。显而易见，该语族语言内 soloki > solohi 的 solo-，以及 soologe > soolge > soolje 的 soolo- > sool- 等说法均和 *sulaki 的 *sula- 有联系。很有意思的是，通古斯语支语言里把"狐狸"就叫 sulaki ~ solahi，而与该词有同根同源关系的满语支语言的 solohi 则指"黄鼠狼"。再说，通古斯语支语言 soologe > soolge > soolje 等的词干 *soolo- > sool- 与 solohi > soloki 的词干 solo- 之间也应该存在同源关系。由此我们认为，soolo- 的长元音 oo 有可能是后来出现的语音现象。如此说来，满通古斯语族语言的词根 solo- 与 *sula- 属同根同源，solo- 是由 *sula- 演化而来的产物。

*fulgijan "猪" —— 锡伯语 velgian，满语 ulgijan，赫哲语 ulgian，鄂伦春语 ulgeen，鄂温克语 olgen，女真语 uljan。相对而言，该词的语音变化现象比较复杂。而且，主要表现在：（1）词首辅音 f 除了锡伯语中演化为 v 音之外，其他语言里均被脱落；（2）词首音节的短元音 u 在锡伯语内变成 e 音，在鄂温克语里演化为 o 音；（3）词中语音形式 gi 在女真语里出现脱落现象；（4）词尾语音形式 -ijan 产生 ian > een > en 式音变。与此同时，在满通古斯语族语言内，把"小公猪"叫 buldu 或 bultugun > bultuguŋ；"大公猪"称 jəlu > jəlʉ；"种子猪"谓 taman 或 atmal；"母猪"叫做 məgədʒi > məhədʒi 或 məhən；"被阉的母猪"说成 məhə 或 məgər；"猪崽"称之为 mihan > mihaŋ ~ mikan。他们还把"白蹄猪"称作 balda。

*hailun ~ *dʒuukin "水獭" —— 满通古斯语族语言对此有两种叫法。其一是满语支语言的 hailun > haliun。其二是通古斯语支语言的 *dʒuukin > dʒʉʉkin > dʒʉʉhiŋ > dʒukun 等。与此相关，满通古斯语族语言把"公水獭"叫做 *alagin > algin > algiŋ；"母水獭"称 uki > uhi；"水獭崽"谓 *iməsəkən > iməskən > iməskəŋ > imsəkə。另外，还将"旱獭"称作 tarbahi > tarbaki > tarvah；"江獭"也说成 ləkərhi > ləhərhi。

　　*ʧibagan ~ *ʧətʃikə ~ *gasha "鸟" —— 满通古斯语族语言对于 "鸟" 的称谓比较复杂。从词源学角度来看，它们似乎属于异同来源。比如说，鄂温克语及鄂伦春语内叫 *ʧibagan > ʧiibkan > ʧiikkaŋ 等，而在满语和锡伯语里就说 tṣətṣikə > tṣitṣkə，在赫哲语内说成是 gaskə。不过，满语里也有 gasha 之说，这种说法与赫哲语的 gaskə 属同源词。另外，在通古斯语支语言中还有 dəgi（鄂温克语）、dəji（鄂伦春语）等说法。根据我们掌握的词汇资料，在该语族语言内与鸟或与此相关的同源名词确实有不少。比如说，*umuhan ~ *umukta "'鸟蛋' 等飞禽 '蛋'" ⇨ umukta（鄂伦春语）、umutto（鄂温克语）、umhan（满语与锡伯语）、omukto（赫哲语）；ʧothon "蛋壳硬皮" ⇨ ʧothon（赫哲语）、ʧotho（鄂温克语）、ʧotko（鄂伦春语）、tṣotho（满语）、tṣoth（锡伯语）；*numurihan "蛋壳嫩皮" ⇨ numurhan（赫哲语）、numuri（鄂伦春语）、numur（鄂温克语）、numriha（满语）、numrih（锡伯语）；*soho ~ *silgi "蛋清" ⇨ soho ~ ʃilgi（鄂温克语）、sohə ~ ʃilgi（赫哲语）、soko ~ ʃilgi（鄂伦春语）、ṣoho（满语与锡伯语）；joho ~ *ugurgu "蛋黄" ⇨ joho（满语和锡伯语）、uurgu（鄂伦春语）、uuggu（鄂温克语）、urgu（赫哲语）；ginda- + -ʧan ~ -han ~ -h "尾羽" ⇨ gindatṣan（满语及锡伯语）、gindahan（赫哲语）、gindah（鄂温克语）、gindaka（鄂伦春语）；fuŋgala "羽毛" ⇨ fuŋgala（满语）、fuŋgal（赫哲语）、fuŋgal > fuɲal（锡伯语）、uŋgal（鄂伦春语）、uŋgal（鄂温克语）；nuŋgari "髭毛" ⇨ nuŋgari（满语）、nuŋgar（锡伯语及赫哲语）、noŋgar（鄂伦春语）、noŋgar > nooŋgar（鄂温克语）；toŋgi "鸟嘴" ⇨ toŋgo > toŋko > toŋkoŋko（鄂温克语）、toŋgi（赫哲语）、toŋki > toŋtoŋki（鄂伦春语）、əŋgə（满语）、əŋgə > əŋə（锡伯语）；koŋgolo ~ *gujuhu "嗉囊" ⇨ koŋgolo（满语）、koŋgol（锡伯语）、hoŋgol（赫哲语）、gujuhu（鄂温克语）、gujuk（鄂伦春语）；aladʑan "鸟鸡胸脯" ⇨ aladẓan（满语）、aldʑan（赫哲语及鄂温克语）、aldʑa（鄂伦春语）、aldẓan（锡伯语）；*asige ~ dəbtilə "翅膀" ⇨ aʃige ~ dəttəle（鄂温克语）、aʃiki（赫哲语）、aʃaki ~ dəbtilə（鄂伦春语）、asha（满语）、ash（锡伯语）等。

　　*garudi "凤凰鸟" —— 锡伯语 garudi，满语 garudai，赫哲语与鄂伦春语 gardi，鄂温克语 gardi > gaddi。在满通古斯语族语言内，"凤" 与 "凰" 均叫 garudi。而且，在具体使用过程中出现：（1）词中短元

音 u 在通古斯语支语言里均被省略；（2）满语词尾复合元音取代了短元音 i 等音变现象。

　　*garuŋa "鸢" —— 满通古斯语族语言内除了满语称之为 garuŋgʋ 之外，其他语言中均叫 garuŋa。不过，锡伯语也说 garuŋa。在我们看来，满语词尾短元音 ʋ，或许是受前一音节元音 u 的影响而出现的音变实例。

　　*nijoŋnijaha "雁" —— 满语 nioŋnijaha，锡伯语 nyŋniah，鄂温克语 nonnohi，鄂伦春语 ɳunnaki，赫哲语 nunnihi。该词内出现的语音变化现象，首先突出表现在 ijo 及 ija 两个语音结构形式产生的 ijo > io > o ~ y ~ u 及 ija > ia > a ~ o ~ i 式音变方面。其次是，词首鼻辅音 n 及词中鼻辅音 ŋ 在通古斯语支语言内分别演化为 ɳ 或 n 音的现象。最后是，词尾音节首辅音 h 在鄂伦春语里发作 k 音及词尾短元音 a 变 i 音或被脱落的实例。事实上，该词早期语音结构形式比较复杂，同时音变现象也相对复杂一些。我们可以按其音变规律进行如下排列和展示：

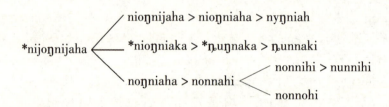

　　*hutan "鹈鹕" —— 锡伯语与赫哲语 hutan，鄂温克语 huta，满语 huʋtan，鄂伦春语 kuta。该词的音变现象比较清楚，一是鄂伦春语词首辅音 h 变读为 k 音，二是满语词首音节短元音 u 产生 ʋ 音变，三是鄂温克语及鄂伦春语词尾鼻辅音 n 出现脱落现象。

　　*togodig "鸧" —— 鄂温克语 toodi > todi，鄂伦春语 toodog > todog，赫哲语 todig，满语及锡伯语 todi。对于该同源名词的语音变化现象及其规律可作如下归纳：

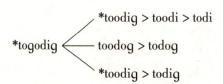

ʧalihun "朱顶红" —— 赫哲语 ʧalihun，鄂温克语 ʧalihuŋ，鄂伦春语 ʧalikun，锡伯语 tʂalihun，满语 tʂalihʊn。

*huŋsi "苇鸟" —— 满语 huŋsi，锡伯语 huŋʂi，赫哲语 huŋʃi，鄂温克语与鄂伦春语 huŋʧi。首先，该词词首音节的短元音 u 在满语里产生 ʊ 音变，其次词中辅音 s 出现 ʂ（锡伯语）、ʃ（赫哲语）、ʧ（鄂温克语与鄂伦春语）等音变。

*turaki "元鸟" —— 满语 turaki，锡伯语与鄂伦春语 turak，鄂温克语 turahi，赫哲语 turah。该词的音变规律应该是 *turaki > turak ~ turahi > turah。

*gaha "乌鸦" —— 满语 gaha，锡伯语 gahə > gah，赫哲语 gahi，鄂温克语 gaaha，鄂伦春语 gaaki。显而易见，该词（1）词首短元音 a 在鄂温克语和鄂伦春语内出现长元音化现象；（2）词中辅音 h 在鄂伦春语里演化为 k 音；（3）词尾短元音 a 在鄂伦春语中发音为 i 音的同时，在锡伯语内被弱化甚至被省略。除此之外，鄂温克语内把"乌鸦"还称之为 ule 或 turahi，在鄂伦春语里也有叫 turaki 的说法。再说，满通古斯语族语言将"松鸦"称作 isha > iska，把"花脖鸦"叫做 ajan 或 ajan gaha 等。

*ʧibagun ~ ʤilʤima ~ *garasun "燕子" —— 从某种意义上讲，满通古斯语族语言内对于"燕子"的称谓比较复杂。就像我们所罗列的那样，它至少有三种说法。其中，（1）*ʧibagun 同赫哲语的 ʧifakun、满语的 tʂibin、锡伯语的 tʂivagən、女真语的 ʃibehun 等是属于同源关系。而且，不同语言里产生的语音变化也比较大。首先，词首辅音 ʧ 在满语、锡伯语、女真语里分别产生 tʂ 或 ʃ 音变；其次，词第二音节首辅音在赫哲语及锡伯语内出现 f 或 v 音变；再就是，词尾部分的 -agun 这一语音结构产生 -agun > -agən > -akun > -ehun > -in 式音变。很有意思的是，这一说法与蒙古语族语言的 ʧibagu(n) > ʧibu > ʃibu > ʃiwu "鸟"有同源关系；（2）前面提到的 ʤilʤima 与鄂伦春语的 ʤilʤima 属同根同源。不过，在鄂温克语的一些方言土语里 ʤilʤima 一词则表示"小鸟"之意；（3）*garasun 同鄂温克语的 garasuŋ 同属一源，只是词尾的

鼻辅音 n 演化为 ŋ 音。其实，鄂伦春语内也有把"燕子"叫 garasun 的实例。

　　saksaha ~ saadʒige "喜鹊" —— 满语 saksaha，锡伯语 sask，赫哲语 saksaki，鄂温克语 saadʒige > saadʒig，鄂伦春语 saadʒiga。我们认为，该词应该源于动词词根 *saga- "吵闹"、"叫唤"。这可能与"喜鹊"特有的"叽叽喳喳"的吵闹声有关。那么，在使用过程中，作为词根的 *saga- 产生了 saa- > sa- ~ sag- > sak- 式音变。如此说来，在词根 *saga- 后面出现的 -saha > -saki > -sq ~ -dʒiga > -dʒige > -dʒig 等均属于构词词缀。再说，鄂伦春语里还有 ʃaadʒija 的说法。

　　*gijahun "老鹰" —— 满语 gijahʊn，女真语 giahun，锡伯语 geehun，鄂温克语 gihiŋ > gikiŋ，赫哲语 heehən，鄂伦春语 jeekin。我们完全可以从以下五个方面，对于该词的音变现象进行分析和说明：（1）词首辅音的变化为 g > h > j；（2）词首部分 ija 之语音结构形式的音变情况是 ija > ia > ee > i；（3）词中辅音的变化为 h > k；（4）词尾音节短元音 u 的演化形式为 ʊ > ə > i；（5）词尾鼻辅音的变化为 n > ŋ 等。另外，还有 jəjin（满语和锡伯语）、igəʧən ~ mʉri（鄂伦春语）、heeʧən ~ mur（赫哲语）、mʉri（鄂温克语）等说法。在这里，还应该提到的是，满通古斯语族语言内，将"苍鹰"称之为 *idʉlhən > idʉlhəŋ > idʉlkən；"鱼鹰"叫 *suwan > suvan；"小黄鹰"用 *dʒafugta > dʒawugta > dʒawutta > dz̩afata > dz̩avat 等说法来表示。

　　hisuka "白雕" —— 赫哲语 hisuka，满语与锡伯语 isuka，鄂伦春语 iska，鄂温克语 isha。该词的音变规律应该是 hisuka > isuka > iska > isha。

　　*siŋgor "海青" —— 女真语 ʃiŋgan，满语与锡伯语 ʂoŋkon，赫哲语和鄂伦春语 ʃoŋkor，鄂温克语 ʃoŋhor。我们认为，该词词首辅音 s 受其后续元音 i 的影响而演化为 ʃ 音，后来 ʃ 又在满语与锡伯语中发生了 ʂ 音变。与此同时，词首音节的短元音 i 被后续音节元音逆同化为 o 音。再说，词中辅音 g 除了在鄂温克语里发音为 h 之外，其他几个语言中均演化为 k 音。我们还发现，词尾部分出现的短元音 o 却在女真语内发音成 a 之现象。事实上，在鄂温克语和鄂伦春语的某些方言土语里，也有将 ʃoŋhor 或 ʃoŋkor 发音成 ʃoŋhar 或 ʃoŋkar 的实例。该词的语音变化

中，还有一种语音现象值得我们注意，那就是满语支语言词尾鼻辅音 n
同通古斯语支语言词尾辅音 r 相对应的情况。根据我们掌握的语音资
料，在满通古斯语族语言里，还有一些类似的语音实例。甚至，还有满
语支语言词尾零辅音与通古斯语支语言词尾辅音 r 发生对音的现象。
例如：

满语	锡伯语	鄂温克语	鄂伦春语	赫哲语	词义
dʑilan	dzˌilan	ʤalar	ʤalar	ʤilar	慈
dzˌooman	dzˌuman	ʤumar	ʤumar	ʤumar	指甲根
əfəhən	əfhən	əbkər	əbkər	əwkər	锛子
hoto	hoto	hotor	hotor	hotor	葫芦
kəsi	həʃi	həʃir	həʃir	həʃir	运气
soko	soko	sogor	sogor	sogor	神祇

从某种意义上讲，这也是满通古斯语族语言的一种区别性语音特
征。当然，我们不能由此得出，通古斯语支语言词尾使用的舌尖中颤辅
音 r 在满语支语言内均发音为舌尖中鼻辅音 n 或被省略掉的结论。何
况，许多情况下，满语支语言把通古斯语支语言的 r 同样发作 r 音。在
这里还应该提到，蒙古语里将"海青"也叫 ʃiŋhor ～ ʃoŋhor ～ ʃoŋkor 等。
毫无疑问，蒙古语的该词与满通古斯语族语言的 *siŋgor 属于同源关系。

kilahun "海鸥" —— 锡伯语与赫哲语 kilahun，鄂伦春语 kilakun，
满语 kilahʊn，鄂温克语 hilahʊn。再说，鄂温克语内还叫 osholoŋko，鄂
伦春语中还称之为 ʧinahun 等。

*naʧin "游隼" —— 赫哲语与鄂伦春语 naʧin，鄂温克语 naʧiŋ，满
语与锡伯语 natʂin。也就是说，按惯例词中辅音 ʧ 及词尾鼻辅音 n，分
别在满语支语言和鄂温克语内产生了 tʂ 和 ŋ 音变。不过，锡伯语内还
有 laitʂin 之说。我们认为，满通古斯语族语言的 naʧin > naʧiŋ > natʂin
同蒙古语的 naʧin 属同根同源。

silmən "鹞子" —— 满语 silmən，锡伯语 ʂilmən，通古斯语支语言
均叫 ʃilmən。它们的语音变化规律应为 silmən > ʂilmən > ʃilmən。此外，
鄂温克语里也有 higgo 之说。

　　*jabsahu ~ uliŋʧi "鸥鹎" —— 锡伯语 jabsah，赫哲语 jabsah，满语 jabʂahʊ，鄂温克语与鄂伦春语 uliŋʧi。满通古斯语族语言有关 "鸥鹎" 的称谓有两种，其一就是 *jabsahu > jabsah > jabsah > jabʂahʊ。另一个就是 uliŋʧi。相比之下，*jabsahu 产生了一些语音变化，而 uliŋʧi 把原有的语音形式保存得较好。

　　*tonsiku ~ *tontoki "啄木鸟" —— 满语 tonsikʊ，锡伯语 tonʂiko，鄂伦春语与赫哲语 tontoki，鄂温克语 tontohe。从以上例词可以看出，满通古斯语族语言内虽然对于 "啄木鸟" 有 tonsiku 和 tontoki 两种说法，但它们均源于表示 "敲" 之意的动词词根 *tonsi- ~ *tonto-。这两个动词词根，无论在语音形式，还是在词义结构方面，均表现出十分密切的内在联系。不过，从词义学角度分析，满通古斯语族语言里 *tonsi- 一般指力度较弱的 "敲击" 动作，而 *tonto- 则表示力度较强的 "敲击" 动作。再说，满语支语言的 *tonsi- > tonʂi- > tonsi- 与蒙古语的 *tonsi- > tonʃi- 是属同源关系。那么，-kʊ > -ko ~ -ki > -he 等是词缀部分。据我们了解，满通古斯语族语言内表述 "啄木鸟" 的词语较丰富。比如说，除了我们刚才提到的之外，还有 fijorhon（满语）、ilakta（鄂伦春语）、toktoki（赫哲语）等说法。

　　*gəkuhu "布谷鸟" —— 锡伯语 gukku，鄂温克语 gəkkʉ > həkkʉ，鄂伦春语 gəkkʉ > kəkkʉ，满语 kəkuhə，赫哲语 kəku。该词的语音变化现象主要表现在：（1）词首辅音 g 在鄂伦春语、满语、赫哲语内被发作 k 音；（2）词首音节的短元音 ə 在锡伯语里演化为 u 音；（3）词中辅音 k 后面的短元音 u 在锡伯语、鄂温克语、鄂伦春语中被省略；（4）词尾音节的辅音 h 在锡伯语、鄂温克语、鄂伦春语中变为 k 音；（5）词尾短元音 u 在鄂温克语与鄂伦春语里演化为 ʉ 音的同时，在满语中弱化为 ə 音；（6）在赫哲语内省去了词尾音节的 -hə 这一语音形式。除此之外，在满语内还用 toiton 来表示 "布谷鸟"。

　　*buləhin "丹顶鹤" —— 满语 buləhən，女真语及赫哲语 buləhi，鄂温克语 bʉlhi，鄂伦春语 bʉləki > bʉlki，锡伯语 bulhə。该词在不同语言中产生的语音变化现象比较清楚，可以用如下格式展示其音变规律：

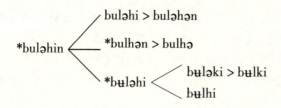

jaksan "丘鹬" —— 赫哲语 jaksan，鄂温克语与鄂伦春语 jaksa，锡伯语 jaksa ~ jaksargan，满语 jaksargan。应该指出的是，该词词尾鼻辅音 n 除赫哲语之外的语言里均被脱落，同时满语支语言里还出现接缀 -rgan 之词缀的现象。

*wəriʤin "鹳" —— 满语 wəidz̩un，锡伯语 vəidz̩ən，赫哲语 uriʤin，鄂温克语与鄂伦春语 uriʤin > uriʤi。该词的音变现象表现在：（1）词首辅音 w 在锡伯语里演化为 v 音的同时，在通古斯语支语言内均被脱落；（2）词第二音节首辅音 r 在满语支语言内被省略；（3）词中辅音 ʤ 在满语支语言内出现 dz̩ 音变；（4）词首音节元音 ə 在通古斯语支语言中演化为 u 音；（5）词尾音节元音 i 在满语支语言中发生 u 或 ə 音变。依据我们掌握的资料，满通古斯语族语言内，满语词首保存的辅音 w 及锡伯语里的演化音 v 等，同通古斯语支语言的零辅音相对应实例不是孤立存在的现象。例如：

满语	锡伯语	鄂温克语	鄂伦春语	赫哲语	词义
wahan	vahan	uhaŋ	ukan	uhan	袖口
wahun	vahun	ʉguŋ > ʉʉŋ	ʉgun < ʉʉn	wagun	臭味
wərən	vərən	ərə	ərən	ərən	桶箍
wəihukən	vəihukən	ənikkuŋ	ənibkun	ənihkun	轻
wasihala-	vaʂihla-	uʃihala-	uʃikala-	uʃikala-	挠

不只是通古斯语支语言的词首辅音 w 出现脱落现象，在满语支语言内也会见到类似音变实例。比如说，"兽类指甲" 他们就称作 oʂoho（满语）> osohu（锡伯语），其实该词的早期语音结构形式是 wasi- > vaʂi-。然而，在使用过程中，伴随词首辅音的脱落及后续音节元音影响而产生 oʂo- > oso- 之音变。

todi < todʒin "孔雀" —— 鄂温克语与鄂伦春语 todi，赫哲语 todʒin，满语及锡伯语 todʑin。我们认为，该同源名词的早期语音形式应该是 to-di，而 *todʒin > todʑin 是属于后来出现的语音演化实例。除此之外，通古斯语支语言还用 sooldolde > sooldoldi 来表示"孔雀"之意。而且，sooldolde > sooldoldi 的使用率要比 todi 高。

*gara > *garaldʒi ~ garasu "乌鸡" —— 满语 karaldʐa，锡伯语 karaldʐi，通古斯语支语言 garasu。根据我们掌握的资料，满通古斯语族语言的 garasu 与 karaldʐi 两种说法都源于 *gara 这一词根。而 -su 与 -ldʐi 是属于词缀。该语族语言内，我们在前面对于辅音 g 演化为 k 音的现象，已作过交代和说明。实际上，类似音变实例，包括满通古斯语族语言在内的阿尔泰语系语言中确实有不少。再说，鄂伦春语与鄂温克语里，除 garasu 之外还有 təgələn > təgləŋ 之说，并在现代口语里有很高的使用率。我们认为，garasu 是通古斯语支早期说法，而 təgələn > təgləŋ 或许是后来的使用形式。很有意思的是，蒙古语东部方言土语里，也有把"乌鸡"叫做 təgələn > təgləŋ 的现象。由此有人怀疑，通古斯语支语言的 təgələn > təgləŋ 是源于蒙古语。这种分析或认识是否科学，还有待于进一步深入探讨和研究。另外，在赫哲语里还有用 hoji 之说表示"乌鸡"的情况。

*gorgol "野鸡" —— 鄂温克语 gorgol > hoggol，鄂伦春语 korgol，赫哲语 olgum，锡伯语 olhum，女真语 ulhuma，满语 ulhuma。严格地讲，gorgo 是该词词根部分，而 -l ~ -ma > -m 是词缀成分。说到该词词根的语音演变：（1）首先词首及词中辅音 g 出现 k 或 h 音变或被脱落而出现的零辅音现象；（2）词中元音 o 在鄂温克语及鄂伦春语里被保存之外，其他语言内出现 u 或 ʊ 音变；（3）在鄂温克语与鄂伦春语内保存下来的词中辅音 r 同女真语、满语、锡伯语、赫哲语辅音 l 产生了对应关系。其实，在满通古斯语族语言内，除了该词之外的一些词里也有满语支语言的辅音 l 同通古斯语支语言的辅音 r 之间产生对应关系的实例。例如：

满语	锡伯语	鄂温克语	鄂伦春语	赫哲语	词义
galman	galmən	garmakta	garmakta	garmakta	蚊子
alda	alda	arda	arda	arda	半岁猪

再反过来说，也有一些词内，通古斯语支语言的辅音 l 与满语支语言的辅音 r 间发生对应关系。例如：

满语	锡伯语	鄂温克语	鄂伦春语	赫哲语	词义
dərhuwə	durvo	dilhʉwəŋ	dilhʉwən	dilhʉwən	苍蝇
sarɡija	sarɡia	salka	salka	salka	胯骨当

这些音变现象及其规律以及语音对应现象都无可怀疑地说明，任何一种语音现象的存在都不是固定不变的或只有一种演变规律，应该说一切语音都是在变化或者说动态地存在，所谓某一被确定的语音形式及变化规律或许只是属于特定时期的产物，并不是恒久不变的概念。特别是，对于濒危语言来说，这种变化或许更快更多更复杂。

soron "鹀" —— 满通古斯语族语言里除了满语叫 ʂoron 之外，其他语言中均称之为 soron。很显然，这是因为满语把词首辅音 s 发成 ʂ 音的结果。

guwaʃihija "鹭鸶" —— 锡伯语 guaʂihia，赫哲语 guaʃihe，满语 gʉwasihija，鄂温克语 goʃihe，鄂伦春语 gotʃike。该词在使用过程中主要产生：（1）词首语音结构形式 uwa 出现 ʊwa > ua > o 式音变；（2）词中辅音 s 演化为 ʂ、ʃ、tʃ 音；（3）词尾语音形式发生 ija > ia > e 式音变。再说，通古斯语支语言内还有 ɡiltariŋ dəɡəli ~ watʃihe（鄂温克语）、watʃiki（赫哲语）、watʃikə（鄂伦春语）、suwan（女真语）等说法。这其中，像 watʃihe > watʃiki > watʃikə 等是属于通古斯语支语言的同源词。而 ɡiltariŋ dəɡəli 及 suwan 只属于鄂温克语及女真语特有的说法。

gilagun "鸥" —— 鄂伦春语 gilagun > gilun，鄂温克语 gilawuŋ，满语 kilahʊn，锡伯语与赫哲语 kilahun > kilun。该词在不同语言内产生的语音变化在于：（1）词首辅音 ɡ 在满语支语言及赫哲语内演化为 k 音；（2）词中语音形式 agu 在使用过程中产生 ahu ~ ahʊ > awu > au > u 式音变；（3）词尾鼻辅音 n 在鄂温克语里被发作 ŋ 音。事实上，这里出现的音变，在许多同源词内都能见到。再说，鄂温克语中还有 osholoŋko 之说。

tashari "秃鹫" —— 满语 tashari，锡伯语、赫哲语、鄂温克语 tashar，鄂伦春语 taskar。它们的音变规律应为 tashari > tashar > taskar。与此相关，满通古斯语族语言把"狗鹫"都叫做 jolo。

gulin "黄鹂" —— 锡伯语与赫哲语及鄂温克语 gulin，满语 gʊlin，鄂伦春语 guli。该词的音变表现在词首音节元音 u 的 ʊ 音变，以及词尾鼻辅音的脱落方面。再说，鄂温克语中还有 gorgolde 之说。

garahi "青鸦" —— 通古斯语支语言称 garahi > garaki，满语支语言叫 karahi。该词的音变规律应为 garahi > garaki > karahi。不过，通古斯语支语言内也有说 garasun 的现象。

indahun ~ opobu "戴胜鸟" —— 锡伯语 indahun，满语 indahʊn，鄂温克语 ɵpɵpe，鄂伦春语 ɵpɵpe > ɵpɵɵpe，赫哲语 əpəbe。也就是说，满通古斯语族语言内有关"戴胜鸟"的称呼有两种，一种是满语支语言的 indahun > indahʊn，另一种是通古斯语支语言的 ɵpɵpe > ɵpɵɵpe ~ əpəbe。除这两种说法之外，满语支语言里还有 tʂətʂigə（锡伯语）、tʂətʂikə（满语）之说。

aminan "公鸡" —— 通古斯语支语言 aminan > aminaŋ，满语支语言 amila。根据我们掌握的词汇资料，满通古斯语族语言中辅音 n 与 l 交替现象虽然不太多见，但还是能够找到一些例子。不仅是满语支语言辅音 l 与通古斯语支语言的 n 相对应，而且也有通古斯语支语言辅音 l 与满语支语言的 n 之间产生对应的实例。比如说，"暖炕"一词虽然满语和锡伯语内分别叫 nahan 或 nahən，然而在通古斯语支语言内却说 laha 或 laka。要是假定 nahan 的词根 na- 与满通古斯语族语言的 nama "温暖"和 nala "向阳的"等词的词根 na- 有关，那么我们完全有理由说 nahan 词首辅音 n 是属于原有形式，而通古斯语支语言 laha 的词首辅音 l 是属于演化而来的语音形式。与此有关，该语族语言内把"母鸡"叫 əmilə 或 əminən > əminəŋ。毫无疑问，əmilə 是满语支语言的说法，əminən > əminəŋ 则属于通古斯语支语言。同这两种说法相比，在满通古斯语族语言中，有关"鸡"的称谓相对复杂一些。比如说，满语和锡伯语将"鸡"叫 tʂoko，赫哲语称之为 toko，女真语说 tiho，而在鄂伦春语和鄂温克语内却说 kakara > kakra ~ hahara > hahra。可想而知，该语族语言对于"鸡"的称谓上表现出两种不同的说法。其一是 ʧoko > tʂoko > toko > toho > tiho，其二是 kakara > kakra ~ hahara > hahra。虽然我们在这里假定，该同源名词的词首辅音 ʧ 或 tʂ 有可能是属于 t 的变读形式。但是，也很难作出所有的 ʧ 与 tʂ 都源自 t 音之判断。

*huriʧe ~ garu "天鹅"—— 赫哲语与鄂伦春语 urʧe，鄂温克语 utʧʧe，满语与锡伯语 garu。可以看出，满通古斯语族语言内有关"天鹅"的叫法有两种，一是通古斯语支语言的 urʧe > utʧʧe，二是满语支语言的 garu。而满语支语言的该说法与蒙古语的 hon galagu "天鹅"的 galagu > galu 应属同根同源。另外，赫哲语里也有用 hukʃa 来表示"天鹅"之意的实例。

nijəhə "鸭子"—— 满语 nijəhə，鄂温克语 niihi，鄂伦春语 niiki，赫哲语 ŋəhə，锡伯语 ihə，女真语 miəhə。很显然，该词的语音演变规律应为 nijəhə > niihi > niiki > ŋəhə > ihə。不过，女真语里却说 miəhə，也就是将词首辅音 n 变读为 m 音。再说，该词内还出现 n > ŋ、ijə > iə > ii > i、hə > hi > ki 式音变。除此之外，鄂伦春语里也有说 nikiʧən 之现象。与此相关，他们把"黄鸭"均叫 aŋgir > aŋir，将"小尾鸭"称之为 *soʧʃili > soʧʃil > sotʂʃili > sotʂʃil > soʃil 等。

kəsikə "猫"—— 满语 kəsikə，锡伯语 kəskə，赫哲语 kəʃkə，鄂伦春语 kəəkə，鄂温克语 həhə。该同源名词的音变规律也是显而易见的，那就是 kəsikə > kəskə > kəʃkə > kəəkə > həhə。另外，满通古斯语族语言把"山猫"称之为 malahi（满语）> malah（锡伯语）> mala（鄂温克语、鄂伦春语、赫哲语）等。

*ginakin ~ indahun "狗"—— 鄂伦春语 ŋanakin，鄂温克语 ninihiŋ，赫哲语 inakin，女真语 indahun，满语 indahʊn，锡伯语 indahu ~ jonhun。满通古斯语族语言内要用通古斯语支语言的 *ginakin > ŋanakin > ninihiŋ > inakin，以及满语支语言的 indahun > indahu (n) > indahʊn 两种说法表示"狗"之意。其实，索伦鄂温克族及逊克鄂伦春族的老年人至今把"狗"称之为 ginakin。就是我们很熟悉的辉河鄂温克族的老人里也有将"狗"叫 ginakin 的实例。总之，我们认为，通古斯语支语言的 *ginakin

产生的音变主要体现在：（1）词首辅音 g 演化为鼻辅音 ŋ、n 或被脱落；（2）词首音节元音 i 在鄂伦春语中被后续音节元音逆同化为 a 音；（3）词中音节元音 a 在鄂温克语内被前置音节元音顺同化为 i 音；（4）词尾音节首辅音 k 及词尾鼻辅音 n 在鄂温克语里产生了 h、ŋ 音变。那么，满语支语言 indahun 的词尾音节出现的元音 u 及鼻辅音 n，分别在满语及锡伯语中产生 ʊ 音变或被省略。很有意思的是，锡伯语里还有 jonhun 之说。依据我们搜集到的词汇资料，满通古斯语族语言内与狗相关的还有一些同源名词。比如说，adʒirgan ~ *muɡutu "公狗" ⇨ adʒirgan（赫哲语）、adʐirgan（满语与锡伯语）、adʐirhan（锡伯语）、muʉtə（鄂温克语与鄂伦春语）；ənihən ~ *tʃusuhu "母狗" ⇨ ənijəhən（满语）、əniəhən（锡伯语）、tʃusuhu ~ jaatu（鄂温克语）、tʃusukə ~ ukətʃə（赫哲语）、tʃuʉtʃhə（鄂伦春语）；*nijahan ~ *ɡuluɡu "狗崽" ⇨ nijaha（满语）、niah（锡伯语）、ɡʉlɡʉ（鄂温克语）、ɡʉlɡə（鄂伦春语）、ɡulɡə（赫哲语）；*nuhərə ~ *hasuhan "小狗" ⇨ nuhərə（满语）、uhər（锡伯语）、hashan（赫哲语）、hashaŋ（鄂温克语）、katʃhan（鄂伦春语）；*durəbu "四眼狗" ⇨ durbə（满语与赫哲语）、durvə（锡伯语）、dʉrbə（鄂伦春语）、dʉbbə（鄂温克语）；*tʃigiri "玉眼狗" ⇨ tʃigir（赫哲语）、tʃirgi（鄂温克语与鄂伦春语）、tʂikiri（满语）、tʂikir（锡伯语）；*tʃaku ~ *alaga "白脖子狗" ⇨ tʂaku（锡伯语）、tʂakʊ（满语）、alga（鄂温克语、鄂伦春语、赫哲语）；kaldʒa "白鼻梁狗" ⇨ kaldʒa（鄂伦春语）、kaldʐa（满语与锡伯语）、haldʒa（鄂温克语）、haldʒar（赫哲语）；*tajagan "身高细长猎狗" ⇨ taiha（满语）、taihə（锡伯语）、tajiga（赫哲语及鄂温克语）、tajga（鄂伦春语）；kabari ~ *bagal "哈巴狗" ⇨ kabari（满语）、bal（锡伯语）、baal（鄂温克语、鄂伦春语、赫哲语）；jolo "藏獒" ⇨ 满通古斯语族语言里几乎均叫 jo-lo。

ulha ~ *adugus "牲畜" —— 满语支语言 ulha，通古斯语支语言 adgus。在鄂温克语里还有 adoɡuŋ 之说。另外，在满通古斯语族语言中把"牲畜胎"叫 sutʃi > sutʂi，将"胚内血块"说 balakta（满语、鄂伦春语）、balaktə（锡伯语与赫哲语）、balatta（鄂温克语），"牲畜身上的斑纹"称 bədəri > bədər，"牲畜尾巴尖的白毛"叫做 hikdaha（赫哲语、鄂伦春语、鄂温克语）> ikdaki（满语及锡伯语）等。

ihan ~ *hukur "牛" —— 满语支语言及赫哲语 ihan，鄂伦春语及鄂温克语 hʉkʉr > ʉkʉr > ʉhʉr。除此之外，满通古斯语族语言内，与"牛"相关的同一语族语言或同一语支语言的同源名词也有不少。比如说，*unigun "乳牛" ⇨ unijən（满语）、unin（锡伯语与赫哲语）、ʉnigən（鄂伦春语）、ʉnʉgʉŋ（鄂温克语）；*tugusan "牛犊" ⇨ tuksan（锡伯语与赫哲语）、tukʂan（满语）、tokʧan（鄂伦春语）、tushaŋ（鄂温克语）；*itəgən "二岁牛" ⇨ itən（满语、锡伯语、鄂伦春语、赫哲语）、itəŋ（鄂温克语）；*gunan "三岁牛" ⇨ guna（鄂伦春语与赫哲语）、gʊna（满语）、gona（锡伯语）、gonaŋ（鄂温克语）；*dunən "四岁牛" ⇨ dunə（赫哲语）、dʉnəŋ（鄂温克语）、dʉnə（鄂伦春语）、dənu（锡伯语）、dənu > dəonə（满语）；ədʐə ~ ərgəəl "黄牛" ⇨ ədʐə（满语、锡伯语、赫哲语）、ərgəəl（鄂伦春语）、ərgəəl > əggəəl（鄂温克语）；*buhasan "牤牛" ⇨ buka ~ bukʧan（鄂伦春语）、buhʃan（赫哲语）、boh（鄂温克语）、muha ʂan（满语）、muhʂan（锡伯语）；*saraluk "牦牛" ⇨ sarluk（满语与锡伯语）、sarlar（鄂伦春语）、sarlan（赫哲语）、sarlaŋ（鄂温克语）；*moho > mohor ~ *moholon "无角牛" ⇨ mohor ~ moholoŋ（鄂温克语）、mohol（锡伯语与赫哲语）、moholo（满语）、mokor（鄂伦春语）等。

honin "羊" —— 女真语、满语、锡伯语、赫哲语 honin，鄂温克语 honiŋ，鄂伦春语 kunin。另外，满通古斯语族语言内与"羊"相关的同源名词还有一些。例如，busa "母羊" ⇨ busa（赫哲语）、bosa（鄂伦春语）、bos（鄂温克语）、buʧa（满语与锡伯语）；hurha ~ *hurba "羊羔" ⇨ hurha（赫哲语与锡伯语）、hʊrha（满语）、*hurba > hʉbba > hʉrbə > həbbə（鄂温克语）、kʉrbə > kərbə（鄂伦春语）；*irigə "骟羊" ⇨ irgə（满语、锡伯语、鄂伦春语、赫哲语）、iggə（鄂温克语）等。

nimagan "山羊" —— 满语、锡伯语、赫哲语 niman，鄂伦春语 imagan，鄂温克语 imagaŋ，女真语 imaga > imara。该词的音变规律应为：

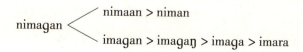

　　təməgən "骆驼" —— 鄂伦春语 təməgən，鄂温克语 təməgəŋ，满语 təmən，锡伯语、赫哲语、女真语 təmə。毫无疑问，该词在不同语言里产生 təməgən > təməgəŋ > təmən > təmə 式音变。再说，满通古斯语族语言将 "驼峰" 叫 bohoto（满语）、bohto（鄂温克语）、bokto（鄂伦春语）、bohtə（锡伯语与赫哲语）等。

　　morin "马" —— 满通古斯语族语言除鄂温克语之外均叫 morin，而鄂温克语称之为 moriŋ。与此相关，满通古斯语族语言内还把 *nogohan "马驹" 称作 noohan（赫哲语）、noohoŋ（鄂温克语）、ŋookon（鄂伦春语）、unahan（满语与锡伯语）；*dagahan "小马" ⇨ daaga（鄂温克语与鄂伦春语）、daag（赫哲语）、dahan（满语）、dahən（锡伯语）；*sutʃuhan "二岁马" ⇨ sutʃuhan > sutʃuha（鄂温克语）、sutʃuka（鄂伦春语）、sutʃuhə（赫哲语）、sutʂutu（满语）、su ʂtu（锡伯语）；*artun "三岁马" ⇨ artu（满语、赫哲语、鄂伦春语）、artu > art（锡伯语）、attu（鄂温克语）；*sajibatu "四岁马" ⇨ sajebtu（赫哲语）、saifatu（满语）、saivat（锡伯语）、seebtu（鄂伦春语）、seetta（鄂温克语）；*gəgu "母马" ⇨ gəəg（鄂伦春语）、gəo（满语）、gəw（赫哲语）、gəə（鄂温克语）、gə（锡伯语）；adʒirgan "种子马" ⇨ adʒirgən（赫哲语）、adʒir（女真语）、adzɿrgan（满语）、adzɿrhan（锡伯语）、adirga（鄂伦春语）、adigga（鄂温克语）；*əmənig ~ *ələmin "生马" ⇨ əmnig（鄂温克语）、əmnin（鄂伦春语）、əmni（赫哲语）、əlmin（满语与锡伯语）；*agata "骟马" ⇨ agta > akta（赫哲语及鄂温克语）、akta（满语与鄂伦春语）、akta ~ ada（女真语）、akt（锡伯语）；kulug "骏马" ⇨ kuluk（满语和锡伯语）、hulug（赫哲语）、kʉlʉg（鄂伦春语）、hʉlʉg（鄂温克语）；*bajigan "赛马" ⇨ bajgan（赫哲语）、bajga（鄂温克语与鄂伦春语）、baigə（满语与锡伯语）；sirga "米黄毛马" ⇨ sirga（满语）、ʂirga（锡伯语）、ʃirga（鄂伦春语与赫哲语）、ʃigga（鄂温克语）；tolbotu "菊花青马" ⇨ 满通古斯语族语言均叫 tolbotu。不过，在赫哲语里有 tolbot 之说；ulun "喜鹊青马" ⇨ ulun（赫哲语）、ʉlʉn（鄂伦春语）、ʉlʉŋ（鄂温克语）、ulu（满语与锡伯语）。不过，满语及锡伯语内也有 ulu morin 的说法；tʃira ~ tʃaŋga "强性马" ⇨ tʂira（满语与锡伯语）、tʃaŋga（鄂温克语、鄂伦春语、赫哲语）；*hasin "弩马" ⇨ haʃiŋ（鄂温克语）、haʂan（锡伯语）、haʃan（赫哲

语）、kaʃin（鄂伦春语）、ala ʂan（满语）等。在这里，还应该提到的是，满通古斯语族语言内有不少与马有关的名词术语。而且，其中绝大多数属于同根同源，或者说同属于某一语支语言。比如说，kaŋsiri ⇨ "马鼻梁" kaŋsiri（满语）、kaŋ ʂir（锡伯语）、kaŋʃir（鄂伦春语）、haŋʃar（赫哲语与鄂温克语）等；*dəlun "马脖鬃" ⇨ dəlu ~ dələn（满语）、dəlu（赫哲语）、dələn（锡伯语）、dəl（鄂伦春语与鄂温克语）等；*kugulu "马脑鬃" ⇨ kukulu（满语）、kukul（锡伯语）、kᴜgᴜl（鄂伦春语）、hugul（赫哲语）、hᴜgᴜl（鄂温克语）等；saka "马尾鬃硬毛" ⇨ saka（鄂伦春语）、saha（赫哲语与鄂温克语）、sika（满语）、ʂika（锡伯语）等；tulu "马胸" ⇨ tulu（满语）、tulə（锡伯语及赫哲语）、tᴜlə（鄂伦春语与鄂温克语）等；kəməs ~ tʃəgən "马奶子" ⇨ kəməs（满语及锡伯语）、tʃəgən（赫哲语与鄂伦春语）、tʃəgəŋ（鄂温克语）等；*taki > takija ~ takim "马膝骨" ⇨ takija（满语）、takia（锡伯语）、takim（鄂伦春语）、tahim（赫哲语与鄂温克语）等；borbo "马脚后跟" ⇨ borbo（满语）、borbə（锡伯语与赫哲语）、borbi（鄂伦春语及鄂温克语）等；sira ~ *sirabi "马小腿" ⇨ sira（满语）、ʂir（锡伯语）、ʃirbi > ʃilbi（鄂伦春语与鄂温克语）、ʃir（赫哲语）等；wahan ~ *urugun "马蹄" ⇨ wahan（满语）、vahan（锡伯语）、uruun（鄂伦春语与鄂温克语）、urun（赫哲语）等。然而，通古斯语支语言内也说 taha > tah，并有很高的使用率；uman "蹄心" ⇨ uman（满语与锡伯语）、umon（赫哲语）、omo（鄂伦春语和鄂温克语）等；wijahan "蹄掌" ⇨ wijahan（满语）、wiaha（赫哲语）、viaha（锡伯语）、weha > waha > waka（鄂伦春语及鄂温克语）等；*untʃuhun ~ *irogi > irgi "马尾巴" ⇨ untʂəhən（满语）、untʂihən（锡伯语）、irgi（鄂伦春语）、iggi（鄂温克语）、ilgi（赫哲语）等。

　　*əldʒigən ~ *əjihən "驴" —— 鄂温克语与鄂伦春语 əldʒig，满语和锡伯语 əihən，赫哲语 əjhən。其中的 *əldʒigən > əldʒig 之说与蒙古语支语言的 əldʒigə "驴" 同属一源。而 *əjihən > əjhən > əihən 是否属于由 *əldʒigən 演变来的说法值得进一步探讨。

　　*gurgur "蝈蝈" —— 赫哲语 gurgər，鄂温克语 gᴜrgᴜr，鄂伦春语 gᴜrgər，满语和锡伯语 gərgən。该词的音变规律，可以用以下格式归纳：

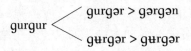

gurgur
gurgər > gərgən
gʉrgər > gʉrgər

hibsun ~ *ʤigugtu"蜜蜂"——锡伯语 hibsun，满语 hibsu，鄂伦春语 ʤʉgugtʉ，鄂温克语 ʤiwugtə > ʤiwittə，赫哲语 ʤəgtə。可以看出，满通古斯语族语言内对于"蜜蜂"的叫法有两种，一是满语支语言的 hibsun > hibsu，二是通古斯语支语言的 *ʤigugtu > ʤʉgugtʉ ~ ʤiwugtə > ʤiwittə > ʤəgtə。这其中，满语支语言的实例产生的音变现象不明显，而通古斯语支语言的 *ʤigugtu 出现的音变较为突出。除以上提到的之外，该语族语言内还有 suilan ~ hibsu ədʐən（满语）、şylia（锡伯语）、sorolen（赫哲语）等说法。

domdokun"蝴蝶"——锡伯语 domdokun，满语 domdokʊn，赫哲语 domdoki，鄂伦春语 dondoki，鄂温克语 doondohe。应该说，该词的 dom-do- > dondo- 是属于词干部分，而 -kun > -kʊn、-ki、-he 等均属构词词缀。根据所掌握的词汇资料，该语族语言内还有 gəfəhə（满语）、bəəlbəte（锡伯语）、koolde（鄂伦春语）、kulifian ~ hojlan（赫哲语）等说法。另外，除了鄂温克语，满通古斯语族的其他语言将"小蝴蝶"都叫 dondon，而在鄂温克语里却说 doondohon。很有意思的是，他们表示"蛾"时也使用与"小蝴蝶"称谓相同的叫法。不过，通古斯语支语言也用 əəpəlʤi（鄂温克语）、bəlbəkən（鄂伦春语）、ukusari（赫哲语）等指"小蝴蝶"之意。在这里，还应该提到的是，满通古斯语族语言内用 busuk（锡伯语）、bu şuku > buşuku dondon（满语）、pupulʤi（赫哲语）、pʉpʉlʤi（鄂温克语）、pʉpəlʤi（鄂伦春语）等表示"扑灯蛾"的现象。

*dilhuwun"苍蝇"——鄂温克语 dilhʉwən，赫哲语 dilkuwən，鄂伦春语 dilkʉwən > dilkən > dilkətʃən，满语 dərhuwə，锡伯语 durvo。该词词根应为 diluhu-"添"，而 -wun > -wən > -wəŋ > -wə 是词缀。在词根部分出现的满语与锡伯语的辅音 r、赫哲语与鄂伦春语的辅音 k、鄂温克语及鄂伦春语的短元音 ʉ 等，均属于辅音 l、h 及其元音 u 的音变形式。还有，锡伯语词尾的 -vo 这一语音结构形式是由 -huwun 经过 -huwə > -uwə > -vo 式音变规律演化而来的产物。根据调研，通古斯语支语言中还用 gilʉhəŋ（鄂温克语）、dilkən ~ dilkətʃən（鄂伦春语）、ʤinkun（赫

哲语）等表示"苍蝇"之意。与此相关，满通古斯语族语言内还习惯于将"蛆虫"称之为 jəjə > iji（满语支语言）以及 uŋuli > uŋul（通古斯语支语言）等。

galman ~ garmakta "蚊子"——满语 galman，锡伯语 galmən，鄂温克语、鄂伦春语、赫哲语 garmakta。我们认为，*galma- 是 galman 或 garmakta 的原有词根结构，其后的 -n ~ -kta 则属于构词词缀。很有意思的是，在通古斯语支语言里还有 nalmagta ~ taʧʧig（鄂温克语）及 ɲalmakta（鄂伦春语）等说法。而且，在索伦鄂温克语里 taʧʧig 之说有相当高的使用率。

həlməhən ~ *agatahe "蜘蛛"——满语 həlməhən，锡伯语 həmhən，鄂温克语 aatahe，鄂伦春语 aatake，赫哲语 atka。毫无疑问，满通古斯语族语言内，用满语支语言的 həlməhən > həmhən 与通古斯语支语言的 *agatahe > aatahe > aatake > atka 两种说法表示"蜘蛛"。与此同时，他们将"黑蜘蛛"也称之为 basa 或 batʂa。其中，通古斯语支语言叫 basa，满语支语言说 batʂa。根据相关音变规律，我们认为，basa 是早期语音形式，而 batʂa 是由于词中辅音 s 产生 tʂ 音变的结果。

*idʒa ~ irgəktə "虻"——满语与锡伯语 idza，赫哲语 irgəktə，鄂伦春语 irkəktə，鄂温克语 iggəttə。首先，满语支语言里，辅音 dʒ 产生 dz 音变。其次，通古斯语支语言的鄂伦春语内，词中辅音 g 出现 k 音变，这也是在鄂伦春语里常见的一种音变现象。而在鄂温克语里，像 rg 与 kt 两种形式的语音结合体，均被后一个辅音逆同化为 gg 与 tt 式语音结构。在这里，还应该提到的是，通古斯语支语言的个别方言土语里，把 irkəktə 与 iggəttə 发音成 irkakta 和 iggatta。也就是，将词中元音 ə 均发音成 a。

isəl "蝎子"——鄂温克语、鄂伦春语、赫哲语 isəl，满语 isələku，锡伯语 isəlku。显而易见，满语支语言和通古斯语支语言间产生的语音差异，主要表现在满语与锡伯语在 isəl 后面接缀的词缀 -ləku > -lku 之上。

ojo ~ *irgagta "蠓"——满语支语言 ojo，通古斯语支语言 ojoldʒi >

ojilʤi。可以看出，他们的语音差异在于 -lʤi 这一词缀上。依据我们的调研资料，通古斯语支语言内接缀有词缀 -lʤi 的动物称谓确实有不少。

*gurəʤən ~ tʃoriŋki "蟋蟀" —— 满语 gurdzʐən，赫哲语 gurətʃin，鄂温克语 hʉrəəlʤi，鄂伦春语 tʃoriŋki，锡伯语 tʂœrkə。在我们看来，满语、鄂温克语、赫哲语的说法应该源于*gurə- 这一词根，而 -dzʐən、-tʃin、-lʤi 均属于构词词缀。那么，作为词根的 *gurə- 在赫哲语里保存得较好，然而在满语及鄂温克语内却产生 gur- > *hʉrə- > hʉrəə- 等音变。再说，鄂伦春语及锡伯语的 tʃoriŋki > tʂœrkə 也同属一根。只是在使用过程中锡伯语词首 tʃ 及词中元音 o 与 i 出现 tʂ、œ、ə 及被脱落等音变现象。

*səbəsəhə "蚂蚱" —— 满语 səbsəhə，锡伯语 səvəshə，鄂伦春语 ʃibʃikʉn > ʃiʃkʉn，赫哲语 ʃibʃik，鄂温克语 ʃibtʃihʉŋ > ʃitʃtʃihʉŋ。该词的语音变化现象看似十分复杂，但均有其严格的演化规律。根据相关音变规律，将不同语言中产生的不同程度的语音变化现象进行排序应为：

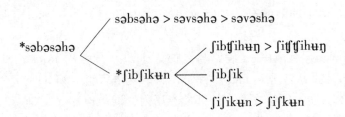

$$səbsəhə > səvsəhə > səvəshə$$

$$*səbəsəhə \begin{cases} \\ *ʃibʃikʉn \end{cases} \begin{cases} ʃibtʃihʉŋ > ʃitʃtʃihʉŋ \\ ʃibʃik \\ ʃiʃikʉn > ʃiʃkʉn \end{cases}$$

根据分析，该词词干为 *səbəsə-，而 -hə、-hʉŋ、-kʉn、-k 等属于词缀部分。作为词干，产生的音变现象主要表现在：（1）词首语音形式 sə- 在通古斯语支语言内出现 ʃi- 式音变；（2）词第二音节辅音 b，在锡伯语内变读为 v 音的同时，在鄂伦春语与鄂温克语中被后续辅音逆同化为 ʃ 或 tʃ 音，或被脱落。而且，第二音节的元音 ə 除在锡伯语里被保存下来之外，其他语言中均被脱落；（3）词第三音节的语音形式 sə 在通古斯语支语言内产生 ʃi 或 tʃi 等音变。在实地调研时还发现，赫哲族老人把"蚂蚱"就像满语说成 səbsəhə。另外，在满语、赫哲语、锡伯语内，将"蝗虫"分别叫 səbsəhəri、səbsəhər、səvəshəri。毋庸置疑，这完全是在原有的 səbsəhə、səvəshə "蚂蚱"等后面接缀构词词缀 -ri

> -r 而派生的产物。可是，在鄂温克语与鄂伦春语中，把"蝗虫"却叫做 taaddahuŋ 或 taagdakun 等。

unika "蝗蟓" —— 满通古斯语族语言里似乎都叫 unika 或 uniha。不过，通古斯语支语言内还有 unku > unhu 等说法。

sakalan "蜣螂" —— 鄂伦春语 sakalan，满语及锡伯语 sakəlaŋ，赫哲语 sahalan，鄂温克语 sahalaŋ。该词的音变现象及其规律应为：

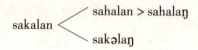

除此之外，满通古斯语族语言中，也有用 laŋlai（满语支语言）、naŋal（通古斯语支语言）等表示"蜣螂"之意的现象。

*husi "蛔虫" —— 满语 usi，锡伯语 uʂi，鄂温克语 huʃigaŋ ~ huʤiŋgʉ，鄂伦春语与赫哲语 uʃiga。该词的音变主要在于：（1）除鄂温克语之外的语言里，词首辅音 h 均被脱落；（2）词中辅音 s 除满语之外的语言里演化为 ʂ 与 ʃ 音；（3）通古斯语支语言接缀有词缀 -gaŋ > -ga 等三个方面。根据我们掌握的词汇资料表明，在通古斯语支语言中还有 huʤiŋgʉ（鄂温克语）、ʃirgən（鄂伦春语）等说法。

misun "蚜虫" —— 赫哲语 misun，鄂伦春语 misʉn，鄂温克语 misʉŋ，满语与锡伯语 mitʂun。该词音变规律应为 misun > misʉn > misʉŋ ~ mitʂun。

midahan "蚂蟥" —— 赫哲语 midahan，满语与锡伯语 midaha，鄂温克语 midhaŋ，鄂伦春语 midkan。该同源名词是按照 midahan > midaha > midhaŋ > midkan 之音变规律在不同语言里产生了不同程度的音变。

suran "跳蚤" —— 满语 suran，锡伯语 ʂuran，赫哲语 sur，鄂伦春语 sur ~ ʃura，鄂温克语 sor。该同源名词在不同语言里产生如下音变：（1）词首辅音 s 在锡伯语及鄂伦春语内分别演化为 ʂ 或 ʃ 音；（2）词首音节元音 u 在鄂温克语里发生 o 音变。同时，词尾音节元音 a 在鄂温克语中被脱落；（3）词尾鼻辅音 n 在通古斯语支语言内被脱落。

　　*ʧihə ~ *kumuku "虱子" —— 满语与锡伯语 tʂihə，赫哲语 kuməkə，鄂伦春语 kʉmkə，鄂温克语 huŋkə。以上实例使我们认识到，满通古斯语族语言内要用满语支语言的 *ʧihə > tʂihə，以及通古斯语支语言的 *kumuku > kuməkə > kʉmkə > huŋkə 两种说法表示"虱子"的意思。与此同时，他们把"虮子"叫 usə（满语及锡伯语）、ʉktə（鄂伦春语）、ʉʉtʉ（鄂温克语）、uktu ~ nilkə（赫哲语）等。可以看出，这其中 *ugu- > uu- ~ ʉʉ- > u- ~ ʉ- 是属于词根部分，而 -sə ~ -ktə > -ttʉ 是属于词缀部分。还有，对于"狗虱"一词，满语支语言及通古斯语支语言分别叫 doha > doh 或 gubil 等。

　　bisir "蝉" —— 满语 bisi，锡伯语 biʂi，通古斯语支语言 biʃir。显而易见，该词的使用过程中产生了两种音变。其一是，词中辅音 s 在锡伯语及通古斯语支语言内发生 ʂ 或 ʃ 音变。其二是，词尾舌尖中颤音 r 在满语支语言里被脱落。

　　bətən ~ *məgərtə "蚯蚓" —— 满语、锡伯语、赫哲语 bətən，鄂温克语 məərtə > məəttə > məərtə，鄂伦春语 məərtə。也就是说，满通古斯语族语言内有关"蚯蚓"有两种说法，一就是 bətən，二是 *məgərtə > məərtə > məəttə。第一种说法将原有的语音结构形式保存得较好，第二种说法里词中辅音 g 出现脱落现象。除此之外，锡伯语里还有用 tʂɣʂan 来表示"蚯蚓"之意的实例。

　　*məjihə ~ *kulijan "蛇" —— 女真语、满语、锡伯语、赫哲语 məihə > məih，鄂伦春语 kulin，鄂温克语 holeŋ。可以看出，满通古斯语族语言内用 *məjihə > məihə > məih 以及 *kulijan > kulin > holeŋ 两种说法表示"蛇"之意。

　　ʤabʤin "蟒蛇" —— 赫哲语 ʤabʤin，锡伯语 dzˌabdzˌin，满语 dzˌabdzˌan，鄂伦春语 tabʤin，鄂温克语 tabʤi。我们认为，该词词首出现的辅音 dzˌ 及 t 可能都由 ʤ 演化而来。因为，鄂伦春语及鄂温克语里虽然都说 tabʤin 或 tabʤi，但他们的老人中发作 ʤabʤin > ʤabʤi 的人比较多。

muduri "龙" —— 满语与锡伯语 muduri，女真语及赫哲语 mudur，鄂温克语 mʉdʉri，鄂伦春语 mʉdʉr。该词的音变现象，主要在于词中元音 u 的 ʉ 音变，以及词尾元音 i 的脱落等方面。再说，该语族语言中称呼"蛟龙"时，基本上都使用 nimada > nimadə 之说。

jəksərhən ~ səri "壁虎" —— 满语 jəksərhən，锡伯语 iksərhə，鄂伦春语 səri，赫哲语 sərə，鄂温克语 ʃiri。满通古斯语族语言内有关"壁虎"的说法有两种，其一是满语支语言的 jəksərhən > iksərhə，其二是通古斯语支语言的 səri > sərə > ʃiri。在这里，还应该提到的是，鄂温克语的 gʉrbəl 及赫哲语的 tʃənki 等说法在实际语言里有相当高的使用率。

ərihi "蛙" —— 鄂温克语 ərihi，赫哲语 ərih，鄂伦春语 ərəki，满语 ərhə，锡伯语 ərh。该词的语音变化现象可以用如下格式进行归纳：

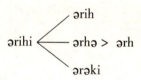

另外，在锡伯语与赫哲语内，还有用 *waksən > wakʃən ~ vahgən 等说法表示"蛙"之意的现象。与此相关，满通古斯语族语言把"蝌蚪"分别叫 mahʊ ~ koki（满语）、mahu（锡伯语）、irgilən（鄂伦春语）、ilgilən（赫哲语）、iggiləŋ（鄂温克语）等。

nimaha "鱼" —— 满语 nimaha，锡伯语 nimha，通古斯语支语言 imaha < imaka。毫无疑问，该词的语音演变规律是 nimaha > nimha > ima-ha > imaka。除此之外，在他们的口语及有关方言土语里还有 oshoŋ（鄂温克语）、olo（鄂伦春语）、liwaha（女真语）等表示"鱼"之意的现象。这些词是否属于同根同源，现在还很难给出结论性意见。但不论怎么说，像 oshoŋ 和 olo 等说法跟 nimaha 之间似乎不存在任何渊源关系。然而，在满通古斯语族语言内有关"鱼"或与"鱼"相关联的称谓里有不少同语族语言或同语支语言的同源词。比如说，atuha "公鱼" ⇨ atuha（满语、赫哲语、鄂温克语）、atuka（鄂伦春语）、athə（锡伯语）

等；atu "母鱼" ⇨ atu（满语、赫哲语、鄂伦春语、鄂温克语）、at
（锡伯语）等；tʃurhu "鱼子" ⇨ tʃurhu（赫哲语与鄂温克语）、tʃurku
（鄂伦春语）、tʂurhu（锡伯语）、tʂurhʊ（满语）等；*honiga "鱼秧子"
⇨ honika（满语）、honikə（锡伯语）、oniga ~ tʃafa（赫哲语）、onir ~
homka（鄂温克语）、onir ~ tiʃə（鄂伦春语）等；nisiha "小鱼" ⇨ nisi-
ha（满语）、nisha（锡伯语与赫哲语）、nitʃa（鄂伦春语与鄂温克语）
等；*maru "鱼群" ⇨ maru（满语）、mara（鄂伦春语）、marə（赫哲
语）、maar（鄂温克语）、mar（锡伯语）等；*pugar "鱼鳔" ⇨ fuka
（满语）、vək（锡伯语）、ugar（鄂伦春语与鄂温克语）、ugər（赫哲
语）等；utʃika "前鳍" ⇨ utʃika（鄂伦春语）、utʃikə（赫哲语）、utʃiha
（鄂温克语）、utʂika（满语）、utʂkə（锡伯语）等；*pəthə "后鳍" ⇨
fəthə（满语、锡伯语、赫哲语）、əthə（鄂温克语）、ətkə（鄂伦春语）
等；əsihə "鱼鳞" ⇨ əsihə（满语）、əshə（锡伯语）、əʃihə ~ ʤahile
（鄂温克语）、əʃihə（赫哲语）、əʃikə ~ əhigtə（鄂伦春语）等；
səŋələ "鱼鳃" ⇨ səŋələ（满语）、səŋəl > səŋəl（锡伯语）、səŋəl
（赫哲语）、səŋkəl ~ mərə（鄂温克语）、səŋkər ~ ʃarna（鄂伦春语）等；
*haga "鱼刺" ⇨ haga（满语、鄂伦春语、鄂温克语）、hagə（锡伯语
与赫哲语）等；usata "鱼白" ⇨ usata（满语）、usatə（赫哲语）、usat
（锡伯语、鄂伦春语、鄂温克语）等；nomin "鱼油" ⇨ 满通古斯语族
语言均称 nomin。但是，通古斯语支语言中还有 nomira 之说。

　　murugu > *mudʐuhu "鲤鱼" —— 赫哲语 murugu > murgu，锡伯语
murgu，鄂伦春语 mʉrgʉ，鄂温克语 mɵrgə > mɵggə，满语 mudʐuhu。
这一同源名词，除词中元音 u 产生 ʉ 或 ɵ 音变或被脱落之外，更重要
的是满语词中辅音 r 取代 dʐ 音而出现于词中的现象。不过，对于满语
口语语音特征比较熟悉的人基本上都知道，当他们发舌尖中浊颤音 r 及
舌面后不送气浊塞擦音 dʐ 时的方法与部位似乎大同小异，就是说发 r
音时也常常给人一种发 dʐ 音的错觉。从这一实际情况来考虑，我们认
为满语 mudʐuhu 的辅音 dʐ 有可能是属于 r 音的一种特殊而个别的变体
形式。再说，满通古斯语族语言内还有用 hardak（锡伯语）、kəltəh ~
gilbahe（鄂温克语）、hartəku（赫哲语）等表示 "鲤鱼" 之例。与此相
关，他们还用 siri（满语与赫哲语）、ʂir（锡伯语）、ʃili ~ kəəlbən（鄂
伦春语与鄂温克语）等说法表示 "小鲤鱼"。

duwara ~ *dagahi "鲶鱼" ——满语 duwara，锡伯语 duwar，赫哲语与鄂温克语 daahi，鄂伦春语 daaki。满通古斯语族语言中除满语支语言的 duwara > duwar 及通古斯语支语言的 *dagahi > daahi > daaki 之外，赫哲语内还有 ʃantʃin 之说。

*hajigu "鳊花鱼" —— 鄂温克语 hajgu，赫哲语 hajgu > hajgutʃi，满语 haihuwa，锡伯语 haihua，鄂伦春语 kajgu。从词源学角度来讲，该词的核心组成部分应该是 *hajigu > haihu- > haihʊ- > hajgu > kajgu，而 -wa > -a ~ -tʃi 是属于词缀部分。那么，作为词的核心部分所产生的语音变化现象主要表现在：（1）通古斯语支语言里词中元音 i 被省略；（2）满语支语言内词中辅音 j 被脱落的同时，辅音 g 演化为 h 音；（3）满语词尾部分的短元音 u 变为 ʊ 音等方面。

*fusuli "鲭鱼" —— 满语支语言 fusəli，赫哲语 usul，鄂温克语 ʉsul，鄂伦春语 ʉsəl。该词的语音演变规律为 *fusuli > fusəli > usul > ʉsul > ʉsəl。

takun "鳔鱼" —— 鄂伦春语 takun > taku，赫哲语 takun > takan，满语 takʊ，锡伯语 takə，鄂温克语 tahu。很显然，该词在使用过程中出现：（1）词中辅音 k 在鄂温克语里变 h 音；（2）词中元音 u 在满语、锡伯语、赫哲语内分别产生 ʊ、a、ə 音变；（3）词尾鼻辅音 n 在满语支语言里被脱落等语音变化现象。

*dʒəgəlu "鳟鱼" —— 鄂伦春语 dʒəəlʉ，鄂温克语 dʒəələ，赫哲语 dʒəlu，满语 dzʑəlu，锡伯语 dzʑələ。该词中出现的语音变化现象及其规律也有不少，而且它们完全按照 *dʒəgəlu > dʒəəlʉ > dʒəələ > dʒəlu > dzʑəlu > dzʑələ 式音变在不同语言里产生了有所不同的语音变化。很有意思的是，在赫哲语里还有 sakana 之说。据我们所知，sakana 在日语里泛指所有的鱼类。

uja "泥鳅鱼" —— 赫哲语及鄂伦春语 uja，鄂温克语 ujasa，满语 ujaşan，锡伯语 ujaşən。该词的早期语音形式可能就是 uja，而 -sa (n) > -şan > -şən 则属于词缀部分。不过，在通古斯语支语言内还有 morgoŋ（鄂温克语）、dʒibkən（鄂伦春语）、uja imaha（赫哲语）等说法。

adʒin "鳇鱼" —— 赫哲语与鄂伦春语 adʒin，鄂温克语 adʒiŋ，满语与锡伯语 adz̗in。显而易见，该同源名词是按照 adʒin > adʒiŋ > adz̗in 式音变原理产生了不同程度的演变。

suŋga "红尾鱼" —— 满语与锡伯语 suŋgada，赫哲语 suŋgad，鄂伦春语与鄂温克语 suŋga。该同源名词的核心结构应为 suŋga，而 -da > -d 属于词缀部分。不过，现代锡伯语口语里除了说 suŋgada 之外，还有 suŋada 之说。

foŋsoŋgi "松花鱼" —— 满语与锡伯语 foŋsoŋgi < foŋsoŋi，赫哲语、鄂伦春语、鄂温克语 ogsoŋgi。我们的词汇资料表明，通古斯语支语言内还有 muriha（赫哲语）、murihaŋ（鄂温克语）、murikan > murka（鄂伦春语）等说法。

farsa "葫芦仔鱼" —— 满语及赫哲语 farsa，锡伯语 fars，鄂伦春语与鄂温克语 arsa。满通古斯语族语言内除了 farsa > fars > arsa 之说外，赫哲语中还可以用 tenfu 之说法来表示该名词词义。

jabsa "白鲮鱼" —— 满通古斯语族语言里均叫 jabsa。不过，在通古斯语支语言内还有用 gilgan（鄂伦春语）、gilgaŋ（鄂温克语）表示 "白鲮鱼" 的实例。

kirbu "鲟鱼" —— 满语 kirfu，锡伯语 kirvu，赫哲语 kirfutʃin，鄂伦春语 kirbʉ，鄂温克语 hirbə > hibbə。不难看出：（1）词首辅音 k 在鄂温克语里产生 h 音变的同时，词中辅音 r 被后续辅音逆同化为 b 音；（2）词中辅音 b，在满语和赫哲语里变成 f 音，在锡伯语内演化为 v 音；（3）赫哲语中接缀了 -tʃin 这一词缀等音变现象。

huwara "黑鱼" —— 赫哲语 huwar，满语 hʊwara，鄂温克语 howor，锡伯语 howro，鄂伦春语 kowor。该词的音变主要体现在以下几个方面：（1）词首辅音 h 在鄂伦春语里变 k 音；（2）词首音节元音 u 在除赫哲语之外的语言里演化为 ʊ 或 o 音；（3）词中元音 a 在通古斯语支语言内变 o 音或被省略；（4）词尾元音 a 在锡伯语里产生 o 音变，在通古斯语支语言内被脱落。

　　sətʃu "干鲦鱼" —— 赫哲语 sətʃu，鄂伦春语及鄂温克语 sətʃə，满语 sətṣu，锡伯语 sətṣə。毫无疑问，该词在使用过程中，首先辅音 ʧ 在满语和锡伯语里产生 tṣ 音变，其次词尾元音 u 在鄂伦春语、鄂温克语、满语内被弱化为 ə 音。

　　kurʧin "筋斗鱼" —— 赫哲语 kurʧin，满语与锡伯语 kurtṣin，鄂伦春语 urʧin，鄂温克语 urʧi > uʧʧi。该词的音变现象表现在：（1）词首辅音 k 在鄂伦春语和鄂温克语中被脱落；（2）词中辅音 ʧ 在满语支语言里出现 tṣ 音变；（3）词首音节末辅音 r 在鄂温克语内逆同化为 ʧ 音的同时，词尾鼻辅音 n 被脱落等三个方面。

　　*lakaʧan "大头鱼" —— 满语 lakatṣan，锡伯语 laktṣan，赫哲语 lakʧan，鄂伦春语 laksan，鄂温克语 laksa。该词的音变现象及其规律，可用如下格式表示：

　　除了以上谈到的之外，赫哲语里还有用 koŋʧu 表示"大头鱼"的现象。与此相关，他们把江河里的"方口鳎头鱼"分别叫 dafaha（满语）、davahə（锡伯语）、dawahə（赫哲语）、dawah（鄂温克语）、dawak（鄂伦春语）等。

　　*həjihulə ~ jaruhun "白鳔鱼" —— 满语 həihulə，锡伯语 həihul，赫哲语 jaruhun，鄂温克语 jarhuŋ，鄂伦春语 jarukun > jarukan。除了满语支语言的 *həjihulə > həihulə > həihul 及通古斯语支语言的 jaruhun > jarhuŋ > jarukun > jarukan 之外，鄂温克语黑龙江方言里还有叫 giltarin nitʃa 之说。

　　*gijaltun "白带鱼" —— 满语 gijaltu，赫哲语 gialtun，锡伯语 gialtu，鄂伦春语 giltun，鄂温克语 giltu。该同源名词的语音变化现象及

其规律应为：

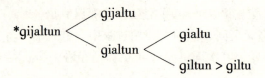

*lijoho "白鲦子鱼" —— 满语与赫哲语 lioho，锡伯语 lioha，鄂温克语 loho，鄂伦春语 loko。该词的音变现象表现在：（1）词中 j 音的脱落；（2）词首音节元音 i 在鄂温克语及鄂伦春语里脱落；（3）词中辅音 h 在鄂伦春语内演化为 k 音；（4）词尾元音 o 在锡伯语中变读为 ə 音等方面。不过，鄂温克语的一些方言土语里也有叫做 nitʃa 的现象。

uja "白鲑鱼" —— 满通古斯语族语言均称 uja。

tajigu "鲷鱼" —— 鄂伦春语 tajigu，鄂温克语 tajihu，赫哲语 taigu，满语 taihʊwa，锡伯语 taihə。我们认为，该词的核心结构应为 tajigu，而在满语里出现的 -wa 是属于词缀。如此说来，作为该词核心结构的 tajigu 在不同语言中产生如下几个方面的语音变化：（1）词中辅音 j 在满语、锡伯语、赫哲语里被脱落；（2）词尾音节首辅音 g 在鄂温克语及满语支语言内产生 h 音变；（3）词尾元音 u 在满语支语言中变读为 ʊ 或 ə 音。

musur "黄鱼" —— 赫哲语 musur，锡伯语 musər，鄂伦春语 mʉsʉr，鄂温克语 mʉsər，满语 muʂɯr > muʂɯrhu。毫无疑问，musur 属于该词的早期语音形式。然而，在不同语言里产生的语音变化可以用如下格式进行归纳：

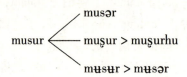

这其中，满语 muʂɯrhu 之说的 muʂɯr 后面出现的音节 -hu 应该属于词缀。其他语言里，均没有使用该词缀或与此相关的词缀。

sargan "鲸鱼" —— 鄂伦春语 sargan，满语与锡伯语 sargadʐi，赫哲语及鄂温克语 sargalʤ。该词词干 sarga- 后面出现的满语支语言的 -dʐi，以及通古斯语支语言的 -lʤi 均属于词缀部分。

hadara "鲹鱼" —— 满语 hadara，赫哲语 hadar，锡伯语 hadra，鄂伦春语 kadra，鄂温克语 adar。该词的语音变化现象及其规律都十分清楚，那就是 hadara > hadar ~ hadra > kadra > adar 等。

uguri "细鳞梭鱼" —— 赫哲语 uguri，鄂温克语 ugur，鄂伦春语 ugur > uur，满语与锡伯语 ukuri。在该词的使用过程中，词中辅音 g 在满语支语言内产生 k 音变，甚至在鄂伦春语里出现脱落现象。另外，词尾元音 i 在鄂温克语及鄂伦春语里被脱落。

ʧimə "鲨鱼" —— 赫哲语 ʧimə > ʧiməgən，满语与锡伯语 tʂimə，鄂伦春语 ʃimgən，鄂温克语 ʃimgəŋ。我们认为，该词的早期语音结构形式应为 ʧimə，在通古斯语支语言词尾出现的 -gən 与 -gəŋ 是属于词缀部分。那么，ʧimə 除了在赫哲语里保存原来的语音形式之外，其他语言里主要产生两种语音变化。一是，词首辅音 ʧ 在满语支语言内发生 tʂ 音变的同时，在通古斯语支语言内演化为 ʃ 音。二是，在鄂温克语及鄂伦春语内词中辅音 m 后面的元音 ə 被脱落。

sakam "鲈鱼" —— 赫哲语与鄂伦春语 sakam，鄂温克语 saham，满语 sahamha，锡伯语 sahamhə。显而易见，词中辅音 k 在满语、锡伯语、鄂温克语内出现了 h 音变。另外，在满语与锡伯语内 saham 后面还使用了词缀 -ha > -hə。

malta ~ arma "海马" —— 满语、锡伯语、赫哲语 malta，鄂伦春语与鄂温克语 arma。也就是说，在满通古斯语族语言内对于 "海马" 有 malta 和 arma 两种说法。

kosha "河豚" —— 根据我们所掌握的词汇资料，满通古斯语族语言里除了在鄂温克语中说 hosha 之外，其他语言中均称 kosha 或 koska。毋庸置疑，这是由于词首辅音 k 在鄂温克语里出现 h 音变而导致辅音 k

与 h 的对应现象。

kiʤimi "海参" —— 赫哲语 kiʤimi，鄂伦春语 kiʤim，满语 kidzˌimi，锡伯语 kidzˌim，鄂温克语 hiʤim。该词的语音变化表现于：（1）词首辅音 k 在鄂温克语里变 h 音；（2）词中辅音 ʤ 在满语支语言中演化为 dzˌ 音；（3）词尾元音 i 除在赫哲语及满语内被保存之外，其他语言中被脱落等三个方面。

katuri ~ samura "螃蟹" —— 满语 katuri，锡伯语 katuri > katri，鄂温克语 samura ~ hatʃʃohe，鄂伦春语 samur ~ kabtʃoke，赫哲语 tʃamur ~ tʃanu。从某种意义上讲，满通古斯语族语言对于"螃蟹"的称呼相对复杂一些。特别是，在通古斯语支语言中除了叫 samura > samur ~ tʃamur > tʃanu 之外，还有 kabtʃoke > hatʃʃohe 之说。甚至，在赫哲语里有把 tʃanu 发作 tʃane 的现象。不过，满语支语言的 katuri > katri 及通古斯语支语言的 samura > samur ~ tʃamur 可能属于早期说法，而通古斯语支语言的 kabtʃoke > hatʃʃohe 是后来由动词词根 kabtʃi- "夹"派生而来的产物。

*ajahuma "鳖（甲鱼）"—— 鄂伦春语 ajahum，鄂温克语 ajahu，赫哲语 ajihum，女真语 aihuma，锡伯语 aihum，满语 aihʊma。该词的音变现象及其演变规律可用如下格式进行归纳：

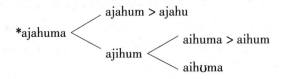

另外，在鄂温克语里还有 hapi 之说。与此相关，在满通古斯语族语言内把"甲壳"叫 huru（满语）、hurə（赫哲语）、hʉr（鄂温克语）、kʉrə（鄂伦春语）、kur（锡伯语）等。

*tahura "蚌"—— 锡伯语 tahur，满语 tahʊra，鄂温克语 tahira，赫哲语与鄂伦春语 takora > takira。该同源名词的早期语音结构应为 *tahura，后来在不同语言里产生：（1）词中辅音 h 在赫哲语及鄂伦春语内产

生 k 音变；（2）词中元音 u 除锡伯语之外的语言里演化为 ʊ、o、i 音；
（3）词尾元音 a 在锡伯语中被脱落等音变。另外，鄂温克语里还有
hisʉhʉ 之说。

burən "海螺" —— 满通古斯语族语言均叫 burən 或 bʉrən。另外，
鄂伦春语和鄂温克语里还有 pʉrə 之说。显而易见，该词的语音演变规
律应为 burən > bʉrən > pʉrə。

fijaha ~ kisug "贝" —— 满语 fijaha，锡伯语 fiaha，赫哲语及鄂伦
春语 kisug，鄂温克语 hisug。除了满语支语言的 fijaha > fiaha 及通古斯
语支语言的 kisug > hisug 两种说法外，鄂温克语里还有 əhʉ 之说。

sampa ~ gabkur "虾" —— 满语支语言 sampa，通古斯语支语言
gabkur。不过，在通古斯语支语言内还有 sabbe（鄂温克语）、gabkurin
（赫哲语）等说法。其中，鄂温克语的 sabbe 与满语支语言的 sampa 属
同源关系，赫哲语的 gabkurin 是属于在 gabku- 后面接缀词缀 -rin 而构
词的实例。

katuri ~ kabtʃihe "河蟹" —— 满语 katuri，锡伯语 katur，赫哲语
kabtʃihe，鄂伦春语 kabtʃike，鄂温克语 hatʃtʃohe。也就是说，在满通古
斯语族语言内用 katuri > katur 及 kabtʃihe > kabtʃike > hatʃtʃohe 两种说法表
示"河蟹"之意。

第三节　植物同源名词

满通古斯语族语言的名词系列里，有关植物方面的名词术语也占相
当大的比例。特别是，在他们的早期词汇中，所占的位置或比例显得更
为突出。其中，绝大多数是属于同源词。而且，这些植物名词中除了包
括自然植物，或者说人类还未种植或养殖的野生树木花草等植物名词之
外，还包含有农业植物及长期以来人类种植的树木花草名称。另外，还
有不少与树木花草的藤根枝杈及杆皮叶汁相关的称呼，以及人们食用的
蔬菜瓜果的叫法等诸多内容。所有这些，自然构成了该语族语言的植物
及其与植物相关的名词词汇系统。那么，在这里，我们也是选择性地拿

出其中最具代表性，且渊源关系及音变现象、音变规律十分清楚的一部分植物同源名词进行分析和讨论，并不是涵括了他们语言中的所有同源关系的植物名词术语。这些植物同源名词内除了有同语族语言的实例之外，还有一些同语支语言的词源名词。

　　*mogo "树、木" —— 满语及鄂伦春语 moo，鄂温克语与赫哲语 moo > mo，女真语和锡伯语 mo。不过，通古斯语支语言内将"快要烂掉的树"叫 mogoson，把"歪脖子树"称作 mogolon。可以看得出来，通古斯语支语言的 mogoson 与 mogolon 等，是在其词根 mogo "树"后面接缀构词词缀 -son 与 -lon 而派生的实例。在我们看来，满通古斯语族语言对于"树、木"的早期说法应为 *mogo，而 moo > mo 是属于音变形式。另外，锡伯语里还有用 helin 来表示"树、木"。依据我们所掌握的词汇资料，满通古斯语族语言内与"树、木"杆枝叶梢、藤根茎液有关的，或与"树、木"某一结构特征密切相关的同语族语言的同源名词，以及同语支语言的同源名词确实有不少。比如说，sidan ~ noja "小树" ⇨ sidan（满语）、şidan（锡伯语）、ʃidan（赫哲语）、noja（鄂伦春语与鄂温克语）等；abda "树叶" ⇨ abdagaŋ (abda + -gaŋ)（鄂温克语）、abdanan (abda + -nan)（鄂伦春语）、abdagsan (abda + -gsan)（赫哲语）、abdaha (abda + -ha)（满语）、abuha（女真语）、avha（锡伯语）等；nijahara "嫩叶" ⇨ nijahara（满语）、niahar（锡伯语）、nila-har（赫哲语与鄂温克语）、nilakar（鄂伦春语）等；gara "树枝" ⇨ gara（鄂伦春语）、gara ~ garasuŋ（鄂温克语）、gargan（满语）、gargan > garhən（锡伯语）、garkən（赫哲语）等；subəhə ~ *sagalaban "枝梢" ⇨ subəhə（满语）、subəh（锡伯语与赫哲语）、subhə ~ saalbar（鄂温克语）、subkə ~ ʧaalbar（鄂伦春语）等；*ʧiktən ~ bəjin ~ *təsi "树茎" ⇨ tşiktən（满语）、tşiktə（锡伯语）、bəjin ~ təʃi（鄂伦春语）、bəjiŋ ~ təʃi（鄂温克语）、bəjə（赫哲语）等；musirən "藤" ⇨ musirən（满语）、muşirən（锡伯语）、muʃirən（赫哲语）、muʉsirə > muʉʧi（鄂伦春语与鄂温克语）等；sihin ~ lawa "树梢" ⇨ sihin ~ subəhə（满语）、şihin（锡伯语）、lawa ~ lawagaŋ ~ saalbaŋ（鄂温克语）、lawan（鄂伦春语）、lawan ~ sun（赫哲语）等；notho ~ tal "树皮" ⇨ notho（满语）、nothə ~ sokə（锡伯语）、tal（鄂温克语）、tal ~ ərəktə（赫哲语和鄂伦春语）等；umriha "树嫩皮" ⇨ umriha（满语与锡伯语）、umrih（赫哲语）、umri（鄂伦春语及鄂温克语）等；fuləhə ~ nimtə "树根" ⇨

fuləhə（满语）、fulhə（锡伯语）、uləhə ~ datʃin（赫哲语）、nimtə ~ təkən（鄂伦春语）、niintə（鄂温克语）等；*furija- > furel ~ furdan "树盘根" ⇨ furel（赫哲语）、furdan（满语与锡伯语）、ureeldʒi（鄂温克语）、ureldʒi（鄂伦春语）等；fuŋku "木墩子" ⇨ fuŋku（锡伯语和赫哲语）、fuŋkʊ（满语）、uŋku（鄂伦春语及鄂温克语）等；darhan ~ bəjin ~ golom "树干" ⇨ darhan（锡伯语）、darhuwan（满语）、bəjin ~ gol（赫哲语与鄂伦春语）、bəjəŋ ~ golom > gol（鄂温克语）等；tʃiktən "桅杆" ⇨ tʃiktən ~ tolo（赫哲语）、tʃiktə ~ tolo（鄂伦春语）、tsiktən（满语和锡伯语）、ʃiktə ~ toloŋko（鄂温克语）等；fasilan ~ asa "树杈" ⇨ fasilan（满语）、fa şilan（锡伯语）、asa ~ sala（鄂温克语）、atʃa（赫哲语与鄂伦春语）等；sugu "树汁" ⇨ sugu（赫哲语）、sʊgsən（鄂伦春语）、şugi（满语）、suug（锡伯语）、suuggi ~ uural（鄂温克语）等；simən ~ *sugursu "汁液" ⇨ simən（满语）、şimən ~ kimin（锡伯语）、ʃimən（赫哲语）、suursu（鄂伦春语）、suutʃʃi（鄂温克语）等；uŋgari "柳絮" ⇨ uŋgar（赫哲语）、oŋgar（鄂伦春语与鄂温克语）、iŋgari（满语）、iŋgar（锡伯语）；musuhu ~ botokon "树节子" ⇨ muşuhu（满语）、muşhu（锡伯语）、botokon（赫哲语与鄂伦春语）、botohoŋ（鄂温克语）等；*fordʒin ~ hətu "树小节" ⇨ fordʒin（满语及锡伯语）、hətu（赫哲语）、hətʉ（鄂温克语）、kətʉ（鄂伦春语）等；agali "树包" ⇨ agali（鄂伦春语）、agal（鄂温克语）、agəli（满语）、agəl（锡伯语及赫哲语）等；gəsu "树疖" ⇨ gəsu（满语和赫哲语）、gəso（锡伯语）、gəsʉ（鄂伦春语与鄂温克语）等；uŋgala "树孔" ⇨ uŋgala（满语）、uŋgəl > uŋəl（锡伯语）、uŋga（鄂伦春语与鄂温克语）、uŋgə（赫哲语）等；*tubihu "树木之果" ⇨ tubihə（满语）、tubku（鄂伦春语）、tubhu ~ omo（鄂温克语）、towhu ~ akta（赫哲语）、tuvhə（锡伯语）等；əwu "树刺" ⇨ u（满语、锡伯语、赫哲语）、ʉ（鄂伦春语）、əwʉ > əʉ > ʉ（鄂温克语）等。

*furusun ~ *nuŋgijan "苗" —— 满语 fursun，锡伯语 fursən，鄂温克语 nuŋgijaŋ，鄂伦春语 nuŋgija，赫哲语 nuŋgian。满通古斯语族语言中除了满语支语言的 *furusun > fursun > fursən，以及通古斯语支语言的 *nuŋgijan > nuŋgijaŋ > nuŋgija > nuŋgian 之外，还有 arsun（满语）、nolor（鄂温克语）等说法。

arsun ~ nuja "芽" —— 满语 arsun，锡伯语 arsən，赫哲语、鄂伦春语、鄂温克语 nuja。也就是说，对于该词义的表述方面，满语支语言和通古斯语支语言各有自己的说法，那就是 arsun > arsən 与 nuja。

*urə > *urəsə "种子" —— 满语、锡伯语、赫哲语 usə，鄂伦春语 ʊrə，鄂温克语 ʊrə ~ ʊr。在我们看来，该词的早期语音结构形式应该是 *urə。就像刚才提到的那样，*urə 在鄂温克语及鄂伦春语里产生了 ʊrə > ʊr 式音变。但是，在满语、锡伯语、赫哲语中，*urə 后面接缀 -sə 这一词缀后派生出强化表示 "种子" 之意的名词 *urəsə。后来 *urəsə 发生 *ursə > urʃə > usə 等演变。另外，鄂温克语里还有 amira 之说。

ʤaŋga "樟" —— 通古斯语支语言 ʤaŋga，满语支语言 dz̯aŋga。很显然，词首辅音 ʤ 在满语支语言内产生 dz̯ 音变。不过，在满语支语言里把 dzaŋga 也可以说成是 dzaŋa 或 dzagə。

*majilasun "柏" —— 赫哲语及鄂伦春语 majlasun，鄂温克语 majlasuŋ，满语与锡伯语 mailasun。该词在使用过程中出现的音变现象主要表现在：（1）满语和锡伯语内词第二音节首辅音 j 被脱落；（2）赫哲语及鄂伦春语中词第二音节首元音 i 被省略；（3）鄂温克语里词尾鼻辅音 n 被发作 ŋ 音等方面。

*ʤagadan "松树" —— 鄂伦春语 ʤagada > ʤagda，赫哲语 ʤagda，鄂温克语 ʤadda，锡伯语 dzagda，满语 dzakdan。毫无疑问，该同源名词的早期语音形式是 *ʤagadan。那么，在使用过程中在不同语言内产生如下规律的音变：

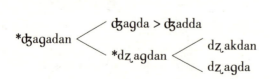

除了以上提到的实例之外，满通古斯语族语言内还有 herha（锡伯语）、harha（满语）、homkur（赫哲语）等说法。在这里，还有必要指出的是，满通古斯语族语言中也有不少与松树密切相关的同语族语言或同语支语言的同源名词。比如说，mogdan "水松" ⇨ mogdan（鄂伦春语）、*mogdan > mukdan（满语、锡伯语、赫哲语）、moddan ~ modda（鄂温克语）等；holdon "果松" ⇨ holdon（满语、锡伯语、赫哲语）、holdo（鄂温克语）、koldo（鄂伦春语）；isi ~ *irə > *irəgəktə "落叶松" ⇨ isi（满语）、iṣi（锡伯语）、irəəktə（鄂伦春语）、irəəktə ~ irəəttə（鄂温克语）、irəktə（赫哲语）等。再说，满通古斯语族语言内，还有一些表述与松树某一结构特征的同源词。例如，huri "松树籽" ⇨ huri（锡伯语）、huri ~ huri faha（满语）、huriktu ~ booŋgo（鄂温克语）、kuri（赫哲语）、kuriktu（鄂伦春语）；*sadar "松树针" ⇨ sada（满语、锡伯语、赫哲语）、adar（鄂伦春语与鄂温克语）；sahag "松脂" ⇨ sahag（鄂温克语）、sahas（赫哲语）、sahəs（满语与锡伯语）、sakag（鄂伦春语）等。

uraŋga "梧桐" —— 满通古斯语族语言里基本上均称 uraŋga 或 uraŋa。与此同时，他们把 "山桐子" 叫 ilho 或 ilko。

nimalan "桑树" —— 满语、锡伯语、赫哲语 nimalan，鄂伦春语 nimala，鄂温克语 nimal，女真语 inmala。该词分别在鄂伦春语、鄂温克语、女真语里出现词尾鼻辅音 n，甚至是词尾语音形式 an 脱落现象。很有意思的是，在女真语内出现词首音节的鼻辅音 n 与短元音 i 的换位式音变。

fija ~ *ʧagalaban "白桦树" —— 满语 fija，锡伯语 fia，赫哲语 ʧalaban，鄂伦春语 ʧaalban，鄂温克语 ʧaalbaŋ > saalbaŋ。满通古斯语族语言内，除了把 "白桦树" 叫 fija > fia 及 *ʧagalaban > ʧaalban > ʧaalbaŋ > ʧalaban > saalbaŋ 之外，还将 "黑桦树" 称之为 tṣikuran（锡伯语）、tṣikuran（满语）、tibkur（赫哲语与鄂伦春语）、tibhur（鄂温克语）等。

*botogon "柳树" —— 鄂温克语 botogoŋ，赫哲语 botoho，鄂伦春语 botgon，锡伯语 botho，满语 fodoho。该同源名词的音变现象及其规律可以用以下格式进行归纳：

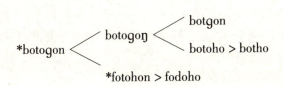

另外，他们对于"柳树"还有 bərha ~ mimi helin（锡伯语）、ʃeekta（鄂伦春语）等说法。与此相关，满通古斯语族语言把"河柳"分别说成 ərsulən（满语支语言）和 suha < suka（通古斯语支语言），将"柳条"称之为 burga（满语）、burgan（鄂伦春语与赫哲语）、burgaŋ > boggoŋ（鄂温克语）、bərha（锡伯语）等。

*gujilə > *gujiləhu ~ *gujiləsun "杏树" —— 满语、锡伯语、赫哲语 guiləhə，鄂伦春语 gujiləsun，鄂温克语 gʉjiləsʉŋ。我们认为，该同源名词是在 gujilə 这一词干后面接缀构词词缀 -hu ~ -sun 而派生的实例。该词在使用过程中产生的音变主要表现在以下几个方面：（1）词首音节元音 u 在鄂伦春语及鄂温克语内发生 ʉ 音变；（2）词第二音节首辅音 j 在满语、锡伯语、赫哲语中脱落；（3）词第二音节首元音 i 在鄂伦春语和鄂温克语里被脱落。

*husigan "山核桃树" —— 赫哲语 huʃigan，鄂温克语 huʃigaŋ，锡伯语 husˌhan，满语 hʊsihan，鄂伦春语 kuʃigan。该词在使用过程中出现：（1）词首辅音 h 在鄂伦春语里的 k 音变；（2）词首音节元音 u 在满语里的 ʊ 音变；（3）词中音节首辅音 s 在除满语之外的语言内的 ʂ 或 ʃ 音变；（4）词尾音节首辅音 g 在满语支语言中的 h 音变；（5）词尾鼻辅音 n 在鄂温克语里的 ŋ 音变等五个方面。

*fuluha "杨树" —— 满语、锡伯语、赫哲语 fulha，鄂伦春语 uluka，鄂温克语 ulha ~ ula。*fuluha 在不同语言里产生的音变现象表现在以下三个方面：（1）词首辅音 f 在鄂温克语及鄂伦春语里脱落；（2）词中元音 u 在除鄂伦春语之外的语言中均脱落；（3）词尾音节首辅音 h 在鄂伦春语里演化为 k 音。

hohoŋgo ~ gərən "槐树" —— 满语 hohoŋgo，锡伯语 hohoŋgə > hohoŋə，赫哲语与鄂伦春语 gərən，鄂温克语 gərəŋ。除满语支语言的 hohoŋgə > hohoŋə 及通古斯语支语言的 gərən > gərəŋ 之外，通古斯语支语言内还有 hoŋor 或 hoŋotʃʃo 之说。很显然，这些说法与蒙古语族语言的 hoŋortʃokto "槐树"同属一源。

molo "枫树" —— 满语 molo，锡伯语 mol，鄂温克语 holo，赫哲语 hol，鄂伦春语 kolo。在这里，有必要提到的是，满通古斯语族语言内词首出现的辅音 m 与 h、k 相对应的实例是一个比较少见的语音现象。尽管如此，类似语音对应，除该词之外，在其他词里也能够见到。例如：

满语	锡伯语	鄂温克语	鄂伦春语	赫哲语	词义
simtu	ṣimtu	ʃihtu	ʃiktu	ʃihtu	大锅
muri-	muri-	huri-	kuri-	huri-	扭
mari-	mar-	hari-	kari-	hari-	返回

对于类似语音对音现象，我们现有资料还难能一言为定是满语支语言的辅音 m 在通古斯语支语言里演化为 h(k) 音而出现的情况，或者是说通古斯语支语言里保存下来的原有辅音 h（k）在满语支语言内变成了 m 音的问题。再说，这种语音对音现象的出现，也许有各不相同的条件和原因，这需要更加深入系统的语音比较研究。不过，我们还是认为，辅音 m 与 h > k 的对应，有些是属于通古斯语支语言内保存下来的辅音 h > k 与满语支语言中经演变而来的辅音 m 之间产生的对应关系。

goro "山槐" —— 满语 goro，锡伯语 gor，鄂伦春语 gorokto，赫哲语 goroktə，鄂温克语 gorotto。毫无疑问，通古斯语支语言内出现的 goro > gor 后面的 -kto > -ktə ~ -tto 是属于词缀部分。

filiŋga ~ dʒandan "紫檀" —— 满语 filiŋga，锡伯语 filiŋga > filiɳa，赫哲语及鄂伦春语 dʒandan，鄂温克语 dʒandaŋ > dʒanda。满通古斯语族语言内把"紫檀"叫 filiŋga > filiɳa 与 dʒandan > dʒandaŋ > dʒanda 的同时，还将"檀"称之为 tʃakur（赫哲语及鄂伦春语）、tʃahur（鄂温克语）、tṣakur（锡伯语）、tṣakʊran（满语）等。

anahun "楠木" —— 除满语里叫 anahʊn 之外，其他满通古斯语族语言中均说 anahun < anahuŋ。当然，在个别方言土语里也有称作 anhun 的现象。

maŋga "柞树" —— 满语 maŋga，锡伯语 maŋga > maɳa，鄂伦春语

maŋgakta，赫哲语 maŋgaktə，鄂温克语 maŋgatta。毋庸置疑，通古斯语支语言里在 maŋga 后面出现的 -kta > -ktə > -tta 是属于词缀部分。

*ʤalgasun "椿树" —— 赫哲语与鄂伦春语 ʤalgasu，鄂温克语 ʤalgasuŋ，满语及锡伯语 dzalgasu。可以看出，该同源名词在不同语言的使用过程中产生的音变现象十分明显，只是按习惯词首辅音 ʤ 在满语支语言内变读为 dz 音的同时，词尾鼻辅音在除鄂温克语之外的语言中均被脱落。

*wantahan "杉树" —— 满语 wantaha，锡伯语 vantha，赫哲语 untahun，鄂温克语 untahuŋ，鄂伦春语 untakun。该同源名词的语音演变规律应为 *wantahan > wantaha > vantha > untahun > untahuŋ > untakun。另外，鄂温克语中也用 ulitta 或 uliriŋ boggoŋ 等表示 "杉树" 之意。赫哲语内还有 tataha mo 之说。

*hajilan "榆树" —— 满语及女真语 hailan，赫哲语 hailən，鄂温克语 heelasuŋ，锡伯语 helin，鄂伦春语 kajlasun。很显然，在鄂温克语及鄂伦春语的词干后面接缀了 -sun > -suŋ 这一词缀。而且，出现 h > k、*aji > aj > ai > ee > e、a > ə 等音变现象。与 "榆树" 相关，他们把 "山榆" 叫 usitən（满语）、usitən（锡伯语）、uʃiktən（赫哲语）、ʊʃiktə（鄂伦春语）、ʊʃittə（鄂温克语）等。

nuŋgələ ~ irəktə "椴树" —— 满语 nuŋgələ，锡伯语 nuŋgəl > nuŋəl，通古斯语支语言 irəktə。我们掌握的词汇资料表明，除了满语支语言的 nuŋgələ > nuŋgəl > nuŋəl 及通古斯语支语言的 irəktə 两个同语支语言的同源词之外，在通古斯语支语言内还有 ilakta（鄂伦春语）、ilaktə（赫哲语）之说。

bula "酸枣树" —— 满通古斯语族语言内除了女真语里叫 ulu 之外，其他语言中均说 bula。我们认为，女真语的 ulu 是由 bula 演化而来的产物。也就是说，bula 词首辅音 b 产生脱落的同时，词尾元音被前置音节元音顺同化为 u 音的结果。

ənirhən "山藤" —— 除了在鄂伦春语里称之为 ənirkən 之外，其他

语言中均叫做 ənirhən > ənirhəŋ。不过，通古斯语支语言内还可以用 ərimku > ərimkʉ > ərimkə 之说表示该名词词义。

usarki ~ tʃaŋgi "山麻" —— 锡伯语 usarki，满语 uṣarki，通古斯语支语言 tʃaŋgi。满通古斯语族语言内关于"山麻"有两种说法，一是满语支语言的 usarki > uṣarki，二是通古斯语支语言的 tʃaŋgi。另外，他们把"野麻"叫 figa（赫哲语）、fija（满语）、fia（锡伯语）、higa（鄂温克语）、kiga（鄂伦春语）等，还将"蓖麻"称为 damas。

fusəri "花椒树" —— 满语支语言 fusəri，通古斯语支语言 usəri。显而易见，通古斯语支语言内原有的词首辅音 f 被脱落。再说，通古斯语支语言内也有用 gaŋgakta > gaŋgatta 来表示"花椒树"的现象。

budʒan ~ husa "树林" —— 赫哲语 budʒan，满语与锡伯语 budzan，鄂伦春语 kusa > moosol，鄂温克语 husa > hoso。实际上，在满通古斯语族语言内对于"树林"的说法有不少，但常用的就是 budʒan > budzan 及 husa > hoso ~ kusa 两种说法。而且，他们将"丛树"称作 fuldun（满语与锡伯语）、uldun（赫哲语）、bota（鄂温克语）、bot（鄂伦春语）等。

giladʒan ~ hobhokto "无皮古树" —— 满语 giladzan，锡伯语 gildzan，赫哲语 gildʒa，鄂温克语 hobhotto，鄂伦春语 kobkokto。该语族语言的 giladʒan > giladzan > gildʒa (n) > gildzan 及 hobhokto > kobkokto 两种说法里，hobhokto > kobkokto 之说是源于动词词干 hobho- > kobko- "脱落"、"剥落"。同时，他们将"朽木"称之为 ibətə（满语）、ibtə（其他语言）等。

*susu "竹子" —— 赫哲语 susə，鄂伦春语 sʉsə > sʉs，鄂温克语 sʉs，满语 tʂusə，锡伯语 tʂus。该同源名词的音变现象及其规律应该是：

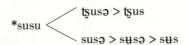

$$*susu \begin{cases} \text{tʂusə} > \text{tʂus} \\ \text{susə} > \text{sʉsə} > \text{sʉs} \end{cases}$$

除了以上提到的说法之外，满通古斯语族语言内把"竹子"还叫

hulʧin ~ hos ~ ʤuʤ 等。其中的 hulʧin 同时也指"苇子",而 ʤuʤ 可能是属于汉语借词。

*hulu > huluhun ~ huluʧin ~ huluguktu "苇子" —— 满语 ulhʊ,锡伯语 ulhu,赫哲语 hulʧin ~ huluguktu,鄂温克语 hulʧiŋ ~ hulsuŋ,鄂伦春语 kulʧin ~ kulhun。我们认为,该同源名词的核心结构是 *hulu,而词尾部分的 -h、-hʊ、-hʉn、-ʧiŋ、-suŋ、-guktu 均属于词缀。那么,作为词干的 *hulu 在使用过程中产生的语音演变现象主要表现在:(1)词首辅音 h,在满语支语言里被脱落同时,在鄂伦春语与赫哲语中发生 k 音变;(2)词中辅音 l 后面的短元音 u 在除赫哲语之外的语言里均被脱落。再说,他们把芦苇的"穗子"叫做 sujhə(赫哲语)、sʉjhə(鄂温克语)、sʉjkə(鄂伦春语)、suihə(满语)、ɣhə(锡伯语)等;还将"芦花"谓 laŋka(满语、锡伯语、赫哲语)、uruŋgar(鄂伦春语与鄂温克语)等。

kubun "棉花" —— 满语与赫哲语 kubun,锡伯语 kuvun,鄂伦春语 kʉwʉn,鄂温克语 həwəŋ。毫无疑问,该词的语音演变规律是 kubun > kuvun > kʉwʉn > həwəŋ。另外,在赫哲语及满语中还有 juhan ~ johan 之说。

*iliga "花" —— 赫哲语与鄂伦春语 ilga,鄂温克语 ilga > igga,满语、锡伯语、女真语 ilha。与此同时,他们把"花心(花的中心部分)"叫 ʤilha(赫哲语与鄂温克语)、ʤilka(鄂伦春语)、ʣilha(满语及锡伯语),将"花瓣"称之为 fijəntəhə(满语)、fiəntəh(锡伯语)、fintəh(赫哲语)、jəntəh(鄂温克语)、jəntək(鄂伦春语)。而且,表示"花蕾"之意时,满通古斯语族语言均使用 boŋko 之说。

nəndən ~ aril "梅花" —— 满语支语言 nəndən,通古斯语支语言 aril。很有意思的是,鄂温克语中还说 alir。也就是把 aril 中的辅音 r 和 l 的位置颠倒过来说,并且有一定使用率。再说,赫哲语里也有人说 məil。不难看出,赫哲语的该说法与汉语 meihua "梅花"的 mei "梅"之间存在一定内在联系,或许他们说的 məil 源于汉语,只是根据赫哲语习惯说法增加了尾音 l 而已。

muŋkəri ~ mulgan "木兰花" —— 满语 muŋkəri，锡伯语 muŋkər，赫哲语与鄂伦春语 mulgan，鄂温克语 mulga。满语支语言的 muŋkəri > muŋkər 与通古斯语支语言的 mulgan > mulga 词首音节 mu- 跟汉语 "木兰花"的"木"之间似乎存在同源关系。如果确实如此，那么它们之间就会有相互借用关系。究竟谁借谁的问题，以后可以进一步深入讨论。另外，他们将"玉兰花"叫 guŋkəri（满语）、guŋkər（锡伯语及赫哲语）、guŋkər（鄂伦春语与鄂温克语）等。

*dʒamuri "玫瑰花" —— 赫哲语 dʒamur，满语 dzamuri，锡伯语 dzamur，鄂伦春语与鄂温克语 samur。该同源名词的早期语音结构形式应为 *dʒamuri，在使用过程中词首辅音在满语支语言及通古斯语支语言内分别产生 dz 或 s 音变的同时，词尾元音 i 在满语以外的语言里均被脱落。

nimətən "丁香花" —— 满语 nimətən，锡伯语及赫哲语 nimtən，鄂温克语与鄂伦春语 nimtə。该词的音变关系及规律应该是 nimətən > nimtən > nimtə。

*soŋgan ~ gabira "桂花" —— 锡伯语 soŋan，赫哲语 soŋga，满语 ʂoŋgan，鄂伦春语 gabira，鄂温克语 gabir。对于"桂花"满通古斯语族语言有两种说法，也就是上面提到的 *soŋgan > soŋan ~ soŋga > ʂoŋgan 以及 gabira > gabir。

soŋgijada "水仙花" —— 锡伯语 soŋgiad > soŋiad，赫哲语 səŋged，鄂伦春语及鄂温克语 səŋgid，满语 ʂoŋgijada。可以看出，该词产生的音变主要表现在：（1）词首辅音 s 在满语里出现 ʂ 音变；（2）词首音节元音 o 在通古斯语支语言内演化为 ə 音；（3）词中语音形式 ija 产生 ia > e > i 式音变；（4）词尾元音 a 在除满语之外的语言里均被脱落等四个方面。另外，鄂温克语里还有 səggiŋ 之说。

nijalari ~ sarni "月季花" —— 满语 nijalari，锡伯语 nialar，赫哲语 ȵalar，鄂伦春语及鄂温克语 nilar ~ sarni。同源名词 nijalari 产生了 nialar > ȵalar > nilar 式音变。另外，在通古斯语支语言内还有 sarni 之说。

səŋgələ "鸡冠花" —— 满语 səŋgələ，锡伯语 səŋgəl > sənəl，通古斯语支语言 səŋgəl。满通古斯语族语言里除了 səŋgələ > səŋgəl > sənəl 之说外，通古斯语支语言中也说 bilgar（鄂伦春语与赫哲语）、ulbiar（鄂温克语）等。

busəhə ~ awakta "百合花" —— 满语 busəhə，锡伯语及赫哲语 bushə，鄂伦春语与鄂温克语 awakta。通古斯语支语言内还有 awtaha 之说。

*hokdori "迎春花" —— 鄂温克语 hokdo，鄂伦春语 kokdo，满语 okdori，锡伯语 okdor，赫哲语 okdo。我们可以用以下格式表示该词的音变规律：

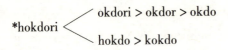

$$\text{*hokdori} \begin{cases} \text{okdori > okdor > okdo} \\ \text{hokdo > kokdo} \end{cases}$$

sodan "芍药花" —— 锡伯语 sodan，满语 şodan，鄂伦春语 sona，鄂温克语 sona ~ sana，赫哲语 son。不同语言里产生的音变表现在：（1）词首辅音 s 在满语里被发作 ş 音；（2）词中辅音 d 在通古斯语支语言中由 n 取而代之；（3）词尾鼻辅音 n 在通古斯语支语言内被脱落，在赫哲语里连词尾鼻辅音 n 前的元音也出现了脱落现象。

*ʤamuri ~ saŋhokʧi "蔷薇" —— 满语 dʐamuri，锡伯语 dʐamur，赫哲语 ʤamur，鄂温克语 saŋhoʧʧi，鄂伦春语 saŋkokʧi。依据我们掌握的词汇资料，满通古斯语族语言内有关 "蔷薇" 有两种说法，一是 *ʤamuri > dʐamuri > dʐamur，二是 saŋhokʧi > saŋhoʧʧi > saŋkokʧi。其中，saŋhokʧi > saŋhoʧʧi > saŋkokʧi 之说应该源于动词词干 saŋho- < saŋko-，而 -kʧi > -ʧʧi 是属于由动词派生名词的构词词缀。

nəlgəri "罂粟花" —— 除了在满语中叫 nəlgəri 之外，其他语言内都说 nəlgər。不过，在赫哲语里还有 tain 之说。

*orogo "草" —— 满语与女真语 orho，锡伯语 orhu，赫哲语及鄂伦春语 orokto，鄂温克语 orookto ~ orootto。我们认为，该同源名词的早期

发音形式应为 *oroɡo，后来在满语支语言里产生 *orɡo > orho > orhu 等演变，而在通古斯语支语言内出现 *oroɡo > *oroɡokto > orookto > orootto 之变化。很有意思的是，满通古斯语族语言的 *oroɡo 与蒙古语族语言的蒙古语 ʊrɡʊmal "植物"、ʊrɡuhu "长、生长" 及达斡尔语 orɡoɡol "植物"、orɡowi "生长" 等的词根 ʊrɡʊ- > orɡo- 的语音结构很相近，词义方面也有很密切的内在联系。假定它们之间有关系，那么毫无疑问是同根同源关系。

hagi > *hagida "茅草" —— 鄂温克语 hagi > hagda，满语及赫哲语 hakda，锡伯语 hakdə，鄂伦春语 kagi > hagda。在我们看来，hagi 是该词的早期结构，-da 是属于后来的词缀部分。该词在使用过程中词中元音被脱落。另外，鄂温克语内还有 hʉmmʉli 之说。

*nijantʃihan ~ noɡo "青草" —— 满语 nijantʂihan，锡伯语 niantʂihə，赫哲语、鄂伦春语、鄂温克语 noɡo。对于该词义，他们语言中有两种表述形式。一是满语支语言的 nijantʂihan > niantʂihə，二是通古斯语支语言的 noɡo。其中的 noɡo 与蒙古语族语言的 noɡo "青草" 有同源关系。

ʤamuri "紫草" —— 赫哲语 ʤamuri，鄂伦春语与鄂温克语 ʤamur，满语 ʣamuri，锡伯语 ʣamur。很显然，该同源名词的音变规律应为 ʤamuri > ʤamur > ʣamuri > ʣamur。不过，通古斯语支语言内还有 ʤamri > ʤamu > ʤam 之说。

hari "狗尾草" —— 鄂温克语 hari，满语 hara，锡伯语与赫哲语 har，鄂伦春语 kari。在使用过程中，词首辅音 h 在鄂伦春语里演化为 k 音，词尾元音 i 在锡伯语内被脱落的同时在满语里被前置音节元音顺同化为 a 音。

*wənʤə "兰菊草" —— 满语 wənʣə，锡伯语 vənʣə，赫哲语与鄂温克语 ənʤə，鄂伦春语 ənʤi。可以看出，该词的音变主要表现在以下三个方面：（1）词首辅音 w 变 v 音或脱落；（2）词中辅音 ʤ 的 ʣ 音变；（3）词尾元音 ə 变 i 音。

*sujiha "艾草" —— 鄂温克语 sujha，鄂伦春语 sujka，满语及赫哲

语 suiha，锡伯语ṣyha。毋庸置疑，他们的音变规律是 *sujiha > sujha > sujka > suiha >ṣyha。再说，他们把"野艾草"叫 sajan（锡伯语）、ṣan-jan（满语）、agi（赫哲语、鄂伦春语、鄂温克语），将"黄艾"谓 hərəəl（鄂温克语）、kərəəl（鄂伦春语）、ərəmu（满语）、ərəm（锡伯语和赫哲语）等。

abuna "葶苈" —— 满语支语言 abuna，通古斯语支语言 abun。不过，在通古斯语支语言内还有 abukta > abutta 之说。

morho "苜蓿" —— 除鄂伦春语叫 morko 之外，其他语言均说 morho。在鄂温克语里还有 tʃargas 之说。而且，蒙古语里也把"苜蓿"叫 tʃargasu。由此我们认为，鄂温克语的 tʃargas 可能是同源于蒙古语。

gabtama "蝎子草" —— 满语 gabtama，锡伯语与赫哲语 gabtam，鄂伦春语 gabtarga，鄂温克语 gabtagga。同源名词 gabtama 的核心结构部分应该是 gabta，而在它后面出现的-ma > -m、-rga > -gga- 是属于词缀部分。

kilgana "鬼针" —— 赫哲语与鄂伦春语 kilgana，满语 kilhana，锡伯语 kilhan，鄂温克语 hilgana。在赫哲语与鄂伦春语内该词的语音形式保存得较完整，而在其他语言中却出现 k 或 g 变 h 音，以及词尾元音脱落等不同程度的音变现象。

*husiba "爬山虎" —— 锡伯语 huṣiva，赫哲语 huʃiwa，鄂温克语 huʃiw，满语 hʊsiba，鄂伦春语 kuʃiwa。该词的音变关系及其规律可以用以下格式表示：

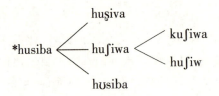

hagi "蒿草" —— 赫哲语与鄂温克语 hagi，鄂伦春语 kagi，满语 agi，锡伯语 əgi。另外，在满语和锡伯语内还有 hamgija > hamgi 之说。

与此相关，他们还把"蓬蒿"叫 suku（满语、锡伯语、鄂伦春语）、suhu（鄂温克语及赫哲语）等。

hajakta ~ fojo "靰鞡草" —— 赫哲语 hajakta > haikta，鄂温克语 hajakta > ajakta，鄂伦春语 ajakta，满语与锡伯语 fojo。也就是说，对于"靰鞡草"满通古斯语族语言有两种说法，其一是通古斯语支语言的 hajakta > haikta ~ ajakta，其二是满语支语言的 fojo。

olo "麻" —— 满语及赫哲语 olo，锡伯语 ol，鄂伦春语 olokto > on-okto，鄂温克语 olokto > onokto > onotto。毫无疑问，olo 是该词的早期语音形式，而在锡伯语里词尾元音 o 被脱落，在鄂温克语及鄂伦春语内却接缀了词缀 -kto > -tto。很有意思的是，鄂温克语与鄂伦春语内把 olo 的辅音 l 发作了 n 音之现象。事实上，在这两个语言里与此相关的实例确实还有一些。比如说，"树叶"ɫabʧi > laʧʧi ⇔ nabʧi > naʧʧi，"矮的" lata ⇔ nata 等。在这里还应该指出的是，锡伯语中把"麻"还称之为 ʂisar。

gurbi "蒲草" —— 锡伯语、赫哲语、鄂伦春语 gurbi，满语 gʊrbi，鄂温克语 gubbi。除了 gurbi > gubbi ~ gʊrbi 之外，通古斯语支语言里还有 ʤəeəsə 之说。

*orohuda "人参" —— 鄂温克语 orhude，满语、锡伯语、赫哲语 orhoda，鄂伦春语 orkude。同源名词 *orohuda 产生的音变主要表现在：（1）词第二音节元音 o 的脱落；（2）词中辅音 h 在鄂伦春语中被发作 k 音；（3）词中元音 u 在满语、锡伯语、赫哲语内顺同化为 o 音；（4）词尾元音 a 在鄂温克语及鄂伦春语内变 e 音等四个方面。另外，在鄂温克语里还有 orgude 之发音形式。

anʧu "七里香" —— 通古斯语支语言 anʧu，满语支语言 anʂu。满通古斯语族语言内除了 anʧu > anʂu 之说外，通古斯语支语言里还有 anʧugur 的说法。

usin ~ tarigan "田" —— 满语 usin，锡伯语 uʂin，女真语与赫哲语 uʃin，鄂温克语 tarigaŋ，鄂伦春语 targan。也就是说，该语族语言内对于"田"有 usin > uʂin > uʃin 及 tarigan > tarigaŋ > targan 两种说法。与此同时，他们把"秧子"叫 arsun，将"秆"称之为 tʂiktən ~ musun < mʉsʉn 等。还把"穗"说成是 suihə（满语、锡伯语、赫哲语）、sʉjhə > sʉhə（鄂温克语）、sʉjkə（鄂伦春语）等。

*ʤigə > *ʤigəktə ~ *ʤigəku "粮食" —— 鄂伦春语 ʤəəktə，鄂温克语 ʤəəktə > ʤəəttə，赫哲语 ʤəktə，锡伯语 dzike，满语 dzəku。在我们看来，该词的词根是 *ʤigə，而 -ktə、-ku 是从动词派生名词的构词词缀。那么，作为该名词词根的 *ʤigə-，在不同语言里产生的音变现象及其规律可以用如下格式进行归纳：

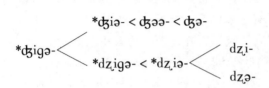

与此同时，充当词缀的 -ktə 与 -ku 也都产生 -ktə > ttə 和 -ku > -kə 等音变。另外，满通古斯语族语言内，也有不少与粮食相关的同语族语言或同语支语言的同源名词。比如说，kunəsun "干粮" ⇨ kunəsun（满语、锡伯语、赫哲语）、kʉnəsʉn（鄂伦春语）、hʉnsʉŋ（鄂温克语）等；bulə ~ *ʤigəktə "米" ⇨ bulə（女真语与赫哲语）、bələ（满语）、bəl（锡伯语）、ʤəəktə（鄂伦春语）、ʤəəttə（鄂温克语）等；*buləgə ~ muhul "米粒" ⇨ bulgə（赫哲语）、bəlgə（满语及锡伯语）、mʉhʉl（鄂温克语）、mʉkʉl（鄂伦春语）等；wəkʤi ~ dalha "米皮" ⇨ wəkdʐi（满语）、vəkdzi（锡伯语）、dalha（赫哲语与鄂温克语）、dalka（鄂伦春语）等；*nidʒihə "米渣子" ⇨ nidzihə（满语与锡伯语）、nirgi（赫哲语、鄂伦春语、鄂温克语）等；ufa ~ guril "面粉" ⇨ ufa（女真语、满语、赫哲语）、uva（锡伯语）、guril ~ gulir（鄂温克语）、gulin（鄂伦春语）等。

*ʤə ~ narimu "小米" —— 满语及锡伯语 dzə，鄂温克语 narimu，鄂伦春语 naremu，赫哲语 narim。依据上面对于"粮食"一词的分析原理，满语支语言的 dzə 自然源于 *ʤigə 这一早期名词。不过，从严格的词源学角度来讲，满通古斯语族语言的 *ʤigə 应该属于动词词根，那

么由 *ʤigə- 经 *dzi̯gə- < *dzi̯ə- < dzə̣- 式演化规律形成的 dzə̣- 又如何成
为名词形式的呢? 由此我们想到, 蒙古语里将"吃"说成 idə-, 把"食
物"也称之为 idə 的现象。不过, 蒙古语的名词 idə 是由动词词根 idə-
后面接缀从动词派生名词的构词词缀 -gən 而成的名词 idəgən 经 idəgən
< idəgə < idəə < idə 演化而来的产物。由此, 我们认为, 满语支语言的
dzə̣ 也是应属于 *dzi̯gəgən < *dzi̯əgən < *dzə̣gən < *dzə̣gə < *dzə̣ə < dzə̣
或属于 dzə̣- + -gən ⇨ dzə̣gən > dzə̣gə > dzə̣ə > dzə̣ 式的演变过程形成的
实例。如果确实如此, 毫无疑问这一假定和分析是正确的。另外, 通古
斯语支语言内的 narimu > naremu > narim 之说所产生的语音变化不是太
大。在这里还应该提到的是, 通古斯语支语言内也有用 ʤəktə (赫哲
语)、ʤəəktə > ʤəəttə (鄂温克语) 表示"小米"之意的现象。

fisihə "小黄米" —— 满语 fisihə, 锡伯语 fiʃih, 鄂伦春语与鄂温克
语 iʃihi < iʃiki, 赫哲语 iʃih。很显然, 该同源名词是经过 fisihə > fiʃih >
iʃihi > iʃih 式语音演变, 在不同语言内形成有所不同的说法。除此之外,
赫哲语中还有 ira 之说。

ira ~ *pisigə "糜子" —— 满语及锡伯语 ira, 赫哲语 piʃig, 鄂伦春
语与鄂温克语 piʃigə。满通古斯语族语言内除了满语支语言的 ira 及通
古斯语支语言的 *pisigə > piʃigə > piʃig 之说外, 还有 təlmur (鄂温克
语)、ʃitʃimi (鄂伦春语) 等说法。

handu "稻谷" —— 满语及锡伯语 handu, 鄂温克语与赫哲语 handu
> handa, 鄂伦春语 kandu > kand。在满语支语言里该词的原有语音结构
形式保存得较好, 但在通古斯语支语言中却产生 handu > handa > hand
式音变。有意思的是, 在鄂温克语里还有 hantu 之说。也就是说, 将词
中辅音 d 发音成了 t 音。

mərə "荞麦" —— 满语 mərə, 锡伯语 mər, 赫哲语 mələ, 鄂温克
语与鄂伦春语 məl。我们认为, mərə 是属于早期语音形式, 因为在通古
斯语支语言内也有叫 mərə 或 mər 的现象。除此之外, 通古斯语支语言
内还有 nirgə (鄂伦春语) > niggə (鄂温克语) 等说法。与此同时, 他
们把"燕麦"称之为 sulu。

susu "高粱" —— 赫哲语 susu，锡伯语 susə > sus，鄂伦春语与鄂温克语 susu > susə，满语ṣuṣu。它们的音变现象及其规律十分清楚，可以用以下形式归纳表示：

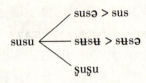

另外，在赫哲语内还有 ʃuʃu 以及 guguda ʤəfuku 等说法。不过，相比之下，他们的口语里还是使用 susu 的比较多。与此相关，他们将"高粱垛"称为 borhun（锡伯语）、borhu（赫哲语）、borhon（满语）、borho（鄂温克语）、borko（鄂伦春语）等。

muʤi ~ *muligər "大麦" —— 赫哲语 muʤi > muʤu，满语及锡伯语 mudzi，鄂伦春语与鄂温克语 muligər。虽然满通古斯语族语言内有 muʤi > muʤu > mudzi 及 *muligər > muligər 两种说法，但它们似乎同源于 mu- 这一词根。

hipə "稗子" —— 鄂温克语 hipə，赫哲语 hipi，满语 hifə，锡伯语 hivə，鄂伦春语 kipə > kip。在不同语言的使用过程中，除鄂温克语之外的其他几种语言里产生的语音变化主要表现在：（1）词首辅音 h 在鄂伦春语中产生 k 音变；（2）词中辅音 p 在满语支语言内出现 f 与 v 音变；（3）词尾元音 ə 在赫哲语里发音成 i 音的同时在鄂伦春语中被脱落等方面。

tubihə "水果" —— 满语 tubihə，鄂温克语 tubihi，赫哲语 tubih，鄂伦春语 tubiki，锡伯语 tuvəhi。毫无疑问，tubihə 是属于早期语音形式，除在满语里保存完整之外，其他语言内却产生 tubihi < tubih < tubiki < tuvəhi 等形式的语音演变。再说，鄂温克语中还有 ʤimis 之说，该词源于其他语言。另外，满通古斯语族语言中，表述"水果"的某一组成部分或结构特征的同源词也有不少。当然，它们当中有些是属于同语族语言的同源词，也有些是属于同语支语言的同源词。比如说，faha ~ sumur "果仁" ⇨ faha（满语）、faha ~ fahah（锡伯语）、ahaka ~ sumur

（赫哲语）、akakta ~ sumur（鄂伦春语）、ahatta ~ sum ~ sɯmər（鄂温克语）等。鄂伦春语中也有 tʃəmə 之说；*ʤuligə ~ *ʤusigə "果藤" ⇨ ʤɯligə ~ ʤalga（鄂温克语）、ʤulgə（赫哲语）、ʤɯlgə ~ ʤalga（鄂伦春语）、dzushə（满语）、dzuʂhə（锡伯语）等；*sugi "果汁" ⇨ suhi（锡伯语与赫哲语）、suhi ~ bөөdө（鄂温克语）、suki（鄂伦春语）、ʂugi（满语）等；*notoho "果壳" ⇨ 满通古斯语族语言均叫 notho 或 notko 等；*donhon "果籽硬壳" ⇨ donohoŋ（鄂温克语）、donoko（鄂伦春语）、donho（满语和赫哲语）、donhu（锡伯语）等；uləŋgu "果脐" ⇨uləŋgu（满语）、uləŋgə > uləŋə（锡伯语）、uləgə（赫哲语）、ɯləgu > ɯlgɯ（鄂伦春语与鄂温克语）等。

hənkə "瓜" —— 满语、锡伯语、赫哲语、鄂温克语 hənkə，鄂伦春语 kənkə。很显然，词首辅音 h 在鄂伦春语中按照语音演化规律变读为 k 音。

sori "枣" —— 满语与赫哲语 sori，鄂伦春语及鄂温克语 sor，锡伯语 ʂoro。除此之外，通古斯语支语言里，还有 ʃawag（鄂温克语）、ʤawal（鄂伦春语）等说法。

*gujilə > *gujiləhə ~ *gujiləsun "杏子" —— 满语、锡伯语、赫哲语 guiləhə，女真语 guifara，鄂伦春语 gɯjləsɯn，鄂温克语 gɯjləsɯŋ ~ gɯjləs。我们认为，该词应该源于 *gujilə，而后面出现的 -hə、-sun、-s、-ra 是属于词缀部分。那么，作为词干部分，在不同语言里出现：（1）词首音节元音 u 在鄂伦春语及鄂温克语内变 ɯ 音；（2）词第二音节首辅音 j 在满语、锡伯语、赫哲语里被脱落的同时，辅音 j 后面的元音 i 也在鄂伦春语及鄂温克语中出现脱落现象；（3）女真语里词中语音形式 lə 由 fa 取而代之等音变现象。

*ʤisuri "酸梅" —— 赫哲语 ʤisuri，鄂伦春语 ʤisɯri，鄂温克语 ʤisɯr，满语及锡伯语 dzusuri。该同源名词的音变主要表现在以下三个方面：（1）词首语音形式 ʤi- 在满语支语言内出现 dzu- 音变；（2）词中元音 u 在鄂伦春语与鄂温克语里产生 ɯ 音变；（3）词尾元音 i 在鄂温克语中脱落等。再说，该词是源于形容词 *ʤisu < *ʤisun "酸的"。

uli "山丁子" —— 满语与锡伯语 uli，赫哲语 uliktə，鄂伦春语与鄂温克语 ɯlir。我们认为，它的核心结构部分应该是 uli，像 -ktə 与 -r 是属于构词词缀。那么，uli 词首元音 u 在鄂伦春语及鄂温克语内演化为 ɯ 音。另外，很有意思的是，鄂伦春语里还有 mɯliktə 或 moliktə 之说，该词的早期发音应为 mɯliktə，而 mɯli 是属于原始结构，-ktə 是从动词或名词派生名词的构词词缀。由此我们想到，mɯli < *muli 或许是 "山丁子" 的早期语音形式，后来由于词首辅音 m 的脱落而形成现在的 uli 之说。如果这种假定成立，那么在鄂伦春语里保存着该词早期的语音形式。

*jəŋiktə "稠李子" —— 满语 jəŋgə，锡伯语 jəŋgə > jəŋə，赫哲语及鄂伦春语 iŋəktə，鄂温克语 iŋəttə。应该说，该词的核心结构是 *jəŋi，而在满语支语言里却出现 jəŋgə > jəŋə 式发音，在通古斯语支语言内演化为 iŋə-。词尾的 -gə、-ktə > -ttə 自然属于词缀部分。

*majisihan "枸杞子" —— 满语及锡伯语 maishan，赫哲语 maisha，鄂温克语 mesha，鄂伦春语 meska。该词的音变规律是 *majisihan > maishan > maisha > mesha > meska。

*fisihan "香榧" —— 赫哲语 fishan，满语与锡伯语 fisha，鄂温克语 isha，鄂伦春语 iska。同源名词 fisihan 在不同语言里产生的音变现象及其规律应该是 fishan > fisha > isha > iska。不过，在鄂温克语里也有 ishakta 之说。

joŋgari ~ aalig "沙果" —— 满语 joŋgari，锡伯语及赫哲语 joŋgar，鄂伦春语与鄂温克语 aalig。也就是说，在满通古斯语族语言内，对于 "沙果" 的称谓有两种，一是 joŋgari > joŋgar，二是 aalig。

mərsəri "槟子" —— 满语 mərsəri，锡伯语 mərsər，通古斯语支语言里均称 mərsə。在满语支语言 mərsəri > mərsər 和通古斯语支语言的 mərsə 中，mərsə 可能是属于早期说法，而满语支语言词尾出现的 -ri 是词缀。从一系列的实例可以看出，满语支语言内有关水果名称及草木果实的称呼中，词尾附加词缀 -ri 之现象比较多。

　　*husigan "山核桃" —— 锡伯语 huʃhan，赫哲语 huʃigan，鄂温克语 huʃigaŋ，满语 husihan，鄂伦春语 kuʃigan。显而易见，该词在不同语言的使用中产生的音变主要表现在：（1）词首辅音 h 在鄂伦春语里按照音变规律演化为 k 音；（2）词首音节元音 u 也按惯例在满语内变读为 ʊ 音；（3）词第二音节首辅音 s 在锡伯语及通古斯语支语言中分别产生ʂ 或 ʃ 音变；（4）词第二音节元音 i 在锡伯语内被脱落；（5）词尾音节首辅音 g 在满语里出现 h 音变；（6）词尾鼻辅音 n 在鄂温克语中变读为 ŋ 音等六个方面。再说，鄂伦春语内还有 koota 之说。

　　*sisi > *sisikta ~ ʤisiha *"榛子" —— 女真语 ʃiʃi，鄂伦春语 ʃiʃikta，鄂温克语 ʃiʃikta > ʃiʃakta，赫哲语 ʃiʃakta，满语 dʒisiha，锡伯语 dʐ̩ ʂiha。我们认为，满通古斯语族语言内无论是 ʃiʃi > ʃiʃikta > ʃiʃakta 还是 dʒisiha > dʐ̩ ʂiha，它们的词根部分都是 ʃiʃi 和 dʒisi，而 ʃiʃi 和 dʒisi 应该同属于 *sisi 的变音形式。那么，在词根后面出现的 -kta、-ha 毫无疑问是词缀部分。作为词根的 *sisi，首先是词首辅音 s 产生 ʃ 或 dʐ̩ 音变，其次是词中辅音 s 在除满语之外的语言中演化为 ʂ 或 ʃ 音，最后是词第二音节的元音 i 在赫哲语等语言里出现 a 音变。在这里，还应该提到的是，满语支语言的辅音 s 变 dʐ̩ 音的现象。其实，在满通古斯语族语言同源词里，通古斯语支语言的词首保存下来辅音 s 与满语支语言的词首辅音 dʐ̩ 发生对应的实例确实有一些。例如：

鄂温克语	鄂伦春语	赫哲语	满语	锡伯语	词义
samura-	samura-	samura-	dʒamara-	dʐamərə-	混乱
subhi	subki	subhi	dʒubhi	dʐubhi	海滩
sari	sari	sari	dʒaira	dʐari	母黑熊

　　以上满语支语言词首辅音 dʐ̩ 有可能均属于辅音 s 的演变形式。因为，像 samura-、subhi、sari 等词的使用时间比 dʐamərə-、dʐubhi、dʐari 等的使用时间要早。比如说，在通古斯语支语言的某些方言土语里人们很晚才开始使用 ʤamura-、ʤari 等说法。由此，我们认为，满语支语言 dʒisiha > dʐ̩ ʂiha 词首出现的辅音 dʐ̩ 有可能是源于 s 这一辅音。

　　usəri ~ anar "石榴" —— 满语 usəri，锡伯语 usər，通古斯语支语言 anar。换句话说，满通古斯语族语言内用 usəri > usər 和 anar 两种说法表示"石榴"之意。

sursəri ~ əgdən "佛手" —— 满语 sursəri，锡伯语 sursər，赫哲语与鄂伦春语 əgdən，鄂温克语 əgdəŋ。除了满语支语言的 sursəri > sursər 及通古斯语支语言的 əgdən > əgdəŋ 之说外，通古斯语支语言内还有 babur 或 pɵɵs 等说法。

*ʤofohon "柚子" —— 赫哲语 ʤowhan，鄂温克语 ʤohan，鄂伦春语 ʤokan，满语 dẓofohon，锡伯语 dẓovhən。该词的语音变化现象及其演化规律应为：

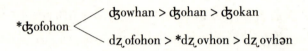

*ʤofohon ⟨ ʤowhan > ʤohan > ʤokan
dẓofohon > *dẓovhon > dẓovhən

mujari ~ tamura "龙眼" —— 满语 mujari，锡伯语 mujar，鄂温克语 tamura，鄂伦春语及赫哲语 tamur。同样，对于"龙眼"的称谓，属于两个语支语言的 mujari > mujar 及 tamura > tamur 两种不同说法。

hototʃi "椰子" —— 除了在鄂伦春语里叫 kototʃi 之外，其他满通古斯语族语言中均称之为 hototʃi > hototʂi。再说，鄂温克语内还有 badda 之说。

umpu "山楂" —— 满语及锡伯语 umpu，赫哲语 umpuri，鄂温克语 umpori ~ ompori，鄂伦春语 umpor。很显然，同源名词 umpu 在满语支语言内将原有语音形式保存得较完整，而在通古斯语支语言中却出现词尾元音 u 的 o 音变和使用词缀 -ri > -r 等现象。再说，通古斯语支语言内还有 tolon 之说。

sogi "蔬菜" —— 除了在锡伯语里叫 ʂœgə 以及女真语中说 soŋgi > sogi 之外，其他满通古斯语族语言内均说 sogi。毋庸置疑，锡伯语内 sogi 词首音节的语音形式产生 ʂœ 音变。依据我们掌握的词汇资料，通古斯语支语言内，对于"蔬菜"还有 nogo（鄂温克语）、nuŋa（鄂伦春语）、soliki（赫哲语）等说法。这其中，赫哲语的 soliki 与 sogi 同属一源。而鄂温克语及鄂伦春语的 nogo > nuŋa 和蒙古语族语言的 nogoga >

noɡoo > noɡo > nuɡa > nuŋa 等有同源关系。

nalur "生菜" —— 满语、锡伯语、赫哲语 nalu，鄂伦春语与鄂温克语 nalur。除了 nalur > nalu 之外，通古斯语支语言内也有叫 nalukta 的现象。

hargi "芥菜" —— 满语、锡伯语、赫哲语 hargi，鄂温克语 hargi > haggi，鄂伦春语 kargi。它的音变规律应该是 hargi > haggi ~ kargi。

sǝŋkulǝ ~ kaleer "韭菜" —— 满语与赫哲语 sǝŋkulǝ，锡伯语 şimkǝl，鄂伦春语 kaleer，鄂温克语 haleer > kaleer。也就是说，满通古斯语族语言内对于 "韭菜" 有 sǝŋkulǝ > şimkǝl 与 kaleer > haleer 两种说法。除此之外，他们将 "韭菜花" 叫 sorson（满语）、sorso（其他语言）等。

farisa "薄荷" —— 满语与锡伯语 farsa，鄂伦春语及鄂温克语 ari-sa，赫哲语 aris。它的音变规律应该是 farsa > arisa > aris。

*fuɡadala "蕨菜" —— 满语及锡伯语 fuktala，赫哲语 uktala，鄂伦春语与鄂温克语 udal。我们认为，同源名词 "蕨菜" 的早期说法应该是 *fuɡadala。而且，该词在使用过程中产生的音变可以用以下格式表示：

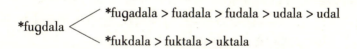

*fuɡdala ⟨ *fuɡadala > fuadala > fudala > udala > udal
　　　　　 *fukdala > fuktala > uktala

*kumupil "柳蒿芽" —— 鄂伦春语 kʉmpil ~ kʉmbil > kʉmbi，鄂温克语 hʉmbil，赫哲语 umpil > ǝmpi，满语及锡伯语 ǝmpi。从该词在不同语言中使用的不同情况，完全可以清楚地看出不同程度的语音变化现象，进而进行如下归纳：

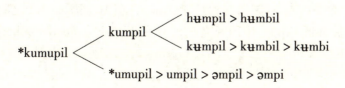

　　　　　　　　　 ⟨ hʉmpil > hʉmbil
　　　　　 kumpil
*kumupil ⟨ 　　　 kʉmpil > kʉmbil > kʉmbi
　　　　　 *umupil > umpil > ǝmpil > ǝmpi

hotor "葫芦" —— 通古斯语支语言 hotor > kotor，满语支语言 hoto。同源名词 hotor 的词尾辅音 r 在满语支语言里被脱落，同时在通古斯语支语言内词首辅音 h 变读为 k 音。

hasi "茄子" —— 满语 hasi，锡伯语 haşi，赫哲语及鄂温克语 haʃi，鄂伦春语 kaʃi。显而易见，该词在不同语言里产生 hasi > haşi > haʃi > kaʃi 式语音变化。

əlu "葱" —— 满语及赫哲语 əlu，鄂伦春语 əlʉ，锡伯语 ul，鄂温克语 əl ~ əlʉ。具体讲，əlu 的音变体现在：（1）词首元音 ə 在锡伯语里受后续音节元音影响而演化为 u 音，后来锡伯语词尾元音 u 又被脱落；（2）词尾元音 u 在鄂温克语及鄂伦春语中变为 ʉ 音。与此同时，满通古斯语族语言内，将"沙葱"叫 əŋgulə（满语及锡伯语）、əŋgul（赫哲语）、əŋgʉl（鄂伦春语与鄂温克语），把"野葱"称之为 suŋgina（满语和赫哲语）、suŋgin（锡伯语及鄂伦春语）、suŋgiŋ（鄂温克语）。赫哲语中，还有用 əŋgʉl 或 suduli 来表示"野葱"之意的现象。满通古斯语族语言还把"细野葱"分别称之为 uŋgə（满语）、uŋg（锡伯语）以及 maŋgir（赫哲语、鄂伦春语、鄂温克语）等。

masar "小根菜" —— 通古斯语支语言 masar，满语支语言 matşa。根据满通古斯语族语言语音演变规律来看，同源名词"小根菜"的早期说法在通古斯语支语言内保存得较好，而在满语支语言里词中辅音 s 出现 tş 音变，同时词尾辅音 r 也被脱落。

*susuri "茴香" —— 满语 susəri，锡伯语及赫哲语 susər，鄂温克语 susʉr，鄂伦春语 susər。可以说，该同源名词的音变主要表现在元音的变化。也就是说，词中元音 u 出现 ʉ 或 ə 音变，词尾元音 i 被脱落等方面。

*bəjihə "海带" —— 满语和锡伯语 bəihə，鄂温克语 beehə，鄂伦春语 beekə，赫哲语 behə。该同源名词的音变规律应为 *bəjihə > bəihə > beehə > beekə ~ behə。

　　*ʧirku "冬瓜" —— 满语支语言 tʂirku，通古斯语支语言 ʧirki。首先词首辅音 ʧ 在满语支语言中演化为 tʂ 音，其次词尾元音 u 在通古斯语支语言内被前置音节元音顺同化为 i 音。

　　sisa "小豆" —— 满语 sisa，锡伯语 ʂisa，赫哲语、鄂伦春语、鄂温克语 ʃisa。可以看出，词首辅音 s 在锡伯语及通古斯语支语言里分别演化为 ʂ 或 ʃ 音。

　　bohori "豌豆" —— 满语 bohori，鄂温克语 bohor，锡伯语及赫哲语 bohər，鄂伦春语 bokor。它的演化规律是：

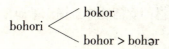

　　larsanda "山药" —— 锡伯语 larsanda，赫哲语 larsand，满语 larsənda，鄂伦春语及鄂温克语 larsan。该词除在锡伯语里保存较完整的语音结构形式之外，其他语言内均出现不同程度的音变。例如，包括词中元音的 ə 音变，以及词尾元音 a 或音节 da 的脱落等。

　　*sanʧa ~ buhakta "木耳" —— 满语支语言 santʂa，赫哲语 buhakta，鄂温克语 bohotta，鄂伦春语 bukakta。看得出来，对于 "木耳" 满语支语言叫 *sanʧa > santʂa，通古斯语支语言谓 buhakta > bohotta ~ bukakta。另外，赫哲语内还有 moʃan 之说，鄂温克语中还称 buharikta 等。

　　maliŋgu "芝麻" —— 锡伯语、鄂伦春语、鄂温克语 maliŋu，满语 maliŋgu，赫哲语 maliŋga。同源名词 maliŋgu 在不同语言的使用中只出现词尾元音 u 的 ʊ 或 a 音变现象。该语族语言把 maliŋgu 也叫 maliŋu。再说，鄂温克语里还有 huŋʤir 之说。

第四节　亲属称谓及人体结构同源名词

　　说实话，涉及到不同亲属关系、不同辈分、不同职业、不同身份、不同等级的称谓，以及与人本身的生理系统与体质结构等相关的名词确实十分复杂和丰富。而且，在使用上均有严格的要求和说法。其中，最为系统和完美的是，满族宫廷用语里使用的错综复杂的亲属称谓及不同职业、不同身份、不同等级的人的叫法。当然，这其中一些是属于借词。不过，依据我们掌握的名词词汇资料，绝大多数称谓或叫法通用于满通古斯语族语言，是同属一源的产物。说到与人的生理系统，以及与人体结构有关的名词，也是极其系统和全面。而且，它们之中极个别的是属于某一种语言特有的产物之外，其他约占95%以上的是属于同源词。不过，有的同源词，由于在不同语言里各自产生十分突出的语音演变，使它们原有的语音形式变得模糊不清，进而直接影响着从词源学角度进行科学梳理和探讨其音变关系及其规律。对于类似的亲属称谓，以及人体结构方面的同源名词，在下面的分析中没有涉及，只是对于那些词源关系比较清楚，音变现象也有规律可循的实例展开了词源学角度的学术讨论。

gasan "家乡" —— 赫哲语 gasan，锡伯语 gasən，满语 gaşan，鄂伦春语 gatʃan，鄂温克语 gatʃa。同源名词 gasan 在赫哲语里保存得较好，而在满语及通古斯语支语言内，词中元音 s 产生 ş 及 tʃ 音变的同时，辅音 s 后面的元音 a 在锡伯语里被弱化为 ə 音。还有，词尾鼻辅音 n 在鄂温克语中出现脱落现象。但是，现代通古斯语支语言里 gasan > gatʃan > gatʃa 的语义结构产生很大变迁，从而表示"村庄"、"乡村"之类的概念，并用 təgən > təgəŋ 之说表示"家乡"之意。毫无疑问，təgən 一词源于动词词根 təgə- "坐"、"居住"。

*ərəgən "生命" —— 满语、赫哲语、鄂伦春语 ərgən，鄂温克语 ərgəŋ，锡伯语 ərgən < ərhən。毋庸置疑，*ərəgən 是按照 ərgən > ərgəŋ > ərhən 式演变规律发生了应有的语音变化。

*nijan "人" —— 满语与女真语 nijalma，锡伯语 nian > nan，赫哲语 nan ~ nio，鄂伦春语与鄂温克语 nan。在我们看来，满通古斯语族语言同源名词"人"的早期说法应为 *nijan，后来在不同语言中产生 nian > nan ~ nio 等音变。满语及女真语词尾出现的 -lma 可能是属于词缀形式。在这里还有必要指出的是，通古斯语支语言内 nan 之说现在很少被使用，取而代之的是 bəjə > bəj。也就是说，在他们的现代口语里基本上用 bəjə > bəj 来表示"人"之意。很有意思的是，他们把"身体"也

叫 bəjə > bəj。由此我们在想，bəjə > bəj "身体" 一词的 "人" 之概念可能是由 "身体" 引申而来。甚至，通古斯语支语言里有 nan 被发音为 na 的现象。

*bojigon "家庭" —— 满语 boigon，锡伯语与赫哲语 boihun，鄂温克语 bogoŋ > bohoŋ，鄂伦春语 bokon。该词的音变及其规律应该是 *bojigon > boigon > boihun > bogoŋ > bohoŋ > bokon。但是，现在的鄂温克语及鄂伦春语基本上不使用 bogoŋ > bohoŋ > bokon 了，而是用 ʉrilən（鄂伦春语）、ʉrirəŋ（鄂温克语）表示 "家庭" 之意。除此之外，他们也习惯于用 ʤʉgʉ > ʤʉʉ 指含该词义。

*ugasun "家族" —— 鄂温克语 ugsun > ugsuŋ ~ ugsur，满语、赫哲语、鄂伦春语 uksun，锡伯语 uhsun。依据我们掌握的资料，满通古斯语族语言对于 "家族" 的早期叫法应为 *ugasun。而这一语音形式，在使用过程中先是词中元音 a 出现脱落，其次词中辅音 g 在除鄂温克语之外的语言里演化为 k 或 h 音。同时，在鄂温克语中词尾鼻辅音 n 发生 ŋ 音变或由 r 取而代之。

dagan "根源"、"族源" —— 满通古斯语族语言内除了叫 da 之外，通古斯语支语言里还有 dagan > daan > dan 之说。由此，我们认为，该同源名词的早期语音形式是 dagan，后来产生了 dagan > daan > dan > da 式音变。再说，他们也用 da 一词来表示 "首领"、"最高权力者" 以及 "树根" 等词义。而且，在通古斯语支语言中，还有用 uʤuru > uʤur 来指 "根源" 之意的现象。

ʤalan "辈分" —— 女真语、赫哲语、鄂伦春语 ʤalan，鄂温克语 ʤalaŋ，满语与锡伯语 dẓalan > dẓalən。按音变惯例，词首辅音 ʤ 在满语支语言内产生 dẓ 音变，词尾鼻辅音 n 在鄂温克语中变读为 ŋ 音。

hala "姓" —— 满语 hala，锡伯语、赫哲语、鄂温克语 hal，鄂伦春语 kal。显而易见，它的音变规律是 hala > hal > kal。

mafa ~ həhə "祖父" —— 女真语与满语 mafa，锡伯语 mava，赫哲语 əhə，鄂温克语 həhə > həkə > əhə，鄂伦春语 əkə。满通古斯语族语

言内要用 mafa > mava 以及 həhə > həkə > əhə > əkə 两种说法表示"祖父"之意。不过，满通古斯语族语言中还有 jəəjə > jəji > əji 之说。

mama"祖母"——满语及赫哲语 mama，锡伯语 mamə，鄂伦春语及鄂温克语 əwə。不过，除了 mama > mamə 及 əwə 两种说法之外，通古斯语支语言内还有 agde > adde（鄂温克语）、naine（赫哲语）、tajti（鄂伦春语及鄂温克语）等称呼。这其中，naine 和 tajti 等说法与汉语的 nainai"奶奶"与 taitai"'老太太'的'太太'"等有其同源关系。

amin"父亲"——女真语及鄂伦春语 amin，鄂温克语 amiŋ，锡伯语与赫哲语 amə，满语 ama。鄂伦春语里该词的原有语音形式保存得较好，而词中元音 i 在满语内被前置音节元音顺同化为 a 的同时，在锡伯语和赫哲语中弱化为 ə 音。再说，词尾鼻辅音在满语、锡伯语、赫哲语里被脱落，在鄂温克语中演化为 ŋ 音。满通古斯语族语言内还有 aba 或 dzədzə 等说法。

*ənijən"母亲"——满语 ənijə，锡伯语 əniə > əni，赫哲语 əniə，女真语及鄂伦春语 ənin，鄂温克语 əniŋ。可以看得出来，该同源名词是按照以下音变规律在不同语言里产生了不同程度的语音变化：

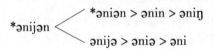

*ənijən
$$\begin{cases} \text{*əniən > ənin > əniŋ} \\ \text{ənijə > əniə > inə} \end{cases}$$

依据我们掌握的满通古斯语族语言相关词汇资料，在他们的口语里也有用 əmmə 或 adzə > adzə 等说法表示"母亲"之意的现象。

*amaʤi"伯父"——满语与锡伯语 amdzi，赫哲语 amihan，鄂温克语 amihaŋ，鄂伦春语 amikan。也就是说，满通古斯语族语言内要用满语支语言的 *amaʤi > amdzi 和通古斯语支语言的 amihan > amihaŋ > amikan 两种说法表示"伯父"之意。而且，在锡伯语及鄂伦春语里还有 ambamə ~ amaaka 之说。

amu ~ ənihən"伯母"——满语 amu，锡伯语 amə，赫哲语 ənihən，鄂温克语 ənihəŋ，鄂伦春语 ənikən > əɲəəkə。除满语支语言的 amu >

amə 与通古斯语支语言的 ənihən > ənihəŋ > ənikən > əŋəəkə 等说法之外，在赫哲语及锡伯语里还有 mamə 与 ambəni 之说。

*əsəhən "叔叔" —— 鄂温克语 əshəŋ，满语 əshə，鄂伦春语 ətʃəkən > ətʃəkə，赫哲语 ətʃə，锡伯语 ətʂə。按照满通古斯语族语言语音变化原理，我们清楚地认识到该同源名词的音变特征及其规律，并可以用以下格式进行展示：

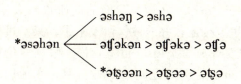

*ugumə "婶母" —— 满语、锡伯语、赫哲语 uhumə < uhmə，鄂温克语 uhumə < ʉgmə，鄂伦春语 ʉʉmə。首先词首元音 u 在鄂温克语及鄂伦春语内演化为 ʉ 音，其次词中辅音 g 在满语、锡伯语、赫哲语里出现 h 音变的同时，鄂伦春语里被脱落。

*dəhama ~ nagasu "姨父" —— 赫哲语与锡伯语 dəhama，满语 dəhəma，鄂温克语 nagasu，鄂伦春语 naatʃu。满通古斯语族语言里说 dəhama > dəhəma 及 nagasu > naasu > naatʃu 之外，还有叫 akdama（鄂伦春语）的现象。与 "姨父" 之说相关，他们把 "姨母" 称之为 dəhəmə ~ *nagasuta。比如说，满语、锡伯语、赫哲语 dəhəmə，鄂伦春语 naasuta，鄂温克语 nagasta ~ nagatta。他们说 dəhəmə 和 *nagasuta > nagasta > nagatta ~ naasuta 的同时，鄂伦春语还用 əŋəəkə 指含该词义。很显然，该语族语言内对于 "姨父"、"姨母" 的叫法均源于词根 *dəha- 与 naga。

ambuma ~ *naganu "大姨父" —— 满语、锡伯语、赫哲语 ambuma，鄂伦春语及鄂温克语 naanu。在我们看来，ambuma 有可能是 amba "大" 与 uma "姨父" 两个词的合成体，而 naanu 显然也是 naga > naa "娘家" 后面接缀构词词缀 -nu 派生的产物。与 "大姨父" 之说相关，他们把 "大姨母" 叫 *ambumə ~ *nagana。比如说，满语、锡伯语、赫哲语 ambu，鄂伦春语及鄂温克语 naana。这里说的无论是 ambu 还是

naana，都与上面说的"大姨父"基本一致，也都是经过了 *amba + umə
> *ambumə > *ambum > ambu 以及 *naɡana > naana 等演变，它们之间都
存在同源关系。甚至在"大姨父"、"大姨母"及"姨父"、"姨母"的
叫法间也都有不同程度的同源关系。

　　*ɡaɡan"哥哥"——鄂温克语 ɡaɡa > aha > ahiŋ，锡伯语 aɡə，赫
哲语 aɡə > akin，满语 aɡə > ahʊn，鄂伦春语 akin，女真语 ahun。满通
古斯语族语言对于"哥哥"的这些比较复杂的说法之间存在深层次的
渊源关系。应该说，它们都源于 *ɡaɡan 之说。我们的调研资料表明，
这一说法在牧区索伦鄂温克语里至今还较好地被保留下来了，只不过是
由于词尾鼻辅音 n 的脱落而被发音成了 ɡaɡa。也就是说，牧区索伦鄂
温克语内将"哥哥"叫 aha 或 ahiŋ 之外，还叫 ɡaɡa。并且，在他们的
口语里，ɡaɡa 有相当高的使用率。与此同时，该语族语言里同源名词
*ɡaɡan 却产生了：（1）词首辅音 ɡ 在除索伦鄂温克语之外的语言中被
脱落；（2）词中辅音 ɡ 被变读为 k 或 h 音；（3）词尾音节元音 a 被发
作 u、ʊ、ə、i 音；（4）词尾鼻辅音 n 的脱落及由 ŋ 取而代之等音变现
象。对于以上提到的一系列音变及其规律，我们还可以用以下格式进行
展示：

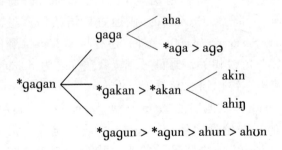

　　asa ~ uɡi"嫂子"——满语 a ʂa，锡伯语 as，赫哲语 uɡi，鄂温克
语 ʉɡi，鄂伦春语 ʉji。满通古斯语族语言内对于"嫂子"除满语支语
言的 asa > as ~ a ʂa，以及通古斯语支语言的 uɡi > ʉɡi > ʉji 等两种说法
之外，还有 bərɡəŋ > bəɡɡəŋ（鄂温克语）、əwkə（赫哲语）等。这其
中，bərɡəŋ ~ bəɡɡəŋ 之说与蒙古语族语言的 bərɡən 之间毫无疑问存在
同源关系。

　　*dəɡu ~ *nəkun"弟弟"——女真语 dəw > dəu，满语 dəu，锡伯语

及赫哲语 du，鄂伦春语 nəkun，鄂温克语 nəkuŋ > nəhuŋ。就如实例所示，对于"弟弟"满语支语言及赫哲语叫 *dəgu > dəw > dəu > du，鄂温克语及鄂伦春语说 *nəkun > nəkun > nəkuŋ > nəhuŋ 等。其中，*dəgu > dəw > dəu > du 之说与蒙古语族语言的 *dəgʉ > dəw > dəʉ > dʉ 同属一源。

əjun ~ əkin "姐姐" —— 女真语、满语、锡伯语 əjun，赫哲语与鄂伦春语 əkin，鄂温克语 əkiŋ > əhiŋ。不过，除了满语支语言的 əjun 及通古斯语支语言的 əkin > əkiŋ > əhiŋ 之外，在他们的语言里还有 gəgə（赫哲语）、gəhə（锡伯语）之说。

əfu ~ *aguse "姐夫" —— 满语 əfu，锡伯语 əvu，赫哲语及鄂伦春语 awʃe，鄂温克语 ooʃe。这里，满语支语言的同源名词 əfu > əvu 的音变很清楚，而通古斯语支语言的 *aguse 的音变现象相对复杂一些。应该说，它的音变规律是：

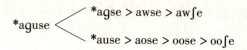

$$*aguse \begin{cases} *agse > awse > aw\int e \\ *ause > aose > oose > oo\int e \end{cases}$$

kəli ~ baʤa "连襟" —— 满语及锡伯语 kəli，赫哲语及鄂伦春语 baʤa，鄂温克语 baʤi。通古斯语支语言内除 baʤa > baʤi 之外，还有 baʤale 之说。

batʃi "结发夫妻" —— 赫哲语、鄂伦春语、鄂温克语 batʃi，满语 batʂihi，锡伯语 batʂih。可以说，该词的原初语音形式应为 batʃi，而满语与锡伯语词尾出现的 -hi > -h 是属于后来附加的产物。还有，满语支语言内词中辅音 tʃ 产生 tʂ 音变。

*əjigən ~ ədi "丈夫" —— 满语 əigən，锡伯语 ihin，通古斯语支语言 ədi。满通古斯语族语言内除 *əjigən > əigən > ihin 及 ədi 之外，还有 ətikən（鄂伦春语）> əthəŋ（鄂温克语）之说。

urawən ~ kukin "儿媳妇" —— 赫哲语 urawən，满语 urun，锡伯语

orun，鄂伦春语 kʉkin，鄂温克语 hʉkin > hʉhiŋ。满语支语言及赫哲语里使用的 urawən 在满语及锡伯语里产生 urwən > urun > orun 式音变。再说，鄂温克语及鄂伦春语的 kukin 一说也出现 kʉkin > hʉkin > hʉhiŋ 式音变。

*hodihun ~ kurəkən "女婿" —— 赫哲语 hodiwun > hodiwu，锡伯语 hodʐihun > hotʂuhun，满语 hodʐihon，鄂伦春语 kʉrəkən，鄂温克语 kʉrəkən > hʉrəkən > hʉrəhəŋ。满通古斯语族语言内用 hodihun > hodiwun（hodiwu）~ hodʐihun > hodʐihon > hotʂuhun 及 kurəkən > kʉrəkən > hʉrəkən > hʉrəhəŋ 两种说法表示 "女婿" 之意。

ikiri "双胞胎" —— 满语、锡伯语、鄂伦春语 ikiri，鄂温克语与赫哲语 ihiri。我们认为，满通古斯语族语言的 ikiri > ihiri 与蒙古语族语言的 ikəri > ikiri ~ ihəri > ihiri 有同源关系。不过，满通古斯语族语言内还有 dʒʉʉrʉ > dʒʉʉre、atku > aktu、athu 等说法。其中，dʒʉʉrʉ > dʒʉʉre 之说应源于 *dʒuguru "二" 这一基数词，而 aktu 是属于 atku 的辅音 t 与 k 换位使用的结果。在通古斯语支语言里，dʒʉʉrʉ > dʒʉʉre、atku > aktu、athu 等说法的使用率相当高，反过来 ikiri > ihiri 使用得并不多。

omoli "孙子" —— 赫哲语 omoli，鄂伦春语与鄂温克语 omole，满语及女真语 omolo，锡伯语 omol。我们认为，该同源名词的早期说法应为 omoli，后来词尾元音 i 在除赫哲语之外的语言里却产生 e 或 o 音变。另外，通古斯语支语言内还说 ombol。与此相关，蒙古语族语言中也用 omol > ombol 等来表示 "孙子" 之意。毫无疑问，满通古斯语族语言与蒙古语族语言的 omol > ombol 之说同属一源。

ənən "后代" —— 满通古斯语族语言内均叫 ənen > ənəŋ。不过，在通古斯语支语言内还有 udʒikta 或 udʒira 之说。很显然，它们是在动词词根 udʒi- "后续" 后面接缀 -kta 及 -ra 等构词词缀派生的名词。

əsə ~ bənər "小叔子" —— 锡伯语 əsə，满语 əʂə，通古斯语支语言 bənər。然而，在通古斯语支语言内还有 nəhʉŋ（鄂温克语）、kadam nəkʉn（鄂伦春语）、hahə inan（赫哲语）等说法。

*tagara"姑表"——鄂伦春语与鄂温克语 taara，满语、锡伯语、赫哲语 tara。该同源名词在不同语言里产生 *tagara > taara > tara 式音变。

*dantʃan ~ nagadʒil"娘家"——满语 dantʃan，锡伯语 dantʂa，鄂伦春语与鄂温克语 naadʒil，赫哲语 nadʒil。也就是说，满通古斯语族语言内要用 *dantʃan > dantʂan > dantʂa 及 nagadʒil > naadʒil > nadʒil 两种说法表示"娘家"之意。

sadun"亲家"——满通古斯语族语言内均叫 sadun。不过，鄂伦春语与鄂温克语里还用 kudali > hudale 之说表示"亲家"之意。

ina ~ dʒə"外甥"——满语与锡伯语 ina，鄂温克语及赫哲语 dʒə，鄂伦春语 dʒə ~ dʒəjə。赫哲语里还有 hitərən 的说法。

sagadi"老人"——赫哲语 sagadi，鄂伦春语 sagdi，鄂温克语 sagdi > saddi，满语 sakda，锡伯语 sahd。同源名词 sagadi 所产生的音变现象及其规律，应该是 sagadi > sagdi > sakda > sahd。

*dʒuji ~ *hutə"小孩"——女真语 dʒui，满语 dzui，锡伯语 dzi̥，鄂温克语 hutə > ʉtə > ʉt，赫哲语 hitə，鄂伦春语 kʉtə > ʉtə。满通古斯语族语言内用 dʒuji > dzui > dzi̥ 及 *hutə > hʉtə ~ hitə ~ kʉtə > ʉtə > ʉt 等表示"小孩"之外，通古斯语支语言里还有 ʉrʉl（鄂温克语）、kookan（鄂伦春语）等说法。

*təbuku"胎衣"——满语 təbku，鄂伦春语 təwəkʉ，鄂温克语 təwəhʉ，锡伯语 təvku，赫哲语 təwuhu。我们认为，该词的早期语音形式应为 *təbuku，是源于动词词根 *təbu-"装"，而 -ku > -kʉ ~ -hu > -hʉ 是属于词缀部分。那么，作为词根的 *təbu- 在使用过程中产生：（1）词中辅音 b 的 w 或 v 音变；（2）词中元音 u 的脱落或 ə 音变等。

gaŋga"寡妇"——鄂温克语 gaŋga，赫哲语 gaŋgi > aŋgiʃi，鄂伦春语 aŋgir，满语 aŋgasi，锡伯语 aŋgə ʂi > aŋəʂi。作为该词的核心结构 gaŋga 在不同语言中产生如下一些音变：（1）词首辅音 g 除在鄂温克语及赫哲语中保留之外其他语言里均被脱落；（2）词尾元音 a 在锡伯语、满语、鄂伦春语内分别演化为 ə 或 i 音；（3）在满语、锡伯语、赫哲语、鄂伦春语词尾部分接缀有 -si > -ʂi > -ʃi、-r 等词缀。

umudu ~ aŋgaʤin "孤儿" —— 满语 umudu，锡伯语 umudə，鄂温克语 aŋgaʤiŋ ~ aŋaʤiŋ，鄂伦春语 aŋaʤin，赫哲语 aŋəʤin。满通古斯语族语言内要用 umudu > umudə 及 aŋgaʤiŋ > aŋaʤiŋ > aŋaʤin > aŋəʤin 两种说法表示"孤儿"之意。不过，他们也习惯于用 umudu dzui、umudə dzi、aŋgaʤiŋ hʉtə、aŋaʤin ʉt 等复合词指含该词义。这些复合词里 umudu ~ aŋgaʤin 等自然而然地充当了表示"孤独的"之意的形容词。

*mərəgən "智者" —— 除了在鄂温克语里叫 mərgən ~ məggəŋ 之外，其他满通古斯语族语言内均说 mərgən。而且，他们把"神者"称之为 səŋgə（锡伯语、赫哲语、鄂伦春语、鄂温克语）> ʂəŋgə（满语），将"使者"叫做 əltʃin（赫哲语与鄂伦春语）、əltʃiŋ（鄂温克语）、əltʂin（满语）、əlʂin（锡伯语）等。

tʃukulu ~ baligar "近视眼" —— 锡伯语 tʂukul，满语 tʂukʊlu，通古斯语支语言 baligar。满通古斯语族语言内用 tʃukulu > tʂukul ~ tʂukʊlu 及 baligar 两种说法表示"近视眼"之意。其中，通古斯语支语言的 baligar 是在 bali "瞎子"后面接缀 -gar 之构词词缀派生而来的实例。再说，依据我们掌握的满通古斯语族语言的词汇资料，其中有不少表示人体结构或生理特征方面存在的某一缺陷的同源词。比如说，balu "瞎子" ⇨ balu（满语与锡伯语）、bali（赫哲语、鄂伦春语、鄂温克语）等；kəlige "哑巴" ⇨ kəlige > kəlge（鄂伦春语）、həlge > həgge（鄂温克语）、hələ（满语及赫哲语）、hələ > həl（锡伯语）等；doholon "瘸子" ⇨ doholon（满语及赫哲语）、doholoŋ（鄂温克语）、dohulun（锡伯语）、dokolon（鄂伦春语）等；dutu ~ duli ~ koŋgo "聋子" ⇨ dutu（满语与锡伯语）、duli ~ koŋgo（赫哲语及鄂伦春语）、duli ~ hoŋgo（鄂温克语）等；saksahun "齿露者" ⇨ saksahun（锡伯语和赫哲语）、saktʃahuŋ（鄂温克语）、saktʃakun（鄂伦春语）、ʂakʂahʊn（满语）等；matan "扁嘴者" ⇨ matan（赫哲语与鄂伦春语）、mataŋ（锡伯语与鄂温克语）、mataŋga > mataŋa（满语）等；hoto ~ hoʤin "秃子" ⇨ hoto（满语、锡伯语、赫哲语）、hoʤin ~ taraha（鄂伦春语）、hoʤin ~

hoʤigir（鄂温克语）等；kaldʒin "谢顶人" ⇨ kaldʒin（鄂伦春语）、kaldʐa ~ giladʐin（满语）、kaldʐa ~ giadʐin（锡伯语）、halʤin（赫哲语）、halʤiŋ（鄂温克语）；nintuhu ~ kaldʒig "歪脖子" ⇨ nintuhu（锡伯语）、nintuhʊ（满语）、halʤig（鄂温克语）、halʤir（赫哲语）、kaldʒig ~ muktʃihi（鄂伦春语）等；omtʃoko ~ səmtəg "豁嘴" ⇨ omtʂoko（满语）、omtʂok（锡伯语）、səmtəg ~ səmtəku（赫哲语）、səmtəg（鄂伦春语）、səttəg（鄂温克语）等；səntəhə "豁牙" ⇨ səntəhə（满语）、səntəh（赫哲语及鄂温克语）、səntək（鄂伦春语）、sənthə（锡伯语）等；hundu ~ məgtər "驼背" ⇨ hundu（满语与锡伯语）、məgtər（鄂温克语）、məgtər ~ moroko（鄂伦春语）、mugtər（赫哲语）等；buktur "鸡胸" ⇨ buktur（赫哲语）、buktu（满语与锡伯语）、bʉktʉr（鄂伦春语及鄂温克语）等；pakka ~ lata "矮子" ⇨ pakka（满语）、paka（锡伯语）、lata（赫哲语）、lata ~ laha（鄂温克语）、lata ~ laka ~ nətəkʉ（鄂伦春语）等；tuŋgi ~ morgo "罗圈腿" ⇨ tuŋgi > tuŋi（满语及锡伯语）、morgo（赫哲语与鄂伦春语）、moggo ~ mortʃohu（鄂温克语）等；sumpulu ~ bohir "手足迟缓者" ⇨ sumpul（锡伯语）、ʂumpulu（满语）、bohir（赫哲语和鄂温克语）、bokir（鄂伦春语）等；mənən "傻子" ⇨ mənən（赫哲语）、mənən ~ mənəkir（鄂伦春语）、mənəŋ（鄂温克语）、mənəhun（锡伯语）、mənəhʊn（满语）等；sopis ~ sologe "左撇子" ⇨ sopis（满语与锡伯语）、sologe < solge（赫哲语及鄂温克语）、solge（鄂伦春语）等。

gisə "妓女" —— 除了在锡伯语中称之为 gis 之外，其他满通古斯语族语言内均叫 gisə。不过，通古斯语支语言里还有说 jaŋkan 或 jaŋhaŋ 的现象。与此同时，他们把 "荡女" 也说成是 jaŋkan（满语、锡伯语、赫哲语、鄂伦春语）、jaŋhaŋ（鄂温克语），还将 "姘头" 称作 kotʂi（满语及锡伯语）、gutʃi（赫哲语、鄂伦春语、鄂温克语）等。

aha ~ bool "奴隶" —— 女真语、满语、锡伯语、赫哲语 aha，鄂伦春语及鄂温克语 bool。其中，鄂伦春语及鄂温克语里的 bool 之说，与蒙古语族语言的 bogol > bool 同属一源。另外，满通古斯语族语言把 "一辈奴" 叫 futahi（满语、锡伯语、赫哲语）、utahi（鄂温克语）、utaki（鄂伦春语）等，将 "两辈奴" 谓 furna（满语、锡伯语、赫哲语）、bordʒi（鄂伦春语）、boʤʤi（鄂温克语）等，还把 "三辈奴" 称之为

bolhosu（满语）、bolhos（锡伯语）、bolho（赫哲语）、borgo（鄂伦春语）、boggo（鄂温克语）等。

hulaha "小偷" —— 赫哲语及女真语 hulaha，鄂温克语 huluhu，锡伯语 hulha，满语 hʊlha，鄂伦春语 kulaka > kulka。我们可以用以下格式展示该同源名词在不同语言里产生的不同程度的音变现象及其音变规律：

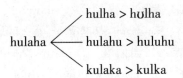

sərki "探子" —— 满通古斯语族语言里均称 sərki。不过，在女真语里还有 karan 之说。该说法，有可能源于蒙古语族语言动词词根 kara- > hara- > kar- "看"。再说，通古斯语支语言内也有用 gulkin > gʊlkiŋ 来表示 "探子" 之意的现象。

bata "敌人" —— 满通古斯语族语言都叫 bata。除此之外，通古斯语支语言内也说 kimʉtʃin > himʉtʃi 等。

*olodʒa "俘虏" —— 满语及锡伯语 oldzʅ，赫哲语 oldʒi，鄂伦春语与鄂温克语 oldʒa。应该说，该词是在动词词根 olo- > ol- "获得"、"得到"、"找到" 后面接缀由动词派生名词的构词词缀 -dʒa > -dʒi > -dzʅ 而派生的实例。不过，蒙古语族语言内同样有在动词词根 olo- > ol- 后面接缀 -dʒa > -dʒi > -dʒalaktʃi 而构成的名词 oldʒa > oldʒi > oldʒalaktʃi 等表示 "俘虏" 之意的现象。从这个角度来讲，满通古斯语族语言和蒙古语族语言的动词词根 olo- > ol- 及其构词词缀 -dʒa > -dʒi 等之间均存在同源关系。在这里还有必要提到的是，通古斯语支语言内还有用 toomi 指 "俘虏" 的情况。

sәfu "老师、师傅" —— 满语 sәfu，鄂温克语 sәwә，鄂伦春语与赫哲语 sәw，锡伯语 sәvu > sәv > şiv。很显然，该词在不同语言内产生 sәfu > sәwә > sәw > sәvu > sәv > şiv 式音变。但是，有人认为，满通古斯语族语言的 səfu 等说法源于汉语的 shifu "师傅"。是否如此，还需要进一步深入研究。另外，在鄂伦春语与鄂温克语里还有 ʃilbatʃin > ʃibbaʃeŋ 之说。它们是由动词词根 ʃilba-"教"派生而来的产物。

*sabi "学生、徒弟"——满语与锡伯语 şabi，赫哲语及鄂伦春语 ʃabi，鄂温克语 ʃawi。该词的音变表现在：（1）词首辅音 s 的 ş 或 ʃ 音变，（2）词中辅音 b 在鄂温克语里变读为 w 音两个方面。再说，他们还用 tatʂisi（满语）、tatʂi ʂi（锡伯语）、tatiʃeŋ（鄂温克语）、tatiʃin（鄂伦春语）、tatiʃi（赫哲语）等由动词词干 tati- > tatʂi- 派生而来的名词表示"学生"、"徒弟"等词义。

saman "萨满"——满通古斯语族语言除鄂温克语叫 samaaŋ > samaŋ 之外，其他几种语言均称 saman。该同源名词是在动词词根 sa-"知道"、"明白"后面接缀由动词派生名词的构词词缀 -man 而派生的产物。在早期满通古斯语族语言内，动词词根或词干后面接缀 -man、-mən、-mon、-mun 系列的构词词缀派生的名词有不少。那么，saman 所表现出来的词义应该是"知道者"、"明白人"、"智者"、"圣明者"等词义，后来才引申出"萨满"之意。

*tʃubaga "兵"——鄂温克语及赫哲语 tʃuga，鄂伦春语 tʃuwa，锡伯语 tʂuah，满语 tʂooha。不过，鄂温克语农区方言土语中，有的老人就会将 tʃuga 发音成 tʃuba 或 tʃuag 等。由此，我们假定，该词早期说法是 *tʃuba，像 -ga > -g ~ -ha > -h 是属于后来出现的词缀。那么，作为该词的核心结构 *tʃuba 在使用过程中产生 tʃuwa > tʃua > tʃu 以及 tʂua > tʂoo 等音变。

gotʃiku "勤务员"——鄂伦春语 gotʃiku，鄂温克语与赫哲语 goʃihu，锡伯语 gotʂiku，满语 gotʂikʊ。该词的音变规律应为 gotʃiku > goʃihu > gotʂiku > gotʂikʊ。

*bagaturu "英雄"——鄂伦春语 baaturu，鄂温克语 baatur，满语与赫哲语 baturu，锡伯语 baturə。显而易见，*bagaturu 在不同语言里虽然产生了些音变，但都很清楚和规范，按其音变规律可以排列为 baaturu > baatur > baturu > baturə。不过，满通古斯语族语言的该同源名词与

蒙古语族语言的 baɡatur > baatur > baatər "英雄" 是同属一源。再说，通古斯语支语言内还用 mərɡən 之说来表示该词义。

　　buku "摔跤手" —— 满语、锡伯语、赫哲语 buku，鄂伦春语 bukutʃin ~ buktʃin，鄂温克语 buhuʃiŋ ~ buhʃiŋ。可想而知，buku > buhu 是属于该词的核心结构，而鄂伦春语与鄂温克语词尾出现的 -tʃin > -ʃiŋ 是词缀部分。在我们看来，buku 一词的原意应该是 "坚固"、"坚强"、"强壮" 等，后来在使用过程中引申出 "摔跤手" 之意。

　　hoki ~ amsa "伙计" —— 满语、锡伯语、赫哲语 hoki，鄂温克语 amsa ~ ɡuʧʉ，鄂伦春语 amtʃa。满通古斯语族语言内主要用 hoki 和 amsa > amtʃa 两种说法表示 "伙计" 之意。与此同时，他们把 "伙伴" 称之为 ɡaksi（满语）、ɡak ʂi（锡伯语）、ɡamki（赫哲语）、hamsa（鄂温克语）、kamtʃa（鄂伦春语）等。

　　*anada "客人" —— 通古斯语支语言 anda，满语 antaha，锡伯语 anthə。根据满通古斯语族语言的音变原理及其词源学的角度来看，该同源名词的早期语音形式应为 anada，是属于 anan "影子" 与 da "头人"、"根"、"源" 两个词的结合体。在满通古斯语族语言里词第二音节元音 a 被脱落的同时，满语支语言内词中辅音 d 产生了 t 音变，而词尾部分出现的 -ha > -hə 是属于词缀部分。另外，在通古斯语支语言内还用 aaŋnaki（鄂伦春语）、duhaɳo（赫哲语）、ajiltʃiŋ（鄂温克语）等说法表示 "客人" 之意。

　　ɡuʧʉ "朋友" —— 赫哲语 ɡuʧʉ，满语与锡伯语 ɡuʈʂu，鄂伦春语 ɡuʧʉ，鄂温克语 ɡuʧʉ ~ ɡuʃi。同源名词 ɡuʧʉ 在不同语言里产生的音变表现在：（1）词中元音 u 在鄂伦春语及鄂温克语里的 ʉ 或 i 音变，（2）词中辅音 ʧ 在满语支语言内的 ʈʂ 音变等方面。另外，他们将 "女友" 叫 nəku（满语及锡伯语）、nəkʉ（鄂伦春语）、nəhu（赫哲语及鄂温克语）等。

　　ədʒən "主人" —— 女真语及赫哲语 ədʒən，鄂伦春语 ədʒin，鄂温克语 ədʒiŋ，满语与锡伯语 ədẓən。同源名词 ədʒən 的音变在于：（1）词中辅音 dʒ 在满语支语言内演化为 dẓ 音；（2）词中元音 ə 在鄂伦春

语与鄂温克语中变读为 i 音；（3）词尾鼻辅音 n 在鄂温克语里演化为 ŋ
音等方面。满通古斯语族语言的 ədʒən 也与蒙古语族语言的 ədʒən 同属
一源。

amban "大臣" —— 满通古斯语族语言内均叫 amban。毫无疑问，
该词是由形容词 amba "大的" 派生而来的产物。再说，女真语里还有
buwur 之说。

*kagan "皇帝" —— 鄂伦春语 kaan，赫哲语 kan，女真语 hagan，
鄂温克语 hawan > haan，满语和锡伯语 han。该词中出现的音变现象及
其规律应为：

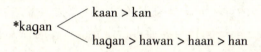

除了以上提到的 *kagan 之外，他们还用 buɡada > boɡda 之说表示
"皇帝"。很显然，buɡada > boɡda 是名词 buɡa > boɡ "天" 与 da "首
领" 合二为一的产物。buɡada > boɡda 主要表示 "天之王"、"天皇" 等
意思。

uksuri "民族" —— 通古斯语支语言 uksuri，满语 uksura，锡伯语
uhsurə。而且，在通古斯语支语言内还可以用 uksur 或 ɡuruŋ > ɡʉrʉŋ >
ɡʉrʉn 等表示 "民族" 一词的概念。

*ajiman "部族" —— 满语、锡伯语、赫哲语、女真语 aiman，鄂伦
春语与鄂温克语 ajman。它的音变规律是 *ajiman > ajman > aiman。不
过，在通古斯语支语言里还有 ajmaɡ 之说。

ɡərən "群众" —— 女真语、满语、赫哲语 ɡərən，锡伯语与鄂伦
春语 ɡərin，鄂温克语 ɡəriŋ。该词的音变主要表现在词尾元音 ə 与鼻辅
音 n 的 i 及 ŋ 音变方面。再说，满语里也有 irɡən 之说。

ursə ~ ular "人群" —— 满语、锡伯语、赫哲语 ursə，鄂伦春语 ul-
ar，鄂温克语 ular > ulur。也就是说，满通古斯语族语言用 ursə 及 ular

> ulur 两种说法表示"人群"之概念。

aŋgala"人口"——满语及鄂伦春语 aŋgala，锡伯语和赫哲语 aŋgala > aŋala，鄂温克语 aŋgala > aŋal。可以看出，该词的原有语音结构，在满通古斯语族语言内保存得比较理想，只是在个别方言土语里出现 aŋgala > aŋala > aŋal 式音变。

bəjə"身体"——女真语、满语、赫哲语、鄂伦春语 bəjə，锡伯语及鄂温克语 bəj。值得提出的是，鄂伦春语及鄂温克语里把"人"也叫 bəjə > bəj。由此我们认为，在这两个语言中称"人"和人的"身体"的名词应该是属于同根同源的产物。换言之，在这两个语言内 bəjə > bəj 是属多义词，它既表示"人"，又表示人的"身体"等词义。只不过具体使用时，鄂温克语等的词尾元音 ə 被脱落。与此相关，蒙古语族语言里把"身体"也叫 bəjə > bəj，且与满通古斯语族语言有同源关系。

banin"生相"——除在鄂温克语里叫 baniŋ 之外，其他满通古斯语族语言内均说 banin。不过，依据我们掌握的词汇资料，鄂伦春语与鄂温克语把"生相"也用 baldi 来表示。另外，他们把"相貌"叫 dursun（满语与锡伯语）、durun（赫哲语）、dʉrʉn（鄂伦春语）、dʉrʉŋ（鄂温克语）等。他们的语言中，还将人的"形象"称之为 arbun 或 arbuŋ，鄂伦春语与鄂温克语内还有 aabun ~ aabuŋ 之说。

*udʒu ~ *dila"头"——满语 udʒu，锡伯语 udʒə，赫哲语与鄂伦春语 dili，鄂温克语 dela。看得出来，满通古斯语族语言内用满语支语言的 *udʒu > udʒu > udʒə 及通古斯语支语言的 *dila > dili ~ dela 两种说法表示"头"。另外，该语族语言里把"头皮"叫 kojga（赫哲语）、koika（满语与锡伯语）、kojka（鄂伦春语）、hojga（鄂温克语）等。再说，鄂温克语里还有 huuha 之说，赫哲语中也有 miatə 之说法等。我们的词汇资料还表明，他们将"头皮屑"称之为 hosori（满语与锡伯语）、haga（鄂温克语及赫哲语）、hag（鄂伦春语）等。

saŋgil ~ maŋgil"额头"——满语 ʂəŋgin，锡伯语 ʂiŋgəl，鄂温克语 maŋgil，赫哲语 maŋgel，鄂伦春语 maŋgeel > maŋeel。它们的音变现象及其规律应该是 saŋgil > ʂəŋgin > ʂiŋgəl 及 maŋgil > maŋgel > maŋgeel

> maŋeel。在这里还有必要提到的是，根据词中语音形式 ŋg 可以发成 ŋ 音的基本原理，满语支语言的 saŋgil 和通古斯语支语言的 maŋgil，均可发音成 saŋil 与 maŋil 等。如此说来，无论发音作 saŋgil 和 maŋgil，还是说成 saŋil 及 maŋil，它们间的语音差异只在于词首辅音方面。由此，我们联想到，阿尔泰语系语言用交替使用词首辅音 s 与 m 的特殊手段，表示同一类事物的不同个体或表示同一类事物的复数概念的实例。比如说，他们把 saman "萨满"、sudala "血脉"、səlbin "船桨" 等按照词首辅音的交替原理说成 saman ⇔ maman（saman maman）、sudala ⇔ mudala（sudal mudal）、səlbin ⇔ məlbin（məlbin səlbin）等，从而表示 "萨满"、"血脉"、"船桨" 等的同一类事物的诸多个体，或表示他们（它们）的复数概念。依据这一原理，有关 "额头" 的 saŋil 和 maŋil 之说，或许属于由于词首辅音的交替而出现的所谓两种不同的说法。另外，在赫哲语里还有 həji 之说，锡伯语中也有用 ʂiŋəl tal 表示 "额头" 的现象。与此同时，他们把 "凸额" 叫 toki（鄂伦春语）、tohi（赫哲语）、tuhi（鄂温克语）、tʂoki（满语与锡伯语）等，将 "凹额" 称 guŋgu（满语与锡伯语）、kuŋgu（鄂伦春语）、huŋgu（赫哲语）、huŋga（鄂温克语），还把 "额角" 叫做 dokdʑihijan（满语）、dokdʑihian（锡伯语）、ʧuŋguri（赫哲语、鄂伦春语、鄂温克语）等。

gijolo ~ ʤoli "囟门" —— 满语 gijolo，锡伯语 giol，赫哲语 ʤoli，鄂伦春语及鄂温克语 ʤole。很有意思的是，除了满语支语言的 gijolo > giol 及通古斯语支语言的 ʤoli > ʤole 之说外，他们还可以用 nioli > noli 来表示该词词义。

*sufan ~ upuru "皱纹" —— 赫哲语 suwan，锡伯语 suvan，满语 ʂufan，鄂温克语 upuru，鄂伦春语 upru。应该说，第一种说法 *sufan 的音变主要表现在辅音方面。首先是词首辅音 s 在满语里变读为 ʂ 音，其次是词中辅音 f 在锡伯语和赫哲语内分别产生 w 及 v 音变。第二种说法 upuru，在鄂伦春语里脱落了词中元音 u。另外，鄂伦春语里还有用 əwrihə 来表示 "皱纹" 之意的现象。

fəhi ~ *irigi "脑子" —— 满语与赫哲语 fəhi，锡伯语 fih，鄂伦春语 irgi，鄂温克语 iiggi > iggi。满通古斯语族语言内用 fəhi > fih 及 *irigi > irgi > iggi ~ iiggi 两种说法表示 "脑子" 之意。这其中，iiggi 是属于牧

区索伦鄂温克语的特定说法。不过，他们之中也有把 iiggi 发音成 iggi 的现象。

　　sulu "鬓角" —— 锡伯语 sulu，满语 ʂulu，赫哲语 ʧoho，鄂温克语 ʧoh，鄂伦春语 ʧok。除了 sulu > ʂulu 及 ʧoho > ʧoh > ʧok 之说外，满通古斯语族语言里还有 sudan（满语）、ohohu（鄂伦春语）等说法。

　　*sigan "耳朵" —— 锡伯语 san，满语 ʂan，赫哲语 sian > ʃian > ʃan，鄂温克语 ʃian > ʃeen，鄂伦春语 ʃeen > ʃen。满通古斯语族语言在 *sigan 之说法上产生的音变现象及其规律可用以下格式进行归纳和展示：

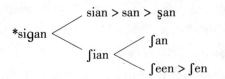

　　hoho ~ *sujihu "耳垂" —— 满语及锡伯语 hoho，赫哲语 sujhə，鄂伦春语与鄂温克语 sʉjhə > sʉjkə。也就是说，对于"耳垂"满语支语言说 hoho，通古斯语支语言叫 *sujihu > sujhə > sʉjhə。他们还将"耳孔"称之为 uŋgala（满语）、uŋgal（其他语言）等，把"耳塞"或"耳屎"谓 husuri（锡伯语）、hʊsuri（满语）、hunug（赫哲语及鄂伦春语）、hunug ~ uraŋa（鄂温克语）等。

　　*jasal "眼睛" —— 满语 jasa，锡伯语 jas，女真语 jaʃa > jaʃi，鄂伦春语 jesa > jeesa > jeeʃa，鄂温克语 iisal，赫哲语 isala。该同源名词的语音变化现象及其音变规律可用以下格式进行归纳和展示：

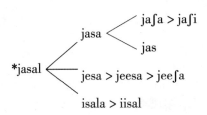

　　再说，满通古斯语族语言内，与"眼睛"相关的称谓中也有一些同语族语言或同语支语言的同源词。比如说，*honta"眼眶" ⇨ hontaho > honko（鄂温克语）、kontako > honko（鄂伦春语）、hontoko（赫哲语）、hontoh（锡伯语）、huntahan（满语）等；kurmi"眼皮" ⇨ kurmiktə ~ balikta（鄂伦春语）、hurmittə ~ baluhuŋ（鄂温克语）、humsun（满语与锡伯语）、humusu（赫哲语）等；faha ~ bultagta"眼珠" ⇨ faha（满语）、fahə（锡伯语与赫哲语）、bultugta（鄂温克语）、bultugtu（鄂伦春语）等；nioniohu ~ anag"瞳仁" ⇨ nioniohu（满语）、nynyhu（锡伯语）、anag（赫哲语）、anag > anagtu（鄂伦春语）、anag > anahaŋ（鄂温克语）等；*fajidan ~ *sarimukta"眉毛" ⇨ fajidan > faidan（满语）、faidən（锡伯语）、sarmukta（鄂伦春语）、sarmuktə（赫哲语）、sarmikta > samitta（鄂温克语）等；solmin ~ kirimki"睫毛" ⇨ solmin（满语与锡伯语）、kirimki（鄂伦春语）、hirimki（鄂温克语）、hirimki ~ hurmiktə（赫哲语）等；həjə ~ loŋga"眼眵" ⇨ həjə（满语与锡伯语）、loŋga（鄂伦春语）、loŋga ~ loogo（鄂温克语）、loŋgo（赫哲语）等。

　　oforo ~ oŋokto"鼻子"——满语与赫哲语 oforo，锡伯语 ovur，鄂伦春语及鄂温克语 oŋokto。不过，满通古斯语族语言里除用 oforo > ovur 及 oŋokto 表示"鼻子"之外，还有 neeŋʧi（鄂温克语）、ʃoŋgi（女真语）之说。与"鼻子"相关，他们把"鼻梁"称之为 hurən（满语、锡伯语、赫哲语）、nala（鄂伦春语与鄂温克语），将"鼻翼"说成 fərtən（满语与锡伯语）、fərtə（赫哲语）、ərtə（鄂伦春语与鄂温克语），还把"鼻涕"叫 nijaŋki ~ ilaʧʧi（鄂温克语）、nijaki（满语）、nijaŋk（锡伯语）、ŋaŋki（赫哲语）、iliksa（鄂伦春语）等。

　　*amagan"嘴"——女真语、赫哲语、鄂伦春语 amŋa，鄂温克语 amma，满语 aŋga > aŋa，锡伯语 aŋ。同源名词 *amagan 在不同语言中产生的音变现象主要表现在：（1）词第二音节首辅音 m 在满语支语言中出现 ŋ 音变的同时，辅音 m 后面的元音 a 被脱落；（2）词中辅音 g 除在满语里被保存之外，其他语言中被 m 或 ŋ 音所取代或被脱落；（3）词尾音节元音 a 在锡伯语中同样被脱落；（4）词尾鼻辅音 n 全面脱落等四个方面。依据我们掌握的词汇资料，该语族语言内与"嘴"相关的同源词还有一些。比如说，famun"嘴唇" ⇨ famən（满语与锡伯语）、həmun（赫哲语）、əmun > əmuhə（鄂伦春语）、əmun > omoŋ ~

uduru（鄂温克语）；hoso ~ ʤabʤi "嘴角" ⇨ hoʂo（满语与锡伯语）、ʤabʤi（鄂伦春语）、ʤawʤi（赫哲语及鄂温克语）等；suŋgu "唇下洼处" ⇨ suŋgu（赫哲语）、suŋgu > sunu（锡伯语）、suŋgu（鄂伦春语与鄂温克语）、ʂuŋgu > ʂunu（满语）等；silən ~ ʤaliksa "口水" ⇨ siləŋgi（满语）、ʂiliŋ（锡伯语）、ʃilisuŋ（鄂温克语）、ʤaliksa（鄂伦春语）、ʤolokso（赫哲语）等。

　　*wəjihə ~ *igiktə "牙齿" —— 满语 wəihə，锡伯语 vih，鄂伦春语 iktə，赫哲语 ihtə，鄂温克语 iktə > iittə。再说，黑龙江鄂温克语里还有 igiktə > iiktə 之说，赫哲语还说 ihtələ 等。从以上列举的实例，我们了解到满通古斯语族语言内对于 "牙齿" 有 *wəjihə > wəihə > vih 以及 *igiktə > iiktə > iktə > ihtə > ihtələ ~ iittə 两种说法。再说，该语族语言内也有一些与 "牙齿" 相关的同源词。比如说，uman "牙床" ⇨ 满通古斯语族语言内均叫 uman 之外，通古斯语支语言中还有 bʉl 之说；ʤajin "牙关" ⇨ ʤajin（鄂伦春语）、ʤajiŋ（鄂温克语）、ʤajan（赫哲语）、dʐajan（满语）、dʐajən（锡伯语）等。

　　*iliŋgu "舌头" —— 锡伯语 iliŋ，满语及赫哲语 iləŋgu，鄂伦春语 iŋŋi，鄂温克语 iŋi。从我们搜集到的词汇实例完全可以看出，该同源名词的音变现象比较复杂。而且经过一系列音变，表现出各具特色的语音结构形式和特征。尽管如此，我们根据满通古斯语族语言的音变原理，还是能够找到它们之间存在的音变关系及其规律。首先，我们认为，该词的早期语音结构应为 *iliŋgu，是由动词词根 *ili- > ilə- "舔" 派生而来的产物。那么，*iliŋgu 在不同语言里产生的音变及相互关系与规律是：

$$\text{*iliŋgu} \begin{cases} \text{iliŋu > iliŋə > iliŋ} \\ \text{iləŋgu > *iləŋgə > *irəŋgə > *iəŋgi > *iŋgi > iŋŋi > iŋi} \end{cases}$$

　　səntʃihə "下腭" —— 鄂温克语 səntʃihə > səŋki，赫哲语 səntʃihə，鄂伦春语 səntʃikə，满语 səntʂəhə，锡伯语 səntʂəh。毫无疑问，它们的音变规律应该是 səntʃihə > səntʃikə > səntʂəhə > səntʂəh > səntʃihə > səŋki。除此之外，鄂温克语里还用 ʤəgi 表示该词义。与此同时，他们将 "上腭" 称之为 həhəri（满语）、həhər（锡伯语）、tagani > taŋni（鄂温克

语）、taŋni > tanna（鄂伦春语）、taŋga（赫哲语）等。不过，通古斯语支语言内把"腮"也叫 ʤəgi 或 aŋʧiŋ，而满语和锡伯语里则说 şak şaha 或 şak şak。还有，他们将"腮根"叫 mulijən（满语）、muliən（锡伯语）、ʃina ~ əru > ərugun（通古斯语支语言）等。

dərə "脸" —— 女真语、满语、鄂伦春语、赫哲语 dərə，鄂温克语 dərəl，锡伯语 dər。满通古斯语族语言内除了叫 dərə > dərəl ~ dər 之外，赫哲语中还有 dələbə 之说。另外，他们将"脸蛋、脸颊"称之为 fulʧin（满语）、vulʧin（锡伯语）、ulʧin（赫哲语）、anʧin（鄂伦春语）、anʧiŋ（鄂温克语）等。

*məjifan ~ niham "脖子" —— 赫哲语 məjfən，女真语 məifan，满语 məifən，锡伯语 mivin，鄂温克语 niham，鄂伦春语 nikim > nikimna。满通古斯语族语言内对于"脖子"除有 *məjifan > məjfən ~ məifan > məifən > mivin 及 niham > nikim > nikimna（nikim + -na）之说外，还有一些与"脖子"相关的同语族语言或同语支语言的同源词。比如说，moŋgon ~ kөөmə "喉咙" ⇨ moŋgon（满语、锡伯语、赫哲语）、kөөmə（鄂伦春语）、hөөmə（鄂温克语）等；bilga "食道" ⇨ bilga（赫哲语与鄂温克语）、bilga ~ ʤalgan（鄂伦春语）、bilha（满语和锡伯语）等；gunkan ~ kapakta "喉结" ⇨ gunkan（锡伯语）、guŋkan（满语）、kapakta（鄂伦春语）、kəwləktə（赫哲语）、hapatta ~ biggar（鄂温克语）等；bohulʤir ~ əriŋkə "气管" ⇨ bohulʤir（锡伯语）、bohulʤir（满语）、əriŋkə（赫哲语、鄂伦春语、鄂温克语）等；gijam "后颈" ⇨ gijam（鄂伦春语及鄂温克语）、gem（赫哲语）、gən（满语与锡伯语）等。不过，通古斯语支语言内也用 niham 与 nikim 等表示"后颈"。

*məjirən "肩膀" —— 满语 məirən，鄂伦春语 miirə，鄂温克语 miir，赫哲语 mirə，锡伯语 mirin。该同源名词在不同语言中产生的不同语音变化及其规律，可以用下列格式进行分析归纳和展示：

ogoni "胳肢窝" —— 鄂温克语 ogoni，鄂伦春语 ogo，满语与锡伯语 oho，赫哲语 ooni。同源名词 ogoni 在鄂温克语内保存得比较完整，而在其他语言里却产生不同程度的音变。首先是，词中辅音 g 在满语支语言中发生 h 音变的同时，在赫哲语里被脱落。其次是，鄂伦春语及满语支语言省略了词尾的 ni 之语音形式。

majan ~ *itʃə- > *itʃəgi ~ *itʃən "肘" —— 满语 majan，锡伯语 majin，鄂伦春语及赫哲语 itʃən，鄂温克语 iʃigi > iʃihi。该语族语言内用满语支语言的 majan > majin 及通古斯语支语言的 itʃən > iʃigi > iʃihi 来表示"肘"之意。不过，在农区鄂温克语里也有说 itʃəgi 的现象。再说，赫哲语里也说 itʃun。

*gagala "手" —— 满语 gala，女真语 gala > ŋala，锡伯语 gal，鄂温克语 ŋaalla > naalla ~ ŋagal > nagal，鄂伦春语 ŋaala，赫哲语 nala。同源名词 *gagala 产生的音变表现在：（1）词首辅音 g 在通古斯语支语言内产生 ŋ > n 音变；（2）词中语音形式 aga 按照音变惯例出现 aa > a 之音变；（3）词尾元音 a 在锡伯语中被脱落等方面。

*falaŋgu ~ *falagan "手掌" ⇨ 满语 falaŋgʊ > falaŋu，锡伯语 faləŋ，鄂伦春语 algan > alŋan，鄂温克语 algaŋ > aggaŋ，赫哲语 alaŋgə > alaŋə。在我们看来，满通古斯语族语言对于"手掌"的诸多说法均源于动词词根 *fala-，只是在不同语言的使用中，产生了不同程度的语音变化。有的语言里语音变化现象比较大，有的语言里语音变化不太明显。特别是在词根部分，通古斯语支语言内出现了较大程度的语音变化现象。该同源名词的音变现象、音变关系及其规律，可以用以下格式进行归纳和分析：

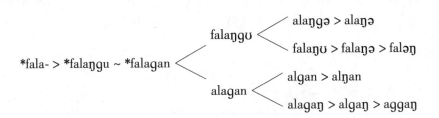

　　*sasahalaku ~ sasahu "巴掌" —— 鄂温克语 sasahu，鄂伦春语 sasaku，赫哲语 sashu > sasha，锡伯语 sashəlku，满语 ṣasihalakʊ。满通古斯语族语言的该同源名词是在动词词根 sasa- > sasi- > sas- ~ ṣasi- 后面接缀构词词缀 -hu > -ha ~ -ku、-halaku > -halakʊ ~ -həlku- 而派生的名词。另外，赫哲语里还有 ohoji 之说。

　　*nu- > *nudʒan ~ nurga "拳头" —— 满语与锡伯语 nudzan，赫哲语及鄂伦春语 nurga，鄂温克语 nugga。这是在词根 *nu- 后面接缀构词词缀 -dʒan ~ -rga 派生的产物。名词 nudʒan ~ nurga 在使用过程中产生 *nudʒan > nudzan 及 nurga > nugga 等音变。不过，在通古斯语支语言里还有 bagu（鄂温克语）、bagur（鄂伦春语）、gulaka（赫哲语）等说法。

　　suru ~ hoho "虎口" —— 锡伯语 suru，满语 ṣuru，赫哲语及鄂温克语 hoho > ono，鄂伦春语 koko。除了满语支语言的 suru > ṣuru 及通古斯语支语言的 hoho > koko 之外，鄂温克语里还有 ono 之说。

　　simhun ~ *unahan "手指头" —— 满语 simhun，锡伯语 ṣymhun，赫哲语 tʃumkən，鄂温克语 unuhuŋ，鄂伦春语 uɳakan。显而易见，对于 "手指头" 满通古斯语族语言有两种说法，其一是 simhun 及其由此演化而来的 ṣymhun > tʃumkən 之说。另一种是 *unahan 及其演化形式 unuhuŋ ~ uɳakan 等。该词的语音变化系统中出现 s > ṣ > tʃ 以及 a > u > ə 式音变。很有意思的是，simhun 的词首音节短元音 i 的 y 与 u 之音变，以及 *unahan 的词中鼻辅音 n 的 ɳ 音变实例。事实上，像这类音变，在满语与锡伯语、鄂温克语与鄂伦春语的语音对应规律中都能见到，属于极其特殊的语音对应现象。另外，与 "手指头" 相关的同源词还有一些。比如说，hitahun ~ *usikta "指甲" ⇨ hitahun（锡伯语）、hitahʊn（满语）、uʃikta（鄂伦春语）、uʃitta（鄂温克语）、uʃekta（赫哲语）等；dʒuman "指甲根" ⇨ dʒuman（赫哲语）、dʒuma（鄂伦春语及鄂温克语）、dẓuman（锡伯语）、dẓooman（满语）等。

　　*tʃəgədʒən ~ kəŋgər "胸脯" —— 满语与锡伯语 tṣədzən，赫哲语 həŋgər，鄂温克语 həŋgər ~ kəŋgər，鄂伦春语 kəŋgər。除了满语支语言的 *tʃəgədʒən > tṣədzən 以及通古斯语支语言的 həŋgər > kəŋgər 之外，

鄂伦春语里还有 kəntir 之说。另外，他们将"胸"叫 tiŋun ⇨ tiŋən（赫哲语与鄂伦春语）、tiŋəŋ（鄂温克语）、tuŋgən（锡伯语）、tuŋgə（女真语）、tuŋun（满语）等。

huhun"乳房"——满语与锡伯语 huhun，赫哲语 uhun，鄂温克语 uhuŋ，鄂伦春语 ukun。可以看出，该同源词的语音变化规律是 huhun > uhun > uhuŋ > ukun。满通古斯语族语言内，与此相关的同源名词还有：*tomi"乳头"叫 tomi（鄂伦春语）、tomiŋ（鄂温克语）、tohon（赫哲语）、tœmho（锡伯语）、tumiha（满语）等；sun ~ ukun"奶汁" ⇨ sun（满语、锡伯语、赫哲语）、uhuŋ ~ ukən（鄂温克语）、ukun ~ ukən（鄂伦春语）等。

həbəli ~ *gudugu"肚子"——赫哲语 həbəli，满语 həfəli，锡伯语 həvəl，鄂温克语 gudug，鄂伦春语 gudəgə 等。满通古斯语族语言内除用 həbəli > həfəli > həvəl 及 gudug > gudəgə 表示"肚子"之意外，满语里还用 kuta 来指该词义。另外，他们用 tʂuŋguru ~ uləŋgu ~ uləŋu（满语）、tʂuŋur ~ uluŋ（锡伯语）、tʃuŋəri（赫哲语）、tʃuŋur ~ soŋor（鄂温克语）、tʃuŋuru（鄂伦春语）等说法表示"肚脐"；用 sirən（满语）、ʂirən（锡伯语）、ʃirən（赫哲语）、tʃirən（鄂伦春语）、tʃirəŋ（鄂温克语）表示"脐带"。

darama"腰"——满语支语言 darama，通古斯语支语言 daram。他们还把"腰眼"称之为 sihali（满语）、ʂihali（锡伯语）、ʃihal（赫哲语及鄂温克语）、ʃikal（鄂伦春语）。很显然，这两个同源名词的音变现象及其规律是 darama > daram 以及 sihali > ʂihali ʃihal > ʃikal。

fisa ~ *arukan"后背"——女真语、满语、锡伯语 fisa，赫哲语及鄂伦春语 arkan，鄂温克语 arkaŋ ~ akkaŋ。也就是说，满通古斯语族语言内用 fisa 及 arkan > arkaŋ > akkaŋ 两种说法表示"后背"。很有意思的是，通古斯语支语言 *arukan 的词根 *aru- 同蒙古语名词 aru"背部"、"背面"、"背后"同属一源。

*əbətʃi"肋"——满语 əbtʂi，锡伯语 əvtʂi，赫哲语 əwti，鄂伦春语 əwtə，鄂温克语 əwtə > əetə > əetəle > əetle。应该说，该词的早期语

音形式为 *əbətʃi，后来产生 əbtʃi > əbtʂi > əvtʂi > əwti > əwtə > əətə 式音
变。甚至在赫哲语及鄂温克语里 əwti、əətə 后面接缀 -le、-lə 等词缀而
构成 əwtilə、əətəle > əətle 之说的现象。与此同时，他们将"肌肉"用
bultʃan（鄂伦春语）、bultʂan（锡伯语）、bultʂa（满语）、bultʃin（赫哲
语）、boltʃiŋ（鄂温克语）等来表示。与此同时，满通古斯语族语言里
还用 ŋəni（鄂伦春语）、jali（锡伯语及赫哲语）等说法来表示该词义。

　　buhi ~ hərŋən"膝盖"——满语 buhi，锡伯语 buhu，赫哲语
həŋən，鄂伦春语 əŋen > əŋŋen，鄂温克语 əŋəŋ。以上实例使我们了解
到，满通古斯语族语言对于"膝盖"有 buhi 与 hərŋən 两种说法。其
中，通古斯语支语言的 hərŋən 在使用过程中产生 həŋən > əŋən > əŋŋən
> əŋŋən 等音变。再说，对于"膝盖"满语支语言内还有 tobgija（满
语）、tobgia ~ timho（锡伯语）等说法。

　　sili > silibu ~ silifu"小腿"——满语 silfu，锡伯语 ʂilfu，赫哲语
ʃilbu，鄂伦春语及鄂温克语 ʃilbi。可以认为，该同源名词的词根部分是
*sili > sil > ʂil > ʃil，而 -bu > -bi ~ -fu 是属于词缀部分。除此之外，他们
还用 holhon（满语）、adʐi bətkə（锡伯语）、boltʃitta（鄂温克语）、
tʃaaki（鄂伦春语）、mohorko（赫哲语）等说法来表示该词义。

　　ura ~ aŋar"屁股"——满语、锡伯语、赫哲语 ura，鄂伦春语与鄂
温克语 aŋar。再说，鄂伦春语里还有 bʉgsʉ 之说。不过，该说法同蒙
古语的 bʉgsʉ > bʉgsə"屁股"属于同源。而且，有可能是源于蒙古语。
满通古斯语族语言内，也有一些与"屁股"相关的同源词。比如说，
du ~ suguʤi"胯骨"⇨ du（满语和锡伯语）、suguʤi（赫哲语）、
sʉʉʤi（鄂伦春语与鄂温克语）等；sargija"胯骨当"⇨ sargija（满
语）、sargia（锡伯语）、salka（赫哲语及鄂伦春语）、salka > alka > ala
（鄂温克语）等；fahi ~ hawis"大腿内侧"⇨fahi（满语与锡伯语）、
hawis（赫哲语和鄂温克语）、kawis（鄂伦春语）等。

　　*usku ~ amir"精液"——满语与锡伯语 usko，赫哲语 uskə，鄂伦
春语 amir，鄂温克语 amir ~ amiral。满通古斯语族语言内除了 *usku >
usko > uskə 及 amir > amiral 之外，鄂温克语里还有 ʃiral 之说。

fəfə ~ motog "女生殖器" —— 满语、锡伯语、赫哲语 fəfə，鄂温克语 motog ~ mohor > moho，鄂伦春语 motoko。再说，他们把"阴毛"叫 sabula（满语）、savalə（锡伯语）、sawələ（赫哲语）、sabula（鄂温克语及鄂伦春语）等，将"子宫"称作 təbku（满语、锡伯语、赫哲语）、təbki（鄂伦春语）、təbhi ~ nolor（鄂温克语）等。

*bu > *butihə ~ *bulidir "脚" —— 女真语 budihə，满语与锡伯语 bəthə，赫哲语 bəthə > fathə，鄂伦春语 bəldir，鄂温克语 bəldiir。从词源学的角度来讲，无论是 budihə > bəthə > fathə，还是 bəldir > bəldiir 都应该源于 *bu。首先，我们应该承认，赫哲语里出现的词首辅音 f 应属于 b 的变体。其次，bəthə 与 bəldir > bəldiir 词首音节元音 ə 有可能是由 u 演化而来的产物。这一语音形式，却在女真语里被保存了下来。再就是，词第二音节首出现辅音 t 与 l 的对应现象。与此同时，词第二音节元音 i 除在女真语内被保存之外，其他语言中均被脱落。还有，词尾语音形式 -hə、-dir > -diir 等似乎是属于词缀部分。不过，鄂伦春语里还有用 algan 表示"脚"的现象。我们想，满通古斯语族语言里的以上说法，与蒙古语族语言的 kuli > huli > hul "脚" 以及 ula "脚掌" 等说法也许存在深层次的内在联系。另外，根据我们的词汇资料，满通古斯语族语言内还有一些与"脚"相关的同源词。比如说，umuhun "脚面" ⇨ umuhun（满语）、umhun（锡伯语及赫哲语）、umhuŋ ~ ujuŋ（鄂温克语）、umkun（鄂伦春语）等；borbi "脚后筋" ⇨ borbi（赫哲语与鄂伦春语）、borbi > bobbi（鄂温克语）、borbə（锡伯语）、borbo（满语）等；gujə ~ *nijəntə "脚后跟" ⇨ gujə（满语与锡伯语）、niəntə > nintə（赫哲语）、niintə（鄂温克语）、niintə ~ əntə（鄂伦春语）等。

funijəhə ~ *nijuriktu "头发" —— 满语 funijəhə，锡伯语 fənihə，鄂伦春语 niʉriktə（ɲʉriktə），赫哲语 niuktə，鄂温克语 nʉʉktʉ ~ nʉʉttʉ。可以看出，该语族语言内用满语支语言的 funijəhə > fənihə 及通古斯语支语言的 *nijuriktu > niuktə > niʉriktə（ɲʉriktə）nʉʉktʉ > nʉʉttʉ 两种说法表示"头发"。与此相关，满通古斯语族语言里把"发髻"叫 sosun（锡伯语及赫哲语）、sotʃug（鄂伦春语与鄂温克语）、şoşon（满语）等，还把"头发分道"称 sətşən（满语支语言）、satʃig（通古斯语支语言）等，将"辫子"谓 sontşoho（满语）、sontşoh（锡伯语）、iltʃawuŋ（鄂温克语）、iltʃabun > iltʃabtun（鄂伦春语）、iltʃabtun ~ isatʃa（赫哲

语）等，他们还将"鬓发"说成 sudan（满语、锡伯语、赫哲语）、sant∫ig（鄂伦春语及鄂温克语）等。

salu ~ gurgakta"胡子"——满语与赫哲语 salu，锡伯语 sal，鄂伦春语 gurgakta，鄂温克语 goggatta。在 salu > sal 与 gurgakta > goggatta 两种说法里，salu > sal 之说与蒙古语族语言的 sahal > sahəl"胡子"有其同源关系。

*giran"骨头"——锡伯语 giraŋ，满语 giraŋgi > girani，鄂温克语 giranda，鄂伦春语 giramna，赫哲语 giramsə。不难看出，作为该词的核心结构 *giran < *gira 没有产生什么语音变化，只是在词尾部分出现了 -gi、-ŋgi > -ni > -ŋ、-nda、-mna、-msə 等不同语音结构形式的词缀。再说，他们的语言里，与"骨头"相关的同语族或同语支语言的同源词也有不少。比如说，bugus ~ mugus"软骨"⇨ bugus > buguskən（赫哲语）、bugə（满语与锡伯语）、muɡus > muursə > məərsə（鄂温克语）、muɡəs（鄂伦春语）等；hoto"脑骨"⇨ hoto（满语）、hot（锡伯语及赫哲语）、hot ~ howog（鄂温克语）、kot（鄂伦春语）等；oŋgoro"脑盖骨"⇨ oŋgoro（满语）、oŋgor（锡伯语及通古斯语支语言）；ildəfun"脖颈骨"⇨ ildəfun（满语）、ildəvun（锡伯语）、ildun（鄂伦春语与赫哲语）、ilduŋ（鄂温克语）等；aladʐan ~ əməhə"锁骨"⇨ aladʐan（满语及锡伯语）、əməhə（鄂温克语与赫哲语）、əməkə（鄂伦春语）等；bokson"胸尖骨"⇨ bokson（锡伯语）、bok∫on（满语）、bokso（赫哲语）、bogso（鄂伦春语与鄂温克语）等；sibəhə"胸岔软骨"⇨ sibəhə（满语）、şivəhə（锡伯语）、∫iwəhə（鄂温克语及赫哲语）、∫iwəkə（鄂伦春语）等；halba ~ isehi"琵琶骨"⇨ halba（满语与赫哲语）、halvə（锡伯语）、i∫eki（鄂伦春语）、i∫ihi（鄂温克语）等；səgərə"脊椎骨"⇨ səjrə（赫哲语）、səirə（满语和锡伯语）、səərə（鄂伦春语及鄂温克语）等；*unt∫əhən ~ udʒihin"尾骨"⇨ unt∫əhən（满语）、unt∫əh（锡伯语）、ut∫ihin（赫哲语）、udʒihi（鄂温克语）、udʒiki（鄂伦春语）等；sabta"腕骨"⇨ sabta（满通古斯语族语言），通古斯语支语言内也说 bagu（鄂温克语）、bagaldʒir（鄂伦春语）等；absalan ~ kalan"肱骨"⇨ absalan（满语）、avsalan（锡伯语）、awlan（赫哲语）、kalan（鄂伦春语）、halaŋ（鄂温克语）等；tobgiya"膝盖骨"⇨ tobgija（满语）、tobgia（锡伯语）、tobgi（赫哲语）、tobki（鄂伦春语）、tobhi（鄂温克

语）等；*sajiha "踝骨" ⇨ sajha ~ saiha（满语、锡伯语、赫哲语）、ʃiga ~ ajukkaŋ（鄂温克语）、ʃiga ~ biluki（鄂伦春语）等；*umagan "骨髓" ⇨ umgan（满语）、uman（鄂伦春语、锡伯语、赫哲语）、umon ~ omoŋ（鄂温克语）等；ʤalan "关节" ⇨ ʤalan（鄂伦春语与赫哲语）、ʤalaŋ（鄂温克语）、dẓalan（满语）、dẓalən（锡伯语）等；ikursun ~ urha "脊髓" ⇨ ikursu（锡伯语）、ikʊrsun（满语）、ursun（赫哲语）、urha（鄂温克语）、urka（鄂伦春语）等；kəmin "骨槽" ⇨ kəmin（满语与锡伯语）、kəmʉ（鄂伦春语）、həmi（赫哲语）、həmʉŋ（鄂温克语）等。

*dogu "内脏" —— 除了在鄂温克语里叫 doo 之外，其他满通古斯语族语言内均称之为 do。不过，通古斯语支语言的老年人口语里也有说 dogu 或 doogu 的现象。

nijaman ~ *mijagan "心脏" —— 满语 nijaman，锡伯语 niamən，赫哲语 miawan，鄂温克语 meegaŋ，鄂伦春语 mewan。首先，在词首出现辅音 n 与 m 的对应。其次，词中辅音 j 被脱落，从而产生 ia > ee > e 式音变现象。再就是，满语支语言词尾也接缀有 -man > -mən 之词缀，通古斯语支语言词尾也接缀有 -gan > -gaŋ > -wan > -wən 之词缀。

fahun "肝脏" —— 锡伯语 fahun，满语 fahʊn，赫哲语 hakin，鄂温克语 aahiŋ，鄂伦春语 aakin。该同源名词的语音演变规律应为 fahun > fahʊn > hakin > aahiŋ > aakin。

*bosoho "肾" —— 满语 bosho，锡伯语 boshə，鄂伦春语及赫哲语 bosokto，鄂温克语 bosokto > bosotto。显而易见，该词的核心结构应为 *boso-，而 -ho > -hə、-kto > -tto 是属于词缀部分。那么，在使用过程中，满语支语言内出现 boso- > bos-式音变。另外，赫哲语中还有 boʤohto 之说，也就是把词中辅音 s 发为 ʤ 音。

ufuhu ~ əwtə "肺" —— 满语 ufuhu，锡伯语 ufhə，鄂温克语 əətə ~ əəttə，鄂伦春语及赫哲语 əwtə。除了满语支语言的 ufuhu > ufhə 及通古斯语支语言的 əwtə > əətə > əəttə 之外，赫哲语里还有 dələfə 之说。

　　*sili "胆" —— 满语 silhi，锡伯语 şilhə，女真语 ʃilihi，赫哲语 ʃiləsə ~ ʃilhə，鄂伦春语 ʃiilə，鄂温克语 ʃiildə。该词的核心是 *sili，而在其后出现的 -hə- > hi、-sə、-də 都属于词缀部分。那么，作为核心结构的 *sili 出现：（1）词首辅音的 s > ş > ʃ 式演变；（2）词首音节元音 i 的长音化；（3）词中辅音 l 后面的元音 i 除在赫哲语内产生 ə 音变之外，其他语言里均被脱落等音变现象。

　　duha ~ *silukta "肠子" —— 满语支语言 duha，鄂伦春语 ʃilakta，鄂温克语 ʃilatta，赫哲语 ʃuluhtu。在满语支语言 duha 及通古斯语支语言 *silukta > ʃilakta > ʃilatta > ʃuluhtu 两种说法里，赫哲语的 ʃuluhtu 之说不仅辅音出现 s > ʃ、h > k 之音变，而且前后元音均被词中元音同化为 u 音。另外，他们将 "肠子的脂肪" 称之为 səmdzən（满语与锡伯语）、səmʤin（赫哲语）、səmʤi（鄂伦春语及鄂温克语）等。

　　dəlihun "脾" —— 满语 dəlihun，锡伯语 dəlihu，鄂温克语 dəlihʉ，鄂伦春语 dəlikin，赫哲语 dəlhin ~ dəlfən。该同源名词的语音变化规律应为 dəlihun > dəlihu > dəlihʉ > dəlikin > dəlhin 以及 dəlfən。

　　*səgə "血" —— 女真语 səgi，鄂伦春语 səəksə，鄂温克语 səətʃʃi，赫哲语 səhsə，满语 səŋgi，锡伯语 səŋg ~ şin。我们认为，该词的核心结构应为 *səgə。而且，*səgə 在使用过程中产生 səə > sə > şi 式音变。其后出现的 -ksə、-hsə、-tʃʃi、-ŋgi、-ŋg、-n 等均属于词缀部分。与此相关，他们把 "血管" 叫 sudala > sudal，将 "肉中血水" 称作 sugi（锡伯语）、suus（赫哲语）、suus ~ suutʃʃi（鄂温克语）、suusun（鄂伦春语）、şugi（满语）等。

　　jali ~ *ulə "肉" —— 女真语与满语 jali，锡伯语 jal > jəl，赫哲语 uləsə ~ ulʤə，鄂伦春语 ʉlə，鄂温克语 ʉlədʉ ~ ʉldʉ。在满语支语言的 jal > jəl 及通古斯语支语言的 ulə > uləsə > ulʤə > ʉlədʉ > ʉldʉ 等两种说法里，ulə 之说产生的语音变化比较复杂。也就是说，作为词的核心结构 ulə 在通古斯语支语言内发生 ul ~ ʉlə > ʉl 等音变，并在词尾部分出现 sə > ʤə > dʉ 等词缀成分。

　　*subu > *sumu "筋" —— 满语 subə，锡伯语 suv，赫哲语 sumkən，

鄂温克语与鄂伦春语 sumul。首先，词首音节元音 u 在鄂温克语及鄂伦春语里演化为 u 音。其次，词中辅音 b 与 m 出现交替现象。还有，辅音 b 与 m 后面的 u 产生 u 或 ə 音变或被脱落。很显然，通古斯语支语言词尾出现的 -l 及 -kən 是属于词缀。其中，-l 可能是经过 sumu + -gul ⇨ sumugul > sumuul > sumul 式音变而来的产物。另外，他们将"筋头"叫做 gista（满语支语言）、bulgə（通古斯语支语言）等。

*sikən "尿" —— 满语 sikə，锡伯语 şik，鄂温克语 ʃihiŋ，赫哲语 tʃikən，鄂伦春语 tʃəkən。该词的语音变化现象及其规律可用以下格式进行归纳和展示：

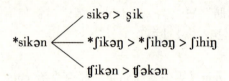

*hamun "屎" —— 满语 hamu，锡伯语 ham，赫哲语 amun ~ amu，鄂伦春语 amun，鄂温克语 amuŋ。毫无疑问，该同源名词是按照 *ham-un > hamu > ham ~ amun > amuŋ > amu 式语音变化规律，在不同语言里产生了不同程度的音变。另外，在满语支语言内还有 fadẓan 之说。

*fijugon ~ *muhər "屁" —— 锡伯语 fiu，满语 fijoo，赫哲语 fewun，鄂温克语 muhər，鄂伦春语 mukər。满通古斯语族语言内用 *fijugon > fijoo > fiu > fewun 以及 muhər > muhər > mukər 两种说法表示"屁"之意。

*nijə "汗" —— 锡伯语 niə，鄂伦春语 ŋəkin ~ ŋəəkin，鄂温克语 nəəʃiŋ，赫哲语 niʃin，满语 nəi。而且我们认为，同源名词"汗"的早期说法应该是 *nijə，后来在通古斯语支语言里增加了 -kin、-ʃin > -ʃiŋ 等词缀。那么，作为该词的核心结构 *nijə 的 ijə 这一语音形式却出现 iə > əə ~ əi ~ i 等较为复杂的音变。很有意思的是，锡伯语里还有用 li 之说来表示"汗"之意的现象。另外，我们掌握的词汇中，他们把"大汗"叫 taran（满语、锡伯语、赫哲语）、nərbə（鄂伦春语与鄂温克语）等，将"手足汗"称之为 sibəri（满语）、şibər（锡伯语）、ʃibər

（赫哲语）、ʃiwər（鄂伦春语及鄂温克语）等。

第五节　衣食住行同源名词

众所周知，衣食住行是与人们的物质生活密不可分的重要组成内容。其中，自然要涉及人们在日常生活中所需的原料、衣物、被褥、装饰品、装饰用具、米面、饭菜、盐酱油醋、住房结构、门窗炕床、桌椅板凳、箱柜橱架、庭院墙壁、棚舍库房、雪橇雪板、车船马鹿等交通工具和设施等衣食住行方面的名词。严格地讲，与他们早期的东北寒温带或温寒带地区生活相关的衣食住行名词术语基本上都有同源关系。不过，满族进入中原地区后，受外来语言文化或中原地区生活影响而创制的衣食住行新名词很少在其他几种语言里使用，即使被使用也是使用面相当有限，很难从词源学的角度进行相互比较和整体研究。所以，在下文里分析讨论的几乎都是有同源关系而使用面较广的实例。

ətuku ~ təti "衣服" —— 女真语、满语、锡伯语 ətuku，鄂温克语及鄂伦春语 təti，赫哲语 titi。其中，满语支语言的 ətuku 是在动词词根 ətu-"穿" 后面接缀构词词缀 -ku 而派生的名词。通古斯语支语言的 təti > titi 则有双重词类功能，一是作为名词来使用，二是作为表示"穿"之意的动词词干来使用。再说，通古斯语支语言内还用 tərəgəsu ~ tərgəbtʃi > təggətʃʃi（鄂温克语）、tərgəbtʃi（鄂伦春语）、tərgələ ~ titikə（赫哲语）等表示"衣服"。与此相关，他们还将"服装"说成是 hadu（女真语）、adu（满语及锡伯语）、huna（赫哲语和鄂温克语）、kuna（鄂伦春语）等。另外，该语族语言里，表述"衣服"的某一组成部分或结构性能的同源词有不少。比如说，*moŋgoroku ~ *sibkəbtun "衣领" ⇨ moŋgoroku（满语）、moŋgoliku（锡伯语）、ʃibkəbtʉn > ʃibhəbtʉn（鄂温克语）、tʃibkəbtʉn（鄂伦春语）、ʃibkəbtʉ（赫哲语）；ulihi ~ *ugubtʃil "袖子" ⇨ ulihi（锡伯语）、ulhi（满语）、ukəsəl（赫哲语）、ʉgʉbtʃil > ʉʉbtʃil > ʉʉtʃʃil ~ ʉksə（鄂温克语）、ʉksə（鄂伦春语）等；wahan "袖口" ⇨ wahan（满语）、vahan（锡伯语）、uhan（赫哲语）、uhaŋ（鄂温克语）、ukan（鄂伦春语）等；tohun ~ *tobutʃi "衣扣" ⇨ tohun（锡伯语）、tohon（满语及赫哲语）、tobtʃi（鄂伦春语）、totʃʃi（鄂温克语）等；səŋgən "扣襻" ⇨ səŋgən（满语）、

səŋgə（锡伯语、赫哲语、鄂伦春语）、səŋgə ~ sənʤi（鄂温克语）等；fulhu ~ *tubku "衣兜" ⇨ fulhu（满语及锡伯语）、təbku（赫哲语）、təbkʉ（鄂伦春语）、təkkʉ（鄂温克语）等。

kurumu "上衣" —— 满语 kurumə，锡伯语 kurum，鄂伦春语 kʉrʉm，赫哲语 hurum，鄂温克语 hʉrʉm。另外，将 "衬衫" 叫 ʧamʧi（鄂伦春语）、ʧamʧa（赫哲语）、tʂamtʂi（满语与锡伯语）、sanʧi（鄂温克语）等，还把 "汗衫" 称之为 kantas（满语、锡伯语、鄂伦春语）、hantas（赫哲语）、hantas > hantasuŋ（鄂温克语）等。与此相关的同源词还有：olbo "马褂" ⇨ olbo（满通古斯语族语言）；kakitu ~ kankibʧi "紧身衣" ⇨ kakitu（满语）、kaktu（锡伯语）、kankitu（赫哲语）、kankibʧi（鄂伦春语）、hamkibʧi > hamkiʧʧi（鄂温克语）等；pampu ~ *ulukun "棉衣" ⇨ pampu（满语）、pampə（锡伯语）、ulkun（赫哲语）、ʉlʉhʉ（鄂温克语）、ʉlkʉ（鄂伦春语）等；nəmu- > nəmuku ~ nəmurku "雨衣" ⇨ nəmʉkʉ（鄂伦春语）、nəməhu（赫哲语）、nəmərku（满语及锡伯语）、nəmihʉ（鄂温克语）等。

ʤaŋʧi "毡褂" ⇨ 通古斯语支语言 ʤaŋʧi，满语支语言 dʐaɳʂi。不过，在通古斯语支语言内也有叫 ʤaŋʧihu（鄂温克语及赫哲语）、ʤaŋʧiku（鄂伦春语）的现象。

*ʤubʧa ~ *sugukʧi "皮袄" —— 锡伯语 dzʉbtʂa，满语 dzi̩btʂa，鄂伦春语与鄂温克语 sʉʉkʧi，赫哲语 sukʧa。满通古斯语族语言内用 *ʤubʧa > dzʉbtʂa > dzi̩btʂa 及 *sugukʧi > sʉʉkʧi > sukʧa 两种说法表示 "皮袄"。不过，在女真语里却用 surtogo 来指该词义。另外，我们掌握的词汇表明，该语族语言内有关皮毛衣物方面的说法十分丰富，其中同语族语言或同语支语言的同源词也有不少。比如说，nami "鹿皮衣" ⇨ nami（满语、锡伯语、赫哲语）、namikʧi（鄂伦春语）、namiʧʧi（鄂温克语）等；dahu "长毛短皮衣" ⇨ dahʊ（满语）、daha（鄂温克语）、dahə（锡伯语及赫哲语）、daka（鄂伦春语）等；*gathuwa ~ sugubʧi "稀毛皮衣" ⇨ gathʊwa（满语）、gatha（锡伯语与赫哲语）、sʉʉbʧi ~ garma（鄂温克语）、sʉʉbʧi ~ karimna（鄂伦春语）等；kaʧiki "鹿狍皮衣" ⇨ katʂiki（满语及锡伯语）、kaʃik（鄂伦春语）、kaʃih（赫哲语）、haʃihi（鄂温克语）等；akumi "鱼皮衣" ⇨ akumi（锡伯语、赫哲语、

鄂伦春语）、akʊmi（满语）、ahumi（鄂温克语）等；*buri- > burigijən ~ burisun "皮袄布面" ⇨ burihun（赫哲语）、burgijən（满语）、burhin（锡伯语）、bʊresʊn（鄂伦春语）、bʊresʊŋ（鄂温克语）等；ʤisuku ~ isu "皮衣料" ⇨ ʤisuku（鄂伦春语）、ʤisuhu（鄂温克语）、isu（赫哲语）、itʂu（满语及锡伯语）等；*usi "皮条" ⇨ usə（满语）、uʂə（锡伯语）、uʃi（赫哲语）、ʊʃi（鄂伦春语和鄂温克语）等。不过，通古斯语支语言内将"细绳子"也叫 uʃi > ʊʃi。

　　siʤigijan "袍子" —— 满语 sidzɿgijan，锡伯语 ʂidzɿgin，赫哲语与鄂伦春语 ʃiʤigin，鄂温克语 ʃiʤigaŋ。该词的音变现象主要表现在：（1）词首辅音 s 出现 ʂ 或 ʃ 音变；（2）词第二音节首辅音 ʤ 在满语支语言内按习惯被发作 dzɿ 音；（3）词尾部分的 ija 之语音形式发生 a 或 i 音变；（4）词尾鼻辅音在鄂温克语里产生 ŋ 音变等方面。与"袍子"密切相关的同源名词还有：*dəgələ "毛皮长袍" ⇨ dəhələ（满语）、dəhəl（锡伯语及赫哲语）、dəəl ~ sʊʊn（鄂伦春语）、dəəl ~ sʊʊŋ（鄂温克语）等；*gagari "单布长袍" ⇨ gagar（鄂伦春语与鄂温克语）、gahari（满语）、gahar（锡伯语）、gahər（赫哲语）等；adasun "袍衣大襟" ⇨ 除鄂温克语叫 adasuŋ 之外，其他语言均说 adasun；dusihi ~ *korime "袍衣前襟" ⇨ dusihi（满语）、duʃihi（赫哲语）、du ʂih（锡伯语）、korme（鄂伦春语）、horme ~ homme（鄂温克语）等；səlbən "袍衣开衩" ⇨ səlbən（鄂伦春语与鄂温克语）、səlwən（赫哲语）、səlfən（满语）、səlvən（锡伯语）等；sala ~ sugun "衣襟角" ⇨ sala（锡伯语）、ʂala（满语）、sugun（赫哲语）、sʊgʊn（鄂伦春语）、sʊgʊŋ ~ sʊgʊm（鄂温克语）等。

　　fakuri "裤子" —— 满语 fakʊri，锡伯语及赫哲语 fakar，鄂伦春语与鄂温克语 akur。另外，在通古斯语支语言里还有 həjki（赫哲语）、ərki（鄂伦春语）、əkki（鄂温克语）等说法。在他们的语言中，与"裤子"相关的同源词还有，oloshon ~ olooŋko "涉水皮裤" ⇨ oloshon（满语）、olushən（锡伯语）、oloŋko > olooŋko（鄂伦春语）、olooŋko（鄂温克语）、oluŋkə（赫哲语）等；aduhi "无毛皮裤" ⇨ aduhi（满语、锡伯语、赫哲语、鄂温克语）、aduki（鄂伦春语）等；domo "女内裤" ⇨ domo（满语、锡伯语、赫哲语）、domohu（鄂温克语）、domoku（鄂伦春语）等；gotʃiku "套裤" ⇨ gotʃiku（赫哲语及鄂伦春语）、

gotʃihu（鄂温克语）、gotʂiku（锡伯语）、gotʃikʊ（满语）等；*təjisun "裤腰" ⇨ təisun（满语）、tisun（锡伯语、赫哲语、鄂伦春语）、tisuŋ（鄂温克语）等；salaga ~ *saragija "裤裆" ⇨ salaga > ala > al（鄂伦春语及鄂温克语）、salgə（赫哲语）、sargija（满语）、ʂarhi（锡伯语）等。

*husigan "裙子" ⇨ 鄂温克语 huʃigaŋ，满语 hʊsihan，锡伯语 ho ʂi-han，赫哲语 hoʃihan，鄂伦春语 kutʃigan。毫无疑问，同源名词 *husigan > hʊsihan > hoʂihan > hoʃihan > kutʃigan 是源于动词词根 *husi- "遮盖"，而 -gan > -gaŋ > -han 是属于构词词缀。与此同时，他们将 "男裙" 称之为 dusihi（满语）、du ʂihi（锡伯语）、duʃihi（鄂温克语及赫哲语）、duʃiki（鄂伦春语）等。

*magala ~ *ahawun "帽子" —— 满语与女真语 mahala，锡伯语 ma-hal，鄂伦春语 aawun，鄂温克语 aawuŋ，赫哲语 awun。也就是说，该语族语言内对于 "帽子" 有 *magala > mahala > mahal 及 *ahawun > aawun > aawuŋ > awun 两种说法。其中，*magala 之说与蒙古语族语言的 malaga > malga ~ magala > magal ~ malagai > malge "帽子" 等似乎属于同源关系。再说，通古斯语支语言的 *ahawun > aawun 等是源于动词词干 aha- "遮盖"、"遮挡"。在他们的词汇系统中，还有一些与 "帽子" 相关的同源词。比如说，kamtu "毡帽" ⇨ kamtu（满语、锡伯语、鄂伦春语）、hamtu（赫哲语及鄂温克语）等；torhi "带耳毡帽" ⇨ torhi（赫哲语及鄂温克语）、torhik（锡伯语）、torhikʊ（满语）、torki（鄂伦春语）；dodori ~ botari "宽檐帽" ⇨ dodori（满语）、dodor（锡伯语）、dogdori（赫哲语与鄂伦春语）、dogdor（鄂温克语）等；boro ~ sara "凉帽" ⇨ boro（满语及锡伯语）、bor（赫哲语）、sara（鄂温克语）、sar（鄂伦春语）等；dʑiŋsə ~ tobho "帽顶" ⇨ dziŋsə（满语）、dziŋs（锡伯语）、tobho（赫哲语及鄂温克语）、tobko（鄂伦春语）等；ojo "帽胎" ⇨ 满通古斯语族语言均叫 ojo，但在通古斯语支语言内还有 ojog 之说；dəlbin "帽檐" ⇨ dəlbin（满语、锡伯语、赫哲语、鄂伦春语）、dəlbi（鄂温克语）等。不过，通古斯语支语言中也有 sarabtʃi > saratʃtʃi 之说法；sorson "帽缨" ⇨ sorson（满语、锡伯语、赫哲语）、sortʃo（鄂伦春语）、sortʃo > sotʃtʃo（鄂温克语）等；dʑala "帽带子" ⇨ dʑala（赫哲语、鄂伦春语、鄂温克语）、dzạlgijan（满语）、dzạlgin（锡伯

语）等。

　　fulu "手套" —— 满语与锡伯语 fulu，赫哲语 ulu，鄂温克语 uluhu ~ uluktu，鄂伦春语 uluku。满语支语言同源名词 fulu "手套" 的早期语音形式保存得较完整，而在通古斯语支语言内词首辅音 f 被脱落的同时，鄂温克语及鄂伦春语里还使用了 -ktu、-ku、-hu 等词缀。再说，通古斯语支语言内还有 bəəle（鄂温克语）、bəəli ~ sarbaka（鄂伦春语）、pirtʃaska（赫哲语）等说法。在这里，有必要提出的是，鄂伦春语及鄂温克语中的 bəəli 与 bəəle 的早期说法 *bəgəli 与蒙古语族语言的 bəgələi > bəələi > bəəli > bəəl 之间存在同源关系。与此相关，他们把 "三指手套" 除在鄂伦春语里叫 osko，其他语言中均说 osho。不过，在鄂伦春语中也有用 sarbaka 表示 "三指手套" 的现象。

　　dobtoku ~ arma "手闷子" —— 锡伯语 dobtoku，满语 dobtokʋ，鄂温克语 arma，赫哲语与鄂伦春语 armə。除了以上提到的 dobtoku > dobtokʋ 及 arma > armə 之外，通古斯语支语言内还有 toro（鄂温克语）、warka（鄂伦春语）等说法。我们的词汇资料还表明，他们对于 "皮手闷子" 还有 dobtolokʋ（满语）、dobtoloku（锡伯语）、hatʃimi（赫哲语与鄂温克语）、katʃimi（鄂伦春语）等说法。很显然，满语支语言的 dobtolokʋ > dobtoloku 之说是由 dobtoku > dobtokʋ 的词干 dobto- 派生而来的实例。

　　sabu "鞋" —— 女真语及满语 sabu，鄂伦春语 sabu > saba，赫哲语 sabə，鄂温克语 sabi，锡伯语 sav。该同源名词是按照 sabu > saba > sabə > sabi > sav 之演化规律，在不同语言里产生不同程度的音变。与 "鞋" 相关的同源词还有：harha "鞋帮子" ⇨ harha（满语、锡伯语、赫哲语）、arha（鄂温克语）、arka（鄂伦春语）等；*hajigan "鞋底沿条" ⇨ hajgan（鄂温克语）、haihan（满语及锡伯语）、hajan（赫哲语）、kajin（鄂伦春语）等；gultəku "鞋楦" ⇨ gultəku（满语、锡伯语、赫哲语）、gʋltəku（鄂伦春语）、gʋltəhu（鄂温克语）等。

　　gulha "靴子" —— 锡伯语与赫哲语 gulha，满语 gʋlha，鄂温克语 ulha，鄂伦春语 ulka 等，该词的音变规律应为 gulha > gʋlha > ulha > ulka。与 "靴子" 相关的同源词还有：*dʒulgun "矮腰女靴" ⇨ dzʋlgun

（锡伯语）、dzʊlgumə（满语）、ʧulgu（鄂伦春语）、sulgun（赫哲语）、sulgu（鄂温克语）等；ture"靴腰" ⇨ turə（满语及锡伯语）、turi（赫哲语）、tʉre（鄂伦春语与鄂温克语）等；olondo"高腰靴" ⇨ olondo（赫哲语）、oloŋdo（满语及锡伯语）、olonto（鄂伦春语与鄂温克语）等；sujən ~ *ujir"高腰鞋绑带" ⇨ sujən（满语与锡伯语）、ujən（赫哲语）、ʉgir（鄂温克语）、ʉjir（鄂伦春语）等；sənʧiku"高腰靴穿带皮绑子" ⇨ sənʧiku（鄂伦春语）、sənʧihu（赫哲语及鄂温克语）、sənʂiku（满语和锡伯语）等。

*fomoʧi ~ dokton"袜子"——满语 fomoʈʂi，锡伯语 fomʈʂi，鄂伦春语 dokton，赫哲语 dokto，鄂温克语 dottoŋ。也就是说，满通古斯语族语言内对于"袜子"有 *fomoʧi > fomoʈʂi > fomʈʂi 及 dokton > dokto > dottoŋ 两种说法。与此同时，他们还将"皮袜子"称之为 fodzi（满语与锡伯语）、utun（鄂伦春语与赫哲语）、utuŋ（鄂温克语）等。

bohiku ~ *kulibtun"裹脚布"——bohiku（锡伯语与赫哲语）、bohikʊ（满语）、kʉlibtʉn（鄂伦春语）、kʉlibtʉŋ > hʉlittʉŋ（鄂温克语）等。很显然，满通古斯语族语言的 bohiku > bohikʊ 及 kʉlibtʉŋ > kʉlibtʉŋ > hʉlittʉŋ 等说法，均源于表示"裹脚"之意的动词词根 bohi- ~ kuli-。

*bugəsun"棉布"——满语 boso，锡伯语 bos，赫哲语 bosu ~ bohu，鄂温克语 bɵɵsɵŋ > bɵɵs，鄂伦春语 bəəs。该词的语音变化现象及其规律应为：

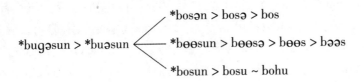

durdun"绸子"——满语 durdun，锡伯语 durdən，鄂伦春语 dordon，赫哲语 dordən，鄂温克语 doddon。该词的语音变化现象及其规律应该是 durdun > durdən > dordon > dordən > doddon。不过，蒙古语里把"绸子"也叫 dordon > dordən。毋庸置疑，它们是属于同根同源关系。

sudʒin ~ *torogon "缎子" —— 赫哲语 sudʒin，满语与锡伯语 sudzə，鄂伦春语 torgon > torgo，鄂温克语 tooggo。满通古斯语族语言对于"缎子"的 sudʒin > sudzə 与 *torogon > torgon > torgo > tooggo 两种说法里 *torogon 所产生的音变相对复杂一些。而且，该词与蒙古语族语言的 torgo "缎子"同属一源。

toŋ "线" —— 满语、赫哲语、鄂伦春语 toŋgo > toŋo，女真语 togo，鄂温克语 toŋko，锡伯语 toŋ。可以说，在满通古斯语族语言的早期用语中出现的 toŋgo > toŋko > togo > toŋo > toŋ 等主要表示"将处理好的一个个细细的兽筋，用拇指和食指搓制成十分结实的，并用于缝制皮毛衣物和皮毛生活用品的兽筋细线"。所以，我们认为，该说法是他们的先人早先对于"线"的称谓。那么，到后来，他们学会或开始使用棉花线之后，又创造了 siri- < sirig ~ siriktə 之专指"棉线"的名词。例如，有 sirgə（满语）、ʂirhə（锡伯语）、ʃiriktə（鄂伦春语）、ʃirittə（鄂温克语）、ʃiktə（赫哲语）等叫法。依据我们掌握的词汇资料，与"线"相关的同源词还有：dʒisun "画布线" ⇨ dʒisun（鄂伦春语）、dʒisuŋ > dʒusuŋ（鄂温克语）、dzi̠dzun（满语）、dzu̠dzun（锡伯语）、dʒusun（赫哲语）等；daŋsan ~ sumul "线头" ⇨ daŋsan（锡伯语）、daŋ ʂan（满语）、sumul（赫哲语）、sumʉl（鄂伦春语与鄂温克语）等；səmihu "线纫头" ⇨ səmihu（鄂温克语）、səmihu > səmhu（赫哲语）、səmiku（满语和锡伯语）、səmiku > səmku（鄂伦春语）等；isuhu "线轴" ⇨ isuhu（赫哲语）、isʉkʉ（鄂伦春语）、isəhʉ（鄂温克语）、ishu（满语与锡伯语）等；hərgitu ~ ərudəsun "线桃子" ⇨ hərgitu（满语与锡伯语）、ərʉdəs（赫哲语及鄂伦春语）、ərʉdəsuŋ > ərdəsuŋ（鄂温克语）等；subəlijan ~ sulin "绒线" ⇨ subəlijan（满语）、suvəlin（锡伯语）、sulin（赫哲语与鄂伦春语）、suliŋ（鄂温克语）等；jəhə "练麻" ⇨ jəhə（满语与锡伯语）、jəhə > jəh（鄂温克语）、jəh（赫哲语）、jəkə（鄂伦春语）等。

fuŋku "毛巾" —— 满语与赫哲语 fuŋku，锡伯语 fuŋkə，鄂伦春语 ʉŋkʉ，鄂温克语 ʉʉŋkʉ。该词的音变规律应为 fuŋku > fuŋkə > ʉŋkʉ > ʉʉŋkʉ。

*dʒibəhun ~ *ulada "被子" —— 满语 dzi̠bəhun，锡伯语 dzyvhun，

赫哲语及鄂温克语 ulda，鄂伦春语 ula。可以看出，该语族语言内用 *ʤibəhun < dʑibəhun < dzyvhun 及 *ulada < ulda < ula 两种说法表示"被子"。另外，他们还将"被头"叫 uluhun（赫哲语）、uluhuŋ（鄂温克语）、uləhun（锡伯语）、ulhun（满语）、ulkun（鄂伦春语）等。

kubun"棉絮"——满语 kubun，锡伯语 kuvun，赫哲语 kuwun，鄂伦春语 kʉwʉn，鄂温克语 həwəŋ。满通古斯语族语言内除了 kubun < kuvun < kuwun < kʉwʉn < həwəŋ 之说之外，在满语与赫哲语里还用 juhan 表示该词义。

sishə ~ dərʤə"褛子"——满语 sishə，锡伯语 ʂishə，赫哲语与鄂伦春语 dərʤə，鄂温克语 dədʒʤə。除了满语支语言的 sishə < ʂishə 及通古斯语支语言的 dərʤə < dədʒʤə 两种说法外，鄂温克语里还有 tuhu 之说。与"褛子"相关，他们还把"地铺"称之为 səktə（满语与锡伯语）、səktəg（鄂伦春语）、səktəku（赫哲语）、səttəg（鄂温克语）等，将"席子"叫做 dərsʉn（鄂伦春语）、dərsuŋ < dərsʉ（鄂温克语）、dərsə（赫哲语）、dərhi（满语与锡伯语）等。

*tirəŋku ~ *dərəbu"枕头"——女真语 tirəku，赫哲语 tiriŋki，满语与锡伯语 tʂirku，鄂伦春语 dərbʉ，鄂温克语 dəbbə。满通古斯语族语言除用 *tirəŋku < tirəku < tiriŋki < tʂirku 及 dərbʉ < dəbbə 两种说法表示"枕头"之外，锡伯语里还有 tʂunuŋkə 之说。很显然，它们均源于动词词根 *tirə- ~ *dərə-"枕"。

fadu ~ kabtarga"烟荷包"——满语及赫哲语 fadu，锡伯语 fad，鄂伦春语 kabtarga，鄂温克语 hattagga。除了以上提到的 fadu < fad 及 kabtarga < hattagga 之外，鄂伦春语内还有 kaduhan 之说。与"烟荷包"相关的同源词还有：guran ~ *guraha"荷包系绳"⇨ guran（锡伯语与赫哲语）、gurha（鄂温克语）、gurka（鄂伦春语）、gʊran（满语）等；sujihə ~ satʃug"荷包穗子"⇨ sujhə（赫哲语）、suihə（满语与锡伯语）、satʃug（鄂伦春语与鄂温克语）等。

*fusəhəku"扇子"——女真语 fusəŋgu < fusəŋu，满语、锡伯语、赫哲语 fushəku，鄂温克语 ushəhu，鄂伦春语 uskəku。该词词干为

*fusə- < fus- < us-，像 -ŋgu < -ɲu < -həhu < -kəku 均属于词缀部分。与
"扇子"相关的同源词还有：dəbi- < dəbsiku ~ dəbiŋki "羽扇" ⇨
dəbiŋki（鄂伦春语）、dəbsiku（满语）、dəwəŋki（鄂温克语）、dəwun
（赫哲语）、dəvsku（锡伯语）等；hərun "扇骨" ⇨ həru（满语、锡伯
语、赫哲语）、həruŋ（鄂温克语）、kərun（鄂伦春语）等；təmu- <
təmun ~ təmuldʒi "扇轴" ⇨ təmun（满语、锡伯语、赫哲语）、təmuldʒi
（鄂伦春语与鄂温克语）等。我们认为，təmun 或 təmuldʒi 之说应该源
于动词词根 təmu- < təmu- "扇动"。

saran "雨伞" —— 通古斯语支语言 saran，满语 sara，锡伯语 sar。
毫无疑问，该同源名词在不同语言内产生 saran < sara < sar 式音变。

mijamigan "首饰" —— 满语 mijamigan，赫哲语 majimgan，鄂伦春
语 majimga，鄂温克语 majamgaŋ，锡伯语 miamgan。该词是在词根 mija-
mi- "装饰" 后面接缀 -gan < -gaŋ < -ga 等词缀构成的产物。而且，作为
词根的 ija 出现 ia < aja < aji 式音变。

anasun "耳坠子" —— 鄂伦春语 anasun，鄂温克语 anasuŋ，赫哲语
ansun，满语 antʂun，锡伯语 antʂən。很显然，它们的音变规律应该是
anasun < anasuŋ < ansun < antʂun < antʂən。不过，在通古斯语支语言内还
有 səkən（鄂伦春语）、wikan（赫哲语）之说。与此同时，他们将"男
用大耳坠"叫 suihun（满语与锡伯语）、gujhən（赫哲语）、gujhu（鄂
温克语）、gujkən（鄂伦春语）等。

furgətun "石戒指" —— 满语 furgətun，锡伯语与赫哲语 furtun，鄂
伦春语 urgəbtun，鄂温克语 urgəbtuŋ > urgəttuŋ。事实上，在满通古斯
语族语言内，一般意义上的"戒指"也可以用该词来表示。不过，在
他们的语言里，习惯于用 guifun（满语）、gajistə（赫哲语）、gaidʐas
（锡伯语）、unuhuttuŋ（鄂温克语）、uɲakabtun（鄂伦春语）等来表示
"戒指"之意。

səmkən "手镯" —— 满通古斯语族语言内，除了鄂温克语叫
səmkəŋ 之外，其他语言中均称 səmkən。再说，在通古斯语支语言里还
有 barigan > bagga（鄂温克语）、gilabtun（鄂伦春语）、ʃidəri（赫哲

语）等说法。

　　*sibiku "头簪子" —— 满语 sifikʊ，赫哲语 ʃibiku > ʃoboku，鄂伦春语 ʃibiki > ʃiwiki，鄂温克语 ʃiwiki > ʃekkoŋ，锡伯语 şivki。在不同语言里，使用过程中产生的不同音变主要表现在以下方面：（1）词首辅音 s 在锡伯语及通古斯语支语言内发生 ş 或 ʃ 音变；（2）词中辅音 b 除赫哲语之外的语言内演化为 f、w、v 等；（3）词尾元音 u 除在赫哲语里保存之外，在满语里变 ʊ 音，在鄂伦春语、鄂温克语、锡伯语里被发作 i 音。

　　*untʃihun ~ *igidigun "梳子" —— 满语与锡伯语 untşihən，赫哲语 igdiwun，鄂伦春语 igdiwun > igdun，鄂温克语 igdiwuŋ > iddoŋ，女真语 irdihuŋ > idihuŋ。满通古斯语族语言内对于 "梳子" 有 *untʃihun > untşihən 及 *igidigun > igdiwun > igdiwuŋ > igdun > iddoŋ ~ irdihuŋ > idihuŋ 等两种说法。其中，很有意思的是，女真语词第一音节辅音 g 出现 r 音变的现象。

　　mərhə ~ *suguŋku "篦子" —— 满语、锡伯语、赫哲语 mərhə，鄂温克语 suuŋkʊ，鄂伦春语 suŋkʊ。在这里，mərhə 之说没有产生什么音变，而 *suguŋku 却出现 suuŋkʊ > suŋkʊ 式音变。

　　bilu > *biluku ~ *biluŋku "镜子" —— 鄂伦春语 bilʊkʊ，鄂温克语 bilikʊ，锡伯语 buluŋku，满语 buləku，赫哲语 buluku > bulku。我们认为，满通古斯语族语言对于 "镜子" 的说法源于 bilu "光滑" 一词。那么，该词在使用过程中，出现如下有所不同的语音变化现象：

bilu ⟨ bilu + -ku ⇨ *biluku > bilʊkʊ > bilikʊ

bilu + -ŋku ⇨ *biluŋku > buluŋku > buləku > bulku

　　*hisuhaku "刷子" —— 满语 hishakʊ，锡伯语与赫哲语 hisaku，鄂温克语 hisag，鄂伦春语 kisag。该同源名词应该是在动词词根 *hisu- > hisa- > his- "剐刷" 后面接缀 -haku > -hakʊ、-ku、-g 等构词词缀派生的实例。

*hafiraku ~ himki "镊子" —— 满语 hafirakʊ，锡伯语 hairakə，赫哲语与鄂温克语 himki，鄂伦春语 kimki。也就是说，该语族语言内用满语支语言的 *hafiraku > hafirakʊ > hairakə 及通古斯语支语言的 himki > kimki 两种说法表示"镊子"之意。

bələ ~ *ʤəgəktə "米" —— 满语与赫哲语 bələ，锡伯语 bəl，鄂伦春语 ʤəəktə，鄂温克语 ʤəəttə。满通古斯语族语言内用 bələ > bəl 及 *ʤəgəktə > ʤəəktə > ʤəəttə 两种说法表示该词义。

ufa ~ gurul "面" —— 满语与赫哲语 ufa，锡伯语 uva，鄂温克语及鄂伦春语 gurul。在满通古斯语族语言的 ufa > uva 与 gurul 两种说法中，gurul 之说同蒙古语族语言的 gurul 同属一源。

budaga ~ *køgəmø "饭" —— 女真语 budaga，满语与赫哲语 buda，锡伯语 buda > bəda，鄂伦春语 køømø > kəəmʉ，鄂温克语 høømø。很有意思的是，在蒙古语族语言里把"饭"也叫 budaga > budaa > buda 等。毫无疑问，蒙古语族语言的 budaga > budaa > buda 与满语、锡伯语、赫哲语的 budaga > budaa > buda 之间存在同源关系。

sogi "菜" —— 女真语 soŋgi > sogi，满语与赫哲语 sogi，鄂伦春语及鄂温克语 soge，锡伯语 ʂœgə。该词的音变规律应为 soŋgi > sogi > soge > ʂœgə。其中，音变现象表现在 s 变 ʂ、o 变 œ、i 变 e 或 ə 等方面。依据我们掌握的词汇资料，通古斯语支语言里还有 nuga > nogo（鄂温克语）、nuŋa（鄂伦春语）之说。应该提出的是，通古斯语支语言的 nuga > nogo > nuŋa 所包含的意义比较复杂，早期所含的词义应为"草"，后来引申出"绿色"、"菜"、"蔬菜"等词语概念。另外，他们把"烩菜"叫做 sashan（赫哲语）、sashaŋ（鄂温克语）、sashən（锡伯语）、saskan（鄂伦春语）、ʂasihan（满语）等。

huhun ~ *husun "奶子" —— 女真语 huhun，鄂温克语 ʉhʉŋ，鄂伦春语 ʉkʉn ~ sʉʉn，满语、锡伯语、赫哲语 sun。我们认为，早期满通古斯语族语言内，对于"奶子"的说法应为 huhun ~ husun，而 huhun 之说在女真语里被保存了下来，同时还出现 *uhun > ʉkʉn > ʉhʉŋ 式的语音演变。另外，husun 之说也产生 usun > ʉsʉn > sun 式音变。很有意思的是，蒙古语族语言里用 husu > usu > su 表示"奶子"的同时，出现用 huhu 表示"奶头"或"乳房"的现象。似乎它们之间均存在深层次的内在联系，或者说有历史来源关系。满通古斯语族语言内，与"奶子"相关的同源词还有：*ogoʤi "奶嘴" ⇨ ogʤi（通古斯语支语言）、oodzi̧（满语）、oudzi̧（锡伯语）等；*ajarag "酸奶" ⇨ ajrag（通古斯语支语言）、ajara（满语）、ajra（锡伯语）等；*urumu "奶皮" ⇨ urəm（赫哲语）、ʉrʉm（鄂伦春语及鄂温克语）、oromu（满语）、orom（锡伯语）等；*agaratʃi > aaratʃi ~ ardẓan "奶酪" ⇨ aaratʃi > aartʃi（鄂伦春语）、aatʃtʃi（鄂温克语）、ardẓan（赫哲语）、ardẓan（满语与锡伯语）等；*əgəʤig "奶渣子" ⇨ əəʤig（鄂温克语和鄂伦春语）、əʤih（赫哲语）、ədzi̧hə（满语和锡伯语）；*agarag "奶豆腐" ⇨ aarag（鄂伦春语及鄂温克语）、arig（赫哲语）、ari（满语）、əri（锡伯语）等；*ugata "奶油糕" ⇨ ugat（鄂温克语）、ukta（鄂伦春语）、uta（满语、锡伯语、赫哲语）等；kuru "奶饼子" ⇨ kuru（锡伯语）、kur（赫哲语）、kɔru（满语）、kʉrʉ（鄂伦春语）、hʉrʉ（鄂温克语）等；ardẓan ~ ajirag "奶酒" ⇨ ardẓan（满语与锡伯语）、ajrag（赫哲语、鄂伦春语、鄂温克语）等。

*silu "肉汤" —— 满语 silə，锡伯语 ʃilə，鄂伦春语和鄂温克语 ʃilʉ > ʃilə，赫哲语 ʃilu > ʃilə。该词的音变现象表现在：（1）词首辅音 s 除满语之外的语言里出现 ʂ 或 ʃ 音变；（2）词尾元音 u 在满语支语言里变 ə 音的同时，在通古斯语支语言里发生 ʉ > ə 音变。

*sumusun ~ *sugusun "肉汁" —— 满语 sumusu，赫哲语 suusu，鄂伦春语 sʉʉsʉ，鄂温克语 sʉʉsʉ ~ sʉʉtʃtʃi，锡伯语 ʂimən。依据我们掌握的词汇资料，满通古斯语族语言里对于"肉汁"有 *sumusun > sumusu > ʂimən 及 *sugusun > suusu > sʉʉsʉ > sʉʉtʃtʃi 等两种说法。

*saraka "肉块" —— 鄂伦春语 sarka，鄂温克语 sakka，满语、锡伯语、赫哲语 saka。同源名词 *saraka 的音变现象及其规律是 sarka > sakka > saka。

*nimuŋgi ~ *nimuksu "油" —— 满语 niməŋgi，锡伯语 nimən，女真语 iməŋgi，赫哲语 iməgsə，鄂伦春语 imʉksə，鄂温克语 imʉtʃtʃi >

imiʧʧi。应该说，该词词根是 *nimu- > nimə- ~ imʉ- > imi-，而 -ŋ、-ŋgi、-ksu > -ksə ~ -kʧə > -kʧi > -ʧʧi ~ -gsu > -gsə 等均属于词缀部分。可以看出，作为词根 *nimu-在使用过程中产生词首辅音 n 脱落，以及词中元音 u 演化为 ʉ、ə、i 音等语音变化。

*dabusun "盐" —— 满语及女真语 dabsun，鄂伦春语 dawsun，赫哲语 dawsən，锡伯语 davsun，鄂温克语 doosuŋ。显而易见，该词的语音演变及其规律应为 *dabusun > dabsun > dawsun > dawsən > davsun > doosuŋ。不过。农区鄂温克语里还有叫 daws 的现象。不难看出，满通古斯语族语言的 *dabusun 与蒙古语族语言的 daboson > daboso > dabos 是属于同根同源关系。另外，在通古斯语支语言内还有 kata > hata 之说。

*huʤiri "碱" —— 满语 hʊdzɿri，鄂温克语 hoʤir > hodir，赫哲语及鄂伦春语 koʤir，锡伯语 godzɿr。我们认为，该词的早期语音形式是 *huʤiri。不过，在不同语言里产生：（1）词首辅音 h 的 k 或 g 音变；（2）词首音节元音 u 的 ʊ 或 o 音变；（3）词中辅音 ʤ 在满语支语言的 dzɿ 音变及在鄂温克语里的 d 音变；（4）词尾元音 i 除满语之外语言中被脱落等音变现象。

hibsu ~ balu "蜂蜜" —— 满语与锡伯语 hibsu，赫哲语及鄂伦春语 balu，鄂温克语 bal。另外，在赫哲语里还有 kiokso 之说。

umhan ~ *umuktu "鸡蛋" —— 满语与锡伯语 umhan，赫哲语 umukto，鄂伦春语 umukta，鄂温克语 umutto > umutta。我们认为，无论是满语支语言的 umhan，还是通古斯语支语言的 *umuktu > umukto > umukta > umutto > umutta 均源于动词词根 umu-，而用于其后面的 -han 或 -kto > -kta > -tto > -tta 等均属构词词缀。与此同时，他们将"蛋黄"除了在鄂伦春语里叫 joko 之外，其他语言内均说 joho。还有，把"蛋白"谓 soho（锡伯语）、 şoho（满语）、ʃoho（鄂温克语及赫哲语）、joko（鄂伦春语）等。

*ubun "饼" —— 满语与赫哲语 əfən，锡伯语 əvən，鄂伦春语 өwən，鄂温克语 өwөөŋ。可以看出，满通古斯语族语言内 *ubun 产生的音变现象比较大。而且主要表现在：（1）词首及词中元音 u 产生 ө 或 ə

音变；（2）词中辅音 b 演化为 f＞v＞w 音；（3）鄂温克语里，词中元音 u 及词尾鼻辅音 n 出现 ʉ＞ɵ＞ɵɵ 及 ŋ 音变等方面。

wa "味" —— 除了在锡伯语里说 va 之外，其他语言内均称 wa。很显然，满通古斯语族语言的词首辅音 w 在锡伯语里产生了 v 音变。

bogo ~ ʤugu "房子" —— 满语 boo，锡伯语 bo，鄂伦春语与鄂温克语 ʤʉʉ，赫哲语 ʤo。不过，农区鄂温克语里还有 ʤʉg 之说。满通古斯语族语言内对于 "房子" 有 bogo＞boo＞bo 和 ʤugu＞ʤʉg＞ʤʉʉ＞ʤo 两种说法。再说，我们掌握的与 "房子" 相关的词汇资料内，同房屋某一结构或组成部分密切相关的同语族语言或同语支语言的同源词确实有不少。比如说，*tajibu "柁" ➪ taibu（满语与赫哲语）、taibə（锡伯语）、teebu（鄂温克语及鄂伦春语）等；jaksigan ~ tajagan "托樑" ➪ jaksigan（满语）、jakʂigən（锡伯语）、jakʃigan（赫哲语）、tajagan（鄂伦春语）、tajagaŋ（鄂温克语）等；mulu "中樑" ➪ 在满通古斯语族语言内均叫 mulu。不过，在赫哲语里也有说 mul 的现象；həturən ~ ədurigi "山柁" ➪ həturən（满语、锡伯语、赫哲语）、ətʉr ~ ədturig（鄂温克语及鄂伦春语）等；tula＞tura "柱子" ➪ tula ~ tolga（鄂伦春语）、tula ~ togguur（鄂温克语）、tura（女真语、满语、锡伯语、赫哲语）等；bantu "斗拱" ➪ bantu（锡伯语、赫哲语、鄂温克语、鄂伦春语）、baŋtu（满语）等；jən "檩子" ➪ jən（赫哲语、鄂温克语、鄂伦春语）、jə（满语及锡伯语）等；*soni "椽子" ➪ son（满语、锡伯语、赫哲语）、oni（鄂温克语）、on（鄂伦春语）等；sihin "房檐" ➪ sihin（满语）、ʂihin（锡伯语）、ʃihin（赫哲语）、ʃihi ~ saraʧʧi（鄂温克语）、ʃiki（鄂伦春语）等；naŋgin "廊檐" ➪ naŋgin（满语与赫哲语）、naŋgi（锡伯语、鄂温克语、鄂伦春语）等；jabi ~ *adagar "房盖" ➪ jabi（满语及锡伯语）、adaar（鄂温克语和鄂伦春语）、adar（赫哲语）等；ojo "房顶" ➪ 虽然满通古斯语族语言均说 ojo，但在通古斯语支语言内有叫 oroon＞orooŋ 的实例；*gijalaku "房屋间壁" ➪ gijalakʊ（满语）、gialku（锡伯语）、geelahu ~ geelaŋ（鄂温克语）、geelaku＞geelku（鄂伦春语）、geləhu（赫哲语）等。

hasi "仓库" —— 赫哲语、鄂伦春语、鄂温克语 haʃi，满语 haʂa，锡伯语 haʂ。该同源名词在使用过程中出现的音变，表现在词中辅音 s

变读为 ş、ʃ 音，以及词尾元音 i 的 a 音变或脱落等方面。

fəlhən ~ dəl "草棚" —— 满语与锡伯语 fəlhən，鄂温克语 dəl，赫哲语 dəlhə，鄂伦春语 dəlkən。首先，在词首出现满语支语言和通古斯语支语言的辅音 f 与 d 产生对应关系。其次，出现鄂温克语里词尾音节 hən 被省略，赫哲语中词尾鼻辅音 n 脱落，鄂伦春语内词中辅音 h 变读为 k 音等音变现象。

ordo ~ sobor "亭子" —— 满语和锡伯语 ordo，赫哲语及鄂温克语 sobor，鄂伦春语 somor。也就是说，满通古斯语族语言内用 ordo 及 sobor > somor 两种说法表示 "亭子" 之意。

tobor "别墅" —— 鄂伦春语 tobor，满语与赫哲语 tobo，鄂温克语 towor，锡伯语 tov。我们认为，该词的早期语音形式应为 tobor，而且在鄂伦春语里被保存得较完整。在其他语言里却出现：（1）词中辅音 b 在鄂温克语及锡伯语中的 w 或 v 音变；（2）词第二音节元音 o 在锡伯语中被脱落；（3）词尾鼻辅音 r 在满语支语言里被脱落等语音变化现象。

kuwa "圈、院子" —— 鄂伦春语 kurgan，满语 kʊwa > kʊwaran，鄂温克语 kuwa > huwa > hurigaŋ，赫哲语 hurgan，锡伯语 horhun。根据满通古斯语族语言语音变化的相关原理，作为该同源名词的早期语音形式的 kuwa 在不同语言内却产生了 kʊwa ~ kua > ku > hu > ho 等音变。后来，作为词根的 ku > hu > ho 由于接缀构词词缀 -ri > -r 而构成动词词干 kur- > huri- > hur- > hor- "圈"。再后来，动词词干 kur- > huri- > hor- 又接缀 -gan > -gaŋ ~ -han 等构词词缀，派生出 kurgan > hurigaŋ > hurgan > horhun 等表示 "圈" 或 "院子" 之意的名词。另外，满语还有在 kuwa > kʊwa 后面接缀 -ran 而构成 kʊwaran 之名词的现象。

jafhan ~ *kuridʒə "菜园" —— 满语 jafhan，锡伯语 jafhən，赫哲语及鄂温克语 hərdʒə，鄂伦春语 kərdʒə。也就是说，该语族语言内用 jafhan > jafhən 以及 *kuridʒə > kərdʒə > hərdʒə 两种说法表示 "菜园" 之意。很显然，通古斯语支语言的 *kuridʒə > kərdʒə > hərdʒə 等，是在动词词干 *kuri- > kər- > hər- 后面接缀构词词缀 -dʒə 而派生的实例。

hasigan "篱笆" —— 满语 hashan，锡伯语 hashən，赫哲语 haʃigan，鄂温克语 haʃigaŋ，鄂伦春语 kaʃigan。它们的音变规律应为 hashan > hashən > haʃigan > haʃigaŋ > kaʃigan。另外，在鄂温克语及赫哲语内还有 ʤamba 或 hiatərə 等说法。

*faʤiran ~ dusə "墙" —— 满语 fadzịran，锡伯语 fadzịrhan，赫哲语 dusə、鄂温克语与鄂伦春语 dʉsə。在满语支语言的 *faʤiran > fadzịran > fadzịrhan 与通古斯语支语言的 dusə > dʉsə 两种说法里，*faʤiran > fadzịran > fadzịrhan 之说显然是源于词根 faʤi- > fadzị-，而 -ran 与 -rhan 是属于构词成分。与此相关，女真语里却叫 fadan。赫哲语里也有 fatiran 之说。在这里，赫哲语辅音 t 及女真语辅音 d 与满语和锡伯语的辅音 dz 产生了对应关系。毫无疑问，faʤi- > fadzị- > fati- > fada- 是属于同根同源的产物。另外，鄂温克语里还可以用 hərəŋ 表示该词义。我们掌握的词汇资料表明，他们将"山墙"称之为 fijasha（满语）、viashə（锡伯语）、isaga（赫哲语）、sagan（鄂伦春语）、sagaŋ（鄂温克语）等，还把"墙角"谓 ho ṣo（满语）、hosə（锡伯语）、nuwa ~ noo（鄂伦春语）、noo ~ bulaŋ（鄂温克语）、no ~ foshun（赫哲语）等。

undəhən ~ habtasun "板子" —— 满语与锡伯语 undəhən，赫哲语 habtasun，鄂温克语 hattasuŋ，鄂伦春语 kabtasun。除了满语支语言的 undəhən 及通古斯语支语言的 habtasun > hattasuŋ > kabtasun 之外，在赫哲语里还有 olotuksu 之说。

solon "桩子" —— 满通古斯语族语言内，除在鄂温克语里叫 soloŋ 之外，其他语言内都说 solon。不过，也有叫 hadahan（满语）、hadahən（锡伯语）、tolgur（鄂伦春语）、toggur（鄂温克语）、tolun（赫哲语）等的现象。

*utʃu ~ *uruku "门" —— 满语 utṣə，锡伯语 utṣi，赫哲语 urku，鄂伦春语 ʉrkə，鄂温克语 ʉrikʉ > ʉrkʉ > ʉkkʉ。在满通古斯语族语言内，除了对"门"有 *utʃu > utṣə > utṣi 及 *uruku > urku > ʉrikʉ > ʉrkʉ ~ ʉrkə > ʉkkʉ 的叫法外，还有一些与"门"密切相关的同语族语言或同语支语言的同源词。比如说：duka "院门" ⇨ duka（满语、赫哲语、鄂伦

春语）、dukə（锡伯语）、duha（女真语及鄂温克语）等；jaksiku "门栓" ⇨ jaksikʊ（满语）、jak ʂiku（锡伯语）、jakʃiku（鄂伦春语）、jaktʃiku（赫哲语）、jahʃihu（鄂温克语）等；bokson "门槛" ⇨ bokson（满语）、bokson ~ dərhin（赫哲语）、bokso（鄂温克语与鄂伦春语）、boksən（锡伯语）等；horgiku "门上轴" ⇨ horgiku（锡伯语）、horgikʊ（满语）、horgihu（赫哲语及鄂温克语）、korgiku（鄂伦春语）等；*sihijaku "门下轴" ⇨ sihijakʊ（满语）、ʂihiku（锡伯语）、ʃihihu（鄂温克语）、ʃihihu（赫哲语）、ʃihiku（鄂伦春语）等；*susi "门转轴" ⇨ su ʂin（锡伯语）、suʃi（鄂温克语）、sutʃig（赫哲语及鄂伦春语）、ʂosin（满语）等；*hitihan "合叶" ⇨ hithan（赫哲语）、hithaŋ（鄂温克语）、hitha（满语及锡伯语）、kitkan（鄂伦春语）等；*hagadi "拉门的榫凸处" ⇨ haadi（鄂温克语）、hadi（锡伯语及赫哲语）、hadai（满语）、kaadi（鄂伦春语）等；*həgədi "拉门的榫凹处" ⇨ həədi（鄂温克语）、hədi（赫哲语及鄂伦春语）、hədəi（满语）、kəədi（锡伯语）等。

təgən "地基" —— 鄂伦春语 təgən，赫哲语 təgən > təən，鄂温克语 təgəŋ ~ təgəsuŋ，满语与锡伯语 tən。该同源名词的语音演化规律应为 təgən > təgəŋ > təən > tən。它们是在动词词根 təgə- > təə- > tə- 后面接缀 -n > -ŋ ~ -suŋ 等构词词缀派生而来的产物。

falan ~ *ərigilədən "室内地" —— 满语 falan，锡伯语 valən，鄂温克语 igildə > iildə，鄂伦春语 ildən > ildə，赫哲语 ildə。也就是说，该语族语言内用 falan > valən 及 *ərigilədən > igildə > iildə > ildən > ildə 两种说法表示"室内地"、"屋内地"。其中，通古斯语支语言的 igildə > iildə > ildən > ildə 等说法，是在 *ərigi "下方"、"下面" 后面接缀构词词缀 -lə 与 -dən 而派生的实例。那么，*əgirilədən 一词在使用过程中产生了 *ərigilədən > ərgilədən > əggilədən > əgilədən > igildən > igldən > igldə 等一系列语音变化。

*fəji > fəjisə ~ həjʤi "砖" —— 满语 fəisə，锡伯语 vəis，赫哲语与鄂温克语 həjʤi，鄂伦春语 əjʤi。该词的语音变化现象及其规律可以用如下格式进行展示：

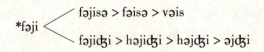

hulan "烟筒" —— 锡伯语及赫哲语 hulan，鄂温克语 hula > holdi，满语 hʊlan，鄂伦春语 kula ~ kuril。我们认为，hulan 的演变规律是：

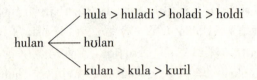

nahan > lahan "炕" —— 满语及赫哲语 nahan，锡伯语 nahən，鄂温克语 laha，鄂伦春语 laka。满通古斯语族语言内除 nahan > nahən ~ lahan > laha > laka 之外，通古斯语支语言里还用 hulan（鄂温克语）、kulan（鄂伦春语）表示"炕"之意。在他们的语言里，与"炕"有关的同源词还有：ilban "光炕" ⇨ ilban（满语、锡伯语、赫哲语、鄂伦春语）、ilbaŋ（鄂温克语）等；suwan "炕洞" ⇨ suwan（满语、锡伯语、赫哲语）、suun（鄂伦春语）、suuŋ（鄂温克语）等；tikin "炕沿" ⇨ tikin（赫哲语与鄂伦春语）、tihin（鄂温克语）、tʂihin（满语）、tʂikən（锡伯语）等；bədʒin "炕后头" ⇨ bədʒin（赫哲语及鄂伦春语）、bədʒiŋ（鄂温克语）、bədzə（满语与锡伯语）等。

bəsərgən ~ oro "床铺" —— 满语 bəsərgən，锡伯语 bəsərhən > bə ʂirhən，鄂伦春语 oro，赫哲语与鄂温克语 or。显而易见，满语支语言和通古斯语支语言分别用 bəsərgən > bəsərhən > bə ʂirhən 及 oro > or 两种说法表示"床铺"。

fa ~ soŋko "窗户" —— 满语、锡伯语、赫哲语 fa，鄂伦春语 tʃoŋko，鄂温克语 soŋko。这里应该提到的是，鄂伦春语及鄂温克语的 tʃoŋko > soŋko 与汉语的 chuanghu "窗户" 似乎有同源关系，也许源于汉语。依据我们掌握的词汇资料，满通古斯语族语言内与"窗户"相关的同源词还有一些。比如说：*dutuhu "窗竖棂" ⇨ duthu（锡伯语）、duthə（满语及赫哲语）、dʉtʉhʉ（鄂温克语）、dʉtkʉ（鄂伦春语）等；kukən ~ əgən "窗台" ⇨ kukən（'满语与锡伯语）、əgən（赫哲语、鄂

温克语、鄂伦春语）等；bərən"窗框"⇨ bərən（满语和锡伯语）、
bərə（赫哲语）、bər（鄂温克语与鄂伦春语）等；dajibihan"窗边框"
⇨ daibihan（满语、锡伯语、赫哲语）、dabiha（鄂温克语）、dabikan
（鄂伦春语）等；huwarga"窗户木屏"⇨ huwərgə（锡伯语）、hurgə
（赫哲语）、hʉrgʉ（鄂伦春语）、hʉggʉ（鄂温克语）、huwarkan（满
语）等。

tərkin ~ tuti"台阶"——满语 tərkin，锡伯语 tirkin，赫哲语 tuti，
鄂伦春语 tʉti，鄂温克语 tʉti > tʉttʉgəŋkə。我们认为，无论是满语支语
言 tərkin > tirkin 的 tə- > ti-，还是通古斯语支语言 tuti > tʉti > tʉttʉgəŋkə
的 tu- > tʉ- 等均属于由词根 tu-经 tʉ- > tə- > ti-式音变而来的产物。

dərə ~ sirə"桌子"——满语及赫哲语 dərə，锡伯语 dər，鄂温克
语与鄂伦春语 ʃirə。可以看出，满通古斯语族语言内用 dərə > dər 及
sirə > ʃirə 两种说法表示"桌子"。与此相关的同源词还有：talagan"桌
面"⇨ talgan（赫哲语及鄂伦春语）、talgaŋ（鄂温克语）、talgari（满
语）、talgən（锡伯语）等；baŋtu ~ mugur"桌子斗拱"⇨ baŋtu（满语
和锡伯语）、bantu（赫哲语）、mʉgʉr（鄂温克语）、mʉgʉ（鄂伦春语）
等；sidəhun"桌撑子"⇨ sidəhun（满语）、şidəhun（锡伯语）、
ʃidəhun（赫哲语）、ʃidəhʉŋ（鄂温克语）、ʃidəkʉn（鄂伦春语）等；
talatan"桌边线"⇨ talatan（赫哲语）、taltan（满语、锡伯语、鄂伦春
语）、taltaŋ（鄂温克语）等。

təgə- > təgəŋkə > təgəku"椅子"——满语、锡伯语、赫哲语 təku，
鄂温克语与鄂伦春语 təgəŋkə。我们认为，təku 的演化规律应该是
təgəku > təəku > təku。其中，təgəŋkə ~ təgəku 等说法属于动词词根
təgə-"坐"与构词词缀 -ŋkə、-ku 的结合体。

horogo"柜子"——赫哲语 horgo，满语与锡伯语 horho，鄂温克语
hoggo，鄂伦春语 korgo。它们的语音演变规律应为 horogo > horgo >
horho > hoggo > korgo。另外，他们把"小柜子"称之为 tʃamda（赫哲
语）、tʃanda（鄂温克语及鄂伦春语）、tʂamda（满语与锡伯语）等。还
有，满通古斯语族语言内，把"抽屉"叫做 tatuku > tatuhu（鄂温克
语）、tatakʊ（满语）、tatku（锡伯语、赫哲语、鄂伦春语）等。很显

然，"抽屉"一词是在动词词根 tata- > tatu- > tat-"拉"、"抽"后面接缀
从动词派生名词的构词词缀 -ku > -kʋ > -hu 而构成。

*hitihən"抬箱"——满语、锡伯语、赫哲语 hithən，鄂温克语
əthuŋ，鄂伦春语 ətkʉn。可以看出，该词在使用过程中产生：（1）词
第二音节元音 i 全面脱落；（2）词尾音节首辅音 h 在鄂伦春语里出现 k
音变的同时，后续元音 ə 在鄂温克语及鄂伦春语内演化为 ʉ 音；（3）
词尾鼻辅音 n 在鄂温克语中由 ŋ 取而代之等音变。

*sitihən ~ *hapiʧan"匣子"——满语 sithən，锡伯语 şithən，赫哲
语 hapʧan，鄂温克语 hapiʧaŋ，鄂伦春语 kapʧan。毋庸置疑，该语族语
言内用 *sitihən > sithən > şithən 以及 *hapiʧan > hapʧan > hapiʧaŋ >
kapʧan 两种说法表示"匣子"之意。

*kajitṣa"桦皮篓"——满语与锡伯语 kaitṣa，鄂伦春语 kasa，赫哲
语 hajsa，鄂温克语 hasa。毫无疑问，该词词根是 *kaji- > kai- > ka- ~
haj- > -ha，而 -tṣa > -sa 是属于词缀部分。

təhə ~ *taga"架子"——满语、锡伯语、赫哲语 təhə，鄂伦春语
及鄂温克语 tag。也就是说，满语支语言和通古斯语支语言分别用 təhə
与 *taga > tag 来表示该词义。另外，他们还将"碗架"谓 sarha（满语、
锡伯语、赫哲语）、sarka（鄂伦春语）、sakka（鄂温克语）等。

fijana"背物木架子"——满语 fijana，锡伯语 fiana，赫哲语 fana，
鄂伦春语与鄂温克语 ana。该同源名词的音变规律应为 fijana > fiana > fa-
na > ana。

duri ~ *darada"摇篮"——满语、锡伯语、赫哲语 duri，鄂伦春语
darda，鄂温克语 dadda。可以看出，满语支语言和通古斯语支语言分别
用 duri 与 *darada > darda > dadda 表示该词义。

*sədʒən ~ *tərəgən"车"——锡伯语与满语 sədʒẹn，赫哲语及鄂伦
春语 tərgən，鄂温克语 tərgən > təggəəŋ。满通古斯语族语言用 *sədʒən
> sədʒẹn 及 *tərəgən > tərgən > təggəəŋ 两种说法表示"车"之概念。

而且，其中的 *tərəgən > tərgən > təggəəŋ 之说，与蒙古语族语言的
tərgən > tərgə "车"同属一源。满通古斯语族语言内还有不少与"车"
相关的同语族语言或同语支语言的同源词。比如说：faral "车辕" ⇨
faral（赫哲语）、fara（满语）、farə（锡伯语）、aral（鄂伦春语及鄂温
克语）等；adaha "车厢" ⇨ adaha（满语、锡伯语、鄂温克语）、adaka
（赫哲语及鄂伦春语）等；sidəhun "车底横撑" ⇨ sidəhun（满语）、
ʂidhun（锡伯语）、ʃidhuŋ（鄂温克语）、ʃidkun（赫哲语）、ʃidkʉn
（鄂伦春语）等；təmun ~ təŋgəl "车轴" ⇨ təmun（满语、锡伯语、赫
哲语）、təŋgəl（鄂伦春语与鄂温克语）等；bulun "车毂" ⇨ bulun
（赫哲语和鄂伦春语）、bulən（锡伯语）、bolun（满语）、bolu（鄂温克
语）等；*halamun ~ *gulugun "轴承" ⇨ halmun（满语及锡伯语）、
gulgun（鄂伦春语）、gulguŋ > hulgu（鄂温克语）、hulgu（赫哲语）
等；həru "车辐条" ⇨ həru（满语与锡伯语）、hərusu（赫哲语）、
hərʉsʉŋ ~ həjgəsʉŋ（鄂温克语）、kərʉsʉ ~ kəjgəs（鄂伦春语）等；
*mugərən "木车轮" ⇨ mugər（赫哲语）、muhərən（满语）、muhər
（锡伯语）、mʉgərə（鄂伦春语）、møørə（鄂温克语）等；bə "辕头横
木" ⇨ bə（满通古斯语族语言）；*tohin "车绞杆" ⇨ tohin（满语、锡
伯语、赫哲语）、tohiŋ（鄂温克语）、tokin（鄂伦春语）等；*borguldʒi
"轵" ⇨ borguldʒi（鄂伦春语及鄂温克语）、borhuldʒi（赫哲语）、
borhuldzị（锡伯语）、borhuldzị（满语）等。

　　*dʒahudi ~ *dʒabi "船" ⇨ 锡伯语 dzạhudi、满语 dzạhʊdai、赫哲语
及鄂伦春语 dʒawi、鄂温克语 dʒewe。满通古斯语族语言内除用 *dʒahudi
> dzạhudi > dzạhʊdai 及 *dʒabi > dʒawi > dʒewe > dʒew 表示"船"之外，
在通古斯语支语言内还有 porohor（鄂温克语）、porhoor ~ moŋgo > moŋko
（鄂伦春语）、təmtəkən ~ tiakə（赫哲语）等说法。很有意思的是，女真
语里说 dihaji。不过，女真语的这种说法与赫哲语的 tiakə 之间似乎有些
渊源关系。除此之外，该语族语言内还有一些与"船"的某一结构或
船上使用工具相关的同源词。例如：səlbin "船桨" ⇨ səlbin（鄂伦春
语及赫哲语）、səlbiŋ > səlbiŋkə（鄂温克语）、səlbi（满语与锡伯语）
等；*surdəbukə ~ ərgiŋkə "船滑轮" ⇨ surdəkə（锡伯语及赫哲语）、
ʂurdəbuku（满语）、ərgiŋkə（鄂伦春语）、əggiŋkə（鄂温克语）等；
hoŋgo "船头" ⇨ hoŋgo（鄂温克语）、hoŋko（满语及赫哲语）、hoŋkə
（锡伯语）、koŋgo（鄂伦春语）等；hudu "船艄" ⇨ hudə（满语）、

hud（锡伯语与赫哲语）、huɗ（鄂温克语）、kuɗ（鄂伦春语）等；*ta-latan "船舷" ⇨ taltan（满语、锡伯语、赫哲语）、talta（鄂伦春语与鄂温克语）等；suruhu "篙子" ⇨ suruhu ~ palta（鄂温克语）、suruku（赫哲语和鄂伦春语）、ʂuruku（满语及锡伯语）等；san "桨桩" ⇨ ʂan（满语与锡伯语）、ʃan（鄂伦春语及赫哲语）、ʃaŋ（鄂温克语）等。

*wəjihu ~ hotoŋko "独木船" ⇨ 满语 wəihu、锡伯语 vəihə、鄂温克语 hotoŋko、鄂伦春语 kotoŋko、赫哲语 otoŋki。除了满语支语言的 *wəjihu > wəihu > vəihə 与通古斯语支语言的 hotoŋko > kotoŋko > otoŋki 之说外，通古斯语支语言也可以用 moŋgo > moŋko 来表示 "独木船" 之意。

ada ~ sal "木筏" —— 满语、锡伯语、赫哲语 ada，鄂伦春语及鄂温克语 sal。满通古斯语族语言除了把 "木筏" 叫 ada 与 sal 之外，还把 "桅杆" 称之为 siltan（满语）、ʂiltan（锡伯语）、ʃiltan ~ ʤəŋkən（赫哲语）、ʃiron（鄂伦春语与鄂温克语）等。

huntʃu ~ tʃirga "雪橇" —— 满语及锡伯语 huntʂu，赫哲语与鄂伦春语 tʃirga，鄂温克语 ʃirga > ʃigga。他们把 "雪橇" 叫 huntʃu > huntʂu 及 tʃirga > ʃirga > ʃigga 之外，还将 "狗雪橇" 称之为 ʂərhə（满语及锡伯语）、sərhə（赫哲语）、ʃirgul（鄂伦春语）、ʃiggool（鄂温克语）等。再说，赫哲语把 "狗雪橇" 还称 torki。同时，他们将 "大雪橇" 说成是 paar（鄂温克语及鄂伦春语）、fara（满语与赫哲语）、fiala（鄂伦春语）等。

suntaha ~ səku "滑雪板" —— 满语 suntaha，锡伯语 suntah，赫哲语 səku，鄂伦春语及鄂温克语 səkʉ。也就是说，他们把 "滑雪板" 叫 suntaha > suntah 或 səku。另外，还把 "滑雪杖" 叫做 kalʤu（满语与锡伯语）、malhu（赫哲语及鄂温克语）、malku（鄂伦春语）等。

nisuku ~ səki "溜冰鞋" —— 锡伯语 nisuku，满语 nisukʊ，赫哲语、鄂伦春语、鄂温克语 səki。除此之外，在鄂温克语及赫哲语内还有 bildawuŋ 与 salfala 之说。

*dogohan ~ *kugurgu "桥" —— 满语及锡伯语 doohan，赫哲语 kurgu，鄂伦春语 kəərgə，鄂温克语 həəggə。在我们看来，满语支语言 的 doohan 及通古斯语支语言的 kurgu > kəərgə > həəggə 等说法均源于 *dogohan 与 *kugurgu。

*ʤugun ~ *hoktu "路" —— 女真语 ʤugu，满语 dzуgʊn，锡伯语 dzǫgun，赫哲语 hoktu，鄂伦春语 okto，鄂温克语 okto ~ otto。也就是说， 满通古斯语族语言内有 *ʤugun > ʤugu（n）> dzуgʊn > dzǫgun 以及 *hoktu > hoktu > okto > otto 两种说法。再说，鄂温克语里还有 təggʉ 之 说，该词源于 tərugu 一词，并在使用过程中产生 tərugu > tərgʉ > təggʉ 等音变现象。与此同时，他们将"林间小路"或"田间小路"称之为 ʤurga（赫哲语及鄂温克语）、ʤurgu（鄂伦春语）、dzʉnta（满语与锡 伯语）等。

第六节　生产生活用具同源名词

满通古斯语族语言的同源名词中，与生产用具和生活用具有关的实 例也占一定比列。而且，涉及到狩猎生产、畜牧业生产、农业生产、手 工生产、木工生产、皮毛生产等序列的诸多用具，以及人们在日常生活 中使用的锅碗瓢盆与勺筷刀叉等饮食生活用具。说实话，在他们的语言 里，关于生产与生活方面的名词非常丰富，可以涵括寒温带和温寒带生 产生活上使用的所有用具及其名称。何况，绝大多数是同属一源。这给 我们的同源词研究，带来了极大鼓舞和方便。特别是与狩猎、畜牧业、 寒温带地区的农业、手工纺织业及木工业相关的生产生活用具同源名词 表现出极其丰厚的内涵和独特性。

ʤaka "道具、用具" —— 赫哲语及鄂伦春语 ʤaka，鄂温克语 ʤaha > ʤah，满语 dzạka，锡伯语 dzạk。很显然，该同源名词的语音演 变规律应为 ʤaka > ʤaha > ʤah ~ dzạka > dzạk。

*huragan "套马杆" —— 赫哲语 hurgan，鄂伦春语 kurga，鄂温克 语 hugga，满语及锡伯语 urgan。可以看出，*huragan 是按照 hurga >

hugga > kurga ~ urgan 的音变规律产生了应有的语音变化。再说，在他们的词汇中有关马具方面的同源词还有不少。比如说，sidəri "马绊子" ⇨ sidəri（满语）、şidər（锡伯语）、ʃidər（赫哲语、鄂温克语、鄂伦春语）等；tahan "马蹄铁掌" ⇨ tahan（满语）、taha（鄂温克语）、tahə（锡伯语）、tah（赫哲语）、tak（鄂伦春语）等。

*hiʤa ~ birdan "炉子" —— 满语及锡伯语 hidẓa，鄂伦春语 birdan，鄂温克语 birdaŋ，赫哲语 birda。除了满语支语言的 *hiʤa > hidẓa 及 birdan > birdaŋ > birda 之说外，赫哲语里也用 gulʤon 来表示"炉子"之意。

fushu ~ bosog "锅台" —— 满语及锡伯语 fushu，鄂温克语 bosog，鄂伦春语 bosug ~ bosəg，赫哲语 bosəg。通古斯语支语言内除了说 bosog > bosəg 之外，还可以用 tagar > taar 或 tajbu 来表示该词义。

*saraha ~ takar "锅架" —— 满语 sarha，锡伯语 sarhə，鄂伦春语 takar，赫哲语及鄂温克语 tahar。依据我们掌握的词汇资料，除了在满语支语言和通古斯语支语言里叫 *saraha > sarha > sarhə 及 takar > tahar 之外，通古斯语支语言内还有 alakta ~ tawar 等说法。

birəŋku "擀面棍" —— 满语及锡伯语 birəku，赫哲语 birəŋku，鄂伦春语 birəŋkə，鄂温克语 birəŋkə > biirəŋkə。可以看得出来，满通古斯语族语言的 birəŋku > birəŋkə > birəku > biirəŋkə 等说法均源于动词词根 birə- "擀面"。

folho "锤子" —— 满语及锡伯语 folho，赫哲语、鄂伦春语、鄂温克语 maŋʧu。除满语支语言的 folho 及通古斯语支语言的 maŋʧu 之外，他们的语言里还有 suhəmtʂi（锡伯语）、alkatʃan（鄂伦春语）、haika（赫哲语）等说法。与此相关，满通古斯语族语言里，将"小锤子"称之为 tok şiku（满语）、tok şir（锡伯语）、tokʃir（赫哲语、鄂伦春语、鄂温克语）等。

*suhu "斧子" —— 锡伯语 suho，满语与赫哲语 suhə，鄂温克语 suhu > suhə，鄂伦春语 sukə。毋庸置疑，该同源名词的语音变化规律

应为：

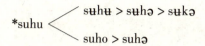

$$*suhu \left\langle \begin{array}{l} suhu > suho > suko \\ suho > suho \end{array} \right.$$

mala "木榔头" —— 满通古斯语族语言内均叫 mala。不过，通古斯语支语言内还有 mana 或 maŋʧur 等说法。其中的 maŋʧur 可能是经 mala > mana > mana + -ʧur ⇨ manaʧur > manʧur > maŋʧur 之构成原理及其语音变化规律演化而来的产物。

*ʧuguʧin "凿子" —— 鄂温克语 ʧuuʧi > suuʃi，鄂伦春语 ʧuʧi > suʃi，满语 şusin，锡伯语 şuşin > şuşin，赫哲语 ʃuʃin。该词的语音变化现象及其规律可用以下格式进行展示：

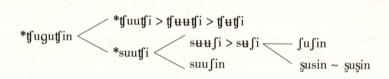

$$*ʧuguʧin \left\langle \begin{array}{l} *ʧuuʧi > ʧuuʧi > ʧuʧi \\ *suuʧi \left\langle \begin{array}{l} suuʃi > suʃi —— ʃuʃin \\ suuʃin \quad\quad şusin \sim şuşin \end{array} \right. \end{array} \right.$$

*əruwun "钻子" —— 满语 əruwən，锡伯语及赫哲语 ərwən，鄂伦春语与鄂温克语 ərun。在这里，*əruwun 产生了 əruwən > ərwən > ərun 式音变。与此同时，他们把"钻弓"叫做 bəriləku（满语）、bəriləkə（锡伯语）、bərləŋkə（赫哲语、鄂伦春语、鄂温克语）等。

tujəku "铳子" —— 满语 tujəku，锡伯语与赫哲语 tujəkə，鄂伦春语 tujək，鄂温克语 tujəh。该同源名词的语音演变规律是 tujəku > tujəkə > tujək > tujəh。

hadan ~ *tibukusun "钉子" —— 满语 hadan，锡伯语与赫哲语 hadən，鄂伦春语 tibkəsun，鄂温克语 tikkəsuŋ。也就是说，满语支语言和通古斯语支语言分别用 hadan > hadən 以及 *tibukusun > tibkəsun > tikkəsuŋ 两种说法表示"钉子"。其中，满语支语言的 hadan > hadən 跟蒙古语族语言的 hadagasu > hadaasu > hadasu "钉子"有同源关系，而且均源于动词词根 hada- > hadə- "钉"。再说，通古斯语支语言的 *tibuku-sun > tibkəsun > tikkəsuŋ 之说，同样源于动词词根 *tibuku- > tibkə- >

tikkə-"钉"。与"钉子"相关，他们习惯于把"穿钉"说成是 sibkə（满语）、ṣibkə（锡伯语）、ʃibkə（赫哲语及鄂伦春语）、ʃibhə > ʃiwhə（鄂温克语）等。

*siba "木塞子" —— 满语 sibija，锡伯语 ṣiva，赫哲语 ʃiwa，鄂伦春语 ʃiwa > ʃiwar，鄂温克语 ʃiwa > ʃiwag。不难看出，该词的核心结构应为 *siba > sibi > ṣiva > ʃiwa，而 -ja、-r、-g 等属于词缀部分。

*huwara ~ *irugə "铁锉" —— 锡伯语 huwar，满语 hʊwara，赫哲语与鄂伦春语 irgə，鄂温克语 iggə。依据我们掌握的词汇资料，除满语支语言的 *huwara > huwar > hʊwara 及通古斯语支语言的 *irugə > irgə > iggə 之外，满语里还有 horo 之说。与此同时，他们将"木锉"称之为 mudun（满语与锡伯语）、urun（赫哲语）、ʉrʉn（鄂伦春语）、ʉrʉŋ（鄂温克语）等。

*əbəkən "锛子" —— 鄂伦春语 əbkər，鄂温克语 əbkər > əwhər，赫哲语 əwkər，满语 əfəhən，锡伯语 əfhən。满通古斯语族语言内说 *əbəkən > əbkər > əwkər > əwhər ~ əfəhən > əfhən 之外，通古斯语支语言里也说 wagali > ogoli。再说，他们把生产活动中使用的"小锛"均叫 oli。我们认为，这一说法也应该是由 wagali 经过 ogoli > ooli > oli 式音变而来的产物。

*misihan "墨线" —— 满语与锡伯语 mishan，鄂温克语 misha，赫哲语 miskan，鄂伦春语 miska。同源名词 *misihan 的语音变化现象主要表现在：（1）词中元音 i 被脱落；（2）词第三音节首辅音 h 在赫哲语及鄂伦春语里演化为 k 音；（3）词尾鼻辅音 n 在鄂温克语及鄂伦春语内被脱落等方面。

kusi ~ *usuhun "刀" —— 满语 kusi，锡伯语 ku ṣi，赫哲语 kuʃi，鄂伦春语 ʉshən，鄂温克语 ʉskəŋ。在该语族语言内要用 kusi > ku ṣi > kuʃi 以及 *usuhun > ʉshən > ʉshəŋ 两种说法表示"刀"之意。另外，在满通古斯语族语言的早期词汇里，有关不同种类的"刀"或与"刀"相关的同源词有不少。比如说，*uhuku "剜刀" ⇨ uhukə（赫哲语）、uhʊkʊ（满语）、ʉhʉkʉ（鄂伦春语）、ʉhʉhʉ（鄂温克语）、uhkə（锡伯语）等；gijakda "弯刀" ⇨ gijakda（满语）、giakdə（锡伯语）、gikta（赫哲语、鄂伦春语、鄂温克语）等；*tʃoliku "刻刀" ⇨ tʂolikʊ（满语）、tʂolikə（锡伯语）、soliku（鄂伦春语及鄂温克语）、solikə（赫哲语）等；dubə ~ *iligən "刀尖" ⇨ dubə（满语）、duvə（锡伯语）、iligən（赫哲语）、ilgən（鄂伦春语）、ilgəŋ（鄂温克语）等；*fəsin "刀把" ⇨ fəsin（满语与锡伯语）、əʃi（鄂伦春语和鄂温克语）、əʃin（赫哲语）等；dasin "小刀柄" ⇨ dasin（满语）、da ʂin（锡伯语）、daʃin（赫哲语及鄂伦春语）、daʃiŋ（鄂温克语）等；dʒəgin "刀刃" ⇨ dʒəgi > dʒəji（鄂温克语）、dʒəjən（赫哲语与鄂伦春语）、dzəjin（锡伯语）、dzəjən（满语）等；*gəntʂəhən ~ nala "刀背" ⇨ gəntʂəhən（满语和锡伯语）、nala（赫哲语、鄂伦春语、鄂温克语）等；homogon "刀鞘" ⇨ homogon ~ korimki（赫哲语）、homogoŋ（鄂温克语）、homhon（满语）、homhən（锡伯语）、komogon ~ ənəkin（鄂伦春语）等。

hadifun "镰刀" —— 赫哲语 hadifun，满语 hadufun，锡伯语 haduhun，鄂温克语 haduwuŋ > haduuŋ > haduŋ，鄂伦春语 kadiwun。该词的音变表现在：（1）词首辅音 h 在鄂伦春语里变读为 k 音；（2）词中元音 i 在满语支语言内演化为 u 音；（3）词第三音节首辅音 f 在锡伯语及通古斯语支语言中分别出现 h 与 w 音变；（4）词尾部分的语音形式 if-un 在鄂温克语里产生 uwuŋ > uuŋ > uŋ 式音变等方面。毫无疑问，hadifun "镰刀" 源于动词词根 hadi- "割"。

hasaha ~ *kajitʃi "剪刀" —— 满语 hasaha，锡伯语 hashə，鄂伦春语 kajtʃi，鄂温克语 kajtʃi > heeʃi，赫哲语 hajtʃi > hatʃi。满语族语言内除了用 hasaha > hashə 以及 *kajitʃi > kajtʃi > hajtʃi > hajʃi > hatʃi > heeʃi 等表示 "剪子" 之外，女真语里还有 hadʒiha 之说。根据满通古斯语族语言语音变化原理，我们认为 "剪子" 的早期说法有可能是 *kajidʒi，而 -ha 是属于词缀成分。关于 *kajidʒi 在使用过程中产生的不同音变，以及相关演变规律可用如下格式进行展示和说明：

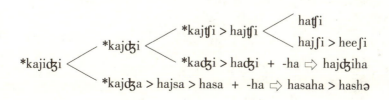

*silon "肉叉子" —— 鄂伦春语 ʃilon，鄂温克语 ʃiloŋ，赫哲语 ʃolə，满语 ʂolon，锡伯语 ʂolə。该词的音变现象在于：（1）词首辅音 s 的 ʃ 或 ʂ 音变；（2）词首音节元音被后续音节元音逆同化为 o 音；（3）词尾音节元音 o 在赫哲语及锡伯语中的 ə 音变；（4）词尾鼻辅音 n 的 ŋ 音变及其脱落等方面。另外，他们将"水果叉子"叫 ʂakari（满语）、sakər（锡伯语）、sərə（鄂温克语）、sərə > sərəki（鄂伦春语）、sərə > sərki（赫哲语）等。

*undufun "木锨" —— 满语 undəfun，赫哲语 undəhun，锡伯语 undhun，鄂伦春语 ʉndəkʉ，鄂温克语 ʉndəhʉ。该同源名词的语音变化规律应该是 *undufun > undəfun > undəhun > undhun > ʉndəhʉ > ʉndəkʉ。

subari "采挖草根木具" —— 满语 subari，锡伯语 suvar，赫哲语、鄂伦春语和鄂温克语 suwar。可以看出，除满语之外的语言里词中辅音 b 出现 v 或 w 音变的同时，词尾元音 i 被脱落。

*damadʒan "扁担" —— 赫哲语 damdʒa，鄂伦春语 damdʒi，满语 damdzan，锡伯语 damdzən，鄂温克语 daŋdʒi。满通古斯语族语言的 *damadʒan > damdʒa > damdʒi > damdzan > damdzən > daŋdʒi 等均属于在动词词根 *dama- > dam- > daŋ- "挑"、"担"后面接缀由动词派生名词的构词词缀 -dʒa > -dʒin > -dʒi > -dzan > -dzən 等派生的实例。

*tʃorigun "水龙头" —— 鄂伦春语 tʃorgun，鄂温克语 tʃorgiŋ > sorgiŋ，赫哲语 tʃorhu，锡伯语 tʂorhu，满语 tʂorho。在不同语言里，*tʃorigun 所产生的音变现象主要表现在以下几个方面：（1）词首辅音 tʃ 在鄂温克语以及满语支语言内出现 s 或 tʂ 音变；（2）词中元音 i 被脱落；（3）词中辅音 g 在赫哲语及满语支语言中演化为 h 音的同时，g 后面元音 u 在鄂温克语及满语里由 i 或 o 音取代；（4）词尾鼻辅音 n 在鄂温克语中变读为 ŋ 音，而在赫哲语及满语支语言内被脱落。

sulihu "柳编箱" —— 赫哲语 sulihu，锡伯语 sulhu，鄂温克语 sʉlihʉ，鄂伦春语 sʉlkʉ，满语 ʂulhʊ。显而易见，该同源名词的语音变化现象及其规律是：

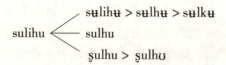

polori "柳编筐箩" —— 满语及锡伯语 polori，赫哲语 polor，鄂伦春语与鄂温克语 olori。该词的语音变化规律应为 polori > polor > olori。另外，在鄂伦春语和鄂温克语里还可以用 bural 之说表示该词义。

bara "篓子" —— 赫哲语 loshan，满语、锡伯语、鄂温克语 losha，鄂伦春语 loska。满通古斯语族语言内除了用 loshan > losha > loska 表示"篓子"之外，在满语里也有 saksu 之说。我们认为，满语的该说法也许源于蒙古语族语言的 sagsu "筐子"一词。

*sisuku "筛子" —— 满语 sisəku，锡伯语 şiskə，鄂温克语 ʃisuhu，赫哲语 ʃisəku，鄂伦春语 ʃisəkə。该同源名词的语音变化现象及其演变规律完全可以用以下格式进行归纳：

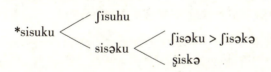

除此之外，在满通古斯语族语言内还有用 galbura（满语）、galvər（锡伯语）、səjlər（鄂伦春语）、seeʤi（鄂温克语）等表示"筛子"的现象。不过，通古斯语支语言的 seeʤi 与 səjlər 等说法，与汉语的 shai-zi "筛子"间有可能存在渊源关系。

moro "碗" —— 除了锡伯语说 morə 之外，包括女真语在内的其他满通古斯语族语言均叫 moro。与此同时，通古斯语支语言中还有 ʧarmi（赫哲语）、ʧaʧuŋku（鄂伦春语）、taŋgur（鄂温克语）等表述形式。在这里，还应该提到的是，满通古斯语族语言中有一些与"碗"相关的同源词。比如说，tomoro "中碗" ⇨ tomoro（满语）、tomor（鄂伦春语与鄂温克语）、tomər（锡伯语及赫哲语）等；samara "木碗" ⇨ samara（满语）、samər（锡伯语及赫哲语）、ʧarami（鄂温克语）、ʧarmi

（鄂伦春语）等；*huwəndʒi"带把木碗"⇨huwəndzi̧（满语）、huəndzi̧（锡伯语）、uwoŋgi（鄂伦春语）、uwoŋi（赫哲语）、owoŋgi（鄂温克语）等；tʃan"口大矮碗"⇨tʃan（通古斯语支语言）、tʂan（满语支语言）等；sarhu"碗架子"⇨sarhu（锡伯语与鄂温克语）、sarhʊ（满语）、sarku（赫哲语及鄂伦春语）等；gijasa"碗架子木阁板"⇨gijasa（赫哲语）、gijasə（满语）、gijas（鄂伦春语及鄂温克语）、giasə（锡伯语）等。

fan ~ tagar"木盘"——满语与锡伯语 fan，赫哲语、鄂伦春语、鄂温克语 tagar。除了满语支语言的 fan 及通古斯语支语言的 tagar 两种说法外，通古斯语支语言内还有 tigəm 之说。

pila"碟子"——鄂伦春语与鄂温克语 pila，满语、锡伯语、赫哲语 fila。根据我们的调研资料，在满通古斯语族语言里所说的 pila > fila 一词是泛指"矮而扁圆的器物"，后来才演化为专指"碟子"的名词。

*tʃomogan"杯子"——赫哲语与鄂伦春语 tʃomo，鄂温克语 tʃomo > somo，满语 tʂoman，锡伯语 tʂomo。很显然，*tʃomogan 就像以下格式里所归纳的那样，在不同语言里产生了不同程度的音变：

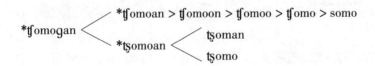

$$*tʃomogan \begin{cases} *tʃomoan > tʃomoon > tʃomoo > tʃomo > somo \\ *tʂomoan \begin{cases} tʂoman \\ tʂomo \end{cases} \end{cases}$$

很有意思的是，蒙古语族语言中同样将"杯子"叫做 tʃomogo > tʃomo 等。由此，我们认为，满语支语言与蒙古语族语言有关"杯子"的说法有其同源关系。

*sarabu"筷子"——鄂伦春语 sarbu，鄂温克语 sarbu > sabbu > sappu > sappa，满语 sabka，赫哲语 sabki，锡伯语 savkə。在我们看来，满通古斯语族语言对于"筷子"的早期称谓是 *sarabu。后来，鄂温克语及鄂伦春语在使用过程中产生 sarbu > sabbu > sappu > sappa 式音变。与此同时，在满语支语言内也出现 *sarabu > sarbu > sabbu > sab 或 *sarabu > sarbu > saɾbu > sabu > sab 式音变。而且，满语支语言及赫哲语中，在

经过减缩式音变后形成的 sab 后面又接缀了从名词派生名词的构词词缀 -ka > -ki > -kə，从而适应了词语发展的需要。不过，蒙古语族语言里也把"筷子"叫 sabka > sabha。虽然我们很难确切地讲，蒙古语族语言的 sabka > sabha 之说，也和满通古斯语族语言的 sabka 一样，经过一系列的语音演变而来，但是它们之间存在的渊源关系是不可怀疑的事实。

musihi "木瓢" —— 满语 musihi，锡伯语 muʂihi，鄂温克语及赫哲语 muʃihi，鄂伦春语 muʃiki。该同源名词的音变主要表现在，词中辅音 s 除满语之外的语言里的 ʂ 或 ʃ 音变，以及词尾音节首辅音 h 在鄂伦春语里的 k 音变等方面。与此同时，他们将"椰瓢"说成是 ʧaha（鄂温克语与赫哲语）、ʧaka（鄂伦春语）、tʂaha（锡伯语）、tʂahara（满语）等。

*wajidaku ~ sohoŋko "勺子" —— 锡伯语 waidaku < vaidaku，满语 waidakʊ，鄂温克语 sohoŋko，赫哲语 sohon，鄂伦春语 sokoŋko。我们认为，无论是满语支语言的 *wajidaku > waidaku > waidakʊ < vaidaku，还是通古斯语支语言的 sohoŋko > sohon ~ sokoŋko，它们均源于表示"舀"之意的动词词根 *wajida- > waida- > vaida-以及 soho- > soko-。另外，满通古斯语族语言内还可以用 fœs（锡伯语）、barakʧi（鄂伦春语）、barooʃi（鄂温克语）等说法表示"勺子"之意。

*sajifi ~ unukan "羹匙" —— 满语 saifi，锡伯语 saivi，赫哲语 saiwi，鄂伦春语 unukan，鄂温克语 unukaŋ > unuhaŋ。可以看得出来，该语族语言内，有关"羹匙"的叫法有两种，一是 *sajifi > saifi > saivi > saiwi，二是 unukan > unukaŋ > unuhaŋ。在这里，顺便提到的是，鄂伦春语及鄂温克语里的 unukan 与 unuhaŋ 之说，应该源于"手指"一词。

butun "坛子" —— 锡伯语 butun，满语 butʊn，赫哲语 buton，鄂温克语 butoŋ > botoŋ，鄂伦春语 butan。首先该词词首音节元音 u 在鄂温克语里产生 o 音变，其次词第二音节元音 u 在除锡伯语之外的语言中产生 ʊ、o、a 等音变。再就是，词尾鼻辅音 n 在鄂温克语里由 ŋ 取而代之。另外，满通古斯语族语言的 butun 与蒙古语族语言的 butuŋ "坛子"之说同属一源。

malu ~ guɡun "瓶子" —— 满语、锡伯语、赫哲语 malu，鄂温克语 ɡuuŋ，鄂伦春语 ɡuu。另外，鄂伦春族及鄂温克族的个别老人也有叫 guɡun 的现象。虽然说 guɡun 属于极其个别的老人，但还是有其代表性。由此，我们认为，通古斯语支语言的这两种语言里"瓶子"之说产生了 guɡun > guun > ɡuun > ɡuuŋ > ɡuu 之演变。依据我们掌握的词汇资料，该语族语言里还有一些与"瓶子"相关的同源词。比如说，hobin "瓷瓶" ⇨ hobin（赫哲语）、hobiŋ（鄂温克语）、hofin（满语）、hovin（锡伯语）、kobin（鄂伦春语）等；təmpin "插花瓶" ⇨ təmpin（满语、锡伯语、赫哲语、鄂伦春语）、təmpiŋ（鄂温克语）等；tuhə ~ libkir "瓶盖" ⇨ tuhə（满语与锡伯语）、libkir（鄂伦春语）、libkir > likkir（鄂温克语）、libkin（赫哲语）等。

tamusun "罐子" —— 鄂温克语 tamusuŋ，鄂伦春语 tamsun，赫哲语 tamsu，满语与锡伯语 tamsə。显而易见，该同源名词的语音演化规律是 tamusun > tamusuŋ > tamsun > tamsu > tamsə。

hundahan ~ hundar "酒杯" —— 鄂温克语 hundar，锡伯语 huntahan，女真语及赫哲语 huntuhan，满语 hʊntahan，鄂伦春语 kundar。根据满通古斯语族语言的语音演化原理，该同源名词的核心结构，或者说词干部分应该是 hunda > hunta，而 -r 或 -han 是属于词缀部分。那么，该词在使用过程中，在不同语言里产生了不同程度的音变。它们的音变现象及其规律可用以下格式进行展示和说明：

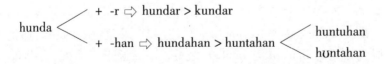

除此之外，该语族语言里还有一些与"酒杯"相关的同源词。比如说，labari "木酒杯" ⇨ labari（满语）、labar（赫哲语、鄂伦春语、鄂温克语）、lavar（锡伯语）等；sujitaku "高酒杯" ⇨ sujitaku（赫哲语）、sujtaku（鄂伦春语）、sujtahu（鄂温克语）、suitaku（锡伯语）、suitakʊ（满语）等；tʃara "酒锑" ⇨ tʃara（鄂伦春语、鄂温克语、赫哲语）、tʂara（满语及锡伯语）等。

həraku "漏勺、笊篱" —— 除了鄂温克语里叫 hərəhu 之外，其他满通古斯语族语言均说 hərəku。另外，通古斯语支语言也称之为 dʒooli > dʒoolo，这种说法有可能源于汉语的 zhuoli "笊篱"。而且，说 dʒooli > dʒoolo 的越来越多，反过来使用 hərəku 的越来越少。

furaku "礤床儿" —— 满语 furukʊ，锡伯语 furəku，鄂伦春语 uraku，赫哲语与鄂温克语 urahu。毫无疑问，该词是按照 furaku > furukʊ > furəku > uraku > urahu 之演变规律，在不同语言中产生不同程度的语音变化。

*kurudaku ~ *bulukur "杵杆" —— 锡伯语 kurdaku，满语 kʊrdakʊ，赫哲语 bulkur，鄂伦春语 bʊlkʉr，鄂温克语 bʊlkʉr > bʊlhʉr。也就是说，满通古斯语族语言里，对于"杵杆"有两种表述形式，一种是满语支语言的 *kurudaku > kurdaku > kʊrdakʊ，另一种说法是通古斯语支语言的 *bulukur > bulkur > bʊlkʉr > bʊlhʉr。

tʃorho "烧酒溜槽" —— 鄂温克语及赫哲语 tʃorho，鄂伦春语 tʃorko，满语 tʂorho，锡伯语 tʂorhə。该词的语音变化现象表现在：（1）词首辅音 tʃ 在满语支语言中的 tʂ 音变；（2）词中辅音 h 在鄂伦春语里演化为 k 音；（3）词尾元音 o 在锡伯语内弱化为 ə 音等方面。

tam "壶" —— 鄂伦春语与鄂温克语 tam，满语及锡伯语 tampin，赫哲语 tampi。我们认为，tam 是该词的早期语音结构形式，而 -pin > -pi 有可能是后来出现的词缀形式。另外，与"壶"相关的同源词还有一些。比如说，kukuri "扁背壶" ⇨ kukuri（满语）、kukur（锡伯语及鄂伦春语）、hukur（赫哲语）、huhur（鄂温克语）等；huŋkərəku "浇花水壶" ⇨ huŋkərəku（满语）、huŋkərku（锡伯语）、huŋkəku（赫哲语）、ʉŋkʉŋkʉ（鄂伦春语及鄂温克语）等。这里提到的 huŋkərəku > huŋkərku > huŋkəku > ʉŋkʉŋkʉ 等是由动词词根 huŋkərə- > huŋkər- > huŋkə- > ʉŋkʉ- "浇灌"派生而来的名词。

galuku ~ *galugan "铜盆" —— 锡伯语 galuku，满语 galakʊ，赫哲语 galakə，鄂伦春语 galgan，鄂温克语 galgaŋ。不难看出，同源名词 galuku ~ *galugan 的词根部分是 galu-，在具体使用过程中出现 gala- >

gal- 等音变。与此同时，作为词缀的 -ku 或 -gan 也产生 -ku > -kʊ > -kə 以及 -gan > -gaŋ 式音变。另外，在他们的语言里，把"带把槽盆"叫做 jalahu（锡伯语）、jalahʊ（满语）、jalhu（赫哲语）、jalha（鄂温克语）、jalka（鄂伦春语）等，还将"整木槽盆"称之为 oton 或 otoŋ 等。

huʤur "马槽" —— 赫哲语 huʤur，满语及锡伯语 hudzu，鄂温克语 huʤur，鄂伦春语 kuʤur。除了 huʤur > hudzu ~ huʤur > kuʤur 之外，通古斯语支语言内还有 moŋgolon 之说。

*hunugu "桶" —— 赫哲语 hunug，满语 hunio，锡伯语 huni，鄂温克语 huŋge > hoŋge，鄂伦春语 kunuge > kunge。根据我们掌握的资料，该词的早期说法应该是 *hunugu。后来在不同语言里产生：（1）词首辅音 h 在鄂伦春语里的 k 音变；（2）词首音节元音 u 在鄂温克语中被发作 o 音。与此同时，词中鼻辅音 n 在鄂温克语里被 ŋ 取而代之；（3）词第二音节元音 u 在除赫哲语之外的语言内被脱落或出现 i 音变；（4）词尾音节首辅音 g 在满语支语言里被脱落；（5）词尾元音 u 被省略或产生 o 或 e 音变等。再说，该语族语言内还有 kunʧu（赫哲语）、təwəŋkə ~ mʉʉliŋki（鄂伦春语）、tulma ~ mʉʉləŋki（鄂温克语）等说法。满通古斯语族语言内，与桶子或桶子的某一组成部分相关的同语族语言或同语支语言的同源词还有不少。比如说，hohon "大木桶" ⇨ hohon（满语与赫哲语）、hoho（锡伯语及鄂温克语）、kokon < kowon（鄂伦春语）等；*abasa "桦皮桶" ⇨ absa（满语）、avəs（锡伯语）、amas（赫哲语、鄂伦春语、鄂温克语）等；daŋsaha ~ *salahan "敞口桦皮桶" ⇨ daŋsaha（满语）、daŋsah（锡伯语及赫哲语）、salha（鄂温克语）、salkan（鄂伦春语）等；*wajiduku ~ *wajiduru "有把儿的水桶" ⇨ waidukʊ（满语）、waidək（锡伯语）、wəjduk（赫哲语）、wəjdərə（鄂温克语及鄂伦春语）等；*ʧogolag "铁水桶" ⇨ ʧoolug（赫哲语）、ʧolug（鄂伦春语）、tʂilak（满语与锡伯语）、soolog ~ solig（鄂温克语）等；dogomu "茶桶" ⇨ dogomu（鄂伦春语）、doŋomu（鄂温克语）、doŋmu（满语）、domu（锡伯语与赫哲语）等；tataku ~ hobo "小水桶" ⇨ tataku（锡伯语）、tatakʊ（满语）、hobo（赫哲语）、howo（鄂温克语）、kobo（鄂伦春语）等；tubun ~ *mʉʉlən "提水桶" ⇨ təbun（满语）、təvun（锡伯语）、mulən（赫哲语）、mʉʉlən（鄂伦春语）、mʉʉləŋ（鄂温克语）等；babu "桶提梁" ⇨ babun（满语）、babur

（赫哲语与鄂伦春语）、bavun（锡伯语）、bawur（鄂温克语）等；
səndʒi "桶把手" ⇨səndʒi（赫哲语与鄂伦春语）、səndʐɿ（满语和锡伯
语）、səŋdʒi（鄂温克语）等；wərən "桶箍" ⇨ wərən（满语）、vərən
（锡伯语）、ərən（赫哲语及鄂伦春语）、ərə（鄂温克语）等。

solha "汤罐" —— 满通古斯语族语言内除鄂伦春语叫 solka 之外，
其他语言均说 solha。不过，通古斯语支语言中还有 ʧomho > ʧomko
之说。

aŋgara ~ ʧaham "水缸" —— 满语 aŋgara，锡伯语 aŋgar > aŋar，鄂
温克语与赫哲语 ʧaham，鄂伦春语 ʧakam。满通古斯语族语言内把 "水
缸" 叫 aŋgara > aŋara 及 ʧaham > ʧakam 之外，将 "敞口大水缸" 称之
为 misan（满语、锡伯语、赫哲语）、misa（鄂伦春语与鄂温克语），还
把 "大水缸" 说成是 ʤisamal（鄂伦春语与鄂温克语）、ʤisama（赫哲
语）、dzasəmu（满语）、dzaʂim（锡伯语）等。

təlijəku "蒸笼" —— 满语 təlijəku，锡伯语 tələkə，赫哲语 təliku，
鄂伦春语 təlikʉ，鄂温克语 təlihʉ。另外，他们把 "蒸笼子" 叫 hida
（满语与锡伯语）、ʃigin（鄂伦春语及赫哲语）、ʃigi（鄂温克语），将
"罩子" 谓 dasikʉ（满语）、daʂiku（锡伯语）、daʃihu（赫哲语）、
bʉrkʉl（鄂伦春语）、bʉkkʉl（鄂温克语）等。

*muʧən ~ *igihə "锅" —— 满语与锡伯语 məʧʂən，鄂温克语 iihə，
鄂伦春语 iikə，赫哲语 ikə ~ ykə。可以看出，该语族语言内用 *muʧən
> məʧʂən 及 *igihə > iihə > iikə > ikə > ykə 两种说法表示 "锅" 之意。再
说，他们的语言里与 "锅" 相关的同源词还有不少。比如说，haʧuhan
"小锅" ⇨ haʧuha（鄂温克语）、haʧha（赫哲语）、haʧuhan（满语）、
hatʂha（锡伯语）、kaʧuka（鄂伦春语）等；simtu "大锅" ⇨ simtu（满
语）、ʂimtu（锡伯语）、ʃimtu（赫哲语）、ʃintʉ（鄂温克语）、ʃintə
（鄂伦春语）等；hurusun "砂锅" ⇨ hursun（赫哲语）、hursə（满语与
锡伯语）、ʉrʉsun（鄂伦春语）、ʉrʉsuŋ（鄂温克语）等；nərun "锅撑
子" ⇨ nərun（赫哲语）、nərʉ（鄂伦春语与鄂温克语）、nərə（满语）、
nər（锡伯语）等；gafa ~ ʤawa "锅耳子" ⇨ gafa（满语）、gavə（锡
伯语）、gabun（鄂温克语及赫哲语）、ʤawa ~ səŋdʒi（鄂伦春语）等；

ku "锅烟子" ⇨ ku（满语、锡伯语、赫哲语）、kə（鄂伦春语）、hə（鄂温克语）等。

*silahu ~ gilahur "火柴" —— 满语 silahʋ，锡伯语 şilahu，鄂温克语 gilahur，鄂伦春语 gilakur，赫哲语 gilahu。除满语支语言的 *silahu > silahʋ > şilahu 及 gilahur > gilahu > gilakur 之外，通古斯语支语言内还有 tʃʉjdən（鄂伦春语）、tʃydən（赫哲语）、sʉjdən（鄂温克语）等说法。我们认为，后来的这些词，应该源于汉语的 qudeng "取灯"。

sujar "引火的细木柴" —— 赫哲语 sujar，满语与锡伯语 suja，鄂伦春语与鄂温克语 sujir。很显然，它们的音变规律应为 sujar > suja ~ sujir。与此同时，他们将 "引火木片" 叫 kijookan（满语）、kijogan（赫哲语）、kiokan（锡伯语）、koogan > kooga（鄂伦春语）、hooga（鄂温克语）等。

jataraku "火镰子" —— 满语 jatarakʋ，锡伯语及鄂伦春语 jatarku，鄂温克语 atakku，赫哲语 jataku。该词的音变表现在：（1）词第三音节首辅音 r 在鄂温克语内发生 k 音变的同时，在赫哲语里被脱落；（2）第三音节元音 a 在除满语之外的语言内被脱落；（3）词尾元音 u 在满语里出现 ʋ 音变等。另外，满通古斯语族语言还把 "拨火棍" 称之为 taimin（满语与锡伯语）、ʃilugur（鄂伦春语及鄂温克语）、ʃilur（赫哲语）等。

tolon "火把" —— 满语、赫哲语、鄂伦春语 tolon，鄂温克语 toloŋ，锡伯语 tolən。与此同时，他们把 "油松火把" 叫做 jaŋga > jaŋa。

gurgin "火焰" —— 锡伯语 gurgin，满语 gʋrgin，赫哲语 kurgi，鄂伦春语 kʉrgin，鄂温克语 hʉrgiŋ。该词的语音变化表现在：（1）词首辅音 g 在通古斯语支语言内产生 k 及 h 音变；（2）词首元音 u 在满语、鄂伦春语、鄂温克语中出现 ʋ 或 ʉ 音变；（3）词尾鼻辅音在鄂温克语里演化为 ŋ 音等方面。再说，鄂伦春语及鄂温克语内还有 dula 之说。

jaga "火炭" —— 鄂伦春语 jaga，锡伯语 jagə，女真语、满语、赫哲语 jaha, 鄂温克语 jaaga。同源名词 jaga 在不同语言的使用中产生：
（1）词首元音 a 在鄂温克语里演化为长元音 aa；（2）词中辅音 g 在女
真语、满语、赫哲语内产生 h 音变；（3）词尾元音 a 在锡伯语中被弱
化为 ə 音等。

hirha ~ ʧargi "火石" —— 满语及锡伯语 hirha, 赫哲语与鄂温克语
ʧargi, 鄂伦春语 ʧargi > sargi。也就是说，满语支语言及通古斯语支语
言分别用 hirha 与 ʧargi > sargi 两种说法表示该词义。

*doboku ~ ʤola "油灯" —— 满语 doboku, 锡伯语 dobkə, 赫哲语
与鄂伦春语 ʤola, 鄂温克语 ʤola > ʤolo。在满通古斯语族语言内除使
用*doboku > doboku > dobkə 与 ʤola > ʤolo 之外，还普遍使用 dəŋʤan >
dəŋʤən > dəŋʤəŋ > dəŋdzan > dəŋdzən 等说法。毫无疑问，该语族语言
的 dəŋʤan > dəŋʤən > dəŋʤəŋ > dəŋdzan > dəŋdzən 等是源于汉语的
dengzhan "灯盏"。另外，他们将 "灯芯" 称为 sibərhən（满语）、
şibərhən（锡伯语）、ʃibərhən（赫哲语及鄂温克语）、ʃibərkən（鄂伦春
语），还把 "灯架" 说成 sindakʊ（满语）、şindak（锡伯语）、ʃindak
（鄂伦春语）、ʃindahu（鄂温克语）、ʃindah（赫哲语）等。

ʤibu > *ʤibutən "锈" —— 鄂温克语 ʤibʉ > ʤiwʉ, 赫哲语
ʤiwu, 鄂伦春语 ʤiwʉ > ʤiw, 满语 dzịbtən, 锡伯语 dzịvtən。可以看
出，作为同源名词的 *ʤibu > ʤibʉ > ʤiwʉ ~ ʤiwu > ʤiw 以及在 ʤibu
后面接缀 -tən 而构成的 *ʤibutən > dzịbtən > dzịvtən 等都源于 ʤibu 之
说。依据我们掌握的词汇资料，满通古斯语族语言内还有用 səbdən
（满语）、səvdən（锡伯语）、səptə（赫哲语及鄂伦春语）、səwtə（鄂温
克语）之说表示该词义的现象。

suran ~ ʃiligat "泔水" —— 满语及锡伯语 suran, 赫哲语 ʃiligat, 鄂
伦春语 ʃilgat, 鄂温克语 ʃiggat。通古斯语支语言内除有 ʃiligat > ʃilgat
> ʃiggat 之说外，还有 ʃiligatlan（女真语）、ʃilgatla（鄂伦春语）、
ʃiggatla（鄂温克语）等表述方式。

hukun "垃圾" —— 满语、锡伯语、赫哲语 hukun, 鄂伦春语
ʃirtul, 鄂温克语 ʃuttul。除以上谈到的 hukun 及 ʃirtul > ʃuttul 之外，赫

哲语里还有 hupkun 之说。

　　*atʃigan "行李" —— 鄂伦春语 atʃigan，鄂温克语 atʃigaŋ，赫哲语 atʃija，满语及锡伯语 atʂiha。该词词中辅音 g 的演变规律应为 g > h > j。再说，通古斯语支语言内还有用 nəmə（鄂伦春语）、haliŋga（赫哲语）、pʉʉge（鄂温克语）等表示 "行李" 之意的现象。

　　*usi "带子" —— 锡伯语 uʂi，满语 uʂə，赫哲语 uʃi，鄂伦春语与鄂温克语 ʉʃi。该词的语音变化现象及其演变规律应该是：

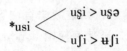

　　除了以上提到的之外，在锡伯语和赫哲语里还有 həsən > həʃən 之说法，在鄂温克语中也说 ʉgir > ʉjir。另外，满通古斯语族语言内，与 "带子" 相关的同源词还有一些。比如说：uksən "棉线宽带子" ⇨ uksən（满语、锡伯语、赫哲语）、ʉksən（鄂温克语与鄂伦春语）等；jəntu "棉线窄带子" ⇨ jəntu（满语与锡伯语）、əntu（赫哲语）、əntʉ（鄂伦春语及鄂温克语）等；hata ～ tomogon "棉线细带子" ⇨ hata（满语）、hatə（锡伯语）、hatagan（赫哲语）、tomogon（鄂伦春语）、tomogoŋ（鄂温克语）等。

　　futa ～ *hurukun "绳子" —— 满语 futa，锡伯语 fəta，赫哲语 hurkun，鄂伦春语 urkun，鄂温克语 ukkuŋ。换言之，满语支语言及通古斯语支语言分别用 futa > fəta 及 hurkun > urkun > ukkuŋ 两种说法表示 "绳子" 之意。再说，与 "绳子" 相关的同语族语言或同语支语言的同源词还有一些。比如说：*sidʒin "细绳子" ⇨ sidʐin（满语）、ʂidʐin（锡伯语）、ʃidʒin（赫哲语及鄂伦春语）、ʃidʒiŋ（鄂温克语）等。不过，通古斯语支语言内，将细一点的 "绳子" 叫 uʃin（赫哲语）、ʉʃilən（鄂伦春语）、ʉʃiləŋ（鄂温克语）等。他们还把 "绳结" 谓 mampin（满语支语言）、dʒaŋgi（通古斯语支语言）等。

　　kima "青麻" —— 满语、锡伯语、鄂伦春语 kima，赫哲语与鄂温克语 hima。与此相关的同源词还有：olo "线麻" ⇨ olo（满语）、olo ～

onokto（鄂伦春语）、olo ~ onotto（鄂温克语）、olo ~ huntaha（赫哲语）、olə ~ şisari（锡伯语）等；jəhə"练麻"⇨ jəhə（满语支语言）、jəhə > jəh（鄂温克语与赫哲语）、jəkə（鄂伦春语）等。

dəŋsə ~ gin"秤"——赫哲语与鄂伦春语 gin ~ dəŋsə，鄂温克语 giŋ ~ dəŋsə，满语及锡伯语 gin。这里所说的通古斯语支语言的 dəŋsə 是属于他们早期用语，或许早期满语支语言中也使用过该名词，而现在基本上不用了，完全改用了 gin 一词。然而，很有意思的是，满语支语言在提到"小秤子"时说的 dəŋnəku 的词根 dəŋ- 及其词干 dəŋnə- 似乎均与 dəŋsə 有关。我们认为，满语支语言内对于"小秤子"的称呼应该源于 dəŋsə"秤"一词。因为，通古斯语支语言也把"小秤子"叫 dəŋnən（鄂温克语）、dəŋnən（鄂伦春语）、dəŋnəhu（赫哲语）等。在这里，还有必要说明的是，通古斯语支语言的使用者表示"秤"之概念时，使用 dəŋsə 的人变得越来越少，反过来与满语支语言相同说 gin > giŋ 的人变得越来越多。另外，我们掌握的词汇资料表明，该语族语言内还有一些与"秤"相关的同源词。比如说：gintoho"镒"⇨ gintoho（满语）、gintoh（锡伯语、赫哲语、鄂温克语）、gintok（鄂伦春语）等；ilha ~ usiha"秤星"⇨ ilha（满语与锡伯语）、uʃiha（赫哲语）、oʃiha（鄂温克语）、oʃika（鄂伦春语）等；aliku"秤盘"⇨ aliku（锡伯语、赫哲语、鄂伦春语）、alikʋ（满语）、alihu（鄂温克语）等；darhu"秤杆"⇨ darhu（赫哲语与鄂温克语）、darhuwa（满语）、darha（锡伯语）、darku（鄂伦春语）等。

*ulimun ~ *igimu"针"——满语与锡伯语 ulmən > ulmə，锡伯语 ulmə，赫哲语 imŋə，鄂伦春语 iŋmə > inmə，鄂温克语 immə。也就是说，满通古斯语族语言内用 ulmən > ulmə 与 iŋmə > inmə > immə > imŋə 两种说法表示"针"之意。这其中，满语支语言的 *ulimun > ulmən > ulmə 之说的音变比较清楚，而通古斯语支语言的 *igimu > iŋmə > inmə > immə > imŋə 的音变现象及其规律比较复杂。依据词源学及满通古斯语族语言的音变原理来分析，满语支语言的 *ulimun 应该源于早期满通古斯语族语言的 *uli-"用粗线缝制皮毛衣物"之动词词根。现在的通古斯语支语言内，动词词根 *uli- 还在使用。通古斯语支语言的 *igimu 也应该是源于 *igi"尖"、"齿"、"刃"这一含有多重意义的早期名词。那么，在具体使用过程中 *igi 却产生 ii > i 式音变。同时为表示"针"

之概念，在高度浓缩和缩减的语音形式 i 后面接缀了 -ŋmə > -mŋə > -mmə 等构词词缀。该词在通古斯语支语言的使用中出现的 ŋm 与 mŋ 式辅音换位实例似乎显得十分特殊，事实上类似音变现象在该语族语言里还有一些，甚至在同一个语言的不同方言土语里也可见到类似音变现象。例如，在通古斯语支语言里就有 amma > aŋma > amŋa "口"、əmmə > əŋmə > əmŋə "母亲"等说法。

soroku ~ *unuhubtun "顶针" —— 赫哲语 soroku，满语 sorko，锡伯语 sorkə，鄂温克语 unuhubtuŋ > unuhuttuŋ，鄂伦春语 uɲakabtun。在满通古斯语族语言的 soroku > sorko > sorkə 及 *unuhubtun > unuhubtuŋ > unuhuttuŋ > uɲakabtun 两种说法里，*unuhubtun > unuhubtuŋ > unuhuttuŋ > uɲakabtun 之说是源于名词 *unuhun > unuhuŋ > uɲakan "指头"。也就是说，无论是鄂伦春语的 uɲakabtun，还是鄂温克语的 unuhuttuŋ，均属于在名词 uɲakan 及 unuhuŋ "指头"后面接缀由名词派生名词的构词成分 -btun > -btuŋ > -ttuŋ 而构成的产物。

*huwəsəku ~ *ujəktə "熨斗" —— 满语及锡伯语 huwəşəku，赫哲语 huʃəku，鄂伦春语 ʉjəktə，鄂温克语 ʉjəttə。除了以上提到的 *huwəsəku > huwəşəku > huʃəku 以及 *ujəktə > ʉjəktə > ʉjəttə 两种说法之外，在锡伯语里还有 venarkə 之说。

*hagarin "烙铁" —— 鄂温克语 hagriŋ，赫哲语 harin，锡伯语 hariku，满语 harikʊ，鄂伦春语 kagriŋ。该词的核心结构是动词词干 *hagari- "烙"，而 -n > -ŋ、-ku > -kʊ 是属于由动词派生名词的构词词缀。我们还可用以下格式表示该词的音变现象及其规律：

*jogosug "锁头" —— 赫哲语 joosug > josu，鄂温克语 joosug，满语 joosə > joso，鄂伦春语 josug，锡伯语 josə。不难看出，*jogosug 在满通古斯语族语言内按照 joosug > joosə ~ josug > joso > josə 之演变规律产生的不同程度之音变。有人认为，他们语言中使用的 joosug > josu 等说法

源于汉语的 yaoshi "钥匙"。是否如此，需要进一步深入研究。不过，在通古斯语支语言里还有用 guldʒiŋku 表示 "锁头" 的现象。而且，在鄂温克语及鄂伦春语里 guldʒiŋku 有着相当高的使用率。毫无疑问，这里提到的 guldʒiŋku 一词源于动词词根 guldʒi- "锁"。再说，他们还把 "锁簧" 称之为 səŋgələ > sənələ（满语）、səŋgəl > sənəl（锡伯语）、səŋgəl（赫哲语、鄂伦春语、鄂温克语）等。

anaku "钥匙" —— 满语、鄂伦春语、赫哲语 anaku，鄂温克语 anaku > anahu，锡伯语 anəkə > ankə > ank。满通古斯语族语言的 anaku > anəkə > ankə > ank 或 anahu，是在动词词根 ana- > anə- > an- "推" 后面接缀构词词缀 -ku > -kə ~ -hu 而派生的名词。与此同时，他们把早期用的 "旧式（穿钉式）钥匙" 叫做 sibhə（满语）、ʂivhə（锡伯语）、ʃibhə（赫哲语）、ʃiwhə（鄂温克语）、ʃiwkə（鄂伦春语）等。

*garaga "铁链子" —— 鄂伦春语 garag，鄂温克语 garga > garha ~ gagga，满语与赫哲语 garka，锡伯语 garhə。该同源名词的语音变化规律应为：

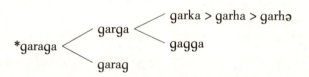

*kurudun "轮子" —— 满语、锡伯语、赫哲语 kurdun，鄂伦春语 kʉrdʉ，鄂温克语 hʉddʉ。该词的语音变化现象主要表现在：（1）词首辅音 k 在鄂温克语里产生 h 音变；（2）词中元音 u 在鄂温克语及鄂伦春语中演化为 ʉ 音；（3）词第二音节辅音 r 在鄂温克语里被后续辅音逆同化为 d 音；（4）词中元音 u 被脱落；（5）词尾鼻辅音 n 在鄂温克语与鄂伦春语内被脱落等方面。满通古斯语族语言的 *kurudun > kurdun > kʉrdʉ 与蒙古语族语言的 kʉrdʉ "轮子" 间存在同源关系。再说，赫哲语中还用 tohorku 表示 "轮子" 之意。

*anadʒisun "犁" —— 满语 andʐa，锡伯语 andʐə，赫哲语 andʒə，鄂温克语 aŋdʒisun，鄂伦春语 aŋdʒis。我们认为，该词的早期发音形式应为 *anadʒisun。而且，它是由 ana- "推" 和 dʒisu- "划开" 两个动词

合二为一的复合动词合成体 anadʒisu-，主要表示"推着划开地面"，也可以意译为"推着翻开地面"。由此，我们可以清楚地感悟到，人们在早期的农耕生产活动中，牛拉人推的劳动形式和用犁耕地的农耕劳作情景。那么，伴随农业生产生活的开始，在满通古斯语族语言内与农业生产生活相关的新词术语也不断增多，自然也在动词词干 anadʒisu- 后面接缀构词词缀 -n 派生出了表示"犁"之意的名词 anadʒisun。然而，在不同语言里，*anadʒisun 一词却产生了上面提到的一系列音变。我们可以用如下格式归纳展示这些音变现象及其规律：

$$*anadʒisun \begin{cases} *andʒisun > aŋdʒisuŋ > aŋdʒisu > aŋdʒis > andʒə \\ *andʐisun > andʐisu > andʐas > andʐa > andʐə \end{cases}$$

毫无疑问，满通古斯语族语言内该词的出现和使用，自然而然地说明他们已走入农业文明社会。除了 *anadʒisun 之外，鄂伦春语还用 sawur 来表示"犁"之意。另外，我们掌握的词汇资料还表明，在他们使用的农业生产生活用语里，与"犁"相关的同源词也有不少。比如说：bodori "犁把手" ⇨ 满通古斯语族语言均叫 bodori。不过一些方言土语里，也有说成 bodor 的现象；*halahan "犁铧子" ⇨ halhan（满语和锡伯语）、alhabun（鄂温克语）、alkawun（鄂伦春语）、alha（赫哲语）等；*saluhu "犁挽钩" ⇨ salhu（锡伯语、赫哲语、鄂温克语）、salhʋ（满语）、salku（鄂伦春语）等；*gohutʃi "犁身" ⇨ gohutʃi > gohtʃi > gotʃtʃi（鄂温克语）、goktʃi（赫哲语与鄂伦春语）、goktʂi（满语及锡伯语）等。

*wasaku ~ *naraga "耙子" —— 满语 waʂakʋ ~ narga，锡伯语 vasku，赫哲语 naraɡ，鄂伦春语与鄂温克语 narga。也就是说，满通古斯语族语言内用 *wasaku > waʂakʋ > vasku 及 naraɡ > narga 两种说法表示"耙子"。再说，通古斯语支语言内还有 maltaŋka（鄂温克语）、maltaŋku（鄂伦春语）、kətərku（赫哲语）等说法。它们均是源于表示"耧"、"扒"、"耙"等词义的动词词干 malta- 及 kətər-。

*sabutʃiku "铲子" —— 鄂温克语 sabtʃihu > satʃtʃihu，锡伯语 satʂəku > satʂiku，满语 satʂikʋ，赫哲语及鄂伦春语 tʃabtʃiku。该同源名词的音

变规律应为：

除了以上提到的实例之外，在该语族语言中还有用 tʂans（锡伯语）、tʂoo（满语）、ulun（赫哲语）、ʉluŋ > ʉluŋkʉ（鄂温克语）、ʉlun（鄂伦春语）等表示"铲子"之意的现象。除满语支语言的 satʃiku > satʂiku > satʂikʊ 以及通古斯语支语言的 ulun > ʉlʉn > ʉlʉŋ ~ ʉlʉŋkʉ 两种说法外，在通古斯语支语言内还可以用 tutʃon（赫哲语）、sabtʃihu > satʃtʃihu（鄂温克语）、sabtʃiku（鄂伦春语）等表示"铲子"。

usəku "撒种篓斗" —— 满语与锡伯语 usəku，赫哲语 uskə，鄂温克语 ʉsəkʉ > ʉskʉ，鄂伦春语 ʉskə。显而易见，该词是遵循 usəku > uskə > ʉskʉ > ʉskə 式音变原理在不同语言中产生不同程度的音变现象。

birəku ~ kubur "木碌子" —— 满语 birəku，锡伯语 birəkə，赫哲语 kubur，鄂伦春语 kʉbʉr，鄂温克语 hʉbʉr。满通古斯语族语言的 birəku > birəku > birəkə 及 kubur > kʉbʉr > hʉbʉr 两种说法里，birəku > birəkə 的词干部分 birə- 应该是源于动词词干 birə- "干面"。

togoroku "压种子的轱辘" —— 通古斯语支语言 togorku，满语 tohorokʊ，锡伯语 tohorku。该同源名词的音变现象表现在：（1）词第二音节辅音 g 在满语支语言中被发作 h 音；（2）词第三音节元音 o 在除满语之外的语言中均被脱落等方面。

həntu "农用木叉子" —— 满语与锡伯语 həntu，鄂温克语 həntʉ，赫哲语 həntə，鄂伦春语 kəntʉ。显而易见，həntu 的语音形式在满语支语言中很好地保存了下来，而在通古斯语支语言内却出现词首辅音的 k 音变，以及词尾元音的 ʉ 与 ə 音变等实例。

hədərəku "耙子" —— 满语 hədərəku，锡伯语及赫哲语 hədərku，鄂温克语 hədəriŋ，鄂伦春语 kədərin。毋庸置疑，该名词是在动词词干

hədərə- > hədəri- > hədər-"耙"后面接缀构词词缀 -ku > -n > -ŋ 而派生的产物。

*hasigan "席囤" —— 锡伯语 haṣihan，赫哲语 haʃigan，鄂温克语 haʃiŋ，满语 haṣahan，鄂伦春语 kaʃig。该词的语音变化现象及其规律应为：

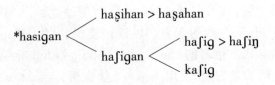

$$*hasigan \begin{cases} haṣihan > haṣahan \\ haʃigan \begin{cases} haʃig > haʃiŋ \\ kaʃig \end{cases} \end{cases}$$

我们认为，*hasigan 是在动词词根 *hasi- 后面接缀构词词缀 -gan > -han ~ -g > -ŋ 等派生而来的名词。与"席囤"相关，他们把"荆囤"称之为 saksun ~ sagsun（鄂伦春语）、saksaŋ ~ sagsuŋ（鄂温克语）、saksun ~ sagsu（满语）、saksun ~ sagsə（锡伯语与赫哲语）等。

soro ~ *səgəltʃə "筐子" —— 赫哲语 soro，锡伯语 sorə，满语 ṣoro，鄂温克语 səəltʃə，鄂伦春语 tʃəəltʃə。满通古斯语族语言内用 soro > sorə ~ ṣoro 以及 *səgəltʃə > səəltʃə > tʃəəltʃə 两种说法表示"筐子"之意。另外，他们还把"提筐"叫 saisaha（满语）、saisahə（锡伯语）、saisaka（鄂伦春语）、sasaha > sasha（鄂温克语）、sasahə（赫哲语）等，还将"大筐子"称之为 kudə（满语与锡伯语）、kʉdə（鄂伦春语）、hudə（赫哲语）、hʉdə（鄂温克语）等。

saksu "荆条篓子" —— 满语与锡伯语 saksu，鄂伦春语及鄂温克语 saksa，赫哲语 saksə。它们的音变规律是 saksu > saksa > saksə。

gohoto "碾干" —— 满语 gohoto，锡伯语 gohtə，鄂伦春语 gokto，赫哲语 goktə，鄂温克语 gotto。该词在满通古斯语族语言里产生的语音变化主要表现在：（1）词第二音节辅音 h 在通古斯语支语言中出现 k 与 t 音变；（2）词第二音节元音 o 在除满语之外的语言内被脱落；（3）词尾元音 o 在锡伯语和赫哲语中弱化为 ə 音等方面。

əriku ~ əsʉr "笤帚" —— 满语 əriku, 赫哲语 ərku, 锡伯语 irk, 鄂伦春语与鄂温克语 əsʉr。很显然, 该语族语言内用 əriku > ərku > irk 及 əsʉr 两种说法表示该词义。

huʤuku "风车" —— 赫哲语 huʤuku, 满语及锡伯语 hudzʉku > hudzəku, 鄂温克语 huʤʉhʉ, 鄂伦春语 kʉʤʉkʉ。该词是按照 huʤuku > hudzʉku > huʤʉhʉ > kʉʤʉkʉ 的语音变化规律产生了不同音变。另外, 鄂温克语里还有 hʉgʉr > hʉʉr 之说。与此有关, 在满通古斯语族语言内, 还把用来扇簸粮食用的 "扇风车" 叫 suksurəku > suksurkə。

malu "熟皮槌子" —— 鄂伦春语及鄂温克语 malu, 满语、锡伯语、赫哲语 mala。在满语支语言及赫哲语里, 词尾元音 u 被前置音节元音逆同化为 a 音。除此之外, 通古斯语支语言还用 naŋʧu (鄂伦春语及鄂温克语)、kuŋku (赫哲语) 等说法来表示 "熟皮槌子"。再说, 该语族语言里与该名词密切相关的同源词还有一些。比如说: hədərəku "熟皮木锯" ⇨ hədərəku (满语)、hədərəŋkə (鄂温克语)、hədərku (锡伯语及赫哲语)、kədərəŋkə (鄂伦春语) 等; talgiku "熟皮木铡刀" ⇨ talgiku ~ ʤaŋku (鄂伦春语)、talgikʊ (满语)、talgikə (锡伯语)、talgik ~ kitkan (赫哲语)、talgihu ~ ʤaŋku (鄂温克语) 等; *wasaku ~ gisuha "熟皮刮刀" ⇨ waʂakʊ (满语)、waʂkə (锡伯语)、gisuha (鄂温克语)、gisuka (鄂伦春语)、gisha > kisha (赫哲语) 等。

*mosəlaku ~ uruŋ "磨石" —— 满语 mosəlakʊ, 锡伯语 mosəlku, 赫哲语 uruŋ, 鄂伦春语及鄂温克语 ʉrʉŋ。满通古斯语族语言内除了叫 *mosəlaku > mosəlakʊ > mosəlku 及 uruŋ > ʉrʉŋ 之外, 还有 hudzʉrəku (满语)、moʤi (赫哲语) 等说法。另外, 他们把 "水磨" 称之为 hudzʉrəku (满语)、homo > ʂomo (锡伯语)、homo (鄂温克语)、hom (赫哲语)、komo (鄂伦春语) 等。

nijələku "碾子" —— 满语 nijələku, 锡伯语 niəlku, 赫哲语 nuluhu, 鄂温克语 nʉlʉhʉ, 鄂伦春语 ɲʉlədʉ。该词在使用过程中出现: (1) 词首鼻辅音 n 在鄂伦春语里变读为 ɲ 音; (2) 词首部分的语音 ijə 产生 iə > iu ~ iʉ > u ~ ʉ 式音变; (3) 词中辅音 l 后面的元音 ə 被脱落或被前后元音同化为 u 及 ʉ 音; (4) 词尾音节首辅音 k 在赫哲语和鄂温克语里变读为 h 音；（5）词尾元音 u 在鄂伦春语及鄂温克语里演化为 ʉ 音等音变现象。另外，锡伯语里还有用 ilku 表示"碾子"的现象。

hǝlijǝn ~ ogor "碓子" —— 满语 hǝlijǝn > hǝliǝn，锡伯语及赫哲语 hǝlin，鄂伦春语与鄂温克语 ogor。也就是说，他们用 hǝlijǝn > hǝliǝn > hǝlin 以及 ogor 两种说法表示该词义。再说，根据我们掌握的词汇资料，满通古斯语族语言内与"碓子"相关的，属于同语族语言或同语支语言的同源词还有一些。比如说：hoŋko "石碓头" ⇨ 满通古斯语族语言内均叫 hoŋko 或 koŋko 的同时，鄂温克语与鄂伦春语中还有 nʉdʉn > nʉdʉŋ 之说；gohoto "碾杆木" ⇨ gohoto（满语与赫哲语）、gohto（鄂温克语）、gohtǝ（锡伯语）、gokto（鄂伦春语）等；ogo "碓房" ⇨ 满通古斯语族语言内均叫 ogo。

lǝkǝ "磨刀石" —— 满语 lǝkǝ，锡伯语、赫哲语、鄂伦春语 lǝk，鄂温克语 lǝh。该同源词在使用过程中出现：（1）锡伯语、赫哲语、鄂伦春语内词尾元音 ǝ 被脱落；（2）鄂温克语里词中辅音 k 发生 h 音变的同时，词尾元音 ǝ 也被脱落等。另外，赫哲语中还有 aŋka 之说。

tʃoŋkisaku "杵" —— 鄂温克语 tʃoŋkiŋku，鄂伦春语 tʃoŋkiku，赫哲语 tʃoŋkiku，满语 tʂoŋkiʂakʉ，锡伯语 tʂoŋkiʂakʉ。该词词根应该是 tʃoŋki-，像 -saku、-ʂaku、-ʂakʉ、-ŋku、-ku 都属于构词词缀。那么，作为词根的 tʃoŋki- 只是词首辅音 tʃ 在满语和锡伯语内出现 tʂ 音变，其他方面没有什么语音变化。

apun "战争" —— 赫哲语及鄂伦春语 apun，鄂温克语 apuŋ，满语 afan，锡伯语 avǝn。与此同时，他们将"战役"称作 dajin，把"军号"叫 burǝn（满语、锡伯语、赫哲语）、bʉrǝn（鄂伦春语）、bʉre（鄂温克语）等。这其中，除 apun > apuŋ > afan > avǝn 之外，像 dajin 与 burǝn > bʉrǝn > bʉre 等说法均与蒙古语的 dajin 和 bʉrǝ 之间存在同源关系。

bǝri "弓" —— 女真语、满语、锡伯语、赫哲语 bǝri，鄂温克语 bǝri > bǝr，鄂伦春语 bǝr。满通古斯语族语言内，与"弓"的某一组成部分相关的同源词确实有不少。比如说，在他们的语言中，将"弓别"叫 misa，"弓玄"说成是 uli，把"弓脑"谓 bokson > boksoŋ，"弓梢"

叫 igən，"弓垫子"称之为 təbhə > təvhə ~ təbkə，"弓罩"说成是 oʧika > oʧiha > otʂika，"弓弩子"称作 taaŋgu（鄂温克语）、taaŋgiku（鄂伦春语）、taŋgiku > taŋiku（锡伯语）、taŋgikʊ > taŋikʊ（满语）、taŋgihu（赫哲语）等。

niru "箭" —— 满语、赫哲语、鄂伦春语 niru，鄂温克语 niru > nor，锡伯语 nyrə。很显然，该词元音 i 与 u 分别在鄂温克语和锡伯语里产生 o 和 y 音变，或被弱化为 ə 音，或被脱落。再说，鄂伦春语与赫哲语内，还有用 luki 来表示"箭"之意的现象。说实话，在该语族语言内，表示不同性能和结构的"箭"之同源词，或表示"箭"的某一结构特征或某一组成部分的同源词等有不少。例如，*kəjifu "大箭" ⇨ kəifu（满语）、kəivu（锡伯语）、kifu（赫哲语）、kiwʉ（鄂伦春语）、hiwʉ（鄂温克语）等；madʑan "长箭" ⇨ madʑan（赫哲语及鄂伦春语）、madʑaŋ（鄂温克语）、madzan（满语与锡伯语）等；kalbiku "快箭" ⇨ kalbiku（锡伯语及鄂伦春语）、kalbikʊ（满语）、kalbihu（赫哲语）、halbihu（鄂温克语）等；dʑəsəri "水箭" ⇨ dʑəsəri（赫哲语）、dʑəsər（鄂温克语及鄂伦春语）、dzəsəri（满语和锡伯语）等；dʑan "哨箭" ⇨ dʑan（赫哲语及鄂伦春语）、dʑaŋ（鄂温克语）、dzan（满语和锡伯语）等；dzaŋga "带哨箭" ⇨ dʑaŋga（鄂伦春语与鄂温克语）、dʑaŋa（赫哲语）、dzaŋga > dzaŋa（满语及锡伯语）等；sudu "无哨箭" ⇨ sudu（满通古斯语族语言）；sirdan "梅针箭" ⇨ sirdan（满语）、ʂirdan（锡伯语）、ʃirda（赫哲语与鄂伦春语）、ʃidda（鄂温克语）等；*dʑoro "角头箭" ⇨ dʑor（赫哲语、鄂伦春语、鄂温克语）、dzoro（满语）、dzor（锡伯语）等；ganada "扁头箭" ⇨ ganada（满语与锡伯语）、ganda（赫哲语、鄂伦春语、鄂温克语）等；*origin "箭头铁刃" ⇨ orgi（满语、锡伯语、赫哲语、鄂伦春语）、orgi > oggi（鄂温克语）等；*kugun "箭头铁脊" ⇨ kuhən（满语及锡伯语）、kʉgʉ（鄂伦春语）、hugu（赫哲语）、hʉgʉ（鄂温克语）等；*dətəhə "箭羽" ⇨ dəthə（满语、锡伯语、赫哲语）、dəktə（鄂伦春语与鄂温克语）等；kobdon "箭匣" ⇨ kobdon（满语及锡伯语）、kobdo（鄂伦春语）、hobdon（赫哲语）、hobdo（鄂温克语）等；dʑəbələ "箭筒" ⇨ dʑəbəl（赫哲语）、dʑəwəl（鄂伦春语与鄂温克语）、dzəbələ（满语）、dzəvəl（锡伯语）等；jagi "箭罩" ⇨ jagi（赫哲语、鄂伦春语、鄂温克语）、jaki（满语及锡伯语）等；səlmin "弩箭" ⇨ səlmin（满语及锡伯语）、

sərmin（鄂伦春语）、sərmiŋ（鄂温克语）、sərmi（赫哲语）等；ajigan "箭靶子" ⇨ ajigan（鄂伦春语）、ajigaŋ（鄂温克语）、ajgan（赫哲语）、aigan（满语与锡伯语）等；labi "箭档子" ⇨ labi（满语、赫哲语、鄂伦春语、鄂温克语）、lavi（锡伯语）等。

gida "扎枪" —— 满通古斯语族语言均叫 gida。不过，通古斯语支语言内也有把 "扎枪" 说成是 ʤida > ʤid 的现象。也就是把 gida 词首辅音 g 发音成 ʤ 音。

ʤaŋgu "大刀" —— 赫哲语、鄂伦春语、鄂温克语 ʤaŋgu，锡伯语 dzaŋgu > dzaŋu，满语 dzaŋgʊ > dzaŋʊ。同时，他们将 "腰刀" 叫 lohon（鄂温克语）、loho（满语）、lohə（锡伯语及赫哲语）、lokon（鄂伦春语），还把 "战刀" 称之为 sələmi（赫哲语及鄂伦春语）、sələmə（满语）、sələm（锡伯语）、səlmi（鄂温克语）等。

kijaŋʧi "猎枪" —— 鄂伦春语 kijaŋka，赫哲语 kijaŋʧi，满语 hijanʧi，鄂温克语 hijaŋka，锡伯语 hianʧi。该词词根 kija- 在早期满通古斯语族语言内表示 "猎杀" 等多种词义。不过，具体语用过程中，该词词首辅音 k 在满语、锡伯语、鄂温克语内产生 h 音变，同时在锡伯语里辅音 j 被脱落。由此，在满通古斯语族语言内形成有所区别的发音形式。除此之外，在该语族语言中还有一些与 "猎枪" 相关的同源词。比如说，sənʤi "瞄准器眼" ⇨ sənʤi（通古斯语支语言），səndzi（满语支语言）；*ʧirgəku "枪冲条" ⇨ ʧirgəku（赫哲语）、ʧirgəkʉ（鄂伦春语）、ʧirgəhʉ（鄂温克语）、tsirgəku（满语及锡伯语）等；həŋkiləku "枪机子" ⇨ həŋkiləku（满语、锡伯语、赫哲语）、kəŋkilən（鄂伦春语）、həŋkiləŋ（鄂温克语）等；san "枪的火门" ⇨ san（锡伯语）、ʂan（满语）、ʃan（赫哲语）、ʃeen（鄂伦春语及鄂温克语）等；homhon "枪套" ⇨ homhon（满语及锡伯语）、homhoŋ（鄂温克语）、homkon（赫哲语）、komkon（鄂伦春语）等。

muhalijan "子弹" —— 满语 muhalijan > muhalian，赫哲语 muhalian，锡伯语 muhalin，鄂温克语 muhaleŋ > mooleŋ，鄂伦春语 mukalen > moolen。可以看出，该词的语音变化现象主要表现在词尾语音结构 -lijan > -lian > -len > leŋ > -lin 式演变方面。再说，鄂温克语及鄂伦春语

的第二种说法 moolen > mooleŋ 里，词首部分的语音结构 muha- 也出现
moha- > moho- > moo- 式音变。

*sumugan "火药罐" ⇨ sumuga（鄂温克语）、sumgan（锡伯语与
赫哲语）、sumga（鄂伦春语）、şumgan（满语）。该词的语音变化现象
及其规律是 *sumugan > sumuga > sumgan > sumga > şumgan。

*gurəgusən ～ bəjun "狩猎" ——满语 gurguşən，锡伯语
gurəgəşən，赫哲语 bəjun，鄂伦春语 bəjʉn，鄂温克语 bəjʉ。满通古斯
语族语言内，用 *gurəgusən > gurguşən > gurəgəşən 以及 bəjun > bəjʉn
> bəjʉ 两种说法表示"狩猎"之意。其中，满语支语言的 *gurəgusən
应该源于 gurəgu "野兽"一词，而 bəjun 是属于通古斯语支语言内有关
"狩猎"的专用名词。在他们的早期词汇系统里，与"狩猎"相关的同
源名词也有一些。比如说，*hojihan "冬猎" ⇨ hojiha < hojha（鄂温克
语）、hojhan（赫哲语）、hoihan（满语与锡伯语）、kojikan < kojkan（鄂
伦春语）；saha ～ aba "秋猎" ⇨ saha ～ aba（满语及赫哲语）、saha ～ ava
（锡伯语）、saha ～ aw（鄂温克语）、saka ～ ab（鄂伦春语）等。

butha "渔猎" ——满通古斯语族语言内除了鄂伦春语说 butka 之
外，其他语言中都叫 butha。另外，他们语言中有不少与"渔猎"有关
的同源词。比如说，ʤobuku "鱼叉" ⇨ ʤobuku（鄂伦春语及赫哲
语）、ʤowuhu（鄂温克语）、dzǫfoho（满语）、dzǫvho（锡伯语）等；
asu ～ alagan "鱼网" ⇨ asu（满语）、as（锡伯语）、alagaŋ ～ alaga（鄂
温克语）、alaga ～ aalga（鄂伦春语）、alag ～ adila（赫哲语）、alaha（女
真语）等；dajihan "兜网" ⇨ dajihan（赫哲语）、dajha（鄂温克语）、
dajka（鄂伦春语）、daihan（满语和锡伯语）等；sodoku "抄网" ⇨
sodoku（赫哲语与鄂伦春语）、sodohu（鄂温克语）、şodokʋ（满语）、
şodoku（锡伯语）等；hərgin "网边" ⇨ 除鄂温克语叫 hərgiŋ 之外，
其他语言中均用 hərgin < kərgin 来表示；bətən "鱼饵" ⇨ bətən（满语
及锡伯语）、bətə ～ məhə（鄂温克语）、bətə ～ məkən（鄂伦春语）、bə
（赫哲语）等；adan "鱼钩尖" ⇨ adan（满语、锡伯语、赫哲语）、ada
（鄂温克语及鄂伦春语）等；goho ～ uməkən "鱼钩" ⇨ goho（满语与
锡伯语）、uməkən（赫哲语）、əməkən（鄂伦春语）、əmhəŋ（鄂温克
语）等；watan "倒须钩" ⇨ watan（满语、赫哲语、鄂伦春语）、wata

（鄂温克语）、vatan（锡伯语）等；dəgə"挂钩"⇨ dəgə（通古斯语支语言）、dəhə（满语支语言）；*losahan"鱼篓子"⇨ losahan ~ tarani（赫哲语）、loshan（满语）、loska（锡伯语和鄂温克语）、loska（鄂伦春语）；sodoku"鱼兜子"⇨ sodoku（赫哲语与鄂伦春语）、sodohu（鄂温克语）、şodoku（锡伯语）、şodokʊ（满语）等；ukur"鱼笼"⇨ ukur（鄂伦春语）、ukur > uhur（鄂温克语）、uku（满语、锡伯语、赫哲语）等；huwədʒən ~ hagadin"鱼簖子"⇨ huwədʒən（满语）、huədʒən > hədʒən（锡伯语）、haadi（赫哲语与鄂温克语）、kaadin（鄂伦春语）等；tubi"鱼罩"⇨ tubi（满通古斯语族语言）；hokton"鱼漂子"⇨ hokton（满语、锡伯语、赫哲语、鄂伦春语）、hoktoŋ（鄂温克语）等；wəlmijəku ~ majin"钓鱼竿"⇨ wəlmijəku > wəlmiəku（满语）、vəlmiku（锡伯语）、majin ~ najin（赫哲语）、majin ~ naji（鄂伦春语）、majiŋ（鄂温克语）等；bon ~ *tʃalijar"捕鱼用的冰穿子"⇨ bon（满语与锡伯语）、boŋ（赫哲语）、tʃalin（鄂伦春语）、tʃaleer > saleer（鄂温克语）等。

*huragan > *hurakan"马尾套子"——满语与锡伯语 hurkan，赫哲语 hurka，鄂伦春语 kurka，鄂温克语 hukka。除此之外，鄂温克语里还有 hurga > hugga 之说。满通古斯语族语言里与"套子"相关的同源词还有一些。比如说，səbun"猞猁套子"⇨ səbun（赫哲语）、səbʉn（鄂伦春语）、səbʉŋ（鄂温克语）、şəbən（满语）、səvən（锡伯语）等；*masalakun"禽鸟套子"⇨ masalaku（满语）、masalkun（鄂伦春语）、masalku（锡伯语与赫哲语）、masalhuŋ（鄂温克语）等；ila"走兽套子"⇨ ila（锡伯语与赫哲语）、ila ~ wəşən（满语）、ila ~ ʉʃiŋki（鄂伦春语及鄂温克语）等。

pitʃaŋka"哨子"或"鹿哨"——鄂伦春语 pitʃaŋka，鄂温克语 pitʃaŋka ~ pisaŋka，赫哲语 fitʃaku，锡伯语 fitşaku，满语 fitşakʊ。该同源名词在不同语言里产生的音变现象主要表现在：（1）词首辅音 p 的 f 音变；（2）词中辅音 tʃ 的 tş 音变；（3）词尾元音 a 的 u 及 ʊ 音变等方面。另外，在满语、锡伯语、赫哲语中还有 murakʊ（满语）、murku（锡伯语）、uriaku（赫哲语）等说法。

gədʒi ~ kaptʃihu"夹子"——满语与锡伯语 gədʒi，赫哲语

kaptʃihu，鄂伦春语 kaptʃiku，鄂温克语 habtʃihu ~ hatʃʃihu。也就是说，满通古斯语族语言内，对于"夹子"的表述形式有两种，其一就是满语支语言的 gədʒi < gədzi，其二是通古斯语支语言的 kaptʃihu > kaptʃiku > habtʃihu > hatʃʃihu。很显然，kaptʃihu 一词源于动词词根 kaptʃi-"夹"。根据我们掌握的资料，在他们的语言里还有一些与"夹子"有关的同源词。比如说，mudan"夹子弓"⇨ mudan（满通古斯语族语言）；santʃiha"夹子嘴"⇨ santʃiha（赫哲语与鄂温克语）、santʃika（鄂伦春语）、santʂiha（满语及锡伯语）等；iləngu"夹子舌"⇨ iləngu > iləŋu（满语）、iləngə（赫哲语、鄂伦春语、鄂温克语）、iləngə > iləŋə（锡伯语）等；soŋgiha"夹子支棍"⇨ soŋgiha（满语、锡伯语、赫哲语）、soŋgiho（鄂温克语）、soŋgiŋko（鄂伦春语）等。

tosihija"鹰网"—— 满语 tosihija > tosihia，锡伯语 to ʂihia，赫哲语与鄂温克语 toʃiha，鄂伦春语 toʃika。可以看出，该词是按照 tosihija > to ʂihia > toʃiha > toʃika 的语音变化规律产生了相关音变。不过，在通古斯语支语言内还可以用 toorga（鄂温克语）、toron（鄂伦春语）、toksa（赫哲语）等表示"鹰网"之意。与此相关，他们还将"兔网"叫 asun（鄂伦春语）、asuŋ（鄂温克语）、asu（满语、锡伯语、赫哲语）等。

fulhu"口袋"—— 锡伯语 fulhu，满语 fulhʊ，赫哲语与鄂伦春语 ulku，鄂温克语 ulhu。该同源名词的音变现象及其规律应为 fulhu > fulhʊ > ulhu > ulku。满通古斯语族语言内，表示不同形状、不同原料、不同性能"口袋"的同源词也有一些。比如说，sumala"半大口袋"⇨ sumala（满语）、sumal（锡伯语、赫哲语、鄂伦春语、鄂温克语）等；*fulhusun"细长口袋"⇨ fulhʊsun（满语）、ulhusun（锡伯语）、uluhun（赫哲语）、uluhuŋ（鄂温克语）、ulukun（鄂伦春语）等；*dʒumaŋgi ~ uruŋku"小皮口袋"⇨ dʒumaŋgi ~ dʒumaɲi（满语）、dʒuman（锡伯语）、uruŋku（赫哲语）、uruŋku（鄂温克语）、uruŋku ~ uruku（鄂伦春语）等；sunta"装肉的口袋"⇨ sunta（满语、锡伯语、赫哲语）、sunda（鄂伦春语与鄂温克语）等。

aktalijan"褡裢"—— 满语 aktalijan > aktalian，锡伯语、赫哲语、鄂伦春语、鄂温克语 aktalin。他们还将"小褡裢"称之为 dabargan（满语）、dabarga（鄂伦春语）、dabar（赫哲语）、dabar > dab（鄂温克

语）、davarga（锡伯语）等。

əməgəl ~ əŋgəmu "鞍子" —— 鄂温克语 əməgəl，鄂伦春语 əmgəl，锡伯语 əmeŋ，满语 əŋgēmu > əŋəmu，赫哲语 ɔŋeme。我们认为，像 əŋgəmu > əŋəmu > əŋeme 可能是属于该语族语言早期的使用形式，它源于动词词根 əŋgə- "高起"、"凸起" 派生出来的名词。而鄂温克语及鄂伦春语的 əməgəl 有可能是后来的说法。在这里，还值得提出的是，蒙古语族语言中把 "鞍子" 同样叫做 əməgəl > əmgəl ~ əməəl。显然，满通古斯语族语言和蒙古语族语言的 əməgəl 是属于同根同源的产物。再说，满通古斯语族语言内，还有一些与 "鞍子" 相关的同源词。比如说，*ərhəldʒi "小木鞍" ⇨ ərhəldʒi（鄂温克语与赫哲语）、ərhəldzi（满语及锡伯语）、ərkəldʒi（鄂伦春语）等；komo "驼鞍" ⇨ komo（满语及鄂伦春语）、kom（锡伯语）、homo（赫哲语与鄂温克语）等；tohoma "鞍鞴" ⇨ tohoma（满语）、tohom（鄂温克语）、tohəm（锡伯语）、tokom（鄂伦春语）、tokəm（赫哲语）等；habtar "鞍翅" ⇨ habtar（鄂温克语）、habta（满语、锡伯语、赫哲语）、kabtar（鄂伦春语）、həbtə（女真语）等；burgijən "鞍鞒" ⇨ burgijən > burgiən（满语）、burgen（锡伯语与赫哲语）、bʉrgen（鄂伦春语）、bʉrgiŋ（鄂温克语）等；oŋgon "鞍缰" ⇨ oŋgon > oŋon（满语和鄂伦春语）、oŋgo（鄂温克语）、oŋgu（赫哲语）、oŋgə > oŋə（锡伯语）等；soforo "鞍座" ⇨ soforo（满语）、sovuro（锡伯语）、sovən（赫哲语）、suwun（鄂伦春语）、sowu（鄂温克语）等；namki "鞍毡垫" ⇨ namki（满通古斯语族语言）；gidatʃa "鞍笼" ⇨ gidatʃa（赫哲语及鄂伦春语）、gidatʂa（满语与锡伯语）、gidasa（鄂温克语）等；gaŋdʐohan "鞍子上的皮绳" ⇨ gaŋdʐoha（赫哲语和鄂温克语）、gaŋdʐoka（鄂伦春语）、gaŋdzohan > gaŋdzoha（满语与锡伯语）等；ganihun "鞍子上的细带" ⇨ ganihun（锡伯语与赫哲语）、ganihu（鄂温克语）、ganihʊn（满语）、ganiku（鄂伦春语）等；olun "马鞍上的前肚带" ⇨ olun（锡伯语、赫哲语、鄂伦春语）、olon（满语）、oloŋ（鄂温克语）等；basan ~ *tʃalibur "鞍子后肚带" ⇨ basan（满语、锡伯语、赫哲语）、tʃalbur（鄂伦春语与鄂温克语）等；okdomo ~ dʒirim "鞍子吊带" ⇨ okdomo（满语）、okdom（锡伯语）、dʒirim（赫哲语、鄂伦春语、鄂温克语）等；gorgi "肚带铲子" ⇨ gorgi（满语与锡伯语）、gorki（鄂伦春语）、gorhi（赫哲语及鄂温克语）等；tohomatʃi "毛皮鞍鞴" ⇨ tohoma（满语）、tohomtʃi（鄂温克语与赫哲语）、tohəmʈʂi（锡伯语）、tokomʈʃi（鄂伦春语）等；tufun ~ duren "鞍蹬子" ⇨ tufun（满语）、təvən（锡伯语）、durə（赫哲语）、durən > durə（鄂温克语）、durə（鄂伦春语）等。以上这些同源词，绝大多数是属于满通古斯语族语言的同源词。不过，也有一些单属于满语支语言或通古斯语支语言的实例。其实，好好挖掘整理，在该语族语言内与此相关的同源词可能还有不少，这里分析的只是其中的一部分。我们完全可以说，所有这些同源词是他们在千百年的畜牧业生产生活实践中，用共同的智慧创造出的极其珍贵的文化遗产。当然，这其中与蒙古语族语言共有的实例也有不少。这些共有成分究竟谁借用了谁的，现在还很难一言为定，还需要深入系统而客观实在的科学研究。

　　*sisuga < *susigu "马鞭子" —— 女真语 suʃiga，赫哲语 ʃisug，鄂温克语 ʃisugu > ʃisug，满语 ʂusiha，锡伯语 ʂuʂiha，鄂伦春语 ʈʃisug。我们认为，*sisugu 应该是出现于 *susigu 之前的语音形式。因为他们在早期使用的鞭打马前行的工具一定是又细又长的物体。那么，在满通古斯语族语言内，称呼细长的东西时用 si- 开头的词语较多。不用说通古斯语支语言，就是在满语支语言中也有不少。比如说，sidʑin "细绳"、sibsika "细枝条"、siltan "旗杆"、sibija "竹条"、sibərhən "油灯芯"、sirdan "箭"、sirən "瓜藤"、sirgə "丝" 等有许多。换言之，满通古斯语族语言的其他实例中也会见到，在通古斯语支语言词首部分出现的元音 u 与 i 的前后顺序，在满语支语言里被倒过来后以 i 在前、u 在后的形式使用的现象。例如，通古斯语支语言的 ʃiluhu "尖头靴子"、misu "炒面" 等在满语支语言中就叫 ʂulihun、musi 等。

　　hadala "马嚼子" —— 满语 hadala，锡伯语与鄂温克语 hadal，赫哲语及鄂伦春语 kadal。不难看出，该同源词的音变规律应为 hadala < hadal < kadal。与 hadala 相关的同源词还有：ʤilogo "缰绳" ⇨ ʤolo（鄂伦春语、鄂温克语、赫哲语）、dʐulhʊ < dʐɔlho（满语与锡伯语）等；ʈʃilburi "偏缰" ⇨ ʈʃilbor（鄂伦春语）、tʂilburi（满语）、tʂilbur（锡伯语）、ʃilbor（赫哲语与鄂温克语）等。

　　kudarhan "鞽" —— 锡伯语 kudarhan，鄂伦春语 kudarka，满语 kʊdarhan，赫哲语及鄂温克语 hudarha。同时，他们将 "鞽梢" 称之为 hijahan（满语）、hiahan（锡伯语与赫哲语）、heeha（鄂温克语）、

keeka（鄂伦春语）等。

第七节 社会与行政同源名词

我们的同源名词资料里与社会结构、社会组织、社会制度、社会关系，以及与行政机构、政府部门、政治经济、军事法律、科学技术、货币市场、劳动报酬及其跟人的社会身份等直接有关的名词术语也有不少。在这里，同样只是涉及到同源关系比较清楚，语音演变现象比较有规律的那些同源词实例。

gurun "国家" —— 女真语、满语、锡伯语、赫哲语 gurun，鄂伦春语 gurʉn，鄂温克语 gʉrʉŋ。该词的音变主要表现在词中元音 u 在鄂温克语及鄂伦春语里的 ʉ 音变，以及词尾鼻辅音 n 的 ŋ 音变等方面。

gəmun "京都" —— 满通古斯语族语言内均叫 gəmun > gəmʉn。另外，鄂温克语及鄂伦春语还用 mʉgdun > mʉgdʉŋ 表示 "京都" 之意。不过，满语里 mukdən 表示当时的 "盛京"，也就是现在的沈阳市。清朝定都北京之前，"沈阳" 从天聪六年开始就逐渐成为满族，或者说满通古斯诸民族的政治、经济、文化活动中心，并于天聪八年更名为 "盛京"，也就是 "兴盛都市" 的意思，用满通古斯语族语言的说法就叫 mugdun，后来演化为 mukdən。所以，至今像鄂温克与鄂伦春等通古斯诸民族把 "首都"、"京都" 等均用 gəmun 之说表示的同时，还用 mugdun > mʉgdun > mʉgdʉŋ 指含该词义。

ʤəʃən "边疆" —— 赫哲语及鄂伦春语 ʤəʃən，鄂温克语 ʤəʃəŋ，满语与锡伯语 dzətʂən。在通古斯语支语言内还有 ʤabka > ʤakka 以及 hil 之类的说法。其中的 hil 可能来自蒙古语的 hili > hil。与此同时，他们还用 uʤan（赫哲语与鄂伦春语）、uʤaŋ（鄂温克语）、udzan（满语及锡伯语）之说表示 "边远地区"。

gərən "社会" —— 赫哲语及鄂伦春语 gərən，鄂温克语 gərəŋ，满语 gərənnusu，锡伯语 gərənosu。据我们了解，满通古斯语族语言的 gərən 所含词义比较广泛，它可以表示 "所有"、"各地"、"众多"、

"社会"等多种词义。然而，在满语支语言里专指"社会"之意时，在该词后面还接缀了 -nusu、-nosu 等复数词缀。

dasan "政府" —— 满通古斯语族语言内均说 dasan，也说 jamun。在满语和锡伯语里，将 dasan 与 jamun 各自单独使用的同时，还可以用 dasan jamun 的语用形式表示"政府"之意。再说，通古斯语支语言里还有 alban 的说法。

papun "法律" —— 鄂伦春语与鄂温克语 papun > pabun，赫哲语 pabun，满语及锡伯语 fafun。很显然，该词词首辅音及词中辅音 p 在使用过程中出现 f 或 b 音变。满通古斯语族语言内，除 papun 之外，还使用 kooli > hooli 一词。我们认为，他们所说的 kooli > hooli 有可能源于蒙古语族语言的 hoɡoli > hooli "法律"。

kəmun "法则" —— 满语与锡伯语 kəmun，鄂伦春语 kəmʉn，赫哲语 həmun，鄂温克语 həmʉŋ。可以看出，该词在使用过程中产生：（1）词首辅音 k 在赫哲语及鄂温克语里出现 h 音变；（2）词中元音 u 在鄂温克语和鄂伦春语内变读为 ʉ 音等音变现象。

*agan "本分、本质" —— 鄂伦春语 aan，鄂温克语 aaŋ，满语、锡伯语、赫哲语 an。该词的早期语音结构应该是 *agan，主要表示"原来的"、"本来的"、"自然的"等意思。后来，演化出"本分、本质"等词义。显而易见，该词的语音变化现象及其规律是 *agan > aan > aaŋ > an。

*alaban "机关" —— 除了锡伯语叫 alvan 之外，满通古斯语族其他语言均说 alban。该同源名词的语音变化现象在于，词中元音 a 的脱落，以及词中辅音 b 在锡伯语里发生 v 音变两个方面。

*daladʒi "关系" —— 鄂温克语 daladʒi > daldʒi，赫哲语及鄂伦春语 daldʒi，满语与锡伯语 daldʐi。该词在使用过程中，首先在除鄂温克语之外的语言里词中元音 a 被脱落，其次词中辅音 dʒ 在满语支语言里由 dʐ 取而代之。

kiru "旗" —— 满语、锡伯语、赫哲语、鄂伦春语 kiru, 鄂温克语 hiru。与此同时, 他们将 "战旗" 称之为 tu (满语、锡伯语、赫哲语)、tug (鄂伦春语及鄂温克语) 等。不过, 在蒙古语族语言内也把 "旗" 叫 tug。毫无疑问, 满通古斯语族语言的 tu > tug 及蒙古语族语言的 tug 之间存在同源关系。

*irəgən "人民" —— 满通古斯语族语言内都说 irgən > irgəŋ, 鄂温克语里还有 iggəŋ 之说。依据我们掌握的词汇资料, 在通古斯语支语言内还有 irəgən 之说。

hoton "城市" —— 满语、锡伯语、赫哲语、鄂温克语 hoton, 鄂伦春语 koton。另外, 他们将 "小城" 称之为 fuka (满语)、vuka (锡伯语)、bogon (赫哲语及鄂伦春语)、bogoŋ (鄂温克语) 等。也就是说, 对于 "小城", 该语族语言有两种说法: 一是满语支语言的 fuka > vuka, 二是通古斯语支语言的 bogon > bogoŋ。再说, 他们还把 "市区" 称作 girin (满语、锡伯语、赫哲语、鄂伦春语)、giriŋ (鄂温克语) 等。

matun "城头望塔" —— 满语、锡伯语、赫哲语 matun, 鄂伦春语 与鄂温克语 matu。不过, 通古斯语支语言内也有 təktər 之说。

*sibukuri "城墙排水口" —— 满语 sibkʊri, 锡伯语 şibkur, 鄂伦春语 ʃibukur, 鄂温克语 ʃibuhur, 赫哲语 ʃibkur。我们可以用以下格式展示该词的语音变化现象及其规律:

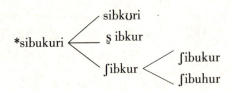

taktar "楼阁" —— 赫哲语、鄂伦春语、鄂温克语 taktar, 满语 tak-tu, 锡伯语 taktə。该词的音变现象, 主要出现在满语支语言里。也就是说, 词第二音节的元音 a 在满语及锡伯语中分别产生 u、ə 音变的同时, 词尾辅音 r 在满语支语言里被脱落。另外, 满通古斯语族语言把 "楼层" 或 "阁" 称之为 asari (满语)、asar (赫哲语、鄂伦春语、鄂温克语）、asər（锡伯语）等。

　　guruŋ ~ ordon "宫" —— 满语与锡伯语 guruŋ，赫哲语及鄂伦春语 ordon，鄂温克语 oddon。除了满语支语言的 guruŋ 以及通古斯语支语言的 ordon > oddon 之外，还有 guŋ 之说。毋庸置疑，满通古斯语族语言的 guŋ 源于汉语的 gong "宫"。与此同时，他们还将 "殿" 称之为 dəjən。那么，dəjən 是否属于汉语 dian "殿" 的借用形式还需要进一步深入探讨。

　　*səlugəri "月台" —— 鄂伦春语与鄂温克语 səlugər，赫哲语 səlgər，满语 tʂəlhəri，锡伯语 tʂəlhər。该实例是在表示 "敞亮"、"舒适" 等词义的形容词 *səlu > *tʂəlu 后面，接缀构词词缀 -gəri > -həri 而派生出来的名词。而且，在使用过程中产生：（1）词首辅音 s 在满语支语言中出现 tʂ 音变；（2）词第二音节元音 u 在通古斯语支语言内变成 u̟ 音或被脱落；（3）词中辅音 g 在满语支语言中变读为 h 音；（4）词尾元音 i 在除满语之外的语言里被脱落等音变现象。

　　*ʤərəgi "等级" —— 赫哲语及鄂伦春语 ʤərgi，鄂温克语 ʤəggi，满语 dzərgi，锡伯语 dzi̠rgi > dzi̠rhi。该同源动词的语音变化现象表现在：（1）词首辅音 ʤ 在满语支语言里发生 dz 音变；（2）词第二音节元音 ə 完全被脱落；（3）词中辅音 r 在鄂温克语内被逆同化为 g 音；（4）词尾音节首辅音 g 在锡伯语中产生 h 音变等方面。

　　golo ~ amban "省" —— 满语支语言叫 golo，通古斯语支语言说 amban。不过，在通古斯语支语言内还有 moʤi 之说。在我们看来，moʤi 一词可能源于蒙古语。

　　niru "乡" —— 满通古斯语族语言内，除了锡伯语叫 nyr 之外，其他语言里都说 niru。不过，通古斯语支语言内还有 somo > som 之说。而且，somo 一词在蒙古语族语言内也被广泛使用，是属于与蒙古语族语言有同源关系的词。

　　gatʃan "村" —— 赫哲语 gatʃan，鄂温克语 gatʃa，满语及锡伯语 gaʂan，鄂伦春语 gasan。满通古斯语族语言内表示 "村" 之意时，除使用 gatʃan > gatʃa > ga ʂan > gasan 这一同源词之外，他们还用 tokso（满语及锡伯语）、ʉrirəŋ（鄂温克语）、aili（满语）等表示该词义。

ajiman "部落" —— 赫哲语、鄂伦春语、鄂温克语 ajman，满语与锡伯语 aiman。可以说，该同源名词所产生的语音变化不是很大。而且，只是表现在通古斯语支语言的词中元音 i 被脱落，以及满语支语言第二音节首辅音 j 被省略等方面。再说，鄂温克语里还有将词尾鼻辅音 n 发作 ŋ 音的现象。

tohso ~ urilən "屯子" —— 锡伯语与赫哲语 tohso，满语 tokso，鄂伦春语 ʉrilən >，鄂温克语 ʉriləŋ > ʉrirəŋ。满通古斯语族语言的 tohso > tokso 及 urilən > ʉrilən > ʉriləŋ > ʉrirəŋ 两种说法里，urilən 是属于他们的早期产物，而 tohso 之说似乎跟蒙古语族语言的 toshon "屯子"、"村庄" 属同源关系，只不过是词中语音形式 sh 或 ks 被满语支语言发作 hs 或 ks 音而已。

santʃin ~ haʤi "山寨" —— 满语及锡伯语 ʂantʂin，赫哲语与鄂温克语 haʤi，鄂伦春语 kaʤi。也就是说，满通古斯语族语言里用 santʃin > ʂantʂin 以及 haʤi > kaʤi 两种说法表示 "山寨" 或 "寨" 之意。

ʤasan ~ ajil "塞子" —— 赫哲语 ʤasan，满语与锡伯语 dzʐasə，鄂伦春语及鄂温克语 ajil。除了 ʤasan > dzʐasə 及 ajil 之外，通古斯语支语言内还可以用 urilən 来表示该词义。

susu ~ *təgəgən "原籍" —— 满语与锡伯语 susu，鄂温克语 təgəəŋ，赫哲语及鄂伦春语 təgən。很显然，通古斯语支语言的 *təgəgən > təgəəŋ > təgən 是在动词词根 təgə- 后面接缀构词词缀 -gən > -əŋ > -n 派生的实例。

tʃamhan "牌匾" —— 赫哲语 tʃamhan，鄂温克语 tʃamha，鄂伦春语 tʃamka，满语与锡伯语 tʂamhan。该词的语音变化规律应为 tʃamhan > tʃamha > tʃamka > tʂamhan。不过，在通古斯语支语言内还有将 tʃamhan > tʃamha 发音成 samhan > samha 的现象。

　　kurən "馆，所" —— 满语及锡伯语 kurən，鄂伦春语 kʉrə，赫哲语 hurə，鄂温克语 hʉrə。该同源名词是按照 kurən > kʉrə > hurə > hʉrə 之语音演变规律在不同语言里产生了有所不同的一些语音变化。

　　namun "库" —— 满通古斯语族语言均叫 namun。也就是说，该同源名词在不同语言的使用过程中没有出现什么音变现象。不过，在鄂温克语里有把词尾鼻辅音 n 发音成 ŋ 的现象。另外，他们把 "仓房" 叫 tʂalu（满语及锡伯语）、səlu（赫哲语）、səlʉ（鄂温克语与鄂伦春语）等。

　　*tasijan "错误" —— 锡伯语 tasən，鄂伦春语 taʃeen > taʃen，鄂温克语 taʃeen > taʃeeŋ > taʃen，赫哲语 taʃan，满语 taʂan。我们可以用下面格式表示同源名词 *tasijan 在不同语言中产生的语音变化及其规律：

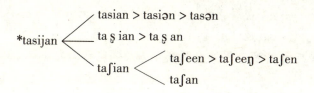

　　我们认为，同源名词 *tasijan 是由动词词根 *tasi- "歪"、"错" 派生而来的实例。如此说来，*tasi- > taʂi- > taʃi- 等后面出现的 -jan > -en > -eŋ > -n 均属于构词词缀。再说，女真语里用 buru 表示 "错误"，毫无疑问，该说法与蒙古语的 buru "错误" 有同源关系。

　　gasan "悲伤哀叹" —— 赫哲语、鄂伦春语、满语 gasan，鄂温克语 gasaŋ，锡伯语 gasən。这里除提到的 gasan > gasaŋ > gasən 之外，满语支语言内还有 nasatʂun 之说。

　　dʒogol "灾祸累赘" —— 赫哲语及鄂伦春语 dʒogol，鄂温克语 dʒogol > dʒowol，满语 dzɔbol，锡伯语 dzɔvul。从严格意义上来讲，dʒogol 是属于满通古斯语族语言的传统说法，而 dzɔbol 是属于后来出现的语音变化的产物。不过，在蒙古语族语言内将 "灾祸累赘" 的词义也用 dʒɔbol > dʒɔwol 来表示。

ərun "刑" —— 满语、锡伯语、赫哲语 ərun，鄂伦春语 ərʉn，鄂温克语 ərʉŋ。与此同时，他们的语言里将"枷锁"称之为 səlhən > səlhəŋ 或 səlkən。

tusan "任务" —— 鄂温克语及鄂伦春语 tusan > tuʃal，赫哲语 tuʃan，满语与锡伯语 tu ʂan。可以看出，tusan 的音变主要在于词中辅音 s 的 ʃ 与 ʂ 音变方面。而且，满通古斯语族语言的 tusan 同蒙古语族语言的 tusijal > tuʃijal > tuʃial > tuʃal 间存在同源关系。

bodogon "计谋" —— 鄂温克语里叫 bodogoŋ，满通古斯语族的其他语言中都说 bodogon > bodgon。很显然，该词源于动词词根 bodo- > bod- "想"、"计算"。不过，通古斯语支语言内也可以用 dʒali、dʒele 等表示该词义。

gunin "意见" —— 锡伯语、赫哲语、鄂伦春语 gunin，鄂温克语 guniŋ，满语 gʊnin。在满语及鄂温克语内 gunin 的词首元音 u 及词尾鼻辅音 n 分别产生 ʊ 与 ŋ 音变。另外，鄂温克语及鄂伦春语内还有 iʃiggi 与 itʃilgi 之说。

tatigan "教育" —— 赫哲语 tatigan，鄂温克语 tatigaŋ，鄂伦春语 tatʃigan，满语 tatʂihian，锡伯语 tatʂihian < tatʂihan。毫无疑问，满通古斯语族语言的 tatigan > tatigaŋ > tatʂihijan > tatʂihan 是在动词词根 tati- > tatʂi- 后面接缀构词词缀 -gan > -gaŋ > -han、-hijan 等派生的名词。

oŋko "牧场" —— 锡伯语里称之为 oŋku，其他语言中均称 oŋko。另外，鄂温克语里还说 otor。然而，otor 一词与蒙古语族语言 otor "牧场"同属一源。

nəmu "矿业" —— 满语、锡伯语、赫哲语 nəmu，鄂伦春语及鄂温克语 nəmʉ。鄂温克语里还有 bolokto 之说。

*wəjilən "工作" —— 鄂伦春语及鄂温克语 wəjlə，满语 wəilən，赫哲语 wəilə > uilə，锡伯语 vəilən。应该说，该同源名词的早期语音形式是 *wəjilən。不过，在具体使用过程中却产生：（1）词首辅音 w 在锡伯

语里的 v 音变；（2）词中辅音 j 在满语支语言及赫哲语里被脱落；（3）词中元音 i 及词尾鼻辅音 n 在通古斯语支语言内出现脱落等音变现象。

dzǫbotən ~ gərəbə "劳动" —— 满语 dzǫbotən，锡伯语 dzǫvutən，赫哲语及鄂伦春语 gərbə，鄂温克语 gəbbə。也就是说，满通古斯语族语言内用 dzǫbotən > dzǫvutən 以及 gərəbə > gərbə > gəbbə 两种说法来表示"劳动"之意。

ərdəmu "技术" —— 满语 ərdəmu，锡伯语、赫哲语、鄂伦春语 ərdəm，鄂温克语 əddəm。该同源名词的语音演化规律应为 ərdəmu > ərdəm > əddəm。

bajita "事情" —— 赫哲语、鄂伦春语、鄂温克语 bajta，满语 baita，锡伯语 bait。可以看出，该词的原有语音结构在通古斯语支语言内保存得比较好，而在满语支语言内却产生词中辅音 j 的脱落及词尾元音 a 的省略等语音变化。

sidən "证据" —— 满语 sidən，锡伯语 ṣidən，赫哲语、鄂温克语、鄂伦春语 ʃidən。这里只有词首辅音 s 出现 ṣ 与 ʃ 音变。但是，在鄂温克语中也有把 ʃidən 发音成 ʃidəŋ 的现象。

damu "抵押品" —— 满语与锡伯语 damtun，通古斯语支语言 damu。我们认为，该同源名词的早期语音形式应为 damu。不过，在满语支语言里，也有接缀词缀 -tun 而构成了 damutun > damtun 式语音结构的实例。

huda "价格" —— 锡伯语及赫哲语 huda，满语 hʊda，鄂温克语 hoda，鄂伦春语 kuda。该词在使用过程中产生：（1）词首辅音 h 在鄂伦春语内的 k 音变；（2）词首音节元音 u 在满语及鄂温克语里的 ʊ 与 o 音变等。

*tʃifun ~ gajli "税" —— 满语支语言 tʂifun，通古斯语支语言 gajli。其中的 gajli 之说，似乎与蒙古语族语言的 gaili "税"属同源关系。

ʤiga "货币、钱" —— 赫哲语、鄂伦春语、鄂温克语 ʤiga，满语与锡伯语 dʑiha。另外，他们还用 mugun > məgun > muguŋ > muwun 表示"货币"之概念。事实上，在满通古斯语族语言内 mugun 的原意是指"银子"，后来才引申出银制货币"白银"、"银元"以及"货币"、"钱"等词义。

ʧalin "工资" —— 赫哲语与鄂伦春语 ʧalin，鄂温克语 ʧaliŋ > saliŋ，锡伯语 tʂalin，满语 tʂalijan > tʂalian。不难看出，ʧalin 的音变主要在于：(1) 词首辅音 ʧ 的 tʂ 及 s 音变；(2) 词尾鼻辅音 n 的 ŋ 音变等方面。

kərun "罚金" —— 满语、锡伯语、赫哲语 kərun，鄂伦春语 ərun，鄂温克语 əruŋ。该词的音变基本上出现在鄂温克语及鄂伦春语中，而且主要表现于：(1) 词首辅音 k 的脱落；(2) 词中元音 u 的 u 音变；(3) 词尾鼻辅音 n 由 ŋ 取而代之等方面。不过，在通古斯语支语言内还可以用 tamu > tam 表示该词义。

gusə "股票" —— 满语叫 gusə，其他满通古斯语族语言均说 gus。然而，在通古斯语支语言内还有 gusur 之说。

bodoku ~ bodogon "算盘" —— 锡伯语 bodoku，满语 bodokʊ，赫哲语与鄂伦春语 bodogon，鄂温克语 bodogoŋ。该语族语言的 bodoku > bodokʊ、bodogon > bodogoŋ 均源于动词词根 bodo-"算"，而 -ku > -kʊ、-gon > -goŋ 等是属于由动词派生名词的构词词缀。

madagan "利息" —— 满语与鄂伦春语 madagan，鄂温克语 madagaŋ，赫哲语 madgan，锡伯语 mathən。很明显，该同源名词是按照 madagan > madagaŋ > madgan > mathən 之演化规律产生了不同程度的语音变化现象。除此之外，通古斯语支语言里还说 hu，该词可能是属于蒙古语族语言的借词。

tusan "利益" —— 赫哲语 tusan，满语与锡伯语 tusa，鄂温克语 tusu，鄂伦春语 tus。满通古斯语族语言的同源名词 tusan > tusa ~ tusu > tus 在蒙古语族语言内也被广泛使用。甚至，我们怀疑，该词有可能是源于蒙古语名词 tusa "油"。

gijamun "驿站" —— 满语 gijamun > giamun，锡伯语与赫哲语 giamun，鄂伦春语 gamun，鄂温克语 gamuŋ。除了满通古斯语族语言的 gijamun > giamun > gamun > gamuŋ 之外，通古斯语支语言内还有 kʉrə > hʉrə 之说。

darun ~ *ədələgən "码头" —— 满语、锡伯语、赫哲语 darun，鄂伦春语 ədəlgə，鄂温克语 ədəggə。这其中，ədəlgə > ədəggə 之说源于动词词根 ədələ- "渡"。

第八节　文化同源名词

顾名思义，文化同源名词自然是指与文化知识直接有关或密切相关的报刊书信、图书资料、学校教学、语言文字、笔墨纸张、牌匾称号、音乐歌舞、乐器艺术、棋牌玩具、佳节吉日、庆典仪式、精神活动、精神生活、宗教信仰等方面的名词术语或专用名称等。我们所掌握的第一手资料充分证明，在他们日常使用的文化词语中有相当数量的同源词。尤其是在传统意义上的那些早期文化类名词里，有同源关系的实例确实有不少。其中，还有不少早期宫廷文化的产物。而且，有不少传统文化意义上的同源名词，直到今天还广泛地使用于他们的日常生活用语，从而对于他们的语言交流发挥着极其重要的作用。

sərgin "报纸" —— 赫哲语及鄂伦春语 sərgin，鄂温克语 səggiŋ，满语与锡伯语 sərkin。依据我们掌握的词汇资料，该语族语言内使用 sərgin > səggiŋ > sərkin 的同时，在通古斯语支语言里还有 soniŋ 之说。不难看出，该说法源于蒙古语族语言的 sonin "报纸"。

*ʤasigan "信" —— 鄂伦春语 ʤaʃigan，鄂温克语 ʤaʃihaŋ，赫哲语 ʤaʃhan，满语 dzasigan，锡伯语 dzaʂhən。同源名词 *ʤasigan 在不同语言里产生的音变表现在：（1）词首辅音 ʤ 在满语支语言里被发作 dz 音；（2）词第二节首辅音 s 在通古斯语支语言内产生 ʃ 音变的同时，辅音 ʃ 后面的元音 i 在赫哲语及锡伯语里被脱落；（3）词尾音节首辅音 g

在满语支语言及赫哲语中演化为 h 音；（4）词尾鼻辅音 n 在鄂温克语里由 ŋ 取而代之等方面。满通古斯语族语言的 *ʤasigan > ʤaʃigan > ʤaʃihaŋ > ʤaʃhan > dzasigan > dzashən 源于动词词根 *ʤasi- > ʤaʃi- > ʤaʃ- > dzasi- > dzas- "稍"、"寄"，像 -gan > -ha > -ha > -an > -ən 是属于构词词缀。与此同时，他们将"信封"称之为 dobton > dotton。然而，无论是 *ʤasigan 的 *ʤasi- 还是 dobton，均与蒙古语族语言 *ʤahidal 的 *ʤahi-以及 dobton > dokton 之间存在同源关系。

tatiku "学校" —— 赫哲语 tatiku，鄂伦春语 tatʃiku，鄂温克语 tatʃihu，锡伯语 tatʂiku，满语 tatʂikʊ。可以看出，同源名词 tatiku > tatʃiku > tatʃihu > tatʂiku > tatʂikʊ 是源于动词词根 tati- > tatʃi- > tatʂi- "学"，而 -ku > -kʊ > -hu 是属于构词词缀。很有意思的是，在通古斯语支语言内还有 tasug 之说。很显然，它是经过 tatiku > tatʃuku > tatʃugu > tasugu > tasug 式音变过程演化而来的产物。

kitʃən "课程" —— 赫哲语与鄂伦春语 kitʃən，满语及锡伯语 kitʂən，鄂温克语 hisən。该词在使用过程中，首先词首辅音 k 在鄂温克语里变为 h 音，其次词中辅音 tʃ 在满语和鄂温克语里分别发生 tʂ 与 s 音变。另外，鄂温克语里还有 hisəəl 之说。

*tʃagasun "纸" —— 鄂伦春语 tʃaasun，鄂温克语 saasuŋ，满语 hooʂan，锡伯语 hoʃin，赫哲语 hoʃin。显而易见，该词在使用过程中产生：（1）词首辅音 tʃ 在鄂温克语里出现 s 音变，同时与满语、锡伯语、赫哲语的 h 音产生语音交替现象；（2）伴随词中辅音 g 脱落而出现长元音 aa > oo 现象，后来在锡伯语及赫哲语里长元音 oo 又演化为短元音 o；（3）词中辅音 s 在满语支语言及赫哲语中分别产生 ʂ 与 ʃ 音变；（4）词尾音节的元音 u 在满语里变为 a 音，在锡伯语及赫哲语内变为 i 音；（5）词尾鼻辅音 n 在鄂温克语里演化为 ŋ 音等语音变化。

*hərəgən "字" —— 满语与赫哲语 hərgən，鄂温克语 həggəŋ，锡伯语 hərhən，鄂伦春语 kərgən。从词源学角度来讲，该词的早期语音结构应该是 *hərəgən。至今在老人的发音中，还保留着 *hərəgən 这一早期语音形式。那么，*hərəgən 在不同语言里产生的音变现象主要表现在：（1）词首辅音 h 在鄂伦春语里的 k 音变；（2）词第二音节元音 ə

的全面脱落，以及由此而出现的词中语音形式 rg 在鄂温克语及锡伯语里发生 gg 与 rh 式音变；（3）词尾鼻辅音 n 在鄂温克语中出现 ŋ 音变等方面。

*bitigə "书" —— 鄂温克语 bitig，鄂伦春语 bitəgə，满语、锡伯语、赫哲语 bithə。该词的语音变化现象及其演变规律应为：

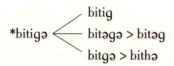

$$*bitigə \begin{cases} bitig \\ bitəgə > bitəg \\ bitgə > bithə \end{cases}$$

与此同时，他们把"经书"说成是 nomun（满语与锡伯语）、nom > nonno（鄂温克语）、non（鄂伦春语与赫哲语）等。

ulabun "传略" —— 满语、赫哲语、鄂伦春语 ulabun，锡伯语 ulavun，鄂温克语 ulawuŋ。该词的语音变化规律应为 ulabun > ulavun > ulawuŋ。另外，我们掌握的词汇资料表明，在他们的早期词汇系统中，与"史书"等的称谓及其目序章节页码相关的同源词还有不少。比如说，suduri "史书" ⇨ suduri（满语支语言）、sudur（通古斯语支语言）；ədʒəbun "史册" ⇨ ədʒəbun（赫哲语）、ədʒəbʉn（鄂伦春语）、ədʒəwuŋ（鄂温克语）、ədzẓbun（满语）、ədzẓvun（锡伯语）等；dʒulun ~ nimagan "演义" ⇨ dzụlun < dʒulən（满语与锡伯语）、nimagan（鄂伦春语）、nimagaŋ（鄂温克语）、imakan（赫哲语）等；dʒoriŋga "题目" ⇨ dʒoriŋga（赫哲语、鄂伦春语、鄂温克语）、dzọriŋga（满语）、dzọrin（锡伯语）等；sututʃin "序" ⇨ sututʃin（赫哲语）、sututʃiŋ（鄂温克语）、sututʃi（鄂伦春语）、şututşin（满语与锡伯语）等；fijələn ~ kəsəg "章" ⇨ fijələn > fiələn（满语）、filən（锡伯语）、həsəg（鄂伦春语及鄂温克语）、kəsən（赫哲语）等；məjin "段落" ⇨ 满通古斯语族语言均称 məjin；afaha "书页" ⇨ afaha（满语）、avah（锡伯语）、awuha（赫哲语）、dərəl（鄂温克语）、dərə（鄂伦春语）等；toŋki "逗号" ⇨ 满通古斯语族语言都称之为 toŋki；tʃigə "句号" ⇨ tʃig（通古斯语支语言）、tşikə（满语）、tşik（锡伯语）等。

dəbtər "本" —— 通古斯语支语言 dəbtər，满语 dəbtəlin，锡伯语

dəvtəlin。不难看出，该词的核心结构应为 dəbtə > dəvtə，而 -r 与 -lin 是属于词缀部分。再说了，早期通古斯语支语言里 dəbtə 可以表示"长方物"之意。

　　bəgə "墨" —— 鄂温克语 bəgə，鄂伦春语 bəkə，女真语、满语、锡伯语、赫哲语 bəhə。同源名词 bəgə 的音变，主要在于词中辅音 g 在除鄂温克语之外的语言里出现的 k 与 h 音变。

　　gidaku "镇纸" —— 鄂伦春语 gidaku，满语 gidakʊ，锡伯语 gidakə，赫哲语及鄂温克语 gidahu。很显然，该词在使用过程中出现 gidaku > gidakʊ > gidakə > gidahu 式音变。而且，他们还把"圆形镇纸"叫 mugər（赫哲语）、mʉgər（鄂伦春语及鄂温克语）、muhərən（满语）、muhər > muhur（锡伯语）等。

　　nirugan "画" —— 满语及锡伯语 nirugan > nirogan，鄂伦春语 nerugan，鄂温克语 nerogaŋ，赫哲语 nyrhan。该同源名词在不同语言中产生的音变现象在于：（1）词首音节元音 i 在通古斯语支语言内发生 e 或 y 音变；（2）词中元音 u 在鄂温克语及锡伯语内由 o 音取代的同时，在赫哲语中被脱落；（3）词尾音节首辅音 g 在赫哲语里弱化为 h 音；（4）词尾鼻辅音 n 在鄂温克语里被发作 ŋ 音等方面。

　　dʒisun "画线" —— 鄂伦春语及鄂温克语 dʒisʉn，赫哲语 dʒusun，满语 dzi̥dzu̥n，锡伯语 dzu̥dzu̥n。该词的语音变化现象表现在：（1）词首辅音 dʒ 及词中辅音 s 在满语支语言中发生的 dz̥ 音变；（2）词首音节元音 i 在赫哲语及锡伯语里被后续音节元音逆同化为 u 音；（3）词尾音节元音在鄂温克语及鄂伦春语里产生 ʉ 音变等方面。

　　durugan "图谱" —— 除了在鄂温克语里叫 durugaŋ 之外，其他满通古斯语族语言内均说 durugan。我们认为，该词有可能源于名词 durun > duruŋ "样子"、"模样"。不过，在通古斯语支语言内还有 dʒurugan 之说。

　　doron "图章" —— 女真语、满语、鄂伦春语 doron，鄂温克语 doroŋ，锡伯语与赫哲语 dorun。该词的音变规律应为 doron > doroŋ > dorun。另外，在他们的语言里还有 toron（满语）、tamar（赫哲语、鄂伦春语、鄂温克语）等说法。

*susihən "牌子" —— 满语 ṣusihə，锡伯语 ṣu ṣihə，赫哲语 uʃihən，鄂温克语 ʉʃihə，鄂伦春语 ʉʃikən。可用以下格式展示该词的音变关系及其规律：

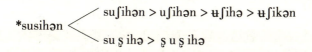

ilətun "奏章" —— 满语 ilətun，锡伯语和赫哲语 iltun，鄂伦春语 iltʉn，鄂温克语 ilətuŋ。该同源名词是按照 ilətun > iltun > iltʉn > ilətuŋ 之语音演变规律产生了一系列音变。

ulhibun "通知"、"布告" —— 满语、锡伯语、赫哲语 ulhibun，鄂伦春语 ʉlhibʉn，鄂温克语 ʉlhiwʉŋ。毫无疑问，满通古斯语族语言的 ulhibun > ʉlhibʉn > ʉlhiwʉŋ 是在动词词干 ulhi- > ʉlhi-"通知"后面接缀构词词缀 -bun > -bʉn > -wʉŋ 而派生的名词。

alan "报告" —— 满通古斯语族语言均叫 alan。除此之外，他们还用 wəṣimbun（满语）、wəṣimvun（锡伯语）、ʤiŋʤibun（鄂伦春语）、ʤiŋʤiwuŋ（鄂温克语）、həʤibən（赫哲语）等说法来表示"报告"之意。而且，它们都是从含有"报告"、"说"等词义的动词词根 wəṣi- > wəṣi-、ʤiŋʤi-、həʤi- 派生而来的名词。

tafulan "劝告" —— 满语 tafulan，锡伯语 tavulan，赫哲语及鄂伦春语 tawulan，鄂温克语 tawulaŋ。可以看出，该词的音变主要在于词中辅音 f 的变化方面。与此同时，满通古斯语族语言内将"警告"称之为 targabun（满语与锡伯语）、targan（赫哲语）、targan ~ saabun（鄂伦春语）、targaŋ ~ saawuŋ（鄂温克语）等。

*nəjilən ~ alibun "启文" —— 满语及锡伯语 nəilən，赫哲语与鄂伦春语 alibun，鄂温克语 aliwuŋ。也就是说，满通古斯语族语言用 *nəjilən > nəilən 以及 alibun > aliwuŋ 两种说法表示"启文"之意。

kartʃandun "矛盾" —— 满语 kartʂandun, 锡伯语 kartʂəndun, 赫哲语与鄂伦春语 artʃaldun, 鄂温克语 atʃʃalduŋ。满通古斯语族语言的 kartʂandun > kartʂəndun > artʃaldun > atʃʃanduŋ 之说是源于动词词根 kartʂa- > kartʂə- > artʃa- > atʃʃi- "对立"、"对抗"、"抵触"。另外，通古斯语支语言内还有用 əgun > əgʉn > əgʉŋ ~ əgsun > əgsʉn > əgsʉŋ 等说法来表示 "矛盾" 之意的现象。

ʤaka "事物" —— 赫哲语与鄂伦春语 ʤaka, 鄂温克语和女真语 ʤaha, 满语 dzaka, 锡伯语 dzak。可以看出，该词在不同语言中产生的音变并不复杂，只是词首辅音 ʤ 在满语和锡伯语里出现 dz 音变的同时，词中辅音 k 在鄂温克语里演化为 h 音，以及词尾元音 a 在锡伯语中被脱落等方面。

turgun "原因" —— 除了在鄂温克语里叫 turguŋ 之外，其他语言中均说 turgun。另外，通古斯语支语言内还可以用 nʉhʃil 来表示该名词词义。不过，他们所说的 nʉhʃil 与蒙古语族语言的 nʉgʉtʃəl > nʉgtʃəl "原因" 同属一源。

anagan "借口" —— 满语 kanagan, 锡伯语 hanhən, 赫哲语与鄂伦春语 anagan, 鄂温克语 anagaŋ。同源名词 kanagan > hanhən > anagan > anagaŋ 是源于动词词根 kana- > han- > ana- "推"，而 -gan > -gaŋ > -hən 是属于由动词派生名词的构词词缀。

bagsalan "判断" —— 鄂伦春语与赫哲语 bagsalan, 鄂温克语 bagsalaŋ, 满语 faksalan, 锡伯语 vaksalan。我们认为，名词 bagsalan > bagsalaŋ > faksalan > vaksalan 是源于动词词根 bagsa- "估计"、"推断"，而 -lan > -laŋ 毫无疑问是构词词缀。

bodogon "谋略" —— 除了鄂温克语与鄂伦春语里叫 bodor 之外，其他语言中均说 bodon。显而易见，该词源于动词词根 bodo- "思考"。再说，满通古斯语族语言 bodon 的 bodo- 与蒙古语族语言 bodol ~ bodolga "想法"、"谋略" 的词根 bodo- "思考" 是属同源关系。

ʤorin "目标" —— 赫哲语与鄂伦春语 ʤorin，鄂温克语 ʤoriŋ，满语及锡伯语 dzorin。该词的音变主要在于词首辅音 ʤ 的 dz 音变，以及词尾鼻辅音 n 的 ŋ 音变方面。

arga "办法" —— 满语、赫哲语、鄂伦春语 arga，锡伯语 arhə，鄂温克语 agga。除 arga > arhə ～ agga 之外，通古斯语支语言内还有 ʤali > ʤele > ʤeli 之说。

kumun "音乐" —— 满语、锡伯语、赫哲语 kumun，鄂伦春语 kʉmʉn，鄂温克语 hʉmʉŋ。我们的词汇资料表明，满通古斯语族语言内除说 kumun > kʉmʉn > hʉmʉŋ 之外，通古斯语支语言里还有 kʉgʤim > hʉʤʤim、kugum > kʉgʉm > hʉgʉm、ajiggo 等说法。

*utʃun ～ *ʤagandan "歌" —— 满语与锡伯语 utʂun，鄂伦春语 ʤaandan，鄂温克语 ʤaandaŋ，赫哲语 ʤandan。也就是说，该语族语言内有满语支语言的 *utʃun > utʂun 及通古斯语支语言的 *ʤagandan > ʤaandan > ʤaandaŋ > ʤandan 两种说法。再说，通古斯语支语言内还有用 ʤaaŋdalga（鄂伦春语）、ʤaaŋdagga（鄂温克语）、ʤandan ～ ʤaan（赫哲语）等说法表示 "歌" 之意的现象。

kituhan "琴" —— 满语、锡伯语、鄂伦春语 kituhan，赫哲语 hituhan，鄂温克语 hituhaŋ。除 kituhan > hituhan > hituhaŋ 之外，在鄂温克语里还有 hʉʤʤim 之说。不过，hʉʤʤim 可能源于蒙古语。另外，在该语族语言内，与乐器相关的同源词还有不少。比如说，tatuhan "提琴" ⇨ tatuhan（满语、锡伯语、赫哲语）、tatuhaŋ（鄂温克语）、tatukan（鄂伦春语）等；*oŋotʃon ～ hogor "胡琴" ⇨ oŋotʂon < oŋotʂon（满语及锡伯语）、hogor > hoor（赫哲语与鄂温克语）、kogor > koor（鄂伦春语）等；məkəni ～ tʃoroŋ "口琴" ⇨ məkəni（满语）、məkən（锡伯语）、tʃoroŋ（鄂伦春语及鄂温克语）、tʃoron（赫哲语）等；tuŋkun "鼓" ⇨ tuŋku（赫哲语）、tuŋkən（满语）、tuŋkə（锡伯语）、tʉŋkʉ（鄂伦春语）、tʉŋkʉ ～ həŋgəggə（鄂温克语）等；loŋkon ～ tʃaŋka "锣" ⇨ loŋkon（满语与锡伯语）、tʃaŋka（赫哲语及鄂伦春语）、tʃaŋka > saŋka（鄂温克语）等；*ʤajidaku ～ tʃaŋtʃihu "钹" ⇨ dzaidakʊ（满语）、dzaidak（锡伯语）、tʃaŋtʃihu（鄂温克语）、tʃaŋtʃih（赫哲语）、

tʃaŋtʃiku（鄂伦春语）等；biləri"唢呐"⇨满通古斯语族语言均叫 biləri；*fitʃaku ~ *limbu"笛子"⇨ fitʂakʊ（满语）、vitʂaku（锡伯语）、limbʉ（鄂伦春语及鄂温克语）、limbə（赫哲语）等；sətuhən ~ dʒatug "瑟"⇨ ʂətuhən（满语）、sətuhən（锡伯语）、dʒatug（赫哲语、鄂伦春语、鄂温克语）。不过，通古斯语支语言里也有 jatug 之说；burən "号"⇨ burən（满语、锡伯语、赫哲语）、bʉre（鄂伦春语与鄂温克语）等；*sihaku"管"⇨ sihakʊ（满语）、ʂiaku（锡伯语）、ʃihahu（赫哲语与鄂温克语）、ʃikaku（鄂伦春语）等；tʃoron"胡笳"⇨ tʃoron（鄂伦春语及赫哲语）、tʃoroŋ（鄂温克语）、tʂoron（满语）、tʂorun（锡伯语）等。

anir ~ asuki ~ *dilagan"声响"—— 赫哲语与鄂伦春语 anir ~ dilgan，鄂温克语 anir ~ delagaŋ，满语 asuki ~ dʒɨlgan，锡伯语 aski ~ dʒɨlhan。该三种说法的语音变化主要表现在：（1）anir 没有什么音变；（2）asuki 出现 asuki > aski 式音变；（3）*delagan 的演化规程应该是*dilagan > dilgan > delgan > dʒɨlgan > dʒɨlhan。

gisun"话"—— 满语、锡伯语、赫哲语 gisun，鄂伦春语 gisʉn，鄂温克语 gisʉŋ。通古斯语支语言内，除了说 gisun > gisʉn > gisʉŋ 之外，还有 ʉg ~ iŋi ~ dʒiŋdʒigun ~ dʒiŋdʒibun 等说法。其中，ʉg 源于蒙古语，iŋi 的"话"之意是由原有的"舌头"转义而来，再说，dʒiŋdʒigun 与 dʒiŋdʒibun 是由动词词根 dʒiŋdʒi-"说"派生而来。

mumuhu ~ bunbugu"球"—— 满语与锡伯语 mumuhu，赫哲语 bumburku，鄂温克语 bʉmbʉgʉ > bʉmbʉg，鄂伦春语 bʉmbʉn。满通古斯语族语言的 mumuhu 及 bumburku > bʉmbʉgʉ > bʉmbʉg > bʉmbʉn 等都源于表示"磨圆的"、"圆形的"之意的 mumu 及 bumbu > bʉmbʉ 等形容词。

pitʃaku"哨子"—— 赫哲语及鄂伦春语 pitʃaku，鄂温克语 pitʃaŋku，锡伯语 fitʂaku，满语 fitʂakʊ。显而易见，以上提到的 pitʃaŋku > pitʃaku > fitʂaku > fitʂakʊ 等源于动词词根 pitʃa- > fitʂa-"嘶叫"，而 -ŋku > -ku > -kʊ > -hu 是属于从动词派生名词的构词词缀。

sasuku "牌"（棋牌的牌）—— 赫哲语与鄂伦春语 sasuku，满语 sasukʊ，锡伯语及鄂温克语 sasuhu。该同源名词的音变现象主要表现在，词尾音节辅音 k 的 h 音变及其元音 u 的 ʊ 音变方面。

tonijo "棋" —— 满语 tonijo，锡伯语 tonio，赫哲语、鄂伦春语、鄂温克语 toni。另外，鄂温克语里还有 ʃag 之说。与此同时，他们还将"黑白棋"称之为 banʤi（通古斯语支语言）、bandẓi（满语支语言）等。

*tʃəku ~ gaaku "秋千" —— 满语及锡伯语 tʂəku，赫哲语 səku，鄂伦春语 gaaku，鄂温克语 gaahu。满通古斯语族语言内除 *tʃəku > tʂəku > səku 及 gaaku > gaahu 之外，满语里还有 *masaku > masakʊ 之说。

*ugin "游戏" —— 鄂伦春语 ʉgin > ʉwin，鄂温克语 ʉgiiŋ，赫哲语 əwin，满语 əfin，锡伯语 ivin。依据满通古斯语族语言的语音演变规律，该同源名词的早期语音结构应为 *ugin。不过在使用过程中却出现：（1）词首元音 u 在不同语言里产生 ʉ、ə、i 音变；（2）词中辅音 g 被发作 f、v、w 音；（3）词尾语音形式 in 在鄂温克语里发作 iiŋ 等语音演变现象。

tatin "习惯" —— 女真语、赫哲语、鄂伦春语、鄂温克语 tatin，满语与锡伯语 tatʂin。毋庸置疑，它们是源于动词词根 tati- > tatʂi- "学习"。另外，他们把"本性"称之为 banin > baniŋ。

anija "春节" —— 满语 anija，锡伯语 anija > ania，鄂温克语 ane，赫哲语及鄂伦春语 ani。该词的语音演变规律显然是 anija > ania > ane ~ ani。不过，在通古斯语支语言内还有 aŋgani > aŋŋani 之说。

haŋsi "清明节" —— 满语 haŋsi，锡伯语 haŋʂi，女真语及赫哲语 haŋʃi、鄂温克语 haŋʃi > haŋtʃi，鄂伦春语 kaŋtʃi。很显然，该词的语音变化现象主要在于：（1）词中辅音 s 在除满语之外的语言里发生 ʂ > ʃ > tʃ 之音变；（2）以及词首辅音 h 在鄂伦春语中的 k 音变等方面。

obo "敖包节" —— 满通古斯语族语言均称 obo。不过，在通古斯语支语言的方言土语内也有说 owo 的现象。

　　səbdʒin "狂欢节" —— 赫哲语及鄂伦春语 səbdʒin，鄂温克语 səbdʒiŋ > səwdʒiŋ，满语 səbdzən，锡伯语 səvdzən。该词的音变主要表现在：(1) 词中辅音 b 在鄂温克语及锡伯语里产生 w 与 v 音变；(2) 词第二音节首辅音 dʒ 在满语支语言中演化为 dz 音；(3) 词第二音节元音 i 被前置音节元音顺同化为 ə 音；(4) 词尾鼻辅音 n 在鄂温克语里由 ŋ 音取而代之等方面。

　　kutʃun "力气" —— 赫哲语 kutʃun，鄂伦春语 kʊtʃun，女真语及锡伯语 husun，鄂温克语 hʊsʊŋ，满语 hʊsun。除了这里提到的 kutʃun > kʊtʃun > husun > hʊsʊŋ > hʊsun 之外，赫哲语中还有 gudʒun 之语音形式表示该词义的现象。另外，他们将 "劲头" 称之为 idə，还把 "力量" 叫做 pəli > pəl（通古斯语支语言）、fəl（满语支语言）等。

　　*aguri ~ təŋkə "精力" —— 满语 auri，锡伯语 oori，通古斯语支语言 təŋkə。可以看出，满语支语言的 *aguri > auri > oori 之说在不同语言里产生不同程度的语音变化，而通古斯语支语言的 təŋkə 却较好地保存了原有语音形式。

　　mutən ~ tʃidal "本事" —— 满语 mutən，锡伯语与赫哲语 mutun，鄂伦春语 tʃidal，鄂温克语 ʃidal。该语族语言用 mutən > mutun 及 tʃidal > ʃidal 两种说法表示 "本事" 之意。另外，在我们掌握的资料里，与 "本事" 相关的同源词还有一些。比如说，əntʃəhen ~ ətəgeŋ "才能" ⇨ əntʂəhən（满语支语言）、əteɡe > ətəgeŋ（通古斯语支语言）等。

　　*toligin "梦" —— 满语 tolgin，鄂伦春语 tolkin，鄂温克语 tolkiŋ，锡伯语及赫哲语 tolhin。该词的语音演变主要表现在：(1) 词中辅音 l 后面的元音 i 被省略；(2) 词中辅音 g 的 k > h 式音变；(3) 词尾鼻辅音 n 在鄂温克语里的 ŋ 音变等方面。再说，赫哲语及女真语里还有 tolʃin 与 toʃin 之说。

　　həlmən ~ anan "影子" —— 满语及锡伯语 həlmən，赫哲语与鄂伦春语 anan、鄂温克语 anaŋ。也就是说，满语支语言和通古斯语支语言分别用 həlmən 及 anan > anaŋ 两种说法表示该词义。

durun "模样" —— 满语、锡伯语、赫哲语 durun，鄂伦春语 dʉrʉn，鄂温克语 dʉrʉŋ。除满通古斯语族语言的 durun > dʉrʉn > dʉrʉŋ 之说外，满语支语言里还有 muru（满语）、mur（锡伯语）、bəje（女真语）等说法。

mədəgə ~ *aldagur "消息" —— 赫哲语 mədəgə > mədə，满语 mədʐigə，锡伯语 mədʐig，鄂伦春语及鄂温克语 alduur。我们认为，满语与锡伯语的词中辅音 dʐ 有可能是属于 d 的一种变体。也就是说，满语的 mədʐigə 以及锡伯语的 mədʐig 的原来发音形式应为 mədəgə。再说，通古斯语支语言的 *aldagur 在具体使用中，由于辅音 g 的脱落而出现 aldaur > alduur > aldur 式语音变化现象。

urakin "声势" —— 赫哲语及鄂伦春语 urakin，鄂温克语 urahiŋ，满语与锡伯语 urkin。除了满通古斯语族语言的 urakin > urahiŋ > urkin 之说外，满语支语言内还可以用 horon 之说表示该名词词义。

hala "姓" —— 满语及赫哲语 hala，锡伯语与鄂温克语 hal，鄂伦春语 kala。作为同源名词 hala 在使用过程中，首先词首辅音 h 在鄂伦春语内出现 k 音变，其次词尾元音 a 在锡伯语与鄂温克语里被脱落。

*gəribu "名字" —— 鄂伦春语 gərbʉ > gərbi，赫哲语 gərbi，鄂温克语 gəbbi，满语 gəbu，锡伯语 gəv。我们认为，包括满语支语言的 gəbu > gəv 之说在内，它们的早期发音形式应该是 *gəribu，后来产生词中辅音 r 及元音 i 在满语支语言内先后脱落，甚至在锡伯语里出现词尾音节辅音 b 演化为 v 音及词尾元音脱落等现象。而在通古斯语支语言中，除了词中元音 i 的脱落之外，词尾元音也演化为 i 音。与此同时，他们把 "同名" 之概念用 tʂilba（满语支语言）或 aminde（通古斯语支语言）等说法来表示。

tʃolo "称号" —— 赫哲语 tʃol，满语 tʂolo，锡伯语 tʂol，鄂伦春语与鄂温克语 sol。该词的语音变化就在于词首辅音 tʃ 在除赫哲语之外语言中的 tʂ 与 s 音变，以及词尾元音 o 在锡伯语、鄂温克语、鄂伦春语内的脱落等方面。

sə ~ nasun "年纪" —— 满语、锡伯语、赫哲语 sə，鄂伦春语 na-sun，鄂温克语 nasuŋ。可以看得出来，对于该词义概念的表述上满通古斯语族语言内保持了两种说法。而且，它们之间似乎不存在同源关系。反过来，通古斯语族语言的 nasun > nasuŋ 与蒙古语族语言的 nasun > na-su > nas 之说却同属一源。

ʤalagan "寿命" —— 赫哲语 ʤalagan，鄂温克语 ʤalagaŋ，鄂伦春语 ʤalgan，满语 dzạlgan，锡伯语 dzạlhən。该同源名词的语音变化规律应为 ʤalagan > ʤalagaŋ > ʤalgan > dzạlgan > dzạlhən。

huturi "福气" —— 锡伯语、赫哲语、鄂温克语 huturi，女真语 hu-tur，满语 hʊturi，鄂伦春语 kuturi。我们的调研资料表明，除了满通古斯语族语言的 huturi > hutur > hʊturi > kuturi 之说外，赫哲语里还有 forkun 之说。该语族语言内，还有一些与 "福气" 相关的同源词。比如说，majin "幸运" ⇨ majin（鄂伦春语与鄂温克语）、majan（满语、锡伯语、赫哲语）等；*həsir "运气" ⇨ həʃir（赫哲语及鄂温克语）、həʃi（锡伯语）、kəsi（满语）、kəʃir（鄂伦春语）等；*ələhə "平安" ⇨ ələhə（赫哲语）、əlhə（满语、锡伯语、鄂温克语）、əlkə（鄂伦春语）等；*bələgə "好兆" ⇨ bələgə（赫哲语）、bəlgə（满语、锡伯语、鄂伦春语、鄂温克语）等。

gotʃin "仁" —— 鄂伦春语与赫哲语 gotʃin，鄂温克语 goʃin，满语 gosin，锡伯语 goşin。很显然，该词是按照 gotʃin > goʃin > gosin > goşin 之规律产生一些音变。另外，在他们的语言里还有：ʤilan "慈" ⇨ ʤilan（赫哲语及鄂伦春语）、ʤilaŋ（鄂温克语）、dzilan（满语与锡伯语）等；*ʤuragan "义" ⇨ ʤurgan（赫哲语与鄂伦春语）、ʤurgaŋ（鄂温克语）、dzurgan（满语）、dzurhan（锡伯语）等；*kəsir "恩" ⇨ kəʃir（鄂伦春语）、kəsi（满语）、kəʃi（锡伯语）、həʃir（鄂温克语）、həʃi（赫哲语）等；fuləhun "恩惠" ⇨ fuləhun（满语及锡伯语）、furəsun（赫哲语）、hʊrisʊn（鄂温克语）、kʊrisʊn（鄂伦春语）等；tondo "忠" ⇨ 满通古斯语族语言均叫 tondo；*tobo "正" ⇨ tob（满语与赫哲语）、tov（锡伯语）、towo > tow（鄂伦春语与鄂温克语）等。

təgərin "平等" ——鄂伦春语 təgərin，鄂温克语 təgəriŋ，赫哲语 təhərin，满语及锡伯语 təhərən。该词的语音演化规律应为 təgərin > təgəriŋ > təhərin > təhərən。

gijan "道理" ——满语 gijan，锡伯语 gian，鄂伦春语 geen，鄂温克语 geeŋ，赫哲语 gen。同源名词 gijan 的音变主要在于 ija > ia > ee > e 式演变，以及词尾鼻辅音 n 在鄂温克语里由 ŋ 取而代之等方面。

agadan "信心" ——赫哲语 agadan，鄂伦春语 agdan，鄂温克语 agdaŋ，满语与锡伯语 akdatʂun。除 agadan > agdan > agdaŋ > akdatʂun 之说外，该语族语言内还说 muilən（满语支语言）、ʃiləgʉn（通古斯语支语言）等。

*tatihijan > *tatʃihijan "宗教" ——满语 tatʂihijan，锡伯语 tatʂihian，赫哲语 taʃin，鄂温克语 tahiŋ < tahil，鄂伦春语 takin < takil。从某种意义上讲，满通古斯语族语言的 *tatʃihijan "宗教" 一词是较为早期的词语，它应源于动词词根 *tati- < *tatʃi- "学"、"习得"、"修炼"。然而，在不同语言的不同语用环境中，*tatʃihijan 却产生不同程度的音变。首先作为词的核心结构 *tatʃi- 出现 tatʂi- < taʃi- < tahi- < taki- 式特殊音变。它的特殊之处就在于，其中的辅音 tʃ 先产生 tʂ 与 ʃ 音变，然后 ʃ 音又出现 h 音变，再后来 h 被变读为 k 音。其实，每个语言中出现的不同音变均有其特定规律和原理。再说，作为词尾部分的词缀有其各自的结构特征，语音结构较为复杂的就是满语支语言的 -hijan > -hian。与此同时，他们把 "信仰" 称之为 akdatʂun（满语）、ahdən（锡伯语及赫哲语）、ʃitʉn（鄂伦春语及鄂温克语）等。

tarin "咒" ——满语与锡伯语 tarin，赫哲语、鄂伦春语、鄂温克语 tarni。而且，蒙古语族语言里也有 tarin 或 tarni 之说。毋庸置疑，这两个语族语言的 tarin 或 tarni 存在同源关系。再说，满通古斯语族语言里像 tarin 与 tarni 一样，词中辅音 r 和 n 被换位使用的现象也是属于一种特殊的辅音交替式音变实例。不过，通古斯语族的早期说法里，还有用 niman > nimaŋ > iman 表示 "咒" 之意的现象。

targaŋga ~ *tʃəgər "戒" —— 满语 targaŋa，锡伯语及赫哲语 targan，鄂温克语 tʃəər > səər，鄂伦春语 səər。也就是说，满通古斯语族语言用 targaŋga > targaŋa > targan 以及 *tʃəgər > tʃəərə > tʃəər > səər 两种说法表示该词义。在我们看来，通古斯语支语言内使用的 tʃəər > səər 与蒙古语族语言的 tʃəgər "戒" 同属一源。

ənduri "神" —— 满通古斯语族语言内均叫 ənduri。再说，鄂伦春语及鄂温克语内还有用 bugkan > bokkoŋ 表示 "神" 之意的现象。根据 bugkan 一词的结构原理来分析，它的早期语音形式应为 *bugakan，是属于 buga "上天" 与 kan "王" 两个名词的结合体，从而表示 "上天之王"、"天王"、"上帝"、"神" 等多义。后来，在使用过程中产生 *bugakan > bugkan > bukkaŋ 式语音演变。对此，我们在前面也论述过，请参阅相关词源的分析和解释。

saman "萨满神" —— 除了在鄂温克语里叫 samaaŋ 之外，其他语言中都说 saman。对于鄂温克语的 samaaŋ 有两种解释，其中之一认为，该词的早期发音形式是 samagaŋ，后来伴随词中辅音 g 的脱落而出现长元音 aa；其中之二是说，原有 saman 的词尾部分语音 -an 在鄂温克语中产生了 aaŋ 音变等。我们掌握的词汇资料还表明，该语族语言里有关 "萨满" 及其使用用具、信仰活动等相关的同源词确实有不少。比如说，*sogor "萨满神祇" ⇨ sogor（通古斯语支语言）、soko < sokə（满语支语言）等；ərəgun "萨满神龛" ⇨ ərəgun（赫哲语）、ərəgun（鄂伦春语）、ərəguŋ（鄂温克语）、ərhuwəku（满语）、ərhuku（锡伯语）等；*imtʃin "萨满男鼓" ⇨ imtʃin（赫哲语及鄂伦春语）、imtʃiŋ（鄂温克语）、imtʂin（满语与锡伯语）等；utʃuku "萨满神灵" ⇨ utʃuku（鄂伦春语）、utʃuhu（赫哲语与鄂温克语）、utʂuku（满语及锡伯语）等；foriton ~ uwun "萨满神槌" ⇨ forito（满语）、vortə（锡伯语）、oriton（赫哲语）、uwun（鄂伦春语）、uwuŋ（鄂温克语）等；somo ~ sologon "萨满神杆" ⇨ 满通古斯语族语言均叫 somo 或 sologon > sologoŋ 等；*tʃakura "萨满刀梯" ⇨ tʃakur（赫哲语）、tʃakur ~ takur（鄂伦春语）、tʂakʊra（满语）、tʂakur（锡伯语）、sahur ~ tahur（鄂温克语）等。

banatʃan "土地神" —— 赫哲语 banatʃan，鄂伦春语及鄂温克语 banatʃa，满语与锡伯语 banadʐən。该词里出现的音变现象主要表现在：

（1）词中辅音 ʧ 在满语支语言内产生 dʐ 音变；（2）词尾音节元音 a 弱化为 ə 音；（3）词尾鼻辅音 n 的脱落等方面。

urən "偶神" —— 锡伯语与赫哲语 urən，满语 ʊrən，鄂伦春语 ʉrən，鄂温克语 ʉrəŋ。可以看出，词首元音 u 在除锡伯语与赫哲语之外的语言中出现 ʊ 或 ʉ 音变，而且词尾鼻辅音在鄂温克语里由 ŋ 音取而代之。

ʧibaganʧi "尼姑" —— 鄂伦春语 ʧibaganʧi，赫哲语 ʧibahanʧi，鄂温克语 ʧibakʧi，满语 tʂibahantʂi，锡伯语 tʂibahəntʂi。该词的语音变化现象及其规律，可用以下格式进行归纳：

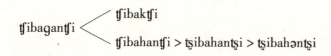

ʧibaganʧi 〈 ʧibakʧi
ʧibahanʧi > tʂibahantʂi > tʂibahəntʂi

bugada ~ han "帝王" —— 赫哲语与鄂伦春语 bugada ~ kan，鄂温克语 bogda ~ han，满语及锡伯语 han。也就是说，满通古斯语族语言内用 bugada > bogda 及 kan > han 两种说法表示 "帝王" 之意。

soro "神果" —— 满语、赫哲语、鄂伦春语、鄂温克语 soro，锡伯语 sorə。不过，在通古斯语支语言里还有 somir 之说。

wəʧən ~ takin "祭祀" —— 满语 wəʧən，锡伯语 vəʧən，赫哲语及鄂伦春语 takin，鄂温克语 tahiŋ。他们把 "祭祀" 叫 wəʧən > wəʧən 及 takin > tahiŋ 之外，将 "祭品" 称之为 amsun 或 amsuŋ，还把 "祭奠" 叫 dobon（满语）、dovun（锡伯语）、gisan（赫哲语及鄂伦春语）、gisaŋ（鄂温克语）等。

*suburgan "塔" —— 赫哲语 suborgan，鄂伦春语 soborgo，鄂温克语 soboggo，锡伯语 subargan，满语 subarhan。不难看出，这一同源名词中产生的*suburgan > suborgan > soborgo > soboggo > subargan > subarhan 式音变现象及其规律。另外，与 "塔" 相关的同源词还有：*dʐuktəgən ~ uʃika "寺" ⇨ dʐuktəhən（满语及锡伯语）、uʃika（鄂伦春语）、uʃiha（鄂温克语）、uʃka（赫哲语）等；hudʐin ~ hijan "香" ⇨ hudʐun

（赫哲语）、hʉʤi（鄂温克语）、kʉʤi（鄂伦春语）、hijan（满语）、hian（锡伯语）等；badiri "钵盂" ⇨ badiri（满语）、badir（锡伯语、赫哲语、鄂伦春语、鄂温克语）等。

fajaŋga ~ *sunusun "灵魂" —— 满语 fajaŋga > fajaŋa，锡伯语 fajəŋə，赫哲语 sunsun，鄂伦春语 sʉnʉsun，鄂温克语 sʉnsʉ。除了 fajaŋga > fajaŋa > fajəŋə 及 *sunusun > sunsun > sʉnʉsʉn > sʉnsʉ 之说外，还有 hanin（赫哲语）、wehun（女真语）等说法。

hulibun "迷信" —— 赫哲语 hulibun，锡伯语 hulivən，鄂温克语 huliwuŋ，满语 hʊlibun，鄂伦春语 kulibun。我们用以下格式归纳和展示 hulibun 在不同语言里出现的语音变化现象及其演变规律：

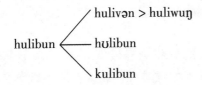

sinahin "戴孝" —— 满语 sinahin，锡伯语 ʂinakin，赫哲语 ʃinahin，鄂温克语 ʃinahiŋ，鄂伦春语 ʃinakin。该词在使用过程中，首先词首辅音 s 在除满语之外的语言里产生 ʂ 与 ʃ 音变，其次词中辅音 h 在锡伯语及鄂伦春语中被发作 k 音，再就是词尾鼻辅音 n 在鄂温克语里由 ŋ 音取而代之。与此同时，满通古斯语族语言内还将 "孝带" 叫 subəhə（满语与赫哲语）、suvhə（锡伯语）、sʉwəhə（鄂温克语）、sʉbəkə（鄂伦春语）等。

iləmun "阴曹" —— 鄂伦春语 iləmʉn，鄂温克语 iləmʉ，赫哲语 iləm，满语及锡伯语 ilmun。该词的音变规律为 iləmun > iləmʉn > iləmʉ > iləm > ilmun。

gindana "地狱" —— 满语 gindana，锡伯语、赫哲语、鄂伦春语、鄂温克语 gindan。该词的音变就在于词尾元音 a 除了在满语内被保留之外，其他语言中均被脱落。该语族语言的 gindana ~ gindan 与蒙古语族语言的 gindan 应同属一源。不过，在通古斯语支语言内还有 baalis 之说。

guldun "地道" —— 赫哲语与鄂伦春语 guldun，鄂温克语 gulduŋ，满语 gʊldun，锡伯语 goldun。该同源名词的词首音节元音 u 在满语及锡伯语中分别发作 ʊ 或 o 音。另外，词尾鼻辅音 n 在鄂温克语里由 ŋ 音取而代之。

hutu ~ *ʧirikuli "鬼" —— 满语 hutu，锡伯语 hutə，赫哲语 ʧurkuli，鄂伦春语 ʃirkʉl，鄂温克语 ʃikkʉl。满通古斯语族语言内对于 "鬼" 有两种表述形式，一种就是满语支语言的 hutu > hutə，另一种说法就是通古斯语支语言的 *ʧirikuli。然而，*ʧirikuli 在不同语言里却产生如下形式有规律的音变：

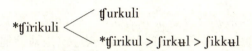

$$*\text{ʧirikuli} \begin{cases} \text{ʧurkuli} \\ *\text{ʧirikul} > \text{ʃirkʉl} > \text{ʃikkʉl} \end{cases}$$

与 "鬼" 相关的同语族语言或同语支语言的同源词还有一些。例如，ibagan "怪" ⇨ ibagan（满语）、ivagən（锡伯语）、ibag（鄂伦春语与鄂温克语）、ibgən（赫哲语）等；baldʒun ~ bogon "妖精" ⇨ baldzun（满语）、baldzən（锡伯语）、bogon（赫哲语）、boon（鄂伦春语）、booŋ（鄂温克语）等；buʧəli "鬼魂" ⇨ butʂəli（满语与锡伯语）、ʃimnon ~ sunsun（赫哲语）、ʃimnon ~ sʉnʉsʉn（鄂伦春语）、ʃimno ~ sʉnsʉ（鄂温克语）等。

fadagan "妖术" ——满语 fadagan，锡伯语 fadagən，赫哲语 fadgan，鄂伦春语 adagan，鄂温克语 adagaŋ。该词的语音变化规律应为 fadagan > fadagən > fadgan > adagan > adagaŋ。

gashan "祸兆" —— 满语 gashan，锡伯语 gashən，赫哲语及鄂伦春语 gasan，鄂温克语 gasaŋ。该词在使用过程中产生的音变主要在于，满语支语言词中的辅音 h 在通古斯语支语言内被省略。

*wəjilə "罪" —— 鄂伦春语与鄂温克语 wəjlə，满语及赫哲语 wəilə，锡伯语 vəilə。可以看出，词首辅音 w 在锡伯语里被发作 v 音的同时，词中 əji 式语音结构出现 əj 或 əi 式音变的现象。

soroki～sudʒir "忌" —— 满语及锡伯语 soroki，赫哲语 sudʒir，鄂伦春语及鄂温克语 sʉdʒir。不过，在该语族语言内除说 soroki 及 sudʒir > sʉdʒir 之外，还可以用 targa（满语）、səər（鄂温克语）等说法来表示该词义。

oktotʃi "医生" —— 赫哲语及鄂伦春语 oktotʃi，鄂温克语 oktoʃi > ottoʃi，锡伯语 ohtə ʂi，满语 oktosi。该词里，首先词首音节末辅音在锡伯语里被发作 h 音，其次词尾音节首辅音在鄂温克语、锡伯语、满语中由 ʃ、ʂ、s 音所取代。另外，这里所说的 oktotʃi 是在名词 okto > ohtə > otto "药" 后面，接缀构词词缀 -tʃi > -si > -ʃi 派生而来的产物。

dasargan "药方" —— 满语、赫哲语、鄂伦春语 dasargan，鄂温克语 dasargaŋ，锡伯语 dasərhan。该同源名词的核心结构应该是动词词根 dasa- > dasə- "治"，而 -rgan > -rgaŋ > -rhan 是属于词缀部分。

isohon "牛黄" —— 满语 isohon，赫哲语 ishon，鄂温克语 isho，鄂伦春语 isko，锡伯语 ishən。它们的音变规律应为 isohon > ishon > isho > isko > ishən。

niktan "灵丹" —— 满语与锡伯语 niktan，赫哲语 naktan，鄂伦春语及鄂温克语 nakta。我们认为，在通古斯语支语言内词首音节元音 i 被后续音节元音逆同化为 a 音。与此同时，词尾鼻辅音 n 在鄂伦春语及鄂温克语里被脱落。

koro "毒" —— 满语与赫哲语 koro，锡伯语及鄂伦春语 kor，鄂温克语 hor。也就是说，词首辅音 k 在鄂温克语里被发作 h 音的同时，词尾元音 o 在通古斯语支语言内被脱落。

namnan "医用针"、"针灸" —— 鄂伦春语 namnan，鄂温克语 namna，赫哲语 naman，满语与锡伯语 nama。该语族语言内除了 namnan > namna > naman > nama 之说外，通古斯语支语言里还有 immə～imŋə 之说法。

　　*ənimuku "病" —— 鄂伦春语 ənʉku，鄂温克语 ənʉhʉ，赫哲语 unku ~ uŋku，满语 niməku，锡伯语 nimku。另外，通古斯语支语言内还有 ənʉmkʉ 之说。我们认为，该语族语言对于 "病" 的早期说法应为 *ənimuku。后来，在不同语言里产生了不同程度的音变。而且，对于那些较为复杂的音变现象及其演变规律可用以下格式进行归纳和展示：

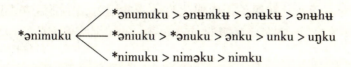

　　依据我们所掌握的词汇资料，满通古斯语族语言内与 "病" 相关的同语族语言或同语支语言的同源词有不少。比如说，ʤadagan "疾病" ⇨ ʤadagan（赫哲语）、ʤadgan（鄂伦春语与鄂温克语）、dzạdahan（满语）、dzạdgan（锡伯语）等；jadagan "痨病" ⇨ jadagan（赫哲语）、jadgan（鄂伦春语与鄂温克语）、jadahan（满语）、jadhən（锡伯语）等；*sahuran "感冒" ⇨ şahuran（锡伯语）、şahuran（满语）、ʃahuran（赫哲语）、ʃahuraŋ（鄂温克语）、ʃakuran（鄂伦春语）等；jam "痰喘病" ⇨ jam（鄂伦春语与鄂温克语）、jamtun（满语及锡伯语）、jamtu（赫哲语）等；hijahu "哮喘" ⇨ hijahʊ（满语）、hiahu（锡伯语）、hehu ~ əəgiləŋ（鄂温克语）、heku（赫哲语及鄂伦春语）等；gərig "瘟疫" ⇨ gəri（满语与锡伯语）、həri（赫哲语）、hirig ~ giʤir（鄂温克语）、kirig（鄂伦春语）等；hargasi "伤寒" ⇨ hargasi（满语）、harga şi（锡伯语）、ʧaŋka（赫哲语）、ʧaŋka > ʃaŋka（鄂温克语）、ʃeŋka（鄂伦春语）等；indəhən "疟疾" ⇨ indəhən（满语、锡伯语、赫哲语）、ində（鄂伦春语及鄂温克语）等；siligin "痢疾" ⇨ ʃiligin（赫哲语）、ʧileŋ > ʃileŋ（鄂温克语）、ʃilen（鄂伦春语）、ilhi（满语与锡伯语）等；mənən ~ dampa "瘫痪病" ⇨ mənən（满语及锡伯语）、dampa ~ mampa（鄂伦春语及鄂温克语）、tampa ~ mampa（赫哲语）等；jadan > jadaliŋgu "病弱" ⇨ jadan（锡伯语与赫哲语）、jadaliŋgʊ > jadaliŋʊ（满语）、jadar（鄂伦春语及鄂温克语）等；mama "天花" ⇨ 满通古斯语族语言均叫 mama；ʧilitʃin "淋巴结" ⇨ ʧilitʃin（赫哲语）、ʧilitʃi（鄂伦春语与鄂温克语）、tṣiltṣin（满语及锡伯语）等；jaŋşan ~ tahul "小儿病" ⇨ jaŋşan（满语与锡伯语）、tahul（赫哲

语及鄂温克语)、takul(鄂伦春语)等;mojo"水痘" ⇨ mojo(满语与锡伯语)、mujun(赫哲语)、mʉjʉlən(鄂伦春语)、mʉjʉləŋ(鄂温克语)等。

koloŋso"狐臭" —— 满语 koloŋso,鄂伦春语 koloŋ,锡伯语 koləŋsə,赫哲语 holoŋ,鄂温克语 holoŋ ~ əlʉŋ。该同源名词的音变表现在:(1)词首辅音 k 在鄂温克语及赫哲语里出现 h 音变或被脱落;(2)词第二音节元音 o 在锡伯语内弱化为 ə 音的同时,在鄂温克语里被发作 ʉ 音;(3)词尾部分接缀的 -ŋ、-ŋso > -ŋsə 词缀等方面。

hədu"疖子" —— 赫哲语 hədus,满语与锡伯语 hədu,鄂温克语 hətʉs > hətəs,鄂伦春语 kətʉs。除了以上提到的 hədu > hədus > hətʉs > hətəs > kətʉs 之外,在赫哲语里还有 gugu 之说。可以看出,在 hədu 的使用过程中,主要出现词中辅音 d 与 t 的对应现象。说实话,在该语族语言内,辅音 d 与 t 的对应是一种不太常见的语音现象。不过,杜拉尔鄂温克语及楠木鄂伦春语里也有将 hətʉs 与 kətʉs 发音成 hədʉs > hədəs 与 kədʉs > kədəs 的实例。应该说,在该语族语言内辅音 d 与 t 的使用有着约定俗成的严格规定,具有十分清楚而严谨的区别词义功能。为此,一般情况下不应该出现辅音 d 与 t 的相互交替现象。然而,我们也很难否定例外情况的出现或存在。不论怎么说,在我们看来,该同源词里出现的 d 与 t 的交替现象,有可能是原有的辅音 d 在鄂温克语及鄂伦春语内产生 t 音变所致。

fəjə ~ *ukʃin"疮" —— 满语 fəjə,锡伯语 fəj,赫哲语 əjə,鄂伦春语 ʉkʃin,鄂温克语 ʉkʃiŋ。满通古斯语族语言里表示"疮"之意时,除使用 fəjə > fəj > əjə 及 *ukʃin > ʉkʃin > ʉkʃiŋ 两种说法之外,在通古斯语支语言内还可以用 iildə(鄂温克语)、ildə(鄂伦春语)、kuku(赫哲语)等说法表述该词义。另外,在他们的语言中,与"疮"相关的同源词还有一些。比如说,*hutəhə"疮痂" ⇨ h4thə(满语、锡伯语、赫哲语)、hʉthə(鄂温克语)、kʉtkə(鄂伦春语)等;*əjifun ~ *usuhəktə"疥疮" ⇨ əjfun(赫哲语)、əifun(满语)、əifən(锡伯语)、ʉskəktə ~ ʧawu(鄂伦春语)、ʉshəktə > ʉshəttə ~ sawun(鄂温克语)等;hasan"牲畜疥疮" ⇨ hasan(满语、锡伯语、赫哲语)、hasaŋ(鄂温克语)等;walu ~ ʧihag"毒疮" ⇨ walu(满语）、walə（锡伯语）、ʧihag（赫哲语）、ʧikag（鄂伦春语）、ʃihag（鄂温克语）等；fijələn ~ *igilidə "癣" ⇨ fijələn（满语）、fiələn（锡伯语）、ijələ（赫哲语）、iildə（鄂温克语）、ildə（鄂伦春语）等；furu ~ namna "口疮" ⇨ furu（满语）、furə（锡伯语及赫哲语）、namna（鄂伦春语与鄂温克语）等；*ərəpə ~ ərəg "唇疮" ⇨ ərpə（满语支语言）、ərəg（通古斯语支语言）等；fijahan ~ *igiriktə "胼子" ⇨ fijahan（满语）、fiahən（锡伯语）、iiriktə > iirittə（鄂温克语）、iiriktə > iriktə（鄂伦春语）、iirig（赫哲语）等；*fugu "瘊子" ⇨ fuhu（锡伯语）、fuhə（满语）、ugu（赫哲语）、ʉʉktʉ < ʉgʉktʉ < *fuguktu（鄂伦春语及鄂温克语）等；samuhat "痦子" ⇨ samuhat（赫哲语与鄂温克语）、samukat（鄂伦春语）、samha（满语及锡伯语）等；*mərəsən ~ bədər "雀斑" ⇨ mərsən（满语支语言）、bədər（通古斯语支语言）等；nijaki "脓" ⇨ nijaki（满语）、niaki（锡伯语）、niaktʃi（鄂伦春语）、naaktʃi > naatʧi（鄂温克语）、ŋaksa（赫哲语）等；sugi "脓水" ⇨ sugi（锡伯语及赫哲语）、ʂugi（满语）、sʉʉsʉ < *sugisun（鄂伦春语与鄂温克语）等；fəjə ~ gəntə "伤" ⇨ fəjə（满语）、fəj（锡伯语）、gəntə（赫哲语和鄂伦春语）、gəntə ~ ʃihha（鄂温克语）等；furadan "伤口" ⇨ furdan（满语与锡伯语）、uradan（赫哲语）、uradan ~ jar（鄂温克语和鄂伦春语）等；toron ~ anagan "伤痕" ⇨ toron（满语）、torən（锡伯语）、anagan ~ ʧorbi（赫哲语及鄂伦春语）、anagaŋ ~ sobbi（鄂温克语）等。

　　mondʒiku ~ iligən "按摩" —— 锡伯语 mondziku，满语 mondʐikʉ，赫哲语与鄂伦春语 iligən，鄂温克语 iligəŋ。也就是说，满语支语言与通古斯语支语言分别用 mondʒiku > mondziku > mondʐikʉ 及 iligən > iligəŋ 两种说法表示 "按摩" 之名词概念。毫无疑问，他们均源于表示 "按摩" 之意的动词词根 mondʒi- > monʃi- 与 ili-。

　　somgan "火罐" —— 锡伯语、赫哲语、鄂伦春语 somgan，鄂温克语 somgaŋ，满语 ʂomgan。依据我们掌握的词汇资料，满通古斯语族语言的 somgan > somgaŋ > ʂomgan 之说外，在通古斯语支语言内还有 bago 之说法。

第九节　方向与时间同源名词

同源名词的系列里还有一些表示方向和时间的名词。相比之下，这一系列的同源名词不像自然物、动物、植物、人与生活、生产生活用具同源名词那么多、那么丰富。而且，在具体实例中，有关表述东南西北中等方向名词，以及与表示年月日时刻和季节方面的名词居多。

dərən"方向"——赫哲语及鄂伦春语 dərən，鄂温克语 dərəŋ，满语 dərə，锡伯语 dər。我们认为，满通古斯语族语言的 dərən > dərəŋ > dərə > dər 同表示"高处"的 dərən 以及表示"脸"的 dərə 等有一定内在联系。与此同时，满通古斯语族语言还用 ərgi（满语）、ərgə（赫哲语）、ʤʉg ~ itəhəhin（鄂伦春语）、ʤʉw ~ ʃig（鄂温克语）等说法指含"方向"之意。另外，他们将"南"称之为 ʤʉligʉ（鄂温克语和鄂伦春语）、ʤʉləhi（赫哲语）、dzʉlərgi（满语）、dzʉlərhi > dzʉlhi（锡伯语），把"北"叫 amigu（鄂伦春语与鄂温克语）、amargi（满语）、amərhi（锡伯语及赫哲语）等。显而易见，该语族语言的这两个方位名词的词根是 *ʤʉli- 及 ami-，而 -gu > -gʉ、-rgi > -rhi > -hi 等均属于词缀部分。在这里顺便提到的是，他们的语言，特别是在满语支语言里，方位名词的使用并不完全一致。比如说，满语称"东"、"西"为 dərgi 与 wargi，而锡伯语则正好反过来说。也就是说，锡伯语的"东"叫 verhi，"西"称 dirhi。结果就出现了这两个方位词在两个语言中相互交替使用的现象：

词义	东	西	
满语	dərgi	wargi	⇨ wargi > verhi
锡伯语	verhi	dirhi	⇨ dərgi > dirhi

再说，鄂伦春语里，把"东"还称为 dilitʃa jʉʉrəkkəki > dilitʃakaki "太阳诞生的方向"，"西"称之为 dilatʃa tigəkkəki "太阳落的方向"。在赫哲语内也把"东"与"西"分别叫 əʤilə 及 sulela ~ solki 等。总之，在满语支语言中，方位名词的使用并不十分一致，不同称谓却源于不同思维、不同认识、不同词根。相对而言，鄂温克语及鄂伦春语里的方位名词的使用比较一致，而且基本上有同源关系。他们把"东"和

"西"一般都叫 ʥɔəŋgu 与 baraŋgu。

同时，他们所表述的"上"、"下"、"左"、"右"、"中"等方位词内也存在不同程度的同源词。其中，有同语族语言或同语支语言的同源词，甚至有的是属于超越语支关系的同源词。比如说，dələ ~ ugilə "上" ⇨ dələ（满语与锡伯语）、ᴜgilə（鄂温克语）、ujilə（赫哲语）、ᴜjilə（鄂伦春语）等；fədzərgi ~ hərgilə "下" ⇨ fədzərgi（满语）、fədzịrhi（锡伯语）、hərgilə（赫哲语）、ərgilə（鄂伦春语）、əggilə（鄂温克语）等；*hasuhu ~ *ʥəgin "左" ⇨ hashu（锡伯语及赫哲语）、hashʋ（满语）、ʥəgiŋ（鄂温克语）、ʥəjin（鄂伦春语）等；iʧə ~ *agan "右" ⇨ iʧə（赫哲语）、itsə（锡伯语）、itsi（满语）、aan（鄂伦春语）、aaŋ（鄂温克语）等；dulin "中" ⇨ dulin（满语、锡伯语、赫哲语）、dolin（鄂伦春语）、doliŋ（鄂温克语）等；*siridən "中间" ⇨ sidən（满语）、şidən（锡伯语）、ʃirdən（赫哲语及鄂伦春语）、ʃirdəŋ（鄂温克语）等；tob "正中" ⇨ tob（满语、锡伯语、赫哲语、鄂伦春语）、tow（鄂温克语）等；dalba ~ oldon "旁边" ⇨ dalba（女真语及满语）、dalva（锡伯语）、oldon（赫哲语与鄂伦春语）、oldoŋ（鄂温克语）等；*togorihin "周围" ⇨ togorin > toorin（鄂伦春语）、tooriŋ（鄂温克语）、torihin（赫哲语）、torhin（锡伯语）、torhon（满语）；*dogolo "里面" ⇨ dogola > doola（鄂伦春语）、doolo（鄂温克语）、dolo（满语与锡伯语）、dola（赫哲语）等；tulilə "外面" ⇨ tulilə（赫哲语）、tᴜllə（鄂伦春语及鄂温克语）、tulə（满语）、tul（锡伯语）等；haniʧi ~ dabake "附近" ⇨ hantşi（满语与锡伯语）、dagake（赫哲语）、dagke（鄂伦春语）、dakke（鄂温克语）等；ʥaka "跟前" ⇨ ʥaka（赫哲语及鄂伦春语）、ʥaha（鄂温克语）、dzạka < dzạk（满语及锡伯语）等。

*huŋʧug "角" —— 赫哲语 huŋʧu > huʧu，鄂温克语 huŋʧʉr > ᴜŋʧʉr，鄂伦春语 kuŋʧug > ᴜŋʧug，满语 hoşo，锡伯语 hoşə。可以看出，有关"角"的说法上，不同语言中出现较大语音差别。尽管如此，我们认为，"角"的早期语音结构应该是 *huŋʧug。那么，该词在不同语言内产生的音变及其规律，完全可用以下格式进行归纳和展示：

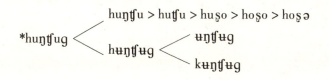

ərin "时间" —— 除了鄂温克语里叫 ərin 之外，其他语言中均称 ərin。该词还可以用于表示"点钟"、"季节"、"年份"等诸多时间概念。另外，通古斯语支语言内也有用 sag 来表示"时间"的情况。我们认为，这里所说的 sag 可能源于蒙古语的 ʧag "时间"。

anija "年" —— 满语 anija > ania，锡伯语 ania > ani，鄂温克语 ane，赫哲语及鄂伦春语 ani。鄂伦春语中还有 aŋŋani 之说。可以看得出来，该同源名词的语音变化主要在于词尾语音结构 -ija 的 -ia > -e > -i 式音变。

sə ~ *baga "岁数" —— 满语、锡伯语、赫哲语 sə，鄂伦春语与鄂温克语 baa。该语族语言中说 sə 与 *baga > baa 的同时，还用 bagʧi > baaʧi 或 nasun 来表示"岁数"之意。这其中 bagʧi > baaʧi 跟 *baga > baa 同属一源，而 nasun 与蒙古语的 nasun > nasu "岁数"间存在同根同源关系。另外，他们还把"周岁"称之为 baaru > baar（赫哲语及鄂伦春语）、baara > baar（鄂温克语）、barun（满语与锡伯语）等，将"寿数"叫做 ʤalagan（赫哲语和鄂伦春语）、ʤalagaŋ（鄂温克语）、dz̯alagan（满语及锡伯语）等。

*bijaga "月" —— 满语 bija > bia，锡伯语与赫哲语 bia，鄂伦春语 bee > be，鄂温克语 beega > bee > be。该词在不同语言中产生的语音变化现象并不一致。首先，在鄂温克语里出现了 -ga 之词缀形式。其次，该词的 ija 这一语音结构产生 ia > ee > e 式音变。

inəgi "日"、"天" —— 鄂温克语 inəgi > inigi > inig，满语 inəŋi < inəŋgi，锡伯语 inəŋ，赫哲语 iniŋ，鄂伦春语 iniji。满语里也说 inəŋgi。我们认为，该词的早期语音结构应为 *inəgi，后来在使用过程中产生以下音变：（1）词中元音 ə 在通古斯语支语言内演化为 i 音；（2）词尾辅音 g 在满语、锡伯语、赫哲语中被 ŋ 音取而代之，同时在鄂伦春语里变为 j 音；（3）词尾元音 i 在锡伯语、赫哲语、鄂温克语中被脱落。

*ənəgi "今天" —— 满语 ənəŋi，锡伯语 ənəŋ，鄂温克语 ənig，赫

哲语 əniŋ，鄂伦春语 əniji。根据我们的调研资料，满通古斯语族语言的 *ənəgi 是由指示代词 əri 与时间名词 *inəgi 组合而成的复合词 əri inəgi > ər inəgi 演化而来的产物。下面，对于该时间名词的演化过程做一分析与展示：

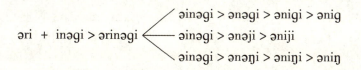

$$əri + inəgi > ərinəgi \begin{cases} əinəgi > ənəgi > ənigi > əniŋ \\ əinəgi > inəgi > inəji > əniji \\ əinəgi > ənəŋi > əniŋi > əniŋ \end{cases}$$

不过，至今在通古斯语支语言内还有用 əri inig 或 əji iniŋ 等指示代词与时间名词的组合形式表示"今天"之意的现象。特别是，鄂温克语方言土语使用 əri inig 的现象十分普遍。反过来，说 ənig 的人不是很多。另外，鄂伦春语里也有 ənniji 之说。毫无疑问，ənniji 也是经过 əri + inəgi ⇨ ərinəgi > ərnəgi > ənnigi > ənniji 式音变规律演化而来的产物。

*sigisə ~ *tiginugun "昨天" —— 满语 siksə，锡伯语 şiksə，赫哲语 ʃiksə，鄂伦春语 tiinəwə，鄂温克语 tiinʉg > tinʉg。也就是说，满通古斯语族语言内用 *sigisə > siksə > şiksə > ʃiksə 以及 *tiginugun > tiinəwə ~ tiinʉg > tinʉg 两种说法表示该词义。与此同时，我们还发现，通古斯语支语言里也有 *sigisə > *siksə > ʃiksə 之说。而且，该词还可以表示"黄昏"之意。从词源学及其构词学的角度分析，鄂温克语及鄂伦春语的 *tiginugun > tiinʉgʉ > tiinʉwə > tiinəwə ~ tiinʉg > tinʉg 等说法，有可能是由动词词根 *tigi- > tii- > ti-"放"、"放走"及 nugu- > nʉgʉ- > nʉwə- > nəwə- > nʉg-"过"、"过去"结合而成的名词。如此说来，该词的本义应该是"放过的日子"，而"昨天"有可能是后来引申而来的词义。

timari ~ timana ~ timaʃiŋ "明天" —— 满语 tʂimari，锡伯语 tʂimar，赫哲语 timari ~ timaki，鄂伦春语 timaana > timana，鄂温克语 timaaʃiŋ > timaʃiŋ。毋庸置疑，该词的核心部分，或者说词干是 tima- > timaa- ~ tʂima-，而像 -ri > -r、-ki、-na、-ʃiŋ 等均属于词缀部分。

*ərədə "早晨" —— 除了在鄂温克语里称之为 ərdə > əddə 之外，

其他几种语言里均叫 ərdə。

jamʤi "晚上" —— 赫哲语、鄂伦春语、鄂温克语 jamʤi，满语与锡伯语 jamdʐi。同时，他们将 "夜晚" 称之为 dobori（满语）、doviri（锡伯语）、dolob（鄂温克语）、dolbo（鄂伦春语及赫哲语），把 "黄昏" 叫做 siksəri（满语）、şiksəri（锡伯语）、ʃiksə ~ baada（鄂温克语及鄂伦春语）、ʃiksəri（赫哲语）等。

tə ~ *əsi "现在" —— 满语与锡伯语 tə，赫哲语、鄂伦春语、鄂温克语 əʃi。满语支语言里还有用 nə 来表示 "现在" 之意的现象。

*nasuhun "机会" —— 锡伯语 nashun，赫哲语及鄂温克语 nashu，满语 nashʊn，鄂伦春语 nasku。该词在满通古斯语族语言中的演变规律应为：

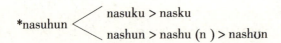

$$*nasuhun \left\langle \begin{array}{l} nasuku > nasku \\ nashun > nashu\,(n\,) > nashʊn \end{array} \right.$$

*nijəŋnijərin ~ *nələkin "春" —— 满语 nijəŋnijəri > niəŋniəri，赫哲语 niŋniərin，女真语 niŋniərin > niŋni，锡伯语 niŋniəri，鄂温克语 nələki > nəlki，鄂伦春语 nəlki。满通古斯语族语言用 nijəŋnijəri > niəŋniəri > niŋniərin > niŋniəri > niŋni 与 *nələkin > nələki > nəlki 两种说法表示该词义。在我们看来，其中的 nijəŋnijəri > niəŋniəri、niŋniəri、niŋniərin 之说，有可能是名词 nijəŋnijə > niəŋniə "春" 与时间名词 ərin "季节" 以 nijəŋnijə + ərin > niəŋniə + ərin ⇨ nijəŋnijə ərin > niəŋniə ərin ⇨ nijəŋnijərin > niəŋniərin ⇨ nijəŋnijəri > niəŋniəri ⇨ niŋniərin 的合二为一的结构形式及经过一系列的音变而形成的产物。

*ʤugarin "夏" —— 鄂伦春语 ʤuga，鄂温克语 ʤog，赫哲语 ʤuwarin > ʤuarin，满语 dʐuwari，锡伯语 dʐœri。另外，赫哲语还叫 ʤua。该词的核心部分显然是 ʤuga，而在赫哲语、满语、锡伯语中出现的词尾部分的 -rin 或 -ri 同样属于时间名词 ərin "季节" 的词缀化形式，或者说合二为一的结构内容。可以看出，不同语言内 ʤuga 及其 *ʤugarin 所产生的如下变化：

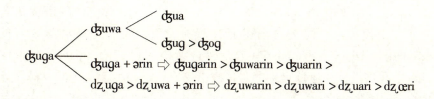

bolorin "秋" —— 赫哲语 bolorin ~ bolo，满语与锡伯语 bolori，鄂伦春语 bolo，鄂温克语 bol。在赫哲语、满语、锡伯语中出现的 bolorin 及 bolori 之说，同样属于 bolo "秋" 与 ərin "季节" 两个名词合二为一的语音结合体。作为该词的核心部分的 bolo，只在鄂温克语中出现词尾元音 o 被脱落之现象，其他语言中没有什么语音变化。

*tugurin "冬" —— 满语 tuwəri，赫哲语 turin ~ tuwə，鄂温克语 tʉg，鄂伦春语 tʉwə，锡伯语 tyri。事实上，在满语、赫哲语、锡伯语中出现的 tuwəri > turin > tyri 之说，毫无疑问也是由 tugu "冬" 与 ərin "季节" 两个名词合成的产物。然而，作为该词的核心部分 tugu 却在不同语言中产生不同形式的语音变化。比如说，（1）词首部分的语音形式 ugu 在赫哲语里出现 ugu > uu > u 式音变，同样是 ugu 在锡伯语内出现 uu > y 式音变；（2）词首音节元音 u 在鄂温克语及鄂伦春语中演化为央元音 ʉ；（3）词中辅音 g 在满语和鄂伦春语内被发作 w 音；（4）词中辅音 g 后面的元音 u 在满语和鄂伦春语内弱化为 ə 音，同时在鄂温克语、赫哲语、锡伯语中被省略等。

itʃə ~ irikin *"初一" —— 赫哲语 itʃə，满语与锡伯语 itʂə，鄂伦春语 irkin，鄂温克语 ikkiŋ。众所周知，在满通古斯语族语言内，无论是 itʃə > itʂə，还是 irkin > ikkiŋ 都是表示 "新的" 之意的形容词。不过，他们表示 "初一" 及 "初×" 时也广泛使用该形容词。从某种意义上讲，该形容词已具有了 "初一" 这一名词内涵，进而同样作为名词来使用。与此同时，满通古斯语族语言中，表示 "初一" 时他们还使用 itʃə əməkən（赫哲语）、itʂə əmu（满语）、itʂə əmkən（锡伯语）以及 irkin əmʉn（鄂伦春语）、ikkiŋ əmʉŋ（鄂温克语）等由 itʃə ~ irkin > ikkiŋ "初" 与 əmun > əmu ~ əmʉn > əmʉŋ ~ əməkən > əmkən "一" 组合而成的合成词。

*ʤuləgə ~ agibte "古代" —— 满语 dzᴜlgə，锡伯语 dzᴜlhə，赫哲语 agibte，鄂伦春语 ajibte，鄂温克语 ajitte。不难看出，该语族语言对于"古代"这一词义的表述上有两种说法，其一是满语支语言的 *ʤuləgə > dzᴜlgə > dzᴜlhə，其二是通古斯语支语言的 agibte > ajibte > ajitte。在这里，还应该提到的是，满语支语言的 dzᴜlgə > dzᴜlhə 源于方向名词 dzᴜlərgi（满语）、dzᴜlərhi（锡伯语）。也就是说，dzᴜlgə 与 dzᴜlhə 是在方向名词 dzᴜlərgi、dzᴜlərhi 的词根 dzᴜlə- 后面接缀构词词缀 -gə > -hə 而派生的名词。

*dagaʧi "从前" —— 鄂伦春语与鄂温克语 daaʧi，赫哲语 daʧi，满语及锡伯语 datʂi。我们认为，该词的早期语音结构形式应该是 *dagaʧi，而它在不同语言中产生的语音变化可以归纳为 *dagaʧi > daaʧi > daʧi > datʂi。另外，在满语支语言里还有 duləkə、gənəhə 等说法。

ʤalan "世纪"、"时代" —— 赫哲语与鄂伦春语 ʤalan，鄂温克语 ʤalaŋ，满语及锡伯语 dzalan。很显然，该同源名词是按照 ʤalan > ʤalaŋ > dzalan 之演化规律产生了一些语音变化。

*amisigi "往后" —— 鄂温克语 amiʃigi，赫哲语 amiʃiki，鄂伦春语 amiʃiji，满语 amasi，锡伯语 aməʂi。显而易见，该词是在方向名词词根 ami- > ama- > amə- 后面接缀构词词缀 *-sigi > -sii > -si > -ʂi ~ -ʃigi > -ʃiki ~ -ʃiji 而派生的产物。

*dogolo "以内" —— 鄂温克语 doolo，鄂伦春语 doola，满语和锡伯语 dolo，赫哲语 dola。毫无疑问，同源名词 *dogolo 在使用过程中产生：（1）词第二音节辅音 g 完全脱落而导致词中 oo > o 式元音变化现象；（2）词尾元音 o 变读为 a 音等语音变化现象。

第二章 同源代词、同源数量词、同源形容词分析

我们所掌握的满通古斯语族语言的同源词里，除了以上分析和讨论的同源名词之外，还有一些同源代词、同源数量词以及同源形容词。比较而言，这三种同源词类中，同源形容词的数量占绝对优势，其次是属于同源数词，而同源代词的数量要少得多。再说，同源形容词要涉及方方面面的内容和概念，从而表现出极其丰富的同源词结构特征。反过来讲，像同源代词和同源数量词所涉及的内容就显得有些单薄。特别是同源代词，在数量上显得比较少。

第一节 同源代词

就像在上面刚刚提到的那样，我们所掌握的同源代词数量确实不多，而且主要与人称代词、指示代词、疑问代词、反身代词等有关。其中，数量上占优势的是人称代词，其次是疑问代词，再后面是属于指示代词。也有一些极个别的反身代词和确定代词。不过，无论是疑问代词或指示代词，还是反身代词或确定代词中我们所找到的同源词都十分少。

bi "我" —— 满通古斯语族语言均称 bi。

si "你" —— 满语 si，锡伯语 ʂi，通古斯语支语言 ʃi。也就是说，si "你" 的词首辅音 s，在除满语之外的语言中产生 ʂ 或 ʃ 音变。再说，他们将敬语的 "您" 称之为 bəjə（满语）、bəi（锡伯语）、bəj（赫哲语）、su（鄂伦春语及鄂温克语）等。

tari "他"、"她" —— 鄂伦春语与鄂温克语 tari, 女真语 ta, 满语 tərə, 锡伯语及赫哲语 tər。该词的早期说法应该是 tari, 后来产生 tari > tai > ta 及 tari > təri > tərə > tər 两种形式的音变。与此相关, 他们的语言中, 表示褒义的 "他"、"她" 时就说 in > i (满语支语言) 或 nugan ~ nugaŋ > nuan > noon > non > no (通古斯语支语言), 表示贬义的 "他"、"她" 时就会使用 tajja > taja > taj 等。在这里, 还需要进一步解释的是, 满通古斯语族语言内表示 "它" 之概念时, 也都要使用 tari 及其变体。

bu "我们" —— 赫哲语 bu, 鄂伦春语及鄂温克语 bʉ, 锡伯语 bo > bə, 满语 bə。该词的演变规律应该是 bu > bʉ ~ bo > bə。在这里, 应该指出的是, 满通古斯语族语言中 bu 是属于复数第一人称代词的排除式, 而复数第一人称代词的包括式则用 musə (满语)、məs (锡伯语)、miti (鄂伦春语与鄂温克语)、miti ~ bəti (赫哲语) 等来表示。这就是说, 该语族语言内用 musə > məs、miti、bəti 三种说法表示 "咱们"。而且, 它们间的语用区别, 往往出现在不同语支之间。

su "你们" —— 赫哲语 su, 鄂伦春语及鄂温克语 sʉ, 满语 suwə, 锡伯语 so。该词的早期语音结构应该是 su。然而, 在使用过程中出现元音 u 在鄂温克语及鄂伦春语里演化为 ʉ 音, 以及由于满语支语言在 su 后面接缀 -wə 之词缀而出现 suwə > suə > so 式音变等。

taril ~ tərəs ~ təsə "他们" —— 鄂伦春语及鄂温克语 taril, 赫哲语 tərəs, 锡伯语 təs, 满语 tʂəsə。在我们看来, 满通古斯语族语言复数第三人称代词是, 在单数第三人称代词 tari > tai > ta 及 tari > təri > tərə > tər 后面接缀表示复数概念的词缀 -sə、-s、-l 等而派生的实例。

bəjə ~ məəni "自己" —— 满语 bəjə, 锡伯语 bəj, 赫哲语 mənə, 鄂伦春语及鄂温克语 məəni。根据我们掌握的词汇资料, 满通古斯语族语言内用 bəjə > bəj 与 mənə > məəni 两种说法表示 "自己" 之意。

əri "这" —— 鄂伦春语与鄂温克语 əri, 满语 ərə, 锡伯语 ər, 赫哲语 əji。不难看出, əri 的词中辅音 r 在赫哲语里产生 j 音变, 同时词尾元音 i 在满语支语言里被 ə 取代或被省略。在满通古斯语族语言内, 还有一些与近指代词 əri "这" 相关的同源词。比如说, *əgətu "这样"

⇨ əgtu > uttu（赫哲语）、əgtʉ > əttʉ（鄂伦春语及鄂温克语）、uttu（满语）、utu（锡伯语）等；ərigi ~ əbələ"这边" ⇨ ərigi（鄂伦春语与鄂温克语）、ərgi ~ əbələ（满语）、ərgi ~ əvlə（锡伯语）、ərgi ~ əwʤərgə（赫哲语）等；ədu ~ uba"这里" ⇨ ədu（赫哲语）、ədʉ（鄂伦春语和鄂温克语）、uba（满语）、əva（锡伯语）等。在我们看来，这里提到的与"这"有关的代词应该均源于 əri > ər > ə- 这一词根。然而，在不同语言里，受其不同语音条件和环境之影响，ə- 在满语、锡伯语、赫哲语里产生 u- 音变，而在 ə- > u- 后面出现的语音形式均属于词缀部分。

　　*tarigatu > *tagatu"那样"——赫哲语及鄂伦春语 taktu，鄂温克语 tattu，满语 tuttu，锡伯语 tuttə。该同源代词的早期语音结构应该是 *tarigatu > *tagatu，后来出现 *tagtu > taktu > tattu > tuttu > tuttə 式音变。再说，在他们的语言里把"那边"叫 tarigi（鄂伦春语及鄂温克语）、targi（赫哲语）、tʂargi（满语与锡伯语），将"那里"称 tadu（通古斯语支语言）、tuba（满语）、tərva（锡伯语）等。我们认为，所有这些词，应该源于指示代词 tari > tai > ta > tu。这就是说，ta 在使用过程中，受其后续词缀元音 a 的直接影响发生 u 和 ə 音变。另外，ta > tu > tə 后面出现的 *-gatu > -ktu > -ttu > -ttə、-rigi > -rgi、-du 等均属于词缀部分。在这里，还有必要提到的是，他们表述"那里"概念时使用的所谓词缀 -ba > -va 有可能是名词 ba > va"地"、"地点"、"地方"的虚化或词缀化的结果。换言之，满语和锡伯语的 tuba 及 tərva 之说是属于指示代词 ta > tu、tari > tər"那"与名词 ba > va 结合而成的 tu + ba、tər + va > tuba、tərva 之合二为一的代词。

　　wə ~ ni"谁"——满语 wə，锡伯语 və，赫哲语、鄂伦春语、鄂温克语 ni。鄂温克语里还有 awu 之说。其中，满语支语言的 wə > və 似乎与鄂温克语的 awu 之说有其渊源关系，是否经过 awu > awə > əwə > wə > və 式音变而来的实例还需要进一步深入探讨。那么，这里出现的通古斯语支语言的 ni 是属于一种早期说法。

　　ajinu ~ ima"为何"——赫哲语 ajinu，满语与锡伯语 ainu，鄂伦春语及鄂温克语 ima > iima。对于"为何"概念的表述上，满通古斯语族语言一直保持着两种说法，一种就是满语支语言的 ajinu > ajinu > ainu，另一种是通古斯语支语言的 ima > iima。满语支语言的 ajinu 是源于疑问代词

aji > ai。同样，通古斯语支语言的 ima 也是来源于疑问代词词根 i-"什么"、"谁"、"哪"。毫无疑问，在 aji > ai 及其 i- 后面出现的语音形式均属于词缀部分。

*abisi ~ *ogoni"怎么"——满语 absi，锡伯语 ab şi，鄂温克语 ooni，赫哲语及鄂伦春语 oni。在这里，满语支语言的 *abisi > absi > ab şi 式演化中，词内元音 i 被脱落的同时，词中辅音 s 在锡伯语内产生 ş 音变。通古斯语支语言的 *ogoni 也出现 ooni > oni 式音变。

antaka ~ *igitu"如何"——满语 antaka，锡伯语 antak，赫哲语 ikti，鄂伦春语 iktɯ，鄂温克语 ittɯ。满通古斯语族语言用 antaka > antak 及 igitu > igtu > ikti ~ iktɯ > ittɯ 两种说法表示"如何"之意。而且，这些疑问代词也可以用于"怎样"之疑问。

udu ~ adi"几个"——满语支语言 udu，通古斯语支语言 adi。另外，在满语支语言里用 udu 来表示"多少"之疑问概念。然而，在通古斯语支语言内却用 ohi（鄂温克语）及 oki（赫哲语及鄂伦春语）之说表示"多少"之意。

ja ~ iri"哪个"——满语支语言 ja，通古斯语支语言 iri。与此相关，他们将"哪里"叫 aibidə（满语）、evəd（锡伯语）、ilə（鄂伦春语、鄂温克语、赫哲语）等，把"哪儿"称之为 jaba（满语及赫哲语）、java（锡伯语）、idɯ（鄂伦春语与鄂温克语）等。可以看出，通古斯语支语言的 ilə"哪里"、idɯ"哪儿"均源于疑问代词 iri > ir > i，而满语支语言的 ja、jaba、aibidə 也同样都源于疑问代词词根 ja-。

gərən"大家"——满语、锡伯语、赫哲语、鄂伦春语 gərən，鄂温克语 gərən > gərəŋ。不过，通古斯语支语言内还可以用 gətə 来表示该词义。

ursə ~ ulur"人们"——满语及赫哲语 ursə，锡伯语 urs，鄂伦春语与鄂温克语 ular > ulur。也就是说，该语族语言内用 ursə > urs 与 ular > ulur 两种说法表示"人们"之意。另外，在通古斯语支语言里，还有在 bəj"人"后面接缀复数词缀 -səl"们"而构成的 bəjsəl 来表示"人们"之意的现象。

gubʤi "全部" —— 赫哲语 gubʤi，鄂伦春语及鄂温克语 gubʤi > guʙb，满语 gubtʂi，锡伯语 guvtʂi。该词在使用过程中产生的音变表现于：（1）词首音节元音 u 在鄂伦春语及鄂温克语里演化为 ʉ 音；（2）词中辅音 b 在锡伯语中变读为 v 音；（3）词尾音节辅音 ʤ 在满语支语言内被 tʂ 音取而代之等方面。另外，满通古斯语族语言还用 gəmur（女真语）、bolgo（鄂温克语）、sʉt（鄂温克语及鄂伦春语）等说法表示"全部"之概念。与此同时，他们还将"都"称之为 gum（锡伯语）、gub（赫哲语）、gʉb（鄂温克语及鄂伦春语）、gəmu（女真语与满语）等。

*uguri "所有" —— 满语及赫哲语 uhuri，锡伯语 uhəri，鄂伦春语与鄂温克语 ʉgʉri。满语支语言里还有 ələ 之说。

tulgijən ~ øntə "其他" —— 满语 tulgijən > tulgiən，赫哲语 tulgin，锡伯语 tylhin，鄂伦春语及鄂温克语 øntə。以上实例说明，该语族语言内对于"其他"的表述有 tulgijən > tulgiən > tulgin > tylhin 及 øntə 两种。其中，øntə 早期语音形式应为 ugətu。该词的音变形式及规律是 ugətu > ʉgtʉ > øgtə > øŋtə > øntə。

madʒiga "一些" —— 赫哲语 madʒiga，鄂伦春语与鄂温克语 madʒig，满语 madzi̥gə，锡伯语 madzi̥g。除了以上提到的 madʒiga > madʒig > madzi̥gə > madzi̥g 之外，通古斯语支语言里还有 amkaŋ > amka、amʤi、ashuŋ 等说法。

əmumun "某个" —— 鄂伦春语与鄂温克语 əmʉm，满语 əməmu，锡伯语及赫哲语 əməm。该同源代词是在基数词 əmun "一" 的词干 əmu- > əmʉ- > əmə- 后面接缀构词词缀 -mun > -mu > -m 派生而来的实例。

第二节　同源数量词

同源数量词自然包括同源数词及同源量词。我们搜集整理的满通古斯语族语言的同源词里，确实有一定数量的同源数词和同源量词。而且，在同源数词中主要涉及基数词和序数词，像词的结构功能与特征比较复杂，或者由基数词派生而来的限定数词、分数词、平均数词、集合数词、复合数词等不包括其中。使人感到出乎意外，或者让人感到惊奇的是，在我们掌握的同源词内，出现相当数量的同源量词。这些量词，所表现出的词义内涵相当丰富。从某种意义上讲，满通古斯语族语言词汇研究成果中能够出现如此数量的量词，并还有同源关系的实例这可能还是第一次。从而，进一步丰富和充实了我们词源研究工作和科研成果。我们在想，这或许跟满通古斯诸民族有史以来富有的严谨、严格、细致、规范、系统的数量单位概念，以及与此密切相联系的思维习惯、思维方法、思维规则有关。下面的分析讨论中，我们将搜集整理的满通古斯语族语言的同源数量词，分成同源数词与同源量词进行分别分析和论述。

一　同源数词

əmun "一" —— 赫哲语 əmun，鄂伦春语 əmʉn，鄂温克语 əmʉŋ，女真语、满语、锡伯语 əmu。赫哲语及锡伯语里，还有用 əməkən 及 əmuhun 来表示 "一" 之意的现象。基数词 "一" 的早期发音形式在赫哲语里保存得较为完整，其他语言中均有不同程度的语音变化。比如说，在鄂温克语及鄂伦春语里，词中元音 u 变读为央元音 ʉ 的同时，鄂温克语词尾鼻辅音 n 被 ŋ 音取代。再说，满语支语言的词尾鼻辅音 n 被脱落。

*ʤuguru "二" —— 鄂伦春语及鄂温克语 ʤʉʉr，赫哲语 ʤuru，满语 dʐuwə，锡伯语 dʐu，女真语 ʤo。可以看出，基数词 "二" 在使用过程中，不同语言内所产生的语音变化较大。尽管如此，我们还是依据满通古斯语族语言语音变化的相关原理，梳理出复杂多变的语音变化现象及其规律：

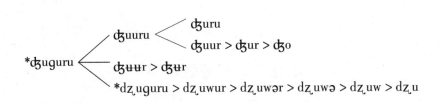

ilan "三" —— 满通古斯语族语言内均称 ilan。但是，在鄂温克语里还有发音成 ilaŋ 的现象。

*dugin "四" —— 锡伯语、赫哲语、鄂伦春语 dujin，女真语与满语 duin，鄂温克语 digiŋ。该词在满语支语言里产生 *dugin > dujin > duin 式音变，而在通古斯语支语言中却产生 *dugin > digiŋ > dijin 式音变。

sundʒa "五" —— 女真语、赫哲语、鄂伦春语、鄂温克语 sundʒa，满语及锡伯语 sundʐ̧a。除了叫 sundʒa > sundʐ̧a 之外，在鄂伦春语与鄂温克语内还有 toŋŋa 或 toŋ 之说。

*niŋugun "六" —— 满语 niŋgun > niŋun，赫哲语 niŋun，鄂温克语 niŋʉŋ，女真语 niŋgu，鄂伦春语 ȵʉŋʉn，锡伯语 nyŋun。可用以下格式归纳展示基数词 *niŋigun "六" 的语音演变关系及其规律：

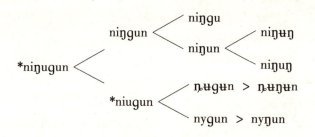

nadan "七" —— 满通古斯语族语言均叫 nadan。不过，鄂温克语里也有说 nadaŋ 的时候。也就是说，把词尾鼻辅音 n 发音成 ŋ。

dʒakun "八" —— 女真语、赫哲语、鄂伦春语 dʒakun，鄂温克语 dʒahoŋ，锡伯语 dzạkun，满语 dzạkʊn。显而易见，该词的音变主要表现在：（1）词首辅音 dʒ 在满语及锡伯语中演化为 dz̧ 音；（2）词中辅音 k 在鄂温克语里出现 h 音变；（3）词中元音 u 在鄂温克语及满语内被发作 o 或 ʊ 音；（4）词尾鼻辅音 n 在鄂温克语中由 ŋ 取而代之等方面。

*jugin "九" —— 鄂温克语 jəgiŋ > jəjiŋ，鄂伦春语 jəjin，女真语、满语、赫哲语 ujun，锡伯语 ujin。作为同源词的基数词 "九"，在不同

语言里也产生如下不同程度的音变：（1）首先，词首辅音 j 在除鄂温克语及鄂伦春语以外的语言里被省略；（2）其次，词首音节元音 u 在鄂温克语及鄂伦春语中演变为 ə 音；（3）再就是，词中辅音 g 除鄂温克语之外的语言内变读为 j 音；（4）还有，词中元音 i 在女真语、满语、赫哲语里由元音 u 取代；（5）最后，词尾鼻辅音 n 在鄂温克语中发作了 ŋ 音。

*dʒugan "十" —— 赫哲语 dʒuwan，女真语 dʒua，鄂伦春语 dʒaan，鄂温克语 dʒaaŋ，满语 dzuwan，锡伯语 dzuan。从相关音变现象及其规律的角度分析，该词早期的语音形式应该是 *dʒugan。那么，在具体使用过程中不同语言里却产生：（1）词首辅音 dʒ 在满语及锡伯语中的 dz 音变；（2）词首音节元音在鄂伦春语及鄂温克语内的 a 音变；（3）词中辅音 g 在赫哲语及满语里变读为 w 音的同时，在女真语、锡伯语、鄂伦春语、鄂温克语内被脱落；（4）词尾鼻辅音 n 在女真语内被脱落，在鄂温克语里由 ŋ 音取代。在这里，有必要提出，女真语里有一套由于接缀数词构词词缀 -hon 或 -hun 而派生出从十一至十九的数词系列。比如说，omsohon（十一）、dʒirhon（十二）、gorhon（十三）、durhon（十四）、tobhon（十五）、nihon（十六）、dorhon（十七）、niuhun（十八）、oniohon（十九）等。很有意思的是，这些数词中除了 durhon "十四"与 nihun "十六"的词根部分 dur-、ni- 与满通古斯语族语言的同源数词 *dugin "四" 和 *niŋugun "六"的词根 du-、niŋu- 有同源关系之外，其他的 omsohon "十一"、dʒirhon "十二"、gorhon "十三"、tobhon "十五"、dorhon "十七"、niuhun "十八"、oniohon "十九"的词根或词干 omso、dʒir-、gor-、tob-、dor-、niu-、onio- 等，同作为满通古斯语族语言同源词的基数词 əmun *"一"、dʒuguru "二"、ilan "三"、sundʒa "五"、nadan "七"、dʒakun "八"、*jugiŋ "九" 等的词根或词干 əmu-、dʒugu-、ila-、sun-、nada-、dʒaku-、*jugi- 似乎没有什么词源方面的关系。比如说：

女真语			满通语同源词		
gorhon "十三"	⇨	*gɔr-*	⇔	ilan　"三"	⇨ *ila-*
tobhon "十五"	⇨	*tob-*	⇔	sundʒa　"五"	⇨ *sun-*
dorhon "十七"	⇨	*dor-*	⇔	nadan　"七"	⇨ *nada-*
niuhun "十八"	⇨	*niu-*	⇔	dʒakun　"八"	⇨ *dʒaku-*

oniohon "十九" ⇨ *onio-* ⇔ *juɡiŋ "九" ⇨ *ju ɡi-*

反过来说，女真语的 gor-、tob-、dor-、niu-、onio- 等，同蒙古语的 gorba ~ gʊrba "三"、tabʊ ~ tab "五"、doloo ~ dolo "七"、naima "八" 的词根或词干 gor-、tab-、dolo-、naima- 等有一定内在关系。不过，在满通古斯语族语言的数词中，与蒙古语族语言无论在语音结构还是在语义关系方面密切相关的实例确实有不少。

orin "二十" ——女真语、满语、锡伯语、赫哲语 orin，鄂温克语 oriŋ，鄂伦春语 urin。可以看出，该同源数词的词首元音 o 及其词尾鼻辅音 n，分别在鄂伦春语和鄂温克语中产生 u 与 ŋ 音变。

gutin "三十" —— 鄂伦春语 gutin，满语与女真语 gusin，鄂温克语 gotiŋ，锡伯语 goʂin，赫哲语 goʃin。我们认为，该语族语言内有关 "三十" 的表述形式 gutin 或许就是最早期的说法。然而，gutin 在使用过程中，不同语言里产生如下不同音变：

$$
\text{gutin}
\begin{cases}
\text{gotin} > \text{gotiŋ} \\
\text{gotʃin} > \text{goʂin} > \text{goʃin} \\
\text{gutʃin} > \text{guʃin} > \text{gusin}
\end{cases}
$$

dəki "四十" —— 鄂伦春语 dəki，满语、赫哲语、鄂温克语 dəhi，锡伯语 dəhi > dəh。该词的演化规律应为 dəki > dəhi > dəh。

*susaji ~ *toŋaŋe "五十" —— 满语与锡伯语 susai，赫哲语 sudʒaj，鄂伦春语 tuŋaɲi，鄂温克语 toŋŋe > toŋe。对于 "五十" 的表述方式，满通古斯语族语言使用两种说法。其一是 *susaji > susai > sudʒaj，其二就是 *toŋaŋe > tuŋaɲi > toŋŋe > toŋe。不过，在鄂伦春语里还有 tuŋŋaɲi 之说。

niŋun > niŋudʒu ~ niŋunŋe "六十" —— 女真语 nindʒu，满语 nindzʉ，锡伯语 nindzɿ，赫哲语 niŋundʒu > nijundʒu，鄂温克语 niŋuŋŋe，鄂伦春语 ɳuŋʉɲi。很显然，满通古斯语族语言的 nindʒu > nindzɿ >

nijundʒu 之说是属于基数词 niŋun "六" 及 *dʒugan > dzɷwan > dzɷan > dzɷa > dzɷ "十" 合二为一的产物。而且，词尾元音 u 在锡伯语里产生了 i 音变。再说，鄂温克语及鄂伦春语的 niŋʉŋŋe 及 ɲʉŋʉŋŋi 是在基数词 niŋʉŋ > ɲʉŋʉŋ 后面接缀 -ŋe > -ŋi 而构成。与此相关，满通古斯语族语言内对于 "七十"、"八十"、"九十" 的说法，也都属于两个基数词的合成体或属于由 "七"、"八"、"九" 派生而来的产物。比如说，在满语支语言及赫哲语里，对于 "七十"、"八十"、"九十" 的称谓就是基数词 nadan "七"、dʒakun > dzakun > dzakɷn "八"、*jugin > ujin > ujun "九" 与 *dʒugan "十" 的高度浓缩体 dʒu > dzɷ 合二为一的结合体。"七十" ⇨ nadandʒu（赫哲语与女真语）、nadandzɷ（满语及锡伯语）；"八十" ⇨ dʒakundʒu（赫哲语与女真语）、dzạkɷndzɷ（满语）、dzạkundzị（锡伯语）；"九十" ⇨ *ujindzɷ > ujindzị（锡伯语）、ujundʒu（赫哲语与女真语）、ujundzɷ（满语）。另外，鄂温克语及鄂伦春语里，对于 "七十"、"八十"、"九十" 的叫法是，在基数词 nadan "七"、dʒakun > dʒahoŋ "八"、jəgiŋ > jəjin "九" 后面接缀构词词缀 -ŋe > -ŋi 而派生的 nadanŋe（鄂温克语）、nadanŋi（鄂伦春语），dʒahoŋŋe（鄂温克语），dʒakunŋi（鄂伦春语）、jəgiŋŋe（鄂温克语）、jəjinŋi（鄂伦春语）等数词。另外，他们还用 jərəəŋ（鄂温克语）、jəjəən（鄂伦春语）来表示 "九十" 之意。我们认为，jərəəŋ > jəjəən "九十" 的词首音节 jə- 跟 jəgiŋ > jəjin "九" 的 jə- 是同属一源。然而，接缀于 jə- 后面的构词词缀 -rəəŋ > -jəən 却跟蒙古语的 jərən > jərə "九十" 的词缀 -rən > -rə 间存在同根同源关系。

    taŋgu ~ namaadʒ "百" —— 女真语 taŋgu，满语 taŋgu > taŋu，锡伯语 taŋ，赫哲语 tawun，鄂伦春语 ɲamaadʒi，鄂温克语 namaadʒ。不难看出，满通古斯语族语言内用 taŋgu > taŋu > taŋ ~ tawun 及 namaadʒ > ɲamaadʒi 两种说法表示 "百" 的语用现象。

    miŋgan "千" —— 女真语 miŋgan，满语 miŋgan > miŋan，锡伯语和赫哲语 miŋan，鄂温克语 miŋgaŋ > miŋga，鄂伦春语 miŋga。该词的语音演变比较简单，也就是按照 miŋgan > miŋgaŋ > miŋan ~ miŋga 之语音演变规律，在不同语言里产生了不同程度的音变。

    tumən "万" —— 满语与赫哲语 tumən，鄂伦春语 tʉmən > tʉmə，

女真语 tumən > tuən，鄂温克语 tʉmuŋ，锡伯语 tumun。满通古斯语族语言的 tumən "万" 一词所产生的音变主要在于：（1）词中元音 ə 在鄂温克语及锡伯语内产生 u 音变；（2）词尾鼻辅音 n 在鄂温克语里出现 ŋ 音变等两个方面。

*buganaji "亿" —— 满语及锡伯语 bunai，鄂温克语 booni > bona，赫哲语与鄂伦春语 buna，女真语 bunə。在我们看来，该同源名词的早期语音结构应为 *buganaji。在此可用以下格式展示它所产生的音变现象及其规律：

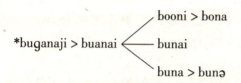

*buganaji > buanai
- booni > bona
- bunai
- buna > bunə

dulin "半" —— 女真语、满语、赫哲语、鄂伦春语 dulin，锡伯语 dulin > dolin，鄂温克语 doliŋ。该同源词的音变现象主要在于元音 u 的 o 音变及词尾鼻辅音 n 的 ŋ 音变方面。另外，在满语支语言内还有 honto-ho > hontoh 之说。

*udʒu ~ *əmuke "冠军" —— 满语与锡伯语 udʐu，鄂伦春语 əmʉki，鄂温克语 əmʉhe，赫哲语 əmtin。也就是说，对于 "冠军" 一词他们有两种说法。其中，*udʒu > udʐu 属于满语支语言的多义词，表示 "冠军"、"第一"、"头"、"首"、"字头" 等多种词义。另外，通古斯语支语言里的 *əmuke，是在基数词 əmʉn > əmʉŋ 的词干 əmʉ- 后面接缀构词词缀 -ke > -ki ~ he 而派生的实例。

*dʒugutʃi ~ *dʒuguki "亚军" —— 赫哲语 dʒutin，鄂伦春语 dʒʉʉki，鄂温克语 dʒʉʉhi > dʒʉʉhe，满语 dzʐuwətʂi，锡伯语 dzʐutʂi。毫无疑问，它们是在基数词 *dʒuguru "二" 的音变结构体 *dʒugu > *dʒʉʉ > dʒu > dzʐuwə- > dzʐu ~ dʒʉʉ 后面接缀 -tʂi、-tin、-ki > -hi > -he 等词缀构成的产物。除此之外，在满语里还有 dzʐai > dzʐaitʂi 之说。

二 同源量词

*hubi "份（一份）" —— 赫哲语 huwi，鄂温克语 howi，鄂伦春语

kowi，满语 ubu，锡伯语 uvə。该词在不同语言里产生了有所不同的语音变化现象，且主要表现在以下几个方面：（1）词首辅音的 k 音变及其脱落；（2）元音 u 的 o 音变；（3）词中辅音 b 被发作 w 音；（4）词尾元音 i 的 u 或 ə 音变。

da ~ gat "杆（一杆）"—— 满语、锡伯语、赫哲语 da，鄂伦春语与鄂温克语 gat。满通古斯语族语言的 da 与 gat 两种说法里，gat 是由表示 "橛子"、"桩子" 之意的名词词义引申而来的量词概念 "一杆" 的 "杆"。

mudan "趟（一趟）"—— 满通古斯语族语言均称 mudan。不过，通古斯语支语言的有关方言土语里，也有发音成 madan 的时候。

mari "回（一回）"—— 满语 mari，锡伯语、赫哲语、鄂伦春语、鄂温克语 mar。我们掌握的词汇资料表明，在他们的语言里除了 mari > mar 之说外，还可以用 həg > kəg 之说法表示该量词词义。

*safari ~ *asuga "把（一把）"—— 赫哲语 safəri，满语 səfərə，鄂温克语 asug，鄂伦春语 asuk，锡伯语 asho。满通古斯语族语言对于 "一把" 的 "把" 这一量词概念要用以上提到的 *safari > safəri > səfərə 以及 *asuga > asug > asuk > asho 等来表述。

*bagasan "束（一束）"—— 满语 baksan，鄂伦春语及鄂温克语 baksa，锡伯语与赫哲语 baksən。该量词在不同语言中产生的音变现象及其规律应为 *bagasan > baksan > baksa ~ baksən。

farsi ~ mokoli "块（一块）"—— 满语 farsi，锡伯语 farşi，赫哲语 faʃi，鄂温克语 moholi，鄂伦春语 mokoli。在满语支语言及赫哲语中 farsi 之说产生 farşi > faʃi 式音变。再说，鄂温克语及鄂伦春语内 moholi 之说的词中辅音 h 在鄂伦春语里产生 k 音变。

*tala > *talagan "面（一面）"—— 通古斯语支语言 tal，满语 talgan，锡伯语 talgən。我们认为，该量词的早期表现形式应为 *tala > tal。不过，在满语支语言内，却以接缀有后缀 -gan > -gən 的结构形式

出现。

　　*ərigi ~ *tarigi "方（一方）" —— 满语、锡伯语、赫哲语 ərgi，鄂伦春语 targi，鄂温克语 taggi。他们对于"一方"的"方"之量词概念的表述语 *ərigi 与 *tarigi，都是在指示代词 əri > ər "这"与 tari > tar "那"后面接缀构词词缀 -gi 后派生出来的实例。

　　*dalaba ~ *haratʃin "边（一边）" —— 满语及赫哲语 dalba，锡伯语 dalva，鄂温克语 hatʃtʃiŋ，鄂伦春语 kartʃin。这两个量词的演变规律应该是：（1）*dalaba > dalba > dalva；（2）*haratʃin > hatʃtʃiŋ > kartʃin。

　　girin ~ *ərigi "带（一带）" —— 满语、锡伯语、赫哲语 girin，鄂伦春语 ərgi，鄂温克语 əggi。满通古斯语族语言的这两种说法里，girin 之说基本上没有什么语音变化，似乎按早期语音结构形式沿用至今。不过，*ərigi 在使用过程中却产生 ərgi > əggi 式音变现象，也就是词中元音 i 脱落的同时，词中辅音 r 被后续音节辅音逆同化为 g 音。

　　afaha ~ daliku "页（一页）" —— 满语 afaha，锡伯语 avahə，赫哲语与鄂伦春语 daliku，鄂温克语 dalihu。可以说，这里提到的 afaha > avahə 与 daliku > dalihu 两种说法，在语音方面出现的变化都不大。

　　uhutu ~ moŋoli "卷（一卷）" —— 满语 uhutu，锡伯语 uhət，鄂伦春语及鄂温克语 moŋoli，赫哲语 moŋol。满语支语言 uhutu > uhət 的"一卷、两卷"的"卷"之量词概念是由该词的"手卷"之意引申而来。

　　johi ~ boki "套（一套）" —— 满语与锡伯语 johi，鄂伦春语 boki，鄂温克语及赫哲语 bohi。也就是说，满通古斯语族语言内用 johi 及 boki > bohi 两种说法表示量词的"套"之意。

　　fuldun "朵（一朵）" —— 满语及赫哲语 fuldun，锡伯语 fuldən，鄂伦春语与鄂温克语 uldun。该词的语音演化规律应为 fuldun > fuldən > uldun。另外，通古斯语支语言内还有 ulkan（鄂伦春语）、ulka（鄂温克语）等说法。

gaɡda "只（一只）"—— 赫哲语、鄂伦春语、鄂温克语 gaɡda，满语 gakda，锡伯语 ɡəhd。该词是按照 gaɡda > gakda > ɡəhd 之音变原理产生了一些语音变化。

gargan "枝（一枝）"—— 满语与赫哲语 gargan，锡伯语及鄂伦春语 garga，鄂温克语 garga > gagga。该词的语音演化规律应为 gargan > garga > gagga。另外，满语支语言里还有 da 之说。

*ʤuguru "双（一双）"—— 我们在分析基数词"二"时，已经对 *ʤuguru 的语音变化现象及其规律进行过讨论。毋庸置疑，满通古斯语族语言内由 *ʤuguru 演化而来的 ʤuuru（鄂伦春语）、ʤuuru > ʤuure（鄂温克语）、ʤuru（赫哲语）、dʐuru（满语）、dzyry（锡伯语）等所谓量词所表现出的"一双"的"双"之量词概念，同样是由基数词"二"之意引申而来的产物。然而，很有意思的是，*ʤuguru 表示基数词"二"之意时却产生 ʤuur（鄂温克语及鄂伦春语）、ʤuru（赫哲语）、dʐuwə（满语）、dʐu（锡伯语）等十分鲜明的音变现象，而表示"一双"、"两双"的"双"之量词意义时，所出现的 ʤuuru > ʤuru > dʐuru > dzyry 等音变并不显得那么突出。通过下面的排列和对比展示，我们或许对此问题看得更清楚些：

词义	基数词"二"	量词"双（一双）"
满语	dʐuwə	dʐuru
锡伯语	dʐu	dzyry
赫哲语	ʤuru	ʤuru
鄂温克语	ʤuur	ʤuuru > ʤuure
鄂伦春语	ʤuur	ʤuuru

从上面的对比展示，我们完全可以看出由 *ʤuguru 一词引申出的两个相互关联而又有所不同的语义概念。尽管它们之间存在词源学关系，但它们毕竟属于两个不同词类范畴。我们还感兴趣的是，为什么同一个词，表示不同语义关系时，要产生不同音变。这是人们为了表示不同语义关系而刻意造成的不同音变结果，还是在人们的语言使用过程中由于语言环境和表述内容的不同而自然形成的语音变化形式？事实上，伴随

人类思维系统的不断成熟、不断完善、不断复杂化，以及人们对于客观存在的事物之认知功能和分析能力的不断强化、不断细化、不断深化，再加上人们语言交流与表述形式的不断完美、不断全面、不断系统化和科学化，使那些原本就用于较为简单概念的语言符号开始承载更多、更丰富、更细化的语义概念系统，从而引发同一个词的不同声调、不同音变、不同词缀、不同意义。出于这些考虑，我们认为，满通古斯语族语言内出现的类似音变现象或许是他们语言发展的一个途径或者结果。当然，像赫哲语的 ʤuru 一样，无论表示"二"还是指含"双"之量词概念时均用同一个语音结构形式的实例可能还有一些。

futa "绳（一绳／18 丈）" —— 满语、锡伯语、赫哲语 futa，鄂伦春语与鄂温克语 uta。在通古斯语支语言内还有 aragan > argan > arga > agga 之说。

ulutʃin ~ ʃor "串（一串）" —— 满语支语言 ulutʂin，通古斯语支语言却叫 ʃor。其中，满语支语言的词中辅音 tʃ 产生 tʂ 音变。

udu ~ ʃira "连（一连）" —— 满语 udu，锡伯语 ud，通古斯语支语言 ʃira。满语支语言的 udu > ud 是一个多义词，它除了包含有量词内涵之外，还可以表示"份额"、"缘分"等名词概念。而通古斯语支语言的 ʃira 是属于表示"连"之意的量词。

ʤərgi "阵（一阵）" —— 赫哲语与鄂伦春语 ʤərgi，鄂温克语 ʤəggi，满语及锡伯语 dzərgi。该同源量词的音变规律显然是 ʤərgi > ʤəggi > dzərgi。

*faligan "场（一场）" —— 满语 falga，锡伯语 falgə，鄂伦春语 aligan，赫哲语与鄂温克语 aliga。可用以下格式表示 *faligan 在不同语言中产生的音变现象，以及相互间的关系及演变规律：

```
                 ┌── aligan > aliga
*faligan  ──────┤
                 └── falga > falgə
```

sabdan "滴（一滴）" —— 满语、赫哲语、鄂伦春语 sabdan，鄂温克语 sabdaŋ，锡伯语 savdən。除了满通古斯语族语言的 sabdan > sabdaŋ > savdən 之外，通古斯语支语言内还有 surgil > suggil 及 ʤurigikti 等说法。

*gijan > *gijalan "间（一间）" —— 赫哲语 gialan，满语 gijan > gian，锡伯语 gian，鄂伦春语 geelan，鄂温克语 geelaŋ。可用以下格式归纳展示该词在不同语言中产生的语音变化及其规律：

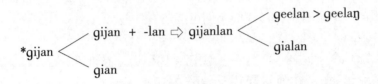

uhun "包（一包）" —— 满语、锡伯语、赫哲语 uhun，鄂温克语 ʉhuŋ，鄂伦春语 ʉkʉn。毫无疑问，量词 uhun > ʉhuŋ > ʉkʉn 是在动词词根 uhu- > ʉhʉ- 后面接缀构词词缀 -n > -ŋ 派生的实例。不过，在早期该词有可能就是表示"包儿"之意的名词，后来才引申出表示"包"之意的量词。

aligan "座（一座）" —— 满语及鄂伦春语 aligan，鄂温克语 aligaŋ，锡伯语及赫哲语 aligən。量词 aligan > aligaŋ > aligən 也是在动词词根 ali- "接受"后面，接缀由动词派生量词的构词词缀派生而来。

dədun "站（一站地）" —— 满通古斯语族语言均称之为 dədun。在我们看来，dədun 的量词词义"站"是由动词词根 dədu- "卧"、"睡"派生的名词 dədun 的原有词义"站"、"驿站"、"寄宿处"引申而来的概念。

dasin "柄（一柄）" —— 满语 dasin，锡伯语 daşin，鄂伦春语、鄂温克语、赫哲语 daʃin。可以看得出来，量词 dasin 在满通古斯语族语言的使用过程中，只有词中辅音 s 出现 ş 及 ʃ 音变，其他语音形式似乎没有出现任何变化。

gargan "扇（一扇）" —— 除了在锡伯语里称之为 gargən 之外，其他满通古斯语族语言中均叫 gargan。不过，在鄂温克语内也有叫

gargaŋ 的现象。

təmuhən "轴（一轴）"——满语 tomuhon，锡伯语及赫哲语 təmhən，鄂温克语 təmhə，鄂伦春语 təmkə。很显然，该量词是按照 tomuhon > təmhən > təmhə > təmkə 之语音变化原理产生了不同程度的音变。

hosori ~ təbuku "盒（一盒）"——赫哲语 hosori，满语与锡伯语 hosəri > hosər，鄂伦春语 təbku，鄂温克语 təkkʉ。也就是说，该语族语言里用 hosori > hosəri 及 təbku > təkkʉ 两种说法表示该量词概念。

*sirigəg "根（一根）"——赫哲语 sirgəg，满语 sirgə，锡伯语 şirgə，鄂伦春语 ʃirkəg，鄂温克语 ʃihhəg。量词 *sirigəg 在使用过程中主要产生：（1）词首辅音 s 在除满语和赫哲语之外的语言内发生 ş 与 ʃ 音变；（2）词中元音 i 在满通古斯语族语言内均被脱落；（3）词中辅音 g 在鄂温克语与鄂伦春语内被发作 k 与 h 音。与此同时，鄂温克语词中辅音 r 被后续音节的辅音逆同化为 h 音；（4）词尾辅音 g 在满语与锡伯语中被省略等音变现象。

*ʤuragan "行（一行）"——赫哲语及鄂伦春语 ʤurgan，鄂温克语 ʤurgaŋ，满语 dzurgan，锡伯语 dzurhan。很显然，同源量词 *ʤuragan 词首辅音 ʤ 在满语支语言内演化为 dz 音，词中元音 a 在满通古斯语族语言中完全被脱落，词中辅音 g 与词尾鼻辅音 n 分别在锡伯语和鄂温克语里被 h 及 ŋ 音取而代之。

*bələgə ~ faha "粒（一粒）"——满通古斯语族语言都叫 bəlgə。同时，也有 faha（满语及赫哲语）> fah（锡伯语），以及 nirigə > nirgə（鄂伦春语）> niggə（鄂温克语）等说法。而且，在现代满通古斯语族语言里，faha > fah、nirigə > nirgə > niggə 等量词的使用率比较高。

*ʤəmin ~ *əbəkər "服（一服）"——满语与锡伯语 dzəmin，赫哲语及鄂伦春语 əbkər，鄂温克语 əkkər。满通古斯语族语言内表示"一服"的"服"之意的量词 *ʤəmin > dzəmin 与 əbkər > əkkər 主要用于旧时用纸包扎中草药、蒙药、藏药、民间药物单位。而且通古斯语支语言

的 əbkər 源于动词词根 *əbə- > əbkə- > əkkə-"包"、"包扎"。

*dagar "庹" —— 鄂伦春语及鄂温克语 daar，赫哲语 daar > dar > da，满语与锡伯语 da。该词的语音演化规律在赫哲语的 daar > dar > da 等语用实例中表现得十分清楚。事实上，在鄂伦春语和鄂温克语的方言土语里也有说 dar 或 da 的现象。只不过，没有普遍性和代表性。

ʤusuru ~ *igisən "尺" —— 赫哲语 ʤusuru，满语与锡伯语 dzʐuʂuru > dzʐusur，鄂伦春语 iisən，鄂温克语 iisəŋ。可以看出，满通古斯语族语言用 ʤusuru > dzʐuʂuru 及 *igisən > iisən > iisəŋ 两种说法表示"尺"之意。另外，女真语里还有 ʧahan 之说。

*ʤuruhun ~ sumur "寸" —— 满语与锡伯语 dzʐurhun，赫哲语 ʤurhun，女真语 sunmur，鄂伦春语及鄂温克语 sumur。除了满通古斯语族语言的 *ʤuruhun > ʤurhun > dzʐurhun 及 sunmur > sumur 两种说法之外，满语里还有 furgun 之说。

tawar "拃" —— 鄂伦春语与鄂温克语 tawar，满语、锡伯语、赫哲语 to。根据满通古斯语族语言的有关语音演变规律，满语支语言及赫哲语内所说的 to 有可能是经过 tawar > taor > toor > tor 之音变过程产生的语音形式。

moro "升" —— 满通古斯语族语言几乎均称 moro。与此同时，还有 geeʃa（鄂伦春语）、hiasa（锡伯语）、melenha（女真语）之类的说法。

hijasa "斗" —— 满语 hijasə，锡伯语 hias，鄂温克语及赫哲语 heesa，鄂伦春语 keesa。毫无疑问，该词是按照 hijasə > hias > heesa > keesa 式演化原理，在不同语言内产生了不同程度的音变。

*himari "亩" —— 锡伯语及鄂温克语 himar，满语、赫哲语、鄂伦春语 imari。可以说，*himari 的词首辅音 h 在满语、赫哲语、鄂伦春语内被脱落的同时，词尾元音 i 也在锡伯语及鄂温克语中被脱落。

ʧamari "坰" —— 赫哲语 ʧamari、鄂伦春语与鄂温克语 ʧamar，满语及锡伯语 tʂamari。不难看出，在赫哲语里该词原有的语音形式被保存得比较完整，而在其他语言里却出现一些音变。比如说，满语支语言内词首辅音 ʧ 由 tʂ 音取代的同时，tʂ 后面的元音也产生 i 音变。另外，通古斯语支语言的鄂温克语及鄂伦春语内词尾元音 i 被脱落等。

dəlihən "顷" —— 赫哲语及鄂温克语 dəlihə，满语与锡伯语 dəlihən，鄂伦春语 dəlkə。该词的音变表现在：（1）词中元音 i 及词尾音节首辅音 h 在鄂伦春语里被脱落或产生 k 音变；（2）词中元音 i 在满语与锡伯语内被脱落；（3）词尾鼻辅音 n 在除满语及锡伯语之外的语言里均被脱落等方面。

第三节　同源形容词

就如前面所说，我们所掌握的满通古斯语族语言同源形容词的数量是相当可观。虽然在数量上不能和名词与动词相提并论，但要比同源关系的代词、数量词多得多，从而在数量上占有绝对优势。我们在整理和分析同源形容词时发现，涉及不同颜色、形状、特征、性能等方面的实例相当丰富。也有一些从其他词派生而来的极其特殊的同源形容词。这些同源形容词广泛地使用于满通古斯语族语言，从而给他们的语言交流带来了一定的方便条件。

*fulagijan ～ *fularin "红" —— 满语 fulgijan > fulgian，赫哲语 fulgian，锡伯语 fəlgian，鄂伦春语 ularin，鄂温克语 uliriŋ。对于该同源形容词的语音演化规律可以用如下格式进行归纳和说明：

*fula
　　+ -gijan ⇨ fulagijan > fulgijan > fulgian > fəlgian
　　+ -rin ⇨ fularin > ularin > uliriŋ

在满通古斯语族语言内，还有一些由 fula 派生的同源形容词。比如说，*fulagijakan "鱼红" ⇨ fulgijakan（满语）、fulgiakan（赫哲语）、fəlgiakən（锡伯语）、uliriŋkaŋ（鄂温克语）、ularikan（鄂伦春语）等；*fulahun ～ *fulabir "水红" ⇨ fulhʊn（满语）、fulhən（锡伯语及赫哲

语）、ulbir（鄂伦春语和鄂温克语）等；*fulagar "桃红" ⇨ fulagar ~ dẓamu（满语）、fulgər ~ dẓam（锡伯语）、ulgar（赫哲语、鄂伦春语、鄂温克语）等。

*sagagijan ~ *baɡdarin "白" —— 女真语 ʃaŋgen，赫哲语 ʃaŋgin，满语 ʂanjan，锡伯语 ʂaŋən，鄂伦春语 baɡdarin，鄂温克语 baɡdariŋ。首先让我们分析 *sagagijan 在不同语言中的音变情况及其相互间的关系。按照满通古斯语族语言的相关音变规律，该词在满语支语言及赫哲语的使用过程中应产生如下演变：

$$*sagagijan > *saŋagian > *saŋgian \begin{cases} ʂaŋgian > ʂanjan > ʂaŋən \\ ʃaŋgian > ʃaŋgin \end{cases}$$

满通古斯语族语言的 *baɡdarin "白" 一说只有在鄂温克语及鄂伦春语里出现，而在满语支语言里几乎不使用。另外，鄂温克语内还有用 giltariŋ 来表示 "白" 之意的现象。该语族语言里，还有一些与 "白" 密切相关的形容词。比如说，sahun ~ giltabtin "蛋白" ⇨ ʃahun（赫哲语）、ʂahʊn（满语）、ʂahən（锡伯语）、giltabtin（鄂伦春语）、giltabtiŋ（鄂温克语）等；ʂajan ~ gilbarin "雪白" ⇨ ʂajan（满语与锡伯语）、gilbarin（赫哲语及鄂伦春语）、gilbariŋ（鄂温克语）等；bijahun ~ baɡdarihun "淡白色" ⇨ bijahʊn（满语）、biahun（锡伯语）、baɡdarihun（赫哲语）、baɡdarihʊŋ（鄂温克语）、baɡdarikun（鄂伦春语）等。以上实例中出现的形容词，基本上均源于 *saga、bija、gila、*baɡdarin 等。

sahalijan ~ koŋnorin "黑" —— 满语 sahalijan > sahalian，女真语 sahalian，锡伯语与赫哲语 sahalin，鄂伦春语 koŋnorin，鄂温克语 konnoriŋ > honnoriŋ。满通古斯语族语言内除了有 sahalijan > sahalian > sahalin 以及 koŋnorin > honnoriŋ 两种说法之外，锡伯语里还用 jətʂin 表示 "黑" 之意。由该词词干 saha- ~ koŋno- 派生的同源形容词还有：*sahahun ~ koŋnor ~ *jətʃikən "淡黑" ⇨ sahahʊn（满语）、sakalkan（赫哲语）、koŋnor（鄂伦春语）、honnor（鄂温克语）、jətʂikən（锡伯语）等；sahahuri ~ koŋnoggon ~ jətʃiŋgər "乌黑" ⇨ sahahʊri（满语）、sakalkiŋgər（赫哲语）、koŋnoggon（鄂伦春语）、honnoggoŋ（鄂温克语）、jətʂiŋgər

>jətʂiŋər（锡伯语）等。

suwajan"黄"—— 满语 suwajan > suajan，锡伯语、赫哲语、鄂伦
春语 sujan，鄂温克语 sujaŋ。除满通古斯语族语言的 suwajan > suajan >
sujan > sujaŋ 之说外，鄂温克语里还说 ʃiŋariŋ。与此同时，他们将"橘
黄"称之为 sohon（满语、锡伯语、赫哲语）、sohoŋ（鄂温克语）、
sokon（鄂伦春语）等；把"蛋黄"叫 johokon（满语）、johokən（赫哲
语）、johohoŋ（鄂温克语）、johohən（锡伯语）、jokokon（鄂伦春语）
等；说"焦黄"为 sohokori（满语）、sohohor（鄂温克语）、sohohər
（锡伯语）、sohokər（赫哲语）、sokokor（鄂伦春语）等；还将"黄黄
的"称为 sohokolijan（满语）、sohokəlian（锡伯语）、soholgan >
sokolgan（赫哲语与鄂伦春语）、sohoggaŋ（鄂温克语）等。而且，它们
均源于 soho。

*nijowaŋgijan ~ *tʃuguturin"绿"—— 满语 niowaɲijaŋ，赫哲语
nyŋgian，锡伯语 nyŋnian，鄂温克语 tʃuutuuriŋ，鄂伦春语 tʃuturin。相比
之下，这两种说法里*tʃuguturin > tʃuuturin > tʃuuturiŋ > tʃuturin 之说的
语音变化现象相对简单些。而 *nijowaŋgijan 一词所产生的音变比较复
杂。按照该语族语言语音演变规律，将它的音变规律可用以下格式进行
归纳和展示：

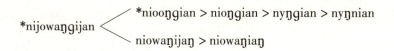

*nijowaŋgijan ⟨ *niooŋgian > nioŋgian > nyŋgian > nyŋnian
　　　　　　　　niowaɲijaŋ > niowaɲiaŋ

满通古斯语族语言内还将"深绿"称之为 jəŋgəhəri（满语）、
jəŋgər > jəŋər（锡伯语）、tʃəŋgər（赫哲语、鄂伦春语、鄂温克语），同
时把"松绿"叫做 niohon（满语）、nuwaŋ ~ nogon（鄂温克语）、nyhən
（锡伯语及赫哲语）、ɲogan（鄂伦春语）等。

jatʃin"青"—— 赫哲语及鄂伦春语 jatʃin，鄂温克语 jatʃiŋ，满语与
锡伯语 jatʂin。除了 jatʃin > jatʃiŋ > jatʂin 等之外，在他们的语言中还有
kuku < kʉkʉ（鄂伦春语及赫哲语）、hөhө（鄂温克语）、nongian（女真
语）等说法。

misuru "深紫、酱色" —— 除了在满语里说 misuru 之外，其他满通古斯语族语言中均叫 misur。不过，也有像 misun 一样，将词尾音发作鼻辅音的现象。

buriŋgi > fuləŋgi "灰色" —— 女真语 furəgi，赫哲语、鄂伦春语、鄂温克语 buriŋgi，满语 fuləŋgi > fuləŋi，锡伯语 filiŋ。很有意思的是，在 fuləŋgi > fuləŋi > filiŋ 及 buriŋgi 两种说法里，词首辅音及词中辅音 b 与 f、r 与 l 之间产生了语音对应现象。我们认为，像 fuləŋgi > fuləŋi > filiŋ 等内出现的词首辅音 f 及词中辅音 l 有可能是属于辅音 b、r 的变体形式。另外，鄂温克语里还有 hojʃe 之说。

*dusuhun ~ haktabdi "暗色" —— 满语 dushun，锡伯语 dushən，赫哲语 haktabdi，鄂伦春语 aktabdi，鄂温克语 attaddi。也就是说，满通古斯语族语言内要用 *dusuhun > dushun > dushən 及 haktabdi > aktabdi > attaddi 两种说法表示 "暗色" 之意。

tumin ~ paɡdir "深色" —— 满语与锡伯语 tumin，赫哲语、鄂伦春语、鄂温克语 paɡdir。而且，在满通古斯语族语言里 tumin 及 paɡdir 还可以表示 "深蓝" 之意。

lamun "深蓝" —— 满通古斯语族语言内均叫 lamun。不过，在通古斯语支语言的有关方言土语里也有叫 tʃiŋgir > tʃiŋkir > səŋkir 之类的说法。

*ɡələfijən ~ *saɡibur "浅色" —— 满语 ɡəlfijən > ɡəlfiən，锡伯语 ɡəlfiən，鄂伦春语 seebur，鄂温克语 seewər，赫哲语 sebur。除了这里提到的 *ɡələfijən > ɡəlfijən > ɡəlfiən > ɡəlfiən 及 *saɡibur > seebur > seewər > sebur 两种说法外，通古斯语支语言里还可以用 nəərin > nəəriŋ 表示该形容词词义。

bogan "混浊色" —— 鄂伦春语 bogan，鄂温克语 bogaŋ，赫哲语 bohan，满语 bohon，锡伯语 bohən。该同源形容词在使用过程中产生的音变表现在：（1）词中辅音 g 在满语支语言及赫哲语里的 h 音变；（2）词中元音 a 在满语支语言内的 o 与 ə 音变；（3）词尾鼻辅音 n 在

鄂温克语中由 ŋ 所取代等方面。

fijaŋga ~ gilaŋga "亮色" —— 满语 fijaŋga > fijaɳa, 锡伯语 fijaɳa, 鄂伦春语 gilaŋga, 鄂温克语 gilbar, 赫哲语 gəŋgiŋ。除了 fijaŋga > fijaɳa 与 gilaŋga > gəŋgiŋ > gilbar 之外, 满语支语言内还有 səhun 之说。

əldəŋgə "光华色" —— 满通古斯语族语言内都叫 əldəŋgə > əldəɳə。该同源形容词是在名词 əldən "光" 的词干 əldə- 后面接缀构词词缀 -ŋgə >-ɳə 而派生的实例。不过, 在该语族语言内还可以用 əldəhən、əldərin、naligan 等表示 "光华色" 之意。

suhun "米色" —— 满语 suhun, 锡伯语与赫哲语 suhən, 鄂温克语 suhuŋ, 鄂伦春语 sukun。该词的语音变化现象主要表现在以下几个方面: (1) 词中元音 u 在鄂伦春语及鄂温克语里全部演化为 u 音的同时, 其中的第二音节元音在锡伯语与赫哲语中弱化为 ə 音; (2) 词中辅音 h 及词尾鼻辅音 n 分别在鄂伦春语及鄂温克语里产生 k 与 ŋ 音变。

*əgihəri "棕色" —— 满语 əihəri, 锡伯语 əihər, 赫哲语与鄂温克语 əəhir, 鄂伦春语 əəkir。该词的音变现象表现在: (1) 词首辅音 g 被脱落; (2) 词第二音节元音 i 在鄂伦春语及鄂温克语内顺同化为 ə 音; (3) 词中辅音 h 在鄂伦春语中由 k 音取而代之; (4) 词尾元音 i 在除满语之外的语言里被省略等方面。

kurən "古铜色" —— 除了在鄂温克语里叫 hurəŋ 之外, 其他语言内都说 kurən。不过, 在通古斯语支语言中也有说 kurun 及 gegin 的现象。

bor "驼色" —— 满通古斯语族语言内均叫 bor。另外, 我们所掌握的相关词汇资料里, 也有用 təməri (满语)、onor (鄂温克语及鄂伦春语) 等表示该形容词词义的现象。

*tʃogohoro "花斑的" —— 鄂伦春语 tʃookor, 赫哲语 tʃohur, 满语 tʂohoro, 锡伯语 tʂohur, 鄂温克语 soohor。我们认为, 该形容词的早期语音形式应为 *tʃogohoro。因为, 在通古斯语支语言的个别方言土语里,

还有 ʧoghor、ʧogkor 等说法。那么，*ʧogohoro 的使用过程中，在不同语言里产生的音变现象表现在：（1）词首辅音 ʧ 在满语及锡伯语里变为 tʂ 音的同时，在鄂温克语中产生 s 音变；（2）由于第二音节辅音 g 的脱落而在鄂伦春语里出现长元音 oo。甚至，在其他语言里长元音演化为短元音 o 或 u 音；（3）词中辅音 h 在鄂伦春语里由 k 音取代；（4）词中辅音 h 后面的元音 o 在赫哲语及锡伯语内出现 u 音变；（5）词尾元音 o 在除了满语之外的语言里均被脱落等方面。

luku "浓密的" ——除在鄂温克语内说 luhu 之外，其他满通古斯语族语言里均叫 luku。不过，通古斯语支语言里还有 pika < piha 及 ʧiki < ʧihi 等说法。

*sajin ~ aja "好" —— 女真语及满语 sain，锡伯语 ʂan，赫哲语 aji，鄂伦春语与鄂温克语 aja > aj。一直以来人们认为，满通古斯语族语言内对于 "好" 的表述形式有两种，其一是满语支语言的 sain > ʂan，其二是通古斯语支语言的 aji > aja > aj。关于满语支语言的 sain 起源，著名女真语专家金启孮先生从词源学的角度，将其解释为源于汉语的 shan "善"。而且，这种分析和解释也被学术界一些人士所认同。但我们认为，这种说法还需要进一步推敲。对于我们来讲，满语支语言内使用的 sain > ʂan，同蒙古语族语言内使用的形容词 sain "好" 之间无论在语音还是在语义方面均表现出高度一致。再说，满通古斯语族语言与蒙古语族语言所接触的历史十分深远，相互间的影响和渗透也非常深刻，至今对于在这两个语言中被使用的许多共有词的历史来源问题很难一锤敲定，很难说清楚究竟是谁借用了谁的词语，以及这些共有词究竟源于谁等学术问题。那么，满语支语言里使用的 *sajin > sain > ʂan 无论从哪个角度来分析，它似乎都同蒙古语族语言 sain 有历史渊源关系。相反，与汉语的 shan "善" 好像没有什么来源关系，只是在语音与语义方面有些类同或不谋而合而已。这就像有人将满通古斯语族语言对于 "太阳" 的 ʃun、ʂun、sun 之说，同英语的 sun 相提并论一样，似乎没有多大学术意义和价值。何况在满通古斯语族语言里，自古就有表述 "好" 之意的形容词 aja > aji。不管怎么说，满语支语言内使用的 *sajin > sain 有可能与蒙古语族语言 sain 属于同根同源，而不可能是源于汉语 shan "善"。进而，我们还推断，通古斯语支语言内使用的 aji > aja 也是否属于经过 *sajin > hajin > ajin > aji > aja 之音变而来的产物。倘若这

一假定科学合理的话，通古斯语支语言的 aji > aja 与满语支语言及蒙古语的 sain 均属同根同源。很有意思的是，在满语支语言里还有用 hodʐo 表示"好的"之意的现象。

əhə ~ ərʉ"坏"——女真语、满语、赫哲语 əhə，锡伯语 əhə > əh，鄂伦春语与鄂温克语 ərʉ。毫无疑问，该词词根为 ə-，而 -hə 与 -rʉ 均属于派生形容词的构词词缀。

*jaragijan ~ tədʒi"真"——满语 jargijan > jargian，锡伯语 jərhin，赫哲语及鄂伦春语 tədʒə，鄂温克语 tədʒi。满通古斯语族语言表述"真"之意时，主要使用满语支语言的 *jaragijan > jargijan > jargian > jərhin 及通古斯语支语言的 tədʒi > tədʒə 两种说法。

dʒiŋkin"真实的"——赫哲语与鄂伦春语 dʒiŋkin，鄂温克语 dʒiŋkiŋ，满语及锡伯语 dziŋkin。该词是按照 dʒiŋkin > dʒiŋkiŋ > dziŋkin 之音变规律产生了一些音变。

holo"假"——满语、锡伯语、赫哲语 holo，鄂温克语 өləөhə，鄂伦春语 өləөk。我们认为，鄂温克语及鄂伦春语里使用的形容词 өləөhə > өləөk 有可能源于 holo。那么，它的早期语音结构应为 *hologoho。不过，在具体的使用过程中产生如下音变：

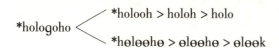

$$*hologoho \begin{cases} *holooh > holoh > holo \\ *hələөhə > өləөhə > өləөk \end{cases}$$

与此密切相关，通古斯语支语言的方言土语里，个别老人的口语中至今还保留着 *hələөkə 之语音结构形式。虽然这一说法已成为个别老人极其个别的口语形式，并没有普遍性和代表性，但毫无疑问地表现出该同源形容词在词首使用辅音 h 的早期语音特征。

*unən > unəŋgi"实"——赫哲语 unəŋgi，满语与锡伯语 unəŋgi > unəŋi，鄂伦春语及鄂温克语 ʉnəŋgi 或 ʉnən > ʉnəŋ。该词的核心结构为 *unə-，而 -n、-ŋ、-ŋgi 均属于词缀部分。除了 unəŋgi > unəŋi > ʉnəŋgi > ʉnən > ʉnəŋ 之说外，满语支语言内还可以用 jargijan 之说表示

该词义。

*unutuhun ~ *hogotug "空" —— 满语 untuhun，女真语 untuhuŋ，锡伯语及赫哲语 unthun，鄂温克语 hoktug > ottug，鄂伦春语 oktug。也就是说，在该语族语言内要用 *unutuhun > untuhun > untuhuŋ > unthun 与 *hogtug > *hogtug > hoktog > oktug ~ ottog 两种说法表示"空的"之意。除此之外，鄂伦春语与鄂温克语中还有 aatʃin > aaʃiŋ 之说。

*sələgun "空旷的" —— 赫哲语 səlun，鄂伦春语 səlʉ ~ səlgʉn，鄂温克语 səlʉ，锡伯语 səhun，满语 ʂəhun。可以用如下格式对于该词的音变现象及其原理进行归纳和分析：

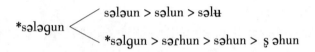

$$*sələgun \begin{cases} sələ nuɛʃə > səlun > səlʉ \\ *sələgun > səɾhun > səhun > ʂ əhun \end{cases}$$

sula "松的" —— 锡伯语、赫哲语、鄂伦春语 sula，鄂温克语 sola，满语 ʂolo。我们认为，该同源形容词的早期语音形式应为 sula。那么，在具体使用过程中出现词首辅音 s 在满语里产生 ʂ 音变，以及词中元音 u 与 a 分别在满语及鄂温克语内变读为 o 音。

itʃə ~ irikin "新的" —— 女真语 itʃə，满语与锡伯语 itʂə，赫哲语及鄂伦春语 irkin，鄂温克语 ikkiŋ。可以看出，满通古斯语族语言内用两种说法表示"新的"之形容词概念。其中，itʃə > itʂə 主要用于满语支语言，irikin > irkin > ikkiŋ 用于通古斯语支语言。

*fugə ~ *irigəktə "旧的" —— 赫哲语 fuwə，女真语 fuə，满语与锡伯语 fə，鄂伦春语 irəəktə，鄂温克语 irəəttə。通过上面的实例，我们可以清楚地看出 *fugə 一词所产生的 fuwə > fuə > fə 式演变，以及 *irigəktə 之说的 iriəktə > irəəktə > irəəttə 式音变规律。再说，通古斯语支语言内还有 gorobti 或 manə 等说法。

datʃun "锐利的" —— 赫哲语与鄂伦春语 datʃun，鄂温克语 datʃuŋ，满语及锡伯语 datʂun。除了 datʃun > datʃuŋ > datʂun 之说外，通古斯语支语言内还有 sərbin > səbbiŋ（鄂伦春语与鄂温克语）、əmər（鄂伦春语）、turgun（赫哲语）等说法。

mohur "钝的" —— 锡伯语及赫哲语 mohur，鄂温克语 mohor，鄂伦春语 mokur，满语 mojo。该词中出现：（1）词中辅音 h 与锡伯语 j 产生交替对应的同时，在鄂伦春语内被发作 k 音；（2）词中元音 u 在鄂温克语及满语里被前置音节元音顺同化为 o 音；（3）词尾鼻辅音 r 在满语里被脱落等音变现象。另外，该语族语言内还有 mumuri ~ dzolbonoho（满语）、moktur ~ ətəwurʃen（赫哲语）、mampa（鄂伦春语）等说法。

bajan "富" —— 除了在满语里叫 bajan 之外，其他满通古斯语族语言内均说 bajin。在我们看来，该词的早期发音形式应为 bajan，后来由于第二音节元音产生 i 音变而出现 bajin 之说。而且，该形容词同蒙古语族语言 bajan > bajin 属同源关系。

jadahun "穷" —— 赫哲语 jadahun，鄂温克语 jadahuŋ，满语 jadahʊn，鄂伦春语 jadakun，锡伯语 jadəhun。该词在使用过程中产生：（1）词第二音节元音 a 在锡伯语里的 ə 音变；（2）词第三音节元音 u 在满语中的 ʊ 音变；（3）词尾音节首辅音 h 在鄂伦春语里发生 k 音变；（4）词尾鼻辅音 n 在鄂温克语内由 ŋ 音取而代之等音变。除此之外，他们的语言中还有 jadan 或 jadar 等说法。不过，这些说法均源于词根 jada-。

*pusihun "下贱的" —— 赫哲语 puʃihun，鄂温克语 pʉʃihuŋ，鄂伦春语 pʉʃikʉn，满语 fusi > fusihʊn，锡伯语 fushən。这里提到的形容词 *pusihun > *fusihun 应该是由形容词 pusi > fusi 派生而来。尽管今天通古斯语支语言的口语里已经不用 pusi 了，但满语里还能见到将 "下贱的" 等形容词词义用 fusi 来表示的实例。不过，从以上在不同语言中使用的情况，能够看出 *pusihun 产生的一系列音变。比如说，（1）词首辅音 p 在满语支语言内出现 f 音变；（2）词首音节元音 u 在鄂伦春语及鄂温克语内演化为央元音 ʉ；（3）词中辅音 s 在通古斯语支语言内变读为 ʃ 音；（4）词中元音 i 在锡伯语中被省略；（5）词中辅音 h 在鄂伦春语内演化为 k 音；（6）词尾音节元音 u 在满语里被发作 ʊ 音；（7）词尾鼻辅音 n 在鄂温克语中由 ŋ 取而代之等。

əmuhən "孤独" —— 赫哲语 əmuhən，鄂温克语 əmʉhəŋ，鄂伦春语 əmʉkən，女真语、满语、锡伯语 əmhun。可以看出，同源形容词 əmuhən > əmʉhəŋ > əmʉkən > əmhun 是在基数词词干 əmu- > əmʉ- > əm- "一" 后面接缀 -hən > -hun > -kən 而构成。另外，在通古斯语支语言里还有 goŋgo > goŋgor 之说。

*dʒa > dʒabsun ~ kinda "便宜的" —— 满语 dʐa > dʐab ʂan，锡伯语 dʐa，赫哲语 dʒabsan，鄂伦春语 kinda，鄂温克语 hinda。在满通古斯语族语言内，主要用 *dʒa > dʐa、dʒabsun > dʐab ʂan 以及 kinda > hinda 等说法表示 "便宜的" 之意。其中，dʒabsun > dʐab ʂan 应该源于 dʒa > dʐa，而 kinda > hinda 之说与蒙古语族语言的 kinda > hinda "便宜的" 属同根同源。

*hudun ~ digar "快的" —— 满语 hʊdun，锡伯语 hodun，赫哲语与鄂温克语 digar，鄂伦春语 digar > dijar。也就是说，用满语支语言的 *hudun > hʊdun > hodun，以及通古斯语支语言的 digar > dijar 两种说法表示该形容词词义。再说，他们的语言里还有 turgən（赫哲语）、tʉrgʉn（鄂伦春语）、tʉggʉŋ（鄂温克语）等说法。不过，这里提到的 *hudun > hʊdun > hodun 以及 turgən > tʉrgʉn > tʉggʉŋ 等说法与蒙古语族语言表示 "快的" 之意的 hordun > hordun 与 turgən > tʉrgʉn 间均存在同源关系。

ələkən "慢" —— 赫哲语 ələkə，鄂温克语 əlkəŋ，鄂伦春语 əlkə，满语及锡伯语 əlhə。该同源形容词是按照 ələkən > ələkə (n) > əlkəŋ > əlkə > əlhə 式演变规律产生了一些语音变化。

*dəgən ~ gugdu "高" —— 女真语 dəgə，满语与锡伯语 dən，赫哲语 gugdu，鄂伦春语 gugdo，鄂温克语 goddo。很有意思的是，满语支语言的 *dəgən > dəgə (n) > dəə (n) > dən > də 之说，同蒙古语族语言的 dəgərə > dəərə > dəər "上面的"、"高的" 间无论在语音形式还是在词义内容方面均产生了许多相同之处。再说，通古斯语支语言里 gugdu 却出现 gugdo > goddo 式音变。

faŋkala ~ nəktə "低" —— 满语 faŋkala，锡伯语 faŋkəl，赫哲语及

鄂伦春语 nəktə，鄂温克语 nəktə > nəttə。然而，女真语叫 faɡə。显而易见，该语族语言用 faŋkala > faŋkəl ~ faɡə 及 nəktə > nəttə 两种说法表示"低的"之意。与此相关，他们将"矮"称之为 makdʒan（赫哲语）、makdzan（满语）、makdzən（锡伯语）、lata ~ palta（鄂伦春语及鄂温克语）等。

ulaŋga ~ *hotogor "凹的" —— 满语 ulaŋga > ulaŋa，锡伯语 ulaŋ，赫哲语与鄂温克语 hotgor，鄂伦春语 kotgor。满通古斯语族语言用满语支语言的 ulaŋga > ulaŋa > ulaŋ 及通古斯语支语言的 *hotogor > hotgor > kotgor 等说法表示该词义。

duɡduhun "凸的" —— 满语及赫哲语 dukduhun，锡伯语 dukdəhun，鄂温克语 dʉɡdʉhʉŋ，鄂伦春语 dʉɡdʉkʉn。我们可以看出，该词在不同语言内产生的变化并不很突出。而且，主要体现在：（1）词中元音 u 在鄂温克语及鄂伦春语内演化为 ʉ 音，同时在锡伯语里弱化为 ə 音；（2）词中辅音 ɡ 在满语、赫哲语、锡伯语内变读为 k 音；（3）词尾音节首辅音 h 在鄂伦春语里同样演化为 k 音；（4）词尾音节鼻辅音 n 在鄂温克语里由 ŋ 取而代之等方面。再说，通古斯语支语言内，还有 gudgur > gʉdgʉr 以及 tʉdgʉr 等说法。

*sumin ~ *sumita "深" —— 鄂伦春语及赫哲语 sumta > sunta，鄂温克语 sumta > somto > sonto，女真语 ʃumin，满语 ʂumin，锡伯语 ʂymin。首先，我们认为，满语支语言和通古斯语支语言分别用 *sumin > ʃumin > ʂumin > ʂymin ~ *sumita > sumta > somto 等说法表示形容词"深的"之概念。但是，它们均源于 *sumi- 这一词根。那么，他们在各自特定的语言环境里具体使用该词时，根据不同语言的不同演变规律产生了如下变化：（1）词首辅音 s 分别在女真语和满语内发生 ʃ 或 ʂ 音变；（2）词首音节元音 u 在鄂温克语里变 o 音的同时，在锡伯语中变为 y 音；（3）词中元音 i 在通古斯语支语言里完全被脱落；（4）满语支语言和通古斯语支语言分别用了 -n 与 -ta 之构词词缀；（5）在通古斯语支语言内还出现将词中鼻辅音 m 发音为 n，从而把 sumta > somto 发音成 sunta > sonto 等现象。

*mitʃihijan ~ *aribin "浅" —— 满语 mitʂihijan，锡伯语 mitʂan，赫

哲语 arbi，鄂温克语 albiŋ，鄂伦春语 arba。从词源学的角度来看，满通古斯语族语言的 *mitʃihijan 与 *aribin 完全源于两种不同词根。并且，在各自的语用过程中，产生不同程度的音变。要是把它们的音变现象，按其音变规律进行整理或排序的话应为 *mitʃihijan > mitʂihijan > mitʂihian > mitʂian > mitʂan 以及 *aribin > arbi > arba > albiŋ 等。再说，女真语里则用 ilhahun 来表示该形容词概念，似乎源于另外一个词根。

*əŋətʃə ~ *əŋəgə "宽" —— 锡伯语 ontʃə，满语 ontʂo，赫哲语及鄂伦春语 əŋgə，鄂温克语 əŋŋə。很显然，该形容词词根应该是 *əŋə-，而 -gə 及 -tʃə 属于词缀部分。那么，在具体语用过程中由 *əŋə- 派生的 *əŋəgə ~ *əŋətʃə 之说却出现如下格式的音变：

$$*əŋə- > *əŋəgə ~ *əŋətʃə \begin{cases} əŋəgə > əŋgə > əŋŋə \\ əŋətʃə > onətʂə > ontʂə > ontʂo \end{cases}$$

与"宽"有关，满通古斯语族语言内，还有表述"心宽"之意的ələhun（满语、锡伯语、赫哲语）、ələhʉn（鄂伦春语）、ələhʉŋ（鄂温克语）之说。该词主要表示人们的心胸、思想"宽广"等概念。

*hafirahun "窄" —— 满语 hafirahʊn，锡伯语 hevirhun，赫哲语 awirhun，鄂温克语 awirhuŋ，鄂伦春语 awirkun。如果我们把不同语言中产生的不同变化按照语音演化规律进行归纳的话，应该是 *hafirahun > hafirahʊn > hevirhun ~ awirhun > awirhuŋ > awirkun。另外，通古斯语支语言里还有 dagatʃi > dagtʃi > datʃtʃi（鄂温克语）、ʃilimkun（鄂伦春语）、hiʃe（赫哲语）等说法。可以看出，像 dagatʃi、ʃilimkun、hiʃe 等说法间似乎不存在任何的词源关系。并且，在各自语言里均有较高使用率。

*golumin "长" —— 满语、锡伯语、女真语 golmin，鄂伦春语ŋonum，鄂温克语 nonom，赫哲语 onimi。尽管这些说法间产生较大程度的音变，但依据满通古斯语族语言的相关语音演化原理，我们还是可以梳理出它们的音变关系及规律。首先我们认为，*golumin 是按照 *golumin > golmin > ŋonum > nonom > onimi 式音变原理产生了一系列语音变化。要是具体陈述的话：（1）词首辅音 g 在通古斯语支语言内产生ŋ > n > 零辅音式音变；（2）词中辅音 l 在通古斯语支语言里由 n 替代。

事实上，在满通古斯语族语言中辅音 l 与 n 之间相互交替现象确实存在。比如说，labʧi ⇔ nabʧi "树叶"、lonto ⇔ nonto "笼头"、lobʧi ⇔ nobʧi "麻烦的" 等词的词首均出现辅音 l 与 n 的相互交替音变现象；（3）词中辅音 l 后面的元音 u 在满语支语言内被省略，同时在鄂温克语及赫哲语内分别演化为 o 与 i 音；（4）词尾音节元音 i 在鄂温克语及鄂伦春语里被脱落；（5）词尾鼻辅音 n 在通古斯语支语言中被脱落。

　　foholon ~ *urumukun "短" —— 女真语、满语、赫哲语 foholon，锡伯语 f œhulun，鄂伦春语 ʉrʉmkʉn，鄂温克语 ʉrʉmkʉn > ʉrʉŋkʉŋ。可以看出，满通古斯语族语言的 foholon > foholon > f œhulun 及 *urumukun > ʉrʉmkʉn > ʉrʉŋkʉŋ 这两种实例所产生的音变均不十分复杂。第一种说法 foholon 在女真语、满语、赫哲语中几乎保存了原来的语音结构，只是在锡伯语内元音 o 被 œ 或 u 取代之。第二种说法 *urumukun 的音变也集中反映在元音 u 的 ʉ 音变及脱落等方面。另外，在鄂温克语里，词中辅音 m 及词尾鼻辅音 n 分别演化为 ŋ 音。

　　*mokoto "短缺的" —— 除了在锡伯语里叫 mohotu 之外，其他满通古斯语族语言内均称之为 mokto。该词在使用过程中出现：（1）词中元音 o 在锡伯语之外的语言里被脱落；（2）词中辅音 k 及词尾元音 o 在锡伯语内被 h 与 u 音所取代等音变。不过，在通古斯语支语言内还有 moktor 或 mohor 之说。

　　goro "远" —— 在满通古斯语族语言内除锡伯语里说 gorə 之外，其他语言均称之为 goro。很显然，同源形容词 goro 的音变现象，主要表现于锡伯语中的词尾元音 o 被弱化而出现 ə 音变之例上。在这里，还应该指出的是，现在的通古斯语族语言内也有将 goro 发音成 gor 的现象。

　　*hanʧi ~ daga "近" —— 满语及锡伯语 hantʂi，赫哲语 kalʧi，鄂伦春语与鄂温克语 daga，女真语 digasa。根据词源学及该语族语言音变规律来分析的话，我们应该从以下几个方面进行归纳和陈述其音变：（1）词首辅音 h 在赫哲语里被 k 音取代；（2）满语及锡伯语词中辅音 n 与赫哲语的 l 之间产生语音交替式音变；（3）词中辅音 ʧ 在满语及锡伯语内演化为 tʂ 音。再说，第二种说法 daga 的词首音节元音在女真语里被发为 i 音，同时在女真语中增加了 -sa 词缀。

hatan "硬" —— 鄂伦春语里叫 katan，其他满通古斯语族语言内均说 hatan。不过，也有称之为 hata 的实例。另外，在满语支语言内还经常有用 maŋga > maŋa（满语）、maŋ（锡伯语）来表示"硬的"之意的现象。

uluhun ~ dəjə "软" —— 女真语 uluhun，锡伯语 ulukun > uhukən，满语 uhukən，赫哲语 dəjə，鄂温克语 dəjə > dəji，鄂伦春语 dəjə > dəj。上例表明，满语支语言的 uluhun 之说，在使用过程中产生：（1）词第二音节首辅音 l 在锡伯语及满语里由 h 取代；（2）词尾音节辅音 h 以及元音 u 在满语和锡伯语内演化为 k 与 ə 音等音变现象。再说，通古斯语支语言的 dəjə 却出现 dəji > dəj 式音变。根据我们掌握的词汇资料，该语族语言内还有用 ujan（满语及赫哲语）、ibgən（鄂伦春语）、əbəri（通古斯语支语言）等表示"软的"之词义的实例。

*muwar ~ barugun "粗" —— 满语 muwa，女真语 muar，锡伯语 mua > mu，赫哲语 barugun，鄂温克语 baruguŋ > barguŋ > baggoŋ，鄂伦春语 bargun。满通古斯语族语言的 *muwar 及 barugun 这两种说法中，满语支语言的 *muwar > muwa（r）> muar > mua > mu 之演化规律清晰可见。再说，通古斯语支语言的 barugun > baruguŋ > bargun > barguŋ > baggoŋ 式音变规律也不难理解。然而，在赫哲语和鄂伦春语内使用的 bugdyn（赫哲语）与 diram（鄂伦春语）两种说法确实很特殊。从词源学角度去分析，其中赫哲语的 bugdyn 之说应源于 burgu "胖的"一词。在具体使用时，在 burgu 后面接缀词缀 -dun 而派生出 burgudun > bugdun > bugdyn 这一表示"粗的"之意的形容词。而鄂伦春语 diram 的原意指"厚的"，而"粗的"有可能是后来引申出的词义。与同源形容词"粗的"相关，他们还将"粗壮的"称之为 bətun（满语及锡伯语）、ətun（赫哲语）、ətuŋgi（鄂伦春语）、ətəŋgir（鄂温克语）等

latahi "褴褛" —— 赫哲语与鄂温克语 latahi，鄂伦春语 lataki，满语与锡伯语 latihi。我们认为，该形容词的早期语音结构应为 latahi，后来出现词尾音节辅音 h 在鄂伦春语里产生 k 音变，词中元音 a 被后续音节元音逆同化为 i 音等音变。再说，通古斯语支语言内还有 latra > lotra

（鄂温克语）、latara（鄂伦春语）等说法。

*kubəsuhun "臃肿的" —— 满语 kubsuhun，锡伯语及赫哲语 kubsəhun，鄂伦春语 kəwusəkun，鄂温克语 həwəshuŋ。该词在使用过程中主要产生：（1）词首辅音 k 在鄂温克语里被发为 h 音；（2）词中元音 u 在鄂伦春语及鄂温克语内演化为 u 或 ə 音的同时，在锡伯语与赫哲语里演化为 ə 音之现象；（3）辅音 b 在鄂伦春语和鄂温克语内被 w 音替代，而辅音 b 后面的元音 u 在满语、锡伯语、赫哲语里被脱落；（4）词尾鼻辅音 n 在鄂温克语中变读为 ŋ 音。另外，我们还认为，*kubəsuhun > kubsuhun > kubsəhun > kəwusəkun > həwəshuŋ 等应该源于动词词根 *kubə- > kub- > kəwu- > həwə- "肿"、"臃肿"。除此之外，通古斯语支语言内还有 pilthuŋ ~ piltgar（鄂温克语）、piltahun（鄂伦春语）等说法。

susə ~ dərigi "草率的" —— 满语与锡伯语 susə，赫哲语 dərigi，鄂伦春语及鄂温克语 dərgi。从某种意义上讲，susə 与 dərigi > dərgi 两种说法在满通古斯语族语言内将原有语音结构保存得较为理想。换言之，除在通古斯语支语言的鄂伦春语及鄂温克语内，词中元音 i 出现脱落现象之外，没有出现其他音变现象。

narihun "细" —— 赫哲语 narihun，鄂温克语 narihuŋ，鄂伦春语 narikun，女真语及锡伯语 narhun，满语 narhun。该同源形容词的音变规律应为 narihun > narihuŋ > narikun > narhun > narhun。另外，通古斯语支语言内还有 nəmni ~ narin（鄂伦春语与赫哲语）、nənni ~ nariŋ（鄂温克语）等表述形式。

tondo "直" —— 满通古斯语族语言内均叫 tondo。不过，还有 tondokon > tondokun 以及 ʃiiggəŋ ~ tʃitʃur 等说法。其中的 ʃiiggəŋ ~ tʃitʃur 等同蒙古语族语言有关方言土语内出现的 tʃigə "直的" 之说似乎有同源关系。

*mudan ~ matun "弯曲的" —— 满语 mudaŋga > mudaŋa，锡伯语 mədan，赫哲语 matun，鄂伦春语 matun > matugar，鄂温克语 matuŋ。从词源学的角度来讲，像满语支语言的 *mudan > mudaŋga > mudaŋa >

mədan 的词干 *muda- > məda- 的词根 *mu- > mə- 与 mu-ʃe-ge "弯的"、mu-ktʃi-hu "弯曲的"、mu-re "弯的" 等说法的词根 mu- "弯曲" 同属一根，是源于自动词词根 mu- "自然弯曲"。然而，通古斯语支语言的 matun > matuŋ > matugar 的词根 matu- 是属于他动词词根，表示 "弄弯" 之意。虽然该语族语言的 *mudan 与 matun 源于不同动词词根或词干，但在现代语里所表现出的是 "弯曲的" 这一完全相同的词义。

amban ~ *həgədug "大" —— 女真语 amban，满语 amba，锡伯语 ambu，赫哲语 həgdi，鄂温克语 əgədʉg > əddʉg，鄂伦春语 əgdəgə > əgdəŋə。根据这两种说法的音变现象，可以作如下两个方面的归纳与分析：（1）amban > amba > ambu；（2）*həgədug > həgdi ~ əgədʉg > əddʉg ~ əgdəgə > əgdəŋə。另外，鄂温克语里还有 boŋgoŋ 之说，赫哲语中也用 sagdi 表示 "大" 之意。事实上，赫哲语 sagdi 的原意是指 "老的" 这一形容词概念，后来才演绎出 "大的" 之意。毫无疑问，这跟赫哲语等中原有 həgdi 的使用率不断降低和语言走向濒危而导致的词语概念变模糊等有关。

*adʑigə ~ *nitʃukun "小" —— 满语 adʑigə，锡伯语 adzig，鄂伦春语 nitʃukun，鄂温克语 nisʉhʉŋ，赫哲语 iʃkun > uʃkun。满语支语言的 *adʑigə > adzigə > adzig 以及通古斯语支语言的 *nitʃukun > nitʃʉkʉn > nisʉhʉŋ > iʃkun > uʃkun 等的语音演变现象都比较清楚。然而，在女真语里则用 oson 或 ʃine 两种说法表示 "小的" 之形容词概念。

labdu ~ baragan "多" —— 满语 labdu，锡伯语 lavdə，赫哲语 baragan，鄂伦春语 baraan，鄂温克语 baraaŋ。可以看出，满语支语言的 labdu 在锡伯语内只出现词中辅音 b 的 v 音变之音变现象。再说，通古斯语支语言的 baragan 所产生的语音演变也不是太大。首先，词尾音节首辅音 g 在鄂温克语及鄂伦春语里被脱落；其次，词尾鼻辅音 n 在鄂温克语里被发音为 ŋ 音等。除此之外，赫哲语内还有 malahun 之说，并有着较高的使用率。女真语中，一般用 ambanla 来表示 "多" 之意。不言而喻，该词应该源于 amban "大" 这一形容词。也就是说，它是在 amban "大" 后面接缀 -la 这一词缀构成。与此相关，满通古斯语族语言内，还把 "众多的" 说成是 gərən > gərəŋ，将 "许多" 称之为 utala 或 beehal。通古斯语支语言内还用 digar 或 baraali 来表示 "许多的"、

"众多的"等形容词概念。

*komo > *komoso ~ *komodo "少" —— 满语及赫哲语 komso，锡伯语 komsə，鄂伦春语 kondo，鄂温克语 hondo。我们认为，该词的词根部分应为 *komo，而 -so 和 -do 是属于词缀部分。不过，使用过程中，在不同语言里却产生：（1）词首辅音 k 在鄂温克语里发生 h 音变；（2）词中双唇鼻辅音 m 在鄂温克语及鄂伦春语内演化为 n 音；（3）词尾元音 o 在锡伯语里弱化为 ə 音等语音变化。

pakatʃa "矮小的" —— 赫哲语 pakatʃa，鄂伦春语与鄂温克语 paktʃa，满语 fakatʂa，锡伯语 faktʂa。可以看出，该词在使用过程中产生的音变现象主要表现在：（1）词首辅音 p 在满语支语言内演化为 f 音；（2）词中元音 a 在鄂伦春语、鄂温克语、锡伯语里被脱落；（3）词尾音节首辅音 tʃ 在满语支语言中由 tʂ 音取代等方面。另外，鄂伦春语里还有把 paktʃa 发音成 baktʃa 的情况，鄂温克语中还说 latagar，赫哲语里还有 əkəhun 之说。

*tarugun ~ *burugun "胖" —— 赫哲语 targun，锡伯语与女真语 tarhun，满语 tarhʊn，鄂伦春语 bʊrʊgʊ，鄂温克语 bʊrgʊ > bʊggʊ。按照相关音变原理，归纳和排列这两种说法的音变现象的话，（1）*tarugun > targun > tarhun > tarhʊn，（2）*burugun > bʊrgʊ > bʊggʊ。在这里，将鄂温克语及鄂伦春语的 *burugun > bʊrgʊ > bʊggʊ 之说，从词源学的角度与前面提到的 *barugun "粗的" 相互比较分析，似乎能够看出其中存在一定的渊源关系。进而可以推断，*burugun 或许是利用替换词首音节元音的构词手法，由 *barugun "粗的" 派生而来的产物，主要表述与"粗"之意密切相关的"胖"这一形容词概念。根据这一推断，我们也可以考虑 *barugun 与 *tarugun 之间应有的渊源关系。正因为它们之间所展示的语音结构及其语义结构方面的诸多相关性，使人们不得不从词源学的角度重新考虑它们间存在的渊源。从它们的语音结构特征来看，除了词首辅音不相一致之外，其他语音音素都完全相同；从语义结构关系来看，它们所表示的"粗"与"胖"之间有其一定的内在联系，甚至在他们的语言中会出现把这两种说法换着用的现象。如果假定 *barugun 与 *tarugun 是源于一个词，由于人们根据语言交流及词汇发展的需要，按照词首辅音替换的构词手法，将原有的一个词分化为表示相

近词义的两个或几个词来使用，从而达到不断丰富和发展词汇之目的之说法成立的话，应该承认它们之间存在的词源关系。进而，还可以明确提出 *tarugun 是由 *barugun 派生而来的缘由。由此，人们还可以认识到，满通古斯语族语言的早期构词手法中存在的，用替换词中某一元音音素或辅音音素来创造"近义词"或相关新词的方式办法。从这个意义上讲，满通古斯语族语言的 *barugun "粗胖的" > *barugun "粗的" ~ *burugun "胖的" ~ *tarugun "胖的" 同属一源。

*turagan "瘦" —— 锡伯语与鄂伦春语 turgan，鄂温克语 turgaŋ，满语 turga，女真语 turhan > turhan，赫哲语 turha。它们的音变规律应该是 *turagan > turgan > turga > turhan > turha。不过，该语族语言内 *turagan > turgan > turga > turhan > turha 等多数情况下用于除人以外的动物身上。在表述人的"瘦"之概念时，一般使用 gaŋgahʊn ~ matʂuhʊn（满语）、gaŋga ~ matʂəhun（锡伯语）、gaŋga ~ jandaŋ（鄂温克语）、gaŋga ~ ətʃən（鄂伦春语）、gaŋga（赫哲语）等。

*diramun "厚" —— 赫哲语 diramu，女真语、鄂伦春语、鄂温克语 diram，满语 dzịramin，锡伯语 dzịram。在不同语言中，该词产生了如下几种音变：（1）词首辅音 d 在满语与锡伯语内变读为 dz 音；（2）词尾音节元音 u 在满语里演化为 i 音的同时，在女真语、鄂伦春语、鄂温克语、锡伯语内被脱落；（3）词尾鼻辅音 n 在除满语之外的语言中均被脱落。

*nəmi "薄" —— 鄂温克语 nəmi > nəmikuŋ，赫哲语 nəməkun，鄂伦春语 nəmkun，女真语 nənkəhun，满语 nəkəlijən，锡伯语 niŋkin。从某种角度看，该词在通古斯语支语言内产生的音变比较简单，也比较清楚。不过，在满语支语言内却产生较大程度的音变。严格地讲，该词的核心结构，或者说词根部分应该是 *nəmi-，像 -kun、-kuŋ、-kin、-kəhun、-kəlijən 等均属于该形容词的词缀部分。那么，作为词根部分 *nəmi- 在使用过程中产生：（1）词首音节元音 i 在除锡伯语之外的语言里出现 ə 音变；（2）词中双唇鼻辅音 m 在锡伯语中变读为 ŋ 音，在女真语内演化为 n 音的同时，满语中被脱落；（3）词中元音 ə 在鄂温克语里演化为 i 音的同时，鄂伦春语、锡伯语、女真语、满语中被脱落等音变。

mohalin "圆" —— 鄂温克语 moholiŋ，鄂伦春语 mokolin，赫哲语 muhalin，锡伯语 muhulin，满语 muhəlijən。该词在不同语言中产生的语音变化现象，可以从如下几个方面进行归纳和陈述：（1）词首音节元音 o 在满语、锡伯语、赫哲语内变 u 音；（2）词中辅音 h 在鄂伦春语中被发为 k 音；（3）词中元音 a 在鄂伦春语及鄂温克语里演化为 o 音的同时，在满语及锡伯语中分别产生 u 与 ə 音变；（4）词尾鼻辅音 n 在鄂温克语里由 ŋ 音取代等音变现象。应该说，该词的词干是 moha-，而 -lin、-liŋ、-lijən 等均属词缀部分。另外，通古斯语支语言内还有 murliŋ ~ baŋgal（鄂温克语）、montgor（鄂温克语及鄂伦春语）、toŋgorin（赫哲语）等说法。

*durbəldʒin "方" —— 赫哲语 durbədʒin，满语 durbədzən，锡伯语 durbədzən > durvədzən，鄂伦春语 dʉrbəldʒin，鄂温克语 dɵbbəldʒiŋ。可以看出，该词的语音变化现象并不复杂，主要表现于：（1）词首音节元音 u 在鄂伦春语及鄂温克语里出现 ʉ 与 ɵ 音变；（2）词中元音 ə 在鄂温克语内产生 ɵ 音变；（3）词中辅音 l 在满语、锡伯语、赫哲语内被脱落；（4）词中辅音 dʒ 在满语支语言内由 dz̩ 音取代；（5）词尾音节元音 i 在锡伯语中被发作 ə 音；（6）词尾鼻辅音 n 在鄂温克语里按惯例变读为 ŋ 音等方面。另外，在这里还应该指出的是，满通古斯语族语言的 *durbəldʒin 同蒙古语族语言的 durbəldʒin 无论在语音形式还是在语义结构方面完全一致。而且，蒙古语族语言的 durbəldʒin 是在基数词 durbə "四" 后面接缀构词成分 -ldʒin 派生出的形容词。我们知道，在满通古斯语族语言内基数词 "四" 的概念是用 *dugin 来表示。所以说，在他们语言里用的*durbəldʒin 似乎跟 *dugin 没什么渊源关系，而和蒙古语族语言的 durbə 相关。由此，可以推断，满通古斯语族语言的 *durbəldʒin 是源于蒙古语族语言。

*halfijan ~ *kapitahi "扁" —— 满语 halfijan > halfian > halfin，锡伯语 halvin，鄂伦春语 kaptaki，鄂温克语 hapitahi > haptahi > hattahi，赫哲语 kaptaka。这两种说法里，满语支语言的 halfijan > halfian > halfin > halvin 之音变情况十分清楚。而通古斯语支语言 *kapitahi 的音变规律可用如下格式来分析和展示：

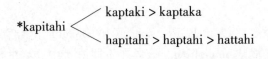

nətʃin "平" —— 鄂伦春语与赫哲语 nətʃin, 鄂温克语 nətʃiŋ > nəʃiŋ, 满语及锡伯语 nətʂin。该词在不同语言中产生的音变现象表现于：（1）词中辅音 tʃ 在满语支语言里出现 tʂ 音变的同时，在鄂温克语里也有发作 ʃ 音的情况；（2）词尾鼻辅音 n 在鄂温克语内由 ŋ 音取而代之等方面。另外，通古斯语支语言内还有 təʃtʃi（鄂温克语）、namta-rin（鄂伦春语）、nəptəmi（赫哲语）等说法。

tob "正" —— 锡伯语说 tov, 其他语言里都有 tob 或 tow 之说。除此之外，还用 tondo（赫哲语及鄂温克语）、tədʒi（鄂温克语）、təəŋ（鄂伦春语）、hundu（女真语）等说法来表示形容词 "正" 之意。

gurhun "整个的" —— 赫哲语 gurhun, 鄂温克语 gurhuŋ, 鄂伦春语 gurkun, 满语 gulhun, 锡伯语 gulhən。显而易见，该同源形容词在使用过程中出现的音变现象表现在：（1）词中辅音 r 与 l 的交替式音变；（2）词中辅音 h 在鄂伦春语里的 k 音变；（3）词尾音节元音 u 在锡伯语内弱化为 ə 音；（4）词尾鼻辅音 n 在鄂温克语中被发作 ŋ 音等方面。另外，通古斯语支语言中还有 gərə（赫哲语）、gərəŋ（鄂温克语）之说。

urhu ~ oldohi "偏" —— 满语 urhu, 锡伯语 urhə, 赫哲语及鄂温克语 oldohi, 鄂伦春语 oldoki。也就是说，在该语族语言内用满语支语言的 urhu > urhə 及通古斯语支语言的 oldohi > oldoki 两种说法表示 "偏" 之意。

*wajiku ~ muktʃehu "歪" —— 满语 waikʊ, 锡伯语 vəku, 赫哲语 muktʃehu > moktʃeku, 鄂温克语 muktʃehu > motʃtʃehu, 鄂伦春语 muktʃeku。根据我们掌握的词汇资料，满通古斯语族语言用 *wajiku > waikʊ > vəku 与 muktʃehu > muktʃeku > moktʃehu > moktʃeku > motʃtʃehu 两种说法表示 "歪" 之意。另外，在赫哲语里还有 morku 之说。

hətun "横" —— 女真语 hətun, 满语与赫哲语 hətu, 鄂温克语

hətʉ，锡伯语 hətə，鄂伦春语 kətʉ。毫无疑问，该词的音变规律应为 hətun > hətu > hətʉ > hətə > kətʉ。除此之外，在通古斯语支语言内还有 suldu > sʉldʉ、əwʉki 等表示"横"之意的说法。

gulda > undu "竖" —— 鄂伦春语 gulda，鄂温克语 guldu ~ goldo，赫哲语 gundə，满语 undu，锡伯语 undə。在我们看来，gulda 是该词早期的语音结构形式。然而，使用过程中，在满语支语言内 gulda 的词首辅音 g 被脱落的同时，词中辅音 l 由 n 音所取代。另外，还有 ʤʉbtihi（鄂温克语）、ʤʉbtiki（鄂伦春语）、ilibun（女真语）等表示"竖"之意的现象。

*jologun "顺的" —— 赫哲语 joloku，鄂温克语 jolgu，鄂伦春语 jolku，锡伯语 ilhu，满语 ilhʉ。可以用以下格式分析和展示 *jologun 之说在不同语言中产生的不同程度的语音变化现象及其规律：

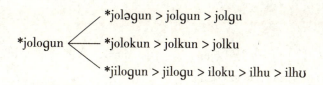

*əsən ~ həltəhu "斜的" —— 满语与锡伯语 əʂən，赫哲语 həltəhu，鄂温克语 həltəhʉ，鄂伦春语 kəltikʉ。该语族语言内除了有 *əsən > əʂən 及 həltəhu > həltəhʉ > kəltikʉ 两种说法外，赫哲语内还有 harihu 之说。

haktʃin "陡的" —— 赫哲语 haktʃin，鄂温克语 haktʃi，满语及锡伯语 haktʂin，鄂伦春语 kaktʃin。对于不同语言中产生的音变现象可作如下归纳和分析：（1）词首辅音 h 在鄂伦春语内产生 k 音变；（2）词中辅音 tʃ 在满语支语言内由 tʂ 音所取代；（3）词尾鼻辅音 n 在鄂温克语里被脱落。除此之外，满通古斯语族语言内还有 tʂoktʂihijan > tʂoktʂihian > tʂoktʂihin（满语）、əgətʃin > əktʃin（赫哲语）> ətʃtʃi（鄂温克语）、tʃitʃor（鄂伦春语）等说法。

*uʤən ~ urgə "重" —— 女真语 uʤə，满语 udzən，锡伯语 udzịn，赫哲语 urgə，鄂伦春语 ʉrgə，鄂温克语 ʉrgʉ > ʉggʉ > ʉggʉddi。满通

古斯语族语言内，用以上提到的 *uʤən > uʤə > udzən > udzin 以及 ʉrgə > ʉrgə > ʉrgʉ 两种说法表示形容词的"重"之意。

*wənihukən "轻"——满语 wəihukən，锡伯语 vəihukən，赫哲语 ənihkun，鄂伦春语 ənibkʉn，鄂温克语 ənikkʉŋ。该词在不同语言中产生的音变现象主要表现在：（1）词首辅音 w 在锡伯语里演化为 v 音的同时，在通古斯语支语言内被脱落；（2）词第二音节鼻辅音 n 在满语支语言中被省略；（3）词中辅音 h 在鄂温克语里逆同化为 k 音的同时，随后出现的元音 u 在通古斯语支语言中被省略；（4）词尾音节元音 ə 在通古斯语支语言中由 u 与 ʉ 音所取代；（5）词尾鼻辅音 n 在鄂温克语里被发作 ŋ 音等方面。很有意思的是，女真语内却用 ʤaagi 来表示"轻"之意。

ərdə "早的"——满通古斯语族语言内均叫 ərdə。不过，在鄂温克语里有 əddə 之说。而且，该说法与蒙古语族语言的 ərtə 属于同根同源。

sitan ~ dilda "迟"——满语 sitan，锡伯语 şitam，通古斯语支语言 dilda。另外，赫哲语内还有 niadu 之说。

ətuhun "强"——满语与赫哲语 ətuhun，锡伯语 əthun，鄂温克语 ətʉhʉŋ，鄂伦春语 ətʉkʉn。该词在满语及赫哲语内较好地保存了原有的语音结构，而在锡伯语、鄂温克语、鄂伦春语内出现不同程度的音变。主要表现在：（1）词中元音 u 在锡伯语内脱落的同时，在鄂温克语及鄂伦春语内变读为 ʉ 音；（2）词中辅音 h 在鄂伦春语中出现 k 音变；（3）词尾鼻辅音 n 在鄂温克语里同样由 ŋ 音所取代等方面。

əbəri "弱"——满语及赫哲语 əbəri > əbər，鄂伦春语 əbər，鄂温克语 əbər > əwər，锡伯语 əvər。毫无疑问，该词是按照 əbəri > əbər > əwər > əvər 式音变规律在鄂伦春语、鄂温克语、锡伯语内产生了不同程度的语音变化。

ologon "干"——赫哲语及鄂伦春语 olgon，鄂温克语 olgoŋ，满语 olhon，锡伯语 olhun。该词的音变表现在：（1）第二音节元音 o 被脱落；（2）词中辅音 g 在满语支语言内出现 h 音变；（3）词尾音节元音 o 在锡伯语里演化为 u 音；（4）词尾鼻辅音 n 在鄂温克语里被发作 ŋ 音等方面。再说，通古斯语支语言内也说 olgohoŋ（鄂温克语）、olgokon（鄂伦春语）等。另外，赫哲语中还有 iləkin 之说。

usihin ~ olobkon "湿" —— 满语 usihin，锡伯语 uṣhin，赫哲语及鄂伦春语 olobkon，鄂温克语 olokkoŋ。除了满语支语言的 usihin > uṣhin 以及通古斯语支语言的 olobkon > olokkoŋ 之外，通古斯语支语言内还有 ŋalakin（鄂伦春语）、ʧibuka（赫哲语）之说。与此相关，他们将"潮湿的"称之为 dərbəhun（满语及赫哲语）、dərvəhun（锡伯语）、dərbəhuŋ ~ ʃiiʧʧi（鄂温克语）、dərbəkun（鄂伦春语）等。

tiran "紧" —— 赫哲语与鄂伦春语 tira > tiran，鄂温克语 tiraŋ，满语与锡伯语 tṣiran > tṣira。我们认为，该词的早期语音形式应该是 tiran，而 tṣira 词首辅音 tṣ 是属于 t 音的演化形式。再说，通古斯语支语言内还有 ʃiŋga（鄂温克语）、kaŋki（鄂伦春语）等说法。

madaŋga ~ həwər "松软的" —— 满语 madaŋgə > madaŋə，锡伯语 madaŋə，鄂温克语 həwər ~ həwər，赫哲语 həwər，鄂伦春语 kəwər 等。它们的音变规律应该是（1）madaŋga > madaŋə，（2）həwər > həwər > kəwər。

agdun "结实" —— 赫哲语及锡伯语 agdun，鄂伦春语 agdon，满语 akdun，鄂温克语 addUŋ。同源形容词 agdun 在赫哲语及锡伯语中将原有语音形式保存得比较好，但在满语、鄂伦春语、鄂温克语里却出现不同程度的语音变化。主要表现在以下三个方面：（1）词首音节辅音 g 在满语和鄂温克语里分别由 k 及 d 音替代；（2）词中元音 u 在鄂伦春语中演化为 o 音；（3）词尾鼻辅音 n 在鄂温克语里按惯例被发为 ŋ 音。再说，通古斯语族语言内还有 bUkU > bUkə 之说。与此相关，他们把"坚固的"说成 bəki（满语、锡伯语、赫哲语、鄂伦春语）、bəhi（鄂温克语）等；将"坚定的"称之为 batu（满语）、batu > bat（鄂温克语）、batə（锡伯语与赫哲语）、bat（鄂伦春语）等；还把"坚决的"叫做 fita（满语、锡伯语、赫哲语）、pita（鄂伦春语及鄂温克语）等。

siləmin "皮实的" —— 满语 siləmin，锡伯语 şiləmin，赫哲语 ʃiləmin，鄂伦春语与鄂温克语 ʃiləmiŋ > ʃiləm。该词的演化规律应为 siləmin > şiləmin > ʃiləmin > ʃiləm。

tomorgon "稳妥的" —— 鄂伦春语 tomorgon，满语与赫哲语 tomorhon，鄂温克语 tomoggoŋ，锡伯语 tomərhon。可以看出，tomorgon 的音变主要表现在：（1）满语、锡伯语、赫哲语内词尾音节首辅音 g 变读为 h 音；（2）词中音节元音 o 在锡伯语内演化为 ə 音；（3）词中辅音 r 及词尾鼻辅音 n 在鄂温克语里分别出现 g 与 ŋ 音变等方面。毫无疑问，同源形容词 tomorgon > tomorhon > tomoggoŋ > tomərhon 之说是源于形容词词根 tomo- > tomə-。再说，满语支语言的 tomorhon > tomərhon 还可以表示 "清楚的"、"明白的" 等形容词词义。

labadun "稳重的" —— 满语 labadun，赫哲语 labadun < labdun，鄂伦春语 labdun，鄂温克语 labduŋ > lawduŋ，锡伯语 lavədun。根据满通古斯语族语言的音变原理，完全可以清楚地看出形容词 labadun 在不同语言中产生的不同程度的音变情况。就像如上所见，它们的音变规律应为 labadun > labdun > labduŋ > lawduŋ > lavədun。

olibin "轻浮的" —— 满语、赫哲语、鄂伦春语 olbin，鄂温克语 olbiŋ，锡伯语 olvin。我们掌握的词汇资料表明，与满通古斯语族语言的 olbin > olbiŋ > olvin 之说相关的同源词还有一些。比如说，obdon "轻薄的" ⇨ obdon（满语、赫哲语、鄂伦春语）、obdoŋ（鄂温克语）、ovdon（锡伯语）等；dijamha "不稳重的" ⇨ dijamha > diamha（满语）、diamha（锡伯语）、dimha（赫哲语及鄂温克语）、dimka（鄂伦春语）等；dudijadijaku "不踏实的" ⇨ dudijadijakʊ > dudiadiakʊ（满语）、dudiadiaku > duddiaku（锡伯语）、daddahu（鄂温克语及赫哲语）、daddaku（鄂伦春语）等。不过，表述形容词 "不踏实的" 之意时，通古斯语支语言内也说 daddagan ~ dagdagnagan 等。

*hasihijan ~ araŋkan "勉强的" —— 赫哲语 haʃigen，鄂温克语 haʃigeŋ，鄂伦春语 kaʃigen，满语 hatʂihijamə > hatʂihiamə，锡伯语 hatʂihim。满通古斯语族语言的 *hasihijan > haʃigen > haʃigeŋ > hatʂihijan > hatʂihian > hatʂihin < kaʃiʃen 是源于动词 *hasihija- "勉强"。

məmərəku ~ doroŋgir "固执的" —— 满语 məmərəku，锡伯语与赫哲语 məmərku，鄂伦春语及鄂温克语 doroŋgir。满通古斯语族语言的这两种说法里，除了 məmərəku 词尾部分的元音 ə 在锡伯语与赫哲语内被省略之外，其他没有什么语音变化。再说，通古斯语支语言内使用的 doroŋgir 是在动词词根 doro- "喜欢"、"随便" 后面接缀 -ŋgir 而构成的形容词。鄂伦春语里还有 ʤuktʃəki 之说。

datʃun "锋利的" —— 女真语、赫哲语、鄂伦春语 datʃun，鄂温克语 datʃuŋ，满语与锡伯语 datʂun。很显然，该词的音变规律应为 datʃun > datʃuŋ > datʂun。另外，在通古斯语支语言内还有 sərbin > sərbi（赫哲语）、sərbi（鄂伦春语）、sərbiŋ > səbbiŋ（鄂温克语）之说。

*sulugun "尖" —— 满语及锡伯语 ʂulihun，赫哲语与鄂伦春语 ʃilugun，鄂温克语 ʃiluguŋ。我们完全可以用以下格式分析和展示，*sulugun 在不同语言内产生的不同程度的音变现象：

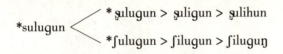

不过，满通古斯语族语言内对于 "尖的" 的表述形式比较复杂，除了上面谈到的同源词 *sulugun 之外，还有不少用于各自语言的早期说法。例如，dubə（满语）、duv（锡伯语）、suɡurləŋ < suɡur "尖角"（鄂温克语）、nudanin（鄂伦春语）、iləkən ~ dubə（赫哲语）等。

mumurin "钝的" —— 鄂伦春语 mumurin，满语 mumuri，鄂温克语 mumur，锡伯语及赫哲语 mumri。该同源形容词的语音演化规律应为 mumurin > mumuri > mumur ~ mumri。通古斯语支语言内还有 molgor（鄂伦春语及鄂温克语）、tuhuru（赫哲语）等说法。

muhuri "秃头" —— 鄂温克语 muhur > mohor，满语 muhuri，赫哲语 muhor，锡伯语 muhər，鄂伦春语 mukur > mokor。该词的音变关系及其规律可用如下格式进行分析和展示：

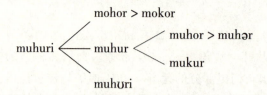

另外，他们把"秃尾的"称作 moktor（鄂伦春语及鄂温克语）、mokto（满语、锡伯语、赫哲语）等。

pokt∫on "短粗的" —— 赫哲语与鄂伦春语 pokt∫on，鄂温克语 pokt∫oŋ，满语 poktʂohon > poktʂon，锡伯语 poktʂən。可以说，赫哲语与鄂伦春语里该词的早期语音形式被保存得较好，而在鄂温克语中出现词尾鼻辅音 n 由 ŋ 音取代的现象。再说，满语支语言内词中辅音 t∫ 变读为 tʂ 音的同时，词尾音节元音 o 在锡伯语中弱化为 ə 音。

mukt∫uhun "罗锅" —— 鄂伦春语 mukt∫un，鄂温克语 mukt∫uhuŋ，赫哲语 mukt∫uhən，满语 muktʂuhun，锡伯语 muktʂuhən。形容词 mukt∫uhun 是在动词词干 mukt∫u- > muktʂu- "曲身"、"弯腰"后面接缀构词成分 -hun > -huŋ ~ -hən 而派生出来的产物。通古斯语支语言内还有 muktur 之说，满语里也有用 kumtʂuhun 表示该词义的现象。

lətəhun "宽大的" —— 满语 lətəhun，赫哲语 lətəhu，鄂温克语 lətəhʉ，鄂伦春语 lətəkʉ，锡伯语 ləthun。该语族语言内除了说 lətəhun > lətəhu > lətəhʉ > lətəkʉ > ləthun 之外，通古斯语支语言内还有 lətəgər（赫哲语）、lətgər（鄂伦春语及鄂温克语）等说法。

milahun ~ dalbagar "敞口的" —— 满语 milahun，锡伯语 milhən，赫哲语及鄂伦春语 dalbagar，鄂温克语 dabbagar。毫无疑问，满通古斯语族语言的 milahun > milahʊn > milhən 及 dalbagar > dabbagar 两种说法是在词根 mila- > mil- 及 dalba- > dabba- 后面分别接缀构词词缀 -hun > -hʊn > -hən 与 -gar 而派生的形容词。

fontoho ~ ultug "漏洞的" —— 满语 fontoho，锡伯语 fontəh，赫哲语 ultug，鄂伦春语及鄂温克语 ʉltʉg。也就是说，满通古斯语族语言内 fontoho 出现 fontoho > fontəh > ultug > ʉltʉg 式音变现象。另外，该语族

语言中还有 səlpəh ~ solpoh ~ ləppəhə（鄂温克语）、səlpək ~ solpok ~ ləppək（鄂伦春语）、sadara（女真语）等说法。

ədən ~ abal "残缺的" —— 满语、锡伯语、赫哲语 ədən，鄂伦春语 abal，鄂温克语 awal。满通古斯语族语言里表示形容词 "残缺的" 之意时，除了 ədən 以及 abal > awal 两个同源形容词外，在满语支语言里还使用 dadun 之说。

nilugun ~ nilugijan "滑" —— 鄂伦春语 nilugun，赫哲语 nilugen，满语 nilgijan > nilgian，锡伯语 nilgian，鄂温克语 nilguŋ。在我们看来，该形容词词根应该是 nila- > nil-，而 -gijan > -gian > -gen 以及 -gun > -guŋ 均属于词缀部分。

əldəŋgə "光明的" —— 满语与锡伯语 əldəŋgə > əldənə，赫哲语、鄂伦春语、鄂温克语 əldəŋgə。毫无疑问，该词是在名词 əldən "光" 后面接缀构词词缀 -ŋgə > -ŋə 而构成。通古斯语支语言里还有 ilaaŋga 之说。

giogijan ~ goŋgo "精致的" —— 满语 giogijan > giogian，锡伯语 giogian，通古斯语支语言 goŋgo。除满语支语言的 giogijan > giogian 及通古斯语支语言的 goŋgo 之外，通古斯语支语言里还有 goŋgol > gooŋgol 之说。不难看出，像 goŋgol > gooŋgol 等均源于 goŋgo。

mumurhun "模糊" —— 赫哲语 mumurhun，满语 mumurhʊn，锡伯语 mumərhən，鄂温克语 mʊmʊrhʊŋ，鄂伦春语 mʊmʊrkʊn。该同源形容词的词干部分是 mumu- > mumə- > mʊmʊ-，而 -rhun > -rhʊn > -rhʊŋ ~ -rhən ~ -rkʊn 均属于同一个词缀的不同音变形式。我们掌握的词汇资料表明，通古斯语支语言内还有用 bʊrbʊgʊr（鄂伦春语与鄂温克语）、mumərgər（赫哲语）之类的说法表示 "模糊" 之意的现象。而且，其中的 bʊrbʊgʊr 之说同蒙古语族语言的 bʊrbʊgʊr 及 bʊrtʊgər "模糊的" 等同属一源。

buruhun "朦胧的" —— 满语、锡伯语、赫哲语 buruhun，鄂伦春语及鄂温克语 bʊrʊŋgʊ。可想而知，该形容词干部分是 buru- >

buru-，而 -hun > -ŋgʉ 是属于构词词缀。而且，词中元音 u 在鄂伦春语及鄂温克语中产生了 ʉ 音变。

　　*halagun ~ əhugdi "热" —— 锡伯语 halhun，满语 halhʊn，女真语 halun，赫哲语 əhugdi，鄂温克语 əhʉddi，鄂伦春语 əkʉgdi。在这里，应该明确提出，满语支语言的 *halagun > halhun > halhʊn > halun 等同蒙古语族语言的 halagun > halun 等间存在同源关系。再说，通古斯语支语言的 əhugdi > əhʉddi ~ əkʉgdi 之说的词根是 əhu > əhʉ "热"，而 -gdi > -ddi 是属于构词词缀。另外，赫哲语里还有 otʃokon 之说。

　　*sərigun "凉" —— 满语及赫哲语 sərkun，锡伯语 sərhun，女真语 sərun，鄂伦春语 sərʉʉn，鄂温克语 sərʉʉŋ。我们认为，该词的早期语音结构应为 *sərigun。那么，在不同语言里产生了如下规律的音变：

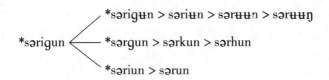

再说，满通古斯语族语言内出现的 *sərigun 与蒙古语族语言的 sərigun "凉" 属于同根同源关系。

　　*bəgigun "寒" —— 鄂温克语 bəgiwʉŋ，满语 bəjəhʊn，鄂伦春语 bəjwʉn，女真语及赫哲语 bəiwun，锡伯语 bəihun。该词的音变现象表现在：（1）词第二音节辅音 g 在除鄂温克语之外的语言里发生 j 音变或被脱落。而且，第二音节元音 i 在满语里被前置音节元音顺同化为 ə 音的同时，在鄂伦春语内被脱落；（2）词第三音节首辅音 g 在该语族语言内分别演化为 w 或 h 音。紧接着第三音节元音 u 在满语、鄂温克语、鄂伦春语中也发生 ʉ 与 ʊ 音变；（3）词尾鼻辅音 n 在鄂温克语里按惯例被变读为 ŋ 音等方面。

　　sahurun ~ inigi "冷" —— 锡伯语 sahurun，满语 ʂahʊrun，赫哲语与鄂温克语 inigi，鄂伦春语 iniŋi > iniŋ。依据满通古斯语族语言内使用 sahurun > sahurun 及 ʂahʊrun 及 inigi > iniŋi > iniŋ 两种说法的具体情况来

看，在锡伯语、赫哲语、鄂温克语等中 sahurun 与 inigi 的早期语音形式
保存得比较好。不过，在满语里出现原来词首辅音 s 及词中元音 u 分别
被变读为 ʂ 与 ʋ 音，在鄂伦春语里词中辅音 g 由 ŋ 音取代等音变现
象。在这里，还有必要提到的是，现代鄂温克语及赫哲语中表述该形容
词词义时，绝大多数情况下使用 inigiddi 及 ədəkoli 两种说法。

bulukun ~ *namagdi "暖" —— 满语 bulukan，锡伯语 bolokun，鄂
温克语 namaddi，鄂伦春语 ɲamagdi，赫哲语 ɲamkoli。我们认为，bu-
lukun ~ *namagdi 的词根部分是 bulu- > bolo- 及 nama- > ɲama- > ɲam-，
而 -kun > -kan 及 -gdi > -ddi ~ -koli 等是属于词缀部分。很有意思的是，
满语支语言的 bulukun 之说同蒙古语族语言的 bulihun ~ bulijən ~ bulun
"温的" 等无论在语音还是在语义方面均存在十分密切的内在联系，甚
至我们可以假定它们之间存在同源关系。另外，在女真语里却说 dulun。
毋庸置疑，女真语的 dulun 也与蒙古语的 dulagan > dulaan > dulan 同属
一源。

maŋga "难" —— 女真语 maŋga，满语与锡伯语 maŋga > maŋa，鄂
伦春语及鄂温克语 maŋga > mani，赫哲语 maŋgə。该词在不同语言内按
照 maŋga > maŋgə ~ maŋa > mani 式音变原理产生了不同程度的语音变
化。再说，通古斯语支语言里还用 mandi ~ bəkkə（鄂温克语）、mootʃon
（鄂伦春语）、ʤobutʃun（赫哲语）等表示形容词的 "难" 之意。

ʤa ~ amal "容易" ——女真语及赫哲语 ʤa，满语与锡伯语 dzạ，
鄂伦春语和鄂温克语 amal。满通古斯语族语言的 ʤa > dzạ 与 amal 两种
说法里，除满语与锡伯语把词首辅音 ʤ 变读为 dẓ 音之外，其他语言均
较好地保留着原有的语音形式。不过，在我们看来，鄂伦春语和鄂温克
语 amal 同蒙古语族语言的 amar "容易" 是属同根同源。另外，该语族
语言内，还有用 dzạŋgə > dzạŋə（满语）、dzạkən（锡伯语）、hindakkuŋ
（鄂温克语）、kimda（鄂伦春语）、ʤaktʃun（赫哲语）等来表示 "容
易" 之意的现象。

idʒishun "顺利的" —— 赫哲语 idʒishun，鄂温克语 idʒishʋŋ，鄂伦
春语 idʒiskʉn，锡伯语 idzịshun，满语 idzịshun。同源形容词 idʒishun >
idʒishʋŋ > idʒiskʉn > idzịshun > idzịshun 是在动词词根 idʒi- > idzị- "梳

理"后面接缀构词词缀 -shun > -shʊn > -shʉŋ > -skʉn 而派生的实例。

bələn ~ bələhi "现成的" —— 满语、锡伯语、赫哲语 bələn，鄂温克语 bələhi > bələh，鄂伦春语 bələki。很显然，该词词根是 bələ-，其后接缀的 -n 与 -hi 是构词词缀。而且，满通古斯语族语言的 bələn 及 bələhi > bələh > bələki 等跟蒙古语族语言的 bələn "现成的"有其同根同源关系。

surə "聪明" —— 女真语、满语、锡伯语、赫哲语 surə，鄂伦春语与鄂温克语 sʉrə。除了 surə > sʉrə 之外，通古斯语支语言内还有 sərgə > səggə 之说。

sərtu "灵俐" —— 满语里称 sərtu，其他语言内均叫 sərtə。除了 sərtu > sərtə 之外，他们的语言中还有 galgi（满语）、ildan（鄂伦春语）等说法。

mondu "笨" —— 赫哲语、鄂伦春语、鄂温克语 mondu，锡伯语 modu，满语 modo。形容词 mondu 的语音形式在通古斯语支语言内较好地保存了下来，而在满语支语言里词中鼻辅音 n 被脱落。与此相关，在满通古斯语族语言内还用 lokdo（满语）、ʤʉŋgu ~ ʤʉnʉr（鄂温克语）、bərə ~ gərəəhən（鄂伦春语）、bəngə（赫哲语）等词语表示 "笨"之意。另外，他们还将 "笨重的"叫 ləŋsəki ~ ladzʉn（锡伯语）、ləŋsəki ~ ladzʉ（满语）、dəəpʉ（鄂伦春语及鄂温克语）、dəpu（赫哲语）等。

motʃu ~ moŋgi "拙" —— 赫哲语 motʃu，女真语 motʃo，锡伯语 motʂu，满语 motʂo，鄂伦春语 moŋgi，鄂温克语 moŋki。可以清楚地看出，在 motʃu > motʃo > motʂu > motʂo 之说里，词中辅音 ʧ 出现 tʂ 音变的同时，词尾元音 u 被前置音节元音顺同化为 o 音；在 moŋgi > moŋki 之说里，词中辅音 g 产生 k 音变。

mənən "痴呆" —— 满通古斯语族语言均称 mənən > mənəŋ。该语族语言内，对于 "痴呆"的表述形式比较复杂。特别是在通古斯语支语言里，有的说法间似乎没有什么来源上的关系。比如说，bəlijən（满语）、bəliən（锡伯语）、ʃoɡol（鄂温克语）、moŋkor（鄂伦春语）、məntuhun（赫哲语）等。

hulkin "糊涂" —— 赫哲语 hulkin，鄂温克语 hʉlkiŋ，锡伯语 hul-hin，满语 hʊlhi，鄂伦春语 kʉlkin。该词在使用过程中产生的音变表现在：（1）词首辅音 h 在鄂伦春语里由 k 音取代；（2）词首音节元音 u 在鄂伦春语及鄂温克语内变 ʉ 音；（3）词中辅音 k 在满语支语言内发作 h 音；（4）词尾鼻辅音 n 在鄂温克语中变读为 ŋ 音等。满通古斯语支语言还用 lampa ~ dushun（满语）、ʤəhi ~ ojbon（鄂温克语）、ʤəki ~ ojbo（赫哲语）、ʤəki（鄂伦春语）等说法表示该词义。

dulpa > dulba "愚蠢" —— 鄂伦春语及鄂温克语 dulpa，满语、锡伯语、赫哲语 dulba。就像该同源形容词里所见到的那样，满通古斯语族语言内，词中辅音 l 后面辅音 p 与 b 相对应的现象确实有不少。比如说，talpi ⇔ talbi "生牛"、tolpoto ⇔ tolboto "菊花青马" 等中辅音 p 与 b 都产生对应关系。不过，根据相关音变原理，我们认为这些词里的 b 是属于 p 的变体。也就是说，从词源学角度来讲，dulpa 之说应该出现于 dulba 之前，词中辅音 b 是由 p 演化而来的语音现象。再说，通古斯语支语言内还可以用 mənəŋ（鄂伦春语及鄂温克语）、bogi（赫哲语）等表示 "愚蠢" 之意。

udan "迟钝" —— 满通古斯语族语言内均叫 udan。他们的这一说法同蒙古语族语言的 udagan > udaan > udan 之说同属一源。

nomohon ~ nomoki "老实" —— 鄂伦春语 nomoki，鄂温克语 nomohi，满语 nomhon，锡伯语及赫哲语 nomhun，女真语 nomuho。毫无疑问，该词词根是 nomo- > nom-，而 -hon > -hun ~ -ki > -hi 是属于词缀部分。那么，作为词根的 nomo- 只是在满语、锡伯语、赫哲语内出现第二音节元音 o 的脱落之音变现象。另外，赫哲语里还有 mutʃaŋga 之说。

nairahun ~ *namanakan "温和的" —— 锡伯语及赫哲语 nairahun，满语 nairahʊn，鄂伦春语 namnakan，鄂温克语 namnahaŋ。首先应该提到的是，鄂伦春语及鄂温克语的 namnakan 与 namnahaŋ 之说词根是 *nama "寂静"，而 -na 是由名词构成动词的构词成分、-kan ~ -haŋ 是由动词派生形容词的构词词缀。然而，在具体使用过程中，词第二音节元音 a 被脱落。其次，在锡伯语、赫哲语、满语中使用的 nairahun > nairahʊn 是由 naira 派生而来的形容词。该词的 naira 之语音形式与蒙古语族语言的 naira > nair "和睦"、"温和" 有其渊源关系。像 naira- 后面出现的 -hun > -hʊn 是属于词缀部分。

　　həbə "和睦的" —— 满语 həbəŋə，锡伯语 həvəŋ，赫哲语 həwən，鄂温克语 əbə > əwə，鄂伦春语 əwə。在我们看来，该词的早期语音形式应为 həbə。不过，在满语、锡伯语、赫哲语内增加了 -ŋə > -ŋ ~ -n 等词缀。我们可以用下列格式分析和展示该词的语音变化现象及其演化规律：

$$
\text{həbə}
\begin{cases}
\text{həbə} + \text{-ŋə} \Rightarrow \text{həbəŋə} > \text{həvəŋ} \\
\text{həwə} + \text{-n} \Rightarrow \text{həwən} \\
\text{əbə} > \text{əwə}
\end{cases}
$$

　　除此之外，满通古斯语族语言内还用 atʂuhun（锡伯语）、atʂuhʊn（满语）、əjəʃi（鄂温克语）、əjəmən（鄂伦春语）等说法表示形容词 "和睦的" 之意。

　　*ʥibgə ~ himarga "小气的" —— 满语与锡伯语 dzịbgə，赫哲语 himarga，鄂温克语 himagga，鄂伦春语 kimarga。除 *ʥibgə > dzịbgə 及 himarga > himagga > kimarga 外，鄂温克语里还有 amiŋga 之说。

　　ʥaliŋga "狡猾的" —— 赫哲语与鄂伦春语 ʥaliŋga，鄂温克语 ʥeleŋga，满语 dzaliŋga > dzaliŋa，锡伯语 dzəlin。该词是在名词 ʥali > ʥele ~ dzali > dzəli "计谋" 后面接缀从名词派生形容词的构词词缀 -ŋga > -ŋa > -n 而构成的产物。鄂伦春语及鄂温克语内还有源于 ʥali 这一名词的 ʥalitʃi > ʥeleʃi 之说，以及源于词根 satʧo- 的 satʧohe 等说法。与此同时，他们将 "狡诈的" 之意称之为 kojimli（鄂伦春语）、koimali（满语及赫哲语）、koimal（锡伯语）、hojimli（鄂温克语）等。

　　*wəjilə > *wəjiləŋgə ~ *wəjilətʃin "勤劳的" —— 鄂伦春语 wəjilətʃin，

鄂温克语 wəjləʃiŋ，赫哲语 wəjlətʃin > ujlətʃin，满语 wəiləŋgə > wəiləŋə，锡伯语 vəiləŋə。很显然，该词源于名词 *wəjilə "劳动"。换言之，它是在名词 *wəjilə > wəjlə > wəilə > vəilə > ujlə 后面接缀由名词派生形容词的构词词缀 -ŋgə > -ŋə ~ -tʃin > -ʃiŋ 等后派生的产物。另外，通古斯语支语言内也使用同样由名词 gərbə > gəbbə "劳动" 派生的形容词 gərbətʃin（赫哲语及鄂伦春语）、gəbbəʃiŋ（鄂温克语）来表示 "勤劳的" 之意。

*baganuhun ~ *baganuhe "懒的" —— 女真语 banuhʊŋ，满语 banuhʊn，锡伯语及赫哲语 banhun，鄂温克语 baanuhe，鄂伦春语 baanuke。毋庸置疑，该词的核心结构是 *baganu-，而 -hun ~ -he 是属于构词词缀。而且，*baganu- 是表示 "发懒" 之意的动词词干。也就是说，形容词 *baganuhun ~ *baganuhe 是在动词词干 *baganu- 后面接缀由动词构成形容词的构词词缀 -hun ~ -he 而派生的实例。那么，该词的音变现象表现在：（1）词中语音形式 aga 在鄂伦春语及鄂温克语内，伴随辅音 g 的脱落而出现长元音 aa 之现象。而且，该长元音 aa 在满语、锡伯语、赫哲语内又演化为短元音 a；（2）词中元音 u 在锡伯语和赫哲语中被脱落等方面。再说，通古斯语支语言内还有用 ʃakkaŋ（鄂温克语）、ənəlkə（鄂伦春语）、ənəhun（赫哲语）等表示该形容词词义的现象。

*paga > *faga > *fagakun ~ *fagatʃi "臭的" —— 赫哲语 fakun，满语 wahun，锡伯语 vahun，鄂伦春语 waatʃi，鄂温克语 waaʃi。我们认为，该词源于满通古斯语族语言的早期说法 *paga "味"。不过，在漫长的使用过程中，该词在不同语言里产生了不同程度的语音变化。而且，主要表现在以下两个方面：（1）词首辅音在赫哲语里变读为 f 音，在满语、鄂伦春语、鄂温克语中由 w 音取代，在锡伯语内变 v 音；（2）词中的 aga 由于辅音 g 的脱落而在鄂伦春语及鄂温克语里产生长元音 aa 之现象。紧接着在满语、锡伯语、赫哲语中该长元音 aa 却演变成短元音 a 音。如此说来，该词的核心结构 *paga- > *faga- > fa- ~ waa- > wa- > va- 后面出现的 -kun > -hun ~ -tʃi > -ʃi 等均属于词缀部分。

gosihon ~ *gosikta "苦" —— 满语 gosihon，锡伯语 goʂhun，赫哲语 goʃkun，鄂伦春语 goʃikta，鄂温克语 goʃitta。满通古斯语族语言的 gosihon 与 *gosikta 等说法都源于早期的 *gosin "苦的" 之说。不过，在

使用过程中却出现词中辅音 s 的 ʃ 音变，以及词中元音 i 的脱落等音变现象。再说，用于词尾的 -hon > -hun > -kun 及 -kta > -tta 等均属于词缀部分。

amtaŋga ~ amtantʃi "香" —— 满语与赫哲语 amtaŋga，锡伯语 amtənə，鄂伦春语 amtantʃi，鄂温克语 amtaŋʃi。该形容词无疑是由名词 amtan "香味" 派生而来。换言之，作为该词核心部分的 amtan > amtaŋ > amta > amtə 属于名词，表示 "香味" 之意。而其后面出现的 -ŋga > -ŋə 及 -tʃi > -ʃi 属于词缀部分。另外，在满语支语言内还有用 waŋga > waŋa（满语）、vaŋ（锡伯语）等说法表示该词义的现象。

ʤisun "酸" —— 赫哲语 ʤisun，鄂伦春语 ʤisun，鄂温克语 ʤisɯŋ，满语 dzuʂun，锡伯语 dzyʂun。可以看出，该词在使用过程中产生的音变不是十分明显。主要在于：（1）词首辅音 ʤ 在满语支语言内由 dz 音取代；（2）词首音节元音 i 在满语支语言内逆同化为圆唇元音 u 或 y；（3）词中辅音 s 在满语支语言中演化为 ʂ 音；（4）词第二音节元音 u 在鄂伦春语及鄂温克语里变为央元音 ɯ；（5）词尾鼻辅音 n 在鄂温克语里演化为 ŋ 音等方面。

gosihun "辣的" —— 满语 gosihon，锡伯语 goʂihun，赫哲语 goʃihun，鄂温克语 goʃihuŋ，鄂伦春语 goʃikun。根据我们所掌握的资料，形容词 gosihun "辣的" 是由早期的 gosin "辣的" 一词派生而来。现在的通古斯语支语言内，还有说 goʃin 的现象。比如说，在索伦鄂温克语的个别方言土语内就用 goʃin 一词来表示 "辣" 之意。不论怎么说，该形容词的 gosi- > goʂi- > goʃi- 是词的原有成分，像 -hun > -huŋ > -kun ~ -hon 等是后来附加的词缀部分。在通古斯语支语言内还有 goʃitto（鄂温克语）、goʃirə（赫哲语）、korotʃi（鄂伦春语）等说法。

fəksun "涩的" —— 满语 fəkʂun，锡伯语 fəkʂən，赫哲语 əksun，鄂伦春语 əksɯn，鄂温克语 əksɯŋ。不难看出，该词在使用过程中产生如下四个方面的音变：（1）词首辅音 f 在通古斯语支语言内被脱落；（2）词中辅音 s 在满语支语言中演化为 ʂ 音；（3）词中元音 u 在鄂伦春语与鄂温克语里变成 ɯ 音的同时，在锡伯语内弱化为 ə 音；（4）词尾鼻辅音 n 在鄂温克语里由 ŋ 音取代。

*fugusun "膔" —— 满语 fuŋṣun，锡伯语 fuŋṣən，赫哲语 uŋusun，鄂伦春语 ʉŋʉsʉn，鄂温克语 ʉgʉsʉn > ʉŋʉsʉn。可以用如下格式归纳和展示该词的音变现象及其规律：

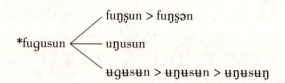

除了以上谈到的之外，通古斯语支语言内还用 holoŋgo（鄂温克语）、koloŋgo（鄂伦春语）、ʧirkun（赫哲语）等形容词来表示"膔的"之意。

fuŋsan ~ saŋgir "膻" —— 满语 fuŋsan，锡伯语 fuŋsən，通古斯语支语言 saŋgir。不过，除了 fuŋsan > fuŋsən 及 saŋgir 之外，通古斯语支语言中还有 ʃoŋgir 之说。

*ninʧuhun ~ siwoŋgo "腥" —— 满语 nintʂuhʊn，锡伯语 nintʂuhun，赫哲语 ʃiwoŋgo，鄂伦春语及鄂温克语 ʃooŋgo。满通古斯语族语言内用 *ninʧuhun > nintʂuhʊn > nintʂuhun 及 siwoŋgo > ʃiwoŋgo > ʃooŋgo 两种说法表示"腥"之意。另外，他们还用 jantʂhun（锡伯语）、ili（鄂伦春语）、nilgi（赫哲语）等说法指含该词义。

tumin "稠" —— 满通古斯语族语言内均叫 tumin。与此同时，该语族语言内还可以用 fisin < fiʂin（满语与锡伯语）、apuguŋ ~ tibka（鄂温克语）、tibka（鄂伦春语）、fijəkən（赫哲语）等说法表示"稠"之意。

ujan "稀" —— 满通古斯语族语言均称 ujan。通古斯语支语言内还说 ʃiŋgən > ʃiŋgən。但该说法同蒙古语族语言的 ʃiŋgən "稀的"同属一源。与 ujan "稀"相关，他们将"稀疏的"称之为 sargijan > sargian（满语）、sargin（锡伯语、赫哲语、鄂伦春语）、sargiŋ（鄂温克语）等。

sula "淡（味）的" —— 满语与鄂伦春语 sula，鄂温克语 sula > so-la，锡伯语及赫哲语 sulə。满语支语言内还说 nitan，赫哲语也叫 dulibin 等。

bolgon ~ tuŋga "（水）清的" —— 锡伯语及赫哲语 bolgon，满语 bolgo，鄂伦春语与鄂温克语 tuŋga > tuŋgu。除了满通古斯语族语言内的 bolgon > bolgo 与 tuŋga > tuŋgu 两种表述形式之外，他们还用 gəŋgijən > gəŋgiən（满语）、gəŋgiən（锡伯语）以及 nəərin（鄂温克语）、nəərin（鄂伦春语）、in（赫哲语）等说法表示"清的"之意。

duraŋgi ~ bugan "混浊的" —— 满语 duraŋgi > duraɲi，锡伯语 duraɲi，赫哲语及鄂伦春语 bugan，鄂温克语 bugaŋ。再说，除了 duraŋgi > duraɲi 及 bugan > bugaŋ 之外，通古斯语支语言内还说 buraŋgi ~ honnor（鄂温克语）、buraŋgi（鄂伦春语）、konori（赫哲语）等。

*nijolgon ~ *nijolotʃuka "腻" —— 鄂温克语 nijolotʃuha ~ nijolgoŋ，满语 niolotʂuka，锡伯语 nioltʂuhə ~ niolokon，鄂伦春语 ɳolotʃuka ~ ɳologon，赫哲语 ɳolotʃukon ~ ɳolokon。我们完全可以清楚地看出，该形容词的词干部分是 nijolo- > nijol- ~ niolo- > ɳolo-，而 -tʃuha > -tʃuka > -tʂuhə > -tʂuka、-gon > -goŋ、-kon 等均属于词缀部分。另外，鄂温克语里还有 iilamuddi 之说。

jaliŋga "肥胖的" ——满语 jaliŋga > jaliɲa，锡伯语 jaliɲa > jaliɲ，赫哲语 iildən，鄂伦春语 iildətʃi，鄂温克语 iildəʃi。也就是说，满通古斯语族语言内用 jaliŋga > jaliɲa > jaliɲ 及 iildən > iildətʃi > iildəʃi 两种说法表示该词义。其中，满语支语言的说法源于名词 jali "肉"，而通古斯语支语言的说法也应该源自 jali。不过，它是经过 jali > eli > ili 式音变。在 lil 后面接缀-dən、-dətʃi、-dəʃi 之后，又产生了 iildən、iildətʃi、iildəʃi 等音变。

gaŋgahun "干瘦的" —— 锡伯语、赫哲语、鄂伦春语 gaŋgahun，鄂温克语 gaŋgahuŋ，满语 gaŋgahun。满通古斯语族语言内除 gaŋgahun > gaŋgahuŋ > gaŋgahʊn 之外，还有一些源于不同词根或词干的实例。比如说，matʂuhun（锡伯语）、matʂuhʊn（满语）、jandaŋ（鄂温克语）、

əʧən（鄂伦春语）等。

　　gəkdəhun "瘦削的" —— 满语及赫哲语 gəkdəhun，鄂温克语 gəkdəhʉŋ，锡伯语 gəkdəhən，鄂伦春语 gəkdəkʉn。该词的语音变化规律应为 gəkdəhun > gəkdəhʉŋ > gəkdəhən > gəkdəkʉn。除此之外，他们还用 jantar、taŋgi、gurga、əbilun 等说法表示 "瘦削的" 这一形容词概念。

　　kufur "脆弱的" ——满语 kufur，锡伯语 kuvər，赫哲语 kuwər，鄂伦春语 kʉwʉr，鄂温克语 hʉwʉr。形容词 kufur "脆弱的" 在不同语言里产生的音变表现于：（1）词首辅音 k 在鄂温克语里演化为 h 音；（2）词首音节元音 u 在鄂温克语及鄂伦春语中变读为 ʉ 音；（3）词中辅音 f 在除满语之外的语言里出现 v 与 w 音变；（4）词第二音节元音 u 在鄂伦春语、鄂温克语、锡伯语、赫哲语内分别演化为 ʉ 或 ə 音等方面。另外，在满通古斯语族语言内还用 nijərə（满语）、niərə（锡伯语）、hapir（鄂温克语）、kapir（鄂伦春语）、kafir（赫哲语）等来表示 "脆弱的" 之意。

　　nəkəlijən "单薄的" —— 满语 nəkəlijən > nəkəliən，锡伯语、鄂伦春语、赫哲语 nəkəlin，鄂温克语 nəhəliŋ。很显然，该同源形容词是按照 nəkəlijən > nəkəliən > nəkəlin > nəhəliŋ 的音变原理产生了不同程度的语音变化。再说，通古斯语支语言内还有 nəməhʉn、nəməri 等说法。

　　jadara "贫穷的" —— 满语 jadara，赫哲语、鄂伦春语、鄂温克语 jadar，锡伯语 jadər。在他们的语言里，除 jadara > jadar > jadər 之外，还经常用 jadaŋga、aaʧin > aaʃiŋ、obtug > ottug > ottog、maŋgar > maŋgər 等说法来表示该形容词词义。

　　sula "闲" —— 满语、锡伯语、赫哲语、鄂伦春语 sula，鄂温克语 sula > sola。通古斯语支语言内还有用 səkkəŋ（鄂温克语）、ʃololiki（赫哲语）表示该形容词词义的现象。

　　*bajidi ~ *bajisin "空闲的" —— 鄂伦春语 bajidi，鄂温克语 bajdi，赫哲语 baidi，满语 baisin，锡伯语 bai ʂin。我们认为，通古斯语支语言

的 bajidi > bajdi > baidi 及满语支语言的 baisin > baiʂin 之间虽然存在词尾部分的不同，但是均源于同一个词根 *baji。有人认为，这里出现的 *baji 与汉语"白白呆着"的"白"有关系，是否如此，还需要认真、细致、深入研究。那么，作为 *bajidi ~ *bajiʂin 核心结构部分的确出现 baj > bai 式音变。而 baji 后面使用的 -sin > -ʂin 与 -di 都属于词缀部分。事实上，满通古斯语族语言的 baji 本身就能够表示"空的"、"空闲的"等词义。当今，在他们的口语里还在使用 baji 之说，但其使用率似乎没有 baisin > baiʂin 或 bajdi 高。在这里，还有必要强调的是，通古斯语支语言内还用 sɵlɵ（鄂伦春语与鄂温克语）、ʃolo（赫哲语）等表达"空闲的"之意。并且，还有一定使用率。

əksəkun "忙" —— 赫哲语及鄂伦春语 əksəkun，鄂温克语 əksəhuŋ，满语及锡伯语 əkʂəku。可以说，在赫哲语及鄂伦春语内 əksəkun 的原有语音形式保存得较理想。然而，在满语、锡伯语、鄂温克语中却出现，词中辅音 s 变 ʂ 音，词尾音节首辅音 k 的 h 音变，词尾鼻辅音 n 由 ŋ 取代或脱落等音变现象。而且，像 əksəkun > əksəhuŋ > əkʂəku 等均源于动词词根 əksə- > əkʂə- "忙碌"、"着急"。另外，在通古斯语支语言内还有 uutaahe（鄂温克语）、uutaki（鄂伦春语）之说。

ʤalun "满的" —— 女真语、赫哲语、鄂伦春语 ʤalun，鄂温克语 ʤaluŋ，满语及锡伯语 dzalun。该词在使用过程中，只出现词首辅音 ʤ 在满语支语言里变读为 dz 音，以及词尾鼻辅音 n 在鄂温克语里按惯例产生 ŋ 音变等现象。

təksin "平整的" —— 满语及赫哲语 təksin，锡伯语 təkʂin，鄂伦春语 təkʧin > təkʧi，鄂温克语 təʧʧin > təʧʧi。该形容词的音变现象表现于：（1）词中辅音 s 在锡伯语里发生 ʂ 音变的同时，在鄂温克语和鄂伦春语中变读为 ʧ 音；（2）词中辅音 k 在鄂温克语里被后续音节辅音逆同化为 ʧ 音；（3）词尾鼻辅音 n 在鄂温克语及鄂伦春语里出现脱落等现象。再说，赫哲语里还有 tərkin 之说。

pasuhun "乱" —— 鄂温克语 pasuhuŋ > pashoŋ，鄂伦春语 patʃukun，赫哲语 fatʃuhun，锡伯语 fatʂuhun，满语 fatʂuhʊn。依据相关音变规律，我们完全可以用以下格式归纳、分析和展示 pasuhun 在不同语言中出现的不同程度的音变现象及其规律：

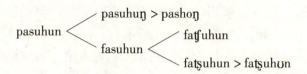

也就是说，该同源名词在使用过程中产生的音变主要在于：（1）词首辅音 p 在满语、锡伯语、赫哲语里发生 f 音变；（2）词第二音节首辅音 s 在鄂伦春语及赫哲语里变读为 ʧ 音，在满语与锡伯语里被发作了 tʂ 音；（3）词第三音节元音 u 在满语里变读为 ʊ 音；（4）词尾鼻辅音 n 在鄂温克语里由 ŋ 取而代之等方面。

laŋsə ~ budʒar "脏的" —— 满语 laŋsə，锡伯语 laŋs，鄂伦春语 budʒar，赫哲语与鄂温克语 budʒir。满通古斯语族语言内，虽然用刚才提到的两种说法表示该形容词概念，但它们在不同语言里产生的变化现象并不很大。在这里，应该指出的是，通古斯语支语言内使用的 budʒar > budʒir 与蒙古语族语言的 budʒar > budʒir > badʒir "脏的" 是属于同根同源关系，并在各自的语言中均有很高的使用率。再说，该语族语言内还有用 nantuhun（锡伯语）、nantuhʊn（满语）、leebur（鄂温克语）、atakoli（赫哲语）等说法表示 "脏的" 之意的实例。

*gilatari "明亮的" —— 满语、锡伯语、赫哲语 giltari，鄂伦春语及鄂温克语 giltar。从词源学角度来分析，该形容词应该源于早期满通古斯语族语言的名词 *gila "火光"、"光"。那么，在 *gila > gila 后面出现的 -tari > -tar 自然是属于词缀部分。另外，该语族语言内还有 giltagar（鄂伦春语及鄂温克语）、gəŋgin（赫哲语）、gəŋgian（女真语）等表述形式。

ilə "公开的" —— 鄂伦春语及鄂温克语 ilə，满语、锡伯语、赫哲语 ilətu。显而易见，形容词 ilə 在满语、锡伯语、赫哲语里以接缀有词缀 -tu 的形式出现。再说，与 ilə 相关的形容词还有一些。比如说，ilətukən "明显的" ⇨ ilətukən ~ iləkən（满语）、iləkən（鄂伦春语及锡伯语）、iləhən（赫哲语）、iləhəŋ（鄂温克语）。很显然，该形容词是按照 ilətukən > iləkən > iləhən > iləhəŋ 式语音演化规律在不同语言中产生了不同程度的音变。

gətuhun "清楚的" —— 赫哲语 gətuhən，满语 gətukən，鄂伦春语 gətuкʉn，鄂温克语 gətəhʉŋ，锡伯语 gəthun。同源形容词 gətuhun 音变现象主要表现在：（1）词中元音 u 在鄂温克语、鄂伦春语、锡伯语内演化为元音 ʉ 或 ə 或被脱落；（2）词中辅音 h 在满语及鄂伦春语里由 k 音取代；（3）词尾音节元音 u 在满语、鄂温克语、鄂伦春语中弱化为 ʉ 与 ə 音；（4）词尾鼻辅音 n 在鄂温克语里变读为 ŋ 音等方面。再说，该词是在词根 gətu- > gətu- > gətə- > gət- "清楚"后面接缀构词词缀 -hun > hʉŋ ~ -kʉn > -kən 派生的产物。

itʃəkən ~ irkihin "新鲜的" —— 女真语 itʃəgi，满语 itʂəkən ~ itʂəkəsaka，锡伯语 itʂəkən，赫哲语 irkihin，鄂伦春语 irkikin，鄂温克语 ikkihiŋ。满通古斯语族语言的 itʃəgi ~ itʂəkəsaka ~ itʂəkən 及 irkihin > irkikin ~ ikkihiŋ 都源于表示"新的"之意的形容词 itʃə > itʂə 与 irkin > ikkiŋ。

*wəjihun ~ *iginihin "活的" —— 满语 wəihun，锡伯语 vəihun，鄂伦春语 ignikin > iinkin，鄂温克语 iinihiŋ，赫哲语 inkin。也就是说，满通古斯语族语言内用 *wəjihun > wəihun > vəihun 以及 *iginihin > ignikin > iinihiŋ > iinkin > inkin 两种说法表示该形容词词义。

butuhin "不清楚的" —— 满语及赫哲语 butuhin，鄂温克语 butuhiŋ，鄂伦春语 butukin，锡伯语 butəhin。该同源形容词在满语、赫哲语、鄂温克语中保存得较好，就是在鄂伦春语与锡伯语内所产生的音变也不是很大。形容词 butuhin 可能源于 butu- 这一表示"混浊不清"、"散乱不清"等词义的动词词根。

dursuki "类同的" —— 满语及锡伯语 dursuki，赫哲语 dursuhi，鄂伦春语 dʉrsʉki，鄂温克语 dʉrsʉhi。形容词 dursuki 在不同语言里产生的语音变化现象表现在：（1）词中元音 u 在鄂温克语及鄂伦春语内演化为 ʉ 音；（2）词尾音节首辅音 k 在赫哲语和鄂温克语中由 h 音取代等方面。再说，形容词 dursuki 源于名词 durun > duru > dur > dʉr "模样"、"样式"，像 -suki > -suhi ~ -sʉki > -sʉhi 是属于构词词缀。除此之外，满通古斯语族语言内还用 dusuki、tusuki 来表示"类同的"之意。

adali "一样的" ——满语、锡伯语、赫哲语 adali，鄂温克语 adali
> adal，鄂伦春语 adal。然而，在女真语里却叫 alame。再说，满通古斯
语族语言的 adali > adal 同蒙古语族语言的形容词 adali > adal "一样的"
同属一源。

huktaŋa ~ bukʧin "闷热的" —— 锡伯语 huktaŋa，满语 hʊktaŋga >
hʊktaŋa，赫哲语 bukʧin，鄂伦春语 bʉkʧin，鄂温克语 bʉkʧiŋ >
bʉʧʧiŋ。除了 huktaŋa > hʊktaŋga > hʊktaŋa 以及 bukʧin > bʉkʧin >
bʉkʧiŋ > bʉʧʧiŋ 两种说法之外，满通古斯语族语言内还用 butu > bʉtʉ
之说表示"闷热的"之意。

goʤo ~ nanda "美的" —— 赫哲语 goʤo，女真语 hoʤo，满语
hodʐo，锡伯语 hodʐə，鄂温克语及鄂伦春语 nanda。可以看出，作为鄂
温克语和鄂伦春语的同源词 nanda 没有产生什么音变，而 goʤo 却有了
hoʤo > hodʐo > hodʐə 等有规律的音变现象。另外，满语支语言内还有
源于其他词的 kuwarijaŋga > kuwariaŋa（满语）、kuariaŋ（锡伯语）等说
法。不过，他们表示"美好的"之意时就会说 saikan（满语、锡伯语、
赫哲语）、nandakan（鄂伦春语）、nandahaŋ（鄂温克语）等。这其中，
通古斯语支语言的 nandakan > nandahaŋ 是由 nanda 派生而来。

giltugan "秀美的" —— 满语及锡伯语 giltugan，赫哲语与鄂伦春
语 giltukan，鄂温克语 giltuhaŋ。与此同时，他们将"英俊的"称之为
giltuŋga > giltuŋa（满语）、giltuŋa（锡伯语）、giltuŋga（赫哲语、鄂温
克语、鄂伦春语）等。很显然，无论是 giltugan > giltukan > giltuhaŋ 还
是 giltuŋga > giltuŋa，它们均源于形容词词干 giltu-，而 -gan > -kan >
-haŋ、-ŋga > -ŋa 等属于词缀部分。

fijaŋga ~ goŋgo "鲜艳" —— 满语 fijaŋga > fijaŋa，锡伯语及赫哲语
fijan，鄂温克语和鄂伦春语 goŋgo。也就是说，该语族语言内用 fijaŋga
> fijaŋa > fijan 及 goŋgo 两种说法表示"鲜艳"之意。

gilta "闪亮的" —— 满通古斯语族语言内均叫 gilta。不过，通古

斯语族语言里还有 gilba 之说。除此之外，他们还有在 gilta 的后面接缀构词词缀 -hun > -huŋ > -hʊn 派生出 giltahun（锡伯语、赫哲语、鄂伦春语）、giltahuŋ（鄂温克语）、giltahʊn（满语）等形容词，从而表示"耀眼的"之意的现象。

　　gotʃigon "秀气的" —— 赫哲语 gotʃigon > gosha，锡伯语 gotʂihon，鄂伦春语 gosgon，鄂温克语 gosgoŋ，满语 hotʂihon。该词的音变表现在：（1）词首辅音 g 在满语里出现 h 音变；（2）词第二音节辅音 tʃ 在除赫哲语之外的通古斯语支语言和满语支语言内分别演化为 s 与 tʂ 音；（3）词中元音 i 在通古斯语支语言内被脱落；（4）词尾音节首辅音 g 在满语、锡伯语、赫哲语内被弱化为 h 音；（5）词尾音节元音 o 在赫哲语里被发作 a 音；（6）词尾鼻辅音 n 按惯例在鄂温克语中由 ŋ 音取代等方面。

　　səbʤin "愉快的" —— 赫哲语及鄂伦春语 səbʤin，满语 səbdzəŋgə > səbdzəŋə，锡伯语 səvdzən，鄂温克语 səwʤiŋ。可以看出，赫哲语和鄂伦春语里该形容词原有语音形式保存得比较好，在鄂温克语的 səwʤiŋ 及锡伯语的 səvdzən 中出现的音变现象也一目了然。相对而言，满语的 səbdzəŋgə > səbdzəŋə 之说的音变似乎显得复杂一些。不过，我们认为，səbʤin 之说有可能是在不同语言里产生了 səbʤiŋgə ⇨ səbdzəŋgə > səbʤiŋə ⇨ səbdzəŋə > səbʤiŋ ⇨ səbdzəŋ > səbʤin ⇨ səbdzən 式音变。

　　taifin "安宁的" —— 满语 taifin，锡伯语 taivən，赫哲语 taiwan，鄂温克语及鄂伦春语 tajwan。该同源形容词的音变规律应为 taifin > taivən > taiwan > tajwan。另外，他们也可以用 əlhə > əlkə 之说表示"安宁的"之意。

　　*ərusun ~ *ərukən "丑陋的" —— 满语 ərəsun > ərsun，锡伯语 ərsun，鄂伦春语 ərukən，鄂温克语 ərʉhəŋ，赫哲语 əhələkən，女真语 əwu。在我们看来，这些说法应该源于形容词 *əru > ərʉ > ərə > ər > ə ~ əhələ "坏的"，而 -sun ~ -kən > -hən ~ -wu 等属于词缀部分。与此同时，他们还将"丑的"说成是 botʂihi ~ fətʂuhun（满语）、botʂihi（锡伯语）、boʤihi（赫哲语及鄂温克语）、boʤiki（鄂伦春语）等。

　　sokto "醉酒的" —— 满语 soktokʋ，锡伯语 soktoku，赫哲语与鄂伦春语 sokto，鄂温克语 sokto > sotto，女真语 sotoku。它们在语音结构上出现的异同点，主要表现于满语支语言在 sokto 后面接缀的构词词缀 -ku > -kʋ，以及词中辅音 k 在鄂温克语与女真语里产生 t 音变或被脱落等方面。

　　tuksin "危险的" —— 满语 tuksitʂukə > tuksin，锡伯语 tukʂitʂukə > tukʂin，赫哲语 tukʃin，鄂伦春语 tukʃin，鄂温克语 tukʃiŋ。另外，通古斯语支语言内还有 nəəlimʉ（鄂温克语）、ŋəələki（鄂伦春语）、abtʃukun（赫哲语）等表述形式。

　　katʃin "奇怪的" —— 赫哲语及鄂伦春语 katʃin，锡伯语 katʂin，鄂温克语 hatʃiŋ，满语 hatʂin。根据满通古斯语族语言的语音演化规律，它们的音变关系及其音变的前后程序应为 katʃin > katʂin ~ hatʃiŋ > hatʂin。除此之外，他们还用 aldunga（满语）、alduŋa（锡伯语）、fərgun（赫哲语）、jəənʉʃi（鄂温克语）来表示"奇怪的"之意。

　　*komoso "稀奇的" —— 鄂伦春语 komos ~ komor，满语及赫哲语 komso，锡伯语 komsə，鄂温克语 homos ~ homor。满通古斯语族语言内叫 *komoso > komos > komso > komsə ~ homos 之外，他们还有用 komor > homor（通古斯语支语言）、满语里也有 toŋga（满语支语言）等来表示该词义的现象。

　　dəmuŋgə "古怪的" —— 满语 dəmuŋgə > dəmuŋ，赫哲语 dəmuŋgə，锡伯语 dəmuŋ，鄂伦春语及鄂温克语 dəmuŋgə。除了 dəmuŋgə > dəmuŋ ~ dəmuŋgə 之说外，他们还用 aldunga（满语）、alduŋa（锡伯语）、gajkamdi（鄂伦春语）、sotʃʃi ~ mojo（鄂温克语）等说法表示"古怪的"之意。

　　ləlin ~ nəlin "广阔的" —— 满语及锡伯语 ləli，赫哲语与鄂伦春语 nəlin，鄂温克语 nəliŋ > nəli。显而易见，该同源形容词里词首辅音 l 与 n 之间产生语音交替式音变现象。对此类语音实例，我们在前面已经做过分析和交代，在此就不再重复说明了。除此之外，满通古斯语族语言内还有 ontʂo（满语）、ontʂə（锡伯语）、əŋgəl（鄂伦春语）、əŋŋəl（鄂温克语）、əgͻə（赫哲语）等说法。

　　əsuhun "生的" —— 赫哲语 əsuhun，鄂伦春语 əsʉkʉn > əʃikin，满语 əshun，鄂温克语 əshʉŋ > iʃihiŋ，锡伯语 ushun，女真语 ushuŋ。可以看出，在除赫哲语之外的语言里，əsuhun 均有不同程度的音变。比如说，（1）词首元音 ə 在锡伯语内变 u 音的同时，在通古斯语支语言中有发作 i 音的现象；（2）词第二音节首辅音 s 在通古斯语支语言内有变读为 ʃ 音的情况；（3）词中元音 u 在通古斯语支语言内变 ʉ 或 i 音或被脱落，在满语支语言内也有脱落现象；（4）词中辅音 h 在鄂伦春语里出现 k 音变；（5）词尾鼻辅音 n 在女真语及鄂温克语中由 ŋ 音取代等。

　　*sagadi "老的" —— 赫哲语 sagədi，鄂伦春语 sagdi，鄂温克语 sagde > sadde，满语 sakda，锡伯语 sakdə > sahd，女真语 sadai。我们认为，该词的早期语音形式应该是 *sagadi。然而，在具体使用过程中：（1）词第二音节首辅音 g 在满语支语言中变读为 k 音，在鄂温克语里还有 d 音变现象；（2）第二音节元音 a 在赫哲语里弱化为 ə 音的同时，其他语言中被脱落；（3）女真语里却出现 *sagadi > saadi > sadai 式音变；（4）词尾元音 i 在满语、鄂温克语、锡伯语内出现 a、e、ə 等音变。

　　asihan "年轻的" —— 满语 asihan，鄂温克语 ashaŋ，锡伯语 ashən，鄂伦春语 askan，赫哲语 aʃihan。这里列举的 asihan > ashaŋ > ashən > askan > aʃihan 之说外，通古斯语支语言内还有 ojoŋ ~ dʒalu（鄂温克语）、dʒalu（鄂伦春语）等说法。其中，dʒalu 与蒙古语族语言的 dʒalagu > dʒalu 属同源关系。

　　haha ~ nira "男的" —— 满语、赫哲语、女真语 haha，锡伯语 hahə，鄂伦春语 nira，鄂温克语 nera ~ nerog。满通古斯语族语言内，除了 haha > hahə 及 nira > nera 之说外，还有一些与此相关的同语族语言或同语支语言的同源词。比如说，həhə ~ *asan "女的" ⇨ həhə（女真语、满语、锡伯语）、asən（赫哲语）、aʃe（鄂温克语）、aʃi（鄂伦春语）等；amilan ⇔ aminan "公的" ⇨ amila（满语）、əmilin（锡伯语）、

aminan（赫哲语及鄂伦春语）、aminaŋ（鄂温克语）等；əmilən ⇔ əminən "母的" ⇨ əmilə（满语及锡伯语）、əminən（赫哲语与鄂伦春语）、əminəŋ（鄂温克语）等。

nəməri "嫩的" —— 满语、锡伯语、赫哲语 nəməri，鄂伦春语及鄂温克语 nəmər。除 nəməri > nəmər 之说外，通古斯语支语言内还有 nerka（鄂伦春语）、nekka（鄂温克语）、ŋarkin（赫哲语）等说法。

faksi ~ *dəmugi "巧" —— 满语 faksi，锡伯语 fakşi，赫哲语 fakʃi，鄂伦春语与鄂温克语 dəmgi > dəŋgi。这两种说法里，第一种说法 faksi > fak şi > fakʃi 的词中辅音 s 出现 ş 与 ʃ 音变；第二种说法 *dəmugi > dəmgi > dəŋgi 词中音节的语音形式 mu 出现 m > ŋ 式音变。而且，该词是由 dəmu > dəm "技巧"、"窍门" 一词派生而来的实例。另外，鄂伦春语里还有 iltan 之说。

*gəgələtʃukə ~ *gəgələmu "厉害的" —— 满语 gələtʂukə，锡伯语 gəltʂukə，鄂伦春语 ŋəələmu，鄂温克语 nəələmu，赫哲语 nəlmu。以上这些说法都源于动词词根 *gəgələ- "怕"。除此之外，通古斯语支语言内还用 mandi、maŋga 等表示该词义。

ətəŋgi "专横的" —— 满通古斯语族语言内均叫 ətəŋgi > ətəŋi。他们还将形容词 "残酷的" 或 "残暴的" 之意用 oshon（满语）、oshən（锡伯语）、dəddəhe ~ hakkis（鄂温克语）、karkis（鄂伦春语）、hartʃi（赫哲语）等来表示。

akʤun "暴躁的" —— 赫哲语及鄂伦春语 akʤun，鄂温克语 akʤuŋ，满语与锡伯语 akdzun。满通古斯语族语言内说 akʤun > akʤuŋ > akdzun 之外，还有 doktʃin（赫哲语和鄂伦春语）、dotʃtʃiŋ（鄂温克语）、doksin（满语）、dohşin（锡伯语）这一同源词。不过，同源词 doktʃin > dotʃtʃiŋ ~ doksin > dohşin 与蒙古语族语言的 doksin > dokʃin 间存在渊源关系。

balama "狂妄" —— 满语叫 balama 之外，其他满通古斯语族语言都说 balam。从词源学的角度分析，该形容词有可能与蒙古语族语言的

balamad "狂妄的"、"蛮横的" 之说存在同源关系。

ʧodori "直心眼的" —— 赫哲语 ʧodori，鄂伦春语及鄂温克语 ʧodor，满语 tʂodoli，锡伯语 tʂodəli。该同源形容词的语音变化规律应为 ʧodori > ʧodor > tʂodoli > tʂodəli。也就是说，词首辅音 ʧ 及词尾音节辅音 r 在满语支语言内产生 tʂ 与 l 音变的同时，词尾元音 i 在鄂伦春语与鄂温克语内出现脱落现象。

ʧoktor "自傲的" —— 赫哲语、鄂伦春语、鄂温克语 ʧoktor，满语 tʂokto，锡伯语 tʂohtə。该词是按照 ʧoktor > tʂokto > tʂohtə 式音变原理产生了一些语音变化。

gamʤi ~ kimki "吝啬的" —— 满语与锡伯语 gamdzi̩，赫哲语及鄂温克语 himki，鄂伦春语 kimki。可以看出，gamʤi > gamdzi̩ 及 himki > kimki 两种说法应该源于完全不同的两个词根或词干，但它们表示的词义完全一致。与此相关，满通古斯语族语言内将 "抠门儿" 之意用 dzi̩bgə（满语与锡伯语）、haʤir（鄂温克语）、gaʤir（赫哲语）、gaaʤas（鄂伦春语）等说法来表示。

largin ~ jargin "啰嗦的" —— 满语 largin，锡伯语 larhin，赫哲语及鄂伦春语 jargin，鄂温克语 jargiŋ。这里列举的 largin > larhin 及 jargin > jargiŋ 两种说法所产生的音变也不大，而且在该语族语言内均有较高的使用率。依据我们掌握的词汇资料，在满语支语言内还有 gəmərəku > gəmərku 等说法。

*hajiran "可惜的" —— 赫哲语 hajran，鄂温克语 hajraŋ，满语 hairan，锡伯语 hairin，鄂伦春语 kajran。我们可以用下列格式分析和展示该形容词在不同语言内产生的不同语音变化现象及其规律：

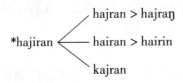

gasalamu > *nasatʃuka "悲伤的" —— 赫哲语、鄂伦春语、鄂温克语 gasalamu > gasalmu，满语 nasatṣuka，锡伯语 nasatṣukə。满通古斯语族语言的 gasalamu > gasalmu 及其 nasatṣuka > nasatṣukə 之说源于动词词根 gasa- > nasa "悲伤"。然而，在其后面出现的 -lamu ~ -tṣuka > -tṣukə 都属于词缀部分。

*korsotʃuka ~ kordomo "可恶的" —— 满语 korsotṣuka，锡伯语 korsotṣukə，鄂伦春语及赫哲语 kordomo，鄂温克语 hoddomo。表述该词义的形容词 *korsotʃuka > korsotṣuka > korsotṣukə 及 kordomo > hoddomo 源于动词词根 korso- 与 kordo- "仇视"、"可恶"。严格地讲，这两个动词词根也同属一源，只是其中辅音 s 与 d 之间出现语音交替式变化而导致语音方面的有所异同。而且，满通古斯语族语言的这两种说法，与蒙古语族语言的动词 korso- > horso- "仇视"、"可恶" 间存在同源关系。另外，满通古斯语族语言还用 əgəmʉ（鄂温克语及鄂伦春语）、əhəlin（锡伯语）、əhəliŋu（满语）、əhəlimu（赫哲语）之说表示该形容词词义。毫无疑问，它们也是源于动词词根 əgə- > əhə-。

*girutʃukə ~ aktimu "可耻的" —— 满语支语言 girutṣukə，通古斯语支语言 aktimu。这其中，形容词 *girutʃukə > girutṣukə 是源于动词词根 giru- "羞愧"，而 aktimu 是源于动词词根 akti- "可耻"。但是，它们所表现出的形容词词义完全一致。再说，通古斯语支语言中还有用 ilintəmʉ 之说表示 "可耻的" 之意的现象。

sabiŋga ~ dʒijaŋga "吉祥的" —— 女真语、满语、赫哲语 sabiŋga，锡伯语 sabiŋa，鄂伦春语与鄂温克语 dʒijaŋga ~ dʒijatʃi。这两个形容词均属于在名词 sabi 和 dʒija "吉祥"、"吉兆" 后面接缀构词词缀 -ŋga > -ŋa 而派生的实例。与此同时，他们还用由名词词根 gosi- > goʃi- "仁" 派生而来的 gosiŋga（满语）、go ṣiŋa（锡伯语）、goʃiŋga（赫哲语、鄂伦春语、鄂温克语）等表示 "仁慈的" 之意。

*səlitʃuka ~ *səligun "痛快的" —— 满语 səlatṣuka，锡伯语 səltṣukə，鄂伦春语 səluɡʉn，鄂温克语 səluɡʉŋ，赫哲语 səlgusuku。虽然这两种说法在词尾部分出现有所不同的语音结构形式，但它们均源于同一个词根 səli-。后来，在满语支语言和通古斯语支语言内，该词词根

分别产生 *səli- > səla- > səl- 以及 *səli- > səlʉ- 等音变。同时，在它后面接缀了 -gusuku > -tʂuka > -tʂukə 及 gun > -gʉn 等形容词构词词缀。

*səshətʃukə ~ *ahamugdi "厌烦的" —— 满语与锡伯语 səshətʂukə，赫哲语 səshun，鄂温克语 ahamuddi，鄂伦春语 akamugdi。满通古斯语族语言内表示 "厌烦的" 之意的这两个形容词 *səshətʃukə > səshətʂukə 及 *ahamugdi > ahamuddi > akamugdi 是分别源于动词词根 səshə- > səshu- "厌烦" 与 aha- > aka- "腻烦"。而且，在词尾部分出现的 -tʂukə ~ -gdi > -ddi ~ -n 等是派生形容词的构词词缀。

*əimətʃukə ~ galamu "讨厌的" —— 满语 əimətʂukən，锡伯语 əimtʂukə，赫哲语 galamu，鄂温克语 galmu。无论是满语支语言的 *əimətʃukə > əimətʂukən > əimtʂukə，还是通古斯语支语言的 galamu > galamu > galmu，它们均源于表示 "讨厌" 之意的动词词根 əimə- 与 gala-。

munahun "惆怅的" —— 锡伯语及赫哲语 munahun，鄂温克语 munahuŋ，满语 munahʊn，鄂伦春语 munakun。毫无疑问，该词词根是 muna-，而 -hun > -huŋ ~ -hʊn ~ -kun 是属于词缀部分。

*əmuhun "单的" —— 赫哲语 əmuhun，鄂温克语 əmʉhʉŋ，鄂伦春语 əmʉkʉn，满语及锡伯语 əmhun。不难看出，该形容词是在基数词 əmun "一" 的词干形式 əmu- > əmʉ- > əm- 后面接缀构词词缀 -hun > -hʉŋ > -kʉn 而派生的实例。

*dabukuri "双的" —— 赫哲语及鄂伦春语 dabkur，满语 dabkʊri，锡伯语 davkər，鄂温克语 dakkur。该形容词在使用过程中主要产生：（1）词第二音节首辅音 b 在锡伯语和鄂温克语里分别出现 v 与 k 之音变的同时，辅音 b 后面的元音 u 出现脱落现象；（2）词中辅音 k 后面的元音 u 在满语及锡伯语中变读为 ʊ 或 ə 音；（3）词尾元音 i 在除满语之外的语言里被省略等音变现象。

ʤərgin "相等的" —— 赫哲语 ʤərgin，鄂伦春语 ʤirgə，鄂温克语 ʤəggə，满语 dzərgiŋə > dzərgiŋə，锡伯语 dzərgin。从某种角度讲，

该词的早期语音形式在赫哲语里保存得比较好，其他几个语言里均产生不同程度的音变。而且，主要表现在词中辅音 r 在鄂温克语里被逆同化为 g 音，以及辅音 g 后面的元音 i 在鄂伦春语及鄂温克语内演化为 ə 音等方面。再说，满语支语言内还出现词根 dzərgi- 后面接缀词缀 -ŋgə > -ŋə 之现象。

ishun "正面的" —— 满语、锡伯语、赫哲语 ishun，鄂温克语 ishuŋ，鄂伦春语 iskun。该同源形容词是按照 ishun > ishuŋ > iskun 式音变原理发生了一些音变。

tob "公正的" —— 虽然满通古斯语族语言内均叫 tob，但也有说 tow < tov 的现象。另外，我们掌握的词汇资料还表明，他们除了 tob > tow < tov 之外，还可用 tondo 或 tədʒi 等来表示该形容词词义。

ojoŋgo "重要的" —— 满通古斯语族语言内都说 ojoŋgo。另外，在锡伯语和鄂温克语中还有 ojuŋ 及 gol 之说。其中，gol 可能源于蒙古语族语言。

tasan "错误的" —— 满语及锡伯语 taʃan，赫哲语 taʃan > taʃən，鄂伦春语 taʃen > taʃeen，鄂温克语 taʃeŋ > taʃeeŋ。作为同源形容词 tasan 在不同语言内出现的音变现象主要表现在：（1）词中辅音 s 在满语支语言和通古斯语支语言内分别出现 ʂ 与 ʃ 音变；（2）第二音节元音 a 在通古斯语支语言中产生 e > ee 音变；（3）词尾鼻辅音 n 在鄂温克语内由 ŋ 取代等方面。很有意思的是，在女真语里却用 buru 之说表示"错误的"之意。满通古斯语族语言的其他语言很少使用该形容词。由此我们认为，女真语的 buru 可能源于蒙古语族语言的 buru "错误的"。

第三章　同源动词与同源副词、同源虚词分析

我们所掌握的同源词里，同源动词在数量上占有绝对优势。从而，同源词系列中，仅次于同源名词而排行第二位。而且，我们在具体分析讨论时，还根据同源动词内部的及物和不及物性能特征，分类为及物类同源动词和不及物类动词两大类，从词源学的理论角度分别进行了科学分析和讨论。与此同时，在这一章里，将所搜集整理的同源副词及其同源虚词也一并作了分析研究。不过，在副词和虚词范畴里，真正从词源学的角度值得探讨的实例不是太多。因为，其中绝大部分源于相关实词。或者说，没有什么从词源学的角度研究的实际意义和学术价值。所以，没有太多地涉及同源副词与同源虚词。

第一节　同源及物动词

满通古斯语族语言有其约定俗成且经千百年的运用，已成为非常系统、完整、严谨、规范的形态变化语法结构体系。所有这些，与他们日常用语中必不可少的动词成分，以及在动词或其他名词类词的词根或词干后面接缀的错综复杂的形态变化语法词缀密切相关。那么，作为人们语言交流的重要组成内容的动词，或者说在人们的语言交流中发挥重要作用的动词及其各种语法形态变化现象，一直以来引起语言学研究专家学者们的极大兴趣。众所周知，该语族语言内动词要分一般动词、形动词、副动词、助动词等。其中，一般动词内部还要分及物动词和不及物动词两大类。从词源学的角度来讲，人们所说的及物动词或不及物动词，一般都要涉及动词词根或词干，自然也关系到从动词词根或词干，以及由其他名词类词的词根或词干派生而来的动词序列。然而，我们所掌握的动词词汇资料表明，在他们的语言内及物动词在数量上要多于不及物动词。在下面的讨论中，我们尽量不涉及在词根或词干后面接缀有

形态变化语法词缀的动词，及接缀诸多构词词缀的实例，而是尽可能地选择了那些没有接缀任何形态变化语法词缀的动词词根及词干，以及所接缀的构词词缀相当有特征或代表性的及物动词。

　　simə-"吮吸"——满语 simə-，锡伯语 ʂimi-，赫哲语、鄂伦春语、鄂温克语 ʃimi-。该动词词根的早期语音形式应为 *simu-，后来词首辅音 s 在锡伯语及通古斯语支语言里产生了 ʂ 与 ʃ 音变，以及词中元音 ə 在除满语之外的语言内变读为 i 音等。不过，满通古斯语族语言的个别方言土语里，还有将 *simə- 发作 ʂimo-> ʂim- 或 ʃimo-> ʃima-> ʃim- 等的现象。而且，该语族语言的 simə-> ʂimi-> ʃimi- 与蒙古语族语言的 simə-> ʃimə-> ʃimi-> ʃim-"吮吸"间存在同源关系。

　　sai- ~ hiha-"咬"——满语 sai-，锡伯语 ʂa-，赫哲语 ʃa-，鄂伦春语 hihi-，鄂温克语 kika-。也就是说，满通古斯语族语言内用 sai-> ʂa-> ʃa- 及 hiha->kika- 两种说法表示"咬"之意。

　　nijaŋgu-"嚼"——满语 nijaŋgu-> niaŋu-，锡伯语 niaŋu-> niaŋi-，赫哲语 nianu-> niani-，鄂温克语 nanaʃi-> nanuʃi-> nannaʃi-，鄂伦春语 nanatʃi-> nanutʃi-> nannatʃi-。我们认为，该动词的语音演变规律应为 nijaŋgu-> niaŋu-> nianu-> nanaʃi-（nana- + ʃi-）> nanatʃi-（nana- + tʃi-）。除此之外，nijaŋgu- 还出现 niani-（锡伯语）、niani-（赫哲语）、nannaʃi-（鄂温克语）、nannatʃi-（鄂伦春语）等变体现象。

　　*ʤibu-"吃"——鄂温克语 ʤib-> ʤəb-，鄂伦春语 ʤəb-，赫哲语及女真语 ʤəfu-，锡伯语 dzʅ-，满语 dzə-。根据有关语音演化规律，我们认为该动词词根的早期语音形式应为 *ʤibu-。后来，不同语言里产生了不同程度的音变。而且，主要表现在：（1）词首辅音 ʤ 在满语支语言内变 dz 音的同时，词首音节元音 i 除锡伯语之外的语言里演化为 ə 音；（2）词中辅音 b 在赫哲语里变读为 f 音的同时，在满语及锡伯语中被脱落；（3）动词词根元音 u 在满语、锡伯语、鄂温克语、鄂伦春语中均被脱落。

　　*amaga- ~ *asu-"含"——赫哲语 amga-，鄂伦春语 amŋa-，鄂温克语 amma-，满语 aʂu-，锡伯语 aʂə-。满通古斯语族语言的 *amaga->

amga->amŋa->amma-及 *asu->aʂu->aʂə- 两种说法里 amaŋa-"含"源于名词 *amagan "嘴"。

omi-"喝"——满语、锡伯语、赫哲语、女真语 omi-，鄂温克语 omi->imo-，鄂伦春语 imo->im-。在我们看来，满语支语言的 omi- 是该动词词根的原有语音形式，而通古斯语支语言的 imo- 是属于音变形式。至今，鄂温克语及鄂伦春语相关方言土语里还保留着 omi- 之发音形式。

niŋu-"咽"—— 赫哲语及鄂伦春语 niŋə->nimŋə-，鄂温克语 niŋi-，满语 nuŋə->nuŋgə-，锡伯语 nuŋu-。从事满语支语言研究的有关专家认为，包括锡伯语在内的满语支语言词中出现的 ŋg 与 ŋ 两种语音形式，没有任何的区别词义功能或作用，只是人们的一种习惯说法或写法而已。为此，他们将动词中的 ŋg 往往说成或写成 ŋ 音。如果他们的这种说法成立，或者说有道理，那么我们可以将 nuŋgə- 说成或写成 nuŋə-。如此说来，作为"咽"之意的早期表述形式 nuŋə- 在不同语言里产生了不同程度的音变。而且，主要表现在：（1）词首音节元音 i 在满语支语言内演化为 u 音；（2）词第二音节元音 u 在除锡伯语之外的语言里出现 i 与 ə 音变等方面。再说，通古斯语族语言内还有 nimŋə-（鄂伦春语）、imŋə-（赫哲语）等 niŋu- 的变体实例。

uləbu- ~ irgi-"喂"——满语 uləbu-，锡伯语 uluvu-，赫哲语 ulbu-，鄂伦春语 irgi-，鄂温克语 iggi-。也就是说，满通古斯语族语言用 uləbu->uluvu->ulbu- 及 irgi->iggi- 两种不同动词表示"喂"之意。另外，他们表达"给牲畜喂饲料"的"喂"时，还要使用 bordo->boddo- 这一同源动词。不过，该词与蒙古语族语言内表示同一个动词词义的 bordo-同属一源。

siŋgə-"消化"——满语 siŋgə-，锡伯语 ʂigŋə-，通古斯语支语言 ʃiŋgə-。该动词的音变关系及其规律应为 siŋgə->ʂigŋə->ʃiŋgə-。也就是说，siŋgə- 的语音变化现象主要表现在，词首辅音 s 在锡伯语及通古斯语支语言内出现 ʂ 与 ʃ 音变方面。

*puligijə-"吹"——鄂伦春语与鄂温克语 puligi->pulii-，赫哲语 fuligi-，满语 fulgijə->fulgiə-，锡伯语 filhi-。我们认为，该动词的词根

部分是 *puli- > ful-，像 -gijə > -giə > -gi > -hi > -i 是属于动词词干的构成内容。该动词的语音演变关系及规律可用以下格式进行分析和展示：

除了以上谈到的 *puli- 之外，通古斯语支语言里还有 uugu > uu- 之说。而且，uugu- > uu- 在该语支语言内有很高的使用率。从词源学的角度来分析，uugu > uu- 也跟 *puli- 存在渊源关系。再说，满通古斯语族语言的动词词根 *puli-，与蒙古语族语言的动词词根 *puli- > uli- "吹" 同属一源。

dat∫ila- "打听" —— 通古斯语支语言叫 dat∫ila-，满语支语言称之为 datʂila-。很显然，在满语支语言内把词中辅音 t∫ 变读为 tʂ 音。不过，在通古斯语支语言里也有把 dat∫ila- 的词首音节元音 a 发作长元音 aa 之现象。另外，满通古斯语族语言中还用 sola-（满语）、aldurla-（鄂温克语）、aldumu-（鄂伦春语）等来表示 "打听" 之意。

toŋkila- "点名" —— 满通古斯语族语言内均称 toŋkila-。不过，也有说 toŋki- 的时候。通古斯语支语言中还用 əəri- 表示该词义。

səlgijə- "宣传" —— 满语 səlgijə- > səlgiə-，锡伯语 səlgiə-，鄂温克语 səlge-，赫哲语与鄂伦春语 səlgi-。除同源动词 səlgijə- > səlgiə- > səlge- > səlgi- 之外，他们的语言中还用 ula- 或 ulhibu- 来表示 "宣传" 之意。

*səgədʒilə- "背（诵）" —— 鄂伦春语及鄂温克语 səədʒilə-，赫哲语 sədʒilə-，满语 ʂədzilə-，锡伯语 ʂidzilə-。在我们看来，该词的早期语音形式应该是 *səgədʒilə-，后来在不同语言中先后产生 səədʒilə- > sədʒilə- > ʂədzilə- > ʂidzilə- 等有规律的语音变化。

ilə- "舔" —— 满语 ilə-，锡伯语 ili-，赫哲语 iləhə-，鄂伦春语 ilikə- > ilkə-，鄂温克语 ilhə-。该动词词根是 ilə- > ili- > il-，而在通古斯

语支语言词根后面出现的 hə- > kə- 是属于强调"舔"之意而特别附加的词缀部分。

*tipu-"吐痰" —— 赫哲语 tifulə-，鄂温克语 tomi-，鄂伦春语 tu-mi-，满语 tʂifələ-，锡伯语 tʂivələ-。可以看得出来，该同源动词在不同语言中产生了不同程度的音变现象。而且，每个语言里产生的语音变化都比较复杂，甚至给人一种相互间没有什么内在联系的感觉。其实不然，我们完全能够依据满通古斯语族语言深层内部关系及相关音变原理，全面系统地梳理和展示它们同属一源的复杂多变的音变现象及其规律：

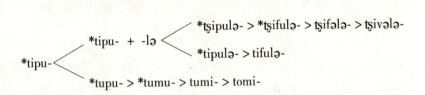

也就是说，作为该同源动词词根的 *tipu-，（1）首先，词首辅音 t 在满语支语言内产生 tʂ 音变；（2）其次，词首音节元音 i 在鄂伦春语及鄂温克语中演化为 u 或 o 音；（3）再就是，词中辅音 p 在满通古斯语族语言里分别由 f > v、m 音所取代；（4）词根末尾的元音 u，在除赫哲语之外的语言中均演化为 i 与 ə 音。与此同时，为强化该动词的"吐痰"之意，在满语、锡伯语、赫哲语的动词词根后面接缀了 -lə 这一词缀。

kula- ～ *əgəri-"叫" —— 赫哲语 kula-，满语与锡伯语 hula-，鄂伦春语及鄂温克语 əəri-。从词源学角度来讲，满通古斯语族语言对此概念有两种说法，其一就是 kula- > hula-，其二是 *əgəri- > əəri-。

ʤalda- ～ ondo-"哄（孩子）" —— 赫哲语 ʤalda-，满语 dzalda-，锡伯语 dzɑldə-，鄂伦春语及鄂温克语 ondo-。满通古斯语族语言内要用 ʤalda- > dzalda- > dzɑldə- 及 ondo- 两种说法表示该动词词义。

*kagitʂa- ～ *kuguni-"喊" —— 满语与锡伯语 kaitʂa-，鄂温克语 hagiʃa- > hooni-，赫哲语及鄂伦春语 kuuni-。显而易见，该语族语言以

*kagitʂa- > kaitʂa- ~ hagiʃa- 以及 *kuguni- > kuuni- > hooni- 来表示该动词词义。不过，我们在想，从动词 *kagitʂa- ~ *kuguni- 的词根 *kagi- ~ *kugu- 现有的元音结构形式来看，似乎没有什么词源关系。然而，依据相关音变原理进行深度探讨的话，也可以解释其历史渊源方面存在的某种共性。如果我们大胆假定动词词根 *kagi- 与 *kugu- 同属 *kagu- 的变体形式，那么 *kagu- 有可能按照 kaju- > kaj- > kai 以及 kau- > kuu- 式音变规律在不同语言里产生不同程度的语音变化现象。当然，在 *kagu- > kai- ~ kuu- 后面出现的 -tʂa ~ -ni 是属于从动词派生动词的构词成分。赫哲语里还有用动词 awri- 表示"喊"之意的实例。在这里，还应该提到的是，满通古斯语族语言除将"大声喊叫"说成是 surə-（满语支语言）、barkira- > bakkira-（通古斯语支语言）之外，鄂温克语里还有 wakkira- 之说。

dabula-"劝说"——赫哲语、鄂伦春语、鄂温克语 dabula-，满语 tafula-，锡伯语 tavula- > tavəla-。通古斯语支语言的 dabula- 是属于比较早期的说法，并在该语支语言内将早期语音形式保存得比较好。可是在满语支语言里却出现：（1）词首辅音 d 变 t 音；（2）词中辅音 b 变 f 或 v 音；（3）动词词干中元音 a 的 ə 音变等实例。与此同时，通古斯语支语言内还有 haʃege-（鄂温克语）、kaʃege-（鄂伦春语）、həsutʃə-（赫哲语）等说法。

tuwa-"看"——满语 tuwa-，锡伯语 taa-，赫哲语及鄂伦春语 itʃi-，鄂温克语 iʃi-。该语族语言内，表述"看"之意时，主要使用满语支语言的 tuwa- > taa- 以及通古斯语支语言的 itʃi- > iʃi- 两种说法。另外，他们还将"看见"说成 sabu-（满语）、savə-（锡伯语）、itʃiwu-（赫哲语）、itʃiwu-（鄂伦春语）、iʃiwu-（鄂温克语）等。与满语支语言的同源动词 sabu- > savə- 有关，通古斯语支语言内也说 saabu- > saawə-。但是，通古斯语支语言内该动词基本上要表示"被发现"、"被知道"等被动词词义。当然，有时也用于"被看见"这一词义的表述。由此我们认为，满语支语言的 sabu- > savə- 也许与通古斯语支语言的 saabu- > saawə- 之间存在渊源关系。再说，通古斯语支语言的 itʃiwu- > iʃiwu- 是在动词词根 itʃi- > iʃi-"看"后面接缀由动词派生动词的构词词缀 -wu > -wu 派生的同源动词。

tʃindʒi-"观察"——鄂伦春语 tʃindʒi- > tʃiŋdʒi，赫哲语 tʃintʃi- > tʃintʃi，满语 tʂintʂilə-，锡伯语 tʂintʂilə-，鄂温克语 ʃindʒi- > ʃiŋdʒi-。可以看出，同源动词 tʃindʒi- 的原有语音形式，在鄂伦春语里保存得比较好。然而，在其他几种语言内均产生不同程度的音变。而且，主要表现在：(1) 词首辅音 tʃ 在满语支语言里变读为 tʂ 音的同时，在鄂温克语中出现 ʃ 音变；(2) 词中辅音 dʒ 在赫哲语内演化为 tʃ 音，在满语支语言内由 tʂ 音所取代；(3) 为强化该动词词义在满语支语言里使用了动词词缀 lə-。另外，通古斯语支语言内还有用 itʃiktə-（鄂伦春语）、itʃintʃi-（赫哲语）之说表示该动词词义的现象。

*kilija-"斜视"——赫哲语 kile-，鄂伦春语 kili- > kilii-，锡伯语 kira-，鄂温克语 hile- > hilee-，满语 hira-。在我们看来，该同源动词的早期语音形式应该是 *kilija-。不过，在使用过程中产生：(1) 词首辅音 k 在满语与鄂温克语里变读为 h 音；(2) 词中辅音 l 在满语支语言中出现 r 音变；(3) 词干末尾语音形式 ija 的 ia > a ~ ee > e ~ i > ii 式音变等。

*hiratʃa- ~ tʃilgitʃi-"窥视"——满语支语言 hiratʂa-，女真语 ʃilʃi-，赫哲语及鄂伦春语 tʃilgitʃi-，鄂温克语 ʃilgiʃi-。我们认为，该语族语言内用 *hiratʃa- > hiratʂa- 及 tʃilgitʃi- > ʃilgiʃi- > ʃilʃi- 两种说法表示"窥视"之意。另外，通古斯语支语言内还可以用 itʃibki- > itʃimtʃi-（赫哲语及鄂伦春语）、iʃibki- > iʃimki-（鄂温克语）等表示该词义。不过，它们都源于动词词根 itʃi- > iʃi-"看"。

somi- ~ dʒagi-"隐瞒"、"隐藏"——女真语、满语、锡伯语 somi-，鄂温克语 dʒagi-，赫哲语与鄂伦春语 dʒaji-。他们使用满语支语言的 somi- 及通古斯语支语言的 dʒagi- > dʒaji- 的同时，通古斯语支语言内还使用 dalu- 一说。

dali-"遮挡"——满通古斯语族语言内均叫 dali-。不过，在满通古斯语族语言内，也有用 dalda- 或 buku- 等表示"遮挡"之意的现象。

dʒalida-"耍心眼"——赫哲语与鄂伦春语 dʒalida-，鄂温克语 dʒalida- > dʒeleda-，满语 dzalida-，锡伯语 dzəlidə-。就像我们在前面讨

论同源名词"计谋"时所分析的那样，ʤalida- > ʤeleda- > dzạlida- > dzɘlidə- 等说法均源于名词 ʤali "计谋"，而 -da > -də 是属于由名词派生动词的构词词缀。

bodo-"算"、"想" —— 满语及鄂伦春语 bodo-，锡伯语 bodu-，赫哲语与鄂温克语 bod-。显而易见，该同源动词的语音变化只表现在词根末尾元音上。也就是说，词根末尾元音 o 在锡伯语里演化为 u 音的同时，在赫哲语和鄂温克语里却被脱落。

tihala-"喜欢" —— 赫哲语及鄂温克语 tihala-，鄂伦春语 tikala-，满语 tʂihala-，锡伯语 tʂihala- > tʂihalə-。我们认为，该词的早期语音形式应为 tihala-，它应该与满通古斯语族语言早期表示"喜欢"之意的动词 taala- > tala- 属同源关系。那么，在这里有必要提到的是 taala- > tala- 经 tihala- > tiala- > taala- > tala- 式音变而来。说到 tihala- 在不同语言中产生的语音变化，应该体现于：（1）词首辅音 t 在该语族语言里变读为 tʃ 与 tʂ 音；（2）词第二音节辅音 g 除在鄂伦春语中发生 k 音变外，其他语言内均被发音成 h 音；（3）词干末尾元音 a 在锡伯语里弱化为 ə 音等三个方面。

tati-"学" —— 通古斯语支语言 tati-，满语支语言 tatʂi-。也就是说，该同源动词词中辅音 t 在满语支语言中由 tʂ 音取而代之。

dursulə-"比喻" —— 满语、锡伯语、赫哲语 dursulə-，鄂伦春语及鄂温克语 dʉrsʉlə-。他们把"比喻"叫 dursulə- > dʉrsʉlə- 的同时，还将"比量"称之为 tʃilə- ~ təmnə-（赫哲语及鄂温克语）、tʃələ- ~ təmnə-（鄂伦春语）、tʂələ- ~ kəmnə-（满语与锡伯语）等。

ara-"写" —— 满通古斯语族语言均称 ara- < arə-。另外，通古斯语支语言内还有 ʤori-（鄂温克语）、oo-（鄂伦春语）、awu-（赫哲语）等说法。其中，鄂温克语的 ʤori- 与蒙古语族语言的 ʤiro- > ʤori- 有同源关系。再说，鄂伦春语的 oo- 的"写"之意是由该词的原意"做"引申而来的概念，赫哲语的 awu- 或许是属于 ara- 的变体形式。我们掌握的动词词汇资料表明，在他们的语言里与"写"的表述内容相关的同源词还有一些。比如说，latʃihi-"草写" ⇨ latʃihi-（赫哲语）、latʃiki-

（鄂伦春语）、lasihi-（满语）、laʂihi-（锡伯语）、laʃihi-（鄂温克语）等；sarkija-"抄写" ⇨ sarkija->sarkia-（满语）、sarki-（锡伯、赫哲语、鄂伦春语、鄂温克语）等；ʤisulə-"起草" ⇨ ʤisulə-（女真语）、ʤisulə->ʤiʃilə-（鄂温克语）、ʤisələ->ʤiʃilə-（鄂伦春语）、ʤiʃilə-（赫哲语）、dzisələ-（满语及锡伯语）等；irgəbu- ~ ʃilə-"写诗" ⇨ irgəbu-（满语）、irgəvə-（锡伯语）、ʃilə-（通古斯语支语言）等。

taga-"认识" —— 赫哲语 taga-，鄂伦春语 taga->taa-，鄂温克语 tag->taag->taa-，满语 taka-，锡伯语 takə-。我们可用以下格式，归纳分析该同源动词在不同语言里产生的不同程度的语音变化及其相互间的关系与演化原理：

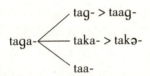

再说，通古斯语支语言还用动词词根 taga->tag->taag- 后面接缀从动词派生动词的构词 -da 来构成的 tagada-（赫哲语）、taagda->tagda-（鄂伦春语及鄂温克语）之说表示"认识"之意。另外，他们还在 taga->taa- 等后面接缀 -daha >-bu >-və ~-diha >-ldika 等词缀构成 tagadaha-（赫哲语）、takabu-（满语）、takəvə-（锡伯语）、taaldiha-（鄂温克语）、taaldika-（鄂伦春语）等动词指含"介绍"之意。

tanta- ~ munda-"打" —— 满语与赫哲语 tanta-，锡伯语 tandə-，鄂伦春语 munda-，鄂温克语 monda-。从某种角度讲，tanta->tandə- 与 munda->monda- 两种说法应该都源于同一个词。首先，我们应该承认，在阿尔泰语系语言内有词首辅音 t 与 m 的语音交替现象。比如说，蒙古语里 tənəg 与 mənəg "愚蠢"、tədʉ 与 mədʉ "马上"，鄂温克语中 tam 与 mam "磨难"、tʉʃi 与 mʉʃi "断裂的"等。也就是说，在他们的语言中，由于辅音 t 受词首语音交替现象的影响，出现被发为 m 音的情况。另外，通古斯语支语言也有将 munda->monda- 说成 manda- 的实例。出于以上考虑，我们认为满通古斯语族语言的 tanta- ~ munda- 两种说法间或许存在起源关系。还有，女真语把"打"叫 duŋgu-，而这种说法与 tanta- ~ munda- 之间好像不存在什么渊源关系。与此同时，该语族语言把"打架"叫做 tantanu-（满语）、tantamatʃi-（赫哲语）、tandəldʐu-（锡伯语）、mundaldi > mondaldi-（鄂伦春语及鄂温克语）等，将"捶打"说成 laŋtulə-（满语）、laŋtulu-（锡伯语）、lantula-（赫哲语、鄂伦春语、鄂温克语）等，还把"拳打"称作 nudʐala-（满语与锡伯语）、nurgala-（鄂伦春语）、nuggala-（鄂温克语）、nugula-（赫哲语）等。

sasagala-"拍打" —— 鄂温克语 sasagla-，鄂伦春语 saskala-，锡伯语 sashələ-，满语 ʂasihala-，赫哲语 ʃaʃhala-。可以看出，该词在使用过程中产生：（1）词首辅音 s 在满语和赫哲语中演化为 ʂ 与 ʃ 音；（2）词第二音节首辅音 s 在赫哲语内变读为 ʃ 音；（3）词第二音节元音 a 在鄂伦春语、赫哲语、锡伯语里被省略的同时，在满语内演化为 i 音；（4）词中辅音 g 在鄂伦春语中变读为 k 音，在满语、锡伯语、赫哲语里弱化为 h 音；（5）词中辅音 g 后面的元音 a 在满语、鄂伦春语、赫哲语里虽然被保存了下来，但在鄂温克语及锡伯语内被脱落或弱化为 ə 音；（6）动词词干末尾的元音 a 在锡伯语内由 ə 音取代等一系列音变现象。当然，sasagala- 在满通古斯语族语言内同样可以表示"打耳光"之意。

səbkə- ~ tobko-"扑" —— 满语 səbkə-，锡伯语 səvkə-，赫哲语及鄂伦春语 tobko-，鄂温克语 tokko-。也就是说，满通古斯语族语言内用满语支语言的 səbkə- > səvkə- 及通古斯语支语言的 tobko- > tokko- 两种说法表示该动词所包含的动作行为。

əri- ~ əsu-"打扫" —— 满语与锡伯语 əri-，赫哲语 əsu-，鄂伦春语及鄂温克语 əsʉ-。很显然，在满通古斯语族语言中，用满语支语言的 əri- 及通古斯语支语言的 əsu- > əsʉ- 两种说法表示动词"打扫"之意。

səktə-"铺"、"垫" —— 满通古斯语族语言内均叫 səktə-。不过，鄂温克语里也可以把 səktə 发音成 səttə。

noŋi-"增加" —— 女真语、满语、鄂伦春语、鄂温克语 noŋi-，锡伯语 nioŋu-，赫哲语 noji-。很显然，词首音节元音 o 在锡伯语里被发音为复元音 io 的同时，词中辅音 ŋ 在赫哲语里由 j 音取而代之。

siha-"拥挤" —— 满语 siha-，锡伯语 şiha-，赫哲语与鄂温克语 ʃiha-，鄂伦春语 ʃika-。同源动词 siha- 的词首辅音 s 在鄂温克语、鄂伦春语、赫哲语、锡伯语中分别产生 ʃ、ş 音变的同时，词中辅音 h 在鄂伦春语里变读为 k 音。

ibka-"缩减" —— 由于词中辅音 b 的 v 音变而在锡伯语里被发作 ivka- 之外，其他满通古斯语族语言内都被发作 ibka- 音。与此同时，该语族语言内还用 əkə-（女真语）、əkiə-（满语）、abtʃi-（鄂伦春语）、atʃʃa-（鄂温克语）等说法表述"缩减"之意。

dəsu-"忍耐" —— 满语 doso-，锡伯语与赫哲语 dosu-，鄂伦春语及鄂温克语 təsʉ-。在我们看来，该动词的早期语音形式应该是 *dəsu-。然而，在具体使用过程中，词首辅音 d 在鄂伦春语及鄂温克语内由 t 音取而代之。其实，在前面对有关同源词的音变规律进行分析时，阐述过满通古斯语族语言内出现的辅音 d 与 t 的语音交替式音变现象。比如说，他们把"印章"、"疖子"、"弯曲的"等分别称之为 doron ⇔ toron、hədus ⇔ hətʉs、mədan ⇔ matun 等。再说，表述"忍耐"之意的同源动词 *dəsu- 的元音 ə 及 u 在满通古斯语族语言内产生 o 或 ʉ 之音变。

*ontʃodo- ~ *əŋəgəli-"宽大"、"宽恕" —— 满语支语言叫 ontşodo-，通古斯语支语言说 əŋgəli- > əŋŋəli-。毫无疑问，这两种说法都源于形容词 *ontʃo > ontşo > ontşə ~ *əŋəgə > əŋgə > əŋŋə "宽的"。

həntʃə- ~ *nagabu-"碰" —— 满语支语言叫 həntşə-，赫哲语及鄂伦春语 naab-，鄂温克语 naab- > naak-。也就是说，该语族语言内要用 həntʃə- > həntşə- 及 *nagabu- > naabu- > naab- > naak- 两种说法表示该动词词义。与此相关，他们将"碰见"称作 utʃara-（赫哲语）、utşara-（满语、锡伯语）、bahaldi-（鄂温克语）、bakaldi-（鄂伦春语）等。这其中，utʃara- 与蒙古语的 utʃara- 同属一源。另外，赫哲语内还有用 duŋkalə- 表示"碰见"之意的现象。

turi-"租" —— 满语及赫哲语 turi-，鄂伦春语与鄂温克语 tʉri-，锡伯语 tyry-。我们不难看出，该词词首音节元音 u 在鄂伦春语及鄂温克语内演化为 ʉ 音，在锡伯语里却变读为 y 音。与此同时，词中元音 i 在锡伯语里同样出现 y 音变。

*tagoda-"偿还"——女真语、鄂伦春语、鄂温克语 tawda-，锡伯语与赫哲语 tawdə-，满语 tooda-。我们完全可以用以下格式归纳和展示该同源动词的音变关系及其规律：

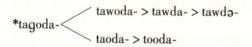

另外，满通古斯语族语言内还用 bədərəbu-（满语）、bədərbu-（锡伯语）、bʉʉrgi-（鄂伦春语）、bʉʉggi- ~ tama-（鄂温克语）等说法表示"还给"、"退还"、"还"等动词词义。

*bugu-"给"——女真语、满语、锡伯语、赫哲语 bu-，鄂伦春语及鄂温克语 bʉʉ-。同源动词 *bugu-，首先在满语、锡伯语、赫哲语中经 *bugu- > buu- > bu- 式语音变化演化为 bu-，其次在鄂伦春语及鄂温克语内也是通过 *bugu- > buu- > bʉʉ- 式语音变化演化成现在的 bʉʉ-。除此之外，在他们早期的语言交流中还有用 ali- 之说表示"给"之意的现象。

ga-"要"——鄂伦春语、鄂温克语、女真语、赫哲语 ga-，满语 gai-，锡伯语 gia-。同源动词 ga- 的元音在满语及锡伯语里出现 ai 与 ia 式复合元音化现象。另外，同源动词 ga- 同样也可以表示"拿"、"取"等动作行为。

*baji- ~ *gələgə-"讨饭"——满语支语言 bai-，通古斯语支语言 gələə-。我们发现，除了满语支语言的 *baji- > bai- 及通古斯语支语言的 *gələgə- > gələə- 之外，在满语支语言里还有用 giohoşo- 之说。不过，giohoşo- 的词根 gio- > gioho- 同蒙古语族语言的 gojo- > goi-"求"、"乞求"之间似乎存在同源关系。其实，满通古斯语支语言 bai- 及 gələə- 所包含的词义"讨饭"也是由原来的词义"求"、"乞求"等引申而来的概念。

təmtəri-"摸"——鄂伦春语及鄂温克语 təmtəri-，赫哲语 təmtiri-，满语 timtirə-，锡伯语 tymtyri-。该动词的辅音基本上没有产生变化，而词中元音却出现一系列演变。首先，词首及词中元音 ə 在满语与锡伯语内分别演化为 i 与 y 音。其次，动词词干末尾元音 i 在满语中变读为 ə 音。另外，他们将"摸索"叫 həmhi-（满语支语言）、təmilə-（通古斯语支语言），还把"抚摸"称之为 bilu-（满语）、bili-（锡伯语及赫哲语）、ili-（鄂伦春语与鄂温克语）等。

ana-"推"——除了锡伯语叫 anə- 之外，其他语言内都说 ana-。与此相关，他们将"推辞"称之为 silta-（满语）、şilta-（锡伯语）、ʃilta- > ʃiltagla-（通古斯语支语言）等。

toksi-"敲"——满语 toksi-，赫哲语及鄂伦春语 tokʃi-，鄂温克语 tohʃi-，锡伯语 tohşi-。该动词是在表示"敲门声"tok tok 或 toh toh 之拟声词后面，接缀由拟声词派生动词的构词词缀 -si > -ʃi 派生的实例。另外，通古斯语支语言内还有用 toŋʃi-（鄂温克语）或 toŋki-（鄂伦春语）等表示"敲"之意的现象。

*taga- ~ tata-"拉"——鄂伦春语与鄂温克语 taa-，满语 tata-，锡伯语及赫哲语 tatə-。根据我们掌握的词汇资料，*taga- 应该是该动词的早期语音形式，后来由于词中辅音 g 的脱落而出现了 taa- 之语音结构形式的说法。而满语支语言的 tata- > tatə- 有可能是受蒙古语族语言 tata-"拉"的强有力影响而出现此类音变体。再说，满通古斯语族语言内还有用 uşa-（满语）、uşə-（锡伯语）、uʃa-（赫哲语）等说法表示"拉"之意的现象。

*usa- ~ dʒukta-"拽"——满通古斯语族语言对该动作行为的表述上有两种说法，其一是满语支语言的 *usa- > uşa- > uşə-，其二是通古斯语支语言的 dʒukta-。

gida- ~ tiri-"压"——满语、锡伯语、赫哲语 gida-，鄂伦春语及鄂温克语 tiri-。也就是说，满通古斯语族语言表述"压"之意时，要使用 gida- 及 tiri- 两个动词。另外，在赫哲语里还用动词 digda- 来表示该动词词义。

ʤafa-"抓" —— 赫哲语与女真语 ʤafa-，鄂伦春语及鄂温克语 ʤawa-，满语 dẓafa-，锡伯语 dẓava-。同源动词 ʤafa- 在不同语言中产生的语音变化主要表现在辅音方面。比如说，（1）词首辅音 ʤ 在满语与锡伯语内出现 dẓ 音变；（2）词中辅音 f 在锡伯语里变 v 音的同时，在鄂伦春语及鄂温克语里变读为 w 音。

*wasi-"挠" —— 满语 waşa-，锡伯语 vaşi-，赫哲语、鄂伦春语、鄂温克语 uʃi-。我们认为，同源动词 *wasi- 的词首音节 wa- 在通古斯语支语言内缩合为元音 u，而词首辅音 w 在锡伯语里被发作 v 音。与此同时，词中辅音 s 在满通古斯语族语言中分别演变为 ş 及 ʃ 音。另外，动词词根末尾元音 i 在满语里被前置音节元音顺同化为 a 音。通古斯语支语言里还有 uʃihala->uʃikala- 之说。在这里，还应该提到的是，满语和锡伯语 waşa-、vaşi- 同这两个语言内表示野兽或动物"指甲及爪子"的名词 oşoho 与 osoh 的词根部分 oşo-、oso- 有其同源关系。

hahuri-"掐" —— 鄂温克语及赫哲语 hahuri-，锡伯语 hahuru-，满语 hahʊra-，鄂伦春语 kakuri-。同源动词 hahuri- 在不同语言中产生如下音变：（1）词首及词中辅音 h 在鄂伦春语里被发作 k 音；（2）词中元音 u 在满语中变读为 ʊ 音；（3）词干末尾元音 i 在锡伯语及满语内分别演化成 u 或 a 音。

butulə-"捂" —— 满语、锡伯语、赫哲语 butulə-，鄂温克语与鄂伦春语 butʉlə-。满通古斯语族语言内表示"捂"之意时除使用 butulə->butʉlə- 之外，还要用 bukulə-（锡伯语）、bəkulə-（满语和赫哲语）、ahu-（鄂温克语）、aku-（鄂伦春语）等说法表示该动词词义。这其中，满语支语言的 bukulə->bəkulə- 与蒙古语族语言的 bugulə->bəgulə->bəglə-"捂"、"堵"之间存在同源关系。然而，通古斯语支语言的 ahu->aku- 则属于该语族语言原来的产物。

ali-"接受" —— 满通古斯语族语言内均称 ali-。不过，我们掌握的通古斯语支语言的词汇资料表明，他们的语言里也有将 ali- 说成 ala- 的情况。

gurə-"采" —— 锡伯语与赫哲语 gurə-，满语 guru-，鄂伦春语及鄂温克语 ʉrə-。不难看出，该同源动词在锡伯语与赫哲语中将原有的语音形式保留得相当完整，而在满语里动词词干末尾的元音 ə 受前置音节元音影响而被顺同化为 u 音，在鄂伦春语及鄂温克语内词首辅音 g 被省略的同时，其后的元音出现 ʉ 音变。满通古斯语族语言内与"采摘"相关的同语族语言或同语支语言的同源动词还有一些。比如说，fata-"摘（花）" ⇨ fata-（满语）、fatə-（锡伯语与赫哲语）、wata-（鄂伦春语及鄂温克语）等；mari- ~ guru-"摘（野菜）" ⇨ mari-（赫哲语）、mari- > mara-（鄂温克语）、mara-（鄂伦春语）、guru-（满语和锡伯语）等；muli-"摘（野果）" ⇨ muli- ~ muru-（赫哲语）、muri-（满语和锡伯语）、mʉli-（鄂温克语）、mʉli- ~ mʉrʉ-（鄂伦春语）等。再说，他们把摘帽子的"摘"说成 suga-（鄂温克语）、sugu-（鄂伦春语）、suo-（锡伯语）、su-（满语及赫哲语），还将"摘选"叫做 sili- ~ sondʐo-（满语）、ʂili- ~ sondʐi-（锡伯语）、ʃili- ~ soŋdʒo-（赫哲语）、ʃili- ~ soŋgo-（鄂温克语）、ʃili- ~ soŋgo-（鄂伦春语）、tondʒu-（女真语）等。

kabtʃi-"夹" —— 鄂伦春语 kabtʃi-，满语 kabtʂi-，锡伯语 kavtʂi-，赫哲语 habtʃi-，鄂温克语 habtʃi- > hatʃʃi-。该同源名词的音变规律应为 kabtʃi- > kabtʂi- > kavtʂi- > habtʃi- > hatʃʃi-。再说，满语支语言内还有 hafira-（满语）、havira-（锡伯语）之说。

siri-"拧（衣）" —— 满语 siri-，锡伯语 ʂiri-，鄂温克语 ʃiri- > ʃirə-，赫哲语 ʃirə-，鄂伦春语 ʃirə- > ʃir-。很显然，该同源动词在满语中较好地保存了原有语音形式，而在其他语言里却产生 siri- > ʂiri- > ʃiri- > ʃirə- > ʃir- 式音变。另外，他们还将"拧（螺丝）的'拧'"叫做 muri-（满语）、mœri-（锡伯语）、mori-（赫哲语）、murki-（鄂伦春语）、mokki-（鄂温克语）等。

tʃimku-"捏" —— 鄂伦春语 tʃimku-，满语 simhu-，锡伯语 ʂimkə-，赫哲语及鄂温克语 ʃimku- > ʃimki-。在我们看来，该同源动词的早期语音形式，应该是鄂伦春语里保存的 tʃimku- 之说。不过，在其他几种语言内却出现：（1）词首辅音 tʃ 在除鄂伦春语之外的语言里出现 s、ʂ、ʃ 音变；（2）词中辅音 k 在满语中由 h 音取代；（3）动词词干末尾元音 u 在满语支语言内演化为 ə 或 i 音等音变现象。与此同时，他们也有用 fata-（满语）、fatə-（锡伯语）、kimki- ~ ʧofurə-（赫哲语）、kimʧigla-（鄂伦春语）、himki-（鄂温克语）等说法表示"捏"之意的情况。

　　tadu- ~ logta-"揪"——满语支语言叫 tadu-，通古斯语支语言说 logta-。其中，通古斯语支语言的 logta-是由拟态词 log"猛一下"与动词 taga- > taa- ta-"拉"两个词合二为一的形式构成的动词，主要表示"揪"或"猛一下揪出"等词义。

　　*koʧirə- ~ koŋki-"抠"——满语与锡伯语 kotʂirə-，鄂伦春语 koŋki-，赫哲语及鄂温克语 hoŋki-。除 *koʧirə- > kotʂirə- 以及 koŋki- > hoŋki- 之外，满通古斯语族语言内还有 kori-（满语）、nonolo-（鄂温克语）等说法。

　　siri-"擤鼻子"——满语 siri-，锡伯语 ʂirə-，赫哲语 ʃiri-，鄂伦春语 ʃile-，鄂温克语 ʃile- > ʃee-。可以看出，该同源动词在使用过程中产生的音变现象主要在于：（1）词首辅音 s 在除满语之外的语言内出现 ʂ 与 ʃ 音变；（2）词中辅音 r 在鄂伦春语和鄂温克语中演化为 l 音，甚至在鄂温克语里被脱落；（3）满通古斯语族语言中辅音 r 变读为 l 音等方面。实际上，在该语族语言内辅音 r 与 l 的交替使用现象确实有不少，前面我们也涉及过。比如说，在他们的语言里把"颤抖"、"升"、"肉叉子"等起初都叫 ʃirikʃi-、moro、ʃor 等，后来才出现 ʃilikʃi-、molo、ʃolə > ʃol 等说法；（4）根据相关音变规律，词根末尾元音 i 产生了 ə 或 e 音变。而且，在鄂温克语内，伴随词中辅音 l 的脱落及元音 e 的逆同化等音变过程出现 ʃee 之语用现象。

　　sinda- ~ *nəgə-"放下"——满语 sinda-，锡伯语 ʂinda-，鄂伦春语与鄂温克语 nəə-，赫哲语 nə-。也就是说，满通古斯语族语言用两种说法表述"放下"之意，一是满语支语言的 sinda- > ʂinda-，二是通古斯语支语言的 *nəgə- > nəə- > nə-。与"放下"一词相关，他们表示"放走"之意时，虽然满语及锡伯语同样可以使用 sinda- > ʂinda- 之说，但通古斯语支语言及女真语却用 tii-（鄂温克语以及鄂伦春语）、kinda-（赫哲语）、tiŋda-（女真语）等来表示该动词词义。

sulabu- ~ *sulala-"松开" —— 满语及锡伯语 sulabu-，赫哲语与鄂伦春语 sulala-，鄂温克语 solala-。该同源动词是在形容词 sula 后面接缀由形容词派生动词的构词词缀 -bu 与 -la 而构成的产物。不过，鄂温克语的 solala- 之说里，词首音节元音 u 出现 o 音变。

papula-"禁止" —— 鄂伦春语及鄂温克语 papula-，赫哲语 fapula-，满语 fafula-，锡伯语 favula-。显而易见，同源动词 papula- > fapula- > fafula- > favula- 在鄂伦春语及鄂温克语内较好地保存了原有语音形式，而在赫哲语、满语、锡伯语内却出现辅音 p 的 f 或 v 音变现象。

adula-"放牧" —— 满语、赫哲语、鄂伦春语 adula-，锡伯语 adulu-，鄂温克语 adola-。可以看出，同源动词 adula- > adulu- > adola-在鄂温克语里词中元音 u 出现 o 音变，在锡伯语中词干末尾元音 a 被前置音节元音顺同化为 u 音等音变。而且，满通古斯语族语言的 adula- 与蒙古语族语言的 adula- 同属一源。

makta- ~ *nuguda-"扔" —— 满语 makta-，赫哲语 makta- ~ nuda-，锡伯语 mahtə-，鄂温克语 nuuda-，鄂伦春语 nooda-。该语族语言内有 makta- > mahtə- 及 *nuguda- > nuuda- > nuda- ~ nooda- 之外，满语里还有 walija- > walia- 之说。

dargija-"抡"、"挥" —— 满语 dargija-，锡伯语 dargia-，赫哲语及鄂伦春语 dalge-，鄂温克语 dalge- > dale-。该词在使用过程中，首先是词中辅音 r 在通古斯语支语言内产生 l 音变，其次是 ija 这一语音形式出现 ia > e 式音变。

dəŋgə-"摔出" —— 满语与锡伯语 dəŋgə- > dəŋə-，赫哲语 dəŋgə-，鄂伦春语与鄂温克语 dəŋkə-。该同源动词的早期语音形式可能是 dəŋgə-，而在鄂伦春语及鄂温克语内词中辅音 g 产生了 k 音变。

sari-"撒网" —— 锡伯语、赫哲语、鄂伦春语 sari-，满语及鄂温克语 sara-。毋庸置疑，sari- 的末尾元音 i 在满语和鄂温克语中被前置音节元音顺同化为 a 音。另外，在早期通古斯语支语言内还有 sadi- 之说。

不过，他们所说的 sadi- 是否与 sari- 属于同根同源关系，确实值得认真深入研究。

lasihi-"甩"——满语 lasihi-，锡伯语 laşihi-，赫哲语与鄂温克语 laʃihi-，鄂伦春语 laʃiki-。满通古斯语族语言中，除了使用 lasihi- > la şihi- > laʃihi- > laʃiki- 之外，在通古斯语支语言里还用 larki- > lakki- 之说表示"甩"之意。另外，鄂温克语及鄂伦春语中还有用 sadʒi- 来表示该动词词义的现象。

*baji- ~ *gələtə-"找"——满语 bai-，锡伯语 bai- > bia-，赫哲语 gəltə- > gələə-，鄂伦春语及鄂温克语 gələə-。这两种说法中，满语支语言的 *baji- > bai- > bia- 之语音变化比较清晰，而通古斯语支语言的 *gələtə- > gəltə- > gələə- 中的 ətə- > tə- > əə 之音变似乎比较复杂。但是，在通古斯语支语言内，确实存在辅音 t 被省略或脱落的现象。比如说，他们把"撑住"、"滑动"等说成 təltu- > təltʉ-、halturi- > kalturi- 的同时，也可以叫做 təlu- > təlʉ-、haluri- > kaluri- 等。

suwələ-"搜山"——满语 suwələ-，锡伯语 suələ-，赫哲语、鄂伦春语、鄂温克语 nəŋi-。除了满语支语言的 suwələ- > suələ- 及通古斯语支语言的 nəŋi- 两种说法外，通古斯语支语言内还有 haduri- 之说。

*tugugijə-"捡"——满语 tuŋgijə- > tuŋiə-，锡伯语 tuŋgi- > tuŋi-，赫哲语 tuŋkə-，鄂温克语 tʉŋkə-，鄂伦春语 təmkʉ-。该同源动词在不同语言里产生的语音变化现象比较复杂，而且主要表现在：（1）词首音节元音 u 在鄂伦春语及鄂温克语内产生 ə 与 ʉ 音变；（2）词第二音节辅音 g 演化为 ŋ 音。我们知道，在满通古斯语族语言内就像把 dʒəgi "下颚"、tigən "胸脯"等可以发音为 dʒəŋi、tiŋən 一样，辅音 g 被变读为 ŋ 的实例确实存在；（3）词第二音节元音 u 基本上都被脱落；（4）词第三音节的辅音 g 在满语支语言内有脱落现象，而在通古斯语支语言中却由 k 音取代；（5）词干末尾语音形式 ijə 出现 iə > i ~ ə ~ ʉ 式音变。与此相关，满通古斯语族语言内还有用 tomso-（满语）、tiŋi-（锡伯语）、tewe-（鄂温克语）、tiwa-（鄂伦春语及赫哲语）、tomsu-（女真语）等表示"捡"或"拾"之意的现象。

*wajida- ~ soko-"舀" —— 满语 waida-，锡伯语 vaida-，鄂伦春语 soko-，赫哲语 soku-，鄂温克语 soho-。这两个同源动词在各自语支语言中的语音变化现象表现为：（1）*wajida- > waida- > vaida-；（2）soko- > soku- ~ soho-。

*jəgubuhu- ~ doola-"倒掉" —— 赫哲语 jəgubku，鄂伦春语 jəəbku-，鄂温克语 jəəkkʉ-，满语 doola-，锡伯语 dolə-。在我们看来，满通古斯语族语言的这两种说法里，满语支语言的 doola- > dolə- 与汉语"倒水"的 dao"倒"似乎有渊源关系，而通古斯语支语言的 *jəgubuhu- 是属于本语族语言早期表述形式，只是在使用过程中产生 jəgubku- > jəəbku > jəəbkʉ- > jəəkkʉ- 式音变。

walijabu- ~ *əməmə-"遗失" —— 满语 walijabu- > waliabu-，锡伯语 valiabu-，赫哲语 uliab-，鄂温克语 əməm- > əmmə-，鄂伦春语 əmmə- > əməə-。这两个同源动词中，walijabu- 在满语、锡伯语、赫哲语里产生 walijabu- > waliabu- > valiabu- > uliab- 式语音演变，而在鄂伦春语及鄂温克语内使用的 *əməmə- 则出现 əməm- > əmmə- > əməə-式语音变化。

*məjihərə-"扛" —— 满语 məihərə，鄂伦春语 miirələ-，鄂温克语 miirlə-，赫哲语 mirələ-，锡伯语 mirilə-。该动词的词根部分 məji- > məi- > mii > mi 与名词 *məjirən"肩膀"的 məirən（满语）、miirə（鄂伦春语）、miir（鄂温克语）、mirə（赫哲语）、mirin（锡伯语）等的词根 məi- > mii > mi 同属一源。而在上述动词词根后出现的 -hərə-、rələ- > -rlə- 属于词缀部分。

tukijə- ~ ugiri-"抬" —— 满语 tukijə-，赫哲语 tuki，锡伯语 tiki-，鄂温克语 ʉgiri- > ʉgri-，鄂伦春语 ʉjii-。可以看出，在该语族语言内用 tukijə- > tukiə- > tuki- > tiki- 以及 ʉgiri- > ʉgri- ~ ʉjiri- > ʉjii- 两种说法表示该动词词义。

joda- ~ ələgə-"提" —— 满语 joda-，锡伯语 jodə-，赫哲语 ələgə-，鄂伦春语及鄂温克语 əlgə-。这里出现的无论是 joda- > jodə-，还是 ələgə- > əlgə-，在不同语言的使用中产生的语音变化都不明显。

təbəlijə- ~ *kumuli- "抱（搂）" —— 满语 təbəlijə- > təbəliə-，赫哲语 təbəli-，锡伯语 tivələ-，鄂伦春语 kumlə- ~ kumnə-，鄂温克语 humuli- > humli-。满通古斯语族语言的这两种说法中，像 təbəlijə- > təbəliə- > təbəli- > tivələ- 之说同蒙古语族语言的 təbəri- > təbri- "抱（搂）" 同属一源，而 *kumuli- > kumlə- ~ kumnə- > humuli- > humli- 主要是用于鄂伦春语及鄂温克语。

həfəlijə- "搂怀里" —— 赫哲语 həbərlə-，满语 həfəlijə-，锡伯语 həvələ-，鄂伦春语及鄂温克语 əwərlə-。我们认为，动词 həbərlə- > həfəlijə- > həvələ- > əwərlə- 等是由名词 həbəli > həfəli > həvəl "肚子" 及 *həbəri > əbəri > əwəri "怀抱" 派生而来的产物。

ʤaʤa- "背（孩子）" —— 鄂伦春语 ʤaʤa-，赫哲语 ʤaʤi-，鄂温克语 ʤidʒa-，满语 dzadzạ-，锡伯语 dzadzị-。该同源动词的原有语音形式应为 ʤaʤa-，然而在使用过程中却产生辅音 ʤ 的 dz 音变，以及元音 a 的 i 音变现象。与此同时，他们将 "背物" 的 "背" 叫 unu-（满语及锡伯语）、iŋi- > iiŋi-（鄂温克语）、iŋi- ~ inda-（鄂伦春语）、ini- > hinalə-（赫哲语）等。可以看得出来，通古斯语支语言的 ini- 与 iŋi- 是属于同源动词，而满语支语言的 unu- 及通古斯语支语言的 ini-、iŋi- 之间是否存在同源关系还需要进一步深入分析与探讨。

*tətu- "穿" —— 鄂伦春语 təti-，鄂温克语 təti- > titi-，赫哲语 titi-，满语与女真语 ətu-，锡伯语 utu-。该同源动词的早期语音形式应为 *tətu-，而它的词首辅音 t 在通古斯语支语言内被保存了下来，在满语支语言内却产生脱落现象。另外，词首音节元音 ə 在赫哲语及锡伯语里出现 i 或 u 音变，词根末尾元音 u 也在通古斯语支语言内演化为 i 音。不过，在满通古斯语族语言内，至今还有将 "穿" 发音成 tətu- 的现象，只不过是个别方言土语内的老人说而已，已没有广泛的使用性和代表性。

mahala- ~ aawula- "戴（帽子）" —— 满语 mahala-，锡伯语 mahalə-，鄂伦春语及鄂温克语 aawula-，赫哲语 awula-。无论是满语支语言的 mahala- > mahalə-，还是通古斯语支语言的 aawula- > awula-，均源于表示 "帽子" 之意的名词 mahala > mahal 以及 aawun > aawuŋ

> awuŋ。

　　su- ~ luha-"脱" —— 满语 su-，锡伯语 so-，赫哲语 luha-，鄂温克语 luhu-，鄂伦春语 luku- > lok-。也就是说，满通古斯语族语言对于"脱"之意的表述上使用满语支语言的 su- > so-，以及通古斯语支语言的 luha- > luhu > luku- > lok- 等两种说法。再说，赫哲语里还有 atʃu- 之说。

　　dasi- ~ *nəmu-"盖（衣被）" —— 女真语及满语 dasi-，锡伯语 daşi-，赫哲语 daʃi-，鄂伦春语 nəmʉ-，鄂温克语 nəmʉ- > nəmi-。同样，该语族语言用 dasi- > daşi- > daʃi- 及 *nəmu- > nəmʉ- > nəmi- 两种说法表示"盖衣被"的"盖"这一动词词义。

　　təbu-"装入" —— 满语 təbu-，赫哲语 təwu-，鄂伦春语及鄂温克语 təwə- > təw-，锡伯语 təvə-。很显然，该同源动词在不同语言里产生的音变现象及其规律应为 təbu- > təwu- > təwə- > təw- > təvə-。

　　buhəlijə- ~ humi"蒙盖" —— 满语 buhəlijə-，锡伯语 buhəli-，鄂温克语 humi，鄂伦春语 hʉmi-，赫哲语 kʉmi-。他们除使用满语支语言的 buhəlijə- > buhəli- 及通古斯语支语言的 humi > hʉmi- > kʉmi- 表示该动词词义外，通古斯语支语言也可以用 bətʉlə- > bʉtʉlə- 或 libki- > likki- 等说法表示"蒙盖"之意。

　　nikə- ~ nalu-"靠" —— 满语、锡伯语、赫哲语 nikə-，鄂伦春语及鄂温克语 nalu-。满通古斯语族语言内表示"靠"或"依靠"之意的动词 nikə- 及 nalu- 是否有同源关系还需要进一步推敲。因为，除了词首辅音 n 之外，其他元音与辅音的变化现象十分复杂。而且，与此相关的语音变化规律又难以成立。所以，在此只能作为两种不同词源的动词来考虑。满通古斯语族语言内还用 akda-（满语与赫哲语）、ahdə-（锡伯语）、aanag- ~ tʉʃi- ~ nago-（鄂温克语）、aanag- ~ tuti-（鄂伦春语）等说法表示该动词词义。

　　*itʂəmlə- ~ *irikinlə-"更新" —— 满语与锡伯语 itʂəmlə-，赫哲语及鄂伦春语 irkinlə-，鄂温克语 ikkiŋlə-。毋庸置疑，满语支语言及通古斯

语支语言的这两个同语支语言的同源动词均源于他们表示"新"之意的形容词 itʃə > itʂə 及 irikin > ikkiŋ。

susə-"翻寻"——锡伯语与赫哲语 susə-，鄂伦春语及鄂温克语 suʂə-，满语 ʂuʂə-。该词在使用过程中产生的语音演变表现在：（1）辅音 s 在满语里发生 ʂ 音变；（2）词中元音 u 在鄂伦春语和鄂温克语中演化为 ʉ 音两个方面。

daba-"超越"——满语、赫哲语、鄂伦春语 daba-，鄂温克语 dawa-，锡伯语 davə-。很显然，它是按照 daba- > dawa- > davə- 之语音演化规律产生一些音变。再说，他们还把"超群"叫 tʃolgura-（鄂伦春语）、tʃolgoro-（赫哲语）、tʂolgoro-（满语）、tʂolhuru-（锡伯语）、ʃilgura-（鄂温克语）等。显而易见，这些说法都属于同源动词 *tʃolugura- 在不同语言中以不同语音形式出现的实例。

tuhəbu-"推翻"——满语及赫哲语 tuhəbu-，锡伯语 tuhuvə-，鄂伦春语 tikʉ-，鄂温克语 tihʉ-。首先，应该阐明的是，表述"推翻"之意的这些词均源于 *tiku- > tiki- > tihi- > tihə- > tihu- ~ *tiku- > tihu- > tuhu- > tuhə-"掉"之同源动词。其次，有必要指出，鄂伦春语及鄂温克语的 tikʉ- 与 tihʉ- 两种说法是属于 tikiwʉ- 与 tihiwʉ-"让掉"、"使掉"之说经 tikiwʉ- > tikiʉ- > tikʉ- > 与 tihiwʉ- > tihiʉ- > tihʉ- 式音变出现的语音缩合形式的产物。

uhu-"卷"——满语、锡伯语、赫哲语 uhu-，鄂温克语 ʉhʉ-，鄂伦春语 ʉkʉ-。它们的音变规律应为 uhu- > ʉhʉ- > ʉkʉ-。满通古斯语族语言内，与"卷"之动作行为密切相关的同源动词还有一些。比如说，futuru-"卷曲" ⇨ futuru-（锡伯语及赫哲语）、futurə-（满语）、ʉtʉrʉ-（鄂伦春语与鄂温克语）等；mumurə-"刀刃卷" ⇨ mumərə-（赫哲语）、mumurʂə-（锡伯语）、mumurʂə- ~ iləfi-（满语）、mʉmʉri-（鄂伦春语）、mʉmʉri- ~ ʉmpʉri-（鄂温克语）等；hətə- ~ ʃima-"卷衣袖" ⇨ hətə-（满语及锡伯语）、ʃima-（赫哲语、鄂伦春语、鄂温克语）等。

fətu-"掘"——赫哲语 fətu-，满语及锡伯语 fətə-，鄂伦春语和鄂温克语 ətʉ-。很显然，词首辅音 f 在鄂伦春语及鄂温克语里被脱落的同时，词根末尾元音 u 在除赫哲语之外的语言中出现 ə 或 ʉ 音变。

　　fəhu- ~ həki-"踩" —— 满语 fəhu-，锡伯语 fuhu-，赫哲语 həki-，
鄂伦春语 əki-，鄂温克语 əhi-。无论是满语支语言的 fəhu- > fuhu-，还是
通古斯语支语言的 həki- > əki- > əhi-，它们所产生的音变现象都不复杂。
与此相关，他们还在 fəhu- ~ həki- 后面接缀由动词派生动词的构词词缀
-lə 构成新的动词 fəhulə-（满语）、fuhulə-（锡伯语）、həkilə-（赫哲
语）、əkilə-（鄂伦春语）、əhilə-（鄂温克语）表示"踏"之意的现象。

　　*pisugulu-"踢" —— 鄂伦春语 pisgulə- > piskʉlə-，鄂温克语
pəsəglə- > pəshələ-，赫哲语 puskulə-，锡伯语 fushulu-，满语 fəshələ-。
尽管该词的音变现象比较复杂，但完全可以用以下格式展示其音变关系
及其规律：

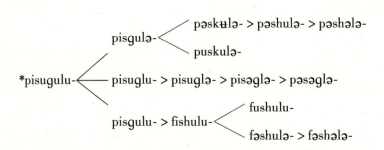

　　*makasi- ~ *həkilə-"跳舞" —— 满语 maksi-，赫哲语 makʃi-，锡伯
语 mahşi-，鄂伦春语 əkilə-，鄂温克语 əhilə-。满通古斯语族语言内要用
*makasi- > maksi- > makʃi- ~ mahşi- 以及 *həkilə- > əkilə- > əhilə- 两种说法
表示"跳舞"之意。其中，鄂伦春语及鄂温克语的 əkilə- > əhilə- 之说
源于动词 həki-"踩"。

　　*utʃulə- ~ *dʒaganda-"唱歌" —— 锡伯语 utşulu-，满语 utşulə-，鄂
伦春语及鄂温克语 dʒaanda-，赫哲语 dʒanda-。毫无疑问，满语支语言及
通古斯语支语言内表示"唱歌"之意的同源动词 *utʃulə- > utşulə- >
utşulu- 及 *dʒaganda- > dʒaanda- > dʒanda- 均源于指"歌"之意的名词
utʃun 及 dʒagan > dʒaan > dʒan 等。

　　dulə-"越过" —— 女真语、满语、锡伯语、赫哲语 dulə-，鄂伦春

语与鄂温克语 dʉlə-。他们用 dulə- > dʉlə- 表示"越过"之外，还用 doo-（满语支语言）、ədəl-（通古斯语支语言）之说表示"过河"的意思。

*ologo-"涉水"—— 鄂伦春语与鄂温克语 oloo-，满语及锡伯语 olo-，赫哲语 olu-。根据满通古斯语族语言的相关语音演变规律，将该同源动词在不同语言中产生的音变现象可以归纳为 *ologo- > oloo- > olo- > olu-。

aktala-"横跨"—— 满通古斯语族语言内均叫 aktala-。不过，在通古斯语支语言内还有 alamki- > alakki- 之说。

*sudʐa- ~ tuluga-"顶住"、"撑住"—— 满语及锡伯语 sudʐa-，赫哲语 tuluga-，鄂伦春语 tulga-，鄂温克语 tulga- > tugga-。可以看出，满语支语言的 *sudʐa- > sudʐa- 以及通古斯语支语言的 tuluga- > tulga- > tugga- 在使用过程中所产生的语音变化现象都不是很显著。

*susihijə-"挑拨"—— 鄂温克语 suʃihi-，鄂伦春语 suʃiki-，满语 ʂusihijə- > ʂusihiə-，锡伯语 ʂуʂyhu-，赫哲语 ʃiʃihi-。在我们看来，该同源动词的早期语音形式应为 *susihijə-。在使用过程中产生：（1）词首辅音 s 在满语支语言及赫哲语里变读为 ʂ 与 ʃ 音；（2）词首音节元音 u 在赫哲语里出现 i 音变；（3）词第二音节首辅音 s 除在满语里被保留之外，在其他语言中被发作 ʂ 与 ʃ 音；（4）词第三音节首辅音 h 在鄂伦春语里演化为 k 音；（5）词干尾的 ijə 出现 iə > i 及 u 音变等。另外，在通古斯语支语言内还有 ubku- ~ arkimatʃi-（鄂伦春语）、ukku- ~ akkimaʃi-（鄂温克语）等说法。

*daga- > *dagagi-"跟"—— 女真语及满语 daha-，赫哲语与锡伯语 dahə-，鄂伦春语和鄂温克语 aaŋi-。从词源学及语音演变论的角度讲，作为同源动词 *daga- 在满语支语言里出现辅音 g 变 h 音及词根末尾元音 a 弱化为 ə 音等音变现象。而且，这两个音变实例均属满通古斯语族语言内的常见现象。相比之下，在 *daga- 后面接缀有 -gi 之后缀的 *dagagi- 之说的音变显得较为复杂。首先，我们应该承认，*dagagi- 的词首辅音 d 被脱落，紧接着 aga 这一语音形式由于辅音 g 的脱落而出

现长元音 aa 现象。其次，词干末尾音节首辅音 g 出现 ŋ 音变。进而，演化出 aaŋi- 这一语音结构特征的同源动词。

amitʃa-"追" —— 女真语、赫哲语、鄂伦春语、鄂温克语 amtʃa-，满语 amtʂa-，锡伯语 amtʂə-。该同源动词在不同语言中产生的语音变化表现在：（1）词中元音 i 被脱落；（2）词中辅音 tʃ 在满语支语言里变读为 tʂ 音；（3）词干末尾元音 a 在锡伯语中演化为 ə 音等方面。另外，通古斯语支语言内还有 asu- ~ nannaʃi-（鄂温克语）、asu- ~ ɲamɲa-（鄂伦春语）、asu- ~ udʒaka-（赫哲语）等说法。

dali-"赶回"、"防御" —— 满通古斯语族语言内均叫 dali- 的同时，通古斯语支语言中也有 taʃi- 之说。不过，很有意思的是，满语支语言内似乎也可以用 dali- 表示"赶车"这一动词行为。而在通古斯语支语言里，却用 əlgə- 之说表示"赶车"的词义概念。

asha- ~ tulə-"佩戴" —— 满语 asha-，锡伯语 ashə- > ahsə-，赫哲语 tulə-，鄂温克语 tʉlə-，鄂伦春语 tʉlu-。满通古斯语族语言内表示"佩戴"之动作行为时，主要使用满语支语言的 asha- > ashə- > ahsə-，以及通古斯语支语言的 tulə- > tʉlə- > tʉlu- 两种说法。

tabu-"挂住" —— 满语、赫哲语、鄂伦春语 tabu-，鄂温克语 tabu- > tawu-，锡伯语 tavə-。该同源动词的语音演变现象在前面不同程度地分析过，希望参阅与此相关的论述内容。

tafa- ~ *tukti-"上、登" —— 满语 tafa-，锡伯语 tavə-，赫哲语 tuhtə- ~ daba-，鄂伦春语 tʉkti- ~ daba-，鄂温克语 tʉttʉgə- ~ dawa-。在我们看来，满语支语言的 tafa- > tavə- 同通古斯语支语言中使用的 daba- > dawə-"越过"、"登越"间似乎存在渊源关系。另外，通古斯语支语言的 *tukti- 在不同语言里出现：（1）元音 u 的 ʉ 音变；（2）辅音 k 的 h 及与 t 音的交替；（3）元音 i 的 ə 及 ʉ 音变；（4）鄂温克语词根后面接缀 -gə 这一词缀等音变现象。另外，通古斯语支语言内还有 mata- > mat- 之说。

morila-"骑马" —— 满通古斯语族语言内均叫 morila-。不过，也有说 morinla- 或 morla- 的现象。毫无疑问，morinla- > morila- > morla- 等说法都是在名词 morin "马" 后面接缀由名词派生动词的构词词缀 -la 而构成的表示 "骑马" 之意的动词。不过，接缀 -la 时名词 morin 词尾鼻辅音被省略的现象比较普遍。

dabki- "策马" —— 满语、赫哲语、鄂伦春语 dabki-，锡伯语 davki-，鄂温克语 dakki-。我们掌握的动词词汇资料还表明，他们的语言里说 dabki- > davki- > dakki- 的同时，还用 tiiŋkə-、taʃihinaha- > tatʃiknaka- 等来表示 "策马" 之意。

sukila- "牛顶" —— 赫哲语及鄂伦春语 sukila-，锡伯语 sukilə-，鄂温克语 suhila-，满语 şukila-。满通古斯语族语言的 sukila- 在使用过程中产生：（1）词首辅音 s 在满语里变读为 ş 音；（2）词中辅音 k 在鄂温克语里出现 h 音变；（3）动词词干末尾元音 a 在锡伯语里弱化为 ə 音等三个方面的音变。再说，通古斯语支语言里还用 murgu-（赫哲语）、mʉrgʉ-（鄂伦春语）、mʉggʉ-（鄂温克语）表示 "顶牛" 之意。

toho- "套车" —— 满语、赫哲语、鄂温克语 toho-，锡伯语 tohu-，鄂伦春语 toko-。该同源动词的语音演化规律应为 toho- > tohu- > toko-。与此同时，他们将 "套马" 称之为 urgala-（满语、赫哲语、鄂伦春语）、urgala- > uggala-（鄂温克语）、urhalə-（锡伯语）等，还把 "套笔帽" 这一动作行为叫 homholo-（满语及赫哲语）、homhulu-（锡伯语）、homkolo-（鄂伦春语与鄂温克语）等。

atʃi- "驮带" —— 通古斯语支语言 atʃi-，满语支语言 atşi-。毫无疑问，在满语支语言里将词中辅音 tʃ 发音成 tş 音。另外，在赫哲语里还有 ati- 之说。

*alasi- "等待" —— 鄂温克语 alaʃi-，鄂伦春语 alatʃi-，赫哲语 alitʃi-，满语 alija- > alia-，锡伯语 alia- > ali-。包括满语支语言在内，对于动词 "等待" 之意的早期表述形式应该是 *alasi-。甚至，我们怀疑满语支语言中早期有过用 *alasi- 表示 "等待" 之动作行为的说法，而这里所列举的 alija- > alia- > ali- 等应该是属于表示 "接受"、"承担" 等词义的动词，或许后来引申出 "等待" 等词义?! 要么就是在使用过程

中，满语支语言 *alasi- 词根 *ala- 后面接缀 ija- 之词缀时，词第二音节元音 a 的脱落及 alija- > alia- > ali- 式音变的出现导致了上述说法。不过，在这里需要明确指出的是，赫哲语 aliʧi- 的词中元音 i 是属于被后续音节元音逆同化的结果。因为我们实地调研时，发音合作人中除多数人发作 aliʧi- 之外，也有人发音成 alaʧi- 或 aləʧi- 等。

baha-"得到"——除了鄂伦春语里词中辅音 h 变读为 k 音而被发作 baka- 之外，其他满通古斯语族语言内均叫 baha- 或 bah-。

walijabu- ~ *ǝmǝmǝ-"丢"——满语 walijabu-，锡伯语 valiabu-，鄂温克语 ǝmmǝ- > ǝmeǝ-，鄂伦春语 ǝmeǝ-，赫哲语 ǝmǝ-。这里提到的满语支语言 walijabu- > waliabu- > valiabu- 及通古斯语支语言 *ǝmǝmǝ- > ǝmmǝ- > ǝmeǝ- > ǝmǝ- 之外，女真语里还有 ʃǝla- 之说。

bǝdǝrǝbu- ~ gadirgi-"收回"——满语 bǝdǝrǝbu-，锡伯语 bǝdǝrvǝ-，赫哲语 gadirgi-，鄂伦春语 gaʤargi，鄂温克语 gaʤiggi-。也就是说，满通古斯语族语言内要用 bǝdǝrǝbu- > bǝdǝrǝvǝ- 及 gadirgi- > gaʤargi- > gaʤiggi- 两种说法表示"收回"之意。另外，鄂伦春语内还用 kubtu- 之说指含该动词词义。

bǝnǝ- ~ *irabu-"送"——满语、锡伯语、赫哲语 bǝnǝ-，鄂伦春语及鄂温克语 iraa-。满通古斯语族语言的这两种说法里，iraa- 的来源及其音变现象相对复杂一些。在这里，我们所假定的 *irabu- 与通古斯语支语言内的莫日格勒鄂温克语动词 irabtan 的词干 irab- 之说的语音形式十分相近。由此，我们认为，该词的早期语音结构应该是 *irabu-。后来，该动词在通古斯语支语言里产生 *irabu- > irawu- > iraw- > iraa- 等一系列音变。再说，通古斯语支语言的 *irabu- 是属于 ira-"送"和 bugu- > buu- > bu-"给"两个动词合二为一的产物。也就是说，该动词的形成及音变过程应为 ira- + bu- ⇨ irabu- > irawu- > iraw- > iraa-"送给"、"送"。另外，在他们的语言里还把"送行"称之为 fudǝ-（满语、锡伯语、赫哲语）、ʉdǝ- ~ juugu- ~ ǝwǝrkǝ- > ǝwǝkkǝ-（鄂伦春语及鄂温克语）等，将"送到家"叫 isibu-（满语）、iʂivu-（锡伯语）、iʃiwu-（赫哲语）、iʧiwu-（鄂伦春语）、eʃewu-（鄂温克语）等。

　　furu-～ʤigə-"切"——满语及锡伯语 furu-，鄂伦春语 ʤigə-，鄂温克语及赫哲语 ʤigi-。可以看出，满语支语言用 furu-，而通古斯语支语言用 ʤigə->ʤigi- 来表示"切"之意。另外，通古斯语支语言里还有 kərtʃi->hərtʃi- 之说。不过，该说法可能源于蒙古语族语言的 kərtʃi->hərtʃi-"切割"一词。

　　*gobo-～jo-"剔肉剥皮"——鄂伦春语及鄂温克语 goo-，满语、锡伯语、赫哲语 jo-。这里出现的 goo- 之说有可能是属于早期语音形式 gobo- 经 gobo->gowo->goo- 式音变而来的产物。说到满语支语言的 jo- 之说，也可能是属于用 goo->go->jo- 式音变而来的实例。

　　*atʃabu-～nuhu-"和面"——满语 atʂabu-，锡伯语 atʂavə-，赫哲语及鄂温克语 nuhu-，鄂伦春语 nuku-。满语支语言的 *atʃabu->atʂabu->atʂavə- 是源于表示"参合"、"聚合"等多义的动词词根 *atʃa-，而通古斯语支语言的 nuhu->nuku- 不只是用于"和面"之意的表述方面，同时也可以表达"和泥"、"蹂躏"等词义。另外，赫哲语中也说 ŋohu-。

　　saga-"挤奶"——鄂伦春语与鄂温克语 saga-，赫哲语 saa-，满语及锡伯语 sa-。毋庸置疑，该同源动词的语音演化规律应为 saga->saa->sa-。

　　fajita-～*migi-"用刀割"——满语 fajita->faita-，锡伯语 faita-，赫哲语、鄂伦春语、鄂温克语 mii-。除刚才提到的满语支语言的 fajita->faita- 及通古斯语支语言的 *migi->mii- 等来表示"用刀割"之意外，他们还把用刀"划开"的动作称之为 ʤisu->ʤusu-（赫哲语）、ʤisʉ-（鄂伦春语及鄂温克语）、dzïsu-（满语与锡伯语）等，还将用镰刀"割"草或麦子等叫 hadu-（满语与锡伯语）、hadi-（赫哲语和鄂温克语）、kadi-（鄂伦春语）等。也就是说，满通古斯语族语言内表述"用刀划开"、"用镰刀割"等的同源动词是 ʤisu- 与 hadu-。

　　toko-～arki-"扎"——满语及锡伯语 toko-，赫哲语与鄂伦春语 arki-，鄂温克语 arki->akki-。他们把"扎"用 toko- 及 arki->akki- 两种说法表示的同时，还将用扎枪的"扎"说成 gidala-（满语、锡伯语、鄂温克语）、gidla-（赫哲语与鄂伦春语）等，把扎针的"扎"叫做 namala-（满语、赫哲语、鄂伦春语、鄂温克语）、namələ-（锡伯语）等。很显然，这里提到的 gidala- > gidla- 及 namala- > namələ- 等动词，均源于名词 gida > qid "扎枪" 及 nama > namə "针"。

gəji-"刻" —— 满通古斯语族语言内除满语之外的语言都叫 gəji-。然而，在满语里，由于该同源动词词根末尾元音 i 产生 ə 音变而被发作了 gəjə-。与此同时，他们也用 tʂoli-（满语与锡伯语）、soli-（赫哲语）之说表示 "刻" 之意。根据我们掌握的词汇资料，满通古斯语族语言还有用 folo-（满语、锡伯语、赫哲语）或 sujlə- > səjlə-（鄂伦春语与鄂温克语）等说法来表示 "雕刻" 之概念的现象。

*sabutʃi-"砍" —— 鄂温克语 sabtʃi- > satʃtʃi-，满语 satʂi-，锡伯语 satʂə-，赫哲语与鄂伦春语 tʃabtʃi-。从某种角度讲，同源动词 *sabutʃi- 在不同语言里产生的语音变化比较复杂。但我们完全可以用下列格式阐释其音变关系及其规律：

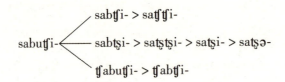

*huwala- ~ dələkə-"劈" —— 满语 huwala-，锡伯语 hualə-，赫哲语 dələkə-，鄂伦春语 dəlikə-，鄂温克语 dəlkə-。也就是说，满语支语言用 *huwala- > huwala- ~ huala- > hualə-，通古斯语支语言用 *dələkə- > dəlikə- > dəlkə- 分别表示动词的 "劈" 之意。

təbu- ~ soho-"盛入" —— 满语 təbu-，锡伯语 təvə-，赫哲语及鄂温克语 soho-，鄂伦春语 soko-。可以看出，满通古斯语族语言内要用满语支语言的 təbu- > təvə- 及通古斯语支语言的 soho- > soko- 两种说法表示该动词词义。

faksa-"分隔" —— 满语 faksa-，锡伯语 faksə-，赫哲语及鄂温克语 haksa-，鄂伦春语 kaktʃa-。在该同源动词里出现的词首辅音 f 同 h、k 产生对应之现象，在其他同源词里也能够见到。例如：

满语	锡伯语	鄂温克语	赫哲语	鄂伦春语	词义
fədʒun	fədʒun	həʤuŋ	həʤun	kədʒun	丑事
fa-	fa-	haga-	haga-	kaga-	干涸
fulaburu	fulabər	hulabur	hulabur	kulabur	红青色的

另外，在表示"分开"之意的同源动词中，还出现词中辅音 s 在鄂伦春语里变读为 ʧ 音，以及词第二音节及第三音节的元音 a 在锡伯语中被弱化而发作 ə 音等音变现象。

məjilə-"分解"——满语 məjilə- > məilə-，锡伯语 məilə-，赫哲语 əjilə-，鄂伦春语及鄂温克语 ʉjələ-。该同源动词的语音演变规律应该是 məjilə- > məilə- > əjilə- > ʉjələ-。

dəndə- ~ *ugusa-"分配"——满语、锡伯语、赫哲语 dəndə-，鄂温克语 ugsa- > uusa-，鄂伦春语 ugʧa- > uuʧa-。这两个说法中，第一种实例 dəndə- 几乎没有产生什么音变，而第二种实例 *ugusa- 却出现 *ugusa- > ugsa- > uusa- ~ ugʧa- > uuʧa- 式音变。

*ilga-"区分"——满语、锡伯语、赫哲语、鄂伦春语 ilga-，鄂温克语 ilga- > igga-。我们认为，该同源动词的早期语音形式应为 *iliga-。然而，在使用过程中出现，词第二音节元音 i 的脱落，以及词中辅音 l 在鄂温克语里被后续音节辅音逆同化为 g 音之现象。

*holobo-"结合"——满语及赫哲语 holbo-，锡伯语 holvu-，鄂温克语 hobbo-，鄂伦春语 kolbo-。同源动词 *holobo- 在不同语言里产生：（1）词首辅音 h 在鄂伦春语里变读为 k 音；（2）词中元音 o 被脱落；（3）词干末尾音节辅音 b 在锡伯语中演化为 v 音的同时，辅音 b 后面的元音 o 发生 u 音变等。

*nagi-"开"——鄂温克语及鄂伦春语 naŋi-，赫哲语 nəji，满语与锡伯语 nəi-。很显然，它们是按照 *nagi- > naŋi- > nəji- > nəi- 式语音演变规律产生了一些语音变化。另外，现在的锡伯语及鄂伦春语内也有将"开"之动词词义用 li- 与 laŋi- 表示的现象。也就是说，将原有的 naŋi-、nəi- 词首鼻辅音 n 发作了 l 音。

hori-"圈起来"——满语、锡伯语、赫哲语、鄂温克语 hori-，鄂伦春语 kori-。不过，他们把 hori->kori- 也有说成 hor->kor- 的情况。

*jogosuglo-"锁"——鄂温克语 joosuglo-，满语 joosəla-，锡伯语 josəla-，鄂伦春语 josuglo-，赫哲语 josulə-。毋庸置疑，它们是源于名词 *jogosug>joosug>josug>josu>josə"锁头"。

jaksi-"闩上门"——满语 jaksi-，锡伯语 jakşi-，鄂温克语 jahʃi-，赫哲语与鄂伦春语 jaktʃi-。该词的演化规律应为 jaksi->jakşi->jahʃi->jaktʃi-。

ʤirga-"享受"——赫哲语与鄂伦春语 ʤirga-，鄂温克语 ʤirga->ʤigga-，满语 dzirga-，锡伯语 dzirha-，女真语 dirga-。该同源动词在不同语言内产生：（1）词首辅音 ʤ 在满语支语言中变 dz 音的同时，在女真语里变读为 d 音；（2）词中辅音 r 在鄂温克语里被后续音节辅音逆同化为 g 音等音变。而且，该动词也跟蒙古语族语言动词 ʤirga-"享受"同属一源。

əldə-～*ilaga-"照"——满语、锡伯语、赫哲语 əldə-，鄂伦春语及鄂温克语 ilaa-。除了 əldə- 与 *ilaga->ilaa- 两种说法之外，满通古斯语族语言中还有 uldə-～foso-（满语）、fosə-（锡伯语）、ʃiguŋdə-（鄂温克语）、gəŋgi-（赫哲语）等表述形式。

*idʒi-～igida-"梳头"——满语与锡伯语 idzi-，鄂伦春语 igdi->igdu-，赫哲语 igdi-，鄂温克语 iddo-。满语支语言的 *idʒi->idzi- 所产生的音变不是很大，只是词中辅音 ʤ 演化为 dz 音，其他方面没有什么音变。不过，通古斯语支语言的 igida- 却出现 igda->igdi->igdu->iddo-式较为复杂的音变现象。另外，他们还将"编辫子"叫 isa-（满语、锡伯语、赫哲语）、ilt͡ʃa-（鄂伦春语及鄂温克语）等。

fusi-～handa-"剃头"——满语 fusi-，锡伯语 fəşi-，赫哲语 uʃi-，鄂温克语 handa-，鄂伦春语 kanna-。就如我们所见，满通古斯语族语言里要用 fusi->fəşi-～uʃi- 及 handa->kanna- 两种说法表示"剃头"之意。

其中，fusi- 出现词首辅音 f 的脱落，词首音节元音 u 的 ə 音变，词中辅音 s 由 ʃ 音取代等音变。而 handa- 之说，却产生词首辅音 h 的 k 音变，以及词中辅音 d 被顺同化为 n 音等音变。

　　*siliɡija- ~ bolok-“漱口”——满语 silɡija- > silɡia-，锡伯语 şilɡia-，鄂温克语 bolok- > boloh-，赫哲语及鄂伦春语 bolok-。换句话说，该语族语言内要用 *siliɡija- > silɡia- > şilɡia- 及 bolok- > boloh- 两种说法表示“漱口”之意。

　　obo- ~ *silika-“洗”——满语 obo-，锡伯语 ovu-，赫哲语 ʃilka-，鄂伦春语 ʃilki-，鄂温克语 ʃilki- > ʃikki-。在我们看来，通古斯语支语言的 *silika- > ʃilka- > ʃilki- > ʃilki- > ʃikki-“洗”与上面提到的满语支语言的 silɡija- > silɡia-“漱”间存在渊源关系。

　　siri-“挤干”——满语 siri-，锡伯语 şiri-，通古斯语支语言说 ʃiri-。很显然，锡伯语及通古斯语支语言里，词首辅音 s 受后续元音 i 的影响而产生 ş 与 ʃ 音变。

　　damaʤila-“挑担”——鄂伦春语 damʤila-，赫哲语 damʤala-，锡伯语 damdzələ-，满语 damdzala-，鄂温克语 daŋʤila-。这里所说的 damʤila- > damʤala- > damdzala- > damdzələ- > daŋʤila- 等是在名词 *damaʤin > damʤi > damʤa > damdzan > damdzən > daŋʤi“扁担”后面接缀构词词缀 -la > -lə 后派生出来的同源动词。

　　*hasi-“刷锅”——赫哲语 haʃi-，锡伯语 haşi-，满语 haşa-，鄂温克语 haʃe-，鄂伦春语 kaʃi-。满通古斯语族语言的同源动词 *hasi- 在不同语言中产生的语音变化表现在：（1）词首辅音 h 在鄂伦春语里出现 k 音变；（2）词中辅音 s 在通古斯语支语言内变读为 ʃ 音的同时，在满语支语言里变 ş 音；（3）词根末尾元音 i 在鄂温克语中由 e 音取而代之等方面。

　　sasu-“洗牌”——满语、锡伯语、赫哲语 sasu-，鄂伦春语与鄂温克语 satʃu-。毫无疑问，该同源动词在使用过程中产生 sasu- > satʃu- 式音变。

hərsə-"理睬"——满语及锡伯语 hərsə-，鄂温克语 hərtʃə-，赫哲语 hərtʃə->hərtʃi-，鄂伦春语 kərtʃə-。该同源动词的音变现象主要在于：（1）词首辅音 h 在鄂伦春语里变 k 音；（2）词中辅音 s 在通古斯语支语言中演化为 tʃ 音两个方面。另外，在他们的语言里还有用 johinda-（满语及锡伯语）、ooʃe-（鄂温克语）、itʃihi-（鄂伦春语）等说法表示"理睬"之意的现象。

ulahi- ~ *guwurə-"理解"——赫哲语 ulahi-，满语及锡伯语 ulhi-，鄂伦春语与鄂温克语 guuru-。满通古斯语族语言内要用 *ulahi- > uləhi- > ulhi- 及 *guwurə- > guurə- > guurə- > guuru- 两种说法表示该动词词义。

*amatala-"尝"——满语及赫哲语 amtala-，鄂温克语 amtala- > antala-，鄂伦春语 amtala- > amtla-，锡伯语 amtələ-。该同源动词的音变现象及其规律可用以下格式进行归纳和展示：

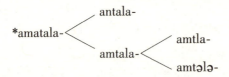

与此同时，他们还将与动词"尝"所表示的词义密切相关的"尝试"之意说成是 tʃəmdə-（赫哲语）、tʃində-（鄂伦春语）、tʂəndə-（满语及锡伯语）、ʃində-（鄂温克语）等。

dabu- ~ təŋki-"点火"——满语 dabu-，锡伯语 davə-，赫哲语、鄂伦春语、鄂温克语 təŋki-。除了满语支语言的 dabu- > davə- 以及通古斯语支语言的 təŋki- 两种说法之外，他们的语言中还有 tiavə-（锡伯语）、tajiw-（赫哲语）之说。

*dəjidʒi- ~ *daluga-"烧"——满语及锡伯语 dəidzi-，赫哲语、鄂伦春语、鄂温克语 dalga-。在我们看来，具体使用过程中 *dəjidʒi- 在满语支语言里出现 *dəjidʒi- > dəjidzi- > dəidzi- 式音变，在通古斯语支语言

内发生 *daluga- > dalǝga- > dalga- 式语音变化。很有意思的是，在女真语里却用 ʤidi- 来表示该动词词义，给人一种将满语支语言 dǝidʐi- 的辅音倒过来使用的感觉。不过，女真语的 ʤidi- 倒是同通古斯语支语言的名词 ʤǝgdǝ > ʤǝddǝ > ʤǝdǝ "野火"、"荒火" 似乎有渊源关系。说实话，在满通古斯语族语言内，与 "烧" 有关的同语族语言或同语支语言的同源动词确实有一些。比如说，dabu- ~ ila- "烧火" ⇨ dabu-（满语及赫哲语）、davu-（锡伯语）、ila-（鄂伦春语与鄂温克语）等；sǝrǝ- ~ ute- "烧红" ⇨ sǝrǝ-（锡伯语及赫哲语）、ʂǝrǝ-（满语）、sǝrǝ- ~ ute-（鄂温克语）、sǝrǝ- ~ uti-（鄂伦春语）等；*sira- "烧烤" ⇨ ʃira-（鄂温克语）、ʃila-（鄂伦春语）、ʃela-（赫哲语）、ʂolo-（满语与锡伯语）等；dabu- ~ *lurgi- "燃烧" ⇨ dabu-（满语和锡伯语）、dabu- ~ daji-（赫哲语）、lurgi-（鄂伦春语）、lʉrgi- > lʉggi-（鄂温克语）等；haksa- "烤焦" ⇨ haksa-（满语、锡伯语、赫哲语）、haksa- > hatʃʃa-（鄂温克语）、kaksa-（鄂伦春语）等；hukʤi- "火烧旺" ⇨ hukʤi-（赫哲语）、huktʂi-（满语）、huktʂu-（锡伯语）、hʉkʤi- > hʉʤʤi-（鄂温克语）、kʉkʤi-（鄂伦春语）等。

hǝthǝ- ~ buldu- "用热水烫" —— 满语、锡伯语、赫哲语 hǝthǝ-，鄂伦春语及鄂温克语 buldu-。不过，鄂伦春语与鄂温克语也说 bulda-。而且，赫哲语中也有 hariw- 之说。

samara- "扬（茶）" —— 满语 samara-，锡伯语 samǝrǝ-，赫哲语、鄂伦春语、鄂温克语 samra-。很显然，该同源动词是按照 samara- > samǝrǝ- > samra- 之音变规律在不同语言里产生了不同程度的语音变化。再说，满通古斯语族语言里，把 samara- 也有说成 samura- 或 samal- > samalda- 等现象。

ara- ~ *ogo- "做" —— 女真语、满语、锡伯语 ara-，鄂伦春语与鄂温克语 oo-，赫哲语 o-。满语支语言里的 ara- 几乎没有出现什么音变，而通古斯语支语言的 *ogo- 却出现 oo- > o- 式音变。事实上，在满语支语言内也使用 o- 之说，只不过是具体内涵产生一定变异。满语支语言的 o- 主要表示 "当"、"充当" 等动词词义。但也很难否定，人们的日常用语里 o- 完全失去 "做" 之意的表述功能。我们在黑龙江三家子进行满语口语调查时，那些懂满语的老人承认动词 o- 可以表示 "做" 之动词词义。

ʧaru-"炸"——赫哲语、鄂伦春语、鄂温克语 ʧaru-，满语 tʂaru-，锡伯语 tʂarə-。可以说，ʧaru- 的原有语音形式在通古斯语支语言里保存得较为理想，不过在满语支语言内却出现 ʧaru->tʂaru->tʂarə- 式音变现象。

nuŋgala-"炖"——满语及锡伯语 nuŋgala->nuŋala-，鄂温克语、鄂伦春语、赫哲语 nuŋala-。再说，通古斯语支语言内也可以用 ulu-（赫哲语）、dʉnlə-（鄂温克语与鄂伦春语）等说法来表示"炖"之意。其中，dʉnlə- 之说可能源于汉语的 dun"炖"。

*hagari-"烙"——鄂温克语 hagri-，满语、锡伯语、赫哲语 hari-，鄂伦春语 kagri-。在该词里，首先是词首辅音 h 在鄂伦春语里变读为 k 音。其次，词中辅音 g 及元音 a 在满语、锡伯语、赫哲语中先后被脱落。

*budʒu- ~ *uləgə-"煮"——满语及锡伯语 budʐu-，赫哲语 ulu-，鄂伦春语 ɵlɵɵ-，鄂温克语 ələə-。在满语支语言的 *budʒu->budʐu- 及通古斯语支语言的*uləgə->ulu- ~ ɵlɵɵ- ~ ələə- 中 *uləgə- 产生的语音变化比较突出。也就是说，通古斯语支语言的 *uləgə- 在使用过程中出现：（1）词首元音 u 在鄂伦春语及鄂温克语内变读为 ɵ 与 ə 音；（2）动词词根末尾的 əgə 之语音形式在通古斯语支语言中产生 əə>ɵɵ>u 式音变等。

moŋi-"揉"——通古斯语支语言叫 moŋi-，满语支语言说 mondʐị-。从词源学的角度分析，满语支语言的 mondʐị- 也应源于动词词根 moŋi-，而其后面出现的 -dʒi 是属于后来接缀的成分。也就是说，moŋidʒi- 经过 moŋidʒi->moŋdʐị->mondʐị- 式演化过程，形成后来的 mondʐị- 这一语音结构形式。

*dabsula-"腌咸菜"——女真语及满语 dabsula-，锡伯语 davsulə-，鄂伦春语 dawsulo-，赫哲语 dawsələ-，鄂温克语 doosulo-。同源动词 *dabsula->dabsula->davsulə->dawsələ- ~ dawsulo->doosulo- 等是在名词

*dabusun "盐" 后面接缀由名词派生动词的构词词缀 -la > -lo ~ -lə 而构成的实例。

əku- "捂头" —— 满语及锡伯语 əku-，赫哲语 uhu-，鄂温克语 uhu-，鄂伦春语 uku-。可以看出，əku- 在满语支语言中将原有语音形式保存得比较好，而在通古斯语支语言里却发生词首元音 ə 的 u 与 u 音变，以及词根末尾元音 u 的 u 音变等。

*dʒogo- "想"、"想念" —— 鄂伦春语 dʒowo-，赫哲语与鄂温克语 dʒoo，女真语、满语、锡伯语 dzo-。同源动词 *dʒogo- 虽然在不同语言里产生了有所不同的语音变化，但我们完全可以依据满通古斯语族语言的语音演化规律将它们的语音变化现象排列为 *dʒogo- > dʒowo- > dʒoo > dzo-。其中，满语支语言的词首辅音 dʒ 产生 dz 音变的同时，ogo 这一语音形式经过 oo > o 式演变成为短元音 o。再说，通古斯语支语言的词中辅音 g 的脱落而出现长元音 oo 之现象。另外，满通古斯语族语言里还用 guni-（满语及锡伯语）、goni-（赫哲语）、bodo-（鄂伦春语与鄂温克语）等说法表示 "想"、"思索" 之意。其中，bodo- 之说与蒙古语族语言的 bodo- 同属一源。

*tulibu- "猜" —— 赫哲语 tulibə-，满语 tulbi-，鄂伦春语及鄂温克语 tulbi-，锡伯语 tylvi-。可以看出，*tulibu- 是按照 tulibə- > tulbi- > tulbi- > tylvi- 式语音演变规律产生了一系列音变。另外，通古斯语支语言里还有 taa- 之说。不过，该说法与蒙古语族语言的 taga- > taa- "猜" 属同根同源，有可能源自蒙古语族语言。与 "猜" 所表现出的词义相关，在满通古斯语族语言内把 "估计" 叫 barabu-（满语）、barəvə-（锡伯语）、bargala-（鄂伦春语）、baggala-（鄂温克语）、bargula-（赫哲语）的同时，通古斯语支语言里还可以用 anabu- 来表示 "估计" 之意。

mijali- ~ kəmədʒələ- "测量" —— 满语 mijali- > miali-，锡伯语 miali-，鄂伦春语 kəmədʒələ-，鄂温克语及赫哲语 həŋdʒələ-。满语支语言 mijali- > miali- 及通古斯语支语言 kəmədʒələ- > həŋdʒələ- 中的 kəmədʒələ- 之说是源于名词 kəmə "度量"、"界定" > kəmədʒə "程度"、"尺度" 的动词。而在 kəmədʒə 后面出现的词缀 -lə 是属于由名词派生动词的构

词词缀。

*saga- "知道" —— 鄂温克语及鄂伦春语 saa-，女真语、满语、锡伯语、赫哲语 sa-。显而易见，*saga- 所产生的语音变化现象及其规律应该是 *saga- > saa- > sa-。与此同时，他们将"懂"说成是 ulhi-（满语、锡伯语、赫哲语）、guuru-（鄂温克语）、guru-（鄂伦春语）等。

akda- "相信" —— 满通古斯语族语言内均说 akda- 之外，通古斯语支语言里还有 tədʒitʃi- > tədʒiʃe- 之说。

ədʒi- "记住" —— 赫哲语、鄂伦春语、鄂温克语 ədʒi-，锡伯语 ədzi-，满语 ədzə-。作为同源动词的 ədʒi- 在不同语言里产生的语音变化表现于：（1）词中辅音 dʒ 在满语支语言内演化为 dz̩ 音；（2）词根末尾元音 i 在满语里弱化为 ə 音等两个方面。

*muriki- ~ *dʒogomu- "回忆" —— 满语 mərki-，锡伯语 mərki- > mərkə-，赫哲语 mərki- ~ mərgi-，鄂伦春语与鄂温克语 dʒoomu-。除了 *muriki- > mərki- 及 *dʒogomu- > dʒoomu- 两种说法之外，赫哲语中也用 gonirgi- 之说表示该动词词义。

*omugo- "忘记" —— 鄂伦春语 omŋo-，鄂温克语 omgo- > ommo-，满语 oŋgo- > oŋo-，赫哲语 oŋhu-，锡伯语 oŋu-。根据满通古斯语族语言语音演化原理，我们认为该同源动词的词根应为 *omu-，它后面出现的 -go 是属于词缀。我们可以用以下格式，分析和展示 omu- 的语音演化现象及其规律：

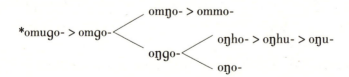

bujə- ~ ajawu "爱" —— 女真语、满语、锡伯语、赫哲语 bujə-，鄂伦春语与鄂温克语 ajawu-。在这里，需要提出的是，鄂伦春语与鄂温克语的 ajawu- 之说是在形容词 aja "好的"后面接缀构词词缀 -wu 而派生

的动词。与此同时，他们还将"爱护"叫 haira-（满语、锡伯语、赫哲语）、mula-（鄂伦春语及鄂温克语）等。这其中，haira- 一说与蒙古语族语言的 haira- 同属一源。

*oʤi- ~ noka-"吻"——锡伯语 odzi-，满语 odzo-，赫哲语及鄂伦春语 noka-，鄂温克语 noho-。首先，我们看到的是，通古斯语支语言内 *oʤi- 的词中辅音 ʤ 在满语支语言内出现 dz 音变的同时，元音 i 在满语里被前置音节元音顺同化为 o 音。其次，通古斯语支语言内，词中辅音 k 在鄂温克语里变读为 h 音的同时，元音 a 也被前置音节元音顺同化为 o 音。很有意思的是，赫哲语里把 noka- 也有发音成 muka- 的现象。

nari-"珍惜"——赫哲语、鄂伦春语、鄂温克语 narila-，锡伯语 narhula-，满语 narahula-。毫无疑问，该同源动词是在形容词 narin > narhun > narhun 后面接缀由形容词构成动词的构词词缀 -la 而派生出的实例。

uʤələ- ~ urgələ-"尊重"——女真语 uʤələ-，满语 udzələ-，锡伯语 udzilə-，赫哲语 urgələ-，鄂伦春语 urgələ-，鄂温克语 uggulu-。很显然，满通古斯语族语言对于"尊重"之意的两种表述形式 uʤələ- > udzələ- > udzilə- 以及 urgələ- > urgələ- > uggulu- 均源于形容词 *uʤən ~ urgə"重的"。也就是说，他们是在 *uʤən ~ urgə 后面接缀由形容词构成动词的词缀而派生出来的动词。

ojobo-"重视"——满语、赫哲语、鄂伦春语、鄂温克语 ojobo-，锡伯语 ojovə-。不过，通古斯语支语言内也可以用刚刚在上面提到的动词 urgələ- > urgələ- > uggulu- 表示该动词词义。

kundulu-"款待"——锡伯语 kundulu-，满语及赫哲语 kundulə-，鄂伦春语 kundulu-，鄂温克语 hundulu-。在满语及赫哲语里该同源动词的早期语音形式被保存得较完整，而在其他三种语言里却出现词首辅音 k 变读为 h 音、词中元音 u 及 ə 被发作 u 或 u 音等音变现象。

*gilʤa- ~ nagali-"体谅"——满语支语言 gildza-，通古斯语支语言 nagali-。在满通古斯语族语言内除了叫 *gilʤa- > gildza- 和 nagali- 之外，通古斯语支语言中还可以用 *guuru- > guuru- 这一动词表示"体谅"

之意。

banihala-"感谢"——满语、赫哲语、鄂温克语 banihala-,锡伯语 banihalə-,鄂伦春语 banikala-。他们使用 banihala > banihalə- > banikala- 的同时,通古斯语支语言还用 aqda- > adda- 之说表示"感谢"之意。

hinu-"恨"——满通古斯语族语言内,除鄂伦春语词首辅音 h 被发作 k 音而说 kinu-之外,其他语言中均叫 hinu-。不过,满语支语言里还有 korso- ~ səjə- 之说,通古斯语支语言中也有 hordo- > hoddo- 的表述形式。

tʃətʃirə-"憎恨"——赫哲语 tʃətʃirə-,鄂伦春语 tʃitʃirə- > tʃitʃir-,满语与锡伯语 tʂətʂərə-,鄂温克语 ʃiʃirə- > ʃiʃrə-。可用以下格式归纳该词的语音演变形式及其规律:

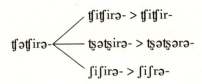

可以看得出来,该词在不同语言中主要产生:(1)词首及词中辅音 tʃ 在满语支语言里变读为 tʂ 音的同时,在鄂温克语里却出现 ʃ 音变;(2)词首音节元音 ə 在鄂伦春语及鄂温克语中演化为 i 音;(3)词第二音节元音 i 在满语支语言里弱化为 ə 音等音变。

ubija- ~ *dʒibuʃi-"讨厌"——满语 ubija- > ubia-,赫哲语 ube-,锡伯语 uvia-,鄂温克语 dʒiwɐʃi-,鄂伦春语 dʒubɐʃi-。满通古斯语族语言说 ubija- > ubia- > ube- > uvia- 及 *dʒibuʃi- > dʒiwɐʃi- > dʒubɐʃi- 的同时,他们的语言里还有用 giruk-(通古斯语支语言)、əiməndə-(满语支语言)表示"讨厌"之意的现象。

usana- ~ anibki-"腻烦"——满语与锡伯语 usana-,赫哲语及鄂伦春语 anibki-,鄂温克语 anikki- > anakki-。其实,通古斯语支语言内除 anibki- > anikki- > anakki- 之外,同样有 *usuna- > usun- > *usana- > usan-

之说。不过，通古斯语支语言的这些说法主要表示"累"或"心累"等动词词义，不表示"腻烦"之概念。另外，与"腻烦"之说相关，他们还把"烦恼"称之为 aka-（满语及鄂伦春语）、akə-（锡伯语）、aha-（赫哲语与鄂温克语）等。

ajasila-"帮助"——鄂温克语 ajaʃila- > ajʃila-，赫哲语及鄂伦春语 ajʃila-，满语 aisila-，锡伯语 ai şilə-。该同源动词是在形容词 aja > aj > ai "好"后面连缀 -si > - şi > -ʃi 与 -la > -lə 等构词词缀构成的产物。

*bajitala-"使用"——鄂伦春语与鄂温克语 bajtala-，赫哲语 bajtalə-，满语 baitala-，锡伯语 baitələ-。这一同源动词也是在名词 *bajita > bajta > baita > baitə "事"后面接缀构词词缀 -la > -lə 而构成的实例。与此相关，他们将"用"叫 takura-（女真语、锡伯语、赫哲语、鄂伦春语）、takʊra-（满语）、tahura-（鄂温克语），把"雇佣"说成是 turi-（满语、锡伯语、赫哲语）、tʉri-（鄂伦春语及鄂温克语）等。

tomila-"派（去）"——满语及赫哲语 tomila-，锡伯语 tomilə-，鄂温克语与鄂伦春语 tomila- > tomla-。另外，满语支语言把"派遣"同样叫 tomila- > tomilə- 的同时，还用 takura- > takʊra- 之说表示该动词词义。然而，在通古斯语支语言中却用 ŋənʉkə-（鄂伦春语）、nənʉhə-（鄂温克语）、ənuhə-（赫哲语）来指"派（去）"之概念。

baji- ~ gələbʉ-"求"、"请求"——女真语、满语、锡伯语、赫哲语 bai-，鄂伦春语及鄂温克语 gələə-。他们除了说 baji- > bai- 及 gələbʉ- > gələʉ- > gələə- 之外，通古斯语支语言内还有 amŋa- 及 ʤalbari- 两种说法。而且，在满通古斯语族语言中还把"央求"说成是 jandu-（满语、锡伯语、赫哲语）、janda-（鄂伦春语及鄂温克语）等。

*ʤasi- ~ ʤahi-"托付"——赫哲语与鄂温克语 ʤahi-，鄂伦春语 ʤaki-，满语 dzasi-，锡伯语 dzaşi-。就像该同源动词里所见到的那样，满通古斯语族语言里确实有辅音 s 与 h 的交替使用现象。例如：

满语	锡伯语	赫哲语	鄂温克语	鄂伦春语	词义
səshun	səshun	həshun	həshun	kəskʉn	讨厌的

basa	basa	baha	bahan	bakan	工钱
təsu	təsu	təhun	təhuŋ	təku	原本
musə-	musə-	muhə-	muhe-	muke-	弯曲

对于这种语音交替现象的存在，现在我们还很难准确地提出其中的哪一个属于原来就有的最为早期的语音形式，哪一个是属于经过语音交替式音变之后出现的语音形式等问题。根据我们所掌握的词汇资料，以及这些资料中的实际音变情况来看，满通古斯语族语言的辅音 s 与 h (k) 的语音交替实例中，辅音 h (k) 往往处于优势地位。

makta- ~ *həgənnə- "称赞" —— 满语及赫哲语 makta-，锡伯语 maktə-，鄂温克语 həənnə-，鄂伦春语 kəənnə-。满通古斯语族语言里的 makta- > maktə- 与蒙古语族语言的 makta- 之间存在同源关系。而鄂温克语及鄂伦春语中出现的 *həgənnə- > həənnə- > kəənnə- 是属于通古斯语支语言的早期说法。并且，它们是在名词 *həgən > həən > kəən "称赞" 后面接缀从名词派生动词的构词词缀 -nə 构成的实例。

*urusə- ~ tihala- "同意" —— 满语 uruşə-，锡伯语 uruşə- > uruşi-，赫哲语与鄂温克语 tihala-，鄂伦春语 tikala-。他们使用满语支语言的 *urusə- > uruşə- > uruşi- 及通古斯语支语言的 tihala- > tikala- 两种说法的同时，通古斯语支语言内还有 ooŋʃi- > ooŋʧi- 之说。

*ʤugu- "搬"、"运" —— 赫哲语 ʤuwə-，鄂伦春语及鄂温克语 ʤugu-，满语 dzuwə-，锡伯语 dzo-。同源动词 *ʤugu- 在使用过程中产生的语音变化表现在以下方面：（1）词首辅音 ʤ 在满语支语言里变读为 dz̟ 音；（2）词首音节元音 u 在鄂伦春语与鄂温克语内出现 ʉ 音变的同时，在锡伯语中被发作 o 音；（3）词中辅音 g 在满语及赫哲语里出现 w 音变的同时，在锡伯语里被脱落；（4）词根末尾元音 u 在鄂伦春语及鄂温克语里发生 ʉ 音变的同时，在满语与赫哲语中由于弱化而变读为 ə 音，而在锡伯语里却出现脱落现象。另外，他们将 "搬迁" 叫 guri-（女真语、满语、锡伯语、赫哲语）、nʉʉlgi-（鄂温克语）、ŋulgi-（鄂伦春语）等，还把 "游牧迁徙" 称作 nuktolo-（鄂伦春语）、nukto-lo- ~ notorlo-（鄂温克语）、nuktələ-（满语、锡伯语、赫哲语）等。

mogo-"受苦" —— 通古斯语支语言 mogo-，满语 moho-，锡伯语 mohu-。同源动词 mogo- 的原有语音形式在通古斯语支语言内被保存得较好，而在满语支语言里词中辅音 g 发生 h 音变的同时，词根末尾元音 o 在锡伯语内被发作 u 音。

sarta- ~ harta-"耽误" —— 满语与赫哲语 sarta-，锡伯语 sartə-，鄂温克语 harta-，鄂伦春语 karta-。首先，应该提到的是，在词首辅音 s 与 h、k 之间，就像前面提到的那样出现语音交替式音变现象。其次，锡伯语词干末尾元音 a 产生 ə 音变。另外，通古斯语支语言内还使用 saata- > saat- 之说，但这种说法与蒙古语族语言的 sagata- > saata- > saat-"耽误"同属一源。

*suki- ~ *murugu-"撞" —— 锡伯语 sukişə-，满语 şukişə- ~ şukilə-，赫哲语 murgu-，鄂伦春语 mʊrgʊ-，鄂温克语 mʊggʊ-。满通古斯语族语言里用 *sukisə- > sukişə- > şukişə- ~ şukilə- 及 *murugu- > murgu- > mʊrgʊ- > mʊggʊ- 两种说法表示"撞"之意外，满语支语言中还有 həntşə- 之说。

*məjilə- > *əjilə-"分解" —— 满语、锡伯语、赫哲语 məilə-，鄂伦春语及鄂温克语 əjlə-。我们不难看出，在 *məjilə- > məilə- 与 *əjilə- > əjlə- 间存在的同源关系。只是想进一步解释的是，*məjilə- 词首辅音 m 产生脱落的现象。对此音变现象，或许认为这是极其特殊的语音变化实例。事实上，满语、锡伯语、赫哲语词首出现的辅音 m，在鄂温克语及鄂伦春语内被脱落的现象确实存在。比如说，除了刚才的例子之外还有：

满语	锡伯语	赫哲语	鄂温克语	鄂伦春语	词义
məmərəku	məmərku	məmərku	əmərhuŋ	əmərkuŋ	痴情的
mutə-	mutə-	mətə-	ətə-	ətə-	能
mahʊ	maho	maho	ahʊ	ako	鬼脸

除此之外，在某一具体语言内也有词首辅音 m 产生脱落的现象。例如，满语里把"小的"叫 madzjigə 的同时也说 adzjigə，鄂温克语中把"母亲"叫 məmə 的同时也称为 əmə，鄂伦春语内将"短粗的"说成

mokor 之外也叫做 okor 等。由此，我们认为，məilə- 词首辅音 m 的脱落，导致鄂温克语及鄂伦春语中出现 əjlə- 之说并不是一个极其特殊的语音变化实例。

*hənʧə- ~ nuhu- "捣"、"舂"——满语与锡伯语 hənʈʂə-，赫哲语 nuhu-，鄂温克语 nʉhʉ-，鄂伦春语 nʉkʉ-。除了满语支语言的 *hənʧə->hənʈʂə- 以及通古斯语支语言的 nuhu- > nʉhʉ- > nʉkʉ- 之外，在满语、锡伯语、赫哲语里还用 ʦoŋki- > ʧoki- 之说表示该动作行为。再说，他们还将"杵"之意用 ʦoksi-（满语）、ʦokso-（锡伯语）、ʧokʧo-（赫哲语、鄂伦春语、鄂温克语）等来表述。

ologi- "晾"——通古斯语支语言 olgi-，满语 olho-，锡伯语 olhu-。首先，应该承认，通古斯语支语言里词第二音节元音 o 发生的脱落现象。其次，满语支语言内词中辅音 g 出现 h 音变的同时，词干末尾元音 i 也产生 o 与 u 音变。

*pusu- "喷出"——鄂温克语 pusʉ-，鄂伦春语 pʉʧʉ-，满语与锡伯语 fusu-，赫哲语 fusə-。不难看出，同源动词 *puʧu- 在不同语言里产生的音变表现于：（1）词首辅音 p 在满语、锡伯语、赫哲语里发生了 f 音变；（2）词中元音 u 在鄂伦春语及鄂温克语中演化为 ʉ 音的同时，在赫哲语内被发作 i 音；（3）词中辅音 s 在鄂伦春语里变读为 ʧ 音等方面。

*goʧi- ~ suga- "抽出"——满语与锡伯语 goʈʂi-，赫哲语及鄂温克语 suga-，鄂伦春语 sugu-。满通古斯语族语言内表示"抽出"之意的动作行为时，除了使用满语支语言的 *goʧi- > goʈʂi- 以及通古斯语支语言的 suga- > sugu- 两种说法外，通古斯语支语言内还用 ʃirba- > ʃibba- 或 tatə- 等说法来表述"抽出"之意。

hərə- ~ *sigu- "捞出"——满语支语言 hərə-，鄂伦春语 ʃigʉ-，赫哲语 ʃigu-，鄂温克语 ʃiwʉ-。我们掌握的动词词汇资料表明，除满语支语言的 hərə- 及通古斯语支语言的 *sigu- > ʃigʉ- > ʃiwʉ- 之外，赫哲语里还有 abugu- 一说。

*siba-"抹泥"——赫哲语 ʧiba-，满语 ʦifa-，锡伯语 ʦiva-，鄂温克语与鄂伦春语 ʃiwa-＜ʧawa-。该同源动词词首辅音的演变现象及其规律，应该同前面刚刚分析的 *sibu-"塞"的说法完全一样，是经过 *s＞ʃ＞ʧ＞ʦ 式语音变化规律产生的不同语音结构形式。再说，不同语言词中出现的辅音 f、v、w 等也都是由 b 音演化而来的产物。我们讨论名词"泥土"时也论及到 *siba 之说，并提出 *siba 是属于表示名词词义"泥土"的早期语音形式。也就是说，满通古斯语族语言中，*siba 有名词与动词双重词类内涵。它既可充当名词，也可以充当动词词根。事实上，在他们的语言里，像 *siba 一样有双重词类内涵的实例确实有不少。比如说，bəthə"足"⇔bəthə-"失足"；ba"处所"⇔ba-"盗处所"；anʤi"锛"⇔anʤi-"锛削"；anija"年"⇔anija-"过年"；susu"荒芜之地"⇔susu-"弄荒"；bəju"狩猎"⇔bəju-"打猎"等充当名词的同时，也能充当动词词根。

saga-"垒"、"砌"——鄂伦春语及鄂温克语 saga-，满语与赫哲语 saha-，锡伯语 sahə-。它们的语音演化规律应该是 saga-＞saha-＞sahə-。

ʤalu-"弄满"——女真语 ʤalubu-，赫哲语 ʤaluha-，鄂温克语 ʤaluha-，鄂伦春语 ʤaluka-，满语 dzalubu-，锡伯语 dzaluba-。毫无疑问，满通古斯语族语言内表述"弄满"之动作行为的说法 ʤalubu-＞ʤaluna-＞ʤaluha-＞ʤaluka-＞dzalubu-＞dzaluba- 均源于动词词根 ʤalu-＞dzalu-，而 -bu＞-ba、-ha＞-ka 等是属于构词词缀。

*sibu-"塞"——通古斯语支语言 ʃiwa-，满语支语言 ʦibu-。我们认为，该动词词首出现的辅音 ʦ 或 ʃ 应该均属于早期语音 s 的演变形式。再说，通古斯语支语言词尾元音 u 还产生了 a 音变。另外，满语支语言内还可以用 fihə- 表示"塞"之意。与动词"塞"相关，该语族语言里把"塞入"叫 si-（满语）、ʂi-（锡伯语）、ʃigʧi-（赫哲语及鄂伦春语）、ʃigʧi-＞ʃiʧʧi-（鄂温克语）等。应该说，通古斯语支语言的 ʃigʧi-＞ʃiʧʧi- 之说是在动词词根 si- 后面接缀由动词构成动词的词缀 -gʧi 而派生出来的实例。

*kaga-"堵"——鄂伦春语 kaa-，满语、锡伯语、赫哲语 ka-，鄂温克语 haa-。他们说 *kaga-＞kaa-＞ka-～haa- 之外，还要用 butulə-（满

语支语言）、libki- > likki- 或 kaadi- > haadi- 等表示 "堵" 之意。

dali- "阻挡" —— 满通古斯语族语言都说 dali-。另外，他们还可以用 haŋgabu-（满语）、haŋgəvə-（锡伯语）、haadi-（赫哲语与鄂温克语）、kaadi-（鄂伦春语）等说法表示该动词词义。满通古斯语族语言中，与 "阻挡" 相关的同源动词还有一些。比如说，haŋgabu- ~ *libuki- "阻塞" ⇨ haŋgabu- > haŋabu-（满语）、haŋabu-（锡伯语）、libki-（赫哲语及鄂伦春语）、likki-（鄂温克语）等；sihələ- ~ *hagadi- "拦阻" ⇨ sihələ-（满语）、şihələ-（锡伯语）、haadi-（赫哲语与鄂温克语）、kaadi- ~ akubu-（鄂伦春语）等；həturə- ~ taguha- "拦截" ⇨ həturə-（满语及锡伯语）、taguha-（赫哲语）、taguka-（鄂伦春语）、tawuha-（鄂温克语）等。

tuhəbu- ~ horlo- "陷害" —— 满语 tuhəbu-，锡伯语 tuhuvə-，赫哲语及鄂温克语 horlo-，鄂伦春语 korlo-。满通古斯语族语言内表示 "陷害" 之意时，主要使用满语支语言的 tuhəbu- > tuhuvə- 及通古斯语支语言的 horlo- > korlo- 两种说法。与 "陷害" 相关的动词还有一些。比如说，bələ- ~ gəgdə- "诬陷" ⇨ bələ-（满语与锡伯语）、gəgdə-（赫哲语及鄂伦春语）、gəddə-（鄂温克语）等；*əgələ- "诬害"、"诽谤" ⇨ əhələ-（满语、锡伯语、赫哲语）、əələ-（鄂伦春语与鄂温克语）等；*jotʃibu- ~ jodolo- "整人（害人）" ⇨ jotṣibu-（满语）、jodovu-（锡伯语）、jodolo-（鄂伦春语及赫哲语）、jodolo- > jodlo-（鄂温克语）等

lashala- ~ *pusit- "弄断" —— 满语、锡伯语、赫哲语 lashala-，鄂伦春语及鄂温克语 puʃit-。满通古斯语族语言内与 lashala- 和 *pusit- > puʃit- 所表示的 "弄断" 之意相关的同源动词还有一些。比如说，moksolo- ~ hoŋtʃot- "撅断" ⇨ moksolo-（满语）、mohsulu-（锡伯语与赫哲语）、hoŋtʃot-（鄂温克语）、koŋtʃot-（鄂伦春语）等；tʃakala- "折断" ⇨ tʃakala-（鄂伦春语）、tʃahala-（鄂温克语）、tʃihali-（赫哲语）、tṣakala-（满语）、tṣakalə-（锡伯语）等；*məjitə- ~ *tusi- > *tusihə- ~ *tusibu- "割断" ⇨ məitə-（满语）、mitə-（锡伯语）、tuʃihə-（赫哲语）、tʉʃibʉ-（鄂伦春语及鄂温克语）等；*moko- > *mokosolo- ~ *mokotolo- "砍断" ⇨ moksolo-（满语）、mohsulu-（锡伯语）、moktolo-（赫哲语、鄂伦春语、鄂温克语）等。

hada- ~ *tibuku- "钉" —— 满语 hada-，锡伯语及赫哲语 hadə-，鄂伦春语 tibkə-，鄂温克语 tibkə- > tikkə-。在满语支语言的 hada- > hadə- 及通古斯语支语言的 *tibuku- > tibku- > tibkə- > tikkə- 两种说法中，hada- > hadə- 与蒙古语族语言的 hada- > hadə- "钉" 同属一源。另外，他们把给马钉铁掌的 "钉" 叫做 tahala-（满语）、tahala- > tahla-（鄂温克语）、tahələ-（锡伯语）、tahla-（赫哲语）、takla-（鄂伦春语）等。

orolo- "顶替" —— 满语及赫哲语 orolo-，锡伯语、鄂伦春语、鄂温克语 orlo-。满通古斯语族语言的 orolo- > orlo-，与蒙古语族语言的 orolo- > orlo- "顶替" 属同根同源。

lakija- ~ loho- "挂" —— 满语 lakija- > lakia-，锡伯语 lakia- > liəkə-，赫哲语与鄂温克语 loho- > loh-，鄂伦春语 loko-。除了这里提到的 lakija- > lakia- > liəkə- 及 loho- > loh- > loko- 两种说法外，满语支语言也用 tabu- 之说来表示该动词词义。

goholo- "钩" —— 除了鄂伦春语里说 gokolo- 之外，其他满通古斯语族语言内均叫 goholo- < gohlo-。另外，在满通古斯语族语言内，还有一些与 "钩" 密切相关的同源动词。比如说，dəgələ- "钩住" ⇨ dəgələ-dəglə-（赫哲语、鄂伦春语、鄂温克语）、dəhələ- ~ bərgələ-（满语及锡伯语）等；taksija- "用脚钩" ⇨ taksija- > taksia-（满语）、tahʂa-（锡伯语）、taʃi-（赫哲语与鄂伦春语）、taʃi- ~ taʃ-（鄂温克语）等。

guri- > guribu- "挪动" —— 女真语 guri-，满语及赫哲语 guribu-，锡伯语 gurivə-，鄂伦春语与鄂温克语 gɯribɯ-。很显然，该同源动词的词根是 guri- > gɯri-，而 -bu > -bɯ > -və 是属于由动词派生动词的构词词缀。另外，他们还用 atʂiŋija- > atʂiŋia-（满语支语言）、gɯrgubɯ- > gɯrgubɯ- > gɯrguwɯ-（通古斯语支语言）之说表示 "挪动" 所包含的动作行为。

təksilə- "整理" —— 满语及赫哲语 təksilə-，锡伯语 tək ʂilə-，鄂伦春语 təktʃilə-，鄂温克语 tətʃtʃilə-，女真语 tikta-。满通古斯语族语言的 təksilə- > təkʂilə- > təktʃilə- > tətʃtʃilə- 是在形容词 təksin "平整的" 后面

接缀由形容词构成动词的构词词缀派生出来的同源动词。

əri- ～ *əsu- "扫地" —— 满语与赫哲语 əri-，锡伯语 əri- > irə-，鄂伦春语及鄂温克语 əsʉ-。满通古斯语支语言的 əri- > irə- 以及 *əsu- > əsʉ- 之间是否存在同源关系现在还很难一言为定。但是，无论是 əri- > irə-，还是 *əsu- > əsʉ-，都属于早期词汇，并有相当高的使用率。

* wugə- "融化" —— 满语 wə-，锡伯语 və-，赫哲语 uu- > u-，鄂伦春语及鄂温克语 ʉʉ-。该同源动词的语音演化规律应为：

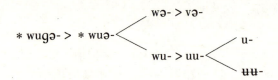

$$* wugə- > * wuə- \begin{cases} wə- > və- \\ wu- > uu- \begin{cases} u- \\ ʉʉ- \end{cases} \end{cases}$$

*waliɡija- "晒干" —— 满语 walɡija- > walɡia-，锡伯语 valɡia-，赫哲语 uliɡi-，鄂伦春语 ulɡi-，鄂温克语 ulɡe-。同源动词 *waliɡija- 的语音演化规律应该是 walɡija- > walɡia- > valɡia- > uliɡi- > ulɡi- ～ ulɡe-。也就是说：（1）词首辅音 w 在锡伯语里变读为 v 音；（2）词首音节 wa > va 在通古斯语支语言中演化成单元音 u；（3）词第二音节元音 i 在除赫哲语之外的语言里均被脱落；（4）词干末尾的音节形式 ija- 发生 -ia > -e > -i 式音变等。另外，满通古斯语族语言还用 kata-（满语及赫哲语）、katə-（锡伯语）、katɡa-（鄂伦春语）、hatɡa-（鄂温克语）之说表示该动词词义。

uhu- "捆" —— 满语与赫哲语 uhu-，锡伯语 uhə-，鄂温克语 ʉhʉ-，鄂伦春语 ʉkʉ-。该同源动词的音变规律应为 uhu- > uhə- ～ ʉhʉ- > ʉkʉ-。除此之外，他们还经常用 fulmijə-（满语）、fəŋni-（锡伯语）、əbkə-（赫哲语与鄂伦春语）、əbkə- > əkkə-（鄂温克语）等说法表示 "捆" 所包含的动作行为。

fu- ～ abu- "擦" —— 满语 fu-，锡伯语 və-，赫哲语 abu-，鄂伦春语 abu- > awa-，鄂温克语 awa-。除了满语支语言的 fu- > və- 与通古斯语支语言的 abu- > awu- > awa- 之外，在满语、锡伯语、赫哲语中还有 mabula- > mavələ- 之说。而且，mabula- > mavələ- 的词根 mabu > mavə 有可能是属于汉语 mabu "抹布" 的音译借用形式。

soli- "邀请" —— 满通古斯语族语言均叫 soli-。然而，通古斯语支语言也用 ʤala- > ʤal- 或 əəri- 表示 "邀请" 所含的动作行为。这其中，ʤala- > ʤal- 与蒙古语族语言的 ʤala- > ʤal- "邀请" 同属一源。

karula- "回答" —— 满语、锡伯语、鄂伦春语、赫哲语 karula-，鄂温克语 harula-。而且，该语族语言的 karula- > harula- 与蒙古语族语言的 harigul- > hariul- > harul- 间存在同源关系。

*gəhəsə- ~ dohi- "点头" —— 满语 gəhəsə-，锡伯语 gəhʂə-，赫哲语与鄂温克语 dohi-，鄂伦春语 doki-。根据我们掌握的动词词汇资料，满通古斯语族语言内除满语支语言的 *gəhəsə- > gəhəsə- > gəhʂə- 及通古斯语支语言的 dohi- > doki- 之外，通古斯语支语言中还可以用 toŋki-（鄂温克语）、kəhu-（鄂伦春语）、hənʃitʃi-（赫哲语）等表示 "点头" 之意。

lasi- "摇头的'摇'" —— 满语 lasi-，锡伯语 laʂi-，鄂伦春语及鄂温克语 laʃi-，赫哲语 laʃə-。他们除了说 lasi- > laʂi- > laʃi- > laʃə- 之外，通古斯语支语言中还有 larki-（鄂伦春语与赫哲语）、lakki-（鄂温克语）~ saʤi-（鄂伦春语及鄂温克语）等说法。

alija- "等候" —— 满语 alija- > alia-，鄂温克语 alaaʃi-，鄂伦春语 alaatʃi- > alaat-，赫哲语 alatʃi-，锡伯语 eli-。在我们看来，该词的早期语音形式应该是 alija-，后来在使用过程中不同语言里出现：（1）词首元音 a 在锡伯语里出现 e 音变；（2）词中语音形式 ija- 发生 ia > aa > a > i 式音变；（3）词干末尾使用词缀 -ʃi、-t、-tʃi 等现象。另外，他们把 "迎接" 称之为 okto- > otto-（鄂温克语）、oktu-（赫哲语及鄂伦春语）、okdo-（满语）、okdu-（锡伯语）等的同时，通古斯语支语言里也可以用 agtʃa- > atʃtʃa- 之说表示 "迎接" 之意。

*idʒura- ~ himki- "蹭" —— 满语 idzura-，锡伯语 idzırə-，赫哲语 himki-，鄂伦春语及鄂温克语 imki- > iŋki- > iiŋki-。我们还发现，除了在

满语支语言里说 *idʐura- > idzura- > idzịrə- 及通古斯语支语言中叫 himki- > imki- > iŋki- > iiŋki- 之外，在通古斯语支语言里还有用 haawi- > kaawi- 来表示"蹭"之意的现象。再说，他们还把"蹭破"称作是 nioŋgala-（满语及锡伯语）、ʃilbug-（赫哲语）、ʃilbug- > ʃildʒig-（鄂温克语）、tʃilbug-（鄂伦春语）等。

*nijələdʒi-"碾伤" —— 满语 nijələdzə- > niələdzə-，锡伯语 niəldzə- > nilədzə-，鄂伦春语 neldʒig-，鄂温克语 neldʒig- > nildʒig-，赫哲语 nildʒig-。满通古斯语族语言同源动词 *nijələdʒi- 虽然在不同语言中产生了不同程度的音变，但其语音变化内部规律还是一目了然，并可以用以下格式进行归纳和展示：

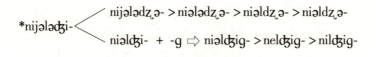

*nijələdʒi- ＜ nijələdzʲə- > niələdzʲə- > niəldzʲə- > niəldzʲə-
niəldʒi- + -g ⇨ niəldʒig- > neldʒig- > nildʒig-

ətə-"赢" —— 满通古斯语族语言内均说 ətə-。同时，把"输"叫 ətəbu-（满语与赫哲语）、ətəwɨ-（鄂伦春语及鄂温克语）、ətevə-（锡伯语）等。毫无疑问，表示"输"之意的同源动词是在动词词根 ətə-"赢"后面接缀 -bu > -wɨ > -və 之词缀而构成。

holto- ~ *uləgusi-"撒谎" —— 满语 holto-，锡伯语及赫哲语 holtu-，鄂温克语 өləhəʃi- > өlөөhəʃi-，鄂伦春语 өlөkətʃi- > өlөktʃi-。除了这里提到的 holto- > holtu- 以及 *uləgusi- > *ulөgəʃi- > өlөhəʃi- > өlөkətʃi- > өlөktʃi- 之外，在满语支语言内还有 əitərə- 之说。

tajo- ~ niŋi-"骂" —— 赫哲语 tajo-，女真语 tao-，满语 too-，锡伯语 to-，鄂伦春语与鄂温克语 niŋi- > niŋii-。就像在上面列举的那样，满通古斯语族语言内要用 tajo- > tao- > too- > to- 及 niŋi- > niŋii- 两种说法表示"骂"之意。

firu- ~ *nonnosi-"诅咒" —— 满语 firu-，锡伯语 firi-，鄂温克语 nonnoʃi- > noŋtʃi-，赫哲语 nonnotʃi-，鄂伦春语 noŋtʃi-。除了满语支语言的 firu- > firi- 及通古斯语支语言的 nonnosi- > nonnoʃi- > nonnotʃi- > noŋtʃi- 之外，通古斯语支语言中还有 gashutʃi- 之说。

　　*waga-"杀"——鄂伦春语及鄂温克语 waa-，女真语、满语、锡伯语、赫哲语 wa-。在不同语言的使用过程中 *waga- 产生了 waa->wa-式音变。另外，他们将"屠杀"叫做 kodo-（满语）、kodu-（锡伯语）、gidu-（赫哲语）、gidu->gida-（鄂伦春语与鄂温克语）等，还将"宰"说成 bohosolo-（满语）、bohuslu-（锡伯语）、uguʧi-（赫哲语）、ʉgʉʧi->ʉgʧi-（鄂温克语与鄂伦春语）等。

　　uləbu-"饲养"——满语、锡伯语、赫哲语 uləbu-，鄂伦春语与鄂温克语 ʉləbʉ-。除了满通古斯语族语言的 uləbu->ʉləbʉ- 之外，他们在日常生活用语里还用 irgi-（鄂伦春语）、iggi-（鄂温克语）、uʤu-（女真语）、uʤi-（赫哲语）、dunda-（满语）等说法表示"饲养"之意。

　　sari-"叮"——赫哲语、鄂伦春语、鄂温克语 sari-，满语与锡伯语 sai-。显而易见，在满语支语言里词中辅音 r 被脱落。另外，他们还可以用 ʂufa-（满语支语言）、ʃani-（通古斯语支语言）表示该动词词义。

　　orolo-"接替"——满语及赫哲语 orolo-，锡伯语 orulu-，鄂伦春语与鄂温克语 orlo-。可以看出，同源动词 orolo- 的第二音节及第三音节元音 o 在锡伯语里出现 u 音变的同时，词中元音 o 在鄂伦春语和鄂温克语内被脱落。

　　giŋlə- ~ ginlə-"秤"——锡伯语及鄂温克语 giŋlə->ginlə-，满语、赫哲语、鄂伦春语 ginlə-。在我们看来，作为动词词根的 giŋ 还是 gin 似乎是属于汉语借词"斤"的音译形式。也就是说，这一所谓同源动词是在汉语借词 jin"斤"的音译语音形式 giŋ ~ gin 后面，接缀由名词派生动词的构词词缀 -lə 而构成的产物。

　　alama- ~ alahuda-"模仿"——女真语及赫哲语 alama-，鄂温克语 alama->alma-，鄂伦春语 alma-，锡伯语 alhudə-，满语 alhuda-。毫无疑问，alama->alma- 及 alahuda->alhʊdə->alhuda- 两种说法均源于动词词根 ala-。

　　ənʧulə-"区别"——赫哲语 ənʧulə-，鄂伦春语及鄂温克语

ənʧʊlə-，满语与锡伯语 əntʂʊlə-。同源动词 ənʧʊlə- 在使用过程中主要产生：（1）词中辅音 ʧ 在满语与锡伯语中出现 tʂ 音变；（2）词中元音 u 在鄂温克语及鄂伦春语里的 ʊ 音变等。再说，该同源动词是在代词 ənʧu > ənʧʊ > əntʂu "别的" 后面接缀 -lə 而构成的实例。除此之外，在满通古斯语族语言内还有 faksala-（满语及锡伯语）、ɵntɵlə-（鄂伦春语与鄂温克语）等说法。

*wəʧə- ~ omina-"祭祀" —— 满语 wətʂə-，锡伯语 vətʂə-，赫哲语、鄂伦春语、鄂温克语 omina-。我们所掌握的满通古斯语族语言词汇资料里，主要由满语支语言的 *wəʧə- > wətʂə- > vətʂə- 及通古斯语支语言的 omina- 两种说法来表示"祭祀"之意。不过，通古斯语支语言中还有用 tahi-（鄂温克语）、taki-（赫哲语及鄂伦春语）表示该动词词义的现象。

ajabu- ~ *ajitubu-"救" —— 满语 aitubu-，锡伯语 aitəvə-，鄂伦春语及鄂温克语 ajabu-，女真语 ajubu-，赫哲语 ajbu-。在我们看来，该动词的构成原理有两种。其中之一是，属于形容词 aja > aju > aj "好" 与动词 bu-"给" 的合二为一的结合体 ajabu- > ajubu- > ajbu-；其中之二是，在形容词 aja > aji > ai "好" 后面接缀构词词缀 -tubu > -təvə 而构成的 ajatubu- > ajitubu- > aitubu- > aitubə- > aitəbə- > aitəvə- 之结构形式。另外，在鄂温克语里还有 awra-之说。如果假定 awra- 也是属于由 ajabu- 演化而来的语音结构形式的话，它的音变规律应该是 ajabu- > ajbu- > abu- > abə- > ab- > aw- + -ra ⇨ awra-。在 aw- 后面接缀的 -ra 是由动词派生动词的构词词缀。

bahabu-"掌握" —— 满语与赫哲语 bahabu-，鄂温克语 bahawu-，锡伯语 bahəvə-，鄂伦春语 bakabu-。可以说，同源动词词根 baha- 在鄂伦春语内词中辅音 h 产生 k 音变的同时，词根末尾元音 a 在锡伯语中弱化为 ə 音。而-bu > -wu > -və 是属于构词词缀。

hisala-"祭酒" —— 满语、赫哲语、鄂温克语 hisala-，鄂伦春语 kisala-，锡伯语 kisalə-。同源动词 hisala- 所产生的语音变化并不大，只是词首辅音 h 在锡伯语与鄂伦春语里发生 k 音变的同时，词干末尾元音 a 在锡伯语内弱化为 ə 音等语音变化。另外，通古斯语支语言内还可以用 sasala- 指含"祭酒"之意。

　　targa- ~ səgərlə-"忌讳"——满语 targa-，锡伯语 tarhə-，鄂伦春语 səgərlə-，鄂温克语 səərlə-，赫哲语 sərlə- > sorək-。他们在日常生活里除使用满语支语言的 targa- > tarhə- 及通古斯语支语言的 səgərlə- > səərlə- > sərlə- 之外，还可以用 adʒi- > adʒig- 表示"忌讳"之意。

　　*huwala-"撕破"——锡伯语 huala-，赫哲语 huatʃi，满语 huwala-，鄂温克语 hooli-，鄂伦春语 kooli-。该同源动词的词根部分应该是 *huwa- > huwa- > hua- > hoo > koo-，而 -la、-li、-tʃi 均属于词缀部分。我们掌握的动词词汇资料内，与"撕破"相关的同语族语言或同语支语言的同源动词还有一些。比如说，tatara-"撕开" ⇨ tatara-（满语）、tatra-（锡伯语及赫哲语）、ʃidə-（鄂伦春语与鄂温克语）等；*məidʒəbu- ~ urə-"撕碎" ⇨ məidzəbu-（满语）、məidzəvə-（锡伯语）、urə-（赫哲语）、ʉrə-（鄂伦春语）、ʉrə- ~ səgi-（鄂温克语）等。

　　*əbudu-"破"——赫哲语 əbdu-，鄂伦春语 əbdʉ-，鄂温克语 əbdʉ- > əddʉ-，满语 əfudzə-，锡伯语 əvudzə-。可以看出，同源动词 *əbudu- 在不同语言里产生如下音变：（1）词中辅音 b 在满语、锡伯语、鄂温克语中变读为 f、v、d 音；（2）词中元音 u 被脱落；（3）词第三音节首辅音 d 在满语支语言里由 dz 音取代；（4）词干末尾元音 u 在鄂伦春语与鄂温克语中出现 ʉ 音变的同时，在满语和锡伯语里弱化为 ə 音等。另外，在他们的语言内也有不少与"破"相关的同源动词。比如说，labtara-"破损" ⇨ labtara-（满语）、labtarə-（锡伯语）、ludra-（鄂温克语与鄂伦春语）、ladra-（赫哲语）等；suntu-"破产" ⇨ suntu-（锡伯语）、suntə-（满语及赫哲语）、sʉntʉ-（鄂伦春语）、sʉntʉ- > sʉnʉ-（鄂温克语）等。

　　huthu- ~ bohi-"捆绑"——满语 huthu-，锡伯语 hutə-，赫哲语及鄂温克语 bohi-，鄂伦春语 boki-。也就是说，满通古斯语族语言内用满语支语言的 huthu- > hutə- 及通古斯语支语言的 bohi- > boki- 两种说法表示"捆绑"之意。

　　basa-"赶走"——赫哲语 basa-，满语 baʂa-，锡伯语 bəsa-，鄂伦春语与鄂温克语 asa-。从某种意义上讲，满通古斯语族语言内像 *basa-

> baṣa- ~ bəsa- > asa- 式音变实例中所见到的那样，词首辅音 b 的脱落现象出现得不是很多。不过，据我们掌握的动词词汇资料，还是能够找到相关的一些实例。比如说，满语支语言把"少许"、"诬陷"、"痴呆的"等说成是 badʐi、bələ-、bəlijən，而在通古斯语支语言内却叫 aʤi、əələ-、əlijən 等。很显然，这是由于通古斯语支语言内，词首辅音 b 的脱落而导致词首辅音 b 与零辅音间的对应现象。

*bələhə-"准备"——鄂温克语 bələh-，赫哲语及鄂伦春语 bələk-，满语与锡伯语 bəlhə-。同源动词 *bələhə- 在使用过程中产生的音变表现于：（1）词中元音 ə 在满语支语言内被脱落；（2）词干末尾音节辅音 h 在赫哲语和鄂伦春语中被发作 k 音两个方面。再说，满通古斯语族语言的 bələhə- 是由该语族与蒙古语族语言间共同使用的形容词 bələn "现成的"派生而来。除此之外，通古斯语支语言还用 bargi- > baggi- 之说表示"准备"所包含的动作行为。

səlbi-"划船"——满通古斯语族语言内均叫 səlbi-。不过，通古斯语支语言中还有 səli-（鄂伦春语及鄂温克语）、giawli-（赫哲语）等说法。

jalu- ~ ugu-"骑"——满语及赫哲语 jalu-，锡伯语 jalə-，女真语 jelu- > ilu-，鄂温克语 ugu-，鄂伦春语 ug-。以上例词告诉我们，通古斯语支语言的 ugu- 只是在鄂伦春语里发生词根末尾元音 u 的脱落现象。不过，满语支语言的 jalu- 之说却产生：（1）词首辅音 j 在女真语中被脱落的同时，词首音节元音 a 也出现 e > i 式音变；（2）词根末尾元音 u 在锡伯语里弱化为 ə 音等语音变化。

əlgə-"牵"——满通古斯语族语言内均叫 əlgə-。但是，鄂温克语里也有说 əggə- 的现象。也就是说，词中辅音 l 被后续音节辅音逆同化为 g 音，从而出现 gg 之语音结构形式。与此相关，他们将"牵引"说成是 kutulə-（满语）、kutulu-（锡伯语）、kutlə- < hutulə-（赫哲语）、kʊtlə-（鄂伦春语）、hʉtlə- > hθtlə-（鄂温克语）等。

akta-"阉割"——满语、赫哲语、鄂伦春语 akta-，锡伯语 ahtə-，鄂温克语 atta-。显而易见，该同源动词的语音演化规律应该是 akta- >

ahtə- > atta-。

　　ʧoki- ~ tonto-"啄"——赫哲语 ʧoki-，满语及锡伯语 tʂoki-，鄂伦春语与鄂温克语 tonto-。这两种说法里 tonto- 的语音形式保存得较为完整，而 ʧoki- 之说在满语与锡伯语中词首辅音出现了 tʂ 音变。另外，在满语及赫哲语内还有用 tʂoŋki- 与 tokto- 表示该动词词义的现象。其中，赫哲语的 tokto- 与 tonto- 应该有同源关系，而满语的 tʂoŋki- 和 ʧoki- 之间也有其同根同源关系。

　　sisuguda"鞭打"——锡伯语 su ʂihada-，女真语 suʃigada-，赫哲语及鄂温克语 ʃisugda-，满语 ʂusihada-，鄂伦春语 ʧisugda-。该同源动词是在名词 sisugu > sisug 后面接缀从名词构成动词的构词词缀派生而来。不过，在满语支语言内词首部分的语音形式 sisu- 的元音 i 与 u 出现换位式音变现象，从而把原有的 sisu- 发音为 susi- > suʂi- > suʃi- > ʂusi-。

　　gətuhulə-"澄清"——赫哲语 gətuhulə-，满语 gətukələ-，鄂伦春语 gətʉkʉlə-，鄂温克语 gətəhʉlə-，锡伯语 gəthulə-。在我们看来，同源动词 gətuhulə- 的原有语音形式在赫哲语里保存得比较完整，而在其他语言中却产生不同程度的语音演变。再说，同源动词 gətuhulə- > gətukələ- > gətʉkʉlə- > gətəhʉlə- > gəthulə- 是由形容词 gətuhun > gətukən > gətʉkʉn > gətəhʉn > gəthun 派生而来的实例。

　　urəbu-"炼（钢）"——满语 urəbu-，锡伯语 urəvu-，赫哲语 urbu-，鄂伦春语及鄂温克语 ʉrbʉ-。它们的音变规律应为 urəbu- > urəvu- > urbu- > ʉrbʉ-。

　　suksala-"开荒"——满通古斯语族语言均叫 suksala- 之外，在通古斯语支语言里还有 dalga-（鄂温克语）、ʤəgdi-（鄂伦春语）、tajəw-（赫哲语）等说法。与此相关，他们还将"开垦"称之为 sətʂi-（满语支语言）、sətʃi-（通古斯语支语言）等。

　　narga-"耙地"——满通古斯语族语言内基本上都说 narga-。但是，还有 ubaʂa-（满语）、gida-（锡伯语）、malta-（鄂伦春语及鄂温克语）、kədərə-（赫哲语）等说法。

　　tari-"种地"——满通古斯语族语言内都叫 tari-。另外，满通古斯语族语言中，与"种地"密切相关的同语族语言或同语支语言的同源动词还有不少。比如说，madabu- ~ dəbətuhə-"浸种子" ⇨ madabu-（满语）、madəvə-（锡伯语）、dəbtuhə-（赫哲语）、dəbtəkə-（鄂伦春语）、dəttəhə-（鄂温克语）等；usə-"撒种子" ⇨ usə-（满语及赫哲语）、usu-（锡伯语）、ʊsə- ~ sasu-（鄂温克语）、ʊsə- ~ ʊrə-（鄂伦春语）等；*nijowarisa- ~ *tʃuguturi-"发绿" ⇨ niowariṣa-（满语）、nyvariṣə-（锡伯语）、nyŋgiari-（赫哲语）、tʃuuturi- ~ nogoro-（鄂温克语）、tʃuturi- ~ nogoro-（鄂伦春语）等；arsu- ~ sihilə-"发芽" ⇨ arsu-（满语）、arsu- ~ tṣydẓanə-（锡伯语）、ʃihilə-（赫哲语）、ʃihilə- ~ sojolo-（鄂温克语）、ʃikilə- ~ uruku-（鄂伦春语）等；huwasa- ~ urgu-"长出来" ⇨ huvəsə-（锡伯语）、hʊwaṣa-（满语）、urgu-（赫哲语及鄂伦春语）、uggu-（鄂温克语）等；*iliga > iligana- ~ ilgala-"开花" ⇨ ilhana-（满语）、ilhanə-（锡伯语）、ilganə-（赫哲语）、ilgala- ~ naptara-（鄂伦春语）、iggala-（鄂温克语）等；ura-"成熟" ⇨ ura-（鄂伦春语及鄂温克语）、uru-（锡伯语）、uru- > urə-（赫哲语）、urə-（满语）等；bandʒi- ~ təgə-"结果" ⇨ bandʒi- ~ baldi-（赫哲语）、bandẓi- ~ tə-（满语与锡伯语）、təgə- ~ iri-（鄂温克语）、təgə- ~ ir-（鄂伦春语）等；hadu-"收割" ⇨ hadu-（鄂温克语及满语）、hadə-（锡伯语）、hadi-（赫哲语）、kadi-（鄂伦春语）等。

　　*fətu-"挖"——满语、锡伯语、赫哲语 fətə-，鄂伦春语与鄂温克语 ətʉ- > ətə-。满通古斯语族语言内除了使用 *fətu- > ətu- > ətʉ > ətə- 之说外，鄂温克语及鄂伦春语中还有 ʉlə- 之说。另外，他们将"挖井"叫 kori-（满语支语言）、malta-（通古斯语支语言）等。

　　sabtʃi-"铲"——鄂温克语 sabtʃi- > satʃtʃi-，满语 satṣi-，锡伯语 satṣə-，鄂伦春语与赫哲语 tʃabtʃi-。对于同源动词 sabtʃi- > satʃtʃi- > satʃi- > satṣi- > satṣə- > tʃabtʃi- 的音变现象及规律，我们在讨论名词"铲子"的词源关系及其语音变化时已作过相应分析，所以在这里不重复阐述了。

　　sisi-"插"——满语 sisi-，锡伯语 ṣiṣi-，通古斯语支语言 ʃiʃi-。他

们用 sisi- > ʂiʂi- > ʃiʃi- 表示 "插" 的同时，把 "栽苗" 的 "栽" 称之为 təbu-（满语）、təwu-（赫哲语）、təvu-（锡伯语）、təwʉ-（鄂伦春语及鄂温克语）等。不过，满语及赫哲语里还有用 guri- 表述 "栽" 之意的现象。

muhalija-"堆" —— 满语 muhalija- > muhalia-，锡伯语 muhalia-，赫哲语与鄂温克语 muhala-，鄂伦春语 mukala-。很有意思的是，除了 muhalija- > muhalia- > muhala- > mukala- 之外，通古斯语支语言内还可以用 buhala-（赫哲语和鄂温克语）、bukala-（鄂伦春语）表示 "堆" 之意。也就是说，该语族语言内有词首辅音 m 与 b 的交替式音变现象。由此，他们将 muhala- 的词首辅音 m 也可以发音成 b 音。与此相关，他们把 "堆起" 叫做 obolo-（满语、赫哲语、鄂伦春语）、owolo-（鄂温克语）、ovulo-（锡伯语），还将 "堆积" 称作是 borho-（满语）、borhə-（锡伯语）、urhu-（赫哲语）、uruu-（鄂伦春语及鄂温克语）等。

suksu-"簸" —— 满语及鄂伦春语 suksu-，锡伯语、赫哲语、鄂温克语 suhsu-。然而，依据我们掌握的动词词汇资料，通古斯语支语言内把 suksu- 也可以说成是 saksa- > sahsa- 或 dəbə- > dəwə- 等。

ʧaʧu-"泼水" —— 赫哲语及鄂伦春语 ʧaʧu-，满语 tʂatʂu-，锡伯语 tʂiatʂi-，鄂温克语 sasu-。该同源动词的语音变化现象及规律应该是 ʧaʧu- > tʂatʂu- > tʂiatʂi- > sasu-。与此同时，满通古斯语族语言中把 "洒水" 说成是 sisa-< ʂisa- ~ fusu-（满语及锡伯语）、əŋkʉ-（鄂温克语）、ʉŋkʉ-（鄂伦春语）、uŋku-~ boldʒu-（赫哲语）等。

*mugulə-"灌溉" —— 锡伯语 mukulə-，满语和赫哲语 mukələ-，女真语 muwələ，鄂伦春语及鄂温克语 mʉʉlə-。毋庸置疑，该同源动词是在满通古斯语族语言的名词 *mugun > muku > mukə > mʉʉ "水" 后面接缀动词构词词缀 -lə 而构成的实例。不过，满语支语言内还有 huŋkərə- 及 suita- 等说法。

huŋkə-"浇" —— 满语、锡伯语、赫哲语 huŋkə-，鄂温克语 ʉŋkə-，鄂伦春语 ʉŋkʉ-。除了满通古斯语族语言的 huŋkə- > ʉŋkə- > ʉŋkʉ- 之外，还可以用同源动词 mukulə- > mukələ- > mʉʉlə- 来表示该动

词词义。

*sujita- ~ *jəgubuku- "倾倒水" —— 满语及锡伯语 suita-，鄂伦春语 jəəbkʉ-，鄂温克语 jəəkkʉ-，赫哲语 jəbku-。也就是说，用满语支语言的 *sujita- > suita- 以及通古斯语支语言的 *jəgubuku- > jəubku- > jəəbkʉ- > jəəkkʉ- ~ jəbkʉ- 两种说法表示"倾倒水"之意。

dəbtələ- "装订" —— 赫哲语、鄂伦春语、鄂温克语 dəbtələ-，满语 dəbtəli-，锡伯语 dəvtələ-。同源动词 dəbtələ- 的原有语音结构在通古斯语支语言内保存得比较理想，而在满语支语言里却出现词中辅音 b 及词干末尾元音 ə 发生 v 及 i 音变现象。毫无疑问，该动词源于 dəbtə "长方物"这一名词。与此同时，他们将"装套"说成是 dobtolo-（满语及赫哲语）、dovtolu-（锡伯语）、doktolo-（鄂伦春语与鄂温克语）等。

madabu- ~ dərubi- "泡" —— 满语 madabu-，锡伯语 madəvə-，赫哲语 dərubi-，鄂伦春语 dərbi-，鄂温克语 dəbbi-。我们掌握的动词词汇资料表明，除了满语支语言的 madabu- > madəvə- 及通古斯语支语言的 dərubi- > dərbi- > dəbbi- 之外，赫哲语还用 gidalə- 之说表示该动词词义。另外，他们把"浸泡"叫 dəbtəbu-（满语）、dəbtəgə-（鄂伦春语）、dəbtugə-（赫哲语）、dəvtəvə-（锡伯语）、dəttəgə-（鄂温克语）等。很有意思的是，满通古斯语族语言还可以用 əbənijə- > əbəniə-（满语）、əbəni- < əvəni-（锡伯语）、əjə-（鄂伦春语）、əji-（鄂温克语及赫哲语）等来表示"浸泡"这一动词词义。

*itʃə- ~ bodo- "染色" —— 赫哲语 itʃə-，满语 itʂə-，锡伯语 itʂi-，鄂伦春语及鄂温克语 bodo- > bod-。也就是说，该语族语言内用 *itʃə- > itʂə- > itʂi- 以及 bodo- > bod- 两种说法表示该动词词义。

foru- "纺线" —— 锡伯语 foru，满语及赫哲语 foro-，鄂伦春语与鄂温克语 ərʉ-。满通古斯语族语言除使用 foru- > foro- ~ oru- > ərʉ- > ərʉ- 之外，通古斯语支语言内还有 nəhə- > nəkə- 或 tʃurkulə- 等说法。

*sibəri- "捻" —— 满语 sibərə-，锡伯语 ʂivərə-，赫哲语及鄂伦春

语 ʃibəri-，鄂温克语 ʃibəri- > ʃibri-。该同源动词在使用过程中产生的语音变化表现在：（1）词首辅音 s 在通古斯语支语言内发生 ʃ 音变；（2）词第二音节首辅音 b 在锡伯语中演化为 v 音的同时，辅音后面的元音 ə 在鄂温克语里出现脱落现象；（3）词干末尾元音 i 在满语支语言中被顺同化为 ə 音等方面。

uli- ~ *səgəmi-"穿线"——满语与锡伯语 uli-，鄂伦春语与鄂温克语 səəmi-，赫哲语 səmi-。在这两个实例中，满语支语言的 uli- 没出现什么音变，而通古斯语支语言的 *səgəmi- 却产生 səəmi- > səmi- 式音变。

*səjulə-"绣花"——赫哲语 səjilə-，鄂伦春语及鄂温克语 səjlə-，锡伯语 sələ-，满语 ʂʊolə-。我们可以用以下格式展示该词的语音变化形式及规律：

$$*\text{səulə-} \begin{cases} \text{səjilə- > səjlə- > sələ-} \\ *\text{ʂʊulə- > ʂʊolə-} \end{cases}$$

不过，通古斯语支语言内除了用 səjilə- > səjlə- 表示"绣花"所包含的动作行为之外，他们还用 sabʃə- 之说陈述该动词词义。

ufi- ~ ulədi-"缝"——满语 ufi-，锡伯语 ivi-，赫哲语 ulədi-，鄂伦春语及鄂温克语 ʉldi-。除了满语支语言的 ufi- > ivi- 及通古斯语支语言的 ulədi- > ʉldi- 之外，在满通古斯语族语言内还有一些与"缝"相关的同语族语言或同语支语言的同源词。比如说，sidʑi-"细缝"、"缉" ⇨ sidʐi-（满语）、ʂidʐi-（锡伯语）、ʃidʑi-（通古斯语支语言）等；*tobki-"绷" ⇨ tobki-（满语、赫哲语、鄂伦春语）、tovki-（锡伯语）、tokki-（鄂温克语）等；*dʑodo- ~ nəhə-"织" ⇨ dzodo-（满语）、dzodu-（锡伯语）、nəhə-（赫哲语及鄂温克语）、nəkə-（鄂伦春语）等；*siridə-"绗" ⇨ sirdə-（满语）、ʂirdə-（锡伯语）、ʃirdə-（赫哲语与鄂伦春语）、ʃiddə-（鄂温克语）等；usə ~ fatala-"纳鞋底" ⇨ uʂə- ~ fatala-（满语）、uʂə- ~ fatələ-（锡伯语）、ʉʃə- ~ algala-（鄂伦春语）、ʉʃə- ~ aggaŋla-（鄂温克语）、uʃə- ~ ərələ-（赫哲语）等。

tu- ~ malu-"捶衣服"——锡伯语及赫哲语 tu-，满语 tʊ-，鄂伦春语和鄂温克语 malu-。也就是说，在满通古斯语族语言内要用 tu- > tʊ-及 malu- 两种说法表示"捶衣服"的"捶"之动作行为的概念。不过，在通古斯语支语言内也有 kirkilə- > hirkilə- 之说。

*tobutʃila- ~ tohulo- "扣扣子" —— 鄂伦春语 tobtʃila-，鄂温克语 totʃʃila-，锡伯语 tohulu-，满语及赫哲语 toholo-。在我们看来，满通古斯语族语言内的 *tobutʃila- > tobtʃila- > totʃʃila- 之说中的 *tobu- "扣上"及 tohulo- 的 tohu- 是这两个动词的核心部分，也就是词根部分。其中，*tobutʃi 是由动词 *tobu- 派生而来的名词，早期在满通古斯语族语言内指含"扣住"、"卡住"等动作行为，现在表示所有衣服的"扣子"。那么，tobtʃila- 是在名词 *tobutʃi 后面接缀 -tʃi 而构成的动词。另外，我们把 tobtʃila- 的原有语音形式假定为 *tobutʃila- 的原因是，在通古斯语支语言的一些方言土语里有 *tobutʃila- 之说的现象。比如说，楠木鄂伦春语里就将 tobtʃila- 说成是 tobutʃila-。再说，满语、锡伯语、赫哲语中的 tohu- > toho- 本身是属于名词 tohun > tohon "扣子"省略词尾鼻辅音 -n 后出现的语音结构形式。不过，该语族语言的 tohu- 是否属于 *tobu 的辅音 b 产生 h 音变以后出现的变体现象之事还需要进一步探讨。很有意思的是，在蒙古语族语言内将"扣子"也叫做 tobtʃi，把"扣扣子"同样说成是 tobtʃila-。毋庸置疑，通古斯语支语言的 *tobutʃila- > tobtʃila- > totʃʃila- 及蒙古语族语言的 tobtʃila- 之间存在同源关系。

sira- "连接" —— 满语 sira-，锡伯语 şira-，鄂伦春语与鄂温克语 ʃira-，赫哲语 ʃera-。可以看出，满语支语言的 sira- > şira- 及通古斯语支语言的 ʃira- > ʃera- 两种说法，在各自语言的使用过程中均没有产生太显著的音变。

su- ~ *buri- "解绳索" —— 满语及赫哲语 su-，锡伯语 so-，鄂伦春语 bʉri-，鄂温克语 bəri-。除了满语支语言的 su- > so- 及通古斯语支语言的 *buri- > bʉri- > bəri- 之外，在赫哲语内还有 atʃy- 之说。如果说，赫哲语 atʃy- 的早期语音形式是 *asu- 的话，*asu- 与满语支语言的 su- > so- 应该同属一源。

*hagala- "改" —— 鄂温克语 haala-，女真语、满语、赫哲语 hala-，锡伯语 halə-，鄂伦春语 kaala-。我们认为，该词的早期语音结构

应该是 *haɡala-，后来由于词中辅音 ɡ 的脱落出现长元音 aa 之现象。再后来，像在女真语、满语、赫哲语、锡伯语里长元音 aa 演化为短元音 a，甚至词根末尾的元音 a 被弱化为 ə 音等。与此同时，他们将"换"说成是 hulasa-（女真语）、hulaʂə-（锡伯语）、hʊlaʂa-（满语）、ʤumuʃi-（赫哲语）、ʤɯmʃi-（鄂温克语）、ʤɯmtʃi-（鄂伦春语）等。

　　soŋɡo-"选" —— 鄂伦春语及鄂温克语 soŋɡo-，赫哲语 sonʤo-，满语与锡伯语 sondʐo-。在我们看来，soŋɡo- 之说更接近早期的语音结构，而 sonʤo->sondʐo- 有可能是后来的语音形式。有关满通古斯语族语言内部辅音 ɡ 与 ʤ>dʐ 的对应现象我们在前面也涉及过，在这里就不必再重复分析和举例说明了。不过，应该指出的是，不仅满通古斯语族语言的满语支语言与通古斯语支语言内部有此类语音对应现象，而在某一个语支语言内部的不同语言或方言土语里也会见到类同的语音对应实例。再说，女真语里却用 tonʤu- 来表述"选"之意。这不知是当时的书写或撰写错误，还是那时女真语里确实有把 sonʤo- 或 sonʤu- 发音作 tonʤo- 或 tonʤu- 的现象。与"选"密切相关，他们还把"挑选"称为 sili-（满语）、ʂilə-（锡伯语）、ʃili-（赫哲语及鄂伦春语）、ʃili- ~ ʃilu-（鄂温克语）等。

　　nila-"磨亮" —— 满通古斯语族语言均叫 nila-。不过，他们也用ləkədə-（满语）、ləkdə-（锡伯语与鄂伦春语）、ləhdə-（鄂温克语及赫哲语）以及用 bilu- 等说法表示"磨亮"之意。另外，他们还把"摩擦"说成是 idʐura-（满语支语言）、irku-（通古斯语支语言）等。不过，通古斯语支语言还可以用 iiŋki- ~ hirku- ~ ʤɯrɡɯ- 等说法表示"摩擦"所包含的动作行为。

　　*fituɡa-"弹奏" —— 赫哲语 fituha-，满语及锡伯语 fithə-，鄂伦春语 itɡa-，鄂温克语 ituɡa-。该同源动词在使用过程中出现：（1）词首辅音 f 在鄂温克语及鄂伦春语中脱落；（2）词中元音 u 在满语、锡伯语、鄂伦春语中脱落；（3）词中辅音 ɡ 在满语、锡伯语、赫哲语内演化为 h 音；（4）词干末尾元音 a 在满语及锡伯语中弱化为 ə 音等语音变化现象。

　　*utʃutu- ~ ʤaandatte-"齐唱" —— 锡伯语 utʂutu-，满语 utʂutə-，鄂

伦春语及鄂温克语 ʤaandatte-，赫哲语 ʤarita-。毫无疑问，满语支语言的 *utʃutu- > utʂutu- > utʂutə- 是源于名词 utʃun > utʂun "歌"，通古斯语支语言的 ʤaandatte- 与 ʤarita- 同样源于名词 ʤaan > ʤan > ʤa "歌"。

　　niru- "画画" —— 满语 niru-，锡伯语 niro-，赫哲语 niro < nyr-，鄂伦春语 niro-，鄂温克语 nero-。该动词的音变现象在分析名词 "画" 时讲得十分清楚，在此就省去了重复论述的内容。

　　*tagula- "数" —— 赫哲语 tawulə-，鄂温克语及鄂伦春语 toola-，满语 tolo-，锡伯语 tolu-。根据满通古斯语族语言语音变化原理，该同源动词的音变现象及规律应该是 *tagula- > tawulə- > tawlə- > taolə- > toola- > tolo- > tolu-。除此之外，在通古斯语支语言里，还使用由 *tagu- 演化而来的 tagi- > taŋi- 一词来表示动词 "数" 之意。

　　*waʤi- ~ mana- "完结" —— 满语及锡伯语 wadʐi-，女真语、赫哲语、鄂伦春语、鄂温克语 mana-。在他们的语言里用 *waʤi- > wadʐi- 及 mana- 两种说法表示该动词词义的同时，还可以用 watʂhija- ~ dubi-（满语）、duvə-（锡伯语）及 ətə-（通古斯语支语言）等来表述 "完结" 所含的动作行为。

　　*habusi- "告状" —— 满语 habʂa-，赫哲语 habʃi-，鄂温克语 habtʃi- > hatʃtʃe-，锡伯语 havsə-，鄂伦春语 kabtʃe-。同源动词 *habusi- 在不同语言里产生的音变表现在：（1）词首辅音 h 在鄂伦春语里发生 k 音变；（2）词第二音节首辅音 b 在锡伯语里变读为 v 音的同时，在鄂温克语中被后续音节首辅音逆同化为 tʃ 音；（3）词第二音节元音 u 被脱落；（4）词尾音节辅音 s 在满语里演化为 ʂ 音，在赫哲语里变 ʃ 音，在鄂温克语内由 tʃ 音取代；（5）词干末尾元音 i 在满语、锡伯语、鄂温克语里分别发生 a、ə、e 音变等方面。另外，在通古斯语支语言内还有 hogobtʃolo- > hoobtʃolo- > hootʃtʃolo- > koobtʃolo- > kobtʃolo- 之说。

　　*ʤorisa- ~ *silaba- "教" —— 满语及锡伯语 dzoriʂa-，赫哲语与鄂伦春语 ʃilba-，鄂温克语 ʃilba- > ʃibba-。除了满语支语言的 *ʤorisa- > dzoriʂa- 及通古斯语支语言的 *silaba- > ʃilba- > ʃibba- 之外，通古斯语支语言内还有 ʤiŋʤimbuu- 之说。与此相关，他们还将 "教育" 叫做

tatiga-（女真语、赫哲语、鄂温克语、鄂伦春语）、tatʂibu-（满语）、tatʂivə-（锡伯语）等。

bəkilə-"强化"——满通古斯语族语言内只有鄂温克语叫 bəhilə-，其他语言中都说 bəkilə-。很显然，该动词是在形容词 bəki > bəhi"结实"后面接缀从形容词构成动词的词缀 -lə 派生而来。

kadala-"管理"——女真语及满语 kadala-，锡伯语 kadəla-，赫哲语与鄂伦春语 kadla-，鄂温克语 hadla-。该同源动词的早期语音形式在女真语和满语中保存得较理想，而在其他语言中却产生不同程度的语音变化。而且主要表现在：（1）词首辅音 k 在鄂温克语里发生 h 音变；（2）词第二音节元音 a 在锡伯语里弱化为 ə 音的同时，在通古斯语支语言内被省略等方面。另外，他们还将"照看"叫 dana-（满语及赫哲语）、danə-（锡伯语）、ondo-（鄂伦春语与鄂温克语）等；还把"照料"称作 ərʂə-（满语及锡伯语）、atʃila-（鄂伦春语）、asra-（赫哲语与鄂温克语）等。

həbudi-"讨论"——满语 həbdə-，锡伯语 həvdə-，赫哲语 həwʃi-，鄂温克语 həwʃe-，鄂伦春语 kəwtʃe- > kəwʃe-。该同源动词在使用过程中发生：（1）词首辅音 h 在鄂伦春语里变 k 音；（2）词中辅音 b 在锡伯语中变 v 音的同时，在通古斯语支语言内演化为 w 音；（3）辅音 b 后面的元音出现脱落；（4）词干末尾音节首辅音出现 d > tʃ > ʃ 式音变；（5）词干末尾元音 i 在除赫哲语外的语言中产生 e 或 ə 音变等语音变化。

husulə-"支持"——女真语、锡伯语、赫哲语 husulə-，满语 hʊsulə- > hʊsubu-，鄂温克语 husʉlə-，鄂伦春语 kʉtʃʉlə-。在女真语、锡伯语、赫哲语中该词的语音形式保存得较完整，而在满语、鄂温克语及鄂伦春语内却产生了不同程度的音变。主要表现在：（1）词首辅音 h 及词中辅音 s 在鄂伦春语里分别发生 k 与 tʃ 音变；（2）词首音节及词第二音节元音出现 ʊ 或 ʉ 音变；（3）在满语里词干末尾元音 ə 被发作 u 音等方面。

karma-"保护"——满语及鄂伦春语 karma-，锡伯语 karmə-，赫哲语与鄂温克语 harma-。除此之外，在通古斯语支语言内还有 koomolo- 及 hoomotʃʃilo- 之说。

*sajisa- ~ *həgəmunə- "表扬" —— 赫哲语 sajʃe-，锡伯语 saisa-，满语 saiʂa-，鄂温克语 həənnə-，鄂伦春语 kəənnə-。在这里应该提到的是，*sajisa- > sajʃe- > saisa- > saiʂa- 之说是源于形容词 *sajin。而 *həgəmunə- > həəmnə- > həənnə- > kəənnə-是源于动词词根 *həgə- > huəm-> həə- > kəə- "上升"。另外，他们把 "夸奖" 说成是 fərgubu-（赫哲语）、fərguwə-（满语）、fərhəvə-（锡伯语）、ʉgribʉ-（鄂伦春语）、ʉgiriwʉ-（鄂温克语）等。

*bajisa- "检查" —— 赫哲语及鄂伦春语 bajtʃa-，满语 baitʂa-，锡伯语 baitʂə-，鄂温克语 beesa-。该同源动词的语音变化现象及规律应该是：

kərulə- ~ tawuha- "罚" —— 满语、锡伯语、赫哲语 kərulu-，鄂温克语 tawuha-，鄂伦春语 tawuka-。满语支语言的 kərulə- 及通古斯语支语言的 tawuha- > tawuka- 两种说法里，除在鄂伦春语词干末尾音节首辅音 h 发生 k 音变外，其他没出现什么语音变化。不过，通古斯语支语言内还有用 ərulə- > ərulʉ- 之说表示 "罚" 之意的现象。在我们看来，这种说法恐怕跟 kərulə- 一词间存在同源关系。再说，女真语及满语里还有 əndə- 之说。

əldʒə- ~ aktʃala- "反对" —— 满语 əldʒə-，锡伯语 əldʐɨ-，赫哲语及鄂伦春语 aktʃala-，鄂温克语 atʃʃala-。除了满语支语言的 əldʒə- > əldʐɨ- 及通古斯语支语言的 aktʃala- > atʃʃala- 之外，满语支语言内还有 fudara- 之说。

nətʃi- "侵犯" —— 通古斯语支语言内叫 nətʃi-，满语支语言中称

nətʃi-。除了 nətʃi->nətʂi- 之说外，他们还用 sutʂu- 或 daari- 表示该动词词义。

duri-"掠夺"——满语、锡伯语、赫哲语 duri-，鄂温克语及鄂伦春语 dʉri-。另外，他们把"抢劫"叫做 tabtʃila-（赫哲语、鄂伦春语、鄂温克语）、tabtʂila-（满语）、tavtʂila-（锡伯语）等。

ərgələ-"逼迫"——除了在锡伯语里叫 ərhələ- 之外，其他语言内均说 ərgələ-。满通古斯语族语言内与"逼迫"相关的同源动词还有一些。比如说，giru-"羞辱"⇨满通古斯语族语言均说 giru-；əhəsi- ~ ərusi-"欺负"⇨əhəsi-（女真语）、əhəʂə-（满语）、əhəʃi-（赫哲语）、əhʂə-（锡伯语）、ərʉʃi-（鄂温克语）、ərʉtʃi-（鄂伦春语）等；gijatara-"剥削"⇨gijatara->giatara-（满语）、giatrə-（锡伯语）、getra-（鄂伦春语及鄂温克语）、gitara-（赫哲语）等。

*garapu-"射"——鄂伦春语 garpa-，鄂温克语 garpa->gappa-，满语及赫哲语 gabta-，锡伯语 gavtə-。从词源学的角度来分析，该同源动词的词根部分是 *garapu->garpa->gappa->gab->gav-，而 -ta>-tə 是属于词缀部分。那么，词根 *garapu- 在不同语言里产生的音变表现在：（1）词第二音节元音 a 在鄂温克语及鄂伦春语中被省略的同时，词中辅音 r 被后续音节辅音逆同化为 p 音；（2）词第二音节的语音结构形式 ra 在满语、锡伯语、赫哲语内被脱落；（3）词根末尾音节辅音 p 在满语及锡伯语中演化为 b 音的同时，在赫哲语里变读为 v 音等方面。

gisabu-"歼灭"——满通古斯语族语言内除了在锡伯语里叫 gisavə- 之外，其他几种语言中均说 gisabu-。不过，在通古斯语支语言内也有说 gisawu->gisaw-等的现象。

burki-"埋葬"——满语与赫哲语 burki-，鄂温克语 bʉrki-，锡伯语及鄂伦春语 bərki-。显而易见，burki- 的语音形式在满语与赫哲语中被保存得较好，而在鄂温克语、锡伯语、鄂伦春语内词首音节元音 u 却发生了 ʉ 或 ə 音变。再说，满通古斯语族语言内还用 umbu-（满语）、bula-（鄂伦春语）、bulaʃi-（鄂温克语）等说法表示该动词词义。

umu-"埋"—— 锡伯语 umu-，赫哲语 umu- > umubu-，满语 umu-
> umbu-，鄂伦春语及鄂温克语 ʉmi-。满语和赫哲语里出现的动词词根
umu- 及 um- 后面出现 -bu 之语音结构应该是属于由动词 bu-"给"演化
而来的词缀形式。不过，-bu 这一所谓词缀的出现使满语 umu- 词尾元
音 u 发生脱落现象。另外，鄂伦春语与鄂温克语内，词中出现的元音 u
分别被发作了 ʉ 与 i 音。再说，通古斯语支语言内也经常用 bula- 来表
示"埋"所含的动作行为。

第二节　同源不及物动词

同源不及物动词是相对于同源及物动词而言的动词系列。说实话，
在同源动词内也有一定数量的不及物动词。尽管如此，相比之下，同源
及物动词要比同源不及物动词多，而同源不及物动词的数量要比同源及
物动词的数量少。而且，对于不及物动词同源关系的讨论中，同样尽量
不涉及那些接缀有诸多形态变化语法词缀，或构词词缀系统比较复杂的
实例。只是对于有同源关系的不及物动词词根或词干的音变现象及其相
互关系和音变规律等展开学术讨论。当然，也对一部分由其他词类，特
别是由名词派生而来的不及物动词的同源关系展开了词源学意义的讨
论。在这里还需要指出的是，我们将一部分既有不及物动词功能和特
征，同时还有及物动词的功能与特征的同源动词，均列入不及物动词的
范畴一并进行了比较分析和探讨。

ələ-"饱"、"满足"—— 满通古斯语族语言均说 ələ-。另外，满语
支语言内还有 əbi- 之说。而且，动词 əbi- 在该语支语言中有较高的使
用率。

haga-"卡住"—— 满语 haga-，鄂伦春语 kaka-，赫哲语及鄂温克
语 haha-，锡伯语 hahə-。可以看出，满语里 haga- 的早期语音形式保存
得较好，其他几个语言内均产生不同程度的语音变化。比如说，（1）
词首辅音 h 在鄂伦春语里变为 k 音；（2）词中辅音 g 在鄂伦春语里演
化为 k 音的同时，在锡伯语、赫哲语、鄂温克语内变读为 h 音；（3）
词第二音节元音 a 在锡伯语中弱化为 ə 音等。

omi-"饿"——满语 omiholo-，赫哲语 omihlo-，锡伯语 omihlə-，鄂伦春语与鄂温克语 omina-。很显然，该同源动词是在动词词根 omi-"饥饿"后面接缀 -holo > -hlo > -hlə 及 -na 等构词词缀派生而来的产物。很有意思的是，除 omi- 之外，满语支语言及通古斯语支语言还分别用 urunu- > urənə- 及 ʤəmʉ- 两种说法表示"饿"之意。另外，女真语里还有 jojo- ~ juju- 之说。

kaŋka-"渴"——满语 kaŋka-，锡伯语 kaŋkə-，通古斯语支语言 aŋka-。可以看出，kaŋka- 在满语里较好地保存了原有语音形式之外，在锡伯语里词第二音节末元音 a 被弱化为 ə 音的同时，在通古斯语支语言中词首辅音 k 被脱落。

*həgənədə-"述说"——鄂温克语 həənnə-，满语、锡伯语、赫哲语 həndu-，鄂伦春语 kəənnə-。从某种意义上讲，该动词的语音变化现象比较复杂。首先，词首部分的语音形式 əgə 伴随辅音 g 的脱落出现 əə > ə 式音变。其次，由于词第三音节元音 ə 的脱落而出现辅音 n 与 d 相连接的语音结合体 nd，随后在鄂伦春语与鄂温克语内 nd 中的 n 将后续辅音 d 顺同化为 n，结果该动词里就有了双重鼻辅音 nn。还有，在满语、锡伯语、赫哲语中动词词干末尾的元音被发作了 u 音。

sə- ~ gu-"称道"——满语及锡伯语 sə-，赫哲语 gu-，鄂伦春语与鄂温克语 gʉ-。可以看出，满语支语言的 sə- 与通古斯语支语言的 gu- > gʉ- 是源于不同的两个动词词根。

*fəbugijə-"说梦话"——赫哲语 fəbugi-，满语 fəbgijə- > fəbgiə-，锡伯语 fəbgiə-，鄂伦春语及鄂温克语 əbʉgi-。根据满通古斯语族语言的语音变化规律，可以用以下格式归纳和梳理该同源动词在不同语言中产生的不同程度的音变现象：

$$*fəbugijə- \left\langle \begin{array}{l} fəbgijə- > fəbgiə- \\ fəbugi- > əbʉgi- \end{array} \right.$$

通古斯语支语言内除使用 əbʉgi- 之外，还用 ʉgli- 来表示"说梦话"之意。而且，在鄂伦春语及鄂温克语里 uɡli- 的使用率要高于 əbʉɡi-。

　　*susugi-"耳语"—— 满语 ʂuʂuŋɡija- > ʂuʂuɲia-，锡伯语 ʂɨ̥ʂɨ̥ɲinu-，赫哲语 ʃuʃuɲina-，鄂伦春语及鄂温克语 ʃuʃuɡina-。在我们看来，该动词的早期语音形式应该是 *susugi-，后来在不同语言的不同语用环境和条件下产生 ʂuʂuŋɡija- > ʂuʂuɲia- > ʂuʂuɲi- > ʂɨ̥ʂɨ̥ɲi- > ʂɨ̥ʂɨ̥nu- 以及 uʃuɡi- > ʃuʃuɲi- 式语音变化现象。事实上，现在满通古斯语族语言内也有用 susugi- 来表示人们之间"窃窃私语"或"低声耳语"的情况。从词源学角度，可以将它们分析为在模拟"耳语"声的拟声词 *susu > ʂuʂu > ʂɨ̥ʂɨ̥ ~ ʃuʃu 后面接缀构词词缀 -ŋɡija > -ɲia > -ɲi ~ -ɡi 及 -nu ~ -na 等派生的动词。再说，通古斯语支语言内还有用 ʃiwana-（鄂温克语）、ʧibana-（赫哲语及鄂伦春语）表示"耳语"之意的现象。不过，通古斯语支语言的该说法，同蒙古语族语言的 ʃibənə- > ʃibəɡənə- > ʃiwənə- > ʃiwnə- 间存在同源关系。

　　hələɡedə-"说结巴"—— 赫哲语 hələɡedə-，鄂温克语 həlɡedə-，满语及锡伯语 hələdə-，鄂伦春语 kələɡedə-。动词 hələɡedə- > həlɡedə- > hələdə- > kələɡedə- 源于名词 hələɡe > hələ > həl > kələɡe "哑巴"。该动词词干末尾出现的 -də 是由名词派生动词的构词词缀。

　　jəjədə- ~ jaɡi-"啰嗦"—— 满语支语言 jəjədə-，通古斯语支语言 jaɡi- > jaji-。在我们看来，满语支语言的动词 jəjədə- 是源于形容词 jəjə "黏糊的"，而通古斯语支语言的 jaɡi- > jaji- 本身就是表示"啰嗦"之意的动词。与此相关，满通古斯语族语言内还有指"唠唠叨叨"之意的动词 jaŋʧi-（赫哲语及鄂伦春语）、jaŋʃi-（鄂温克语）、jaŋʂa-（满语与锡伯语）等。

　　*dilagana-"发出声响"—— 赫哲语及鄂伦春语 dilagana-，鄂温克语 delagana-，满语 dʐi̥lgana-，锡伯语 dʐi̥lhanə-。该动词源于名词 *dilagan "声"。而且，我们在分析名词 *dilagan 时，已阐述过它在不同语言中的音变现象及其原理。所以，在此省去对于 *dilaga- 的音变分析内容。相关语音变化问题，请参阅名词 dilagan 的讨论。

　　gəŋsi-"吟"——满语 giŋsi-，锡伯语 giŋşi-，鄂温克语 gəŋʃi-，鄂伦春语及赫哲语 gəŋʧi-。可以看出，同源动词 gəŋsi- 在满语支语言内词首音节元音 ə 产生 i 音变的同时，词中辅音 s 在锡伯语及通古斯语支语言里出现 ş 与 ʃ 音变。

　　bubunə-"嘟囔"——满语、锡伯语、赫哲语 bubunə-，鄂伦春语及鄂温克语 bubʉnə-。可以看出，同源动词 bubunə- 在使用过程中，只出现元音 u 在鄂伦春语及鄂温克语里的 ʉ 音变，其他方面没有什么变化。另外，满语支语言中还有 jəjədə-（满语）、gəmərə-（锡伯语）两种说法。与此同时，他们还将"嘟哝"称之为 duldurə-（满语）、dulduru-（锡伯语及赫哲语）、dʉndʉri- > dʉmbʉri- ~ loŋʃi- ~ noŋʃi-（鄂伦春语及鄂温克语）等。毫无疑问，在这些说法中，满语支语言的 duldurə- > dulduru- 以及通古斯语支语言的 dʉndʉri- > dʉmbʉri- 是属于满通古斯语族语言的同源动词，而 loŋʃi- ~ noŋʃi- 是只属于通古斯语支语言的同源动词。

　　əmbirə-"胡扯"——满语叫 əmpirə-，其他满通古斯语族语言均说əmbirə-。也就是说，它们之间的区别性特征，就在于满语词中辅音 b 发作了 p 音方面。我们掌握的词汇资料还表明，该语族语言内也可以用viokorə-（锡伯语）、ʧolʧi-（鄂伦春语）、solʧi-（赫哲语及鄂温克语）等说法来表示"胡扯"之意。与此同时，把"瞎说"分别说成 labsi-（满语）、labşi-（锡伯语）、balʧi-（鄂伦春语及鄂温克语）、balaʧi- > balʧi-（赫哲语）等。

　　jarbalʤi-"撅嘴"——赫哲语及鄂伦春语 jarbalʤi-，鄂温克语jabbalʤi-，满语 jərbəldzə-，锡伯语 jərvəldzi̥-。该同源动词，首先在满语支语言里：词中元音 a 演化为 ə 音的同时，辅音 ʤ 变读为 dz 音。而且，锡伯语中辅音 b 被发作了 v 音。不过，在通古斯语支语言里，只产生词中辅音 r 被后续辅音逆同化为 b 音之演变实例。在此之外，在满通古斯语族语言内还有用 fotoro-（满语及锡伯语）、ʃorbeha- > ʃobbeha-（鄂伦春语与鄂温克语）等表示动词"撅嘴"之意的现象。

　　*inijəktə-"笑"——鄂温克语 inəktə- > nəttə-，赫哲语 inihtə- > nihtə-，满语 indzə-，锡伯语 indzi̥-，鄂伦春语 iɲəktə- > ɲəktə-。很显

然，该动词在不同语言中产生的语音变化现象比较复杂。尽管如此，我们完全可以依据满通古斯语族语言的音变原理，以及在不同语言内出现的语音变化现象及相互关系，将它们的音变规律用下列格式进行归纳和展示：

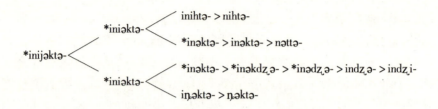

再说，现在通古斯语支语言内虽然各自使用 inəktə- > ŋəktə-、inəktə- > nəttə-、inihtə- > nihtə- 等两种说法，但其中使用率较高的是 ŋəktə-、nəttə-、nihtə-，相反，像 iŋəktə-、inəktə-、inihtə- 的使用率不断被降低。另外，满通古斯语族语言内还有一些与"笑"相关的同源动词。比如说，basu-"嘲笑" ⇨ 满通古斯语族语言内均叫 basu- > bas- 等；jobodo-"开玩笑" ⇨ jobodo-（满语）、jovudu-（锡伯语）、joolo-（鄂伦春语及鄂温克语）、jolo-（赫哲语）等。

soŋgo- > soŋo-"哭" —— 女真语 soŋgo-，满语 soŋgo- > soŋo-，鄂伦春语与鄂温克语 soŋo-，赫哲语及锡伯语 soŋu-。从某种意义上讲，同源动词 soŋgo- > soŋo- 的语音形式在女真语、满语、鄂伦春语、鄂温克语里较好地保存了下来。而在赫哲语及锡伯语中，词第二音节元音 o 却产生了 u 音变。另外，他们还将"吞声哭"叫 soksi-（满语）、sokşi-（锡伯语）、sokʃi-（赫哲语）、sokʃi- ~ sorkira-（鄂伦春语）、sokʃi- ~ sokkira-（鄂温克语），还把"哭泣"称之为 gəŋgədə- > gəŋədə-（满语）、gəŋədə-（锡伯语）、gəŋgəni- > gəŋəni-（赫哲语与鄂伦春语）、gəgəni- > əgəni-（鄂温克语）等。以上实例使我们了解到，满通古斯语族语言的同源动词 soksi- 及 gəŋgədə-等在具体使用过程中，不同语言内产生的不同程度的语音变化现象。

ura-"回响" —— 满通古斯语族语言均叫 ura-。不过，通古斯语支语言内还用 ula- 或 ulala- 及 tʃorgi- > sorgi-、tʃoogi- > soogi- 等说法来表示"回响"之意。

mijari-"羊叫"—— 满语 mijari->miari-，锡伯语 miari-，赫哲语及鄂温克语 meera->meela-，鄂伦春语 miira->miila-。毫无疑问，动词 mijari->miari->meera->miira- 及 meela->miila- 是在模拟羊叫的拟声词 mija>mia>mee>mii 后面接缀构词词缀 -ri>-ra 及 -la 等派生出的实例。我们掌握的动词词汇资料表明，在满通古斯语族语言内还有不少由模拟动物叫声的拟声词派生的同源动词。比如说，mura-~mɵɵrɵ-"牛叫" ⇨ mura-（满语及锡伯语）、murə-（赫哲语）、mɵɵrɵ-（鄂伦春语与鄂温克语）等；intʃala-"马嘶" ⇨ inʧagla-（鄂伦春语）、iŋʧagla-~iŋila-（鄂温克语）、intʃala-（赫哲语）、intṣala-（满语）、intṣalə-（锡伯语）等；gogo-"狗叫" ⇨ gogo-（赫哲语与鄂伦春语）、gogo-~əʧʧʉ-（鄂温克语）、gʊwa-（满语）、gœ-（锡伯语）等；buuni-~loo-"狼嚎" ⇨ buuni-（赫哲语）、bʉʉni-（鄂伦春语）、bɵɵne-（鄂温克语）、loo-（满语及锡伯语）等；hula-~gugula-"鸡叫" ⇨ hula-（锡伯语与赫哲语）、hʊla-（满语）、gugula-（鄂温克语）、ŋugula-（鄂伦春语）等；koksi-~gorgor-"母鸡叫" ⇨ koksi-（满语）、kokṣi-（锡伯语）、gorgor-<gurgur-（通古斯语支语言）等；ʧakʧi-"喜鹊叫" ⇨ ʧakʧi-（鄂伦春语）、ʧakʃi-（赫哲语）、tṣaksi-（满语）、tṣakṣi-（锡伯语）、sakʧi->saʧʧi-（鄂温克语）等；*turigi-"斑鸠鸣" ⇨ turigi-（赫哲语）、tʉrigi-（鄂伦春语及鄂温克语）、durgi-（满语与锡伯语）等；ʧorgi-"蛐蛐叫" ⇨ ʧorgi-（通古斯语支语言）、dzɔrgi-（满语支语言）等。事实上，以上提到的满通古斯语族语言的同源动词，都是由模拟不同动物叫声的拟声词派生而来的产物。

*ʤamura-"嚷"—— 满语 dzạmara-，锡伯语 dzạmərə-，赫哲语、鄂伦春语、鄂温克语 samura-。该同源动词的早期语音形式应该是 *ʤamara-，而 dzạmara->dzạmərə- 以及 samura- 均属于它的演化形式。该词在具体使用过程中产生的音变现象主要在于：（1）词首辅音 ʤ 在满语支语言里变读为 dz 音的同时，在通古斯语支语言内出现 s 音变；（2）词中元音 u 在满语支语言中由 a 或 ə 音取代；（3）动词词中及词干末尾元音 a 在赫哲语里弱化为 ə 音等方面。另外，对于"嚷"的说法上，还有通古斯语支语言的 saagi-（鄂伦春语与鄂温克语）、awri-（赫哲语）之类的说法。

ala-~*silaba-"告诉"—— 满语 ala-，锡伯语与赫哲语 alə-，鄂伦

春语及鄂温克语 ʃilba-。满通古斯语支语言用 ala- > alə- 与 *silaba- > ʃilba- 两种说法表示动词"告诉"之意。其中，ala- 第二音节元音 a 在锡伯语里出现 ə 音变，*silaba- 词首辅音 s 在鄂伦春语及鄂温克语里变读为 ʃ 音的同时，词中元音 a 被脱落。再说，赫哲语中还用 hədʒu- ~ ʃisu- 等说法表示"告诉"这一动词概念。

ula- ~ dʒiŋdʒibu- "转告"——满语、锡伯语、赫哲语 ula-，鄂伦春语及鄂温克语 dʒiŋdʒibu-。满通古斯语族语言里用 ula- 及 dʒiŋdʒibu- 两种说法表示"转告"之意外，鄂伦春语还可以用 ulgutʃəbu- 表示该词义。通古斯语支语言内出现的 dʒiŋdʒibu- 及 ulgutʃəbu- 之说，均源于表示"说"之意的动词词根 dʒiŋdʒi- 与 ulgutʃə-。再说，他们还将 dʒiŋdʒibu- 和 ulgutʃəbu- 所表现出的词义用动词连用形式 dʒiŋdʒim buu- 及 ulgutʃəm buu- 来表示。

ali- "答应、接受"——锡伯语里叫 eli-，其他语言内均称 ali-。这自然是词首元音 a 出现 e 音变后导致的锡伯语 eli- 之变体。除了 ali- > eli- 之外，满通古斯语族语言中还可以用 dzabu-（满语）、dzava-（锡伯语）、dilagana-（赫哲语）等说法来表示"答应、接受"之意。

*dogoldi- "听"——鄂温克语及鄂伦春语 dooldi-，赫哲语 doldi-，女真语 dondi-，满语 dondʐi-，锡伯语 dœndʐi-。同源动词 *dogoldi- 除在鄂伦春语及鄂温克语里产生相同音变外，其他语言里的音变现象都有所不同。不过，根据满通古斯语族语言的音变原理，将他们语言里的音变顺序及其规律可以排列为 *dogoldi- > dooldi- > doldi- > dondi- > dondʐi- > dœndʐi- 等。

*kartʃu- > kartʃuldi- ~ kartʃumatʃi- ~ kartʂundu- "冲突"——鄂伦春语 kartʃuldi-，赫哲语 kartʃumatʃi-，满语及锡伯语 kartʂundu-，鄂温克语 hatʃtʃuldi-。我们认为，该同源动词的词根是 *kartʃu- > kartʂu- > hatʃtʃu- "产生矛盾"，而 -ldi、-ndu、-matʃi 等是属于表示互动概念的动词态词缀，或者说属于动词互动态词缀。在这里，还应该提到的是，通古斯语支语言内将该动词还可以发音成 artʃaldi-（鄂伦春语）、artʃumatʃi-（赫哲语）、atʃtʃaldi-（鄂温克语）等。毫无疑问，这是词首辅音 k > h 产生脱落现象之后出现的语音形式。

　　*utʃara- ~ bakaldi-"遇见"——满语及锡伯语 utʂara-，赫哲语与鄂伦春语 bakaldi-，鄂温克语 bahaldi-。可以看出，满语支语言的同源动词 utʃara- > utʂara- 与蒙古语族语言的 utʃara- > utʃar-"遇见"是属于同根同源关系。再说，通古斯语支语言的 bakaldi- > bahaldi- 则源于动词词根 baka-"获得"、"得到"。另外，满语支语言内还有用 tuŋgala- > tuŋala- 表示"遇见"之意的现象。与此同时，他们还把"相见"、"接见"说成 hatʃa-（女真语）、atʃa-（鄂温克语、鄂伦春语、赫哲语）、atʂa-（满语及锡伯语）等。不过，也经常用 bakaldi- > bahaldi- 来表示"接见"之意。

　　dorolo-"行礼"——虽然满通古斯语族语言内都说 dorolo-，但在满语里也有将 dorolo- 发作 dorulu- 的情况。毋庸置疑，同源动词 dorolo- 是源于名词 doro"礼仪"。很有意思的是，现代通古斯语支语言用 joslo- 表示"行礼"之一的实例要优越于 dorolo- 一词。然而，它们所说的 joslo- 与蒙古语族语言的 josola- > josla- > joslo- 同属一源。由此，我们想，通古斯语支语言的 joslo- 也许源于蒙古语族语言。

　　*gusutʃu-"愁闷"——满语 gusutʂu-，锡伯语 gusətʂu-，赫哲语 gustʃu-，鄂温克语 gusutʃu-，鄂伦春语 gustʃu-。不难看出，满通古斯语族语言在表述"愁闷"之意的说法方面产生的 *gusutʃu- > gusutʂu- > gusətʂu- > gustʃu- > gusutʃu- > gustʃu- 式音变现象及其规律。另外，通古斯语支语言也说 gusuhu-（鄂温克语）、gusku-（鄂伦春语）等。也就是说，将词第三音节首辅音 tʃ 由 h 音替代而出现的有所不同的语音结构形式。

　　sabura- ~ toŋkoʃi-"打盹"——满语 ʂabura-，锡伯语 savəra-，鄂温克语 toŋkoʃi-，鄂伦春语及赫哲语 toŋkotʃi-。除了满语支语言的 sabura- > ʂabura- > savəra- 及通古斯语支语言的 toŋkoʃi- > toŋkotʃi- 之说外，他们还用 aamaha-（鄂温克语）、aamaka-（鄂伦春语）、ərkətʃi-（赫哲语）等说法来表示该词义。

　　jaŋʤila-"打扮"——赫哲语、鄂伦春语、鄂温克语 jaŋʤila-，满语与锡伯语 jaŋsələ-。同源动词 jaŋʤila- > jaŋsələ- 是在名词 jaŋʤi >

jaŋsə "样子"、"模样" 后面接缀由名词派生动词的构词词缀 -la > -lə 而形成的实例。我们认为，满通古斯语族语言的名词 jaŋʤi > jaŋsə 及由此派生而来的动词 jaŋʤila- > jaŋsələ- 等均跟汉语的 jaŋ̣i "样子" 有关，或许属于汉语早期借词。在这里，还有必要指出的是，他们除说 jaŋʤila- > jaŋsələ- 之外，还用 mijami- > miami-（满语）、miami-（锡伯语）、timela-（赫哲语）、dasa-（鄂伦春语及鄂温克语）等来表示"打扮"之意。

kəkərə- "打饱嗝" —— 满语、锡伯语、鄂伦春语 kəkərə-，赫哲语 kəkər-，鄂温克语 həhərə-。毋庸置疑，该同源动词的语音演变规律应该是 kəkərə- > kəkər- > həhərə-。在使用中，鄂温克语里词首及词中辅音 k 变读为 h 音的同时，在赫哲语中词干末尾元音 ə 被脱落。与此同时，他们还将"打嗝"叫做 ʤokdo-（鄂伦春语及鄂温克语）、ʤoho-（赫哲语）、dz̩oho-（满语与锡伯语）等。

*jatʃihi- "打喷嚏" —— 满语 jatṣihija-，锡伯语 jatṣihi-，赫哲语 itʃihi-，鄂伦春语 itʃki- > iʃki-，鄂温克语 itʃʧi- ~ itʃʧini-。事实上，我们通过不同语言中出现的不同语音形式及语音结构特征，完全能够看出该动词演化的内部规则。而且，也可用如下格式展示其语音变化关系及其规律：

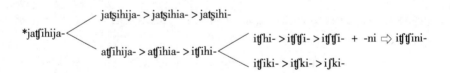

另外，在满通古斯语族语言内把"打哈欠"称之为 habgija-（满语）、habgia-（锡伯语）、habʃia-（赫哲语）、həwʃe- > θweʃi-（鄂温克语）、kəwʃe-（鄂伦春语）等。该同源动词的早期语音形式应为 *habugija-，后来产生 habəgija- > habgija- > habgia- > habʃia- > həwʃe- > kəwʃe- > θweʃi- 式音变。说到该动词的音变现象，首先应该提到词中辅音 g 演化为 ʃ 音之现象。假设我们直接思考辅音 g 变 ʃ 音的因素或许得不到令人满意的答案，但我们遵循满通古斯语族语言，乃至按照阿尔泰语系诸语辅音 g > h > s > ʃ 之演化原理来解释可能有一定说服力。再说，动词 *habugija- 中出现的 b > w 及 ija > ia > e > i 之音变现象也都合乎其音变规律。还有，词首音节元音 a 受后续音节元音影响而产生 ə 或 ɵ 音变。不过，在通古斯语族语言内，也能够见到用动词 ʧawuni-（赫哲语）＞ʧooni-（鄂伦春语）表示"打哈欠"之意的现象。

　　*huwanʧara- ~ *horikira-"打呼噜"——锡伯语 huntʂirə-，满语 hʊwatʂara-，鄂温克语 horkira- > hokkira-，赫哲语 horkira- > hontirə-，鄂伦春语 korkira- > kokira-。我们的词汇资料表明，满通古斯语族语言内要用 *huwanʧara- 及 *horikira- 两种说法表述动词"打呼噜"之概念。其中，*huwanʧara- > hʊwatʂara- ~ *huantʂara- > huntʂirə- > hontira- 之说用于满语、锡伯语、赫哲语，而 *horikira- > horkira- > hokkira- ~ korkira 则用于鄂温克语及鄂伦春语。从词源学的角度来分析，*huwanʧara- > hʊwatʂara- ~ huntʂirə- > hontira- 的词根部分应为 *huwan > hʊwa(n) > hun > hon，而它们的语音演化规律是 huwan > hʊwa(n) ~ huan > hun > hon。再说，通古斯语支语言的 *horikira- > horkira- > hokkira- ~ korkira 之说的词根是 hori > hok ~ kor > ko。在我们看来，作为词根，无论是 hʊwa(n) > hun > hon，还是 hori > hok ~ kor > ko 均属表示"呼噜"之意的拟声词。那么，在这些拟声词后面出现的 -tʂara > -tʂirə > -tira 及 -kira 应该是派生动词的构词词缀。

　　*surigu-"打寒战"——赫哲语 surhu-，锡伯语 surhunu-，满语 ʂurgətʂə-，鄂温克语 ʃirikʃi- > ʃilikʃi-，鄂伦春语 ʃilki-。从这些词的语音结构特征来看，同源动词 *surigu- 在不同语言中产生的音变现象比较复杂。然而，实际情况并不是如此，而且均有内部约定俗成的严格的音变规律。这些情况，完全可以从以下五个方面的分析和解释中看得一清二楚：（1）词首辅音 s 在满语、鄂温克语、鄂伦春语内产生 ʂ 或 ʃ 音变；（2）词首音节元音 u 在鄂温克语及鄂伦春语里被后续音节元音逆同化为 i 音；（3）词中辅音 r 在鄂温克语与鄂伦春语内由 l 音所取代；（4）词中元音 i 在除鄂温克语之外的语言中均被脱落；（5）词中辅音 g 在除满语之外的语言内变读为 h 与 k 音的同时，辅音 g 后面的元音 u 在满语、鄂伦春语、鄂温克语里出现 i 音变或弱化为 ə 音或被脱落。

　　həʧitə-"打踉跄"——赫哲语 həʧitə-，满语 həsitə-，锡伯语 həʂitə-，鄂伦春语与鄂温克语 əʧitə-。可以说，该同源动词的早期语音形式 həʧitə- 在赫哲语里保存得比较好。可是，在满语及锡伯语内，词

中辅音 ʧ 出现 s 与 ş 音变的同时，词首辅音 h 在鄂伦春语与鄂温克语里被脱落。除此之外，通古斯语支语言里还用 bədrə-（赫哲语）、bədrə- > bədri-（鄂温克语）、bədər-（鄂伦春语）等说法表示该词义。

apa-"打闹" —— 赫哲语 apa- > apal-，鄂温克语 apa- > apaldi-，鄂伦春语 apu- > apuldi-，满语及锡伯语 afa-。该同源动词的词中辅音 p 在满语支语言内演化为 f 音的同时，鄂伦春语里辅音 p 后面的元音 a 出现 u 音变。再说，通古斯语支语言的动词词根 apa- 后面出现的 -l 及 -ldi 均属于语法词缀。

məktə-"打赌" —— 满通古斯语族语言内均叫 məktə-。但是，通古斯语支语言的有关方言土语里也有说 məkdə- 的现象。也就是说，将词中辅音 t 发作 d 音。另外，在鄂温克语里还可以用 məlʤə- 来表示"打赌"之意。

*agadira-"打雷" —— 满语 akdʐa-，锡伯语 audzunu-，赫哲语 agdira-，鄂伦春语 agdiru-，鄂温克语 addera-。我们在前面分析名词 agadi ~ akdʐan "雷" 时，就明确提出它们是源于动词词根 aga-"打雷"的原理。那么，作为动词词干 *agadira- > agdira- > agdiru- > addera- ~ audzunu- ~ akdʐa- 等的动词词根依然是 *aga > ag > ag > ak > ad ~ au，而在它们后面出现的 -dira > -diru > -dzunu > dʐa- 均属于词缀部分。

*talikija-"打闪" —— 满语 talkija-，锡伯语 talkia-，赫哲语及鄂伦春语 talke-，鄂温克语 talke- > tale-，女真语 tali-。除了刚才列举的 talikija- > taliki- ~ talkija- > talkia- > talke- > tale- > tali- 等说法外，在通古斯语支语言内还用 taliŋki-（赫哲语）、taliniw-（鄂伦春语）、gilowuta-（鄂温克语）等说法表示动词"打闪"之意。

ədu-"刮风" —— 女真语和满语 ədu-，赫哲语与鄂伦春语 ədu- ~ ədi-，鄂温克语 ədi-，锡伯语 udu-。同源动词 ədu- 只在鄂温克语及锡伯语里出现词首元音 ə 的 u 音变，以及词根末尾元音 u 变读为 i 音等语音变化现象。

*ʤabukara-"裂缝" —— 鄂伦春语 ʤabkara-，鄂温克语 ʤakkara-，

赫哲语 ʤakara-，满语 dzạkara-，锡伯语 dzạkərə-。毫无疑问，动词 *ʤabukara- > ʤabkara- > ʤakkara- > ʤakara- > dzạkara- > dzạkərə- 之说源于名词 *ʤabukan > ʤabuka "缝隙"。

　　*gabakara-"裂开" —— 鄂伦春语 gabkara-，鄂温克语 gawakra- ~ gakkara-，满语及赫哲语 gakara-，锡伯语 gakərə-。根据满通古斯语族语言的音变规律，我们可以把以上提到的有关 *gabakara- 的不同说法进行如下排列：gabkara- ~ gawakra- > gakkara- > gakara- > gakərə-。而且，它们是源于名词 gaba > gab ~ gawa > gak > ga "裂纹"。另外，他们还将 "裂口" 叫 səndədzə-（满语与锡伯语）、səntəg-（赫哲语）、səbtəg- ~ əltərgə-（鄂伦春语）、səttəg- ~ əltəggə-（鄂温克语）等。

　　*uləʤə- ~ norga-"倒塌" —— 满语与锡伯语 ulədzə-，赫哲语及鄂伦春语 nurga-，鄂温克语 nogga-。他们对于 "倒塌" 之意的说法有两种，其一是满语支语言的 *uləʤə- > ulədzə- 之说，其二就是通古斯语支语言的 nurga- > nogga-。

　　tuksi-"心跳"、"恐慌" —— 满语 tuksi-，锡伯语 tukṣi-，赫哲语、鄂伦春语、鄂温克语 tukʃi-。满通古斯语族语言的 tuksi- > tukṣi- > tukʃi- 是由表示心 "嘣嘣" 直跳的拟声词 tuk tuk 的 tuk 派生而来的动词。

　　*patʃihijatʃa-"着急" —— 赫哲语及鄂温克语 patʃiheʃi-，鄂伦春语 patʃiketʃi-，满语 fatṣihijaṣa-，锡伯语 fatṣihiaṣa-。该动词的核心结构是 patʃi- > fatṣi-，像 *-hijatʃa > -hijaṣa > -hiaṣa > -heʃi > -ketʃi 等是属于词缀部分。再说，满通古斯语支语言内还有 uutaa- > uuta-（鄂温克语）、uuta- > əliintʃə-（鄂伦春语）、həlinə-（赫哲语）、fagia-（女真语）等说法。与此相关，他们还将 "急躁"、"发急" 叫 dabdurṣa-（满语）、dabdagtʃa-（赫哲语）、dabdagna-（鄂伦春语）、davdurṣə-（锡伯语）、daddagna-（鄂温克语）等。

　　*tʃuku- ~ *usuna-"累" —— 满语与锡伯语 tṣuku-，鄂伦春语及鄂温克语 usun- > usun-，赫哲语 usan- > usa-。显而易见，满通古斯语族语言内有关 "累" 的说法有两种，一是满语支语言的 *tʃuku- > tṣuku-，二是通古斯语支语言的 usun- > usu- ~ usan- > usa-。有关这两种说法是否源于

同一个词根 *ʧuku- > tʂuku-，以及 usu- 的出现是否属于 tʂuku- 词首辅音 *ʧ > tʂ 的脱落与词中辅音 k 的 s 音变等问题，现在难以提出结论性分析意见，还需要进一步深入探讨。另外，通古斯语支语言内还可以用 ʧaŋgal- > saŋgali- 之说表示"累"之意。

ʤogo-"劳心"—— 鄂伦春语 ʤogo- > ʤobo-，鄂温克语 ʤogo- > ʤowo-，女真语及赫哲语 ʤobo-，满语 dzobo-，锡伯语 dzọvu-。我们认为，该同源动词的语音演变规律应为 ʤogo- > ʤobo- > ʤowo- > dzobo- > dzọvu-。其中，（1）词首辅音 ʤ 在满语支语言里被发作 dz 音；（2）词中辅音 g 除在鄂温克语及鄂伦春语里一定程度地被使用外，几乎都被辅音 b、w、v 等取而代之；（3）动词词根末尾元音 o 在锡伯语里变读为 u 音等。不过，在这里出现的辅音 g 的 b 音变显得有些特殊。其实，满通古斯语族语言里此类实例有不少。比如说，他们起初将"汗王"、"胶水"、"翅膀"等称之为 hagan、sagu、ʤigur 等，但后来却出现 haban、sabu、ʤibur 等把词中辅音 g 发音成 b 音的现象。所以说，在他们的语言里将 ʤogo- 说成 ʤobo- 并非偶然与极其特殊的语音变化实例。与此同时，我们还认为，这一语音变化现象的出现，或许跟他们受蒙古语族语言 ʤoba- > ʤobo- > ʤob-"痛苦"、"伤心"之说的影响有关。

ərgə-"歇"—— 鄂伦春语及鄂温克语 ərgə-，满语、锡伯语、赫哲语 ərhə-。在他们的语言里说 ərgə- > ərhə- 之外，还有 təjnə-（赫哲语）、təjə-（满语及锡伯语）、amra-（鄂伦春语与鄂温克语）等说法。其中，amra- 之说与蒙古语族语言的 amara- > amra-"休息"同属一源。

*sogonija-"伸手"—— 鄂伦春语 soone- ~ sone-，鄂温克语 sooni- ~ sone-，满语 sanija- > sania-，锡伯语 sania-，赫哲语 sone-。在我们看来，该同源动词的早期语音形式应该是 *sogonija-。然而，在具体使用过程中却产生如下格式的音变：

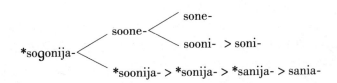

　　另外，通古斯语支语言的早期说法中，还有用 giini-（鄂温克语）、gini-（鄂伦春语）、sari-（赫哲语）等表示动词"伸手"之意的现象。

　　əlki-"招手"——满通古斯语族语言均叫 əlki-。不过，在通古斯语支语言内还有 dala- > dalu- > dalla- 之说。而且，这种说法与蒙古语族语言的 dala-"招手"属同根同源。

　　ʤori-"指给"——鄂温克语 ʤori-，赫哲语及鄂伦春语 ʤuri-，满语及锡伯语 dzori-。显而易见，该词的演变规律应为 ʤori- > ʤuri- ~ dzori-。除此之外，通古斯语支语言内还用 ʃilba- > tʃilba- 一词表示该动词词义。而且，ʃilba- > tʃilba- 的使用率要远远高于 ʤori- > ʤuri- 的使用率。

　　monʤi- ~ muru-"按(按摩)"——赫哲语 monʤi-，满语及锡伯语 mondzi-，鄂伦春语与鄂温克语 mʉrʉ-。这两种叫法里，monʤi- 的词中辅音 ʤ 在满语支语言内被发为 dz 音，muru- 的元音 u 在鄂伦春语与鄂温克语内由 ʉ 音取代。再说，赫哲语中还有 digda- 之说。

　　*dabusula-"放盐"——女真语及满语 dabsula-，鄂伦春语 dawsula-，赫哲语 dawsəla-，锡伯语 davsəla-，鄂温克语 doosula-。毋庸置疑，以上动词都是在表示"盐"之意的名词 *dabusun > dabsun > dawsun > davsən > doosuŋ 后面接缀由名词派生动词的词缀 -la 构成的实例。

　　oŋko-"吃草"——赫哲语、鄂伦春语、鄂温克语 oŋko-，满语 oŋkolo- < oŋko-，锡伯语 oŋkulu- < oŋko-。在动词 oŋko- < oŋkolo- < oŋkulu- 中 oŋko- 是属于核心结构部分，也就是该动词的词根。而在满语支语言 oŋko 后面出现的 -lo < -lu 是属于从名词派生动词的构词词缀。在这里，有必要指出的是，通古斯语支语言内 oŋko 富有名词和动词词根的双重词义，而满语支语言的 oŋko 似乎只表示"牧场"之名词词义。

　　*haligija-"撇浮油"——鄂温克语 halge- > alge-，满语 algija- > algia-，赫哲语 algia-，鄂伦春语 alge-，锡伯语 əlhia-。同源动词 *haligija- 的语音变化现象主要表现在：（1）词首辅音 h 在除鄂温克语之外的语言里均被脱落；（2）词第二音节首辅音 l 后面的元音 i 均被省

略；（3）词中辅音 g 在锡伯语里弱化为 h 音；（4）词干末尾 -ija 之语音形式出现 ia＞e 式音变等方面。

*lagatu-"靠近"——赫哲语及鄂伦春语 laktu-，鄂温克语 lattu-＞latta-，满语 latu-，锡伯语 latə-。事实上，通过不同实例中展现出的不同语音形式完全可以清楚地看出，同源动词 *lagatu- 在使用过程中产生的 *lagatu-＞lagtu-＞laktu-＞lattu-＞latu-＞latə- 式有规律的音变。再说，鄂伦春语及鄂温克语里还用 nagali- 之说表示该动词词义。

ərtu-"倚仗"——满语及赫哲语 ərtu-，鄂伦春语 ərtʉ-，锡伯语 ərtə-，鄂温克语 ərtə-＞əttə-。该同源动词的语音演化规律应为 ərtu-＞ərtʉ-＞ərtə-＞ərtə-＞əttə-。

ili-"站立"——满通古斯语族语言均叫 ili-。不过，在一些方言土语里也有说 ila- 或 il- 的现象。

təgə-"坐"——鄂温克语 təgə-，鄂伦春语 təə-，女真语、满语、锡伯语、赫哲语 tə-。不难看出，该同源动词是按照 təgə-＞təə-＞tə- 式音变不同程度的语音变化。

*nijakura- ~ əŋəntə-"跪"——满语 nijakura-＞niakʊra-，锡伯语 niakuru-＞jakuru-，赫哲语 həŋəntə-，鄂伦春语及鄂温克语 əŋəntə-。满语支语言的 *nijakura-＞nijakʊra-＞niakuru-＞niakʊra-＞jakuru- 是由名词 *nijakun＞nijakʊn＞niakun＞niakʊn＞jakun"跪"派生而来的动词。那么，通古斯语支语言的 həŋəntə-＞əŋəntə- 也是在名词 həŋəŋ＞əŋəŋ＞əŋən 后面接缀从名词派生动词的构词词缀 -tə 而构成的动词。

mosəla- ~ *dʒabila-"盘膝"——满语及锡伯语 mosəla-，赫哲语 mosla-，鄂温克语 dʒawila-，鄂伦春语 dʒebila-。也就是说，满通古斯语族语言用 mosəla-＞mosla- 以及 *dʒabila-＞dʒawila-＞dʒebila- 两种说法表示"盘膝"之意。而且，其中的 *dʒabila-＞dʒawila-＞dʒebila- 与蒙古语族语言的 dʒabila-＞dʒabla- 同属一源。

*mitʃu- ~ *miriki-"爬"——满语 mitʃu-，锡伯语 mitʃu-＞mutʂi-，

赫哲语 mirki- > mirk-，鄂伦春语 mirki-，鄂温克语 mikki-。他们除了说 *mitʃu- > mitʂu- > mutʂi- 以及 *miriki- > mirki- > mikki- ~ mirk- 之外，通古斯语支语言里表述用膝盖向上爬行的动作行为时也说 mitʃu-。从这个意义上讲，我们也可以说 mitʃu- 是通用于满通古斯语族语言的同源动词，而 mirki- > mirk- ~ mikki- 是属于通古斯语支语言的同源动词。另外，通古斯语支语言里还有 huli- > kuli-之说。

　　dodo- ~ tʃomtʃi-“蹲”——满语 dodo-，锡伯语 dodu-，鄂伦春语及鄂温克语 tʃomtʃi-，赫哲语 tʃomtʃo-。可以看出，满语支语言的 dodo- > dodu- 及通古斯语支语言的 tʃomtʃi- > tʃomtʃo- 两种说法，在使用过程中均没有产生太大音变。

　　*toŋogolo-“撅屁股”——满语 toŋgolo- > toŋolo-，赫哲语 toŋgolo-，锡伯语 toŋgulu- > toŋulu-，鄂伦春语及鄂温克语 toŋge-。我们认为，该同源动词的核心结构应该是 *toŋogo-。然而，使用过程中在不同语言里产生了不同程度的语音变化。并主要表现在：（1）词中辅音 ŋ 后面的元音 o 被脱落；（2）词中辅音 g 在满语支语言里出现脱落的同时，辅音 g 后面的元音 o 在锡伯语、鄂伦春语、鄂温克语内分别演化为 u 或 e 音等方面。再说，满语、锡伯语、赫哲语词尾出现的 -lo > -lu 是属于词缀部分。

　　*tiku-“掉”——鄂伦春语 tiki- > tik-，赫哲语及鄂温克语 tihi-，锡伯语 tuhu-，满语 tuhə-。同源动词 *tiku- 的元音 u 在通古斯语支语言中经过顺同化成为 i 音的同时，在满语里被弱化为 ə 音。其次，词中辅音 k 在鄂伦春语内由 h 音所取代。另外，在这里有必要强调指出的是，词首音节元音 i 受后续音节元音影响，在满语支语言内被逆同化为 u 音。

　　*kaluturi-“出溜”——满语及赫哲语 kalturi-，鄂伦春语 kalturi- > kaltiri-，锡伯语 kalturu-，鄂温克语 halturi- > haltiri-。很显然，该词的语音演变规律是 *kaluturi- > kalturi- > kalturu- > kaltiri- > halturi- > haltiri-。不过，在通古斯语支语言内还有 kalu- > halu- 之说。从这个角度上讲，表示“出溜”之意的 *kaluturi- > kalturi- > kalturu- > kaltiri- > halturi- > haltiri- 等说法，有可能均源于 kalu- > halu-。

dədu- ~ *huləgə-"躺下"—— 满语与赫哲语 dədu-，锡伯语 dudu-，鄂温克语 hʉləə-，鄂伦春语 kʉləə- > ʉləə-。相对而言，鄂温克语及鄂伦春语中的 *huləgə- > hʉləə- > kʉləə- > ʉləə- 式音变现象要比满语、锡伯语、赫哲语的 dədu- > dudu- 式音变复杂一些。

moriki-"扭"—— 赫哲语 morik-，鄂伦春语 morki-，鄂温克语 morki- > mokki-，满语及锡伯语 muri-。根据我们所掌握的满通古斯语族语言词汇资料，该动词原有的语音形式应该是 mori-，后来在满语支语言中出现元音 o 的 u 音变。还有，词中元音 i 在鄂伦春语及鄂温克语内被脱落。而通古斯语支语言中使用的 -ki > -k 是属于由动词派生动词的词缀部分。在这里，应该提到的是，通古斯语支语言还用 kuri- > huri- 表示"扭"之意。

mari- ~ orgi-"回头"—— 满语、锡伯语、赫哲语 mari-，鄂伦春语 orgi-，鄂温克语 oggi-。除了说 mari- 与 orgi- > oggi- 之外，满通古斯语族语言内还有 əggi-（鄂温克语）、ətəə-（鄂伦春语）、hijogi-（赫哲语）、muta-（女真语）等说法。

həkti-"挺胸"—— 鄂温克语 həkti-，鄂伦春语 kəkti-，赫哲语 əkti-，满语及锡伯语 əktə- > əktərşə-。不难看出，该同源动词的词根部分是 həkti-。在我们看来，满语支语言 əktə- 后面出现的 -rşə 是属于词缀部分。那么，作为词根的 həkti-，在不同语言里出现有所不同的语音变化。比如说，（1）词首辅音 h 在鄂伦春语里发作 k 音的同时，在赫哲语、满语、锡伯语内被脱落；（2）词根末尾元音 i 在满语支语言中由 ə 音取代。另外，他们还用 ana-（满语）、anə-（锡伯语）、kotimda-（赫哲语）等表示"挺胸"之意。

məhu-"俯身"—— 满语及赫哲语 məhu-，鄂温克语 məhʉ- > mʉhe-，鄂伦春语 məkʉ-，锡伯语 muhu-。该同源动词的语音变化现象并不突出，只是表现在：（1）词首音节元音 ə 在锡伯语及鄂温克语里产生 u 或 ʉ 音变；（2）词中辅音 h 在鄂伦春语里被发作 k 音；（3）词根末尾元音 u 在鄂伦春语及鄂温克语内演化为 ʉ 或 e 音等三个方面。

gugurə- ~ moro-"弯腰"—— 满语支语言叫 gugurə-，通古斯语支

语言称 moro- > mori-。再说，满语和赫哲语里还说 tʂandzɹura-（满语）、uriw-（赫哲语）等。

*hajida- > *hajidara-"歪斜"—— 鄂温克语 hajda-，赫哲语 haida-，满语 haidara-，锡伯语 haidarə-，鄂伦春语 kajda-。同源动词 *hajida- 在满语支语言中以接缀有词缀 -ra 的形式出现。使用过程中，作为词干语音形式的 *hajida- 产生：（1）词首辅音 h 变读为 k 音；（2）词干中辅音 j 在满语、锡伯语、赫哲语里被脱落的同时，辅音 j 后面的元音 i 也在鄂伦春语及鄂温克语里被省略等音变。另外，通古斯语支语言也可用 hadʒe-（赫哲语）、hadʒe- ~ həlbe-（鄂温克语）、kadʒe-（鄂伦春语）之说表述该词义。

sarba-"伸展四肢"—— 满语及赫哲语 sarba-，鄂伦春语 sarbe-，鄂温克语 sarbe- > sabbe-，锡伯语 sarva-。毫无疑问，该同源动词是按照 sarba- > sarbe- > sarva- ~ sabbe- 式演化规律产生了一些音变现象。

kurbu-"翻"—— 满语及赫哲语 kurbu-，锡伯语 kurvu-，鄂伦春语 kʉrbʉ-，鄂温克语 hʉrbʉ- > hʉbbʉ-。可以看出，kurbu- 的语音变化表现在：（1）词首辅音 k 在鄂温克语内出现 h 音变；（2）词中元音 u 在鄂伦春语及鄂温克语中发作 ʉ 音；（3）词中辅音 r 在鄂温克语里被后续音节首辅音逆同化为 b 音；（4）词中辅音 b 在锡伯语里演化为 v 音等。

toŋgoli-"翻跟头"—— 满语支语言叫 toŋgoli-，通古斯语支语言称 toŋkoli-。与此同时，他们也用 pʉkətʃi-（鄂伦春语）、pʉkəʃi-（赫哲语与鄂温克语）、fuhəʂə-（满语）、vuhəʂə-（锡伯语）等表示该动作行为。

*kurubu-"翻转"—— 满语 ubalija- > ubalia-，锡伯语 ubalia-，赫哲语 kurbule-，鄂伦春语 kʉrbʉldʒi-，鄂温克语 hʉbbʉldʒi-。根据满通古斯语族语言的语音变化规律，我们可以拟定该同源动词词根的早期语音结构应为 *kurubu-。那么，像 -lija > -lia > -le 及 -ldʒi 等均属于词缀部分。对于 *kurubu- 在不同语言的使用过程中产生的不同程度的音变现象，完全可以用以下格式进行归纳分析和全面展示：

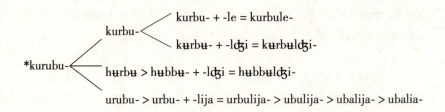

lanləbu- ~ mugu-"垮台"—— 满语 lanləbu-，锡伯语 lanləvə-，赫哲语 mugu-，鄂温克语 mʉgʉ- > mʉhʉ-，鄂伦春语 mʉgə-。也就是说，在满通古斯语族语言内表示"垮台"之意的同源动词有两个，其一是满语支语言的 lanləbu- > lanləvə-，其二是通古斯语支语言的 mugu- > mʉgʉ- > mʉgə- ~ mʉhʉ-。

*foritʃo-"转过去"—— 满语及锡伯语 forşo-，赫哲语 forʃu-，鄂伦春语 ortʃi-，鄂温克语 ortʃi- > otʃtʃi-。满通古斯语族语言内表述"转过去"之动作行为的同源动词应为 *foritʃo-。不过，该词在不同语言里产生了如下音变：（1）词首辅音 f 在鄂伦春语及鄂温克语里被脱落；（2）词中元音 i 在满通古斯语族语言中也被脱落；（3）词中辅音 tʃ 在满语、锡伯语、赫哲语里演化为 ş 或 ʃ 音。而且，在鄂温克语里，辅音 tʃ 把前置音节辅音 r 逆同化为 tʃ 音；（4）动词词干末尾元音 o 在通古斯语支语言内变读为 u 或 i 音。再说，通古斯语支语言里还有 urgi- > uggi- 之说。

soja-"缩小"—— 鄂温克语及赫哲语 soja-，满语 sojo-，锡伯语 sojə-，鄂伦春语 soji-。作为同源动词的 soja- 在除鄂温克语和赫哲语之外的语言里，词根末尾元音 a 却出现 o、ə、i 三种变音现象。与此相关，他们还将"缩紧"叫 gohoro-（满语、锡伯语、赫哲语、鄂温克语）、gokoro-（鄂伦春语）等。

*pətəkə-"跳"—— 赫哲语 fətkə-，满语 fəku-，锡伯语 fəku- ~ kətkə-，鄂伦春语 ətəkə-，鄂温克语 ətəhə- ~ totʃtʃa-。在我们看来，该同源动词的早期语音形式应为 *pətəkə-。那么，就像该词词首见到的那样，辅音 p 被发作 f 音的现象是属于满通古斯语族语言的一种音变规律。不过，在锡伯语里出现的，将 f 发作 k 音的现象使人感到极其特殊。进而，人们也会对锡伯语 fəku- 与 kətkə- 的同源关系产生疑义。反

过来想，锡伯语的 kətkə- 与赫哲语的 fətkə- 之间除了词首辅音 k 与 f 产生对应之外，其他语音结构完全相同。而且，锡伯语 kətkə- 中的 ətkə- 之语音形式，跟鄂伦春语及鄂温克语的 ətəkə- 与 ətəhə- 间也似乎存在同源关系。不论怎么说，这些问题还需要进一步深入细致地探讨。在此我们需要指出的是，上面罗列的 fətkə-（赫哲语）、fəku-（满语与锡伯语）、ətəkə-（鄂伦春语）、ətəhə-（鄂温克语）等应该属于同源动词。它们的语音变化现象及规律可用下列格式进行归纳展示：

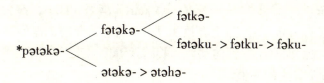

jabu- ～ fuli-"走"——满语与鄂伦春语 jabu-，女真语和赫哲语 jabu- ～ fuli-，锡伯语 javə-，鄂温克语 huli- > uli-。也就是说，满通古斯语族语言中表述"走"之意的同源动词有两个。一个是女真语、满语、鄂伦春语、赫哲语、锡伯语的 jabu- > javə-，另一个是女真语、赫哲语、鄂温克语的 fuli- > huli- > uli-。再说，满语里指含"走"之概念的说法 fəlijə- 似乎与 fuli- > huli- > uli- 等有渊源关系。很有意思的是，蒙古语族语言内也用 jabu- > jawa- > jaw- 之说表示"走"之意。

jabuhala- ～ *jogokolo-"步行"——赫哲语 jabuhala-，满语 jafahala-，锡伯语 javəhəla-，鄂温克语 jooholo-，鄂伦春语 jookolo-。首先应该肯定的是，像 > jabuhala-jafahala- > javəhəla-等说法源于动词词根 jabu-。其次，jooholo- > jookolo- 应该源于形容词 jogohon"步行"。问题是它们之间有无同源关系？我们认为，从词源学和阿尔泰语系语言语音演化论的角度来讲，满通古斯语族语言的 jabuhala- ～ *jogokolo- 间应该有渊源关系，它们有可能是在动词词根 jabu- > jafa- > javə-"走"及由此派生的形容词"步行的"*jabugan > jawuhan > joohan > joohoŋ > jookon 后面分别接缀 -hala > -həla 及 -la > -lo 等构词词缀派生出来的同源动词。另外，鄂伦春语及鄂温克语内还用 gira- 来表示"步行"之意。

*alga-"迈步"——鄂伦春语 algatʃi-，锡伯语及赫哲语 alka-，满语 alku-，鄂温克语 aggaʃi-。在我们看来，满通古斯语族语言的该同源动

词源于 *falagan > algan > aggan > aggaŋ 这一表示"脚掌"与"手掌"等的"掌"之意的名词。然而，在具体使用过程中，词尾鼻辅音 n 或 ŋ 被脱落的同时，词中辅音 g 演化为 k 音。结果，就出现了 alka- 之发音形式。后来，alka- 末尾元音 a 在满语里又变读为 ʋ 音。而且，在鄂伦春语与鄂温克语的 algatʃi- 和 aggaʃi- 后面接缀了强化"迈步"之动作行为概念的词缀 -tʃi 和 -ʃi。而女真语里则用 guri- 表示"迈步"之意。再说，满语支语言里还可以用 okso- 来表示"迈步"之意。

algati- ~ fulihətʃi-"散步"——锡伯语 alkati-，满语 alkʋti-，赫哲语 fulihətʃi-，鄂温克语 ʉlihəʃi-，鄂伦春语 ʉlikətʃi-。毫无疑问，他们的这两种说法均属于在前面刚刚提到的动词 *alga- 及 fuli-"走"后面接缀构词词缀 -ti 与 -hətʃi 派生的实例。

*sarasa- ~ təhəri-"闲逛"——满语 saraşa-，锡伯语 saraşa-，赫哲语及鄂温克语 təhəri-，鄂伦春语 təkəri-。除了满语支语言的 sarasa- > saraşa- > saraşa- 以及通古斯语支语言的 təhəri- > təkəri- 两种说法外，鄂伦春语里还有 gikʉtə- 之说。

ʤorolo- ~ ʤorodo-"马大步走"——通古斯语支语言叫 ʤorolo-，满语支语言称 dzorodo- > dzorodu- > dzorda-。同源动词 ʤorolo- ~ ʤorodo- > dzorodo- > dzorodu- > dzorda-应源于形容词 ʤoro"大步走的"，而在它后面出现的 -lo 及 -do > -da 是属于从形容词派生动词的构词词缀。

guri-"移"——满语支语言叫 guri-，通古斯语支语言说 guri- > gʉri-。而且，在通古斯语支语言内还有用 gurgʉl- > guggʉl- 之说表示"移"这一动作行为的现象。毋庸置疑，gurgʉl- > guggʉl- 应该源于 guri- > gʉri-。也就是说，在 guri- > gʉri- 后面接缀构词词缀 -gʉl 而派生出的 gurʉgʉl- > gurgʉl- > guggʉl- 之说法。

*alʤa- ~ əji- > əjilə-"离开"——满语 aldza-，锡伯语 aldzi-，赫哲语 əjilə-，鄂温克语 əjələ- > əjlə-，鄂伦春语 əjlə-。表示该动作行为的同源动词有两个，一个是满语支语言的 *alʤa- > aldza- > aldzi-，另一个是通古斯语支语言的 əjilə- > əjələ- > əjlə-。再说，通古斯语支语言内可以在动词词根 əji- > əjə- > əj- 后面接缀构词成分 mu- > mʉ-，派生出表示

"离婚"之意的新同源动词 əjimu- > əjəmʉ- > əjmʉ-。不过，在满语支语言里，却用特定同源动词 hoku-（锡伯语）、hoko-（满语）来表示"离婚"这一动词词义。

*multudʒu- ~ multag-"摆脱"——满语 multudʒə-，锡伯语 multudʒu̠-，赫哲语 multag-，鄂伦春语 moltag-，鄂温克语 moltog-。无论是满语支语言的 *multudʒu- > multudʒu̠- > multudʒə-，还是通古斯语支语言的 multag- > moltag- > moltog- 均源于动词词根 multa-。那么，multa- 在使用过程中产生：（1）元音 u 在鄂伦春语及鄂温克语中的 o 音变；（2）动词词根末尾元音 a 在满语支语言内的 u 音变及鄂温克语里的 o 音变等方面。而在 multa- 后面出现的 -u > -ə 及 -g 均属于词缀部分。另外，满语支语言还用 uktʂa- 来表示"摆脱"之意。

daba-"过分"——赫哲语与鄂伦春语 daba-，满语 daba- > dabaʂa-，鄂温克语 dawa-，锡伯语 davə- < davəʂə-。显而易见，该同源动词在使用过程中产生 daba- > dawa- > davə- 式音变。而 -ʂa > -ʂə 是属词缀部分。

*gənədə-"过错"——满通古斯语族语言内都说 əndə-。但是，通古斯语支语言的个别方言土语中也说 ənədə-，只是使用面很窄而已。比如说，通古斯鄂温克族老人的口语中就有 ənədə-之说。与此相关，通古斯语支其他语言里也可以用 gəndə- 来表示该词义。很有意思的是，蒙古语族语言里也有 gənədə- > gəndə-"失误"之说法。毫无疑问，通古斯语支语言的 gəndə- 与满语支语言的 gənədə- > gəndə- 同属一源。如果这种说法成立，我们也很难否定 gənədə- > gəndə- 与 əndə- 之间存在内在的、必然的历史渊源关系。除此之外，在满语支语言内还有用 ufara 表示"过错"之意的现象。

nəkulə- ~ dalimgi-"乘机"——满语、锡伯语、赫哲语 nəkulə-，鄂伦春语及鄂温克语 dalimgi-。以上提到的 nəkulə- 及 dalimgi- 两种说法之外，通古斯语支语言内还有 nashula-（赫哲语）、askula-（鄂伦春语）、aŋtʃi- > aŋtʃʉ-（鄂温克语）之说。

*tasira-"弄错"——锡伯语 taʂirə-，满语 taʂara-，鄂伦春语及鄂温克语 taʃera- > taʃeera-，赫哲语 taʃara-。同源动词 *tasira- 在不同语言里

产生的语音演变表现于：（1）词第二音节首辅音 s 在满语支语言内产生
ş 音变的同时，在通古斯语支语言中变 ʃ 音；（2）词中元音 i 在满语里
被前后音节元音同化为 a 音的同时，在通古斯语支语言内演化为 e 或
ee 音；（3）词干末尾元音 a 在锡伯语中弱化为 ə 音等方面。再说，*ta-
sira-“弄错”本身是在同源名词 *tasijan > tasian > tasin 后面接缀由名词
派生动词的构词成分 -ra > -rə 而派生出来的实例。

　　*sosuro- ~ mita-“退出”—— 锡伯语 sosuru-，满语 sosoro-，赫哲
语、鄂伦春语、鄂温克语 mita-。其实，在通古斯语支语言里也说 sosu-
或 sosa- 等，只不过是表示“逃”、“逃跑”等词义。不过，也用于表示
“退出”之意的情况。不论怎么说，从词义学角度来说，sosu- > sosa- 及
sosuru- > sosoro- 的词根 sosu- 之间存在深层关系。从语音学角度来说，更
能说明它们之间固有的同根同源关系。我们掌握的词汇资料还表明，通古
斯语支语言里还有一些表示“退出”之意的同源动词。比如说，mita- ~
amiʃihila-（鄂温克语）、mutʃu-（鄂伦春语）、mutargi-（赫哲语）等。

　　nəhə-“追寻”—— 满通古斯语族语言内除了鄂伦春语叫 nəkə-、
满语中说 ləhə- 之外，其他语言几乎均说 nəhə-。我们认为，这里出现
的辅音 l 与 n、h 同 k 的对应现象，主要跟满语将词首辅音 n 发作 l 音，
以及把词中辅音 h 发作 k 音等有关。

　　anabu-“推让”—— 满语、赫哲语、鄂伦春语、鄂温克语 anabu-，
锡伯语 anəvə-。很清楚的是，同源动词 anabu- 是在动词词根 ana-“推”
后面接缀由动词派生动词的构词成分 -bu > -və 而构成的实例。

　　duləbu-“经历”—— 满语与赫哲语 duləbu-，锡伯语 duləvə-，鄂伦
春语及鄂温克语 dᵾləbu-。很显然，该同源动词是在动词 dulə-“过”、
“过去”后面接缀由动词派生动词的构词词缀 -bu > -və 而构成。不过，
在鄂伦春语及鄂温克语里，词中元音 u 产生了 ᵾ 音变。另外，通古斯
语支语言内还有 nᵾktʃi-（鄂伦春语）、nᵾtʃtʃi-（鄂温克语）之说。

　　*dagari-“路过”—— 鄂温克语 dagri- > daari-，鄂伦春语 daari-，满
语、锡伯语、赫哲语 dari-。同源动词 dagri- > daari- > dari- 的早期语音
形式应为 *dagari-。而且，蒙古语族语言内也说 dagari- > daari-“经过”。

这两个语族语言的动词 dagari->daari- 应属于同源关系。

di-~əmə-"来"——女真语 di-，满语及锡伯语 dʐi-，赫哲语、鄂伦春语、鄂温克语 əmə-。可以看出，满语支语言的 di->dʐi- 及通古斯语支语言的 əmə- 源于两个不同的动词词根。我们还认为，满语支语言的 di- 与 dʐi- 两种说法间不仅存在同源关系，而且 di- 之说先于 dʐi- 这一发音形式。不只是女真语里说 di-，在通古斯语支语言的个别方言土语里也有把"来"之意用 di- 来表示的现象。比如说，敖鲁古雅鄂温克族老人中就有人说 di-。当然，这是极其个别的实例。再说了，通古斯语支语言内也有把出现于元音 i 或 e 前的辅音 d 发作 dʒ 音的现象。例如，把 dilgan>delgaŋ "声音"、digin "四"发音成 dʒilgan>dʒelgaŋ、dʒigin 等。

dosi-~*igi-"进"——满语 dosi-，锡伯语 dosy-，女真语 doʃi-~i-，赫哲语、鄂伦春语、鄂温克语 ii-。其实，满语支语言的同源动词 dosi->dosy-~doʃi- 在通古斯语支语言内也使用，只不过是所表示的词义有所不同。通古斯语支语言中 doʃi- 表示"往里"或"往里进"等意思。很有趣的是，在女真语里不仅说 doʃi-，同时也用与通古斯语支语言的 *igi->ii- 有同源关系的 i- 之说。

gənə-"去"——女真语、满语、锡伯语 gənə-，鄂伦春语 ŋənə-，鄂温克语 ŋəni->nəni-，赫哲语 ənə->ən-。根据不同语言中出现的不同实例，我们完全可以掌握该同源动词所产生的 gənə->ŋənə->ŋəni->nəni->ənə->ən- 式语音变化规律。与此相关，他们还将"出去"之意用 tuti-（女真语）、tutʂi-（满语及锡伯语）、tutʃi-（赫哲语）以及 juu-（鄂伦春语与鄂温克语）两种说法来表示。

mukdə-"兴起"——满语及赫哲语 mukdə-，锡伯语 muhdə-，鄂伦春语与鄂温克语 mʉkdə-。同源动词 mukdə- 在使用过程中产生的语音变化表现在：（1）词首音节元音 u 在鄂伦春语及鄂温克语里演化为 ʉ 音；（2）词中辅音 k 在锡伯语中变读为 h 音两个方面。

əbu-"下"——满语 əbu-，赫哲语 əwu-，鄂伦春语 əwʉ->əwə-，鄂温克语 əwə-，锡伯语 əvə-<uvu-。该同源动词的语音形式在满语里被

保存得较完整，而在其他语言内却产生了不同程度的语音变化。首先，词首元音 ə 在锡伯语内被后续音节元音逆同化为 u 音。其次，词中辅音 b 在赫哲语、鄂伦春语、鄂温克语中变 w 音的同时，在锡伯语里被发作 v 音。还有，词根末尾元音 u 出现 ʉ 或 ə 音变。

　　*bugəmu > bomobono- ~ boomoro- "云堆积" —— 满语 bombono-，锡伯语 bombonu-，赫哲语 boomoro-，鄂伦春语及鄂温克语 bɵɵmɵrə-。我们认为，该语族语言的 *bugəmu > bomobono- 及 boomoro- 两种说法虽然在语音结构方面存在一定差异，但它们应该均源于 bugəmu "堆" 这一量词。那么，该词在满语支语言内产生 *bugəmu > buəmu > bomu > bomə > bom 式语音演变，而在通古斯语支语言中却产生 *bugəmu > buəmu > bomu > bomo 以及 *bugəmu > buəmu > bɵɵmu > bɵɵmɵ 两种形式的语音变化。也就是说，满通古斯语族语言的动词 *bugəmu > bomobono- > bombono- > bombonu- 及 *bugəmuro- > buəmoro- > boomoro- > bɵɵmɵrə- > bɵɵmrə-，是在量词 *bugəmu "堆" 后面接缀 -bono > -bonu、-ro > -rɵ 等构词词缀派生的实例。

　　aga- ~ tikdə- "下雨" —— 满语 aga-，锡伯语 aha- > ahada-，通古斯语支语言 tikdə- > tikdi-。他们用 aga- > aha- > ahada- 及 tikdə- > tikdi- 表述该动作行为之外，通古斯语支语言内还用 udu（鄂温克语）、udi-（鄂伦春语）之说表示该动词词义。

　　nima- > nimara- ~ imana- ~ imagi- "下雪" —— 满语 nimara-，锡伯语 nimarə-，通古斯语支语言 iman- > ima-，女真语 imagi-。我们可以用以下格式归纳分析和展示该同源动词的语音变化现象及其规律：

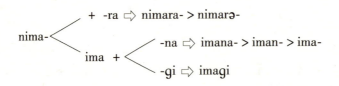

　　gala- "天晴" —— 满语及赫哲语 gala-，锡伯语 galə-，女真语 gal-，鄂伦春语与鄂温克语 gaal-。该同源动词的语音变化主要表现在：（1）词首音节元音 a 在鄂伦春语和鄂温克语里被发作长元音 aa；（2）

词第二音节元音 a 在锡伯语里被弱化为 ə 音的同时，在女真语、鄂伦春语、鄂温克语内被脱落等方面。

　　*jamandi-"晚、迟"——女真语 jamdi-，赫哲语 jamdʒi-，满语与锡伯语 jamdʐi-，鄂伦春语及鄂温克语 amindi-。同源动词 *jamandi-，在不同语言里产生不同程度的语音变化主要表现在：（1）词首辅音 j 在鄂伦春语及鄂温克语里被脱落；（2）词第二音节语音形式 an，在女真语、赫哲语、满语、锡伯语里被脱落；（3）词第三音节首辅音 d 在赫哲语、满语、锡伯语内由 dʒ 或 dʐ 取而代之等方面。

　　gujida-"迟延、拖久"——鄂伦春语及鄂温克语 gujida-，锡伯语与赫哲语 guida-，满语 gʊida-。同源动词 gujida- 的音变规律应为 gujida->guida->gʊida-。除此之外，在鄂伦春语及鄂温克语内还可以用 uda-、əlkətʃi- 等表述该动作行为。其中的 uda- 之说与蒙古语族语言的 uda-"慢"属同源关系。

　　*hurudula- ~ *turugulə-"加快"——满语 hʊdula-，锡伯语 hodulu-，赫哲语 turgələ-，鄂伦春语 tʊrgulu->tʊrgulə-，鄂温克语 tʊggʊlu->tʊggʊlə-。可以说，满语支语言的 *hurudula->hʊdula->hodulu- 及通古斯语支语言的 *turugulə->*turgulə->turgələ- ~ tʊrgulu->tʊrgulə- ~ tʊggʊlu->tʊggʊlə- 等属于两个不同语支语言的同源动词，并与蒙古语族语言的 hurdula-"变快"及 tʊrgulə-"加快"间均存在同根同源关系。

　　dulə-"过"——满语、锡伯语、赫哲语 dulə-，鄂伦春语与鄂温克语 dʊlə-。另外，他们把"过期"这一动作行为要用 tuli-（满语、锡伯语、赫哲语）、nʊgtʃi->nʊtʃtʃi-（鄂伦春语及鄂温克语）等来表述。

　　*ənədəbu-"过失"——满语及赫哲语 əndəbu-，鄂伦春语 əndəbu-，鄂温克语 əndəwu-，锡伯语 əndəvu-。满通古斯语族语言的同源动词 *ənədəbu- 应该源于 *ənədə-"上当"。该词在使用过程中，首先是词第二音节元音 ə 被脱落，其次是词干末尾音节辅音 b 在鄂温克语及锡伯语内出现 w 及 v 音变的同时，辅音 b 后面的元音 u 在鄂伦春语和鄂温克语中变读为 ʉ 音等音变现象。

fəksi- ~ tuɡtuli-"跑"—— 满语 fəksi-，锡伯语 fəkşi-，赫哲语 tuɡtuli-，鄂伦春语 tuɡtɯli-，鄂温克语 ɯgtɯli- > ɯttɯli-。换言之，满通古斯语族语言内用 fəksi- > fəkşi- 及 tuɡtuli- > tuɡtɯli- > ɯgtɯli- > ɯttɯli- 两种说法表示"跑"之意。

*sudʒu- ~ tatʃihina-"奔跑"—— 满语及锡伯语 sudzu-，赫哲语与鄂温克语 tatʃihina-，鄂伦春语 tatʃikina-。从某种角度讲，满语支语言的 *sudʒu- > sudzu- 及通古斯语支语言的 tatʃihina- > tatʃikina- 两种说法中 *sudʒu- > sudʐu- 有其相当高的使用率。

katara-"马小跑" ⇨ 满语 katara-，锡伯语、赫哲语、鄂伦春语 katra-，鄂温克语 hatra-。该同源动词显然是顺应 katara- > katra- > hatra- 式音变规律，在不同语言里产生了一些音变现象。

bulgi-"马尥蹶"—— 鄂伦春语 bulgi-，满语、锡伯语、赫哲语 bulhi-，鄂温克语 bolgi-。他们使用 bulgi- > bulhi- > bolgi- 之外，还用 mumurə-（满语）、dʒihila-（鄂温克语）等来表示该动词词义。

urgu-"马惊吓"—— 锡伯语及赫哲语 urhu-，满语 urhʊ-，鄂伦春语 ɯrgɯ-，鄂温克语 ɯggɯ-。该同源动词的音变现象主要表现在：（1）词中元音 u 在鄂伦春语及鄂温克语内演化为 ɯ 音的同时，词首元音 u 在满语里变读为 ʊ 音；（2）词中辅音 g 在锡伯语、赫哲语、满语内弱化为 h 音等两个方面。

sohada-"马拉套"—— 赫哲语 sohada-，锡伯语 sohodu-，鄂温克语 sohda-，鄂伦春语 sokda-，满语 şohada-。可以用以下格式归纳和展示该同源动词的音变现象及其规律：

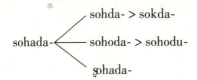

　　*dəgi- > *dəgili-“飞”——鄂温克语及赫哲语 dəgli-，鄂伦春语 dəjli-，锡伯语 dəji-，满语 dəjə-。我们认为，该同源动词的词根部分应该是 dəgi- > dəg- > dəji- > dəjə- ~ dəj-，而通古斯语支语言在 dəg- > dəj- 后面使用了 -li 这一构词词缀。很有意思的是，通古斯语支语言把“鸟”就称之为 dəgi > dəji，或许正因为如此在由 dəgi > dəji 演化而来的 dəg > dəj 后面接缀了由名词派生动词的构词词缀 -li，从而构成了表示“飞”之意的动词 dəgli- > dəjli-。另外，通古斯语支语言内还有用 dəgdə- > dəddə- 表述“飞”之动词词义的现象。

　　*ʤura- ~ gurgul-“出发”——满语及锡伯语 dzura-，赫哲语 gulgu-，鄂伦春语 gurgul-，鄂温克语 gʉggʉl-。从以上罗列的例词可以看出，满语支语言的同源动词 *ʤura- > dzura- 中只出现词首辅音 ʤ 的 dz 音变，其他语音形式没有产生什么变化。而通古斯语支语言的同源动词 gurgul- 的词中元音 u 在鄂伦春语及鄂温克语内出现 ʉ 音变的同时，词中辅音 r 在赫哲语中被发作 l 音。

　　isana-“到达”——满语 isina-，锡伯语 işinə-，赫哲语 iʃina-，鄂温克语 eʃena-，鄂伦春语 itʃina-。满通古斯语族语言的同源动词 isana- 在不同语言中产生了不同程度的语音演变。比如说，（1）词首元音 i 及词第二音节元音 a 在鄂温克语里出现 e 音变；（2）词第二音节首辅音 s 在赫哲语与鄂温克语内变 ʃ 音的同时，在鄂伦春语中出现 tʃ 音变；（3）动词词干末尾元音 a 在锡伯语里弱化为 ə 音。该同源动词是在动词词根 isa- 后面接缀 -na 之词缀而构成。

　　*dogo-“降落”——鄂伦春语及鄂温克语 doo-，满语、锡伯语、赫哲语 do-。不过，通古斯语支语言的个别方言里也有说 dog- 的现象。例如，鄂温克语辉河方言的莫和尔图（巴彦查岗）话里就有说 dog- 的现象。由此，我们认为，该同源动词的语音演变规律应该是 *dogo- > doo- > do-。

　　tomo- ~ *dogomu-“栖息”——满语 tomo-，锡伯语 tomu-，鄂伦春语及鄂温克语 doomu-，赫哲语 domu-。从词源学的角度分析，满语支语言的 tomo- > tomu- 同 tomon“巢穴”有关，而通古斯语支语言的 doomu- > domu- 显然是源于前面分析的动词词根 *dogo- 一词。

bi-"有"——满通古斯语族语言均叫 bi-。

bədərə- ~ gənu-"回去"—— 满语及锡伯语 bədərə-，赫哲语 gənu-，鄂伦春语 ŋənʉ-，鄂温克语 nənʉ-。很显然，满语支语言的同源动词 bədərə- 似乎没有产生什么语音变化，而通古斯语支语言的 gənu- 却出现词首辅音的 g > ŋ > n 式音变及词干末尾元音 u 的 ʉ 音变。表述该动作行为的概念时，满语支语言内还用 mari- 之说。

mori-"弯曲"——通古斯语支语言称 mori-，满语支语言叫 muri-。该同源动词的早期语音形式是 mori-，而 muri- 是由于词中元音 o 产生 u 音变而形成的产物。再说，满语支语言还用 mudali- 之说表示该动作行为。

tabu-"扣弦上弓"—— 除了锡伯语里叫 tavə-之外，其他语言内都说 tabu-。而且，在通古斯语支语言内还有 jaksi- > jakʃi- > jaktʃi- 之说。

*fudədʒə- ~ handʒira-"开线"—— 满语 fudədʒə-，锡伯语 fududʑi-，赫哲语及鄂温克语 handʒira-，鄂伦春语 kandʒira-。可以看得出来，无论是满语支语言的 fudədʒə- > fududʑi-，还是通古斯语支语言的 handʒira- > kandʒira-，在使用过程中产生的音变并不十分明显。

pitʃa- > pitʃakula-"吹口哨"—— 鄂伦春语 pitʃakula-，鄂温克语 pisahula-，赫哲语 fitʃakula-，满语及锡伯语 fitʂa-。我们认为，该同源动词的词根为 pitʃa- > fitʂa-。那么，作为词根 pitʃa- 在不同语言里产生了不同程度的语音变化。比如说，（1）词首辅音 p 在满语、锡伯语、赫哲语里产生 f 音变；（2）词中辅音 tʃ 在满语中出现 tʂ 音变的同时，在鄂温克语内变读为 s 音等。毫无疑问，通古斯语支语言 pitʃakula- > pisahula- ~ fitʃakula- 的词根 pitʃa- > pisa- ~ fitʃa- 后面使用的 -ku > -hu 以及 -la 等均属于词缀部分。

*turu-"下纲套"—— 锡伯语 tulu-，满语与赫哲语 tulə-，鄂伦春语及鄂温克语 tʉrʉ-。同源动词 turu- 的语音变化现象主要表现在：（1）词首音节元音 u 在鄂伦春语和鄂温克语中变读为 ʉ 音；（2）词第二音节

元音 u 在满语及赫哲里弱化为 ə 音；（3）词中辅音 r 在满语、锡伯语、赫哲语内由 1 取代等方面。

abala- ~ *bəju-"打猎" —— 满语 abala-，赫哲语 abala- > abla-，锡伯语 avalə-，鄂伦春语与鄂温克语 bəju-。从以上实例能够看出，满通古斯语支语言内要用 abala- > abla- ~ avalə- 及 *bəju- > bəju- 两种说法表述"打猎"之动作行为的概念。其中，abala- 在赫哲语里出现词中元音 a 的脱落，以及在锡伯语里词干末尾元音 a 弱化为 ə 音等音变现象。与此有关，他们将"冬猎"叫 hoihala-（满语、锡伯语、赫哲语）、hojhala-（鄂温克语）、kojhala-（鄂伦春语）等。

tuti- ~ jugu-"出" —— 女真语 tuti-，赫哲语 tuʧi-，满语与锡伯语 tutʂi-，鄂伦春语及鄂温克语 juu-。也就是说，对于"出"之概念的表述上，满通古斯语族语言内有 tuti- > tuʧi- > tutʂi- 以及 *jugu- > jugu- > juu- 两种说法。

bulta-"露出" —— 满语、锡伯语、赫哲语 bulta-，鄂温克语 bulte-，鄂伦春语 bulti-。该词的早期语音形式在满语、锡伯语、赫哲语中保存得较为理想，而在鄂温克语及鄂伦春语中词根末尾元音 a 却产生 e 或 i 音变。不过，满语支语言里经常在 bulta- 后面接缀 -ra > -rə 等词缀使用。

təgə-"住" —— 鄂温克语及赫哲语 təgə-，鄂伦春语 təə-，满语与锡伯语 tə-。可以看得出来，满通古斯语族语言说"住"的同源动词在使用过程中产生 təgə- > təə- > tə- 式有规律的语音变化。另外，他们还用 ində-（满语与锡伯语）、aaŋa- ~ əwə-（鄂伦春语及鄂温克语）、aŋkulə- ~ baliti-（赫哲语）等表示该动词词义。

niʧu- ~ *ninidə-"闭眼" —— 女真语 niʧu-，满语及锡伯语 nitʂu-，赫哲语、鄂伦春语、鄂温克语 nində-。在满通古斯语族语言内，除了满语支语言的 niʧu- > nitʂu- 与通古斯语支语言的 *ninidə- > nində- 等说法之外，通古斯语支语言内还有 bali-（鄂伦春语及鄂温克语）、ahu- ~ kojna-（赫哲语）等。

　　*amaga- ～ *agatʃi-“睡”——满语 amga-，锡伯语 amhə-，赫哲语与鄂伦春语 aatʃi-，鄂温克语 aaʃi-。根据我们掌握的动词词汇资料，满通古斯语族语言内一般要用 *amaga- > amga- > amhə- 及 *agatʃi- > aatʃi- > aaʃi- 两种说法表示该动作行为。不过，除此之外，他们还用 dədu-（女真语）、afi-（赫哲语）来表示“睡”之意。与“睡”相关的同源动词在满通古斯语族语言内还有，*bəgəbulə-“哄孩睡” ⇨ bəəbulə-（赫哲语）、bəəbulə-（鄂伦春语及鄂温克语）、bəbula-（满语）、babələ-（锡伯语）等；gəhəsə- ～ *agamu-“瞌睡” ⇨ gəhəsə-（锡伯语）、gəhəsə-（满语）、gəhəʃi-（赫哲语及鄂温克语）、gəkəʃi-（鄂伦春语）以及 aamu-（赫哲语）、aami-（鄂伦春语及鄂温克语）等。

　　gətə- ～ səri-“醒来”——满语支语言 gətə-，鄂温克语 səri- > sərə-，赫哲语 sərə-，鄂伦春语 sərə- > sər-。与表示“醒来”一词的说法密切相关，他们将“清醒”叫 sərə-（满语）、sərə- > sər-（锡伯语）、gətə- > gət-（通古斯语支语言）等。从满通古斯语族语言对于“醒来”、“清醒”两个动词的说法，我们感受到一个十分有意思的区别词义的现象。那就是，在满语支语言中，表示“醒来”之意的动词 gətə-，却在通古斯语支语言里表现出“清醒”的概念。反过来，通古斯语支语言内表示“醒来”之意的动词 səri- > sərə-，却在满语支语言里表现出“清醒”的意思。也就是说，表示“醒来”与“清醒”的两个动词 səri- > sərə- 及 gətə- > gət- 在该语族语言的两个语支语言中，完全被换位使用。由此我们想到，早期满通古斯语族语言的动词词汇里，表示“醒来”与“清醒”两个动词词义的称谓有可能就是一个词。后来，伴随语用词汇的不断发展和丰富，才出现了另外一种动词。尽管如此，在当初动词 səri- > sərə- 及 gətə- > gət- 所表现出的“醒来”与“清醒”之词义并没有十分清楚的划分和界定。再后来，有其明确的使用概念或区别性特征时，由于各自的倾向性与侧重点的不同，导致当今使用方面展现出的有所不同的区别与语用要求。结果，满语支语言确定为用 gətə- > gət- 表示“醒来”或“睡醒”的同时，以 *səri- > sərə- 指“清醒”之意；通古斯语支语言则定为用 gətə- > gət- 表示“清醒”的同时，以 səri- > sərə- 指“醒来”或“睡醒”之概念。

　　ərgə- ～ *amara-“休息”——满语及赫哲语 ərgə-，锡伯语 ərhə-，鄂伦春语与鄂温克语 amra-。满通古斯语族语言内主要用 ərgə- > ərhə-

及 *amara- > amra- 两种说法表示"休息"之意外，还使用 təjə-（满语
及锡伯语）、təjə- > təjnə-（赫哲语）之说。在此，应该提出的是，鄂伦
春语与鄂温克语 *amara- > amra- 之说与蒙古语族语言的 amra-"休息"
间存在同根同源关系。与"休息"所包含的词义相关，满通古斯语族
语言里把"安宁、安定"等要用 əlhənə-（满语、锡伯语、赫哲语、鄂
温克语）、əlkənə-（鄂伦春语）之说来表示。毫无疑问，满通古斯语族
语言的动词 əlhənə- > əlkənə- 是源于名词 əlhə > əlkə"平安、太平"。然
而，值得思考的是，该语族语言内出现的 ərgə- 与 əlhə 之间是否存在同
源关系的问题。从语义结构及其相关音变原理的角度来看，它们应该是
属于同一个词根。

　　*ələbəsi-"游泳"——赫哲语及鄂伦春语 əlbəʃi-，鄂温克语 əlbəʃi-
> əbbəʃi-，满语 əbişə-，锡伯语 əbsə-。同源动词 *ələbəsi- 在满通古斯
语族语言内产生的语音变化现象，以及对于它们的音变规律可以用下列
格式进行归纳分析与展示：

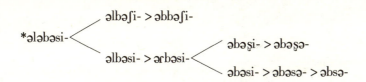

　　在这里，应该进一步阐明的是，通古斯语支语言 *ələbəsi- 出现的音
变现象较为简单，只是词第二音节元音 ə 脱落的同时，词干末尾音节辅
音 s 却出现 ʃ 音变。依据该语族语言的语音演化规律，我们认为满语支
语言的 *ələbəsi- 所产生的音变现象比较复杂。不过，我们通过 *ələbəsi-
> əlbəsi- > ərbəsi- > əbəsi- > əbəşə- ~ əbsə- 式音变完全可以了解到，词第
二音节语音形式 -lə 被脱落，词干末尾音节辅音 s 在满语里出现脱落的
同时，其后面的元音 i 却演化为 ə 音等音变现象。

　　giru- ~ gilunti-"害羞"——满语及锡伯语 giru-，赫哲语 gilunt-，
鄂温克语 ilint-，鄂伦春语 ilint- > ilimt-。满语支语言 giru- 的原有语音形
式保存得较好，而通古斯语支语言内却出现 gilunti- > ilunt- > ilint- > il-
imt- 式音变现象。与此相关，满通古斯语族语言内还把"害臊"叫
sorotşo- ~ jərtə-（满语）、sorotʂə- ~ jərtə-（锡伯语）、haladʐi-（赫哲语）、

aldʒi-（鄂伦春语及鄂温克语）等。根据我们掌握的词汇调研资料，满通古斯诸民族的日常用语对"害羞"与"害臊"的表述方面并不是分得那么清楚。换句话说，表示"害羞"的动词也可以用来指"害臊"之意，同样，用于"害臊"的动词也能表示"害羞"之概念。

bakta-"包含" —— 满通古斯语族语言均说 bakta-。不过，通古斯语支语言内也有在 bakta- 后面接词缀 -ga 后形成的 baktaga- 之语音结构形式表示该词义的现象。而且，这里所说的动词 bakta- 与蒙古语族语言的 bakta- 同属一源。

*saŋa- > *saŋaga-"冒烟" —— 锡伯语 saŋgia- > saŋia-，鄂伦春语 saŋna-，赫哲语 saŋni-，鄂温克语 saŋa-，满语 ʂaŋgija- > ʂaŋia-。可以看出，该同源动词的音变现象较为复杂。为了使这一复杂多变的语音变化能够看得更清楚，用下面格式化的分析手法及表述形式全面展示其音变现象及其规律和相互间的关系：

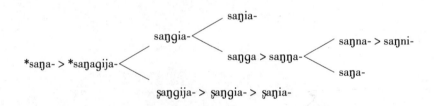

与此同时，在他们的语言里，将"烟熏"称之为 saŋantha-（鄂温克语）、saŋanka-（赫哲语）、saŋiavu-（锡伯语）、saŋŋantka-（鄂伦春语）、ʂaŋgijabu-（满语）等。毋庸置疑，它们也都源于动词词根 *saŋa-。

fujə-"水开" —— 满语与锡伯语 fujə-，赫哲语 huju-，鄂伦春语及鄂温克语 ʉji-。该同源动词的语音演化规律应为 fujə- > huju- > ʉji-。

*muki-"灭亡" —— 满语 mukijə- > mukiə-，锡伯语 mukiə- > muku-，赫哲语 muku-，鄂伦春语 mʉkʉ-，鄂温克语 mʉhʉ-。在我们看来，该动词词根的早期语音形式应该是 *muki-。后来，由于词缀 -ijə 的接缀以及其中辅音 j 的脱落而形成了 mukiə- 之结构类型的动词词干。

在具体使用过程中，由于 mukiə- 的元音 i 再次脱落而成为 mukə-。紧接着，前置音节元音 u 将后续音节元音 ə 顺同化为 u 音，结果就出现了 muku- 这一语音形式的同源动词词干。然而，在通古斯语支语言里，词中元音 u 及辅音 k 还产生 ʉ 与 h 等音变。而且，满通古斯语族语言的 *muki- > muku- > mʉkʉ- > mʉhʉ- 同蒙古语族语言的 muhu-"灭亡"同属一源。

suma-"冒烟气"——满通古斯语族语言均叫 suma-。不过，通古斯语支语言内还有 paagi-（鄂温克语及鄂伦春语）、sugdu-（赫哲语）等说法。

*iʧigija-"办事"——鄂伦春语 iʧige-，赫哲语 iʧihi-，满语 itʂihija- > itʂihia-，锡伯语 itʂihia-，鄂温克语 iʃige-，女真语 iʃije-。同源动词 *iʧigija- 在不同语言里产生：（1）词第二音节辅音 ʧ 在满语及锡伯语内演化为 tʂ 音的同时，在鄂温克语和女真语里由 ʃ 音取代；（2）词中辅音 g 在满语、锡伯语、赫哲语内发作 h 音；（3）作为词干末尾的语音形式 ija- 产生 -ia > e > i 式音变等。

*fijakʉ- ~ igi-"煨（用火）"——满语 fijakʉ-，锡伯语 fiakə-，赫哲语、鄂伦春语、鄂温克语 igi-。除了满语支语言的 *fijakʉ- > fijakʉ- > fiakə- 及通古斯语支语言的 igi- 之说外，在通古斯语支语言内还用 ʉjəktələ- > ʉjəttələ-（鄂伦春语与鄂温克语）、eka-（赫哲语）来表示"煨（用火）"之意。另外，他们还将"煨（用水）"叫 buʤu-（赫哲语）、budʐu-（满语及锡伯语）、bulduhu-（鄂温克语）、boldok-（鄂伦春语）等。

*wənʤə- ~ əhulgi-"加热"——满语与锡伯语 wəndzə-，赫哲语 əhulgi-，鄂温克语 əhʉlgi-，鄂伦春语 əkʉlgi-。相比之下，满语支语言的 *wənʤə- > wəndzə- 及通古斯语支语言的 əhulgi- > əhʉlgi- > əkʉlgi- 所产生的语音变化都比较小。

dəbi- > dəbisi-"扇"——鄂伦春语 dəbi-，满语 dəbsi-，锡伯语 dəvʂi-，赫哲语 dəwi-，鄂温克语 dəwə-。严格地讲，该同源动词的词根是 dəbi-，而在满语支语言 dəbsi- > dəvʂi- 中词根 dəbi- > dəb- > dəv- 后面

出现的 -si > -ṣi 是属于从动词派生动词的构词词缀。那么，作为词根 dəbi- 在使用过程中，词中辅音 b 被发作 w 与 v 音的同时，辅音 b 后面的元音 i 弱化为 ə 音或被脱落。

musulə-"磨面"—— 赫哲语 musulə-，鄂伦春语与鄂温克语 musulu-，锡伯语 musələ-，满语 mosələ-。作为该同源动词的早期语音形式的 musulə-，在不同语言中产生不同程度的音变。而且，主要表现在元音方面。比如说，（1）词首音节元音 u 在满语里出现 o 音变；（2）词第二音节元音 u 在满语支语言里弱化为 ə 音；（3）词干末尾音节元音 ə 在鄂伦春语与鄂温克语内被前置音节元音顺同化为 u 音等。除此之外，满语支语言里还有 hudʐʉrə-（满语）、hudʐʉru-（锡伯语）之说。再说，满通古斯语族语言内与"磨"相关的同源动词还有一些。例如，nila-"磨滑" ⇨ nila-（满语支语言）、nila- > nela-（通古斯语支语言）等；dʒulhu-"抹蹭" ⇨ dʒulhu-（赫哲语及鄂温克语）、dʒulku- > dʒulkə-（鄂伦春语）、dzulhʉ-（满语）、dzulhə-（锡伯语）等；*idʒura-"摩擦" idʒura-（满语及锡伯语）、hirku-（赫哲语）、hikku-（鄂温克语）、irku-（鄂伦春语）等；mana-"磨损" ⇨ mana-（满语及锡伯语）、manawu- > manu-（赫哲语、鄂伦春语、鄂温克语）等；bəgələ-"磨墨" ⇨ bəkələ-（鄂伦春语）、bəgələ- > bəhələ-（鄂温克语）、bəhələ-（满语、锡伯语、赫哲语）等。

uba- ~ *ugumu-"饭变味"—— 满语 uba-，锡伯语 uva-，赫哲语 uum-，鄂伦春语及鄂温克语 ʉʉm-。依据我们掌握的动词词汇资料，满语支语言的 uba- > uva- 及通古斯语支语言的 ugumu- > uumu- > uum- > ʉʉm- 两种说法主要表示"饭变味"之意。另外，他们还将"变馊"叫 dzuʂə-（满语）、dzyʂunə-（锡伯语）、dʒisul-（鄂温克语）、dʒisulə-（鄂伦春语）、dʒuʃənə-（赫哲语）等。而且，满通古斯语族语言对于"变馊"的说法应该源于形容词 dʒisun"酸"。

dʒisulə-"发酵"—— 鄂伦春语与鄂温克语 dʒisulə-，赫哲语 dʒusulə-，满语 dzuʂulə-，锡伯语 dzyʂulə-。同源动词 dʒisulə- > dʒusulə- > dzuʂulə- > dzyʂulə- 也是在形容词 dʒisun"酸"后面接缀由形容词派生动词的构词词缀 -la > -lə 而构成的实例。

urgulu-"祝贺"—— 锡伯语 urgulu-，赫哲语及满语 urgulə-，鄂伦春语 ʉrgʉlə-，鄂温克语 ʉggʉlʉ-。该同源动词的语音演化过程及其规律十分清楚，它们应该是按照 urgulu- > urgulə- > ʉrgʉlə- > ʉggʉlʉ- 式音变原理发生一些音变。

mara- ~ anahi-"谢绝"—— 满语 mara-，锡伯语 marə-，赫哲语与鄂温克语 anahi-，鄂伦春语 anaki-。无论是满语支语言的 mara- > marə-，还是通古斯语支语言的 anahi- > anaki-，在使用过程中均未产生太明显而复杂的音变。

əgədə-"怀恨"—— 鄂伦春语及鄂温克语 əgədə-，满语与锡伯语 əhədə-，赫哲语 əhədə- > əhdə-。也就是说，原来的词第二音节首辅音 g 在满语、锡伯语、赫哲语内被发作 h 音而出现 əhədə- 这一语音结构同源动词。与此同时，他们将"怨恨"叫 səjə-（满语）、səji-（锡伯语）、usuga-（女真语）、usuga- ~ ʤisʉg-（鄂温克语）、usuga- ~ ʤʉsʉg-（鄂伦春语）、usuga- ~ ʤisumgi-（赫哲语）等。

gasa- > *gasala-"抱怨"、"伤感"—— 满语 gasa-，锡伯语 gasə-，赫哲语、鄂伦春语、鄂温克语 gasla-。应该说，满语支语言的 gasa- 之说是该同源动词词根部分，而在通古斯语支语言中在 gasa- 后面接缀 -la 的前提下才表现出了"抱怨"之意。并且，接缀 -la 时，gasa- 末尾元音 a 出现脱落现象。另外，他们还把"埋怨"说成是 gəmərə-（满语及锡伯语）、gəgəni-（鄂伦春语）、gəgəni- ~ gəŋʧə-（鄂温克语）、gəgni- ~ gəŋʧə-（赫哲语）等。

gasa-"悲痛"、"哀伤"—— 满通古斯语族语言内均叫 gasa- 之外，在通古斯语支语言中还有 gaʃu- > gaʃumu-（鄂温克语）、goʃi-（鄂伦春语）等表述形式。

maŋgata-"为难"—— 赫哲语 maŋgata-，满语及锡伯语 maŋgata- > maŋata-，鄂伦春语与鄂温克语 maŋgat-。它们的音变规律应该是 maŋgata- > maŋgat- > maŋata-。再说，通古斯语支语言里还用 ʤogo- > ʤog- 来表示该动词词义。

pantʃi-"生气" —— 赫哲语及鄂温克语 pantʃi-，鄂伦春语 pantʃa-，满语 fantsa-，锡伯语 fantʂə-。同源动词 pantʃi- 在赫哲语与鄂温克语里较好地保存了原来的语音形式，而在鄂伦春语里词根末尾元音 i 产生 a 音变。在满语支语言内，词首辅音 p 及词中辅音 tʃ 由 f 与 tʂ 音所取代的同时，词干末尾元音 i 也出现 a 与 ə 音变。再说，通古斯语支语言内也可以用 ale- 一说表示该动词词义。

*futʃə- ~ butu-"赌气" —— 满语 futsə-，赫哲语 fətʃə-，锡伯语 fətʂə-，鄂伦春语及鄂温克语 butu-。满通古斯语族语言内除了满语支语言的 *futʃə- > futsə- > fətʃə- > fətʂə-，以及通古斯语支语言的 butu- > butu- 之外，鄂伦春语及鄂温克语里还可以用 ale- 或 agle- 等来表示"赌气"之意。

toru- ~ *tigimu-"气消" —— 锡伯语与赫哲语 toru-，满语 toro-，鄂伦春语及鄂温克语 tiimu-。他们使用 toru- > toro- 与 *tigimu- > tiimu- > tiimu- 两种说法的同时，通古斯语支语言内还可以用 səligu- > səlgu- 或 amra- 之说表示该动词词义。

takda- ~ dəwə-"兴奋" —— 满语支语言叫 takda-，通古斯语支语言说 dəwə-。不过，在通古斯语支语言内把 dəwə- 还发音成 dəəwə- 的同时，也用 hθθrθ- 表示"兴奋"之意。而且，hθθrθ- 与蒙古语族语言的 hugərə- > hθθrθ-"兴奋"同属一源。

*urgundʒə- ~ agda-"高兴" —— 满语及锡伯语 urgundʐə-，赫哲语与鄂伦春语 agda-，鄂温克语 agda- > adda-。可以看出，满语支语言的 *urgundʒə- > urhundʐə- 是源于名词 urgun"喜"。再说，通古斯语支语言内除了使用 agda- > adda- 之外，同样可以用 urgun- 表示"高兴"之意。只不过是使用的人很少而已，他们主要是用 agda- > adda- 来表述该动词词义。

gajika-"奇怪" —— 满语 gaika-，锡伯语 gaikə-，鄂伦春语 geeka-，鄂温克语 geeha-，赫哲语 geka-。该同源动词在不同语言中产生的语音变化表现在：（1）由于词中辅音 j 的脱落而使满语支语言内出现复合元音 ai，以及通古斯语支语言里出现长元音 ee 或短元音 e；（2）词第三音节首辅音 k 在鄂温克语中变读为 h 音；（3）词干末尾元音 a 在锡伯语里弱化为 ə 音等方面。另外，满通古斯语族语言内，与"奇怪"之意相关的同源动词还有一些。比如说，golo-"吃惊" ⇨ golo-（满语）、golo- > golə-（锡伯语）、olo-（通古斯语支语言）等；bəktə-"惊呆" ⇨ bəktə-（满通古斯语族语言）、bəkt-（个别方言土语）；urgu-"惊动" ⇨ urgu-（锡伯语及赫哲语）、urgʊ-（满语）、ʊrgu-（鄂伦春语）、ʊrgu- > ʊggu-（鄂温克语）等；burgi-"惊乱" ⇨ burgi-（满语、锡伯语、赫哲语）、bʊrgi-（鄂伦春语）、burgi- > buggi-（鄂温克语）等；kuli-"惊伏" ⇨ kuli-（锡伯语、赫哲语、鄂伦春语）、kʊli-（满语）、huli-（鄂温克语）等；səsulə-"惊怕" ⇨ səsulə-（满语及赫哲语）、səsulə-（鄂温克语）、səʂulə-（锡伯语）、sətʃulə-（鄂伦春语）等。

toktu-"决定"——锡伯语及赫哲语 toktu- < tokto-，满语与鄂伦春语 tokto-，鄂温克语 totto-。显而易见，它们是按照 toktu- > tokto- > totto- 式音变规律产生了应有的语音变化。

laktʃa-"断绝"——赫哲语 laktʃa-，鄂伦春语与鄂温克语 laktʃi-，锡伯语 laktʂə-，满语 laktʂa-。可以看出，laktʃa- 在除赫哲语之外的语言里产生：（1）词第二音节首辅音 tʃ 在满语支语言里变读为 tʂ 音；（2）词干末尾元音 a 在鄂伦春语及鄂温克语内发生 i 音变的同时，在锡伯语里变为 ə 音等音变现象。另外，通古斯语支语言中还可以用 udi- 来表示该动词词义。

labadula-"稳重"——满语 labadula-，鄂伦春语及鄂温克语 labdula-，赫哲语 lawdula-，锡伯语 lavədulə-。该同源动词的语音变化现象不太复杂，并主要表现在词第二音节辅音 b 在赫哲语及锡伯语内发生 w 或 v 音变的同时，辅音 b 后面的元音 a 除满语之外的语言里均被脱落等方面。而且，labadula- 是在形容词 labadun > labdun > lawduŋ > lavədun "稳重"后面，接缀从名词构成动词的词缀 -la > -lə 派生出来的同源动词。

butu-"惊蛰"——满语、锡伯语、赫哲语 butu-，鄂伦春语及鄂温克语 bʊtʊ-。也就是说，词中元音 u 在鄂伦春语和鄂温克语内产生了 ʊ 音变。

*gəbəti-"霜降" —— 赫哲语及鄂伦春语 gəbti-，鄂温克语 gətti-，满语与锡伯语 gətşə-。在他们的语言里使用 *gəbəti- > gəbti- > gətti- > gətşə- 这一同源动词的同时，通古斯语支语言内还有用 sajink-（赫哲语）、saanta- ~ saŋu-（鄂温克语）、ikʃan-（鄂伦春语）等表示该动词词义的现象。

*kubila-"变化" —— 鄂伦春语 kuwil-，锡伯语 kuvuli-，满语 kʊbuli-，鄂温克语 huwila- > huwil-，赫哲语 huwal-。作为同源动词的 *kubili- 在不同语言里产生了不同程度的语音变化现象，并主要表现在：（1）词首辅音 k 在鄂温克语及赫哲语中出现 h 音变；（2）词首音节元音 u 在满语里演化为 ʊ 音；（3）词第二音节辅音 b 先后在锡伯语、赫哲语、鄂伦春语、鄂温克语中发生 v 与 w 音变的同时，辅音后面的元音 i 在满语、锡伯语、赫哲语内由 u 及 a 音取代；（4）词干末尾元音 a 在满语支语言里变读为 i 音的同时，在通古斯语支语言中被脱落。

*jadagura-"变穷" —— 通古斯语支语言 jadura-，满语 jada- > jadara-，锡伯语 jadə- > jadərə-。该同源动词的语音变化主要表现在词中 agu 之语音结构的 agu > au > uu > u 式音变，以及 agu > au > aa > a > ə 式音变等方面。另外，词干末尾元音 a 在锡伯语内弱化为 ə 音。在这里，还应该进行说明的是，满语支语言也能够用 *jadagu- > jadau- > jadaa- > jada- > jadə- 式语音结构表述该动词词义。

baja-"变富" —— 满语 baja-，锡伯语 baji-，通古斯语支语言 bajidʒi-。该动词的核心结构应该是 baja-。然而，在使用过程中，词第二音节元音 a 在除满语之外的语言里出现 i 音变。再说，通古斯语支语言内在 baja- > baji- 后面还接缀有 -dʒi 之后缀。

*ələhəsə-"拖延" —— 满语及锡伯语 əlhəşə-，赫哲语与鄂温克语 əlhəʃi-，鄂伦春语 əlkəʃi-。根据这些实例，我们认识到该同源动词是按照 *ələhəsə- > əlhəşə- > əlhəʃi- > əlkəʃi- 式音变规律发生一系列语音演变。

ulga-"蘸" —— 满通古斯语族语言内均叫 ulga- 的同时，在通古斯语支语言里还有 dᵾrᵾ-（鄂伦春语）、dᵾrᵾ- ～ somot-（鄂温克语）、ʧokilə-（赫哲语）等说法。

foso-"溅出"——满语 foso-，锡伯语 fosə-，赫哲语 salge-，鄂温克语 salge- > salgi-，鄂伦春语 ʧalge-。除了满语支语言的 foso- > fosə- 及通古斯语支语言的 salge- > salgi- > ʧalge- 之说外，通古斯语支语言内还有 əŋku-（鄂温克语）、ᴜŋku-（鄂伦春语）、bolʤu-（赫哲语）等说法。

əkijə- ～ abal-"缺"——满语 əkijə-，锡伯语 əkiə-，赫哲语 abal-，鄂温克语 abal- > awal-，鄂伦春语 abal-。除了满语支语言的 əkijə- > əkiə- 及通古斯语支语言的 abal- > awal- 两种说法外，赫哲语里还可以用 səmturki- 之说表示"缺"之意。

sabda-"漏"——满语、赫哲语、鄂伦春语 sabda-，鄂温克语 sabda- > sadda-，锡伯语 savdə-，女真语 sada-。显而易见，该同源动词的语音变化主要表现在，词中辅音 b 及词根末尾元音 a 在锡伯语中产生 v 及 ə 音变的同时，词中辅音 b 在女真语里被脱落等方面。除此之外，满语支语言里还用 mələbu- > mələvə- 表示该动词词义。

juru-"地面下沉"——赫哲语、鄂伦春语、鄂温克语 juru-，锡伯语 yru-，满语 iru-。可以看出，在通古斯语支语言内将 juru- 原有的语音形式保存得不错，而在满语支语言中词首音节元音 u 却变读为 y 与 i 音。当然，通古斯语支语言里还可以用 əwə-（鄂伦春语及鄂温克语）、təhə-（赫哲语）等说法表示"地面下沉"之意。

*uləʤə- ～ nurga-"塌方"——满语支语言 ulədʐə-，鄂伦春语及赫哲语 nurga-，鄂温克语 nurga- > nugga-。除了以上提到的，满语支语言的 *uləʤə- > ulədʐə- 以及通古斯语支语言的 nurga- > nugga- 表示该动作行为之外，满语支语言内还有用 suŋku-（锡伯语）、ʂuŋku-（满语）之说表示"塌方"之意的现象。

*dəgədə-"浮出来"——赫哲语及鄂伦春语 dəgdə-，满语 dəkdə-，锡伯语 dəhdə-，鄂温克语 dəddə-。该同源动词的演化规律应该是 *dəgədə- > dəgdə- > dəkdə- > dəhdə- > dəddə-。另外，在赫哲语里还用

dərəbi- 来表示该动词词义。

əjə-"流"——满语、鄂伦春语、鄂温克语 əjə-，锡伯语及赫哲语 əjə- > əji-。很显然，词根末尾元音 ə 在锡伯语与赫哲语内发生 i 音变。不过，在鄂伦春语和鄂温克语中还有把 əjə- 发音成 əjəə- 的现象。也就是将词根末尾元音 ə 发作长元音 əə。另外，他们把"漂浮"叫 tori- ~ dəliʃə-（满语及锡伯语）、dəliʃə-（赫哲语）、əjəmʉ- > əjmʉ-（鄂伦春语及鄂温克语）等。

*ujilə- ~ *mugu > *mugudə- ~ *mugutu-"涨水"——鄂伦春语及鄂温克语 ʉjilə-，锡伯语 mugdə- > mudə-，赫哲语 mudə-，满语 mutu-。根据我们掌握的词汇资料，满通古斯语族语言内主要用 *ujilə- > ʉjilə- 和 *mugudə- > mugdə- > mudə- ~ *mugutu- > *muutu- > mutu- 等说法表示"涨水"之意。毋庸置疑，这其中 mugdə- > mudə- > mutu- 等是源于名词 *mugu"水"，而 -də、-tu 是属于从名词派生动词的构词词缀。在这里，还应该提到的是，他们将"河水泛滥"叫做 bisara-（满语）、bisarə-（锡伯语及赫哲语）、ʉjirlə-（鄂温克语）、ʉjibʉ-（鄂伦春语），将"水溢出"称作 bilta-（鄂伦春语）、bilte-（鄂温克语）、biltə-（满语、锡伯语、赫哲语）等。

fuji-"水沸"——赫哲语 fuji-，满语 fujə-，锡伯语 fiji-，鄂伦春语与鄂温克语 ʉji-。该同源动词的语音变化表现在：（1）词首辅音 f 在鄂伦春语及鄂温克语中被省略；（2）词首音节元音 u 在锡伯语里变读为 i 音的同时，在鄂伦春语与鄂温克语内由 ʉ 音取而代之；（3）词根末尾元音 i 在满语里演化为 ə 音等方面。

hərəkə-"缠绕"——锡伯语及赫哲语 hərkə-，满语 hərgi-，鄂伦春语 ərkə-，鄂温克语 ərkə- > əkkə-。该同源动词在不同语言中出现如下音变：（1）词首辅音 h 在鄂伦春语及鄂温克语中脱落；（2）词中元音 ə 全面脱落；（3）词根末尾音节辅音 k 在满语里发生 g 音变的同时，辅音 g 后面的元音 ə 也出现 i 音变。另外，满通古斯语族语言内还有 husi- ~ uhu-（满语及锡伯语）、ʉtʃi-（鄂伦春语）、kotʃi- < hotʃi-（赫哲语与鄂温克语）等说法。满通古斯语族语言里，与"缠绕"相关的同源动词还有一些。比如说，kərə-"缠住" ⇨ kərə-（满语、锡伯语、赫哲

语)、ərə-（鄂伦春语与鄂温克语）等；halgi-"缠扰" ⇨ halgi-（满语及锡伯语）、halgi- ~ harʃe-（赫哲语）、halgi- ~ harʃe- ~ haadi-（鄂温克语）、kalgi- ~ karʃe- ~ kaadi-（鄂伦春语）等；hagi-"蛇缠" ⇨ hagi-（赫哲语及鄂温克语）、haji-（锡伯语）、haja-（满语）、kagi-（鄂伦春语）等。

buduri-"绊脚" —— 满语、锡伯语、赫哲语 buduri-，鄂温克语 budʉri- > budri-，鄂伦春语 budri-。满通古斯语族语言内用 buduri- > budʉri- > budri- 之说表示"绊脚"之意外，还用 afata-（满语）、avta-（锡伯语）、faʧi-（赫哲语）等表示该动作行为。再说，他们还将"绊住"叫做 dəgələ-（通古斯语支语言）、dəhələ-（满语支语言），把"绊住（马）"称作 sidərə-（满语）、şidərə-（锡伯语）、ʃidə- > ʃidərlə-（赫哲语）、ʃidərlə-（鄂温克语）、ʃidərlə- > ʧidərlə-（鄂伦春语）等。

uŋkə-"扣放" —— 满语、锡伯语、赫哲语 uŋkə-，鄂伦春语与鄂温克语 ʉŋkə-。很显然，uŋkə- 词首元音 u 在鄂伦春语和鄂温克语内发生了 ʉ 音变。再说，通古斯语支语言中除了 ʉŋkə- 之外，还用 humug- > kumug- 之说表示"扣放"之意。

dabkurla-"重叠" —— 满语、赫哲语、鄂伦春语 dabkurla-，锡伯语 dabkərla-，鄂温克语 dakkurla-。在我们看来，该同源动词是在同源形容词 dabkur > dabkər > dakkur "双重的"后面，接缀由形容词派生动词的词缀 -la 而构成的实例。

sundala-"重骑马" —— 满通古斯语族语言内均叫 sundala-。显而易见，该动词源于满通古斯语族语言的名词 sunda"背后"。也就是说，该动词是同源动词在同源名词 sunda 后面接缀构词词缀 -la 而派生的产物。事实上，sundala- 所表现出的是两个人同骑一匹马时的"后一位骑马人的骑马动作"。

hutə-"折叠" —— 赫哲语 hutə-，鄂温克语 hʉtə-，满语及锡伯语 hətə-，鄂伦春语 kʉtə-。同源动词 hutə- 的音变现象主要表现在，词首辅音 h 在鄂伦春语里演化为 k 音的同时，h 后面的元音 u 在赫哲语之外的语言里分别产生 ʉ 或 ə 音变。另外，通古斯语支语言中还有用 mata-

表示"折叠"之意的现象。

siradu- ~ *suwəldi- "勾结" —— 满语 siradu-，锡伯语 şiradu-，赫哲语 ʃiradu-，鄂伦春语与鄂温克语 suwəldi-。依据我们掌握的同源动词词汇资料，除满语支语言的 siradu- > şiradu- > ʃiradu- 及通古斯语支语言的 *suwəldi- > suwəldi- 两种说法外，通古斯语支语言里还有 ulima- 之说。再说，他们把"勾引"叫做 gohoşo-（满语）、goholo-（锡伯语）、gorolo-（通古斯语支语言）等。

mahula- "购销" —— 锡伯语、赫哲语、鄂温克语 mahula-，满语 mahula-，鄂伦春语 makula-。该同源动词的音变规律应为 mahula- > mahula- > makula-。

*asasa- ~ gurgul- "动" —— 满语及锡伯语 aşşa-，女真语 atʃi-，赫哲语 gurgul-，鄂伦春语 gurgul-，鄂温克语 guggul-。可以看出，满通古斯语族语言内，用满语支语言的 *asasa- > assa- > a şşa- > a şa- > atʃa- > atʃi- 以及通古斯语支语言的 gurgul- > gurgul- > guggul- 两种说法表示"动"之意。另外，他们把"动手"叫 galada-（赫哲语及满语）、galda-（锡伯语）、ŋaalada-（鄂伦春语）、ŋalada-（女真语）、naallada-（鄂温克语）、nalada-（赫哲语）等。毫无疑问，该动词是由名词 gala > gal > ŋala > ŋaala > naalla > nala "手"派生而来的产物。

lasi- > lasihibu- ~ *lasila- "摆动" —— 满语 lasihibu-，锡伯语 laşihivə-，赫哲语与鄂温克语 laʃila-，鄂伦春语 latʃila-。我们认为，无论是满语支语言的 lasihibu- > laşihivə-，还是通古斯语支语言的 *lasila- > laʃila- > latʃila-，在使用过程中虽然都产生不同程度的语音演变，但它们均属于动词词根 lasi- 后面接缀构词词缀 -hibu > -hivə 及 la- 而派生出来的同源动词。与此同时，他们将"上下摆动"称之为 jəbkəldʑə-（满语）、ivkəldʑə-（锡伯语）、əwkəldʑə-（鄂伦春语）、əwkəldʑi-（赫哲语）、əwhəldʑə-（鄂温克语）等。

*wəjilə- ~ gərbələ- "劳动" —— 女真语及满语 wəilə-，锡伯语 vəilə-，赫哲语 wəjlə > ujlə-，鄂伦春语 gərbələ-，鄂温克语 gərbələ- > gəbbələ-。从他们的 *wəjilə- > wəilə- > vəilə- > ujlə- 及 gərbələ- > gəbbələ-

两种说法中，我们看出 *wəjilə- 产生的语音演变比较突出，而且表现在：（1）词首辅音 w 在锡伯语中变读为 v 音的同时，在赫哲语内被脱落；（2）词首音节元音 ə 在赫哲语里出现 u 音变；（3）词中辅音 j 在女真语、满语、锡伯语里脱落而出现复元音 əi 之现象等方面。从词源学的角度来分析，这里提到的 *wəjilə- > wəilə- > vəilə- > ujlə- 是由名词派生出来的同源动词。

　　*gəkəti-"冻"——赫哲语及鄂伦春语 gəkti-，鄂温克语 gəkti- > gətti-，女真语 gəti-，满语和锡伯语 gətʂə-。虽然 *gəkəti- 在不同语言里产生了不同程度的语音变化，但我们还是能够清晰地看出这些音变现象中存在的演变原理。那么，它们的音变规律应该是 *gəkəti- > gəkti- > gətti- > gəti- > gətʂə-。这其中出现的词中元音 ə 的脱落，辅音 t 被后面的辅音逆同化为 k 音，词根末尾元音 i 演化为 ə 音等几乎都是常见的音变现象。不过，在该词的音变实例中出现的辅音 t 变 tʂ 音之例似乎显得比较特殊。其实，满通古斯语族语言内这一音变并不属于就此一例，在不同语言内不同程度地存在类似音变现象。请看下面通古斯语支语言里的 t 音在满语支语言中被发音为 tʂ 音的一些实例：

鄂温克语	鄂伦春语	赫哲语	满语	锡伯语	词义
tiran	tira	tiran	tʂiran	tʂira	紧的
tihala-	tikala-	tihala-	tʂihala-	tʂihala-	喜欢
tomi-	tumi-	tifulə-	tʂifələ-	tʂivələ-	吐痰
tati-	tati-	tati-	tatʂi-	tatʂi-	学习

　　不只是在满通古斯语族语言的不同语支语言内存在上述区别性音变现象，而在某一语支语言内，甚至在某一个语言里均有类似或类同的音变实例。比如说，把"胎衣"鄂伦春语及鄂温克语叫 təwəhʉ 与 təwəkʉ，而在赫哲语里就有说 tʂəwhu 的现象，鄂温克语里将"学习"说成 tati- 的同时也有人说 tatʃi- 等。

　　bəbərə-"冻僵"——满语、锡伯语、赫哲语 bəbərə-，鄂伦春语与鄂温克语 bəbərə- > bəbrə-。他们除了说 bəbərə- > bəbrə- 之外，还用 gəti- 之说表示"冻僵"所包含的动作行为。在满通古斯语族语言内，与"冻僵"相关的同语族语言或同语支语言的同源动词还有一些。比如说，ʧagʤa-"雪面冻硬" ⇨ ʧagʤa-（赫哲语）、ʧagʤi-（鄂温克语及鄂伦春语）、tʂakdʐa-（满语）、tʂakdʐə-（锡伯语）等；ʤukənə- ~ ʉmʉksʉlʉ-"结冰" ⇨ ʤukənə-（赫哲语）、dzʉhənə-（满语及锡伯语）、ʉmʉksʉlʉ-（鄂伦春语）、θmθʧʧθlθ-（鄂温克语）等；ʧarʧa-"冻薄冰" ⇨ ʧarʧa-（赫哲语及鄂伦春语）、ʧarʧa- > sarsa-（鄂温克语）、tʂartʂa-（满语）、tʂartʂə-（锡伯语）等。

*najigu-"枯萎" —— 赫哲语 naigu-，满语 naihu-，锡伯语 naihʊ-，鄂伦春语 nagu-，鄂温克语 nahu-。同源动词 *najigu- 的语音变化现象及其规律也可以用以下格式进行归纳和分析：

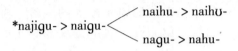

*najigu- > naigu- ⟨ naihu- > naihʊ-
                    nagu- > nahu-

*ologo-"干枯" —— 鄂伦春语 olgo-，鄂温克语 olgo- > oggo-，赫哲语 olgu-，满语 olho-，锡伯语 olhu-。同源动词 *ologo- 在满通古斯语族语言内产生的语音变化表现在：（1）词中元音 o 完全被脱落；（2）词中辅音 g 在满语里演化为 h 音；（3）词根末尾元音 o 在赫哲语及锡伯语内出现 u 音变等三个方面。

nija- ~ munu-"腐烂" —— 满语 nija- > nia-，锡伯语 nia- > ja-，赫哲语 ɳa-，鄂伦春语及鄂温克语 mʉnʉ-。可以看出，满通古斯语族语言内用 nija- > nia- > ɳa- > ja- 及 munu- > mʉnʉ- 两种说法表示"腐烂"之意。不过，通古斯语支语言里也有用 ʉʉn- 和 waala- 等表示该动词词义的现象。

*ʤibu > *ʤibutə- > *ʤiburə-"生锈" —— 赫哲语 ʤiwurə-，鄂伦春语及鄂温克语 ʤiwʉrə-，满语 dzʝbtə-，锡伯语 dzʝvtə-。同源动词 ʤiwurə- > ʤiwʉrə- > dzʝbtə- > dzʝvtə-，是在名词 *ʤibu > ʤiwu > ʤiwʉ > dzʝb > dzʝv"锈"后面接缀构词词缀 -tə ~ -rə > -r 之后派生出的实例。

fa- ~ haga-"干涸" —— 满语及锡伯语 fa-，鄂伦春语与赫哲语 kaga-，鄂温克语 haga-。满通古斯语族语言中除了满语支语言 fa- 及通古斯语支语言的 kaga- > haga- 之外，通古斯语支语言内还有 ʃirgi- >

ʃiggi- 之说。

　　*fijaku- ~ *hagaga-"晒太阳"——满语 fijakʋ- > fiakʋ-，锡伯语及赫哲语 fiaku-，鄂温克语 haaga-，鄂伦春语 kaaga-。他们使用 *fijakʋ- > fijakʋ- ~ fiaku- 及 *hagaga- > haaga- > kaaga- 两种说法之外，还用 hagri- 表示动词"晒太阳"所包含的动作行为。与此相关，该语族语言内把"晒谷物"叫做 fara-（满语）、farə-（锡伯语）、sara-（鄂伦春语与鄂温克语）、sarə-（赫哲语）等。

　　*əfudʑə- ~ *ərut-"变坏"——满语 əfudʑə-，锡伯语 əvədʑə-，赫哲语 əbdu-，鄂伦春语及鄂温克语 ərʉt-。满通古斯语族语言的 *əfudʑə- > əfudʑə- > əvədʑə- > əbdu- 以及 *ərut- > ərʉt- 两种说法均源于动词词根 ə-"不"、"无"。该同源动词的语音变化现象确实比较复杂。尽管如此，我们完全可用以下格式分析和展示它们复杂多变的音变现象及规律：

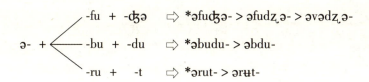

　　与上面谈到的"变坏"有关，他们同样在动词词根 ə- 后面接缀 -hə 或 -rʉldi 等构词词缀派生出 əhə-（满语、锡伯语、赫哲语），ərʉldi-（鄂伦春语与鄂温克语）等同源动词表述"反目"、"变脸"等词义。另外，在赫哲语内还可用 əbdumətʃi- 之说表示"变脸"之意。

　　manabu-"破损"（衣物）——满语及女真语 manabu-，赫哲语、鄂伦春语、鄂温克语 manawu-，锡伯语 manavə-。很显然，它们是在动词词根 mana-"完结"、"结束"、"用完"后面，接缀从动词构成动词的词缀 bu- > wu- > və- 派生出来的同源动词。该动词主要用于衣物破损。

　　dʑogo- ~ dʑobo-"发愁"——鄂温克语 dʑogo-，鄂伦春语 dʑogo- > dʑog-，赫哲语 dʑobo-，满语 dzɔbo-，锡伯语 dzɔvu-。在我们看来，dʑogo- 与 dʑobo- 都是在动词词根 dʑo- 后面接缀构词词缀 -go 与 -bo 派生而来的产物。只是，在使用过程中，词首辅音 dʑ 在满语支语言内演化为 dʐ 音的同时，鄂伦春语里词干末尾元音 o 产生脱落现象。

gibuka- > giŋka- "郁闷" —— 赫哲语 gibuka-，鄂伦春语及鄂温克语 gibka-，满语与锡伯语 giŋka-。在我们看来，从 gibuka- 演化为 gibka- 完全可以理解，也符合满通古斯语族语言语音演化规律。但是，要把 giŋka- 也说成是 gibuka- 的音变形式，就觉得似乎言过其实，觉得词中语音形式 bu > b 变读为 ŋ 音之例显得十分特殊。其实不然，在他们的词汇里，确实能够见到通古斯语支语言的辅音 b 在满语支语言中被发作 ŋ 音的现象。比如说，通古斯语支语言的 gibku > gibhu "怕事的"、tʃobkir "鹭鸶"、ubkər "蕙草" 等在满语支语言里就叫做 gijaŋkʋ > giaŋku、tʂoŋkiri > tʂoŋkər、fuŋkəri > fuŋkər 等。这些例子充分说明，在满通古斯语族语言内存在 b 与 ŋ 的语音交替式音变现象。另外，该语族语言还可以用 gusutʂu- > gusutʂə-（满语支语言）、bokini-（鄂伦春语）、bokni-（赫哲语）、bohini-（鄂温克语）来表示 "郁闷" 之意。

domno- "用偏方治病" —— 满通古斯语族语言均叫 domno-。再说，他们把 "治病" 也都说成是 dasa- > dasə-。不过，通古斯语支语言里还有用 taku- 之说表示 "治病" 之意的现象。

kəwu- "膨胀" —— 赫哲语 kəwu-，鄂伦春语 kəwə-，满语及锡伯语 ku-，鄂温克语 həwə-。同源动词 kəwu- 的音变现象及规律可用以下格式进行展示：

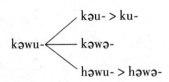

mada- "胀肚子" —— 满语、鄂伦春语、鄂温克语 mada-，锡伯语及赫哲语 madə-。不过，在他们的语言内除了使用 mada- > madə- 之外，通古斯语支语言还可用 kəwə- > həwə- 之说表示 "胀肚子" 之意。与此同时，他们将 "泻肚子" 叫做 soso- > sosu-（满语支语言）、tʃitʃira- > tʃitʃra-（鄂伦春语及赫哲语）、ʃiʃira- > ʃiʃra- ~ ʃile-（鄂温克语）等。

　　mənərə-"发呆"——满通古斯语族语言均叫 mənərə-。不过，也有将 mənərə- 发作 mənrə- 的时候。另外，我们所掌握的同源动词资料里，以汉语"发"字开头的动词实例的确有不少。比如说，momoro- ~ monoro-"发木"⇨ momoro-（满语）、momuru-（锡伯语）、monoro-（赫哲语及鄂伦春语）、monoro- > monro-（鄂温克语）等；giru-"发情"⇨ giru-（满语、锡伯语、赫哲语）、giru-（鄂温克语及鄂伦春语）等；suruguʧu-"发抖"⇨ surhətʂə-（锡伯语）、ʂurgətʂə-（满语）、ʃurkuʃi-（赫哲语）、ʃilgiʧi- > ʃigʃi-（鄂伦春语）、ʃilgiʃi- ~ səsərə-（鄂温克语）等；bənə-"发送"⇨ bənə（满语及锡伯语）、bənə- ~ ulihə-（鄂温克语）、jabuha-（赫哲语）、jabuka-（鄂伦春语）等；*baga- > baa- ~ banhu- ~ banhuʂa-"发懒"⇨ baa-（鄂伦春语及鄂温克语）、banhu-（赫哲语）、banhuʂa-（锡伯语）、banuhuʂa-（满语）等；badara- ~ ilaa-"发扬"⇨ badarambu-（满语与锡伯语）、ilaaŋka-（鄂温克语）、ilaanka-（赫哲语）、ilaant-（鄂伦春语）等；gasahu-"发誓"⇨ gashu-（锡伯语及鄂温克语）、gashu-（满语）、gasku-（赫哲语与鄂伦春语）等；əldə-"发光"⇨ əldənə-（满语支语言）、əldənə- ~ ilaaŋt-（鄂温克语）、əldənə- ~ ilaan-（鄂伦春语）、əldənə- ~ ilan-（赫哲语）等；gilta- > giltarsa- ~ giltagna-"发亮光"⇨ gilta- > giltagna-（赫哲语）、giltarʂa-（满语）、giltərʂə-（锡伯语）、giltagna-（鄂伦春语及鄂温克语）等。

　　fodo- ~ *ogogila-"急喘气"——满语及赫哲语 fodo-，锡伯语 fodu-，鄂伦春语与鄂温克语 oogila-。可以看得出来，该语族语言对"急喘气"词义的表述上有 fodo- > fodu- 及 *ogogila- > oogila- 两种说法。其中，fodo- 词根末尾元音 o 在锡伯语里产生 u 音变，以及 *ogogila- 的词首音节辅音 g 在鄂伦春语和鄂温克语中的被脱落。

　　lijəlijə- ~ səguri-"晕"——满语 lijəlijə- > liəliə-，锡伯语 lili-，赫哲语 səguri-，鄂温克语 səgiri- > səgri-，鄂伦春语 səgri-。除了他们经常使用的 lijəlijə- > liəliə- > lili- 与 səguri- > səgiri- > səgri- 两种说法外，通古斯语支语言还用 ərigi- > həggi- 之说表示该动词词义。

　　fara- ~ manara-"昏厥"——满语 fara-，锡伯语及赫哲语 farə-，鄂伦春语与鄂温克语 manara- > manra-。不过，除了满通古斯语族语言的 fara- > farə- 及 manara- > manra- 两种说法之外，还可以用 həktərə-（满

语支语言)、mənət-(通古斯语支语言)等表示该词义。另外,他们将"昏迷"叫做 maka-(满语、锡伯语、赫哲语)、maŋgar- > magar- > maar-(鄂伦春语与鄂温克语)等,还将"眩晕"所含的动作行为说成 ilgana-(满语)、ilhanə-(锡伯语)、ilgana-(通古斯语支语言)等。

lasihi-"摇晃" —— 满语 lasihi-,锡伯语 laşihi-,赫哲语及鄂温克语 laʃihi-,鄂伦春语 laʃiki-。他们说 lasihi- > laşihi- > laʃihi- > laʃiki- 的同时,还用 sadʒhila- ~ həlbəldʒə-(鄂温克语)、salki- ~ kəlbəldʒə-(鄂伦春语)、harʃintu-(赫哲语)等表示该动词词义。再说,该语族语言内把"摇尾"叫 sirba-(满语)、şirbə-(锡伯语)、ʃirba-(赫哲语和鄂伦春语)、ʃirba- > ʃibba-(鄂温克语)等,将"摇动"说成是 hajgaldʒi-(赫哲语)、hajwuldʒi-(鄂温克语)、haihuldzə-(锡伯语)、haihʊldzạ-(满语)、kajgʊldʒi-(鄂伦春语)等。

hala- > *halagi-"烫手" —— 满语 hala-,锡伯语 halə-,赫哲语及鄂温克语 halgi-,鄂伦春语 kalgi-。显而易见,该同源动词的词根部分应该是 hala- > halə-,而通古斯语支语言的 *halagi- > halgi- > kalgi- 是属于词中元音 a 被脱落的同时,为强调"烫"之意而使用了词缀 -gi。

nimə- ~ *gənu-"痛" —— 满语及赫哲语 nimə-,锡伯语 nymə-,鄂伦春语 ŋənʉ- > ənʉ-,鄂温克语 ənʉ-。满通古斯语族语言内表示"痛"之意的 nimə- > nymə- 与 *gənu- > ŋənʉ- > ənʉ- 两种说法里,*gənu- 的音变现象似乎显得较为复杂。事实上,*gənu- 的音变规律与 *gənə-"去"的 ŋənə- > nəni- > əni- 式音变原理完全相一致。由此,我们也可以充分认识到*gənu- 所发生的音变现象及其规律。

doholo-"瘸" —— 满语、赫哲语、鄂温克语 doholo-,锡伯语 dohulu-,鄂伦春语 dokolo-。也就是说,该同源动词在使用过程中主要产生:(1)词第二音节及第三音节元音 o 在锡伯语里出现 u 音变;(2)词中辅音 h 在鄂伦春语里演化为 k 音两种音变现象。不过,在现代满通古斯语族语言里,经常会见到把该同源动词发音成 dohlo- > dohlu- > doklo- 的情况。

muktʃuru-"变罗锅"——通古斯语支语言 muktʃuru-，满语支语言 muktʂurə-。毫无疑问，满通古斯语族语言的 muktʃuru- > muktʂurə- 是由形容词 muktʃu > muktʃun > muktʃuŋ > muktʃuhən > muktʂuhun > muktʂuhən "罗锅的"派生出来的同源动词。另外，他们的语言里还可以用 mukturə- ~ bukturə-（通古斯语支语言）、kumtʂurə-（满语支语言）等说法来表述该动作行为。

moro- ~ guli-"瞪眼"——满语及锡伯语 moro-，赫哲语 guli-，鄂伦春语 gʉli-，鄂温克语 gʉli- > gʉlii-。满通古斯语族语言内除了满语支语言的 moro- 及通古斯语支语言的 gʉli- > gʉlii- 之外，还有用 boltaʂa-（满语支语言）、bultaʃi-（通古斯语支语言）之说来表示"瞪眼"之意的现象。

bali-"变瞎"——赫哲语与鄂伦春语 bali-，鄂温克语 bali- > bala-，满语 balura-，锡伯语 baluru-。可以看出，同源动词 bali- 的音变现象主要表现在元音 i 的 a 与 u 音变，以及满语支语言里使用的构词词缀 -ra > -ru 等方面。不过，满语支语言内还有 dogolo- > dohələ- 之说。

baldi- ~ *bandʒi-"生活"——通古斯语支语言 baldi-，满语支语言 bandʒi̩-。根据我们掌握的同源词资料，满通古斯语族语言的词第一音节末辅音及第二音节首辅音中确实存在 l 与 n 相对应现象。比如说：

鄂温克语	鄂伦春语	赫哲语	满语	锡伯语	词义
dʒildʒimar	dʒildʒima	dʒildʒima	dzindzi̩ba	dzindzi̩ba	绿毛色小鸟
giltaha	giltaki	giltahan	gintʂihi	gintʂih	华丽
holtoho	koltoko	holtoho	hontoho	hontəhə	半块
haldʒiha	kaldʒika	haldʒiha	kandzi̩ha	kandzi̩hə	白鼻梁大雁

从以上列举的实例我们完全能够看出，在通古斯语支语言及满语支语言中确实存在辅音 l 与 n 的交替式音变现象。不过，相对而言，词中辅音 l 的使用时间似乎比辅音 n 的使用时间要早一些。再说，baldi- 与 bandʒi̩- 中出现的辅音 d 与 dz̩ 的交替形式，也是属于特有的一种语音变化实例。与此相关的例子在前面的讨论中也遇到不少。下面再作一些举例说明：

鄂温克语	鄂伦春语	赫哲语	满语	锡伯语	词义
diram	diram	diramu	dʐiramin	dʐiram	厚的
agdira- > addera-	agdiru-	agdira-	akdʐa-	audʐunu-	打雷
delagaŋ	dilgan	dilgan	dʐilgan	dʐilhan	声音
todi	todi	todʒin	todʐin	todʐin	孔雀

毫无疑问，以上列举的辅音 d 与 dʐ 的语音对应现象，或者说语音交替形式均属于原有的辅音 d 在满语支语言，甚至是包括赫哲语在内的语言里产生 dʐ 或 dʒ 音变所致。而且，满通古斯语族语言把"生孩子"的"生"或"生育"也都叫 baldi- 或 bandʐi- 的同时，他们将"分娩"叫 tulfa-（满语）、tulva-（锡伯语）、iʃiwu-（鄂温克语）、itʃiwu-（赫哲语）、itʃiwʉ-（鄂伦春语）等。

tusu- ~ uju-"出嫁"——满语 tusu-，锡伯语 tusə-，赫哲语 uju-，鄂伦春语 ʉjə-，鄂温克语 ʉjʉ- > ʉjə-。除满语支语言的 tusu- > tusə- 及通古斯语支语言的 uju- > ʉjʉ- > ʉjə- 之说外，通古斯语支语言内还有 giamtak-、həjlə- 等表述形式。

holbo- ~ hodala-"结婚"——满语 holbo-，锡伯语 holvu-，赫哲语及鄂温克语 hodala-，鄂伦春语 kodala-。也就是说，满通古斯语族语言中要用满语支语言的 holbo- > holvu- 及通古斯语支语言的 hodala- > kodala- 之说表示该动词词义。不过，通古斯语支语言也用以上提到的 uju- > ʉjʉ- > ʉjə-"出嫁"来表示"结婚"之意。与"结婚"相关，他们将"结亲"称作 sadula-。

ana- > anata- > anatahara- ~ anatahala-"客气"——赫哲语 anathala-，鄂温克语 anathila-，鄂伦春语 anatkila-，满语 antahara-，锡伯语 anthərə-。满通古斯语族语言的同源动词 anathala- > anathila- > anatkila- > antahara- > anthərə- 源于动词词根 ana-"推"，而 -ta、-ha > -hi > -ki、-ra、-la 均属于词缀部分。

*pusə- > *pusənə- ~ *pusəbu-"繁殖"——鄂伦春语及鄂温克语 pʉsʉbʉ-，赫哲语 fusəbu-，满语与锡伯语 fusənə-。同源动词 *pusəbu- > pʉsʉbʉ- > fusəbu- > fusənə- 源于动词词根 *pusə- > fusə-"繁衍"、"茂

盛"，而 -nə、-bu > -bʉ 是属于从动词派生动词的构词词缀。

*ajitu- ~ *iginig-"复活"——满语 aitu-，锡伯语 aitə-，鄂伦春语与鄂温克语 iinig-，赫哲语 inig-。除了满语支语言的 *ajitu- > aitu- > aitə- 及通古斯语支语言的 *iginig- > iinig- > inig- 两种说法外，满语支语言还用 wəidzʉ-（满语）、vəidzʅ-（锡伯语）表述该动词词义。

mutu- ~ *usu-"长"——满语、锡伯语、赫哲语 mutu-，鄂伦春语及鄂温克语 ʉsʉ-。也就是说，满通古斯语族语言里用 mutu- 及 *usu- > ʉsʉ- 两种说法表示"长"之意。

tadira- ~ ʃeenagaldʒi-"淘气"——赫哲语 tadira-，满语及锡伯语 tadzʅra-，鄂伦春语与鄂温克语 ʃeenagaldʒi-。在这里，第一种说法 tadira- > tadzʅra- 的词中辅音 d 在满语及锡伯语里发生 dzʅ 音变，第二种说法 ʃeenagaldʒi- 是由名词 ʃeen"耳朵"派生而来的实例。

*hojolo- ~ dəgdəgnə-"轻佻"——赫哲语 hojloldʒo-，满语 oilohodo-，锡伯语 oilohdo-，鄂伦春语与鄂温克语 dəgdəgnə-。在赫哲语、满语、锡伯语里出现的同源动词 hojloldʒo- > oilohodo- > oilohdo- 是在 *hojolo-"轻飘"后面接缀 -ldʒo、-do 等词缀派生而来。再说，鄂伦春语和鄂温克语 dəgdəgnə- 是在副词 dəgdəg"手忙脚乱地"后面接缀 -nə 之构成动词的词缀派生而来。很有意思的是，通古斯语支语言内将 dəgdəgnə- 也可以说成 dagdagna-。

hətə- ~ ʃima-"挽裤腿"——满语及锡伯语 hətə-，鄂伦春语 ʃima-，赫哲语 ʃima- > ʃiba-，鄂温克语 ʃima- > ʃila- 等。相比之下，满语支语言的 hətə- 之说将原有语音形式保存得也较为完整。而在通古斯语支语言内却出现 ʃima- > ʃiba- > ʃila-式音变。

mada- ~ kəwə-"肿"——满语、锡伯语、赫哲语 mada-，鄂伦春语 kəwə-，鄂温克语 həwə-。满通古斯语族语言内，除了经常使用 mada- 与 kəwə- > həwə- 两个说法外，满语支语言还可以用 aibi- > aivi- 之说表述"肿"之意。

siŋgija-"酸麻"——满语 siŋgija->siŋia-，锡伯语 şiŋgi->şiŋi-，赫哲语 ʃini-，鄂伦春语和鄂温克语 ʃini->ʃili-。他们用 siŋgija->siŋia->siŋi->ʃini->ʃili- 表述该动词词义的同时，把"抽筋"、"抽搐"称作 tata-（满语及赫哲语）、tatə-（锡伯语）、taamu-（鄂伦春语与鄂温克语）等。

bura-"酿酒"——满通古斯语族语言内除了锡伯语有 bəra- 之说外，其他语言里均叫 bura-。而且，在通古斯语支语言内还有 nərə- 一说。

sokto-"醉"——满语、锡伯语、赫哲语、鄂伦春语 sokto-，鄂温克语 sokto->sotto-，女真语 sohto->soto-。该同源动词在不同语言中产生的语音变化现象及其规律应为 sokto->sohto->sotto->soto-。

hamu-"拉屎"——满语 hamu-，锡伯语 hamə->ham-，赫哲语 amu-，鄂伦春语及鄂温克语 amu->ama-。该词在使用过程中产生的音变表现在以下两个方面：一是词首辅音 h 在通古斯语支语言中被脱落，二是词根末尾元音 u 在锡伯语里被脱落。

sikə-"撒尿"——满语 sikə-，锡伯语 şik-，鄂温克语 ʃihi-，赫哲语 tʃikə-，鄂伦春语 tʃəkə-。很显然，该同源动词是按照 sikə->şik->ʃihi->tʃikə->tʃəkə- 式音变规律产生一系列语音变化。另外，他们还把给孩子"把尿"叫做 sitəbu-（满语）、şitəvu-（锡伯语）、ali-（通古斯语支语言）等。

jota-"发痒"——赫哲语 jota-，满语及锡伯语 jotʂa-，鄂伦春语 otu-，鄂温克语 utu-。作为同源动词的 jota- 在不同语言里产生的语音变化主要体现在：（1）词首辅音 j 在鄂伦春语及鄂温克语内被脱落；（2）词首音节元音 o 在鄂温克语里变读为 u 音；（3）词中辅音 t 在满语支语言内发生 tʂ 音变；（4）词根末尾元音 a 在鄂伦春语及鄂温克语中出现 u 音变等方面。

guru-"起红肿"——满通古斯语族语言都叫 guru-。不过，在通古斯语支语言内也有用 ulagi- 或 kəwə->həwə- 等说法表示"起红肿"之意的现象。

　　*jogona-～*ukusi-"生疮"——满语及锡伯语 joona-，赫哲语 ukʃi-，鄂伦春语与鄂温克语 ʉkʃi-。换言之，满通古斯语族语言要用 *jogona->joona- 及 ukusi->ukʃi->ʉkʃi- 两种说法表示该动词词义。

　　nijakina-"化脓"——满语 nijakina->niakina-，锡伯语 niakina-，鄂伦春语 naaktʃila-，鄂温克语 naatʃtʃila-，赫哲语 ɳaksala-。毋庸置疑，同源动词 nijakina->niakina->niakila->naaktʃila->naatʃtʃila->ɳaksala- 是由表示"脓"之意的名词 nijaki>niaki>niaksa>naaktʃi>naatʃtʃi>ɳaksa 派生而来。另外，在通古斯语支语言内还有 idələ- 之说。

　　funtana-～munu-"发霉"——满语 funtana-，锡伯语 funtanə-，赫哲语 munu-，鄂温克语与鄂伦春语 mʉnʉ->mʉn-。他们用满语支语言的 funtana->funtanə- 及通古斯语支语言的 munu->mʉnʉ->mʉn- 表示"发霉"之意的同时，通古斯语支语言内还可以用 ʉʉ- 或 nia- 来表示该动词词义。另外，满通古斯语族语言中，还将"发臭"称作 waru-（满语）、varə-（锡伯语）、waala-（通古斯语支语言）等。

　　nura-"血凝结"——满语及赫哲语 nura-，锡伯语与鄂温克语 nura->nuru-，鄂伦春语 nuru-。该同源动词的音变就在于，词根末尾元音 a 在锡伯语、鄂温克语、鄂伦春语中的 u 音变。另外，通古斯语支语言还用 nʉʤi- 之说表示"血凝结"之意。

　　bəgi-"着凉"——鄂伦春语及鄂温克语 bəgi-，赫哲语与锡伯语 bəji-，满语 bəjə-。很显然，原来的词中辅音 g 在赫哲语、锡伯语、满语中演化为 j 音的同时，词根末尾元音 i 在满语里弱化为 ə 音。我们还发现，在他们的语言里，与"着凉"相关的同语族语言或同语支语言的同源动词还有不少。比如说，gakara-"发冷卷缩" ⇨ gakara-（满语）、gakərə-（锡伯语）、gokaro-（鄂伦春语）、gohara-（赫哲语）、gohoro-（鄂温克语）等；*futʂihija-"咳嗽" ⇨ futʂihija->futʂihia-（满语）、fəhsa-（锡伯语）、ʃimki-（赫哲语）、ʃiiŋki-（鄂温克语）、tʃimki-（鄂伦春语）等；*uʤələ-"病重" ⇨ udzələ-（满语）、udziłə-（锡伯语）、urgələ-（赫哲语）、ʉrgələ-（鄂伦春语）、ʉggʉlʉ-（鄂温克语）

等；iʧəbu-"传染" ⇨ itʂəbu-（满语）、itʂəvə-（锡伯语）、iʧəbu-（赫哲语）、iʧəbʉ-（鄂伦春语及鄂温克语）等。

laktuga-"贴上" —— 赫哲语及鄂伦春语 laktuga-，鄂温克语 laktuga- > lattaga-，满语 latubu-，锡伯语 latəvə-。毫无疑问，该同源动词是按照 laktuga- > lattaga- > latubu- > latəvə- 式音变规律，在不同语言里产生了有所不同的音变。

dokdola- ~ olo-"吓一跳" —— 满语与锡伯语 dokdola-，赫哲语与鄂温克语 olo-，鄂伦春语 olu-。事实上，满语支语言的 dokdola- 之说，在蒙古语族语言中也被使用，只是所表示的词义有所不同。因为，蒙古语族语言的 dokdol- 表示"心跳"之意。不论怎么说，在满语支语言及蒙古语族语言内使用的 dokdola- > dokdol- 一词同属一源。再说，通古斯语支语言的 olo- > olu- 只出现 u 音变现象。

hitərə- ~ atori-"皱眉" —— 满语及赫哲语 hitərə-；锡伯语 kitərə-，鄂温克语与鄂伦春语 atori-。不过，通古斯语支语言把 atori- 发音为 at-uri- 或 atri- 的同时，也有用 hampi- 之说表示"皱眉"之意的现象。

hulaha-"偷" —— 赫哲语及女真语 hulaha-，鄂温克语 huluhu-，锡伯语 hulha-，满语 hʊlha-，鄂伦春语 kulaka- > kulka-。我们将满通古斯语族语言同源动词 hulaha-"偷"，在不同语言中产生的不同音变现象完全用下列格式进行归纳展示：

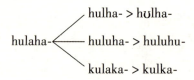

galʤura-"发疯" —— 赫哲语、鄂伦春语、鄂温克语 galʤura-，满语 galdzura-，锡伯语 galdz̩uru-。该同源动词的音变规律应为 galʤura- > galdzura- > galdz̩uru-。另外，他们还将"撒酒疯"叫做 suihu-（满语支语言）、suhu-（赫哲语）、suhu- ~ solera-（鄂温克语）、suku- ~ solera-（鄂伦春语）等。

ərkədə- ~ ərkələ-"撒娇"——满语及锡伯语 ərkədə-，赫哲语与鄂伦春语 ərkələ-、鄂温克语 ərkələ- > əkkələ-。该同源动词是由形容词 ərkə "娇生惯养的"、"娇气的"派生而来。与此同时，他们还用 fijantʂihijala- > fiantʂihiala-（满语）、halişa-（锡伯语）、huŋaʃi-（鄂温克语）、huŋaki-（鄂伦春语）等说法来表示该动词词义。

ətuhulə-"称霸"——满语 ətuhulə-，赫哲语 ətuhu-，鄂温克语 ətʉhʉ-，鄂伦春语 ətʉkʉ-，锡伯语 əthulu-。毋庸置疑，该同源动词是在形容词 ətuhun > "强大"、"强盛"及其变体后面接缀构词词缀 -lu > -lə 派生而来，进而表示"称霸"之意。

*dajisa-"胡搅"——满语 daişa-，锡伯语 daitʂi-，赫哲语 daitʃi-，鄂温克语 dajʃe-，鄂伦春语 dajʃe- > dajtʃe-。可以看出，同源动词 *daji-sa- 在使用过程中产生了一系列音变，并主要表现在以下四个方面：（1）词第二音节辅音 j 的脱落使在满语、锡伯语、赫哲语内出现复元音 ai；（2）词第二音节元音 i 在鄂温克语及鄂伦春语内发生脱落现象；（3）词中辅音 s 在不同语言里分别变读为 ʂ、ʃ、tʂ、tʃ 音；（4）词根末尾元音 a 在鄂伦春语及鄂温克语中演化为 e 音的同时，在锡伯语与赫哲语里变成 i 音等。

balamada-"逞狂"——满语与鄂温克语 balamada-，鄂伦春语及赫哲语 balamda-，锡伯语 balamdə-。满通古斯语族语言的 balamada- > bal-amda- > balamdə- 是源于形容词 balama "狂妄的"，而 da- > -də 是属于从形容词派生动词的构词词缀。

bardaŋgila-"夸耀"——满语 bardaŋgila- > bardaŋila-，赫哲语及鄂伦春语 bardaŋila-，鄂温克语 bardaŋila- > baddaŋila-，锡伯语 bardaŋilə-。该同源动词是由形容词 bardaŋgi "自夸的"派生而来。

durgi-"大声吵闹"——满语、锡伯语、赫哲语 durgi-，鄂伦春语 dʉrgi-，鄂温克语 dʉrgi- > dʉggi-。该同源动词在使用过程中，只是在鄂温克语及鄂伦春语内出现词中元音 u 的 ʉ 音变。在他们的语言里，与此相关的同语族语言或同语支语言的同源动词还有一些。比如说，tʃurgi- ~ *saagi-"吵嚷"⇨ tʂurgi-（满语及锡伯语）、saagi-（鄂伦春语与鄂温克语）、saagi- > saagima-（赫哲语）等；*dʒamara- ~ hərʉldi-"吵嘴" ⇨ dʒamərə-（赫哲语）、dzamara-（满语）、dzamərə-（锡伯语）、hərʉldi-（鄂温克语）、kərʉldi-（鄂伦春语）等；*bətʃunu- ~ *sogogildi-"吵架" ⇨ bətʂunu-（满语）、butʂunu-（锡伯语）、soogildi-（鄂伦春语与鄂温克语）、soogimatʃi-（赫哲语）等。

fo- ~ əne-"皲裂" —— 满语支语言 fo-，通古斯语支语言 əne-。不过，在通古斯语支语言内还用 jatag- 或 hohini- > kokni- 等说法表示"皲裂"之意。

hantʃila-"接近" —— 赫哲语 hantʃila-，满语 hantʂila-，锡伯语 hantʂilə-，鄂伦春语与鄂温克语 aŋtʃila-。该同源动词的音变现象表现在：（1）词首辅音 h 在鄂伦春语与鄂温克语中被脱落的同时，第一音节末鼻辅音 n 产生 ŋ 音变；（2）词中辅音 tʃ 在满语及锡伯语里演化为 tʂ 音；（3）词干末尾元音 a 在锡伯语中弱化为 ə 音。另外，他们将"亲近"说成是 hadʑila-（满语及锡伯语）、dabke-（赫哲语与鄂伦春语）、dabke- < dakke-（鄂温克语）等。

*baktʃila-"对着" —— 满语 baktʂila-，锡伯语 bahtʂilə-，鄂伦春语 aktʃala-，赫哲语 ahtʃala-，鄂温克语 atʃtʃala-。很显然，同源动词 *baktʃila- 在使用过程中出现：（1）词首辅音 b 在通古斯语支语言里被脱落；（2）词第一音节末辅音 k 在锡伯语及赫哲语内演化为 h 音的同时，在鄂温克语里被后续音节辅音逆同化为 tʃ 音；（3）词中辅音 tʃ 在满语支语言内发生 tʂ 音变；（4）词干末尾元音 a 在锡伯语里弱化为 ə 音等语音变化。

əfi-"玩耍" —— 满语 əfi-，锡伯语 ivi-，赫哲语、鄂伦春语、鄂温克语 əwi-。同源动词 əfi- 在使用过程中出现 ivi- > əwi- 式音变。再说，通古斯语支语言内还有用 ʉgii- 以及 ukatʃi- 等来表示"玩耍"之意的现象。

urəbu-"操练" —— 满语 urəbu-，赫哲语 urubu-，鄂伦春语与鄂温克语 ʉrəbʉ-，锡伯语 uruvu-。同源动词 urəbu- 的音变现象表现于：（1）元音 u 在鄂伦春语和鄂温克语中发生 ʉ 音变；（2）词中元音 ə 在锡伯语、赫哲语内出现 u 音变；（3）词中辅音 b 在锡伯语里变读为 v 音等三个方面。

məldʑi-"比赛" —— 鄂温克语及赫哲语 məldʑi-，鄂伦春语 məldʐə-，满语 məldzə-，锡伯语 məldzi-。该词的音变规律应为 məldʑi- > məldʐə- > məldzi- > məldzə-。除此之外，在通古斯语支语言内还有用 ir-uldi-或 məgdə-等说法表示"比赛"之意的现象。

kutʃulə-"用劲" —— 赫哲语 kutʃulə-，鄂伦春语 kutʃulə-，女真语及锡伯语 husulə-，满语 husulə-，鄂温克语 husulə-。该同源动词是在名词 kutʃun"力气"及其变体现象后面，接缀从名词构成动词的构词词缀 -lə 派生而来的产物。

bəbuldʐə- ~ bəburʂə-"动作缓慢" —— 赫哲语 bəbuldʐə-，鄂伦春语 bəbuldʐə-，鄂温克语 bəbəldʐə-，满语 bəbərʂə-，锡伯语 buburʂə-。该同源动词的词根部分应该是拟声拟态词 bəbu > bəbu > bəbə，而 -ldʐə、-rʂə 是属于由拟声拟态词派生动词的构词词缀。

motʃudo- ~ moŋkido-"动作笨拙" —— 赫哲语 motʃudo-，女真语 motʃodo-，满语 motʂodo-，锡伯语 motʂudə-，鄂伦春语及鄂温克语 moŋkido-。在我们看来，该语族语言的 motʃudo- > motʃodo- > motʂudə- > motʂodo- 以及 moŋkido- 是源于 motʃu- 与 moŋki- 两个不同的词根。

apu-"打仗"、"战斗" —— 鄂伦春语及鄂温克语 apuldi-，赫哲语 afumatʃi-，满语 afa-，锡伯语 avə-。该同源动词的词根部分应该是 apu- > afu- > afa- > avə-。不过，通古斯语支语言在词根 apu- > afu- 后面接缀了 -ldi 及 -matʃi 等词缀。再说，动词词根 apu- 的语音形式在不同语言里也产生了一些音变。比如说，（1）词中辅音 p 在满语及赫哲语里演化为 f 音的同时，在锡伯语中发生 v 音变；（2）词根末尾元音 u 在满语里发生 a 音变的同时，在锡伯语内被弱化为 ə 音等。

*dajila-"征战" —— 鄂伦春语与鄂温克语 dajla-，女真语、满语、锡伯语、赫哲语 daila-。很显然，*dajila- 的语音演化形式表现在词中辅音 j 及元音 i 的脱落方面。除此之外，在满语支语言里还有 sutʂu-（满

语及锡伯语）、sawʃa-（女真语）之说。

uksilə-"武装" —— 满语 uksilə-，锡伯语 uhşilə-，赫哲语 uhʃilə-，鄂温克语 uhʃilə-，鄂伦春语 ʉktʃilə-。毫无疑问，它们是在名词 uksin "盔甲"、"披甲" 后面接缀由名词派生动词的构词词缀 -lə 而构成的实例。那么，作为词根部分的语音形式 uksi(n) 在使用过程中产生：（1）词首元音 u 在鄂温克语与鄂伦春语中出现 ʉ 音变；（2）词首音节末辅音 k 在锡伯语、赫哲语、鄂温克语中的 h 音变；（3）词中辅音 s 在赫哲语、鄂温克语、鄂伦春语内分别由 ʃ 或 tʃ 音取而代之。

*bijaltʃi-"弄脏乱" —— 满语 bijaltşi- > bialtşi-，锡伯语 bialtşi- > baltşi-，赫哲语、鄂伦春语、鄂温克语 baltʃi-。他们除了用 *bijaltʃi- > bijaltşi- > bialtşi- > baltʃi- > baltşi- 表示 "弄脏乱" 之意的同时，将 "散乱" 称作 pasuku-（鄂伦春语）、pashu-（鄂温克语）、fasuhu-（赫哲语）、fatşa-（满语）、fatşə-（锡伯语）等。

kəltərə-"打偏" —— 满语、锡伯语、鄂伦春语 kəltərə-，赫哲语与鄂温克语 həltərə-。满通古斯语族语言内说 kəltərə- > həltərə- 的同时，还用 kalgi- > halgi- 或 kalturi- > halturi- 等说法表示该动词词义。

*goji- ~ *nagabu-"打中" —— 满语 goi-，锡伯语 gœ-，赫哲语 nagab-，鄂伦春语 naw-，鄂温克语 naat-。也就是说，在满通古斯语族语言内要用满语支语言的 *goji- > goi- > gœ- 及通古斯语支语言的 *nagabu- > nagab- > naab- > naat- ~ naw- 两种说法表示 "打中" 之意。在这里，有必要进一步解释的是，naat- 与 naw- 的演化原理。先说 naat- 是源于 *nagabu-后面接缀动词陈述式现在将来时词缀 -tan 而构成的 *nagabutan 之说。后来 *nagabutan 出现 naabutan > naabtan > naattan（naat-tan）式音变。结果，就有了 naat- 式语音结构的动词词干。说到 naw- 之说形成的缘由，它应该是按照 *nagabu- > naabu- > naab- > nab- > naw- 式音变规律演化而来的产物。另外，通古斯语支语言内还有用 əndə- 及 nambu- 表示 "打中" 之意的现象。而且，在赫哲语里 nambu- 有一定使用率。

sosu- ~ əti-"结束" —— 锡伯语 sosu-，满语 şoşo-，赫哲语 əti-，鄂

伦春语及鄂温克语 ətə-。他们用满语支语言的 sosu- > şoşo- 以及通古斯语支语言的 əti- > ətə- 表示该动词词义的同时，还可以用 dubə- 与 mana-表示"结束"之意。

*wadʒi- ~ mana-"完结"—— 满语及锡伯语 wadʐi-，女真语、赫哲语、鄂伦春语、鄂温克语 mana-。在他们的语言里用 *wadʒi- > wadzi- 及 mana- 两种说法表示该动词词义的同时，还可以用 watʂhija- ~ dubi-（满语）、duvə-（锡伯语）及 dob- ~ ətə-（鄂伦春语）、dob- > dok- > doo- ~ətə-（鄂温克语）等来表述"完结"之意。

tuhə- ~ dʒawaldi-"摔跤"—— 满语及锡伯语 tuhə-，赫哲语dʒafamatʃi-，鄂伦春语与鄂温克语 dʒawaldi-。在这里，需要指出的是，通古斯语支语言的 dʒafamatʃi- > dʒawaldi- 是由动词 dʒafa- > dʒawa-"抓"派生而来。

*gasuhu-"结盟"—— 锡伯语及赫哲语 gushu-，满语 gashʊ-，鄂温克语 gutʃuhu-，鄂伦春语 gutʃuku- > gutʃku-。同源动词 *gasuhu- 在使用过程中产生的音变表现在：（1）词首音节元音 a 在鄂伦春语与鄂温克语里被后续音节元音逆同化为 u 音；（2）词中辅音 s 在鄂伦春语和鄂温克语内发生 tʃ 音变；（3）辅音 h 在鄂伦春语里产生 k 音变；（4）词中元音 u 在除鄂温克语之外的语言中均被脱落；（5）词根末尾元音 u 在满语里演化为 ʊ 音等五个方面。

*pasi-"上吊"—— 鄂伦春语与鄂温克语 paʃi-，满语 fasi-，锡伯语 faşi-，赫哲语 faʃi-。毋庸置疑，*pasi- 在使用过程中，词首辅音 p 在满语、锡伯语、赫哲语里产生 f 音变的同时，词中辅音 s 也在赫哲语、鄂伦春语、鄂温克语内发生了 ʃ 音变。除此之外，通古斯语支语言内还有用含有"掐"之意的动词 hahuri-（鄂温克语及赫哲语）、kakuri-（鄂伦春语）表示"上吊"这一动作行为的现象。

bu-"死"—— 女真语、满语、赫哲语 bu-，鄂伦春语及鄂温克语bʉ-，锡伯语 bə-。它们是按照 bu- > bʉ- > bə- 式音变规律产生元音 u > ʉ> ə 等音变。不过，在满语支语言里，往往用动词词根 bu- > bə- 后面接缀动词词缀 -tʂə 的语音形式 butʂə- > bətʂə- 来表示"死"之意。

atʃana- ~ dʒohi-"对"、"正确"——赫哲语 atʃana-，满语及锡伯语 atṣana-，鄂温克语 dʒohi-，鄂伦春语 dʒoki-。除了满语支语言的 atʃana- > atṣana- 及通古斯语支语言的 dʒohi- > dʒoki- 之外，通古斯语支语言内还有 tədʒilə- 这一在形容词 tədʒi"正确的"后面接缀构词词缀 -lə 而构成的实例。

waka ~ *ənutu"不是"——满语 waka，锡伯语 vak，赫哲语 əntu，鄂伦春语及鄂温克语 ɵntɵ。也就是说，满通古斯语族语言里用 waka > vak 及 *unətu > əntu > ɵntɵ 两种说法表示"不是"之意。

amtala-"尝试"——满通古斯语族语言内均叫 amtala-。不过，在满语支语言里还有用 tṣəndə- 之说。

*dʒalabari-"祈祷"——赫哲语、鄂伦春语、鄂温克语 dʒalbari-，满语与锡伯语 dẓalbari-。同源动词 *dʒalabari- 的音变规律应该是 dʒalbari- > dẓalbari-。再说，他们还将"祷告"说成是 firu-（满语及赫哲语）、firi-（锡伯语）、iruɡə-（鄂伦春语）、irɵɵ-（鄂温克语）等。

samada-"跳神"——鄂温克语、赫哲语、鄂伦春语 samada-，满语 samda-，锡伯语 samdə-。该同源动词的语音变化现象及其规律是 samada- > samda- > samdə-。很显然，该词是在 saman"萨满"后面接缀由名词构成动词的构词词缀 da- > də- 而派生的产物。不过，我们在前面分析 saman"萨满"时也提到，saman 是由动词词根 sa-"知道"派生而来的原理。也就是说，该词词根是 sa-，像 saman"萨满"、samada-"跳神"等都是由此派生而来的实例。另外，通古斯语支语言将 samada- 有时也说成 samanda- 或 samani- 以及 samaada- 等。

horila-"招魂"——满语及赫哲语 horila-，锡伯语 horilə-，鄂温克语 horela-，鄂伦春语 korila-。不同语言的使用过程中，horila- 的词首辅音 h 在鄂伦春语里发生 k 音变的同时，词中元音 i 及其词根末尾元音 a 在鄂温克语和锡伯语内分别产生 e 及 ə 音变。

fəjələ- ~ urawu-"受伤"——满语 fəjələ-，锡伯语 fəjlə-，赫哲语、

鄂伦春语、鄂温克语 urawu-。不过，除了满语支语言的 fəjələ- > fəjlə- 以及通古斯语支语言的 urawu- 之外，在通古斯语支语言中还有 gəntə- 或 hujlə- 之说。

kinula-"记仇"——鄂伦春语 kinula-，满语及锡伯语 kimulə-，鄂温克语 hinula-，赫哲语 himulə-。在我们看来，kinula- 是该动词的早期语音形式。不过，在除鄂伦春语之外的语言里却产生不同程度的音变。而且，主要表现在：（1）词首辅音 k 在鄂温克语及赫哲语里发生了 h 音变；（2）词中辅音 n 在满语、锡伯语、赫哲语内被 m 音取代；（3）词根末尾的元音 a 在满语、锡伯语、赫哲语中弱化为 ə 音等三个方面。与此同时，他们将"忌恨"叫做 silhida-（满语）、şilhidə-（锡伯语）、hilgida-（鄂温克语）、hilhida-（赫哲语）、kilgida-（鄂伦春语）等。

kəŋkələ- ~ *murugu-"磕头"——女真语 kəŋkələ-，锡伯语 həŋkələ-，满语及赫哲语 həŋkilə-，鄂伦春语 murgu-，鄂温克语 muggu-。满通古斯语族语言的 kəŋkələ- > həŋkələ- > həŋkilə- 及 *murugu- > murgu- > muggu- 两种说法里，*murugu- 之说与蒙古语族语言的 murgu- 同属一源。

*gəgələ-"怕"——女真语、满语、锡伯语 gələ-，鄂伦春语 ŋəələ- > ŋələ-，鄂温克语 nəələ-，赫哲语 nələ-。我们认为，同源动词 *gəgələ- 源于该语族语言的早期形容词 *gəgə "胆怯的"、"恐怖的"。然而，在使用过程中 *gəgə- 产生了一系列语音变化。比如说，词首辅音产生 g > ŋ > n 式音变，词内 əgə 之语音形式出现 əə > ə 式音变等。另外，在他们的语言里与"怕"密切相关的同语族语言或同语支语言的同源词还有一些。比如说，olhu- ~ tukutʃi-"畏惧" ⇨ olhu-（锡伯语）、olho-（满语）、tukutʃi-（赫哲语）、tuktʃi-（鄂伦春语）、tukʃi-（鄂温克语）等；golu-"惊吓" ⇨ golu-（锡伯语）、golo-（满语）、olu-（女真语）、olo-（赫哲语、鄂伦春语、鄂温克语）等；*siruhu-"颤抖" ⇨ surhə-（锡伯语）、şurgə-（满语）、ʃurkuʃi-（赫哲语）、ʃilgiʃi-（鄂伦春语）、ʃiggiʃi-（鄂温克语）等。

dʒagi-"躲藏"——鄂温克语 dʒagi-，赫哲语及鄂伦春语 dʒaji-，满语与锡伯语 dzai-。该同源动词的早期语音形式是 dʒagi-。不过，除了鄂温克语之外的语言里却产生不同程度的音变。比如说，（1）词首辅音 ʤ 在满语和锡伯语里演化为 dz̩ 音；（2）词中辅音 g 在赫哲语及鄂伦春语内发生 j 音变的同时，在满语与锡伯语中被脱落等。而且，在满语支语言中使用 ʤagi- 时，往往用在 ʤagi- > dz̩aji- > dz̩ai- 后面接缀有词缀 -la 的形式出现。与此相关，他们将"躲闪"叫做 gʊrba- ~ kilfi-（满语）、gʊrvə- ~ kilvə-（锡伯语）、gilwə-（鄂温克语）、gilbu-（赫哲语与鄂伦春语）等，还把"藏起来"说成 somi-（女真语及满语）、sœmi-（锡伯语）、dihi-（赫哲语与鄂温克语）、diki-（鄂伦春语）等。

burula-"败逃" —— 除锡伯语里叫 burulu- 之外，其他语言中均说 burula-。从词源学的角度来分析，burula- 应该源于名词 buru"昏暗"、"昏黑"。那么，在 buru 后面接缀动词构词词缀 -la 而派生出 burula- 这一表示"走向昏暗"以及由此引申而来的"败逃"之意的同源动词。

*kohira-"损失" —— 满语与鄂伦春语 kokira-，锡伯语 hokirə-，赫哲语及鄂温克语 hohira-。该同源动词的早期语音形式应为 kohira-，但在使用过程中产生：（1）词首辅音 k 在锡伯语、赫哲语、鄂温克语里的 h 音变；（2）词第二音节辅音 h 在满语、锡伯语、鄂伦春语内演化为 k 音；（3）词干末尾元音 a 在鄂伦春语及锡伯语内弱化为 ə 音等。

hasi-"围赶（阻碍）" —— 满语 hasi-，锡伯语 haşi-，赫哲语与鄂温克语 haʃi-，鄂伦春语 kaʃi-。该词的使用过程中，词首辅音 h 在鄂伦春语里发生 k 音变的同时，词中辅音 s 在 除锡伯语之外的语言内分别产生 ş 或 ʃ 音变。

holbobu- ~ holbomaʧi- ~ holboldi-"牵连" —— 满语 holbobu-，锡伯语 holvəvu-，赫哲语 holbomaʧi-，鄂温克语 holboldi-，鄂伦春语 kolboldi-。我们认为，该同源动词的词根部分应该是表示"联系"、"牵连"之意的名词 holbo，而 -bu、-maʧi、-ldi 等均属于词缀部分。那么，作为词根部分的 holbo 在鄂伦春语里词首辅音 h 演化为 k 音的同时，词中辅音 b 及后续元音 o 在锡伯语内发生 v 及 ə 音变。

*siligi-"钻研" —— 满语 silgi-，锡伯语 şilgi-，鄂伦春语 ʃiligi-，赫哲语及鄂温克语 ʃilgi-。根据我们的假定，该同源动词的早期语音形

式应为 *siligi-，而 silhi- > ʂilgi- > ʃiligi- > ʃilgi- 是属于 *siligi- 语音变化体。它们的语音变化规律及其关系应该是：

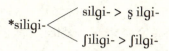

与此同时，在满通古斯语族语言内还有 ʃilgi-（鄂温克语）、ʃiŋge-（鄂伦春语）、niŋu-（赫哲语）等说法。很有意思的是，满通古斯语族语言中还有不少与"钻研"、"钻入"等密切相关的同源动词。比如说，surgi-"钻入" ⇨ surgi-（锡伯语、赫哲语、鄂伦春语）、surgi- > ʃiggu-（鄂温克语）、ʂorgi-（满语）等；golduri-"人群里钻来钻去" ⇨ goldurə-（满语及锡伯语）、gulduri-（通古斯语支语言）等；ərundə-"用钻具钻" ⇨ əruwədə-（满语）、ərwəndə-（锡伯语及赫哲语）、ərʉndə-（鄂伦春语及鄂温克语）等；fondolo-"钻透" ⇨ fondolo-（满语）、fondulu-（锡伯语）、kʉltʉlə-（鄂伦春语）、hultulə- ~ luŋulə-（赫哲语）、ʉltʉlə-（鄂温克语）等。然而，女真语里却用 hafudʒa- 之说来表示"钻透"之意。

muksala- ~ gasuda-"棒打" —— 满语 mukʂala-，锡伯语 muksala-，赫哲语 gasuda-，鄂伦春语与鄂温克语 gasuda- > gasda-。毫无疑问，他们所说的 muksala- > mukʂala- 及 gasuda- > gasda- 均源于表示"棒子"之意的名词 muksa 及 gasu。

ərulə-"用刑" —— 满语、锡伯语、赫哲语 ərulə-，鄂伦春语及鄂温克语 ərʉlə-。同源动词 ərulə- > ərʉlə- 也是由表示"刑罚"之意的名词 ərun > ərʉn 派生而来的实例。

səbdʒilə-"快乐" —— 赫哲语与鄂伦春语 səbdʒilə-，满语 səbdzələ-，锡伯语 səvdzələ-，鄂温克语 səwdʒilə-。同源动词 səbdʒilə- > səbdzələ- > səvdzələ- > səwdʒilə- 是源于形容词 səbdʒin"愉快的"。

dərbə-"发潮" —— 满通古斯语族语言均叫 dərbə-。与此同时，他们还可以用 usihi-（满语）、uʂihə-（锡伯语）、ʃiiktə-（鄂温克语）、tʃiktə-（赫哲语及鄂伦春语）等来表示该动词词义。

bəsə- ~ nəbtərə-"湿透"——锡伯语 bəsə-，满语 bəʂə-，赫哲语及鄂伦春语 nəbtərə-，鄂温克语 nəttərə-。他们使用 bəsə- > bəʂə- 及 nəbtərə- > nəttərə- 两种说法的同时，还用 ʂəkə- ~ hafu-（满语）、havu-（锡伯语）、ʧopka-（赫哲语）、nərbə-（鄂伦春语）、nəbbə-（鄂温克语）等表示"湿透"之意。另外，他们还将"渗透"叫 ləbtərə-（满语、赫哲语、鄂伦春语、鄂温克语）、ləvtərə-（锡伯语）等，还把"扎透"说成是 fondolo-（满语及赫哲语）、fondulu-（锡伯语）、solpot-（鄂伦春语和鄂温克语）等。

largida- ~ largila-"磨蹭"——满语及锡伯语 largida-，赫哲语与鄂伦春语 largila-，鄂温克语 largila- > laggila-。毫无疑问，largida- ~ largila- > laggila- 等是在名词 largi "繁琐" 后面接缀构词词缀 -da ~ -la 派生出来的动词。另外，满通古斯语族语言内还有 nərhidə-（锡伯语）、laʤʤila-（鄂温克语）等说法。

siha- ~ moltag-"脱落"——满语 siha-，锡伯语 ʂiha-，鄂温克语 moltag-，赫哲语及鄂伦春语 moltog-。除了满语支语言的 siha- > ʂiha- 及通古斯语支语言的 moltag- > moltog-两种说法外，他们还用 tuhə-（满语及锡伯语）、tuwə-（女真语）、hobkoro-（赫哲语）、hokkoro-（鄂温克语）、kobkoro-（鄂伦春语）等说法来表示"脱落"之意。

*hudasa- ~ hudala-"做生意"——锡伯语 hudaʂa-，赫哲语 hudala-，满语 hʊdaʂa-，鄂温克语 hudala-，鄂伦春语 kudala-。我们认为，无论是 *hudasa- > hudaʂa- > hʊdaʂa- 还是 hudala- > kudala- 都源于名词 huda "价格"，只是它们从名词派生动词时的构词词缀有所不同而已。

narihula-"做细工"——赫哲语及鄂温克语 narihula-，鄂伦春语 narikula-，女真语 narhula-，锡伯语 narhuʂa-，满语 narhʊʂa-。毋庸置疑，它们是在形容词 narihun > narikun > narhun > narhʊn "细的" 后面接缀构词词缀 -la ~ -sa > -ʂa 派生出来的动词。

ədələ- ~ tamubu-"欠债"——满语支语言 ədələ-，通古斯语支语言 tamubu- > tambu-。根据我们掌握的动词词汇资料，满通古斯语族语言内与此相关的同源动词还有一些。比如说，damtula-"抵押" ⇨ 除了在锡伯语里叫 damtulə- 之外，其他满通古斯语族语言内均说 damtula-。但在有些方言里也有说 damtala- 的现象；taguda- ~ tama-"赔偿" ⇨ tawuda- ~ tama-（鄂伦春语）、tawda-（女真语及赫哲语）、tooda-（满语）、tooda- ~ tamu-（鄂温克语）、todu-（锡伯语）等；kimtʃala-"节约" ⇨ kimtʃala-（鄂伦春语）、kiptʂarə- ~ kivtʂə-（锡伯语）、himtʃila-（鄂温克语）、hibtʂa-（满语）、hibtʃi-（赫哲语）等；malhu- ~ muna-"省钱" ⇨ malhu-（满语、锡伯语、赫哲语）、muna-（鄂伦春语）、muna- ~ mula-（鄂温克语）；isabu- ~ *urubu-"攒钱" ⇨ isabu-（满语）、isavu-（锡伯语）、isawu-（赫哲语）、uruu-（鄂伦春语与鄂温克语）等。

*fafursa- ~ *dʒuliku-"奋斗" —— 满语 fafurʂa-，锡伯语 fafurʂi-，赫哲语 dʒulku-，鄂伦春语 dʒulkʉ-，鄂温克语 dʒʉkkʉ-。也就是说，在满通古斯语族语言内，要用满语支语言的 *fafursa- > fafurʂa- > fafurʂi- 及通古斯语支语言的 *dʒuliku- > dʒulku- > dʒulikʉ- > dʒulkʉ- > dʒʉkkʉ- 两种说法表示"奋斗"之意。其中，通古斯语支语言的 *dʒuliku- 似乎是源于方位名词 *dʒuli"前"。除此之外，通古斯语支语言内还有用 mʉgdə- > mʉgdə- 表示该动作行为的现象。再说，满通古斯语族语言中同"奋斗"相关的同源名词还有一些。比如说，badara-"发展" ⇨ 除了锡伯语里叫 badərə- 之外，其他语言均说 badara-。不过，也有说 badra- 的实例。而且，说 badra- 的越来越多；nəhidə- ~ nəndə-"争先" ⇨ nəhidə-（鄂温克语）、nəkidə-（鄂伦春语）、nəndə-（满语、锡伯语、赫哲语）等。

daldʒila-"干预" —— 赫哲语、鄂伦春语、鄂温克语 daldʒila-，满语 daldzila-，锡伯语 daldzilə-。毫无疑问，同源动词 daldʒila- > daldzila- > daldzilə- 是在名词 daldʒi > daldzi"牵扯"、"关系"后面接缀构词词缀 -la 而派生的实例。

fali- ~ dʒohiwu-"投合" —— 满语、锡伯语、赫哲语 fali-，鄂温克语 dʒohiwu-，鄂伦春语 dʒokiwu-。也就是说，满通古斯语族语言表示"投合"之动作行为时使用 fali- 及 dʒohiwu- > dʒokiwu- 两种说法。另外，他们将"合作"说成是 atʂahila-（满语）、atʂəhilə-（锡伯语）、hortʃi-（赫哲语）、hotʃʃo-（鄂温克语）、kortʃi-（鄂伦春语）等。

əlhə-"安宁"——满通古斯语族语言内除鄂伦春语叫 əlkə- 之外，其他语言都说 əlhə。而且，该动词词根同时是属于形容词 əlhə "安宁的"的词根。也就是说，əlhə 这一词根有双重词义内涵，一是表示形容词的"安宁的"之意，另一个是表示动词"安宁"的意思。

gisala-"开会"——通古斯语支语言 gisala-，满语支语言 isala-。显而易见，满语支语言里原有的词首辅音 g 产生了脱落现象，进而出现了 isala- 之说。再说，满通古斯语族语言的动词 gisala- > isala- 是在名词 gisan > isan "会议"后面接缀动词构词词缀 -la 而派生的实例。不过，接缀 -la 时，名词 gisan > isan 词尾鼻辅音 n 被省略。

əlbi-"号召"——满语、锡伯语、赫哲语 əlbi-，鄂伦春语及鄂温克语 əlki-。可以看出，词中辅音 b 与 k 出现语音交替式音变现象。再说，他们的语言里，包括女真语在内把"传达"均说成是 ula-。

karula-"报答"——满语及鄂伦春语 karula-，锡伯语 karulə-，赫哲语与鄂温克语 harula-。可以看出，该同源动词的语音变化表现在：（1）词首辅音 k 在赫哲语及鄂温克语中出现 h 音变；（2）词干末尾元音 a 在锡伯语里被弱化为 ə 音等两个方面。

*təmusə-"斗争"——赫哲语 təmətʃə-，锡伯语 təmsə-，满语 təmʂə-，鄂伦春语及鄂温克语 təmtʃə-。该同源动词的早期语音形式应为 *təmusə-。然而，在具体使用过程中不同语言里产生如下格式及规律的音变：

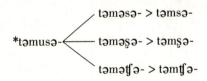

*famubu- ~ *təgəri-"迷路"——锡伯语 faməvə-，满语 fambu-，赫哲语、鄂伦春语、鄂温克语 təəri-。相比之下，满语支语言的 *famubu- > faməvə- ~ fambu- 的语音变化现象，要比通古斯语支语言的 *təgəri- > təəri- 音变复杂一些。

buhala-"违背"——赫哲语 buhala-，鄂伦春语 bukala-，满语 boholo-，锡伯语 bohulə-，鄂温克语 bohla- > bohlo-。该动词是在名词 buha "阴霾"、"不道德"后面接缀 -la > -lo > -lə 而构成。那么，buha 在使用过程中却产生：（1）词首音节元音 u 在满语、锡伯语、鄂伦春语中的 o 音变；（2）词中辅音 h 在鄂伦春语里的 k 音变；（3）词尾元音 a 在满语及锡伯语内由 o 或 u 音取代的同时，在鄂温克语中被脱落等音变。除此之外，在满语支语言内还用 tʂashula- 表示"违背"之意。另外，他们将"叛变"称之为 ubaʂa-（满语）、uvaʂi-（锡伯语）、urbu-（赫哲语及鄂伦春语）、ubbu-（鄂温克语）等。

upa-"失败"——赫哲语、鄂温克语、鄂伦春语 upa-，满语 ufara-，锡伯语 uvərə-。可以看出，通古斯语支语言的 upa- 及满语支语言 ufara- > uvərə- 的 ufa- > uvə- 是属于同源关系。但是，在满语支语言里词中辅音 p 却发生 f 及 v 音变。另外，满语支语言 ufa- > uvə- 的后面还接缀了 -ra > -rə 之词缀。

pasuhura-"混乱"——鄂温克语 pasuhura-，鄂伦春语 pasukura-，赫哲语 fatʃuhura-，锡伯语 fatʂuhuru-，满语 fatʂuhʊra-。该同源动词源于名词 pasuhun "混乱"。很有意思的是，女真语中要用 fumur- 之说表示该动词所指含的动作行为。与此同时，他们将"捣乱"叫做 dajʃe-（赫哲语及鄂伦春语）、dajʃi-（鄂温克语）、daiʂa-（满语支语言）等。

fala-"流放"——满语 fala-，锡伯语及赫哲语 falə-，鄂伦春语与鄂温克语 ala-。很显然，该同源动词的词首辅音 f 在鄂伦春语和鄂温克语里被脱落的同时，词根末尾元音 a 在锡伯语及赫哲语里弱化为 ə 音。

biɡara- ~ *tunasi-"流浪"——满语 biɡara-，锡伯语 biharə-，赫哲语、鄂伦春语、鄂温克语 toŋtʃi-。毫无疑问，通古斯语支语言 *tunasi- > toŋtʃi- 之说所产生的语音变化，要比满语支语言 biɡara- > biharə- 的音变现象复杂得多。但是，我们完全可以依据满通古斯语族语言音变规律，将它们的音变关系及规律归纳为 *tunasi- > tunsi- > tuntʃi- > toŋtʃi- 式音变。

*manuɡija- ~ *suɡiɡə-"浪费"——赫哲语 manuɡia-，鄂伦春语

manuka-，鄂温克语 manuha-，满语 mamgija- > mamgia-，锡伯语 mamgia-。除了 *manugija- > manugia- > manuka- > manuha- > mamgija- > mamgia- 之外，他们的语言里还可以用 suita-（锡伯语）、sujgə-（赫哲语）、sujgə-（鄂伦春语及鄂温克语）、buruwə-（女真语）等表示该动词词义。

nisala-"挤虱子"——鄂温克语 nisala-，鄂伦春语 niʧala-，满语及赫哲语 isala-，锡伯语 isalə-。该动词的语音变化现象表现在：（1）词首辅音 n 在满语、锡伯语、赫哲语里被脱落；（2）词中辅音 s 在鄂伦春语中演化为 ʧ 音；（3）词干末尾元音 a 在锡伯语内弱化为 ə 音等方面。

*funʧu- ~ *hulu-"剩"——锡伯语 funʧu，满语 funʧə-，赫哲语 hulə-，鄂温克语及鄂伦春语 ɥlə-。满通古斯语族语言内要用满语支语言的 *funʧu- > funʧu- > funʧə- 及通古斯语支语言的 *hulu- > hulə- > ɥlɥ- > ɥlə- 表示"剩"所包含的动作行为。与此同时，他们把"留下"称作 tuta-（满语支语言）、duta-（通古斯语支语言）等。

gurəgusə-"打野兽"——赫哲语 gurəgəsə-，锡伯语 gurəgəʂə-，满语 gurguʂə-，鄂伦春语及鄂温克语 gɥrəgəsə-。很显然，同源动词 gurəgəsə- > gurəgəʂə- > gurguʂə- > gɥrəgəsə- 是源于名词 gurəsun "野兽"。另外，通古斯语支语言内还可以用 gɥrələ- 之说表示该词义。

bukusi-"埋伏"——满语 buksi-，鄂伦春语 bukʧi-，锡伯语 buhʂi-，鄂温克语 buhʃi-，赫哲语 buhʧi-。能够看出，bukusi- 在使用过程中产生如下音变：（1）词第二音节首辅音 k 在锡伯语、赫哲语、鄂温克语中演化为 h 音的同时，第二音节元音 u 被脱落；（2）词尾音节辅音 s 在锡伯语、鄂温克语、赫哲语、鄂伦春语内发生 ʂ、ʃ 或 ʧ 音变。

mutə-"能"——满语、锡伯语、赫哲语 mutə-，鄂伦春语及鄂温克语 ətə-。在我们看来，mutə- 的音变规律是 mutə- > utə- > ətə-。

ətəŋgilə-"逞能"——除了在锡伯语里叫 ətəɲilə- 之外，其他满通古斯语族语言均里说 ətəŋgilə-。不过，在满语里也有说 ətəɲilə- 的现象。从某种意义上讲，满语支语言中出现的 ŋg 之语音结构经常被发作 ŋ

音，它们之间似乎不存在语义区别功能。

sə- ~ gu-"叫做"——满语支语言叫 sə-，通古斯语支语言称作 gu->gʉ-。不过，在通古斯语支语言内也有用 ʤiŋʤi- 之说来指含"叫做"之意的现象。

umə ~ əʤi"别"——满语支语言叫 umə > əm，通古斯语支语言称作 əʤi。在这里，应该阐明的是，满语支语言 əm 之说的音变规律应为 umə > emə > əm。

bi-"有"、"在"——满通古斯语族语言内均说 bi-。另外，他们将"没有"说成是 aku（锡伯语）、akʊ（满语）、aaʃiŋ（鄂温克语）、aatʃin（鄂伦春语）、antʃi（赫哲语）等。在满语支语言的 aku > akʊ 及通古斯语支语言的 aaʃiŋ > aatʃin > antʃi 等实例中通古斯语支语言的说法所产生的音变现象相对要复杂一些。事实上，它们是共同源于早期通古斯语族语言的动词 *aɡasin。那么，在具体使用中产生：（1）词第二音节首辅音 ɡ 发生脱落而出现长元音 aa 现象。进而，在赫哲语里长元音 aa 又演化为短元音 a；（2）词尾音节辅音 s 在通古斯语支语言内分别被变读为 ʃ 与 tʃ 音；（3）词尾鼻辅音 n 在鄂温克语里由 ŋ 音取代的同时，在赫哲语里被脱落等音变。

isi-"够"、"足"——满语 isi-，锡伯语 iʂi-，赫哲语与鄂温克语 iʃi-，鄂伦春语 itʃi-。毫无疑问，它们的语音变化规律应为 isi- > iʂi- > iʃi- > itʃi-。

*oɡo-"行"、"可以"——鄂伦春语及鄂温克语 oo-，满语、锡伯语、赫哲语 o-。同源动词 *oɡo- 的语音变化规律应为 *oɡo- > oo- > o-。另外，他们还把"对"称之为 inu（满语支语言）、təʤi（通古斯语支语言）等。

第三节 同源副词及同源虚词

我们在该项研究中，把同源副词和同源虚词作为一个章节进行专门讨论的理由是，满通古斯语族语言的同源词资料里确实有一些相关实例。当然，它们在数量上无法与前面论述的其他同源词相提并论。但是，现已掌握的有限的同源副词和同源虚词的音变现象及其演变规律，还是很值得展开讨论的。这使我们的该项研究显得更加完美和系统。那么，在他们的语言里，就像在前面提出的那样，属于此类范畴的同源词显得不多，特别是同源虚词显得更加稀少。依据我们掌握的副词及虚词词汇资料，有其同源关系的副词多数是属于时间副词，而同源虚词里也多数是后置词和连词等。

kədʒəni "早就" —— 赫哲语及鄂伦春语 kədʒəni，满语 kədzinə，锡伯语 kədzin，鄂温克语 hədʒəni。同源副词 kədʒəni 的早期语音形式在赫哲语及鄂伦春语里保存得比较理想，而在其他几种语言中却出现不同程度的音变。主要表现在：（1）词首辅音 k 在鄂温克语内发生 h 音变；（2）词中辅音 ʤ 在满语支语言中演化为 dz 音的同时，辅音 ʤ 后面的元音 ə 在满语支语言里出现 i 音变；（3）词尾元音 i 在满语中变读为 ə 音的同时，在锡伯语中被脱落等方面。另外，满通古斯语族语言内，与此相关的同语族语言或同语支语言的同源副词还有一些。比如说，aifini ~ alibti "早已" ⇨ aifini（满语及锡伯语）、alibti（鄂伦春语与鄂温克语）、alibtə（赫哲语）等；nənəhə ~ nogubti "早先" ⇨ nənəhə（满语及锡伯语）、nogubti（赫哲语）、noobti（鄂伦春语与鄂温克语）等；ərdəkən "早点" ⇨ ərdəkən（满语、锡伯语、鄂伦春语）、ərdəhən（赫哲语）、əddəhəŋ（鄂温克语）等；dala ~ dadi "原来" ⇨ dala（女真语）、dalə（满语）、dadi（鄂伦春语及鄂温克语）、dad（锡伯语与赫哲语）等；oŋgolo ~ ʤulibti "以前" ⇨ oŋgolo > oŋolo（满语）、oŋgəlo > oŋəlo（锡伯语）、ʤuləbti（赫哲语）、ʤulibti（鄂伦春语及鄂温克语）等；*ʤuligu ~ agibti "从前" ⇨ dzulgə（满语及锡伯语）、agibti（赫哲语与鄂伦春语）、ajibti（鄂温克语）等。

datʃi "从来" —— 满语及锡伯语 datʂitʂi，赫哲语与鄂伦春语 datʃibti，鄂温克语 datʃibti ~ datʃidihi。我们认为，该副词的词根是 datʃi > datʂi，而 -tʃi > -tʂi、-bti、-dihi 等均属于词缀部分。

*əmugəri ~ əmutəri "已经" —— 满语、锡伯语、赫哲语 əmgəri，鄂伦春语及鄂温克语 əmutəri。同源副词 *əmugəri 是在省略词尾鼻辅音

n 的基数词 əmu > əmʉ "一" 后面接缀构词词缀 -gəri 及 -təri 而派生的实例。除此之外，通古斯语支语言内还说 əmʉrən 或 ʧamə 等。与此同时，他们将 "已然" 叫 uttu（满语、锡伯语、赫哲语）、toon（鄂伦春语）、tooŋ（鄂温克语）等，把 "已往" 称之为 duləkə（满语及锡伯语）、duləhi（赫哲语）、dʉləki（鄂伦春语）、dʉləhi（鄂温克语）等。

təlin "刚才" —— 鄂伦春语 təlin，鄂温克语 təliŋ，满语、锡伯语、赫哲语 təni。可以看出，满语、锡伯语、赫哲语内把词中辅音 l 发作了 n 音。他们还将 "才" 叫做 təlikən（鄂伦春语）、təlihəŋ（鄂温克语）、tənikən（满语和锡伯语）、tənihən（赫哲语），把 "刚刚" 说成 arakan ~ arankan（鄂伦春语）、arankan（赫哲语）、araŋkaŋ（鄂温克语）、arkan（满语及锡伯语）等。

nərgində ~ əʃitu "马上" —— 满语及锡伯语 nərgində，赫哲语 əʃitu，鄂伦春语与鄂温克语 əʃitʉ。在这里，满通古斯语支语言的 əʃitu > əʃitʉ 是源于名词 *əsi > əʃi "现在"。与此相关，他们把 "快速" 叫 hasa（满语支语言）、digar（通古斯语支语言）等，将 "立刻" 称作 ilihai（满语）、ilihi（锡伯语、赫哲语、鄂温克语）、iliki（鄂伦春语）等，还把 "片刻" 说成是 diarti（锡伯语）、dirti（赫哲语、鄂伦春语、鄂温克语）、dartai（满语）等。

tob "正在" —— 满通古斯语族语言内几乎均叫 tob 之外，还有 tow > tov 以及 ʤiŋ > dʑiŋ 及 jag 等说法。其中，ʤiŋ > dʑiŋ 或许源于汉语的 "正"，而 jag 与蒙古语族语言的 jag 同属一源。

əməmbihədə ~ aadaduwi "有时" —— 满语 əməmbihədə，锡伯语及赫哲语 əmbihədə，鄂伦春语与鄂温克语 aadaduwi。这其中，əməmbihədə > əmbihədə 显然是属于由基数词 *əmun > əmə > əm "一" 以及动词词根 bihə- "有" 再加上后缀 -də 而合成的副词。再说，鄂伦春语和鄂温克语的 aadaduwi 是在 aada "不分" 后面接缀 -duwi 而构成。

amasi ~ uʤidu "往后" —— 满语 amasi，锡伯语 aməʂi，赫哲语、鄂伦春语、鄂温克语 amiʃi。毫无疑问，它们的语音演变规律是 amasi > amaʂi > amiʃi。另外，他们还用 duləkə（满语支语言）、uʤidu（通古斯语支语言）表示"往后"之意。

*ʤatʃi ~ əsukuli"非常"——满语与锡伯语 dzạtʂi，赫哲语 əsukuli，鄂伦春语 əsʉkʉli，鄂温克语 əsʉhʉli。在我们掌握的相关词汇资料里，除了*ʤatʃi > dzạtʂi 以及 əsukuli > əsʉkʉli > əsʉhʉli 两种说法外，在他们的语言里与"非常"相关的副词确实有不少。比如说：ərsun"很"⇨ ərsun（满语、锡伯语、赫哲语）、ərsʉn（鄂伦春语）、ərsʉŋ（鄂温克语）等；muʤiku"格外"⇨ muʤiku（赫哲语及鄂伦春语）、mudzạkʊ（锡伯语）、mudzạkʊ（满语）、muʤihu（鄂温克语）等；suda ~ migin"最"⇨ suda > ʂu（锡伯语）、ʂʊə > ʂu（满语）、migin（赫哲语）、miin（鄂伦春语）、miiŋ（鄂温克语）；* əntʃu > əntʃukuli ~ *əntʃushun"特别"⇨ əntʃukuli（赫哲语）、əntʃʉkʉli（鄂伦春语及鄂温克语）、əntʂushun（满语与锡伯语）等。不过，通古斯语支语言内也可以用əntөhʉli > өntөkʉli 之说表示"特别"之意；əli"更"⇨ 除满语里称 ələ 之外其他语言中几乎都说 əli；ʤadan ~ əgənti"十分"⇨ ʤadan > ʤatan（赫哲语）、dzạdəŋ（满语及锡伯语）、əgənti（鄂伦春语与鄂温克语）；əsa ~ ani"相当"⇨ əsa > əʂa（满语支语言）、ani（通古斯语支语言）；ʤiŋkini ~ unəŋgi"真"⇨ ʤiŋkin ~ unəŋgi（赫哲语）、ʤiŋkin ~ ʉnəŋgi（鄂伦春语）、ʤiŋkini ~ ʉnəŋgi（鄂温克语）、dzịŋkini ~ unəŋgi（满语）、dzịŋkini ~ unəŋgi（锡伯语）；jargijan"的确"⇨ jargijan > jargian（满语）、jarigin（鄂伦春语）、jargiŋ（鄂温克语）、jarhin（锡伯语及赫哲语）等。

gulhun"完整"——满语、锡伯语、赫哲语 gulhun，鄂温克语 gulhuŋ，鄂伦春语 gulkun。再说，他们把"一半"叫 holtoho（赫哲语与鄂温克语）、hontoho（满语）、hontəhə（锡伯语）、kontoko（鄂伦春语）等。

jaja ~ *buhu"凡是"——满语及锡伯语 jaja，赫哲语 buh，鄂温克语 bʉh，鄂伦春语 bʉk。可以看出，满语支语言的 jaja 被使用得比较完整，而通古斯语支语言的 *buhu 却发生 buh > bʉh > bʉk 等形式与规律的语音演变。另外，在赫哲语及女真语里还有 jəəl 及 mamu 之类的说法。

　　*hatʃin "各种" —— 鄂温克语 hatʃiŋ，赫哲语 hatʃən，满语及锡伯
语 hatʂin，鄂伦春语 katʃin。该词在使用过程中发生：（1）词首辅音 h
在鄂伦春语里变 k 音；（2）词中辅音 ʃ 在满语与锡伯语中演化为 tʂ 音
的同时，辅音 ʃ 后面的元音在赫哲语里变读为 ə 音；（3）词尾鼻辅音 n
在鄂温克语里由 ŋ 取而代之等音变。

　　gubur "都" —— 鄂伦春语 gub > gum，女真语 gəmur，满语和赫
哲语 gəmu，锡伯语 gəm，鄂温克语 gumu。该词的音变关系及其规律
应该是：

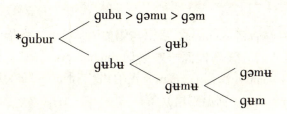

　　满通古斯语族语言内与 "都" 所表示的词义内涵密切相关的同语族
语言或同语支语言的同源词也有不少。比如说，uhə ~ *əmundu "共同"
⇨ uhə（满语支语言）、əməndu ~ əmundu（通古斯语支语言）；əmu >
əmgi ~ əmʤi ~ əmdu "一起" ⇨ əmgi（满语支语言）、əmʤi（女真
语）、əmdu > əmdu（通古斯语支语言）；ugəri "一共" ⇨ uhəri（满语、
锡伯语、赫哲语）、ugəri（鄂伦春语及鄂温克语）；sasari ~ *sutu "一
同" ⇨ sasari > sasa（满语）、sasari（锡伯语）、sut（赫哲语）、sut（鄂
伦春语和鄂温克语）；əjitən "一切" ⇨ əitən（女真语、满语、锡伯语、
赫哲语）、ətin（鄂伦春语及鄂温克语）；suwalijamə ~ *əmurəl "一并"
⇨ suwalijamə > sualiamə（满语）、suvaliam（锡伯语）、əmurəl（鄂温克
语及鄂伦春语）、əmrəl（赫哲语）；*birətəji ~ *əmutil "一概" ⇨ birətəi
~ birəmə（满语）、birətəi（锡伯语）、əmkil > əmhil（鄂伦春语与鄂温
克语）、əmtil ~ əmhil（赫哲语）。以上同语族语言或同语支语言的同源
词里出现的 *əmundu > əmundu > əməndu ~ əmgi ~ əmʤi ~ əmdu > əmdu
~ *əmurəl > əmurəl > əmrəl ~ *əmutil > əmutil > əmtil 等的词根 əmu- >
əmu- > əmə- > əm 均属于基数词 əmun "一" 的语音结构或音变形式。
也就是说，这些同源词都源于基数词 əmun "一"。

　　əmdandə ~ əmurəhən "一下子" —— 满语及锡伯语 əmdandə，鄂温克语 əmurəhəɴ > əmrəhəɴ，鄂伦春语 əmurəkən > əmrəkən，赫哲语 əmrəhən。与此同时，他们将"一顺儿"叫 əmunan（满语）、əmunan > əmnan > əmnən（鄂伦春语）、əmnan > əmnən（锡伯语、赫哲语、鄂温克语）等。很显然，上面提到的对于"一下子"、"一顺儿"等说法，均源于基数词 əmun > əmu > əmu > əm "一"。另外，他们还把"一气"称之为 tʃurhun（赫哲语）、tʂurhun（锡伯语）、tʂurhʊn（满语）、əmutʃur（鄂伦春语与鄂温克语）等，将"一会儿"叫做 taka（满语）、takə（锡伯语）、kijur（鄂伦春语）、hiur（赫哲语）、hiir（鄂温克语）等。

　　əmuhun "只" —— 赫哲语 əmuhun，满语与锡伯语 əmhun，鄂温克语 əmhəɴ，鄂伦春语 əmkun。该副词源于基数词 əmun > əm "一"。再说，他们将"只是"叫 damu（满语）、dam（锡伯语）、dam > dan（赫哲语及鄂伦春语）、dam > daɴ（鄂温克语）等。

　　*utahaji "就" —— 满语及锡伯语 uthai，赫哲语与鄂温克语 uthe，鄂伦春语 utke。毫无疑问，该词的语音演化规律应该是 *utahaji > uthai > uthe > utke。他们还把"就此"称作 ərəʃin（赫哲语）、ərəʃiɴ（鄂温克语）、ərətʃin（鄂伦春语）、ərətʂin（锡伯语）、ərətʂi（满语）等。毋庸置疑，副词"就此"之说源于指示代词 ərə "这"。

　　muru ~ *baraga "大概" —— 满语、锡伯语、赫哲语 muru，鄂伦春语 barga，鄂温克语 barga > bagga。满通古斯语族语言内除使用 muru 及 *baraga > barga > bagga 之外，通古斯语支语言内还可以用 əhətʃi > əkətʃi 之说表示"大概"之意。与此相关，他们把"好像"叫做 jamakan（满语）、jamaka（锡伯语）、ajadakan（鄂伦春语）、ajadahi（鄂温克语）、ajamaka > jamaka（赫哲语）等。

　　dʒoritagi "故意" —— 鄂温克语 dʒoritagi > dʒorte，鄂伦春语 dʒorte，赫哲语 dʒorti，满语 dzɔrtai，锡伯语 dzɔrtəi。可以看出，作为早期语音形式保存较好的是鄂温克语的 dʒoritagi，而在其他几种语言里都产生了有所不同的语音变化。例如：（1）词首辅音 dʒ 在满语支语言中演化为 dz 音；（2）词中辅音 r 后面的元音 i 在除鄂温克语之外的语言内均被脱落；（3）词尾部分的语音形式 agi 伴随辅音 g 的脱落而出现复合元音 ai、əi 及短元音 e、i 之音变。另外，通古斯语支语言内还可以用 ʤoritagi 演化而来的 ʤoreeŋ 这一语音变化体表示 "故意" 之意。

　　*gajitagi "突然" —— 鄂伦春语及鄂温克语 gajta，满语 gaitai，赫哲语 gaitə，锡伯语 gaiti。该同源副词的语音变化现象主要表现在：（1）词第二音节首辅音 j 在满语、锡伯语、赫哲语中被脱落的同时，词第二音节元音 i 在鄂伦春语与鄂温克语内被脱落；（2）由于词尾音节首辅音 g 的脱落而出现复元音 ai 及其短元音 ə 与 i 之音变现象。与此相关的同源副词还有：*gənətəkən "猛然间" ⇨ gəntkən（鄂伦春语）、gənthən（鄂温克语）、gənkən（满语、锡伯语、赫哲语）等；*holokon-do ~ *dolokon "猛然" ⇨ holkondə（满语及锡伯语）、dolkun（赫哲语与鄂伦春语）、dolhuŋ（鄂温克语）等。

　　*ələkəkən "慢慢" —— 赫哲语 ələkəkən，鄂伦春语 əlkəkən，鄂温克语 əlkəhən，满语及锡伯语 əlhəkən。该同源副词是源于形容词 *ələkən "慢的"。再说，满通古斯语族语言内还有用 əŋgəlkən（鄂伦春语）、əŋgəlhəŋ（鄂温克语）、goidan（女真语）之说表示该副词词义的现象。

　　*ələkəji ~ *gələ "差一点" —— 满语 ələkəi，锡伯语及赫哲语 əlki，鄂伦春语与鄂温克语 gəl。他们除了用 *ələkəji > ələkəi > ələki > əlki 及 *gələ > gəl 两种说法表示 "差一点" 之意外，还可以用满语的 ələi 及女真语的 gisa 等表示该副词词义。

　　*daruhaji ~ daktan "经常" —— 满语 daruhai，锡伯语 darhui，赫哲语及鄂伦春语 daktan，鄂温克语 dattaŋ。除了满语支语言的 *daruhaji > daruhai > darhui 以及通古斯语支语言的 daktan 之外，通古斯语支语言中还有 lawdu 之说。与此同时，他们将 "平常" 说成是 arsari（满语支语言）、jərdi > jəddi（通古斯语支语言）等。

　　əntəhən ~ *agaliduhat "永远" —— 锡伯语及赫哲语 əntəhən，满语 əntəhəmə，鄂温克语 aliduhat，鄂伦春语 alidukat。可以看出，无论是满语支语言的 əntəhəmə > əntəhən，还是在通古斯语支语言的 *agaliduhat

> aliduhat > alidukat 等中出现的语音变化现象都不是十分复杂和突出。比如说，第一个说法 əntəhəmə 在满语中词尾音 n 由 mə 来取代；第二个词 *agaliduhat 的词首语音结构产生 *aga > aa > a 式音变的同时，词中辅音 h 在鄂伦春语里变读为 k 音等。在该语族语言内，也有一些与"永远"相关的同语族语言或同语支语言的同源副词。例如，*gojidan "长久" ⇨ goidan（锡伯语及赫哲语）、goidamə（满语）、udan（鄂伦春语）、udaŋ（鄂温克语）等；*səjibəni "一向" ⇨ səibəni（满语、锡伯语、赫哲语）、səwəni（鄂伦春语与鄂温克语）等；daruhaji ~ jəril "一贯" ⇨ daruhai（满语）、darəhai（锡伯语）、jəril（赫哲语、鄂伦春语、鄂温克语）等；dahun ~ uʤira "一再" ⇨ dahun（满语）、dahun ~ dabtan（锡伯语）、uʤira（赫哲语）、oʤira（鄂伦春语与鄂温克语）等。

urunaku ~ iktuhat "必须" —— 锡伯语 urunaku，满语 urunakʋ，赫哲语和鄂温克语 iktuhat，鄂伦春语 iktukat。跟满语支语言的 urunaku > urunakʋ 及通古斯语支语言的 iktuhat > iktukat 等说法密切相关，满语支语言里也用 toktofi 来表示该副词词义。

dari ~ tagin "每" —— 满语及锡伯语 dari，赫哲语与鄂伦春语 tagin，鄂温克语 taŋiŋ。除了刚才提到的 dari 和 tagin > taŋiŋ 之外，通古斯语支语言内还有 madan > madaŋ 之说。另外，女真语却用 nuhuru 表示该副词所含的词义。再说，他们把"一次"说成是 əmdan（满语及锡伯语）、əmtan（赫哲语和鄂伦春语）、əmtaŋ（鄂温克语）等，将"好多次"称作 utala（满语及锡伯语）、behal（赫哲语与鄂温克语）、bekal（鄂伦春语）等。不过，他们也有把 behal > bekal 的短元音 e 发作长元音 ee 的现象。

daba > dabali ~ dabaŋgi "过分" —— 满语 dabali，锡伯语 dabali > davəli，赫哲语 dabaɲi，鄂伦春语 dabaŋgi，鄂温克语 dawaŋgi。无论是满语支语言的 dabali，还是通古斯语支语言的 dabaŋgi > dabaɲi ~ dawaŋgi，都源于名词 daba > dawa "山坡"、"山脉"，而 -li、-ŋgi > -ɲi 均属于词缀部分。

kəmuni ~ *nagan "还" —— 满语与锡伯语 kəmuni，鄂伦春语 naan，

鄂温克语 naaŋ，赫哲语 nan。满语支语言的 kəmuni 几乎没有什么语音变化，而通古斯语支语言的 *nagan 却产生 naan > naaŋ ~ nan 等音变。甚至，通古斯语支语言中有把 *nagan 发作 naa 或 na 的现象。

tʃihaŋgai ~ dʒalidʒi "随意" —— 赫哲语 tʃihalan，满语 tṣihaŋgai，锡伯语 tṣikaŋi，鄂伦春语 dʒalidʒi，鄂温克语 dʒeledʒi。其中，满语支语言的 tṣihaŋgai > tṣihaŋai > tṣikaŋi 是源于后置词 tʃiha > tṣiha > tṣika "随"；而通古斯语支语言及其 dʒalidʒi > dʒeledʒi 之说是源于名词 dʒali > dʒele "思维"。另外，通古斯语支语言中还用 dʒutʃəhu > dʒutʃəku > dʒʉsəhʉ 来表示"随意"之副词词义。

gəli ~ dahi "又" —— 女真语及满语 gəli，锡伯语 gəl，赫哲语与鄂温克语 dahi，鄂伦春语 daki。在这两种说法里，gəli 词尾元音 i 在锡伯语中被脱落，dahi 词中辅音 h 在鄂伦春语里变读为 k 音。

*əmubitʃi ~ *əmubihi "或者" —— 满语及锡伯语 əmbitṣi，赫哲语与鄂温克语 əmbihi，鄂伦春语 əmbiki。毫无疑问，满语支语言的 əmbitṣi 及通古斯语支语言的 əmbihi > əmbiki 均源于基数词 əmun "一"。但是，əmun 后面接缀 -bitʃi > -bitṣi ~ -bihi > -biki 等词缀时，基数词 əmun 词尾鼻辅音 n 出现脱落现象。与此同时，他们还用 əitṣi（满语与锡伯语）、əʃihi（鄂温克语及赫哲语）、ətʃiki（鄂伦春语）表示"或"之意。

dahin "再" —— 满语、锡伯语、赫哲语 dahin，鄂温克语 dahi，鄂伦春语 daki。显而易见，该同源副词的语音演变规律应该是 dahin > dahi > daki。很有意思的是，女真语里却用 basa 来表示"再"之意。而且，女真语的 basa 与蒙古语族语言的副词 basa "再"属同根同源。另外，满通古斯语族语言内把"重新"说成是 dasamə（满语、锡伯语、赫哲语）、dasam（鄂伦春语及鄂温克语）等，将"重复"称作 dahim（鄂温克语及赫哲语）、dahim > daṣim（锡伯语）、dahʊmə（满语）、dakim（鄂伦春语）等。

taka ~ *əsidi "暂且" —— 满语与赫哲语 taka，锡伯语 takə，女真语 taha，鄂温克语 əʃidi，鄂伦春语 ətʃidi。满通古斯语族语言的 taka > takə ~ taha 以及 *əsidi > əʃidi > ətʃidi 两种说法里，*əsidi > əʃidi > ətʃidi

之说源于名词 *əsi > əʃi > əʧʃi "现在"。

əli "越" —— 满通古斯语族语言内除了满语说 ələ 之外，其他语言均叫 əli。我们认为，满语中 əli 的元音 i 受其前置音节元音影响而顺同化为 ə 音。

tərəʧin "从而" —— 赫哲语与鄂伦春语 tərəʧin，鄂温克语 tərəʃiŋ，满语及锡伯语 tərəʈʂi。该词源于指示代词 tərə "那"。严格地讲，该词的词根部分 tərə 也是属于满通古斯语族语言指示代词 tara > tar "那" 的语音变体形式。或许正因为如此，在通古斯语支语言内把 tərəʧin > tərəʃiŋ 也可以说成是 taraʧin > taraʃiŋ 等。另外，他们把 "从此" 叫做 ərəʈʂi（满语与锡伯语）、ərəʧin（赫哲语及鄂伦春语）、ərəʃiŋ（鄂温克语）等。很显然，该同源副词同样是由指示代词 ərə "这" 派生而来的实例。

*dagi ~ *ogon "以及" —— 赫哲语 daji，满语及锡伯语 dʐai，鄂伦春语 oon，鄂温克语 ooŋ。除了满通古斯语族语言的 *dagi > daji > dʐai 及 *ogon > oon > ooŋ 之外，通古斯语支语言内还用 ookʧi > ooʧʃi ~ okʧi 表示 "以及" 之意。

*ʤaji ~ *ogoʧi "和" —— 满语及锡伯语 dʐai，赫哲语 ʤi，鄂温克语 ooʧʃi > oʧʃi，鄂伦春语 okʧi。也就是说，该语族语言里，对于 "和" 之连词概念的表述方面有 *ʤaji > ʤai > ʤi ~ dʐaji > dʐai 及 *ogoʧi > ooʧi > ooʧʃi ~ ogʧi > okʧi 两种说法。不过，很有意思的是，女真语里却用 nuʃin 一说来表示 "和" 之意。

ajaki "如果" —— 鄂温克语 ajaki，鄂伦春语 ajiki，满语、锡伯语、赫哲语 aika。可以看出，连词 ajaki 的音变现象及规律是 ajaki > ajiki ~ aika。也就是说，首先是鄂伦春语里词中元音 a 变读为 i 音。其次是，词中辅音 j 在满语、锡伯语、赫哲语内被脱落的同时，词尾元音 i 产生了 a 音变。另外，他们还将 oʧin ~ *ogobuki "若是" 说成 oʧin（赫哲语）、oʈʂi（满语、锡伯语）、ookki（鄂温克语）、oki（鄂伦春语）等。

tuttu ~ tosakit "虽然" —— 满语与锡伯语 tuttu，赫哲语 tosakit，鄂

伦春语 tosokit，鄂温克语 tosohit > toosohit。除了满语支语言的 tuttu 及通古斯语支语言的 tosakit > tosokit > tosohit > toosohit 以外，满语支语言里也可以用 udu 来表示该连词词义。

*əgusi"以来"——赫哲语 əwʃi，锡伯语 əvʂi，满语 əbsi，鄂温克语 uuʃi，鄂伦春语 uutʃi。根据我们掌握的词汇资料，该词的早期语音形式是 *əgusi，并源于远古指示代词 *əgu"这边"、"这来"。当然，*əgu的词根同样是 *ə-"这"。那么，该词的语音演变形式主要表现在：（1）词首部分的语音结构 *əgu > *əgu 在鄂伦春语及鄂温克语里由于辅音 g 的脱落而出现长元音 uu 之现象；（2）词第二音节首辅音 g 在赫哲语、锡伯语、满语内分别由 w、v、b 音取代；（3）词中辅音 s 在通古斯语支语言内演化为 ʃ 或 tʃ 音等方面。另外，在通古斯语支语言中还有 uuʃigi > uutʃigi 之说。与此相关的同源词还有一些。例如，utʃuri"近来" ⇨ utʃuri（通古斯语支语言）、utʂuri（满语支语言）等；amasi"以后" ⇨ amaʃi > aməʃi > amiʃi（赫哲语与鄂温克语）、amami（满语）、aməʂi（锡伯语）、amitʃigi（鄂伦春语）等。不过，在通古斯语支语言中也说 amaʃigi > amatʃigi。

*soŋkoji ~ ogiŋdʒi"依照"——满语支语言叫 soŋkoi，通古斯语支语言说 ogiŋdʒi。根据我们掌握的词汇资料，满通古斯语族语言内还可以用 gijani（满语）、giani（锡伯语）、geendʒi（鄂伦春语与鄂温克语）、gendʒi（赫哲语）表示"依照"之意。而且，像 ogiŋdʒi 及 gijani > giani > geendʒi > gendʒi 等都是源于名词 ogiŋ"原理"、gijan"道理"等。

*dʒagarin"为了"——鄂伦春语 dʒaarin，鄂温克语 dʒaariŋ，赫哲语 dʒarin，满语及锡伯语 dzʌlin。我们认为，该副词的早期语音结构应该是 *dʒagarin。然而，*dʒagarin 在不同语言里发生如下音变：（1）词首辅音 dʒ 在满语支语言里变读为 dz 音；（2）词中语音形式 aga 中的辅音 g 的脱落而出现长元音 aa 及短元音 a 之现象；（3）词中辅音 r 在满语支语言中被 l 音取代；（4）词尾鼻辅音 n 在鄂温克语中变为 ŋ 音等。

baru ~ *dʒugu"向"——满语及锡伯语 baru，赫哲语 bar，鄂伦春语与鄂温克语 dʒug。也就是说，满通古斯语族语言里要用 baru > bar 及 *dʒugu > dʒug 两种说法表示"向"所包含的后置词词义。

附录

一　满通古斯语族语言语音系统

（一）满语语音系统

（1）元音音素

　　　单元音：a、ə、i、o、œ、ʊ、u、y

　　　长元音：ii、oo

　　　复元音：ai、əi、oi、ui、io、ao、əo

（2）辅音系统

　　　单辅音：b、p、m、f、w、d、t、n、l、r、s、tʂ、dʐ、ʂ、

　　　　　　　g、k、h、ŋ、j

　　　复辅音：rs

　　　叠辅音：tt、ʂʂ

（二）锡伯语语音系统

（1）元音音素

　　　单元音：a、ə、i、e、o、œ、u、y

　　　复元音：ai、əi、oi、ui、ia、iə、io、iu、ua、uə、au、əu、

　　　　　　　ya、yə

（2）辅音系统

　　　单辅音：b、p、m、f、v、w、d、t、n、l、r、s、tʂ、dʐ、

ʂ、g、k、h、ŋ、j

复辅音: vs、vʂ、vg、dk、dh、dg、tk、th、sk、sh、sg、
hd、ht、hs、kt、ŋk、ŋl、ŋs、ŋʂ、lk、lh、ld、lt、
ltʂ、lg、ms、mh、rk、rh、rt、rd、rs、rʂ、nd、
nt、ns、nh、nk、ntʂ、ndʐ、ng

叠辅音: nn、ʂʂ、kk

（三）鄂温克语语音系统

（1）元音音素

　单元音: a、ə、i、e、o、u、ɵ、ʉ

　长元音: aa、əə、ii、ee、oo、uu、ɵɵ、ʉʉ

（2）辅音系统

　单辅音: b、p、m、w、d、t、n、l、r、s、ʤ、ʧ、ʃ、g、
k、h、ŋ、j

　复辅音: nt、nd、rt、rd、lt、ld、ŋʧ、ŋʤ、ŋg、ŋk、jk、jg

　叠辅音: bb、pp、mm、ww、dd、tt、nn、ll、rr、ss、ʤʤ、
ʧʧ、ʃʃ、gg、kk、hh、ŋŋ、jj

（四）鄂伦春语语音系统

（1）元音音素

　单元音: a、ə、i、e、o、u、ɵ、ʉ

　长元音: aa、əə、ii、ee、oo、uu、ɵɵ、ʉʉ

　复元音: ua、uə

（2）辅音系统

　单辅音: b、p、m、w、d、t、n、ɳ、l、r、s、ʤ、ʧ、
ʃ、g、k、h、ŋ、j

　复辅音: ns、jk、jg

　叠辅音: bb、mm、tt、nn、ɳɳ、ll、rr、gg、kk、ŋŋ

（五）赫哲语语音系统

（1）元音音素

单元音：a、ə、i、e、o、œ、u、y

长元音：aa、əə、ii、oo

复元音：ai、əi、oi、ui、ia、iə、io、iu、au、əu

（2）辅音系统

单辅音：b、p、m、f、w、d、t、n、n̡、l、r、s、ʤ、ʧ、

　　　　ʃ、g、k、h、ŋ、j

复辅音：rt、rk、rh、rf、lt、lg、ms、ŋt、ŋk、ŋʃ、ht、

　　　　hs、bt

叠辅音：nn、ŋŋ

二 索引

主要参考书目

一　综合研究

朝克：《中国通古斯诸语基础词汇对照》，日本小樽商科大学 1997 年版。

朝克：《通古斯民族及其语言》，日本东北大学东北亚研究中心。

朝克：《中国通古斯诸语基础词汇对照集》，小樽商科大学语言中心 1997 年版。

朝克：《满通古斯语比较研究》，民族出版社 1997 年版。

成百仁：《中国满语研究现状》，《中国文化》，韩国淑明女子大学，1985 年。

［日］池田哲郎：《通古斯诸语和东亚诸语言》，日本京都产业大学，1998 年。

［日］福田昆之：《日本语和通古斯语》，日本 FLL 出版社 1988 年版。

金东昭：《韩语和通古斯语的语音比较研究》，晓星女子大学出版部 1981 年版。

［日］津曲敏郎、山理：《中国的通古斯诸语言》，濒危语言研究现状与课题，2003 年，"国立"民族学博物馆调查报告（39）。

苏尼克：《通古斯诸语满语名词研究》，俄罗斯圣彼得堡科学出版社 1982 年版。

赵阿平主编：《满通古斯语言文化研究文库》，民族出版社 2004 年版。

二　女真语研究

［韩］李基文：《中古女真语的音韵学研究》，［韩］《汉城大学论文集》，首尔：1958 年第 7 期。

道尔吉、和希格：《〈女真译语〉研究》，《内蒙古大学学报》1983年（增刊）。

和希格：《〈女真馆杂字·来文〉研究》，《内蒙古大学》，1982年。

康丹（DanielKahe）：《明会同馆〈女真译语〉研究》，［澳］《内亚研究》，印第安纳大学，1989年。

刘凤翥等：《女真文字〈大金得胜陀颂〉校勘记》，《民族语文论集》，中国社会科学出版社1981年版。

穆鸿利：《昭勇大将军同知雄州节度使墓碑》，吉林文史出版社1989年版。

［日］山路广明：《女真语解》，日本东京外国语大学亚非语言文化研究所油印本，东京：1956年。

［日］山路广明：《女真文字制字的研究》，日本井上书店誊写印本，东京：1958年。

于宝林：《女真文字研究论文集》，北京民族古文字研究会刊印，北京：1983年。

金启孮：《女真语辞典》，文物出版社1984年版。

贾敬颜等：《女真译语、蒙古译语汇编》，1990年。

金东昭：《女真语满语研究》，新世界出版社1993年版。

孙伯君：《宋元史籍中的女真语研究》，博士论文，北京：2003年。

孙伯君：《金代女真语》，辽宁民族出版社2004年版。

［日］乌拉熙春：《女真语言文字研究》，日本明善堂，2002年。

三　满语研究

成百仁：《满语语音论研究》，明知大学出版部1981年版。

戴光宇：《三家子满语语音研究》，北京大学出版社2012年版。

季永海：《满语元音和谐》，《民族语文论文集》，四川民族出版社1985年版。

刘景宪、赵阿平等：《满语研究通论》，黑龙江朝鲜民族出版社1997年版。

刘景宪：《关于满文字母的六元音的读音》，《清格尔泰民族研究文集》，民族出版社1998年版。

乌拉熙春：《满语语法》，内蒙古人民出版社1983年版。

乌拉熙春：《满语语音研究》，玄文社出版1992年版。

赵杰：《北京话的满语底层和〈轻音〉儿化探源》，北京燕山出版社 1996 年版。

黄锡惠:《满语地名研究》,黑龙江人民出版社 1997 年版。

刘景宪、赵阿平等:《满语研究通论》,黑龙江朝鲜民族出版社 1997 年版。

[日] 山本谦吾:《满语口语基础语汇集》,东京外国语大学亚非语言文化研究所 1969 年版。

图门:《满蒙家畜及狩猎用语共有词分析》(蒙),中央民族大学研究生院油印本,1988 年。

威廉姆·罗兹克:《满语逆序词汇》,美国印第安那大学,1981 年。

维姬·M. 辛尼曼:《关于〈五体清文鉴〉的马皮毛片类词》,华盛顿大学,1995 年。

阿布罗林:《满语语法》,2000 年。

戈列罗娃:《满语语法》,Bril 出版,2002 年。

关嘉禄、佟永功:《简明满文文法》,辽宁民族出版社 2002 年版。

[日] 河内良弘:《满语语法》,日本京都大学学术出版社 1996 年版。

黄锡惠编:《满族语言文字研究》(上、下册),民族出版社 2008 年版。

季永海、刘景宪等:《满语语法》,民族出版社 1986 年版。

季永海:《满语语法》(修订本),中央民族大学出版社 2011 年版。

刘景宪、赵阿平等:《满语研究通论》,黑龙江朝鲜民族出版社 1997 年版。

穆林德夫:《满语语法》[英],内蒙古大学油印本。

朴恩用:《满语书面语研究》,莹雪出版社 1969 年版。

[日] 山本谦吾:《满文老档》,[日]《东洋文库》,1955—1963 年。

朝鲜王朝司译院:《(清语) 老乞大》,1704 年。

朝鲜王朝司译院:《汉清文鉴》(满文读本),1779 年。

朝鲜王朝司译院:《〈三译总解〉再版》,1774 年。

[韩] 成百仁:《满族萨满神歌尼山萨满译注》,明知大学出版部,1974 年。

[韩] 成百仁:《御制清文鉴》,韩国阿尔泰学研究所影印 1978 年版。

[韩] 成百仁:《御制清文鉴解题》,晓星女子大学出版部影印 1982 年版。

［韩］成百仁：《关于〈汉清文鉴〉》，《金哲梭博士花甲纪念史学论集》，知识产业社 1983 年版。

［韩］成百仁：《汉清文鉴汉语清语索引》，延世大学国学研究院，弘文阁，1998 年。

［日］池上二郎：《通古斯满洲诸语资料译注》，北海道大学图书刊行会 2002 年版。

关克笑、王佩玉等：《新编清语摘抄》，台北文史哲出版社 1992 年版。

河内良弘：《满洲语文语文典》，京都大学学术出版会 1996 年版。

江桥：《康熙〈御制清文鉴〉研究》，北京燕山出版社 2001 年版。

江桥：《清代满蒙汉文音义对照手册》，中华书局 2009 年版。

内藤虎次郎：《满文老档邦文译稿》，遗稿出版物 1937 年版。

朴昌海、刘昌惇：《〈韩汉清文鉴〉索引》，延世大学东方学研究所 1960 年版。

小仓进平等、藤冈胜二译：《满文老档》［日］，岩波书店 1937 年版。

早田辉洋、寺村正男：《大清全书》［日］，东京外国语大学亚非所 2002 年版。

赵志强：《〈旧清语〉研究》，北京燕山出版社 2002 年版。

庄吉发：《满汉异域录校注》，台湾文史哲出版社 1993 年版。

庄吉发：《清语老乞大》，文史哲出版社 1977 年版。

安双成主编：《满汉大词典》，辽宁民族出版社 1993 年版。

安双成主编：《汉满大辞典》，辽宁民族出版社 2007 年版。

河内良弘等：《满语书面语词典》，京都大学学术出版会 1996 年版。

胡增益：《〈新满汉大词典〉编写的主要原则和方法》，《北京社会科学》1995 年第 1 期。

胡增益：《新满汉大词典》，新疆人民出版社 1994 年版。

李鹏年等：《清代六部成语词典》，天津人民出版社 1990 年版。

刘厚生等：《简明满汉词典》，河南大学出版社 1988 年版。

罗布森扎布：《蒙满词典》，1968 年。

罗杰瑞：《满英辞典》，华盛顿大学，1979 年。

罗杰瑞：《简明满英辞典》，华盛顿大学，1978 年。

马丁·稽穆、豪尔·瓦亚斯：《德满词汇对照集》，威斯巴登，1978 年。

奇车山等:《旧清语辞典》,1987年。

商鸿逵、刘景宪等:《清史满语词典》,上海古籍出版社1990年版。

孙文良:《满族大辞典》,辽宁大学出版社1990年版。

佟加·庆夫:《单清语词典（满汉合璧)》,新疆人民出版社1993年版。

威廉姆·罗兹克:《满语逆序词汇》［英］,美国印第安那大学1981年版。

永志坚:《满汉合璧六部成语》,新疆人民出版社1990年版。

羽田亨:《满和辞典》［日］,京都满蒙调查会1937年初版,1972年再版。

中岛干起:《清代中国语满语词典》,东京外国语大学亚非所1999年版。

爱新觉罗·瀛生:《满语读本》,吉林教育出版社1986年版。

爱新觉罗·瀛生:《满文杂识》,学苑出版社2004年版。

渡边薰太郎:《满语文典》,1918年。

季永海、赵志忠等:《现代满语八百句》,中央民族大学出版社1989年版。

刘景宪、赵阿平等:《满语研究通论》,黑龙江朝鲜民族出版社1997年版。

恩和巴图:《满语口语研究》,内蒙古大学出版社1996年版。

金周源、朝克等:《满语口语资料》（英文版),首尔大学出版,32万字,2008年8月。

王庆丰:《满语（爱辉满语）研究》,民族出版社2005年版,28万字。

赵阿平、朝克:《黑龙江现代满语研究》,黑龙江教育出版社2001年版。

哈勘楚伦、胡格金台:《达斡尔语与满蒙语异同比较》,台北学海出版社1977年版。

哈斯巴特:《蒙古语满语研究》（蒙),内蒙古大学出版社1991年版。

久堡智之:《满语书面语、满语口语、近代汉语比较对照研究》,1999—2001日本基础科学研究项目报告书,2002年,九州大学。

李基文:《满韩语比较研究》,威斯巴登,1958年。

李基文:《满韩文结构共性研究》,汉城大学,1951年。

米吉德道尔基:《蒙语满语书面语比较》（蒙），1976 年。

爱新觉罗·瀛生:《北京土话中的满语》，北京燕山出版社 1993 年版。

赵杰:《现代满语研究》，北京民族出版社 1989 年版。

赵杰:《满族话与北京话》，辽宁民族出版社 1996 年版。

赵杰:《现代满语与汉语》，辽宁民族出版社 1993 年版。

四 锡伯语研究

郭秀昌:《锡伯语词汇》（锡伯文），新疆人民出版社 1990 年版。

佟加·庆夫:《规范化（的锡伯语）名词》，新疆人民出版社 1992 年版。

李树兰等:《锡伯语口语研究》，民族出版社 1984 年版。

李淑兰等:《锡伯语简志》，民族出版社 1986 年版。

图奇春等:《锡伯语语法》，新疆人民出版社 1987 年版。

朝克:《现代锡伯语口语研究》，民族出版社 2006 年版。

张泰镐:《锡伯语语法研究》，云南民族出版社 2008 年版。

关善保等:《汉锡简明对照词典》，新疆人民出版社 1989 年版。

佟玉泉等:《锡伯语（满语）词典》（锡），新疆人民出版社 1987 年版。

新疆人民出版社锡伯文编辑室编:《汉锡大辞典》，新疆人民出版社 1993 年版。

杨震远主编:《锡汉教学词典》，新疆人民出版社 1988 年版。

朝克主编:《察布查尔锡伯自治县锡伯族语言文字使用现状调研》，方志出版社 2011 年版。

李淑兰:《论锡伯语文的形成和发展》，《民族语文研究新探》，四川民族出版社 1992 年版。

安成山、郭阮儿:《锡伯语满语口语基础》，新疆人民出版社 2007 年版。

佟加·庆夫主编:《新疆民族语言分布状况与今后发展趋势》，北京语言大学出版社 2002 年版。

佟加·庆夫主编:《中国锡伯族双语研究》，新疆科技出版社 2004 年版。

佟加·庆夫:《西域锡伯人·语言文字研究》，新疆大学出版社 1999 年版。

佟加・庆夫等：《现代锡伯语》，新疆人民出版社 1995 年版。

贺灵主编：《锡伯族间残存清代满文古典译著辑存》，新疆人民出版社 2011 年版。

佟加・庆夫主编：《锡伯族间散存清代满文古典文献》，新疆人民出版社 2009 年版。

金炳喆等：《锡汉会话》，新疆人民出版社 1992 年版。

金宁：《锡伯语英语会话》，威斯巴登，1993 年。

五　鄂温克语研究

内蒙古鄂温克研究会及黑龙江鄂温克研究会合编：《鄂温克地名考》，民族出版社 2007 年版。

那云平与杜柳山：《黑龙江鄂温克族村屯地名人物录》，黑龙江省民族研究会鄂温克族分会内部印刷，2006 年。

乌热尔图：《鄂温克族历史词语》，内蒙古文化出版社 2003 年版。

敖嫩收集整理：《鄂温克语谚语谜语集》（蒙），内蒙古文化出版社 2010 年版。

娜日斯：《达斡尔、鄂温克、鄂伦春谚语精选》，内蒙古文化出版社 1993 年版。

朝克：《鄂温克语形态语音论及名词形态论》［日］，东京外国语大学亚非所 2003 年版。

朝克：《鄂温克语参考语法》，中国社会科学出版社 2009 年版。

朝克：《鄂温克语研究》，民族出版社 1995 年版。

朝克：《鄂温克语基础语汇集》［日］，日本东京外国语大学亚非语言文化研究所 1991 年版。

朝克：《鄂温克语三大方言基本词汇对照集》［日］，日本小樽商科大学 1995 年版。

胡增益、朝克：《鄂温克语简志》，民族出版社 1986 年版。

波普（H. H. POPPE）：《索伦语调查资料》［俄］，列宁格勒 1931 年版。

伊瓦诺夫斯基（A. O. IVANOVSKIY）：《索伦语与达斡尔语》［俄］，圣彼得堡 1894 年版。

杜道尔吉：《鄂温克语汉语词典》，内蒙古文化出版社 1998 年版。

贺兴格等：《鄂温克语词汇》，（蒙），民族出版社 1983 年版。

涂吉昌等：《鄂温克语汉语对照词汇》，黑龙江省鄂温克研究会及黑龙江省民族研究所印刷，1999 年。

六　鄂伦春语研究

何青花、莫日根布库编著：《鄂伦春语释译》，紫禁城出版社 2011 年版。

胡增益：《鄂伦春语简志》，民族出版社 1986 年版。

胡增益：《鄂伦春语研究》，民族出版社 2001 年版。

韩有峰：《鄂伦春语》，延边教育出版社 2004 年版。

朝克：《楠木鄂伦春语研究》，民族出版社 2009 年版。

张彦昌、李兵等：《鄂伦春语》，吉林大学出版社 1989 年版。

尹铁超：《鄂伦春语与因纽特语比较研究》，黑龙江人民出版社 2002 年版。

韩有峰、孟淑贤：《鄂伦春语汉语对照读本》，中央民族大学出版社 1993 年版。

萨希荣：《简明汉语鄂伦春语对照读本》，民族出版社 1981 年版。

中国第一历史档案馆与内蒙古鄂伦春研究会合编：《清代鄂伦春族满汉文档案汇编》，民族出版社 2001 年版。

七　赫哲语研究

凌纯声：《赫哲的语言》，《松花江下游的赫哲族》（下册），国立中央研究院历史语言研究所 1935 年版。

安俊：《赫哲语简志》，民族出版社 1986 年版。

何学娟：《濒危的赫哲语》，黑龙江教育出版社 2005 年版。

尤志贤、傅万金：《赫哲语汉语对照读本》，黑龙江民族研究所 1987 年版。

张彦昌等：《赫哲语》，吉林大学出版社 1989 年版。

后　语

　　就如前言中所说，该项研究已经走过20余年的艰辛学术研究历程。感到有幸的是，本人向国家社科基金委员会提交的实施该项研究课题申请报告，顺利通过中国社会科学院民族学与人类学研究所学术委员会及中国社科院科研局的审批，很快递交到国家哲学社会科学规划办。经过规划办及其专家委员会的审查审核，本人的该项课题被纳入国家社科基金项目计划，并得到经费资助。在此本人非常感谢中国社会科学院民族学与人类学研究所学术委员会委员，感谢中国社科院科研局领导及相关部门的负责人，感谢国家哲学社会科学规划办领导及国家社科基金委员会高层评委们。正因为有了你们的理解和认可，有了你们的鼓励和支持，才有了今天献给你们的如此厚重的科研成果。

　　或许是本人酷爱这门专业、喜欢该项研究工作，为此用自己一生的生命无怨无悔、心甘情愿、坚定不移地选择了这条艰辛的科学探索之路。那么，既然选择了，就应该同样用无怨无悔的态度、心甘情愿的精神、坚定不移的信念去走每一段路程，用最高的要求和标准完成每一项科研工作任务和使命。就是在这样一个生命态度和精神世界的支撑和驱动下，该项研究课题的专项经费拨下来以后，一直按照原定计划按部就班地顺利推动与项目相关的各项科研工作。其中，最难的是满通古斯语族语言传统意义上的，或者说属于最为基础性的同源词的搜集整理方面。而且，越到后期该项课题遇到的问题或难点就显得越多，同源词的搜集整理工作进行得越加艰辛。有时觉得就是走遍山林、草原、边远村落也找不到几个想找的同源词。毫无疑问，所有这些跟满通古斯语族语言全面进入严重濒危或濒危状态有关，使他们十分有价值、有代表性、有传统特色的一部分同源词已被淡化，甚至不被使用而退出了语言交流历史时代，取而代之的是数量可观的蒙古语、汉语借词，以及其他外来语等。尽管如此，本人凭借多年积累的研究经验，以及多年来从事满通古斯语族语言的研究实践中获取的词汇资料，加上后来的补充调研中得到的弥足珍贵的同源词资料，对于该语族语言的同源词展开了较为全面、系统、细致的分析研究。其中，（1）满语同源词，几乎都源于清代以来的满语辞书、历史资料、文献书籍等词汇资料；（2）锡伯语同源词，基本上是属于本人实地调研实践中获取的第一手口语资料。当然，也有一些是源于已经公开出版或发表的锡伯语口语词汇资料及话语资料等；（3）鄂温克语、鄂伦春语、赫哲语同源词，也是属于本人多年搜集整理和积累的口语词汇资料。其中，也有个别同源词源于早期相关词汇资料。说实话，该项目中讨论的满通古斯语族语言同源词资料确实来之不易，在搜集整理和田野调查工作中不知遇到过多少麻烦、多少困难、多少问题。幸亏有了那些民族地区的各级领导的关心和支持，帮助解决了在实际调研中遇到的诸多问题，使项目同源词搜集整理及田野调研工作才得以顺利进行。对此非常感谢一直以来在本人的田野调查、实地调研工作中给予热情支持和帮助的地方领导、发音合作人、协助调研人，以及提供交通、食宿、生活方面诸多方便的人们。特别是对于满语和锡伯语同源词的搜集整理、筛选分类、分析研究等工作中给予鼎力相助的安双成教授、安俊老师、郭霖蓉女士及吴康平同志等表示深深的谢意。安双成教授还拿出一定时间，帮助审读过满语和锡伯语同源词词汇对比稿，再次表示衷心感谢。

笔者认为，通过满通古斯语族语言同源词研究，更加明确了满语支语言和通古斯语支语言的分类原理，进一步论证了这两种语言间存在的区别性特征。尤其是赫哲语的定位变得更加清晰和明确。也就是说，赫哲语尽管属于通古斯语支语言，但它的同源词系统里有不少与满语支语言同源而跟通古斯语支语言完全不同的实例。更有意思的是，赫哲语的同源词内与女真语相同或相近的成分要比其他几种语言显得多一些。由此，我们认为，赫哲语应该是介于满语支语言和通古斯语支语言之间的产物。不过，比较而言，赫哲语无论在语音形式，还是在形态变化语法结构上，包括该项研究中讨论的同源词结构特征等方面，均与通古斯语支语言相对靠近一些。或许正是这一原理，在前人的研究中把赫哲语总是放入通古斯语支语言系列进行学术讨论。后来，对于满通古斯语族语言进行分类时，自然将赫哲语放入通古斯语支语言之中。这是很科学的分类，也适合于该语族语言的实际情况。

通过对于满通古斯语族语言同源词研究，充分地认识到女真语、满语、赫哲语受早期汉语影响较大，锡伯语受突厥语族语言影响也不小，而鄂温克语及鄂伦春语却不同程度地受蒙古语、达斡尔语、汉语的影响。相比之下，草原牧区的鄂温克族受蒙古语影响比较严重。正因为如此，他们的语言均不同程度地受到汉语和蒙古语的影响，甚至直接影响到同源词的保存、使用和传承。从某种角度讲，他们语言中借入的汉语借词不难分辨，那些汉语借词完全能够从同源词词汇里挑选出来。即使是属于早期借词，尽管在语音结构形式上产生巨大变化，我们也能够看出它是汉语借词。不过，蒙古语早期借词的分辨工作就没那么容易，显得十分复杂而难能划清借词还是同源词的界线。这和满通古斯诸民族和蒙古语族诸民族间的历史渊源关系十分悠久、深远、复杂有关。他们似乎是有史以来，就过着你中有我，我中有你的山林狩猎生产和草原畜牧业生产生活。由此，满通古斯语族语言的许多同源词，与蒙古语族语言有深层次的渊源关系，确实难能分清究竟是谁借了谁的词语。在充分考虑到这一历史问题的前提下，讨论满通古斯语族语言同源词时，没有更多地纠缠于满通古斯语族语言及蒙古语族语言内共同使用的那些同源词。只是对于个别同源词进行分析讨论时，作为语音形式或语义结构方面的一个旁证列入讨论的内容之中。然而，蒙古语族语言中使用的那些同源词并没有做更多分析和解释。还有一种很特殊的现象是，从语音变化原理或语音演化论的理论视角，对于满通古斯语族语言的一些同源词展开深度分析时，就会发现表层语音结构中看似毫无关系的实例里事实上存在的与蒙古语族语言的历史渊源关系。总之，在满通古斯语族语言的同源词里，与蒙古语族语言有其历史渊源关系的实例确实有不少。与此相关的学术问题，需要我们进一步深入、系统、科学探讨。另外，这些研究对于满语族语言及蒙古语族语言历史关系的定位，乃至对于阿尔泰语系语言学理论的进一步完善，以及阿尔泰语系语言诸民族的历史文化及起源的研究均有十分重要的学术理论价值。同时，对于朝鲜、韩国、日本、日本阿依努等东北亚诸民族的语言、文化、历史研究，包括对于北极圈诸民族语言、文化、历史、变迁研究都有极其重要的现实意义和历史学术价值。